中国水利水电科学研究院基金资助出版

旋流泄水建筑物

Spillway with Swirling Flow

董兴林　著

黄河水利出版社
·郑州·

内 容 提 要

本书以竖井旋流、平洞旋流和喇叭形堰旋流三种体型的泄洪洞为重点，详细地论述了各种泄洪洞的旋流防蚀和消能的特点、工程措施及设计原理，并附有结构设计和计算实例。书中含括了我国四川沙牌、黄河公伯峡和在建的广东清远旋流泄洪洞的结构设计，以及部分公伯峡原型观测资料。书中还介绍了共用同一个竖井和导流洞作为泄洪与放空水库的双层进水口结构设计，以及高效消能、防蚀的自掺气消力墩等。

本书是国内首次结合水电工程研究各种旋流泄洪洞结构、水力学特性和有关设计原理及应用的书籍，供从事水利水电工程设计和科研人员参考，希望在此基础上进一步创新和发展。

图书在版编目(CIP)数据

旋流泄水建筑物/董兴林著.—郑州：黄河水利出版社，2011.8

ISBN 978-7-5509-0090-5

Ⅰ.①旋…　Ⅱ.①董…　Ⅲ.①泄洪隧洞-研究　Ⅳ.①TV651.3

中国版本图书馆 CIP 数据核字(2011)第 174133 号

出 版 社：黄河水利出版社

地址：河南省郑州市金水路 11 号　　邮政编码：450003

发行单位：黄河水利出版社

发行部电话：0371-66026940、66020550、66028024、66022620(传真)

E-mail：hhslcbs@126.com

承印单位：河南省瑞光印务股份有限公司

开本：787 mm×1 092 mm　1/16

印张：21.5

字数：500 千字　　　　印数：1—1 000

版次：2011 年 8 月第 1 版　　　　印次：2011 年 8 月第 1 次印刷

定价：86.00 元

作者简介

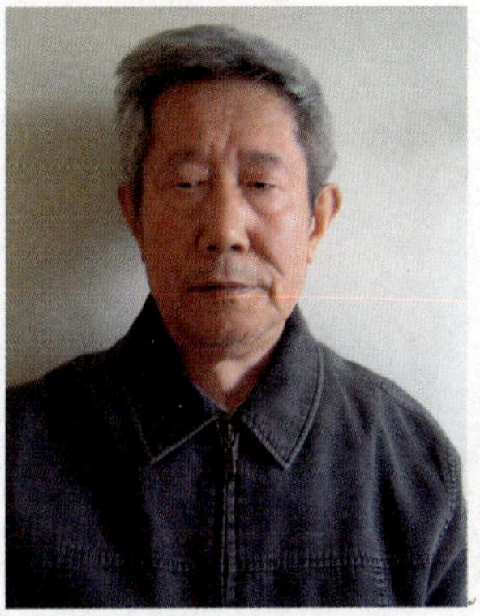

董兴林，男，1930 年出生于吉林省西安县，汉族，中共党员，教授级高级工程师（享受政府特殊津贴）。1954 年毕业于大连工学院水利系，分配到北京水电科学研究院（现中国水利水电科学研究院）工作至今。

1956 年前暂时留校工作。1957 年回京履职后至 1977 年期间，负责了一些工程生产试验任务和原型观测工作：①通过闸门振动原型观测，找出了振源并提出防振措施，解决了困扰已久的海河挡潮闸闸门振动和刘家峡泄水道闸门振动问题；②负责了调压井试验和研究任务（如四川映秀湾、鱼子溪和锦屏水电站等）；③“75 · 8”大水后，北京水电科学研究院撤销，改为水利调度所，在中央防汛办公室水工组负责鄂、辽、吉、黑四省的病险水库调查和处理工作。

改革开放后，水利水电科学研究院恢复，主要研究工作有：①进行了一些水电站管道系统瞬变流计算，通过水力控制理论证明调压室稳定断面面积可以小于托马准则，特别是纠正了“水电站尾水洞设置阻抗式调压室稳定断面面积大”的不正确论点，为大朝山水电站尾水洞设计了阻抗式调压室；②参加和处理天生桥调压室事故，将原差动式调压室全部改为阻抗式调压室；③进行了调水工程最优等容量控制的理论研究和水工模型验证工作。

退休后，应中国水利水电科学研究院水力学所回聘，至今近 20 年。主要从事国家“八五”和“九五”科研攻关项目，较深入、系统地研究了竖井、平洞和喇叭形堰等旋流防蚀消能的泄水建筑物结构体型和水力学问题。研究成果分别应用于沙牌、公伯峡和清远等水电站的泄洪洞工程。

前言

旋流泄水建筑物是指在竖井、平洞或喇叭形(环形)堰进口处,以及在溢流坝和岸边溢洪道下游设置起旋装置、利用旋流消能和防蚀的水工建筑物。本书以竖井和平洞旋流泄洪洞为主要研究对象。

旋流泄洪洞最适用的型式有三种:水流绕竖井轴旋转的泄洪洞称为旋流竖井泄洪洞(如2002年建成的沙牌1号泄洪洞),水流经竖井绕平洞轴旋转的泄洪洞称为竖井-旋流泄洪洞(如2006年建成的公伯峡右岸泄洪洞),水流经喇叭形堰进口旋转的泄洪洞称旋流喇叭形竖井泄洪洞(如在建的清远抽水蓄能电站上、下水库的泄洪洞)。

旋流泄洪洞的特点为:①泄洪洞大多数通过竖井与原导流洞相连接,进水口的选择不受导流洞转弯的限制,并且竖井施工容易;②运行期间高速水流在竖井或洞内旋转消能,再联合出水洞内其他消能设施,消能率高,流速低,因而可避免结构物空蚀、防止下游冲刷和产生雾化现象,保护生态环境(此点通过公伯峡泄洪洞原型观测结果得到证实)。

考虑到土石坝的维修和水电站进口排沙及下游供水,需要修建放空洞或排沙洞。在高水头旋流泄洪洞的竖井上加设深层进水口,旋流泄洪洞就能兼作水库的放空洞或排沙洞,构成导流、泄洪、放空"三结合"的泄水建筑物。这种方案可使工程布置紧凑,设计简化,节省投资。

另外,我国早期建成的许多大中型水库多为土石坝,防洪标准较低。为确保大坝安全,需增建进水口较高、无闸门控制的非常泄洪道时,旋流喇叭形竖井泄洪洞是最佳选择。

旋流消能在溢流坝的应用,主要是在溢流坝下游设置底流旋流消能设施,可提高消能效果,缩短消力池长度,同时可减轻雾化现象。此外,在溢流坝内设置旋流泄水道,可以增加坝身泄流能力和提高消能率。

中国水利水电科学研究院历届领导对旋流泄水建筑物的研究很重视。早在1993年高季章和中国电力公司成都勘测设计研究院鲁慎吾将沙牌水电站旋流竖井泄洪洞的研究列入国家"八五"科技攻关项目中,从此揭开了旋流泄洪的研究序幕;随后对溪洛渡、瓦屋山和皂市等旋流竖井泄洪洞进行了一系列试验研究,积累了大量的研究成果,为中国水利水电科学研究院在旋流泄水建筑物这一领域的研究奠定了坚实的基础;2001年刘之平派我们赴公伯峡工地讨论右岸泄洪洞改型设计问题,所提出的竖井-旋流泄洪洞方案,被黄河上游开发建设公司和中国水电顾问集团西北水电勘测设计研究院选用;2007年吴一红和广东省水利电力规划勘测设计研究院刘林军又将广东清远抽水蓄能电站泄洪洞的试验任务委托给我们。我们所提出的旋流喇叭形竖井泄洪洞方案,得到了广东省水利电力规划勘测设计研究院的好评和采用。杨开林一直关心本项研究,并给予了很大的支持和帮助,使旋流泄洪洞的研究有了重大的发展。

本书共分10章,详细介绍了各种旋流泄洪洞的水流特性和设计原理、设计方法和相关试验成果。其中第1章和第4章分别介绍了旋流竖井和竖井-旋流两种泄洪洞的布置、组成结构、连接形式及涡室(起旋室)和旋流竖井、旋流洞断面尺寸设计方法,并给出工程设计实例;第2章和第5章通过模型试验研究成果介绍了在旋流运动条件下竖井和洞内流态、流速、压力、脉动压力及旋流空腔和掺气特性,以及旋流洞泄流能力的近似计算;第3章介绍了旋流竖井泄洪洞水力学解析和经验计算方法及计算例;第6章介绍了由导流洞改建泄洪、放空或排沙三结合泄洪洞的结构设计,并对1、4两种旋流式以及传统的泄洪洞各自特点和实用条件作简单的评述;第7章介绍了已建成的沙牌、公伯峡及在建的清远旋流泄洪洞的设计体型、结构尺寸和水力学问题,以及对研究设计经验进行总结;第8章介绍了国外研究的旋流泄水道的涡室结构和设计方法,以及印度特里竖井－旋流泄洪洞设计体型和部分试验研究成果,并作简单评价;第9章通过空化试验研究,论述了旋流空化特性,并与直线流进行比较;第10章提出了在溢流坝下游布置旋流消力墩和在坝内设两种不同形式的旋流泄水道的方案,并提出将传统泄洪洞的掺气槽改成掺气消能设施,除防止空蚀外还增加了消能率,减轻出口雾化现象。

本书给出了各种旋流泄洪洞的设计原理和相关计算图表,并附有翔实的算例,图文并茂,可供从事水工科研和设计人员研究使用,并能根据工程实际情况自行设计和应用,以期促进我国泄水建筑物科研、设计的发展。

本书承蒙林秉南院士和李桂芬、郭军两位教授级高级工程师推荐,中国水利水电科学研究院资助,得以出版,特此致以深切感谢!

乔青松协助编写计算程序;郭永鑫、郭新蕾、胡孟、冯宾春、王涛、傅辉和韩昆等参加了部分试验研究;余闽敏参加了全部试验工作;本书引用了陈文学、刘继广、熊麒麟和陆洋等的公伯峡泄洪洞原型观测报告资料,验证了模型试验。由于有了向这些年轻人学习电脑的机会,才能使我在耄耋之年亲自完成全书的写作、制图和计算工作。贾顺钟为本书作了全面校核和修改,在此一并致谢。同时,感谢黄河水利出版社的同志们为本书出版付出的辛勤劳动。

由于本人学识浅薄,书中难免存在缺陷和疏漏之处,特别是自创的一些水工新名词有待商榷,恳请各位专家、学者批评指正。

作　者

2011年1月

目　录

第 1 章　旋流竖井泄洪洞

旋流竖井式泄水道最早为意大利用做城市排洪和排污，其竖井旋流的起旋装置类似于水轮机蜗壳结构（无导叶板）。研究这种螺旋型涡室的人员有很多，如 C. Drioli（1947）[1]、D. Jeanpierre（1966）[2]和 C. M. Слисский（1979）[3]等。由于螺旋型涡室结构复杂，尺寸大，因此不适宜大中型水电站（水库）泄洪洞工程应用。将在第 8 章国外旋流泄水道工程中进行介绍。

本章结合中国工程实践，重点研究大中型水电站（水库）旋流竖井泄洪洞结构和设计方法。首先对常规进水口连接的旋流竖井泄洪洞进行了系统设计研究，并给出了设计算例；然后对无闸门的非常旋流泄洪洞结构提出了设计方法，也给出设计图例。

与传统泄洪洞采用洞外消能方式不同，旋流竖井泄洪洞是采用井内旋流 + 洞内水垫（即压力消能工）消能，因此在结构体型上有很大的差异。旋流竖井泄洪洞主要有一个能产生旋转流的涡室分别同上游进水口、引水道和下面竖井连接，所以各部分结构相互之间有密切关联。在对旋流竖井泄洪洞作总体设计时，必须了解不同涡室结构体型及它的功能和作用，然后才能对各部分结构进行设计。

下面对旋流竖井泄洪洞总体布置和各部分组成结构进行具体介绍。

1.1　旋流竖井泄洪洞结构组成和总体布置

为了节省工程投资，旋流竖井泄洪洞通常是利用导流洞改建而成的。旋流泄洪洞的竖井可以建在导流洞转弯段上，洞线比较容易布置，不像传统的斜井式泄洪洞进水口纵轴线必须同导流洞的下游直洞段轴线一致，进水口很难布置。

本书研究的旋流竖井泄洪洞的一般结构体型由进水口、引水道、涡室（或喇叭形溢流堰自身）、竖井、水垫塘（压力消能工）和出水洞（原导流洞）组成（见图 1-1（a））。

进水口控制着水库水流进入泄洪洞的流量—水位关系，一般表现为各种型式的溢流堰，如常规溢流堰、平面扇形或喇叭形溢流堰以及短压力和长压力进水口等。堰顶是否设置控制闸门，视泄洪工程具体的应用目的而定。

引水道是用于连接进水口和涡室的过渡段。其存废视地形条件与工程总体布局要求而定，如溢流堰进水口需要通过短的收缩段同涡室连接，短压力和长压力进水口均需要较长一段引水道同涡室连接，而平面扇形和喇叭形（环形）堰旋流竖井泄洪洞无引水道。引水道与涡室的连接方式控制着水流起旋方式和涡室中的水流流态。因不同的地形地质条件和涡室种类，引水道可布置成地上开敞式（无压）和地下有压及无压的引水道。

涡室是水流起旋、加速旋转流向竖井的转换装置，是旋流竖井泄洪洞的关键。实际工程中为适应不同的地形地质条件，涡室布置可布置成地上开敞式和地下封闭式两种。

竖井是水流从上向下垂直下泄的通道。由涡室产生的旋转流紧贴竖井内壁做螺旋流运动而下,通过高速旋转水流与井壁、空气的摩擦消能,同时可减轻竖井壁面的负压。竖井中从上而下的高速螺旋流在水垫层上形成环状水跃,是竖井消能中重要的一环。

水垫塘位于竖井底部与出水洞(原导流洞)的连接处,由设置在出水洞中的阻水墩抬高水位形成,使竖井下来的高速水流进入水垫内再一次强迫消能。

出水洞是将下泄水流通过洞内压力消能工(水垫塘)和常设的各种消力墩(坎),连续消能后经原导流洞排出洞外。

与早期为四川沙牌水电工程提出的泄洪洞相比,本书的研究有了重大的改进,其不同之处是:在出水洞内设置水垫塘取代竖井底板(导流洞底板)下的消力井、洞顶压板和通气井。这种采用水垫塘与竖井旋流相结合的泄洪洞结构体型消能效果更好,施工方便,更具有通用性。

试验研究表明:仅靠竖井本身的旋流和环状水跃消能不能满足高速水流消能的要求,必须在洞内增设水垫塘与竖井旋流联合消能。由于沙牌的出水洞(原导流洞)断面面积比竖井断面面积小很多,无法在洞内设置高消能率的辅助消能工,因此不得以开挖消力井(消力井深 5 m,与竖井采用相同的直径)。试验结果显示:总水头还不到 90 m,洞内断面平均流速尚有 21.3 m/s,消能率只有 73%。这表明:在竖井底部已经存在水垫层的情况下,加挖消力井对增加消能率是微不足道的。

中国大多数导流洞是城门洞形断面,导流洞与竖井断面尺寸之比的大小相差较大。但不管情况如何,采用竖井旋流加洞内水垫塘(压力消能工)消能是最佳选择方案,总消能率可以达到 80% ~85%。而消力井是在导流洞下开挖出来的,工程量大并且出渣困难,导流过后的二期施工紧张,这不仅受到汛前施工期的限制,同时也是不经济的,因此尽量不采用消力井消能。当有特殊的消能要求必须设置消力井时,可将竖井下部断面收缩(收缩面积大小有严格限制),产生射流直接进入消力井内。此时要求消力井的直径和深度必须大于射流孔径的 2 倍以上,其总消能率可能达到 85%。

当旋流竖井泄洪洞进水口底板(或堰顶)高程已定,进水口的位置主要根据岸边地形、地质条件确定。

图 1-1(b)为进水口溢流堰、引水道、涡室(或喇叭形堰)、竖井、水垫塘和出水洞(原导流洞)组成的旋流竖井泄洪洞的平面位置,其各部分的结构是:3—旋流竖井泄洪洞进水口(溢流堰、短压力或长压力进水口等);图中 a 和 b 表示进水口及其与涡室的连接段(即引水道),其长短根据地形条件确定(最长可达 100 多 m);4—涡室;5—旋流喇叭形堰;6—水垫塘,这是在靠近竖井的出水洞段浇注一道或两道不同类型阻水墩形成的水垫塘,水垫塘除提高消能率外,还对弯洞内的流态起到调整作用;7—出水洞(即原导流洞)。泄洪洞出口下游一般不再修建挑流坎,必要时可修建其他简单的消能设施。从图 1-1(a)、(b)可看出,涡室和竖井在导流洞上部,只有水垫塘的阻水墩布置在导流洞内,构成压力消能工,在洞内无挖方工程,导流期过后洞内的二期施工工程量较少。因此,这种旋流竖井泄洪洞的总体布置和结构能充分地利用导流洞,可以减少工程投资。

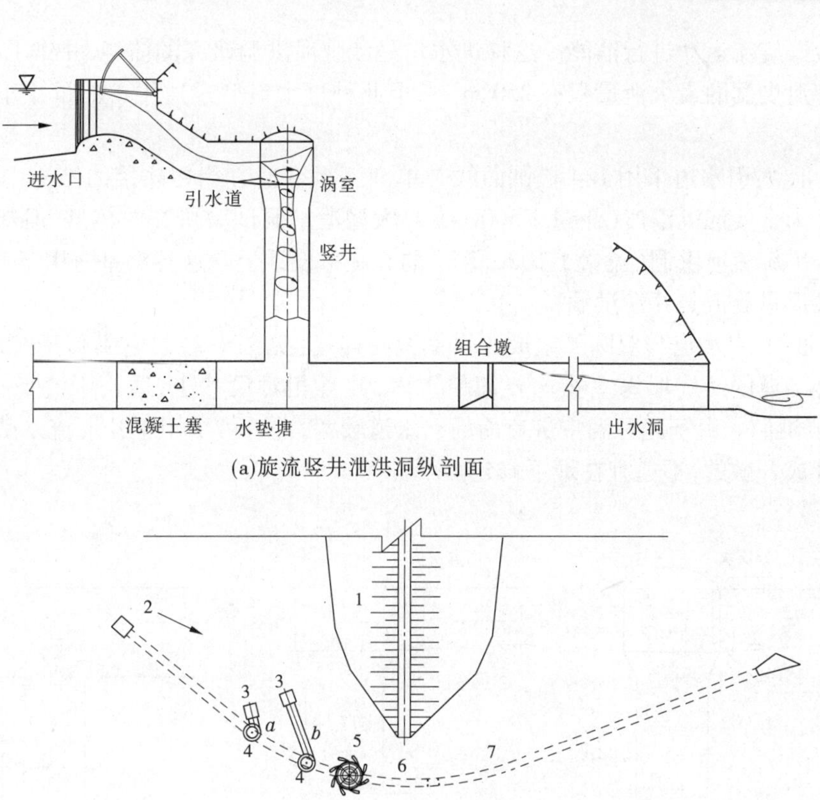

(a)旋流竖井泄洪洞纵剖面

(b)旋流竖井泄洪洞平面布置

1—挡水坝;2—原导流洞进水口;3—旋流竖井泄洪洞进水口;

4—涡室;5—旋流喇叭形堰;6—水垫塘;7—出水洞(原导流洞)

图 1-1　旋流竖井泄洪洞平面布置和纵剖面示意

1.2　旋流竖井泄洪洞进水口与涡室及其一般连接结构

进水口、引水道和涡室三者联系紧密,构成了旋流竖井泄洪洞的先前组合进水结构。进水口可划分常规溢流堰、短压力或长压力进水口、平面扇形堰和旋流喇叭形堰进水口。这些进水口通过引水道同竖井连接或直接同竖井连接,在结构体型和布置上各有其特点。本节在讲述进水口设计之前,首先介绍涡室连接结构的分类及一般图例。

1.2.1　涡室连接结构的类型

旋流竖井泄洪洞进水口的种类繁多,其结构和工程布置因地形条件的不同各异。其中有无引水道对涡室型式结构的选择、工程布置和水流起旋方式有很大的影响。

经过多年研究,能适用于大中型泄水建筑物、具有代表性的涡室连接结构体型共有五种。其中引水道连接涡室的型式有Ⅰ型、Ⅱ型、Ⅲ型三种,无引水道连接涡室的型式有Ⅳ型和Ⅴ型两种。下面结合图例作简单介绍。

(1)Ⅰ型:引水道直接与单圆弧涡室偏心相切连接结构(见图 1-2),水流在涡室和竖井内产生螺旋流运动进行消能。这种进水口是沙牌泄洪洞研究的体型，并作了一些改进。虽然沙牌泄洪洞的最大泄量只有 250 m^3/s，但此种进水口型式适用于泄量小于 500 m^3/s 的泄洪洞。

（2）Ⅱ型：引水道采用 1/4 椭圆曲线与单圆弧涡室偏心相切连接的结构（见图 1-2）。这是曾经为金沙江溪洛渡（流量 2 500 m^3/s）大型泄洪洞试验研究的体型，但却用到黄河公伯峡水平旋流泄洪洞（流量 1 100 m^3/s）的起旋室设计上。这种涡室适用于 3 000 m^3/s 以下的大泄量旋流竖井泄洪洞。

（3）Ⅲ型：引水道与双圆弧组成的涡室偏心连接（见图 1-2）。它类似于螺旋形涡室，但同国外经典的螺旋形涡室相比要简单得多，并且相对尺寸小，适用于流量小于 1 500 m^3/s 的泄洪洞。由于此种涡室进口前的引水道较宽，进口可采用单孔堰流。引水道和涡室应设计成开敞的，不适宜在地下修建。

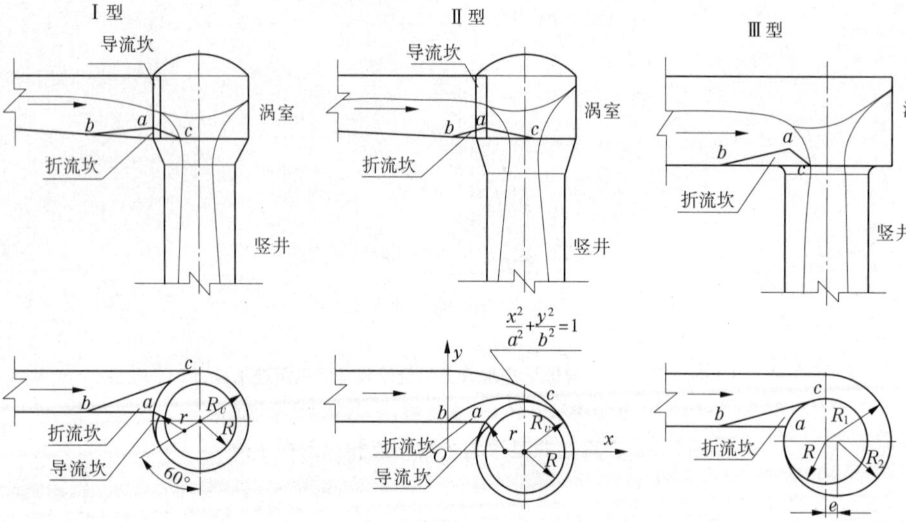

图 1-2　几种典型的涡室与引水道连接体型

图 1-2 中Ⅰ型和Ⅱ型在涡室内设置垂直导流坎，其作用是使涡室进水口引水道的水流尽量减小同涡室旋转流的交汇角，以防止两股水流的阻水作用引起壅水现象，降低泄流能力。其中Ⅰ型导流坎的圆心设在与涡室断面轴线成 60°角的直线上，Ⅱ型导流坎的圆心设在涡室的轴线上。在Ⅰ型、Ⅱ型和Ⅲ型涡室进口前底板上都浇注折流坎。折流坎的 a 点要垫厚，b 点和 c 点不垫厚，使 abc 构成一倾斜面。其目的是水流经过该倾斜面向 c 点方向偏移，防止在 ac 圆弧坎下产生负压，同时增加旋转力度和改善涡室流态。沙牌旋流竖井泄洪洞是早期研究和建成的，当时因模型比尺小而没有发现紧靠 ac 圆弧下坎处存在负压，没有研究消除负压的折流坎。如何补救这个缺陷，详见本书 7.1.4(2)。

在Ⅰ型、Ⅱ型和Ⅲ型涡室中，Ⅲ型涡室将折流坎的 a 点加高，流态要比其他两种好一些。Ⅰ型和Ⅱ型涡室设置导流坎，使旋流空腔不对称地向引水道方向偏离。但是，由于涡室进口底板设置有折流坎和涡室下部采用收缩段同竖井连接，可调整涡室中旋转水流不对称的流态。进行优化后的Ⅱ型涡室也可以不设置导流坎，以后将详述。

(4)Ⅳ型：扇形堰进水口与涡室偏心连接。扇形堰进水口的两边墙互相垂直布置，其中一边墙通过圆弧与涡室周壁相切，另一边墙直接与涡室相切，产生旋转流运动（见图1-3）。也可以根据流量大小的要求，将两边墙布置的夹角略小于90°。作为非常泄洪洞，堰顶无闸门控制时，泄量$Q \leqslant 1\ 000\ m^3/s$；堰顶设闸门控制时，泄量$Q \geqslant 2\ 000\ m^3/s$。

(5)Ⅴ型：旋流喇叭形堰进水口与竖井同轴连接。同上述四种相比，此种布置水流从四周全方位进入喇叭形堰。为了使入堰水流平稳起旋，在进水口设有若干个形状、大小相同的起旋墩，沿喇叭形堰对称布置。一般起旋墩的数量取6～8个较适宜。起旋墩一头大一头小，类似于流线型导流墩（如图1-4中虚线所示）。为了在堰顶低水位下能产生有效的旋转流，同时又能在高水位时满足最大泄流能力的要求，要求起旋墩的小头直线边线与环形堰外圆的切线成小角度连接，并且起旋墩的墩顶应低于最高洪水位，称之为潜水起旋墩（见图1-4，详见1.4.5）。作为非常泄洪洞，喇叭形堰顶不设控制闸门，考虑到水库综合利用效益，一般堰上水头不大于5 m，因此喇叭形堰适用于中小流量。但是，布置潜水起旋墩的喇叭形堰，若地形条件宽敞，也能用于大型泄水建筑物，其泄流量可以达到2 000～3 000 m^3/s，使旋流喇叭形竖井泄洪洞有了广泛的应用前景。

选择喇叭形堰位置时应注意，若喇叭形堰背后平面开挖的弧线山坡同竖井轴线大致对称，则第一个起旋墩与喇叭形堰布置的切点和入流方向可任意选择，其他起旋墩依次按规定的角度和位置施工。起旋墩的大墩头与边坡开挖线最佳间距$L = H$（H为堰上水头）（见图1-5(a)），这样做既能增加低水头时的旋流效果，又能增加泄流能力。L太小影响喇叭形堰流态和降低泄流能力，L太大不仅开挖量大，同时也会使泄流能力略有降低。

喇叭形堰背面边坡的开挖量较大。若要减少挖方，溢流堰需选择靠近山坡的平坦地带布置。这样可利用山坡开挖线有利的条件诱导水流进入起旋墩流道，使喇叭形堰产生旋转流运动。例如开挖线与竖井轴线不对称（一边长一边短）时，则起旋墩应本着入流方向同长的边坡线走向一致的原则布置（见图1-5(b)）。

上述五种涡室连接结构体型中Ⅰ型、Ⅱ型、Ⅴ型已通过模型试验研究证明是可行的，并且已应用到实际工程中。Ⅲ型、Ⅳ型虽然尚没有通过模型试验，但根据以往的研究经验认为也是可行的，提供读者以后研究参考。

Ⅰ－Ⅲ型涡室连接结构以及扇形堰和旋流喇叭形堰进水口的具体设计方法将在以后几节作详细介绍。关于国外经典的涡壳型涡室结构及应用情况将在第8章作详细介绍，因为该涡室结构不适于大中型水利工程的应用，故未在本章介绍。

1.2.2 进水口设计的一般原则

进水口尺寸和竖井的泄流量必须一致才能相互匹配，所以两者的直径都是按照最大设计下泄流量确定的。因此，首先可根据最大流量设计好进水口结构尺寸；然后选择适宜的涡室体型，计算出竖井直径和涡室尺寸，并优化进水口与涡室连接结构。

1.2.3 常规溢流堰进水口设计

常规进口溢流堰与涡室连接结构大致有以下三种：①溢流堰下游坡面逐渐收缩与单圆弧涡室直接连接（见图1-6(a)；②溢流堰通过地下短（或长）引水道同单圆弧涡室连接

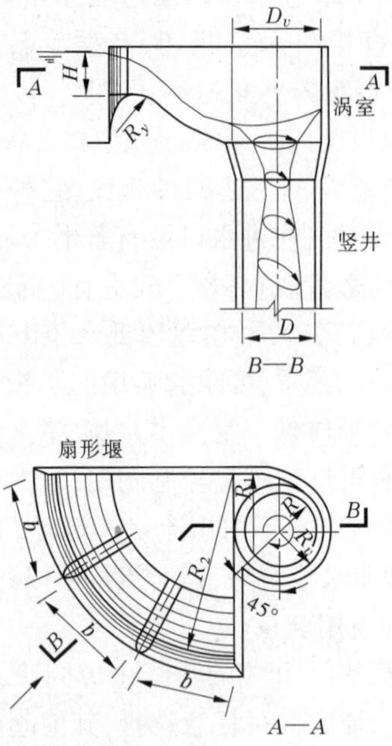

图 1-3　扇形堰进口连接涡室体型(Ⅳ型)

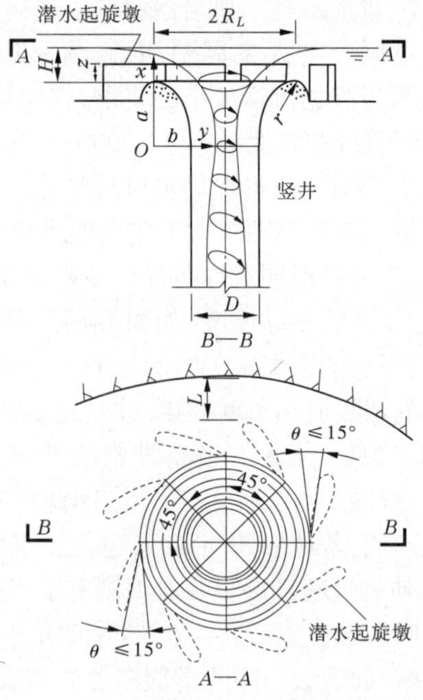

图 1-4　旋流喇叭形堰进口连接竖井体型(Ⅴ型)

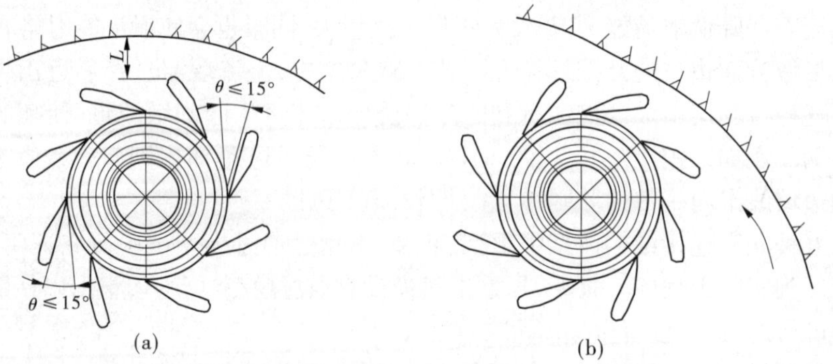

图 1-5　旋流喇叭形堰 8 个潜水起旋墩的布置

(见图 1-6(b));③溢流堰通过开敞式引水道与双圆弧涡室连接(见图 1-7)。

当溢流堰直接与涡室连接时,其形成自由堰流的条件是:

$$H/S \leqslant 0.4 \tag{1-1}$$

由式(1-1)可以看出,引水道越长,越易形成自由出流。

溢流堰断面圆弧半径为:

$$R_y \approx H$$

式中　H——堰上水头;

　　S——堰顶至竖井轴的间距。

溢流堰进水口的流量计算公式为:

$$Q = mB\sqrt{2g}H^{1.5} \tag{1-2}$$

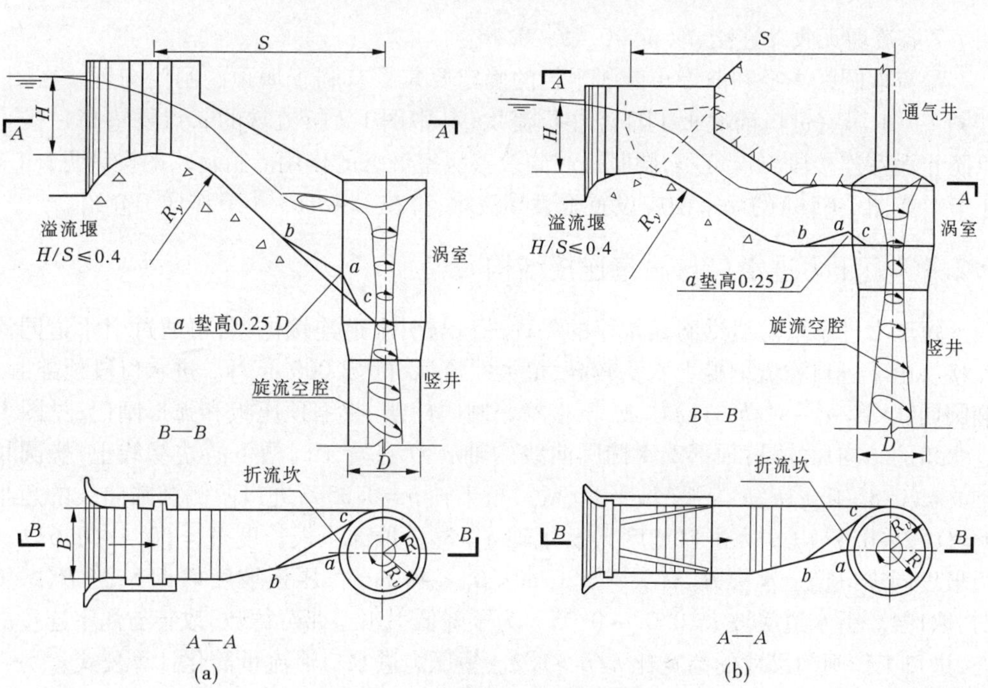

图 1-6　溢流堰与单圆弧涡室连接体型

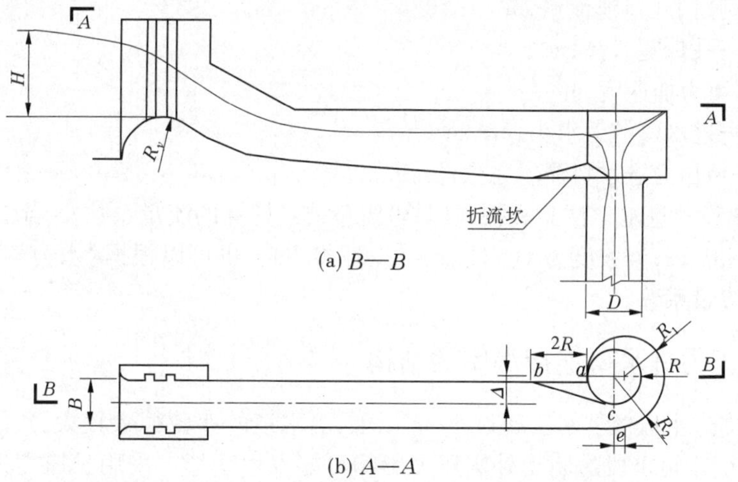

图 1-7　溢流堰通过开敞式引水道与双圆弧涡室连接

式中　Q——最大泄流量，m^3/s；

m——堰流流量系数；

B——溢流堰进口宽度，m；

g——重力加速度，m/s^2。

流量系数 m 值与溢流堰的断面形式、堰顶相对水头、堰高和下游边墙收缩角度有关。m 的精确值要通过水工模型试验确定，在规划设计阶段，对单孔圆形截面溢流堰与竖井收缩连接（见图 1-6），受收缩边墙影响，不能形成完全自由流，这时取 $m=0.42\sim0.44$，而

图 1-7 溢流堰无收缩连接，取 $m\approx0.45\sim0.46$。

溢流堰圆弧半径和前缘小圆弧半径的确定要兼顾有利于堰顶的闸门布置。在图 1-6 和图 1-7 中涡室进口前底板上都浇注折流坎(其中图 1-7 折流坎的 a 点要垫高一些)，用以防止涡室连接段出现负压，同时也起到改善涡室流态的作用。折流坎的设计见1.4.1.4 小节。在图 1-6(b)的涡室中应设置垂直导流坎，将在 1.4.1.3 小节作详细介绍。

1.2.4 短压力进水口与涡室连接结构

短压力进水口是泄洪洞最常用的一种进口与引水道连接体型，再通过引水道同涡室连接。由于进口溢流堰槛上水头较高，最大泄流量可达 3 000 m^3/s。进水口段顶部由 1/4 椭圆曲线($x^2/a^2+y^2/b^2=1$)构成，下接检修闸门门槽、收缩顶压板和弧形闸门，见图 1-8。进水口的结构尺寸是：顶部 1/4 椭圆曲线的轴心 O 点置于门槽下游边缘线上，椭圆长半轴 $a=(0.8\sim0.1)h$(h 为弧门处孔口高)，短半轴 $b=0.35a$，进口两侧椭圆曲线的短半轴 $b=(0.2\sim0.3)B$(B 为进口宽度)，长半轴 $a=3b$。顶部压板长度 $W=(0.4\sim0.6)h$。压板坡度同进口槛上水头 H_0 有关：当 20 m $<H_0<$ 40 m 时，压板坡度取 1∶5；当 $H_0\geqslant$40 m 时，取1∶4。引水道底坡 $i=0.02\sim0.05$。为了降低引水道弗劳德数，改善与涡室连接的流态，进口工作闸门尺寸的高宽比 $h/B>1.2$。短压力进水口泄流量简化计算公式：

$$Q=\mu Bh\sqrt{2g(H_0-h)} \tag{1-3}$$

式中 Q——弧门孔口泄流量，m^3/s；

Bh——孔口宽×高，m^2；

g——重力加速度，m/s^2；

H_0——进水口槛上水头，m；

μ——短压力进水口流量系数。

按图 1-8 设计进水口试验和按式(1-3)流量公式计算的流量系数 μ：当压板坡度为1∶4 时，$\mu=0.87\sim0.89$；当坡度为 1∶5时，$\mu=0.90\sim0.93$。也可以根据《水力学手册》设计进水口和计算流量系数。

1.2.5 长压力进水口连接涡室的结构

当短压力进水口槛上水头超过 50 m 以上，引水道的弗劳德数较大，致使涡室进口高宽比 >4 时，引水道末段边墙受外水压力影响可能发生变形。采用长压力进水口可使引水道出口断面的高宽比减少，但进水口闸门的尺寸要相应增大。长压力进水口的顶部和侧部椭圆曲线与短压力进水口相同，只是收缩压板坡度较缓，取 1∶5～1∶6，压板末端设置平板工作闸门，并增设通气孔，下游接压力引水道同涡室连接，在涡室顶部必须设置通气孔，见图 1-9。此型进水口连接体型适用于泄量≤3 000 m^3/s 的泄洪洞。

长压力进水口引水道底坡 $i\approx0.05$。流量系数除受进水口结构体型影响外，还受涡室进口水流局部阻力和引水道沿途摩阻力影响，要准确给出比较困难。在图 1-9 压力进水口与涡室连接形式和引水道长度 $L\leqslant200$ m 的条件下，有两种方法计算流量系数和流量：一种是按短压力进水口流量公式(1-3)计算，另一种是按有压管道泄流水力学方程计算。

(1)按短压力进水口流量公式计算流量系数和流量，其公式为：

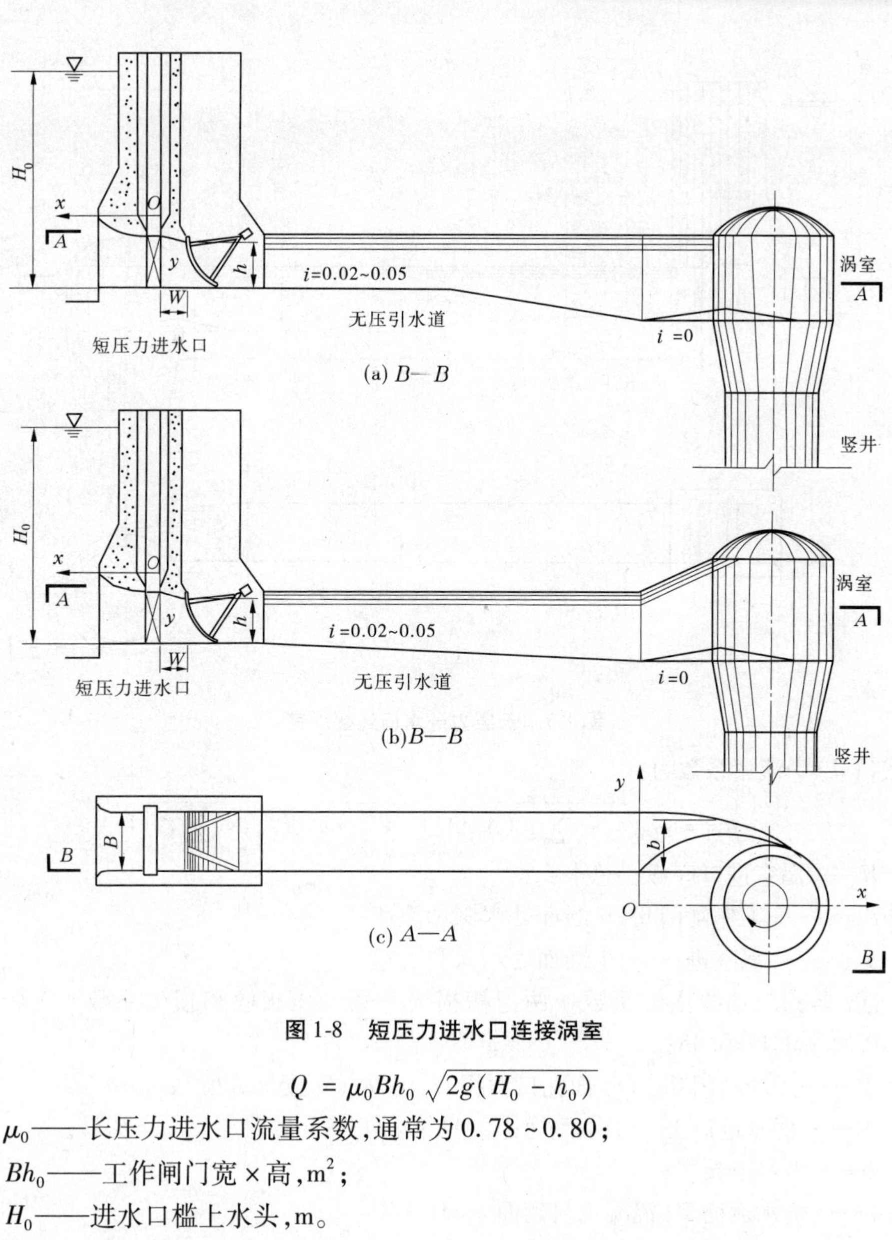

图 1-8　短压力进水口连接涡室

$$Q = \mu_0 B h_0 \sqrt{2g(H_0 - h_0)} \tag{1-4}$$

式中　μ_0——长压力进水口流量系数，通常为 0.78～0.80；

Bh_0——工作闸门宽×高，m^2；

H_0——进水口槛上水头，m。

（2）按有压管道泄流水力学方程计算：建立从进水口上游至压力引水道末端（即涡室进口）断面处能量守恒方程和连续方程，推导出流量系数。

能量守恒方程为：

$$H = \sum \zeta_i \frac{v_0^2}{2g} + \frac{2gLn^2}{R^{4/3}} \frac{v_1^2}{2g} + \sum \zeta_1 \frac{v_1^2}{2g} + h_1 + \frac{v_1^2}{2g} \tag{1-5}$$

连续方程为：

$$A_0 v_0 = A_1 v_1 \tag{1-6}$$

联解式（1-5）和式（1-6），可导出涡室进口处流量公式：

$$Q = \mu_1 B_1 h_1 \sqrt{2g(H - h_1)} \tag{1-7}$$

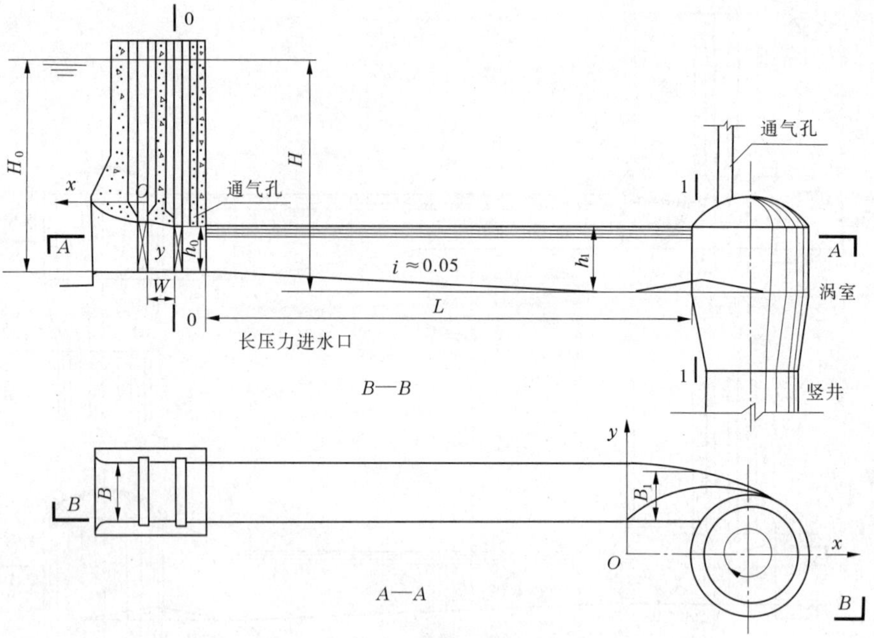

图 1-9　长压力进水口连接涡室

式(1-7)中流量系数为：

$$\mu_1 = 1/\sqrt{1 + \sum \zeta_i (A_1/A_0)^2 + 2gLn^2/R^{4/3} + \sum \zeta_1} \tag{1-8}$$

式中　H——涡室进口底板上总水头；

h_0、v_0——工作闸门 0—0 断面处水深和流速；

h_1、v_1——涡室进口 1—1 断面处水深和流速；

$\sum\zeta_i$ = 进口曲线损失系数 + 两门槽损失系数 + 压板收缩损失系数 $= 0.05 + 2 \times 0.15 + 0.1 = 0.45$；

A_0——工作闸门 0—0 断面孔口面积，$A_0 = Bh_0$（宽度 × 高度）；

A_1——涡室进口 1—1 断面面积（A_1 见第 1.4 节 ω 的确定），$A_1 = B_1 h_1$；

L——引水道长度；

n——引水道糙率（混凝土衬砌面 $n = 0.014$）；

R——0、1 两断面平均水力半径，$R = \left(\dfrac{A_0}{B + h_0} + \dfrac{A_1}{B_1 + h_1}\right)/4$；

$\sum\zeta_1$——涡室进口处局部损失系数，按图 1-9 连接结构试验确定出 $\sum\zeta_1 = 0.45$；

其他变量参考图 1-9 符号。

因为在流量系数式(1-8)的根号中，第 3 项沿程摩阻系数值较小，对流量系数影响不大。例如 $L = 10 \sim 200$ m 变化范围内，沿程摩阻系数值为 $0.007 \sim 0.105$，近似取 0.05，代入式(1-8)可估算流量系数：

$$\mu_1 = \frac{1}{\sqrt{1.5 + 0.45(A_1/A_0)^2}} \tag{1-9}$$

【例1】 某工程，涡室底板上总水头 $H=41.24\ m$，$A_0=12\ m\times 14\ m=168\ m^2$，$A_1=10\ m\times 23\ m=230\ m^2$（宽×高）。

解：估算流量系数：$\mu_1=\dfrac{1}{\sqrt{1.5+0.45\times(230/168)^2}}=0.653$

下泄流量：$Q=\mu_1 A_1\sqrt{2g(H-h_1)}=0.653\times 230\times\sqrt{2\times 9.81\times(41.24-23)}=2\ 841$（$m^3/s$）。

1.2.6 地下封闭式涡室的通气孔问题

对于地下引水道连接涡室的旋流竖井泄洪洞，为了保持涡室和竖井形成稳定的旋转空腔流态，使竖井壁面完全为正压，应向旋流空腔通气。特别是长压力进水口，因涡室前的引水道是有压的，无携带空气，故必须在涡室顶部设通气井向涡室通气。对于短压力进水口，一般引水道留出的裕幅可自然向涡室输气。但当引水道的弗劳德数 $Fr>2.5$ 时，水跃可能封堵涡室进口，引水道自身不能向涡室输气，此时也需要在涡室顶部设置通气井。

解决涡室输气可采取两种措施：一是将引水道末段的洞顶逐渐加高或将底板做成陡坡，使过流面积扩大，从引水道顶部空间供气（见图1-8）；二是在涡室顶部设通气井（见图1-9）。这里必须指出，由于涡室中旋流的中心略有偏移，为了有效地向涡室输气，通气井轴心的位置应从涡室轴心向上游方向平移 $0.2D$ 距离（D 为竖井直径）。

涡室通气井所需最大设计通气量与涡室进口的弗劳德数有关。当引水道与涡室的连接结构按上述原则设计后，通气量主要与泄流量有关，这样通气孔尺寸可近似表示为竖井直径的函数。我们通过许多工程模型试验结果证明，按下式计算通气井直径 d 都能满足涡室形成稳定的旋流空腔的需求：

$$d=0.2D \tag{1-10}$$

式中 d——涡室顶通气井直径；

D——竖井直径。

由于1.4.3的双圆弧涡室是开敞式结构，所以不需要通气设施。

1.3 竖井和涡室直径的确定

当进水口及其与涡室连接体型选定后，接着就要确定涡室和竖井直径。由于进水口和引水道宽度与涡室直径有一定关系，而涡室直径及涡室与竖井的连接尺寸都和竖井直径有关，所以首先要确定竖井直径。

不管是堰流进水口和短、长压力进水口，或是扇形堰和旋流喇叭形堰进水口，确定竖井尺寸的方法都是相同的。在同一流量下相应竖井直径基本上是相同的。短压力进水口的引水道通常为急流（超临界流），需要考虑弗劳德数的影响。

旋流竖井泄洪洞竖井中的水流是紧贴竖井壁旋转而下、竖井中间存在与大气相接的空腔的螺旋流。空腔断面在涡室与竖井连接处最小，称为喉部，这是整个泄洪洞最大下泄流量的控制断面。喉部空腔尺寸通常用相对空腔半径 $r'=r_a/R$ 表示（r_a 和 R 分别为最小旋流空腔半径和竖井半径）。

库芝聂左娃(Кузнецова)通过对经典涡壳型涡室的试验证明,在给定的设计流量下,当喉部相对空腔半径 $r'=0.4$ 时,竖井的尺寸最小,要再增加流量,则空腔迅速缩小,出现呛水(壅水)现象,使旋流竖井稳定的工作条件被破坏。杰恩(Jain)对引水道直接与竖井相切的旋流竖井试验结果,提出 $r'=0.5$ 时最有利。有了 r'值可推导出计算竖井直径的公式。

根据国外研究资料,结合我们对沙牌和溪洛渡等一些旋流竖井泄洪洞的试验结果,提出采用竖井虚拟弗劳德数 Fr_x 值作为判断旋流竖井喉部水流状态的判定准则,并以此作为旋流竖井直径的计算依据,具体方法如下。

对于给定的最大设计下泄流量 Q,试验并计算竖井的虚拟弗劳德数 Fr_x 值:

$$Fr_x = \frac{Q}{\sqrt{gD^5}} \tag{1-11}$$

式中 Fr_x——竖井虚拟弗劳德数;

Q——给定的最大设计流量,m^3/s;

D——竖井直径 ,m;

g——重力加速度,m/s^2。

如果 $Fr_x>1$,竖井与涡室的连接处会出现壅水现象,使实际最大安全下泄流量小于设计值,说明竖井直径选小了;如果 $Fr_x<1$,则竖井的泄流能力超过设计值,说明竖井直径选大了。只有 $Fr_x=1$ 时是竖井最佳的直径选择,恰好满足给定最大设计流量的要求。

从式(1-11)直接可得竖井直径的经验计算公式:

$$D = \left(\frac{Q^2}{g}\right)^{0.2}$$

在实际确定竖井直径时要乘以略大于 1 的安全系数 k 值,即:

$$D = k\left(\frac{Q^2}{g}\right)^{0.2} \tag{1-12}$$

式(1-12)适用于有、无引水道连接的任何涡室体型。安全系数 k 与进水口下游行进流的弗劳德数 Fr 有一定关系,但随 Fr 的增加很缓慢,根据许多工程的试验研究经验,建议按下式计算 k 值:

$$k = (Fr+1)^{0.035} \tag{1-13}$$

式中 Fr——引水道弗劳德数,可按工作闸门处孔口尺寸(宽 $B\times$高 h)计算,即:

$$Fr = \frac{Q}{\sqrt{gB^2h^3}}$$

一般经验,对于有压流引水道,$1.0<k\leqslant1.05$;对于无引水道平面扇形堰和旋流喇叭形堰进水口,$k=1$。

库芝聂左娃采用相对空腔半径 $r'=0.4$ 这一准则,给出计算竖井半径的 $R=f(Q)$ 关系曲线(见图 1-10)(图中将半径 R 换算成直径 D)。实际上,从该曲线可直接拟合出一个计算 D 的经验公式,这个公式同式(1-12)(取 $1.0<k\leqslant1.05$)基本一致。试验所采用的涡室模型是经典涡壳体型,涡室底部孔口边缘经修圆后直接与竖井连接的,涡室剖面见图 1-10。

杰恩采用引水道直接与竖井相切连接的体型,给出的竖井直径经验计算公式

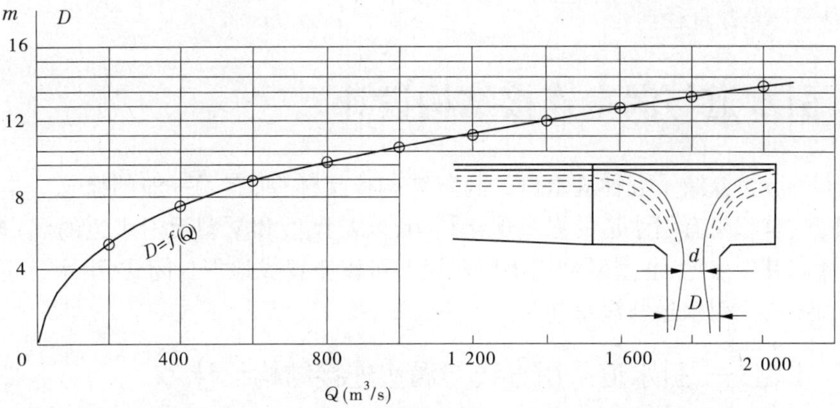

图 1-10　根据泄流量计算旋流竖井直径的曲线图

(取 $k=1$)和式(1-12)基本相同。

经典涡壳型涡室的竖井直径计算曲线和公式,是在涡室进口前行近流为缓流条件下得出的。黑格尔提出一种能适应急流的涡室与引水渠的连接体型,即在涡室内通过圆弧导流墙与竖井连接。引水渠行近流弗劳德数的试验范围为 $1.5<Fr<10$,给出的竖井直径经验公式:

$$D = 1.25\left(\frac{Q^2}{g}\right)^{0.2} \tag{1-14}$$

式(1-14)中的安全系数 1.25 可能是按引水道最大弗劳德数 $Fr=10$ 确定的,比较保守。在我们的大量试验研究中,涡室进口前皆为急流,全部涡室断面均采用单圆弧,并在涡室进口一侧设置垂直导流坎,涡室底板通过收缩段与竖井连接,收缩段长度不大于竖井直径。由于采用收缩段与竖井连接,使竖井进口处作用水头增加,这是安全系数 k 值减小的主要原因。

试验结果显示:当引水道的弗劳德数在 $1<Fr\leqslant5$ 范围内时,Fr 值越大,涡室进口段产生的水跃强度越大,使涡室进口水深增加。但涡室的旋转角动量变化不大,也就是说弗劳德数对 k 值的影响不显著。例如,沙牌泄洪洞涡室上游引水道 $Fr=2.04$,系数 $k=1.05$;瓦屋山泄洪洞 $Fr=4.53$,$k=1.10$;溪洛渡泄洪洞 $Fr=3.07$,$k=1.07$,引水道为满流时 $k=1.03$。通过增大泄流量试验结果,证明这些系数具有适度的安全性,特别是由于涡室同竖井采用收缩段连接,增加了泄流能力。

经典涡室底板都是直接同竖井连接的,水流收缩系数大,影响泄流能力。对于高水头采用短、长压力进水口时,为了保持竖井"喉部"的最大过流能力,同时便于对引水道底板与涡室连接处(跌坎)负压的控制和改善竖井流态,涡室下部应采用收缩段同竖井连接。

涡室直径 D_v 的确定取决于引水道同涡室的连接方式。

当引水道一侧边壁同涡室采用直线相切连接时(见图 1-11),取:

$$D_v = (1.35 \sim 1.4)D \tag{1-15}$$

当引水道一侧边壁同涡室采用 1/4 椭圆曲线相切连接时(见图 1-13),取:

$$D_v = (1.25 \sim 1.3)D \tag{1-16}$$

式中　D_v——涡室直径;

D——竖井直径。

1.4 引水道与涡室连接结构设计

在1.2节里介绍了五种进水口的涡室结构连接体型，有了一般的概念。本节分别对Ⅰ型、Ⅱ型、Ⅲ型带有引水道的涡室连接结构，以及Ⅳ型和Ⅴ型无引水道的涡室结构进行具体设计。其中Ⅰ型、Ⅱ型两种进水口和涡室可以布置成地下封闭式，引水道可相应变为长压力和短压力引水道与涡室连接。

1.4.1 Ⅰ型——引水道采用直线与涡室连接结构设计

此种涡室连接结构比较简单，但泄流能力要小一些，$Q < 500\ m^3/s$。涡室结构及连接形式见图1-11。为了使水流进入涡室内具有一定的旋转力矩（角动量），要求：

引水道水深与宽度比为：

$$h/B > 1.2 \tag{1-17}$$

涡室直径和进口宽度分别为：

$$D_v = (1.35 \sim 1.4)D \text{ 和 } e \leqslant 0.45D_v \tag{1-18}$$

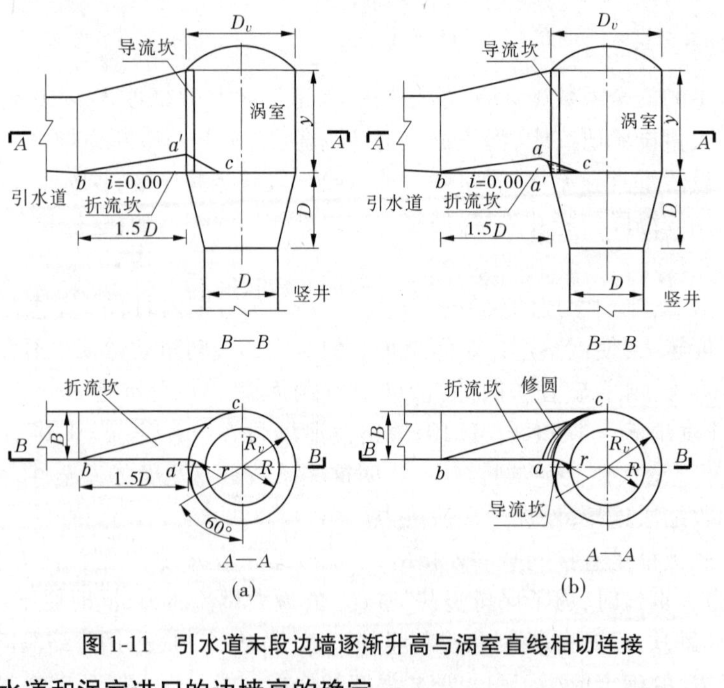

图1-11 引水道末段边墙逐渐升高与涡室直线相切连接

1.4.1.1 引水道和涡室进口的边墙高的确定

对于短压力进水口，引水道为无压超临界流，流速较大，需要考虑20%的裕幅空间，因此工作闸门后的洞高要比闸门高，即：

$$z = 1.25h \tag{1-19}$$

式中 z——闸门后的洞高；

h——闸门高。

涡室进口阻水会引起引水道和涡室中的水面波动或交界面上产生水跃，进而引起涡室中水流封顶出现壅水现象。为了防止封顶和壅水现象的产生，引水道末段 1.5D 长的洞顶应逐渐加高（见图 1-11），或洞底做成陡坡同涡室连接（见图 1-12），使涡室进口过流面积增加。过流面积的大小与引水道水流弗劳德数有关，弗劳德数越大，过流面积相应要增加较多。根据许多工程试验结果，涡室进口面积与高度按下式计算：

$$\omega = 1.25(1.25 + 0.1Fr)Bh \tag{1-20}$$

$$y = \omega / e \tag{1-21}$$

$$Fr = \frac{Q}{\sqrt{gB^2h^3}}$$

式中 ω——涡室进口过流面积；

y——涡室进口高度；

Fr——引水道弗劳德数；

Q——最大设计流量，m^3/s；

B、h——进水口工作闸门处孔口宽度和高度；

e——涡室进口实际宽度，$e \leqslant B$。

已知进水口闸门处孔口尺寸和弗劳德数，由式（1-20）和式（1-21）便可确定涡室进口面积 ω 和边墙高度 y 值。

对于溢流堰进水口下游接引水道情况，若已知溢流堰下引水道底板收缩水深为 h，同样可按式（1-19）~式（1-21）计算引水道进出口洞高。此时（收缩）水深 h 按下式试算求出：

$$q = \varphi h\sqrt{2g(H - h)} \tag{1-22}$$

式中 q——单宽流量；

H——从溢流堰下游底板算起总水头；

φ——流速系数，溢流堰边墙无收缩时，取 $\varphi = 0.9$。

对于长压力进水口，引水道为有压流，涡室进口前不存在水跃问题，这时和涡室进口的洞高及其面积都可以减小一些，按下式设计：

引水道进口洞高为： $$z = 1.05h \tag{1-23}$$

涡室进口面积为： $$\omega = 1.55Bh \tag{1-24}$$

1.4.1.2 收缩连接段设计

通常在涡室的下部用收缩段同竖井连接，连接段长度 $l \leqslant D$（D 为竖井直径）。设收缩连接段可调整涡室的不对称旋转流的流态，同时提高连接段低压区的压力。

1.4.1.3 涡室进口内壁的垂直导流坎设计

由于引水道与涡室偏心相切连接，涡室内的旋转流在进口处同入流交汇，易出现壅水现象，影响到泄流能力，所以需要在涡室进口入流与旋转流交汇的一侧设置垂直导流坎。导流坎的作用是，引导涡室的旋转流避开同入流直接相碰，即减小其与入流的交汇角。应特别指出，垂直导流坎应从涡室的顶部向下做到引水道末端底板上为止，不宜再向下延伸。导流坎圆弧的中心点在与涡室断面轴线成60°角的直线上，其半径 $r \approx 0.7R_v$（R_v 为涡室半径），见图 1-11（a）A—A 平面。

1.4.1.4 涡室进口前折流坎设计

在第2章水力学试验中将介绍涡室连接段存在负压问题,所以涡室进水口设计时要考虑消除负压的工程措施。首先以图1-11(a)为例来说明出现负压的区域和处理方法。负压一般出现在涡室进口圆弧 $a'c$ 段下部跌坎区,见 $A—A$ 平面图。这是因引水道水流进入涡室时,部分水流在重力作用下直接通过涡室进口跌坎降落,使水流与固壁边界分离产生负压。引水道流速越大,负压也越大。

根据引水道与涡室连接段的底坡不同,消除负压的措施有两种,下面分别介绍。

1)采用折流坎消除负压

当涡室连接段底坡较缓时,在涡室进口前底板上浇注混凝土折流坎,见图1-11中 $A—A$ 平面图,使引水道末段的水流偏向 c 点方向沿着涡室圆弧作旋转运动,穿过低压区,在离心力的作用下消除负压。

折流坎的结构设计参见图1-11(a),由 $a'bc$ 三点构成倾斜面是初始的折流坎。其中 bc 直线同涡室圆弧在 c 点相切(或向交),b 和 c 两点高程同涡室进口底板高程一致,a' 点是倾斜面的制高点,起初垫厚 $0.2D$(D 为竖井直径)。由于 $a'c$ 圆弧带有棱角,在施工过程趁着浇筑混凝土尚未干时将棱角抹成小圆弧(或倒角),使制高点移到 a 点,厚度减小到约为 $0.15D$,见图1-11(b)。倒角后的折流坎 b、c 两点高程仍保持不变。折流坎的施工比较简单,在折流坎区立几道钢模板浇筑混凝土,按模板抹平混凝土面即可。

2)采用圆弧连接减小负压

当涡室进口前底坡较陡时,可采用变半径圆弧曲线同涡室进口段底板连接以减小负压,见图1-12。只有最大圆弧半径不小于竖井直径时才能减小负压。由于变半径圆弧施工比较难,因此设计时应尽量考虑采用折流坎方案。

对于引水道与涡室直线相切连接情况,不管涡室进口底板设或不设折流坎,在涡室进口都要设置垂直导流坎,以避免因旋转流的阻水作用,影响到泄流能力。

关于引水道直线同涡室相切连接以及涡室设导流坎,连接段设折流坎的详细结构,还可以从以后的设计和计算例中进一步了解。

1.4.1.5 涡室顶部设置通气井

当引水道弗劳德数较大时($Fr \geqslant 2.5$),涡室进口的界面水跃可能封堵空气源,这时应在涡室顶部设置通气井向竖井供气,通气直径 $\phi = 0.2D$(D 为竖井直径),通气井必须设在涡室中轴线的上游 $0.2D$ 处才能有效地向竖井输气(见图1-12)。

1.4.2 Ⅱ型——引水道采用1/4椭圆曲线与涡室连接结构设计

此种连接体型的泄流能力要大一些,最大泄流量可以达到3 000 m^3/s,同时涡室的流态要比采用直线连接的好一些。

1.4.2.1 涡室及其与引水道连接段边墙设计

为了便于椭圆曲线与涡室连接的施工,引水道末段采用平底($i = 0$)同涡室连接。涡室断面直径采用下述公式计算:

$$D_v = (1.25 \sim 1.3)D \tag{1-25}$$

式中 D——竖井直径,按式(1-12)计算。

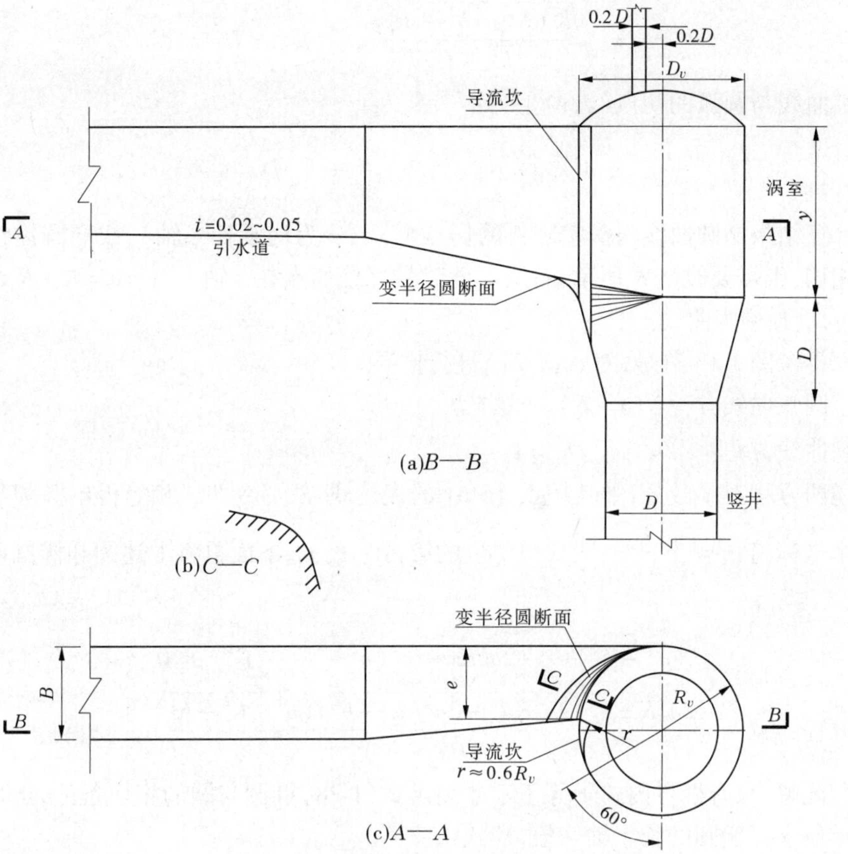

图 1-12　引水道末段底板为陡坡与涡室连接

对于短压力进水口,因引水道中水流为无压超临界流,其末端与涡室进口的交界面上存在水跃,故引水道进口的洞高按式(1-19)计算。涡室进口面积 ω 和边墙高度 y 的计算公式类似于式(1-20)和式(1-21),但略有差别。

$$\omega = 1.25(1.35 + 0.1Fr)Bh \tag{1-26}$$

$$y = \omega/e$$

其中 $e=(0.9\sim0.95)B$(椭圆曲线收缩影响的涡室进口宽度)。

长压力进水口引水道进口洞高和涡室进口面积要小一些,分别按式(1-23)和式(1-24)计算。

采用1/4椭圆曲线与涡室连接结构的设计(见图1-13)应遵守下述原则:

引水道中轴线与涡室圆心间距 $\Delta=(0.50\sim0.65)D_v$;椭圆中心与涡室圆心间距 $K=(0.5\sim1.0)D_v$(参看图1-13符号),要想涡室内不设垂直导流坎,在 Δ 括弧中取大值和 K 括弧中取小值;图1-32是涡室内不设垂直导流坎一例,但为了防止涡室进口跌坎段出现负压设置了折流坎。

椭圆短半轴 $b=\Delta+\dfrac{B}{2}$(B 为引水道宽度),椭圆长半轴按式(1-27)计算(公式推导于后):

$$a = \sqrt{\frac{b^2(K^2 + b^2 - R_v^2)}{b^2 - R_v^2}} \qquad R_v = D_v/2 \tag{1-27}$$

椭圆曲线与圆弧的切点(x,y)坐标：

$$x = a^2K/(a^2 - b^2) \qquad y = b\sqrt{1 - \frac{x^2}{a^2}} \tag{1-28}$$

若计算结果椭圆曲线与涡室圆弧的切点 $x > a$（a 为椭圆长半轴），或椭圆曲线同涡室圆弧不相切，则需要改变 K 值重新计算，此时最好使切点在 x 轴上，$x = a = K + R_v$，$y = 0$，增加 Δ 和 b，重画椭圆曲线。

下面参考图 1-13 符号，对式(1-27)进行推导。

涡室圆弧曲线方程：$(x-K)^2 + y^2 = R_v^2$

椭圆曲线方程：$x^2/a^2 + y^2/b^2 = 1$

上述两方程对 x 微分，求其切点 $\mathrm{d}y/\mathrm{d}x$ 的表达式，然后令两式相等得出椭圆与圆弧切点的一个坐标值：$x = \dfrac{a^2K}{a^2 - b^2}$，即式(1-28)的第一个式子，下面再将上述圆和椭圆两方程联立得二次方程式：

$$(a^2 - b^2)x^2 - 2a^2Kx + a^2(b^2 + K^2 - R_v^2) = 0$$

此方程的解：$x = \dfrac{2a^2K \pm \sqrt{(2a^2K)^2 - 4a^2(a^2-b^2)(b^2+K^2-R_v^2)}}{2(a^2-b^2)}$

判断此解，只有根号内式子等于零才满足式(1-28)椭圆与圆的相切条件，于是由根内式等于零便求得椭圆的长半轴 a 值，即式(1-27)。

1.4.2.2 收缩连接段设计

涡室下部仍然采用逐渐收缩段与竖井连接，收缩段长度 $l \leqslant D$（D 为竖井直径）。采用收缩段连接除调整涡室不对称的流态外，对连接段低压区也起到升压作用。

1.4.2.3 涡室进口内壁的竖导流坎设计

通常在涡室进口内一侧设置竖导流坎，以防止引水道的入流同涡室的旋转流直接交汇，产生壅水，降低泄流能力。请注意图 1-13 的导流坎上部不浇注到圆拱顶，其下部浇注到涡室进口底板为止。图 1-13与图 1-12 不同的是，导流坎的圆弧中心位于涡室的 x 轴线上，其圆弧半径 $r \approx 0.6R_v$。

为了减化涡室结构，改善涡室流态，也可以不设置竖导流坎，这时应取弧门的孔口高宽比 $h/B \geqslant 1.3$，涡室连接处的 $\Delta \geqslant 0.55D_v$，$K < 0.8D_v$，不能再按式(1-27)计算 a 值，因为椭圆与涡室两曲线可能不相切。要想相切连接，则令切点坐标 $x = a = K + R_v$，$y = 0$。例如图 1-28 中大样 A'—A'就是按 $\Delta = 0.6D_v$，$K = 0.6D_v$ 设计的，$a = 21.6$ m，$b = 17.4$ m，切点在 x 轴上。

1.4.2.4 涡室进口前折流坎设计

关于设置折流坎问题，其原理见 1.4.1.4，以图 1-13 为例，在涡室进口段底板上浇注折流坎 abc，其中 b 点和 c 点与底板齐平，而 a 点要垫高，a 是 abc 倾斜面的制高点，即 ac 坎修圆（倒角）后的 a 点增高 $0.15D$（D 为竖井直径）；ac 是圆弧坎的脊线，从 a 点沿 ac 线

的厚度逐渐减小到 c 点为 0(见图 1-13B—B 剖面)。折流坎的起始线 bc 为半径 R_z 的圆弧,其圆心位于同涡室圆断面竖轴成 20°~30°夹角的直线上,bc 的弧线可用直线代替。

折流坎的作用在 1.4.1 节已经讲过,这里再强调一下它的功能是:使水流避开直接穿过易产生负压跌坎,同时增加水流旋转半径和角动量,缩短螺距,使旋转流扫过低压区时产生离心力提高压力,达到消除负压的目的。另外,折流坎对改善涡室的流态也起到一定的作用。

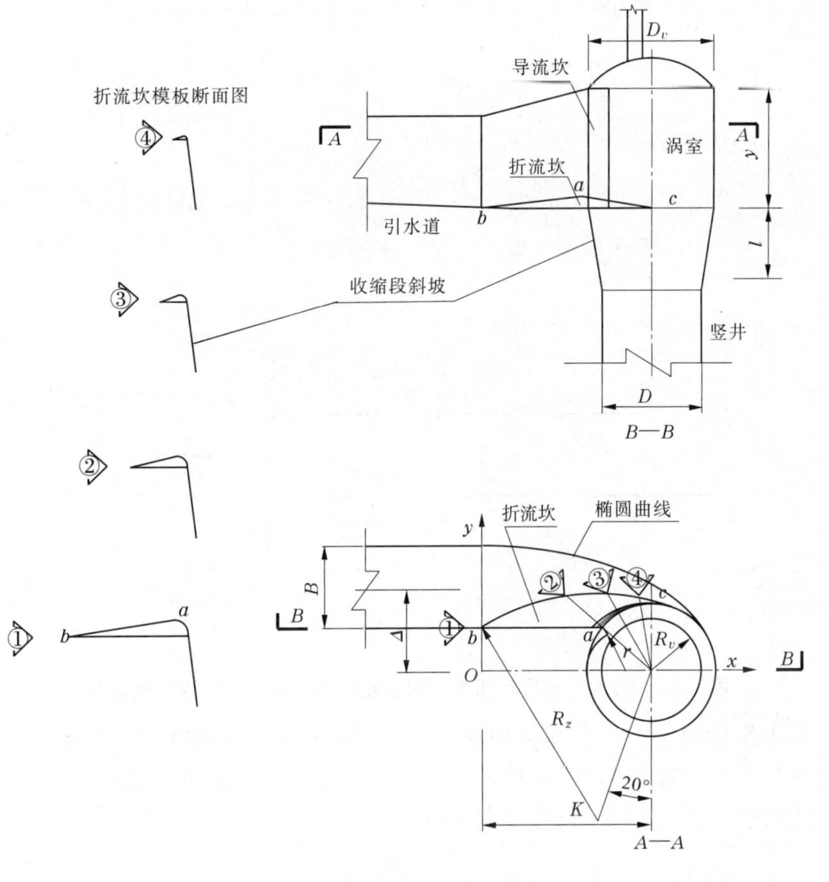

图 1-13　引水道采用椭圆曲线同涡室连接,涡室用收缩段同竖井连接

关于涡室与竖井连接段(跌坎)处出现负压以及如何通过设置折流坎消除负压的试验研究结果详见 2.5.2.2 小节。

折流坎的施工较简单,如图 1-13 A—A 剖面所示:立 1、2、3 和 4 个断面的钢模板,浇筑混凝土时按模板抹面即可。若将 bc 圆弧改成直线施工更简单。

另外,若引水道从进口到末端的洞顶均做成同一水平高度,洞顶不再在末段逐渐升高,这时将引水道末段底板做成陡坡,到涡室前改为水平底板,见图 1-14。这样做有利于椭圆曲线的连接及折流坎的施工。折流坎的设计施工与图 1-13 相同。

上面所介绍的椭圆曲线连接结构可用三段折线取代,即在椭圆曲线坐标上适当地选取 1、2、3、4 点的 x 值,计算出对应的 y 值,将 1、2、3、4 的 y 点连线可代表椭圆曲线,见

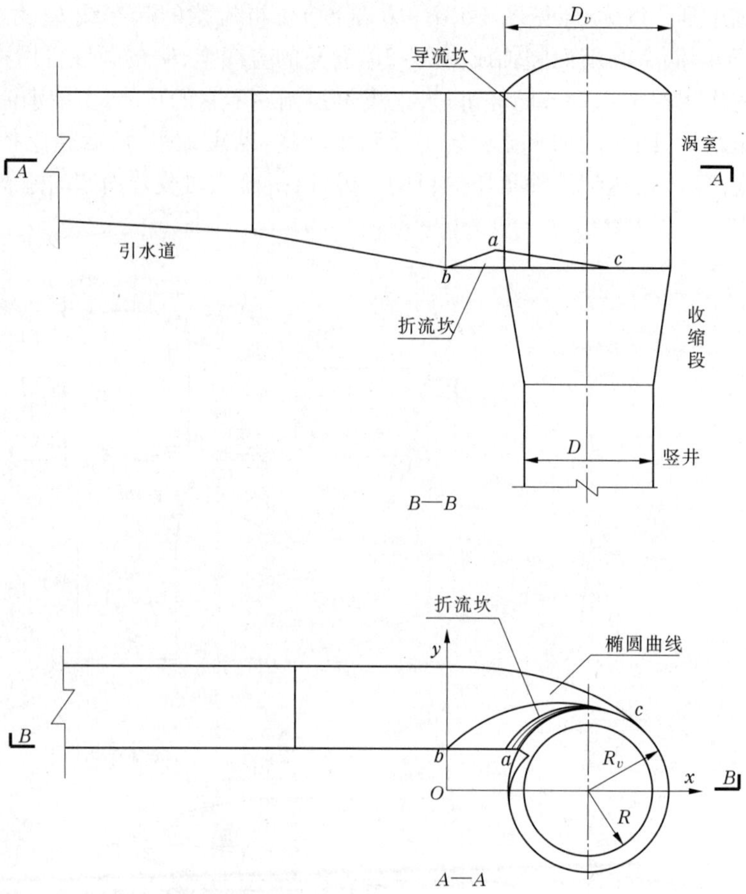

图 1-14　引水道末段底板为陡坡，涡室进口改为平底浇注折流坎

图 1-15。其中坐标点 1 为与引水道边墙的切点，即(0,b)(b 为椭圆短半轴)，而坐标点 4 为椭圆曲线与涡室圆弧的切点，按式(1-28)计算。采用直线段取代椭圆曲线将使施工大为减化，而减化后的结构不影响流量和流态。

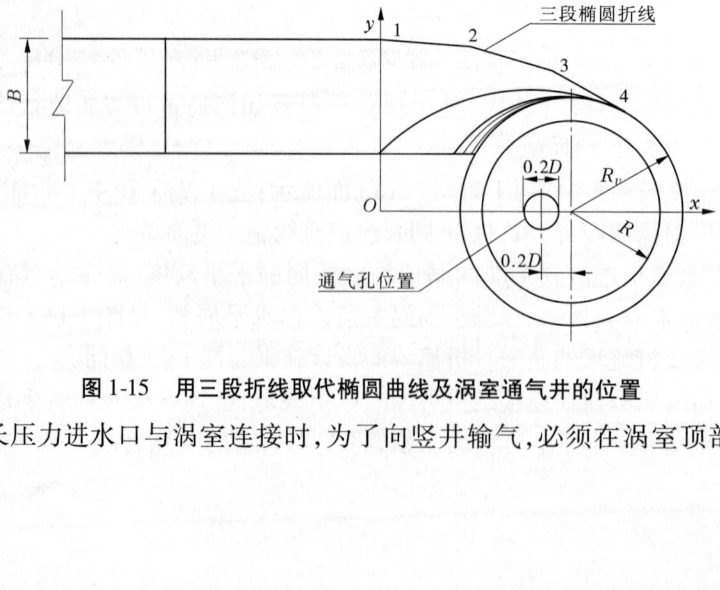

图 1-15　用三段折线取代椭圆曲线及涡室通气井的位置

当采用长压力进水口与涡室连接时，为了向竖井输气，必须在涡室顶部设置直径为

0.2D 的通气井,通气井的位置在涡室轴心上游 0.2D 处(见图 1-15)。

1.4.3 Ⅲ型——引水道与双圆弧涡室连接的结构设计

Ⅲ型进水口的形式和设计与上述Ⅰ型、Ⅱ型进水口两种有很多相似之处,下面通过一计算实例,简略介绍其各部分尺寸的选择。

首先根据最大设计流量计算出引水道宽度 B 和竖井直径 D 值,然后按下式计算涡室断面各部分尺寸:

$$\left.\begin{aligned}\Delta &= R\\ e &= 0.25B\\ R_2 &= \Delta + B/2\\ R_1 &= R_2 - e\\ \overline{ab} &= R_2\end{aligned}\right\} \tag{1-29}$$

式中符号意义见图 1-16(a)。其中 abc 为折流坎倾斜面,bc 点高程与底板相同,a 点应垫高 $(0.25 \sim 0.35)D$(D 为竖井直径),引水道水深越深,a 点越高。计算过程参考下面举例。

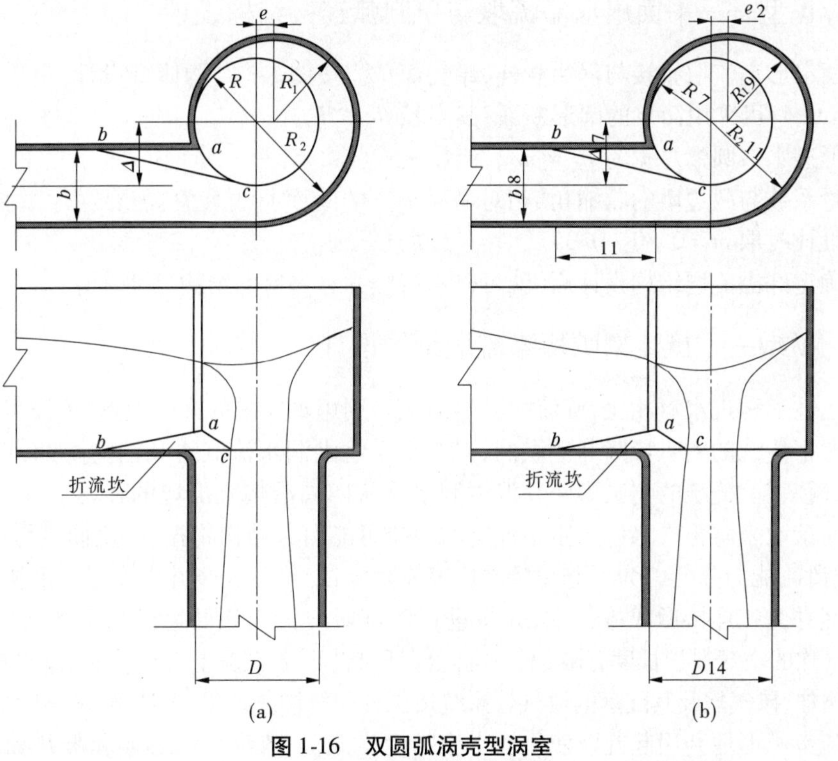

图 1-16 双圆弧涡壳型涡室

【**例 2**】 假设泄洪洞下泄流量为 1 950 m^3/s,采用短压力进水口,槛上水头 50 m,弧形闸门宽 8 m、高 10 m,引水道宽度 $B = 8$ m,计算出流量 $Q = 1\ 972\ m^3/s$,弧形门出流处 $Fr = 2.49$。

因为涡室双圆弧分别同竖井和渠道一边墙相切连接,涡室底部无收缩连接段,计算竖井直径的系数 k 值按式(1-13)计算,则:

$$k = (Fr + 1)^{0.035} = 3.49^{0.035} \approx 1.05$$

$$D = k\left(\frac{Q^2}{g}\right)^{0.2} = 1.05 \times \left(\frac{1\,972^2}{9.81}\right)^{0.2} = 13.8(\mathrm{m})$$

实取 $D = 14$ m，竖井半径 $R = 7$ m。

按式(1-29)引水道与竖井的轴间距：$\Delta = R = 7$ m；

半径 R_1 圆心位置：$e = 0.25B = 0.25 \times 8 = 2(\mathrm{m})$

涡室圆弧半径：

$$R_2 = \Delta + B/2 = 7 + 8/2 = 11(\mathrm{m})$$

$R_1 = R_2 - e = 11 - 2 = 9(\mathrm{m})$，折流坎边长：$\overline{ab} = R_2 = 11$ m。

折流坎 abc 倾斜面的 a 点要比前述Ⅰ型和Ⅱ型涡室的要垫高一些，$a = (0.25 \sim 0.35)D = (0.25 \sim 0.35) \times 14 = 3.5 \sim 4.9(\mathrm{m})$，$a$ 的大小还应根据引水渠道最大水深的深浅而相应地增减，由于渠道水深较大，约 10 m，取 $a = 4.5$ m。

折流坎使主流向 c 点方向流动，改善旋流流态，同时可消除 ac 段跌坎的负压。上述计算结果绘于图 1-16(b)。

1.4.4 Ⅳ型——平面扇形溢流堰与单圆弧连接结构设计

平面扇形溢流堰直接与涡室相连，结构简单。按图 1-3 结构体型设计，扇形溢流堰要求 $H/S < 0.4$，可采用简单的圆形断面，其半径 $R_y \leq H$。

扇形进水口圆弧总宽为 $R_2 \times \pi/2$，流量按式(1-2)计算。

流量系数与两边墩的收缩角、相对堰高和堰的断面曲线有关，需要通过试验确定，在可行性设计时取 $m = 0.30 \sim 0.35$。

在确定好溢流堰结构设计后，就可以进行竖井和涡室的结构尺寸计算。

1.4.5 Ⅴ型——旋流喇叭形溢流堰结构设计

与上述三种进水口相比，旋流喇叭形溢流堰利用水库中的开敞地形，不设引水道。它虽然脱胎于传统的喇叭形竖井泄洪洞，但在整个泄洪洞水流流态和消能防蚀机理上又完全是另辟蹊径。传统的喇叭形竖井泄洪洞水流从四周沿喇叭形堰的径向流入，一般都需要利用防漩墩来防止进水口产生不稳定的涡袋可能引起结构物振动、反向气爆(井喷)现象，防止泄流能力降低。为了避免竖井内壁发生空蚀，尚须在竖井内设置环形掺气坎或溢流堰与竖井突扩连接形成掺气坎，并从进口防旋墩向掺气坎处埋设若干条通气管掺气。由于掺气坎的空气保护长度有限，不一定能保证竖井下部不发生空蚀，同时竖井直径增大，工程量增加；掺气坎及其配套的通气管系统使工程的机构复杂化，设计、施工难度加大。

旋流喇叭形堰利用起旋墩使入堰水流产生旋流，水流绕喇叭形堰和竖井轴产生稳定的空腔的螺旋流运动。螺旋水流紧贴竖井壁，在喇叭形堰和竖井中心形成一条上下贯通的稳定气核。此气核与大气相接通，起到通气平压的功能，所以旋流喇叭形堰不需要另设掺气坎及其配套的通气管路系统。竖井中螺旋流的离心力能消减堰井壁面的负压，同时洞内利用来自竖井的掺气水流供给埋有掺气管的消力墩也可以避免消力墩空蚀，并能提高消能率，变涡害为涡利。

其竖井直径同传统泄洪洞设掺气坎的竖井直径比较略小一些，并且不用另设掺气装置和消力井（坑），工程量小，投资省，结构简单，施工方便。

只要潜水起旋墩的数量和墩高及其与喇叭形堰的连接角度设计合理，旋流喇叭形堰直径计算基本正确，就能满足最大泄量的要求，在任何洪水工况下竖井都不会发生壅水、反响气爆、空蚀和振动现象。特别是由于洞内消能率高，流速低，大大减轻出口冲刷和雾化现象，保护生态植被。

下面从几个方面对其设计作详细介绍。

1.4.5.1 旋流喇叭形溢流堰（无控制闸门）布置原则

旋流喇叭形溢流堰需在喇叭形溢流外侧布置起旋墩，水流是旋转进入溢流堰和竖井的。起旋墩的数量不能太少，也不宜过多，一般起旋墩的数量取 6～8 个较适宜。起旋墩的数量太少，要求连接角 θ 要更小；同时起旋墩需要很长才能产生有效的旋转流，这样会因墩子基础太长，受地形条件限制不易修建。起旋墩的数量过多，对过堰水流阻力增大，溢流堰流量系数减小，影响溢流堰的泄流能力。

当起旋墩的数目确定后，就可以开始在环形堰外侧布置起旋墩。根据所选起旋墩的数量在喇叭形堰外沿圆周上取相应数目的等分点，等分点对应的圆心角相等。将起旋墩的小尖头置于喇叭形堰外沿圆周上各等分点处，起旋墩内侧长边线沿与喇叭形堰外圆切线成 θ 夹角的直线方向布置。夹角 θ 一般以小于 15°角度为宜，这样可以使喇叭形堰和竖井产生有效的旋转流运动，消减溢流壁面的负压，防止发生空蚀。

若采用 8 个起旋墩，则从喇叭形堰轴心向外引 8 条夹角为 45°角的放射线与堰的外圆相交，起旋墩同喇叭形堰各交点的切线成 $\theta \leqslant 15°$ 角度连接（见图 1-4）。若布置 6 个起旋墩，则从喇叭形堰轴心向外引 6 条夹角为 60°放射线，其他布置与 8 个墩子的情况相同。

1.4.5.2 潜水起旋墩的提出及其水力学机理

喇叭形溢流堰堰上通常不设置闸门，堰顶高程即正常蓄水位（堰上水头一般控制在 $H \leqslant 5$ m），因此水位一超过堰顶就溢流。为了在堰顶小水深下能产生有效的旋转流，起旋墩的数量应当多，连接角 θ 要小。另外，为了保证最高设计水位条件下水流也能充分起旋，一般情况下起旋墩的高度要大于最高洪水位。但这种布置的流量系数小，会使在最高洪水位情况下的泄流能力不足。要想满足泄量的要求，必须扩大喇叭形堰平面直径，致使工程投资增加。

为了同时解决堰顶小水深的旋流强度和最高洪水位条件下的泄流能力问题，我们进行了大量的分析研究和试验。最后发现，降低起旋墩的高度使墩顶高程低于最高洪水位可以解决这一矛盾。由于这种起旋墩在最高洪水位条件下泄洪时被全部淹没于水下，故命名为潜水起旋墩。

潜水起旋墩的水力学机理：当水库水位高于堰顶开始溢流时，在小连接角起旋墩的导引下产生旋转流运动。这时水库水位较低，低于起旋墩墩顶高程（起旋墩未淹没），对应下泄流量较小，小连接角起旋墩能在小流量条件下将入堰水流充分起旋；当水库水位上升到高于起旋墩墩顶高程时，过堰水流可由起旋墩墩顶平面分为上下两部分：下层水流从起旋墩间流过，在起旋墩的引导下起旋；上层水流虽然无起旋墩的引导，但在下层旋转水流拖曳下做同步强力的旋转运动。由于上层水流不受起旋墩的制约，阻力减小，流量系数增大。同时,入流角度也因不受起旋墩的制约自动调节扩大,使得整个旋流喇叭形溢流堰在高水位条件下的泄流能力大大提高。

采用潜水起旋墩可以通过改变起旋墩的墩高来调节旋流喇叭形堰的泄流能力。在模型试验过程中,如果发现旋流喇叭形堰的泄流能力小于最大设计流量,可适当降低起旋墩墩高,便可满足最大泄量的要求;当旋流喇叭形堰的泄流能力大于最大设计流量,可将起旋墩略调高。一般试验流量与最大设计流量相差 ±20% 以内,均可以采用上述方法调节流量,以满足设计要求。

1.4.5.3 旋流喇叭形堰平面半径确定

在确定旋流喇叭形堰半径之前应首先要计算旋流竖井直径 D。

旋流喇叭形堰同竖井连接时,进水口的泄流量也按式(1-2)计算,式中 $B=2\pi R_L$ 代表堰顶圆周长(不计入起旋墩的数量和宽度),则旋流喇叭形堰流量公式:

$$Q = m2\pi R_L \sqrt{2g}H^{3/2} \tag{1-30}$$

流量系数 m 受潜水起旋墩的数量 n、墩与喇叭堰外缘切线的夹角 θ、相对堰顶水头 H/R_L、起旋墩的相对净高 z/H(z 为从堰顶算起的起旋墩的高度)、相对堰高 P/H 以及相对墩长 L/R_L 和墩宽 W/H 等的影响。流量系数 m 随着起旋墩与堰的切线夹角减小、墩的数量、堰顶相对水头、墩的相对净高的增加而减小。随着堰顶相对水头、墩的相对净高的减小、墩与堰的切线夹角、相对堰高的增加而增大。由于流量系数影响因素很多,所以很难确定。考虑到 H/R_L 对流量系数影响很大,如果将 n、θ、z/H、P/H、L/R_L、W/H 分别做出统一的规定值,则流量系数主要与相对堰顶水头 H/R_L 有关。为了便于计算,可将喇叭形堰流量公式(1-30)的等号右边先乘以 $R_L^{3/2}$ 再除以 $R_L^{3/2}$ 整理后得:

$$R_L = \left[\frac{1}{m2\pi\sqrt{2}(H/R_L)^{3/2}}\right]^{0.4}\left(\frac{Q}{\sqrt{g}}\right)^{0.4} = kD \tag{1-31}$$

$$k = \frac{0.417}{m^{0.4}(H/R_L)^{0.6}} \tag{1-32}$$

$$D = \left(\frac{Q^2}{g}\right)^{0.2} \tag{1-33}$$

式中 Q——最大设计流量;

H——堰顶最大设计水头;

R_L——喇叭形堰平面半径;

m——流量系数。

式(1-33)与前面 1.3 节确定旋流竖井直径的计算公式(1-12)基本相同,只是系数等于1。这表明喇叭形堰平面半径可以表示为旋流竖井直径的函数:

$$R_L = kD \tag{1-34}$$

式中 D——旋流喇叭形堰的竖井直径。

应再一次指出,因为喇叭形堰的堰顶高程即水库正常蓄水位,无闸门控制,必须考虑水库的利用效益。若堰上水头 H 或 H/R_L 值选大了,则由于堰顶水头增高,通过堰顶的弃水量增多,降低水库利用率或发电效益,因此堰顶水头 H 受到限制。通常堰顶水头 H 控制在:

$$H \leqslant 5\ \text{m}$$

若 H 或 H/R_L 值选小了，则喇叭形堰直径较大，开挖量大，增加工程投资；反之，若 H 或 H/R_L 取值太大，则堰上水头很高，喇叭形堰进口出现完全淹没流流态，不能形成稳定的空腔通气的螺旋流，对消能、防蚀和运行的稳定性都不利。因此，堰顶相对水头通常控制在：

$$0.2 < H/R_L \leq 0.7$$

1.4.5.4 旋流喇叭形堰流量系数 m 的确定

首先作如下规定：喇叭形堰外圆对称布置 8 个潜水起旋墩，起旋墩与喇叭形堰的外圆切线成 $\theta = 10°$ 的夹角连接，相对堰高 $P/H = 0.3$。

因为旋流喇叭形堰不会产生负压，所以断面曲线采用 1/4 椭圆曲线取代了传统复杂的高次曲线同竖井连接。

椭圆曲线公式为：

$$\frac{x^2}{a^2} + \frac{y^2}{b^2} = 1$$

其中长、短半轴 a 和 b 根据喇叭形堰半径 R_L 和竖井半径 R 来确定：

$$R = D/2$$

$$b = R_L - R \qquad 2.2b < a \leq 2.5b \tag{1-35}$$

椭圆曲线长半轴 a 的顶点即喇叭形堰的堰顶，再用半径 $r = 0.1D$ 的 1/4 小圆弧同堰顶相切连接，小圆弧的另一切线与地面垂直连接，成为喇叭形堰的外缘，见图 1-4。

优化后的潜水起旋墩结构的规定尺寸是：起旋墩的长度 $l \approx R_L$，宽度 $w \approx 0.35H$，潜水起旋墩的净高 z 从堰顶算起，墩高 $z \approx 0.7H$。其中，H 为最大堰上水深，在基本满足上述条件下，潜水起旋墩喇叭形堰的流量系数 m 的经验计算公式为：

$$m = 0.19 + 0.035(H/R_L)^{-1.5} e^{-1.5H/R_L} \tag{1-36}$$

为了便于对应各种泄流量条件下的喇叭形堰半径都能按式(1-31)计算，特制定表 1-1 供喇叭形溢流堰设计参考。表 1-1 中附注部分为采用式(1-36)计算旋流喇叭形堰的流量系数 m 的规定条件。

表 1-1　相应各种流量下喇叭形溢流堰的设计参数

最大设计流量 Q(m^3/s)	堰上相对水头 H/R_L	流量系数 m	R_L 的计算系数 k
3 000	0.23	0.415	1.432
2 500	0.25	0.382	1.411
2 000	0.28	0.345	1.370
1 500	0.31	0.317	1.333
1 000	0.39	0.270	1.239
550	0.58	0.223	1.054
400	0.65	0.215	0.999
300	0.70	0.211	0.962

注：起旋墩数量 8 个，起旋墩与喇叭形堰外圆切线夹角 $\theta = 10°$，堰高 $P \approx 0.3H$；潜水起旋墩净高 $z \approx 0.7H$，宽 $w \approx 0.35H$，长度 $L \approx R_L$，喇叭形堰断面曲线按式(1-35)计算。

这里需要特别说明，表 1-1 中与 Q 对应的 H/R_L 值并不是一成不变的，而是要根据地形条件，即开挖的工程量和堰上水头 H 的选取有关，需要通过经济比较来确定。

1.4.5.5 旋流喇叭形堰平面半径计算例

【例3】 计算3 000 m^3/s 流量的旋流喇叭形堰平面半径。表1-1中对应该流量的堰上相对水头 $H/R_L = 0.23$，系数 $k = 1.432$，竖井直径按式(1-33)计算：

$$D = (\frac{Q^2}{g})^{0.2} = (\frac{3\ 000^2}{9.81})^{0.2} = 15.6(\text{m})$$

旋流喇叭形堰半径按式(1-34)计算：$R_L = kD = 1.432 \times 15.6 = 22.34(\text{m})$，需要的堰上水头：

$$H = 0.23 \times 22.34 = 5.14(\text{m})$$

H 略大于通常的限制值5 m，应属允许范围。

对于人员稀少的边远山区修建多年调节大型水库的泄水建筑物（如西线调水工程），为了减少工程开挖量，设计时牺牲一些水库利用效益，可以考虑降低堰顶高程允许堰上水头 H 超出限定值。现仍以3 000 m^3/s 流量为例，这时堰上水头要大一些，如取 $H/R_L = 0.28$，按式(1-36)计算流量系数 $m = 0.345$，按式(1-32)计算 $k = 1.37$，则喇叭形堰半径：$R_L = 1.37D = 1.37 \times 15.6 = 21.37(\text{m})$，需要堰上水头：$H = 0.28 \times 21.37 = 6(\text{m})$。

上述计算结果可以看出：在设计泄流量(3 000 m^3/s)不变的情况下，最大堰上计算水头增加0.86 m，而喇叭形堰计算半径减少还不到1 m（即减少4.3%）。这表明，对于大泄流量，想要通过增加堰上水头来减少喇叭形堰的尺寸是不合算的。但对中小流量是有利的，在例2中将会提到。

【例4】 通常在设计喇叭形竖井泄洪洞时，水库最高洪水位和堰顶高程已定，即给定最大设计泄流量 Q 和堰上最高水头 H，再计算竖井和喇叭形堰直径。

例如给定 $Q = 1\ 000\ m^3/s$，$H = 4$ m，要求设计喇叭形堰直径。首先从表1-1查得相应1 000 m^3/s 流量的 $H/R_L = 0.39$，$k = 1.239$，按式(1-33)计算竖井直径：

$$D = (\frac{Q^2}{g})^{0.2} = (\frac{1\ 000^2}{9.81})^{0.2} = 10(\text{m})$$

按式(1-34)计算喇叭形堰半径：$R_L = kD = 1.239 \times 10 = 12.4(\text{m})$

堰顶水头：$H = 0.39 \times R_L = 0.39 \times 12.4 = 4.84(\text{m})$

计算结果 $H > 4$ m 超过设计要求值，需要重新计算。要想降低 H 值，必须减小堰顶相对水头，经过几次试算结果，取 $H/R_L = 0.31$，按式(1-36)计算流量系数：

$$m = 0.19 + 0.035(H/R_L)^{-1.5}e^{-1.5H/R_L} = 0.19 + 0.035 \times 0.31^{-1.5}e^{-1.5\times0.31} = 0.317$$

$$k = \frac{0.417}{m^{0.4}(H/R_L)^{0.6}} = \frac{0.417}{0.317^{0.4} \times 0.31^{0.6}} = 1.333$$

$$R_L = kD = 1.333 \times 10 = 13.33$$

$$H = 0.3 \times 13.33 = 4(\text{m})$$

满足了设计要求。

从例4可看出，在相同流量($Q = 1\ 000\ m^3/s$)下，取 $H/R_L = 0.31$ 时，堰上水头 $H = 4$ m，$R_L = 13.33$ m；如果想要减小喇叭形堰半径，得增加堰顶水头和相对水头，如起初取 $H = 4.84$ m和 $H/R_L = 0.39$，则喇叭形堰半径 $R_L = 12.4$ m。结果堰顶水头增高0.84 m，喇叭形堰半径减少了 0.93 m(即减少了 6.8%),从减少工程开挖量的角度来看是有利的。

【例5】 表 1-1 中未给出 300 m^3/s 流量以下的计算参数,可以参考 300 m^3/s 流量的参数设计。例如设计 150 m^3/s 流量的喇叭形结构尺寸。若取 $H/R_L=0.7$,则 $m=0.211$, $k=0.962$,按式(1-33)计算 $D=4.7$ m,$R_L=kD=0.962\times4.7=4.52$(m),$H=0.7\times4.52=3.16$(m)。若根据设计要求堰上水头 H 需要降低,则相应的 H/R_L 值也要减小,重新计算。

由于流量系数的经验公式不精确,根据上述式(1-32)~式(1-36)计算和设计的喇叭形堰结构尺寸,若模型试验结果泄流量与最大设计流量值出现一些差异,这时只需调整起旋墩的高度(即改变墩顶的淹没深度),就可以满足最大设计泄流量的要求。

调节墩高的原则是:试验结果流量小了就降低墩高;流量大了就增加墩高(增减墩高的大小要根据与设计流量的差值而定)。这是因为墩子降低淹没水深增高,上部水流自动将入流角度调大增加泄量,反之墩子加高时可调节的水量较少,减少泄流能力。

【例6】 以广东清远抽水蓄能电站下水库旋流喇叭形竖井泄洪洞为例:最大设计流量 $Q=534.2$ m^3/s,原设计给定喇叭形堰半径 $R_L=8$ m 和堰上最大水头 4.75 m,$H/R_L=0.594$,竖井直径按式(1-33)计算得:$D=7.8$ m。

统一规定潜水起旋墩的数量 $n=8$,墩与堰外缘切线夹角 $\theta=10°$,$z/H=0.75$,$P/H=0.3$,$L/R_L=1$,$W/H=0.35$,试验结果:$H/R_L=0.48\sim0.60$,试验流量系数接近一常数 $m\approx0.223$。

将试验的 m 值和各种不同的 H/R_L 值代入式(1-32)计算结果,相应的 $k=1.18\sim1.03$,这表明:在上述 H/R_L 和 m 条件下喇叭形堰半径 $R_L=(1.18\sim1.03)D$。

竖井直径已定,若系数 k 值取大了,则 R_L 值也大,不经济。对于清远喇叭形堰最大流量 $Q=534.2$ m^3/s,实际竖井直径按 $D=8$ m 设计,取 $k=1.03$,于是按式(1-34)计算喇叭形堰半径:$R_L=kD=1.03\times8=8.24$(m),实际上喇叭形堰半径仍按 $R_L=8$ m 进行模型设计和试验。

在起初试验时起旋墩净高(从堰顶算起)取 3 m,试验最大泄量 603.6 m^3/s,比校核流量大 13%,后来将起旋墩净高增至 3.5 m, $z/H=0.737$,试验结果满足最大设计流量要求。

喇叭形竖井泄洪洞受堰上水头的限制,也限制了泄流能力,但是如果将喇叭形堰堰顶高程降低,在堰顶上设置环形闸门增加堰上水头,这时也能修建大流量的泄洪洞。例如,将堰顶高程降低 2.5 m,堰顶设 2.5 m 高的环形闸门,闸门顶为正常蓄水位。这时要想设计 2 000 m^3/s 大流量的喇叭形堰直径,可由 37 m 减少到 30 m,请见 6.6 的算例。若堰顶降低 3 m,闸门为 3 m,则喇叭形堰直径将减小到 25 m 以下。这能使喇叭形堰竖井具有更广泛的应用前景。

1.5 竖井与出水洞(原导流洞)的连接及附加消能工设计

由于竖井与出水洞的断面面积大小不同,竖井与出水洞有各种连接方式。例如,竖井直接同洞顶相贯连接,见图 1-17~图 1-20,以及隧洞与竖井边壁相切连接,或相贯连接等,见图 1-21 和图 1-22。当采用图 1-22 的方式连接时,应对衔接的棱角进行倒角,以减小脉动负压的尖峰值。

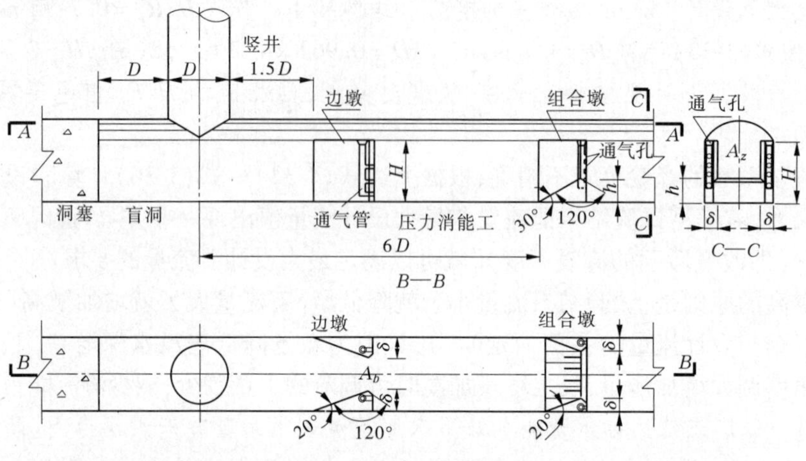

图 1-17　出水洞设边墩和组合墩(导流洞断面面积 > 竖井断面面积)

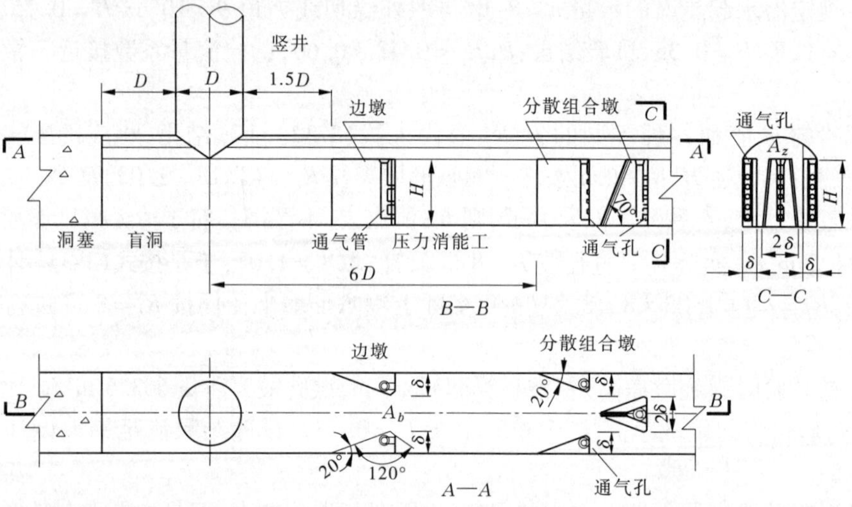

图 1-18　出水洞设边墩和分散组合墩(导流洞断面面积 > 竖井断面面积)

水流通过涡室旋转运动,在竖井中形成紧贴竖井井壁而下的螺旋流,在竖井下部形成环状水跃和水垫层。环状水跃和水垫层中气、水掺混,紊动消能,其消能率不到 60%,还满足不了下游消能的要求。对于 100 m 水头的泄洪洞,洞内尚有将近 25 m/s 的流速。所以,需要在出水洞内修建附加的消能设施用以增加消能率。工程中常用的附加消能设施有消力井、消力池、出水洞出口设置挑流坎和洞内压力消能工四种,现分析如下:

(1)开挖消力井。即在竖井底板下开挖消力井。对于旋流竖井而言除旋流消能外,水流主要通过环状水跃在水垫层内水气混掺紊动消能,由于竖井下部存在水垫层,再开挖消力井所增加的消能率微不足道,小于 1.5%。除非将竖井下部直径收缩产生高速射流进入消力井,并要求消力井直径和井深均大于 2.5 d 时(d 为射流直径),消能率才能有明

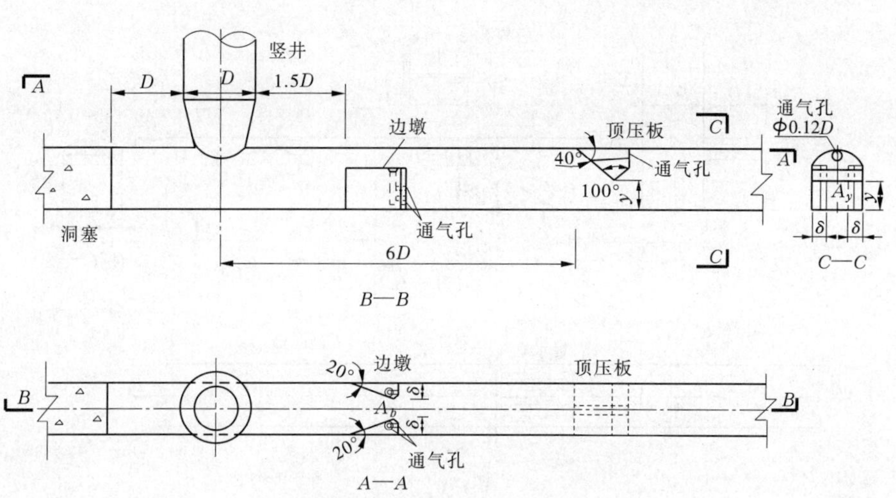

图 1-19　出水洞设边墩和顶压板

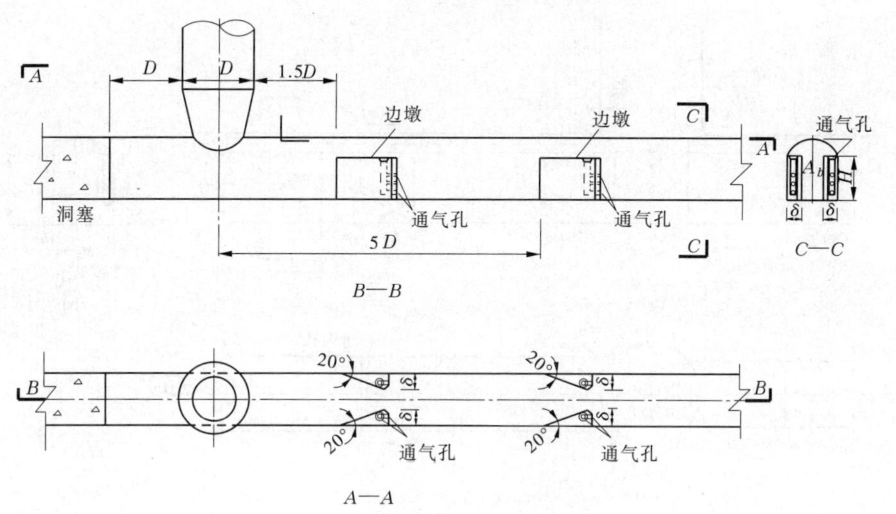

图 1-20　出水洞设两排边墩

显增加。另外，开挖消力井的工程量较大，施工除渣比较困难，不经济；同时导流过后的二期工程量较大，施工紧张。关于此问题将在第 7 章沙牌旋流竖井泄洪洞总结中进一步说明。

(2)开挖消力池。即在出水洞洞内或洞外开挖消力池。这对于高水头、大流量的泄洪洞，要求消力池又长又深，工程量较大，不经济。

(3)出水洞出口设置挑流坎。这将会引起河床冲刷和雾化现象，但由于挑流速度已降低(小于 30 m/s)，雾化的范围和降雨强度将会有所降低。

(4)洞内压力消能工。这是在靠近竖井一段洞内修建的消能设施，它是由各种消力墩或消力墩加顶压板构成的，在出水洞内进口段形成压力消能工。由于竖井下来的水流掺混大量空气进入洞内，对防止消力墩空蚀和加大消能力度十分有效，同时工程量较小。

大量试验表明，采用竖井旋流消能和洞内压力消能工能够满足消能防冲的要求，使泄

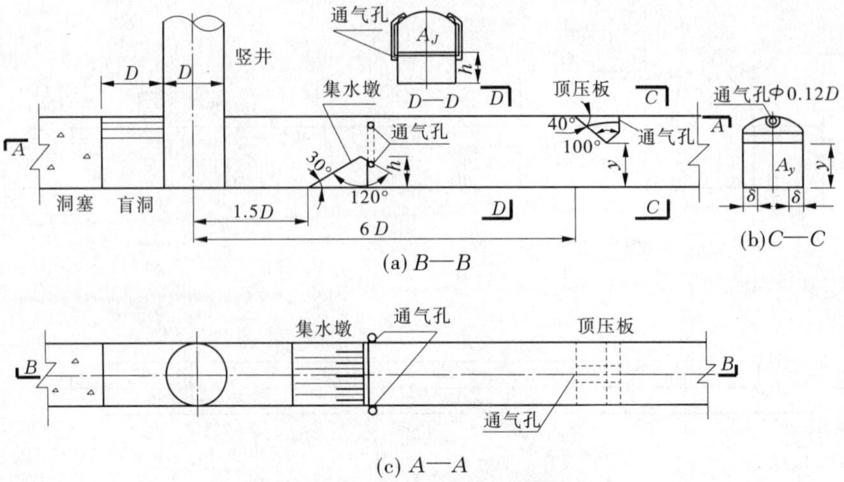

图 1-21　出水洞设集水墩和顶压板

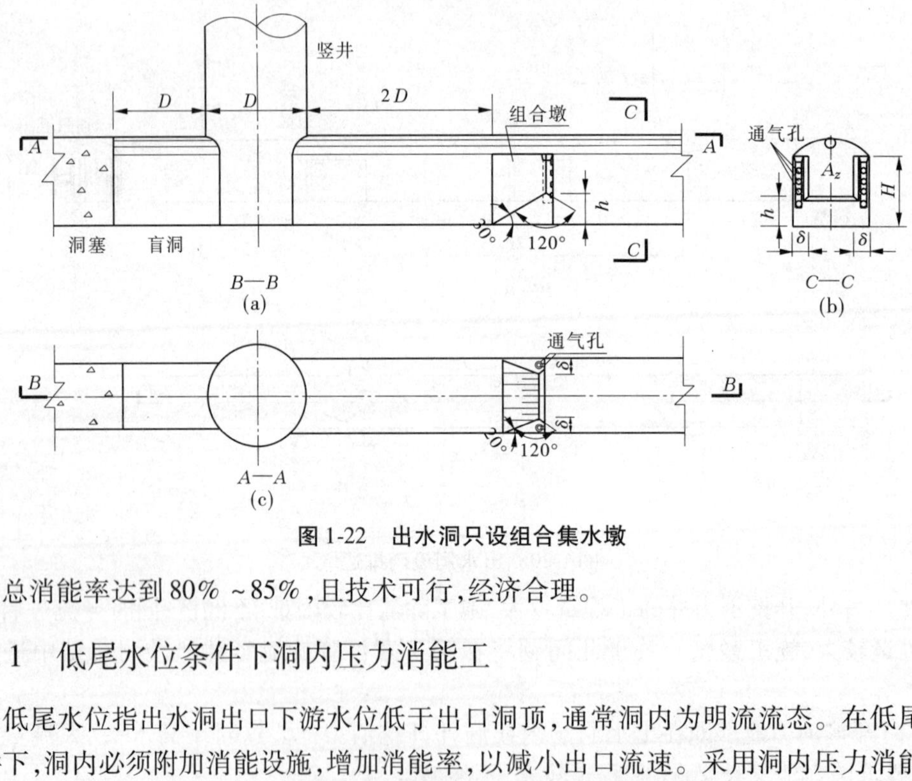

图 1-22　出水洞只设组合集水墩

洪洞总消能率达到 80% ~85%，且技术可行，经济合理。

1.5.1　低尾水位条件下洞内压力消能工

低尾水位指出水洞出口下游水位低于出口洞顶，通常洞内为明流流态。在低尾水位条件下，洞内必须附加消能设施，增加消能率，以减小出口流速。采用洞内压力消能工方案工程量较小，消能率较高。根据进水口有无闸门装置两类情况，洞内压力消能工常用的有 A、B、C、D、E、F、G 七种类型，现在按进水口有无控制闸门分别介绍如下。

1.5.1.1　进水口有控制闸门情况

有闸门控制的泄洪洞运行时通常泄量较大，在竖井下段都能形成环状水跃和水垫层，所以在洞的进口处能保持一定深度的水垫，防止水流冲蚀竖井底板。根据出水洞（即导流洞）截面面积大小可分 A 型、B 型和 C 型三种布置体型。

(1)A 型。出水洞截面面积大于竖井截面面积时,在洞的进口段 $L=6D$(D 为竖井直径)长度内,相间设置两排自带通气管掺气的消力墩,其中前排为三角体边墩;后排为三角体组合墩(边墩+中墩),构成压力消能工。两边墩的厚度和中墩的高度做得大一些,见图 1-17,使边墩后产生立轴旋涡,和中墩后产生纵向旋滚流,增加消能效果。加上竖井旋流和环状水跃,整条泄洪洞洞内总消能率达 85%,也可以将组合墩改成分散组合墩,这样施工时便于交通,见图 1-18。分散组合墩只适于在直线洞的水垫塘内修建。

(2)B 型。出水洞截面面积和竖井截面面积相近,取消图 1-17、图 1-18 的前排边墩,只在距竖井轴 $4D$ 处浇注一排组合墩(或分散组合墩),总消能率达 80%。

(3)C 型。出水洞截面面积小于竖井截面面积时,前排为边墩,后排改成顶压板,见图 1-19,总消能率接近 80%;也可以前后排均采用边墩(见图 1-20),总消能率可达到 80% 以上。

1.5.1.2 进水口无控制闸门情况

旋流喇叭形竖井泄洪洞堰顶不设置闸门,堰顶高程即正常蓄水位。由于洪水位一超过堰顶就自动泄流,泄洪洞经常在小水位下运行,竖井下不易形成水垫层,水流直接冲蚀底板。为了避免冲蚀底板,下面分别介绍几种适用于工程实践的四种布置体型:

(1)D 型。在距竖井轴 $1.5D$ 长的洞内横向浇注集水消力墩,下游再设置顶压板,构成压力能工(见图 1-21)。为了防止集水墩和顶压板下游出现较大的负压引起空蚀,两者均需从洞顶埋设通气管掺气,详细的细部构造见图 1-21。此种布置总消能率接近 80%。

(2)E 型。将简单的集水墩改成组合墩(边墩+中墩),不设顶压板,见图 1-22。施工时先浇注两边墩,最后浇注中墩。此种布置总消能率可达 80%。

(3)F 型。为了防止小流量时冲蚀竖井底板和改善施工环境,也可以在竖井下开挖集水坑,同时将组合墩改换边墩(或分散组合墩),下游设顶压板,见图 1-23。此种布置的总消能率达 80%。

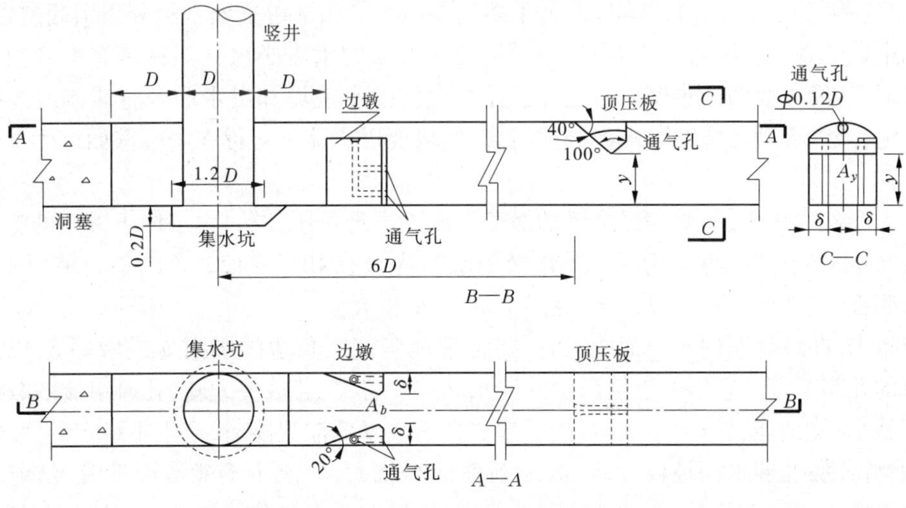

图 1-23 竖井下开挖集水坑出水洞设边墩和顶压板

(4)G 型。若出水洞断面比竖井断面大,泄洪洞总水头高,要求消能率高。可参考

图1-17设置两排消力墩，为了竖井很快地形成水垫，调换两排墩的位置，将边墩放在下游，组合墩放在上游。此种布置总消能率也可达85%。

上述压力消能工不外乎是在底板和边墙浇注三角体墩及在洞顶设置类似于三角体的压板构成的，这些凸形结构物的背水面都会产生负压，为了避免出现气化压力引起空蚀和为了增加消能效果，必须向消力墩的背水面掺气。以往是在进水口上设通气孔沿着竖井边壁埋设通气管道或开挖通气井至洞顶掺气。这些做法不仅增加工程量，同时使施工复杂化。试验表明，旋流竖井的环状水跃掺混大量空气，形成气水混合体流入洞内，大量气泡向洞顶漂移，靠近竖井一段的洞顶掺气浓度超过50%。基于这种洞顶携带大量空气的实情，本书结合消力墩结构体型创造出洞内自掺气设施，取代了上述复杂的通气管道或通气井。根据消力墩的结构不同，一般洞内自掺气设施有以下四种：

(1)顶压板自掺气设施。这是在顶压板内沿纵向埋设通气短管，将上游气水混合体经短管将空气弥散到压板下游，见图1-24(a)。清远泄洪洞的试验证明掺气效果较好，消除了压板后的负压，使压板下游形成平稳的明流流态，研究成果被工程设计采用。

(2)边墩自掺气设施。出水洞两边墩是三角形断面的竖墩，墩高 H 等于出水洞的边墙高(洞顶留有空间)，从边墩顶部向下埋设竖管，再沿竖管连接几个岔管至边墩的背水面(作为掺气孔)，见图1-24(b)。其掺气原理是，在边墩下游产生立轴负压旋涡，从洞顶通过管道吸入空气，可减轻负压并掺入大量空气。

(3)组合墩自掺气设施。对于由边墩+中墩的组合墩，也是从边墩顶上埋设竖管，沿竖管连接若干支管，分别为边墩和中墩坎后输气，见图1-24(c)。在组合墩埋设通气管时，要特别注意：通气支管出口必须紧靠在边墩和中墩的挑坎(倒角)附近，才能发挥掺气的效果。

(4)分散组合墩自掺气设施。分散组合墩为边墩+平顶金字塔形的中墩(迎水面倾斜小圆头与水平成70°角，背水面是垂直梯形平面)，边墩和中墩各埋设一根竖管，接若干水平支管(掺气孔)，见图1-24(d)。为了防止中墩小圆头下游壁面水流分离引起空蚀，对边墩和中墩的布置间距有严格要求：边墩沿迎水坡面的水流必须交汇在紧靠中墩墩头的下游壁面上，使中墩两迎水壁面永远为正压。应注意水垫塘和出水洞为直线洞时才能采用分散组合墩，否则在弯洞段内建分散组合墩，可能因水流不对称在中墩壁面产生负压引起空蚀。

为了避免顶压板、边墩和组合墩的墩角下游面出现负压，同时为了便于墩角的施工和防止被高速水流冲蚀，将上述所有三角墩的墩角均做成100°~120°角的小斜坡(倒角)，然后与底板、边墙或洞顶垂直连接，见图1-24中结构大样。

应指出，在设计洞内压力消能工时，要合理地确定三角墩的墩高 h 或墩厚 δ，以及顶压板下的孔高 y 等。它们的取值与墩的迎水面坡度有关，若坡度太陡，孔口出流的收缩断面面积就小，使消能工压力增加，可能引起竖井壅水降低泄流能力，产生不稳定的涡袋，引起结构物振动；若迎水面坡度太缓，收缩断面面积就大，消能工不能形成满流，消能率下降。为了便于设计，对迎水面坡角作以下规定：中墩和边墩三角体的迎水面坡与底板和边墙的夹角分别等于30°和20°，而顶压板迎水面坡与水平夹角等于40°~45°，见图1-24。

组合墩的中墩高 h 和边墩厚 δ 值由过流面积 A_z 确定；边墩厚 δ 值由过流面积 A_b 确

定;集水墩的墩高 h 值由 A_J 确定,而顶压板下的孔高 y 由 A_y 确定。在上述迎水面坡角固

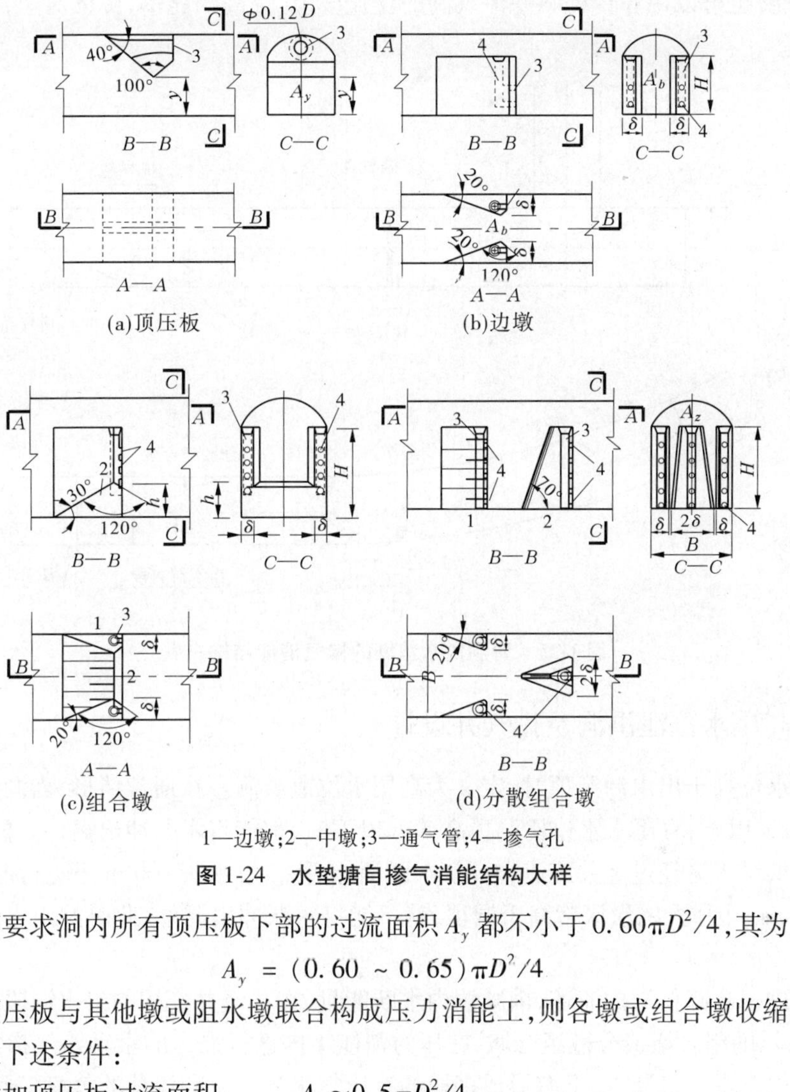

1—边墩;2—中墩;3—通气管;4—掺气孔

图 1-24　水垫塘自掺气消能结构大样

定的条件下要求洞内所有顶压板下部的过流面积 A_y 都不小于 $0.60\pi D^2/4$,其为:

$$A_y = (0.60 \sim 0.65)\pi D^2/4 \tag{1-37}$$

如果顶压板与其他墩或阻水墩联合构成压力消能工,则各墩或组合墩收缩处的过流面积应满足下述条件:

集水墩加顶压板过流面积:　　$A_J \approx 0.5\pi D^2/4$　　(1-38)

边墩加组合墩过流面积:　　$A_b \approx A_z \approx 0.55\pi D^2/4$　　(1-39)

边墩加顶压板(或加边墩)过流面积:$A_b \approx 0.5\pi D^2/4$　　(1-40)

式中　D——竖井直径;

A_y——顶压板下过流面积;

A_J——集水墩顶过流面积;

A_b——边墩中部和上部面积之和;

A_z——组合墩中部和上部过流面积。

关于分散组合墩可按边墩收缩面积的控制大小来设计边墩厚度 δ,其中墩底宽 $\approx 2\delta$。

若竖井轴位于导流洞的弯段内,在此情况下水垫塘(压力消力工)的最后一道墩或顶压板应设在导流洞直段的始端(见图 1-25),以保证下游明流流态平稳。如果水垫塘在弯

洞内,可将分散组合墩的中墩改成连续挑坎(见图 1-25)。这种掺气消能组合墩(坎),既防蚀又消能,也可以用在传统斜井泄洪洞的反弧段上,提高消能率,降低流速,减轻出口雾化的强度。

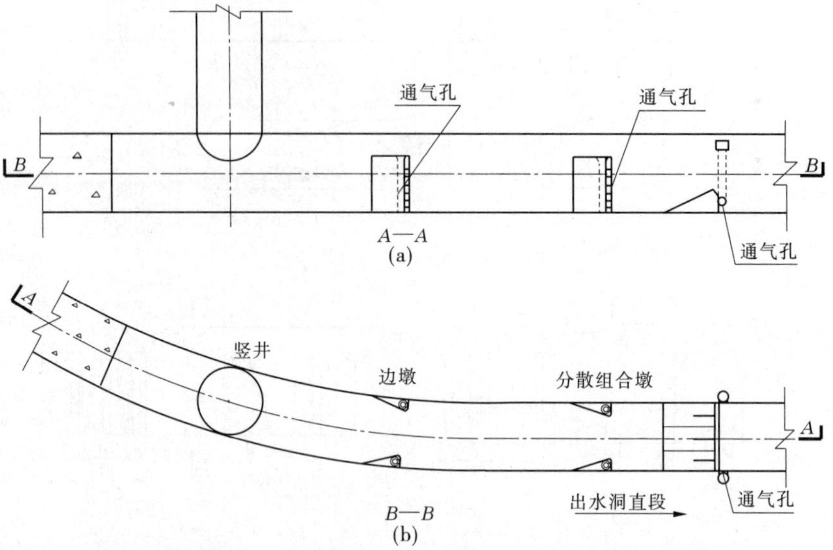

图 1-25　弯洞内水垫塘的掺气消能结构布置

1.5.2　高尾水位泄洪洞及排气井设计

尾水水位高于出水洞洞顶时,定义为高尾水位泄洪洞。在通常情形,当洞内明流流速大于 30 m/s 以上,且尾水水位比洞顶高 2 m 以下时,都能将水跃冲出洞外。但是,由于旋流竖井泄洪洞水流经过竖井旋流和环状水跃消能后,在总水头 100 m 下运行时,洞内流速小于 25 m/s。因此,尾水深略高于洞顶,就不能将水跃冲出洞外,此时洞内出现明满流过渡现象。

为了进一步降低洞内流速,消减洞内水跃能量,在与竖井连接的出水洞段也要设置如图 1-24 所示的组合墩或分散组合墩,在压力消能工内进行强力的紊动水气掺混消能。这时如果洞内不设排气装置,下游形成多段的有压气水分层流和漂移的气囊,洞内水面波动剧烈,到了出水洞段出现明满流过渡流态,虽然产生的水跃紊动强度已经削弱,但洞内携带的大量气囊,当水流一离开洞口,气囊迅速上升,在接触水面的瞬间发生气爆现象。这种气爆现象威胁到出口建筑物的安全,是不允许的,所以必须采取相应的防爆措施。

因此,高尾水位泄洪洞必须设置能排除洞内气泡和气囊的排气设施,以消除气爆现象。排气设施大致有以下三种:

(1)一是在泄洪洞进口段设排气室,将空气收集到空气室内再排除。由于空气室的容积太大对大中型工程不实用。

(2)二是沿出水洞全洞轴线分布设置排气井。如印度特里泄洪洞,在洞内布置六道以上的排气井,其排气效果如何未见报道。

1999 年 3 月作者在金沙江溪洛渡高尾水位旋流竖井泄洪洞的试验研究中,曾在出水洞进口段设压力消能工,紧接着沿洞线布置三道排气井(排气孔的上游端均设集气坎),在下游洞的底板上设一道增压挑坎,即洞内按“前消能、中排气、后增压”的次序,基本上解决了由于高水头和高尾水位在洞内引起的强力明满流过渡现象,并能排除大部分空气,出口气爆现象明显减弱。采用此种排气井布置的缺点是,沿洞长仍间断地出现小气囊游荡现象,出口气爆未能彻底消除。

(3)三是只在泄洪洞出口一段洞顶设两道排气井,排气井距洞的出口 1.4D(D 为竖井直径),两道排气井的间距 1.6D,在排气井底部采用小直径的排气孔。

试验研究表明:当出口尾水深度/洞高≥1.5(或洞顶淹没水深/洞高≥0.5)时,由于尾水位在洞顶埋深很高,泄洪洞的内水压力很大,这时洞内流态完全发生变化,除出水洞的进出口一小段为满流外,全洞为稳定的有压气水分层缓流流态,基本上消除了气爆现象(其他尾水位的流态变化将在第 2 章作详细介绍)。排气井的结构与布置见图 1-26。下面对气爆现象的形成机理及出口段排气设施作简单说明。

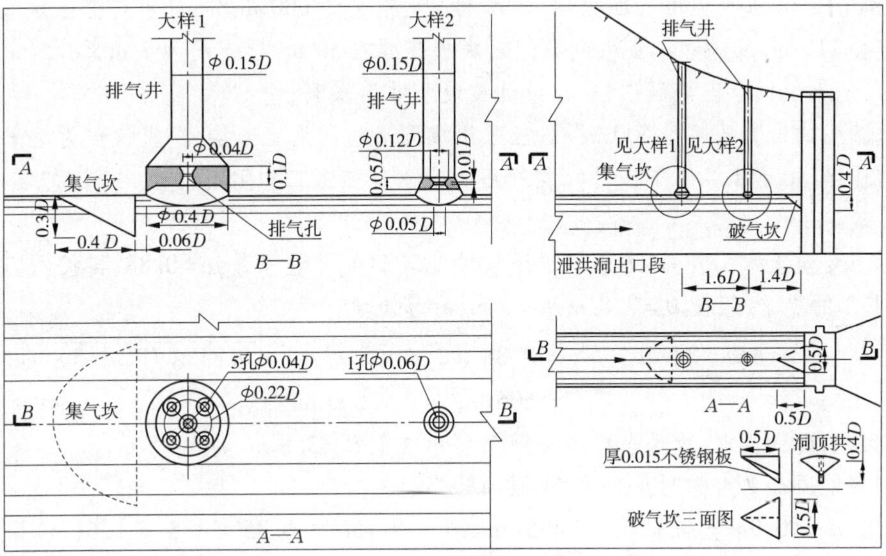

D—竖井直径

图 1-26　泄洪洞出口段排气井结构与布置

气爆是一种特殊的水击现象。对于有压洞内的气水混合体,在流动过程的分散气泡不断上升漂浮到洞顶,逐渐集聚成大气囊。当气囊出洞口时迅速上升,在接触水面的瞬间破灭,填充气囊空缺部分的水体产生水击现象,引起水面巨大的波动。

在出水洞段设排气井是比较好的排气措施。众所周知,通气孔若输送单一空气介质,孔口越大输气量越多。而此处的排气孔要排除有压泄洪洞中浮在水上的气泡和气囊,因此只有排气井底部采用小孔才能达到排气的目的,避免携带大量的水喷出井外。图 1-26 就是按这种原理设计的,否则若采用和排气井同样大直径的排气孔,则会将大量的水排出,降低排气效果,并且井内水面产生不稳定振荡和出现井喷现象。

图 1-26 中的出口洞段设置两道排气井,在紧靠第一道排气井的孔口上游端设集气坎

(是文献[10]研究的继续)。利用气泡上升速度快的原理,将大量气泡收集到排气井里;第二道排气井继续排除剩余的气体,同时在洞的出口顶部设置破气坎,将残余的气囊破坏。因为采用两道或多道排气井并不能完全排出洞内的空气,尚有残余的气泡集聚在出口段形成气囊,瞬间移出洞外产生气爆现象,虽然此时气爆的强度已经减弱,但也不希望发生。而破气坎可将残余的气囊撕开,破坏发生气爆的条件,因此能完全消除气爆现象。

在泄洪洞的出口段设置排气井,因洞顶距山顶较近,排气井的工程量小,施工较易。不像印度特里工程沿泄洪洞布置许多排气井,由于山高必须在山体内沿泄洪洞轴线的上方开挖一条排气洞,将所有的排气井与其连通,为了避免井喷洞内进水,排气洞距泄洪洞很高,因此排气设施的工程量很大。

1.6 旋流竖井泄洪洞设计举例

【例7】 某工程为堆石面板坝,泄洪洞最大泄量为600 m^3/s,进水口槛上水头72 m,引水道长115 m,从进水口底板到导流洞底板高程差50 m,导流洞为7 m×8.5 m城门洞形断面,尾水位低于出口洞顶,要求设计旋流竖井泄洪洞。

本工程的流量已超过500 m^3/s,应采用椭圆曲线同涡室连接,这里仅作为例子采用直线相切连接(参考1.4.1节设计),按短压力进水口弧形工作闸门设计。

1. 确定工作闸门尺寸

考虑到槛上水头较高,进水口顶压板坡度取1:4,流量系数$\mu=0.88$,再按闸门高宽比$B/h>1.2$的要求,假设$B=3.8$ m,$h=5$ m,计算流量:

$$Q=\mu Bh\sqrt{2g(H-h)}=0.88\times3.8\times5\times\sqrt{2\times9.81\times(72-5)}$$
$$=606(m^3/s)>600\ m^3/s$$

满足了设计要求,故进水口弧形闸门尺寸取宽$B=3.8$ m、高$h=5$ m。

进水口顶部1/4椭圆曲线的长、短半轴分别为:

$$a=0.9h=0.9\times5=4.5(m);b=0.35a=0.35\times4.5=1.6(m)$$

进水口侧墙1/4椭圆曲线的长、短半轴分别为:

$$b=0.25B=0.25\times3.8\approx1.0(m);a=3b=3\times1.0=3(m)$$

顶部压板长度为:

$$W=0.6h=0.6\times5=3(m)$$

2. 确定竖井和涡室直径

按式(1-12)计算竖井直径:

闸门孔口弗劳德数为:

$$Fr=\frac{Q}{\sqrt{gB^2h^3}}=\frac{606}{\sqrt{9.81\times3.8^2\times5^3}}=4.55$$
$$k=(Fr+1)^{0.035}=5.55^{0.035}=1.06$$
$$D=k(Q^2/g)^{0.2}=1.06\times(606^2/9.81)^{0.2}=8.71(m),取D=8.8(m)$$

采用Ⅰ型,引水道与涡室直接相切偏心连接,按式(1-18)计算涡室直径:

$$D_v = 1.35D = 1.35 \times 8.8 \approx 11.88(\mathrm{m})$$

$$R_v = D_v/2 = 11.88/2 = 5.9(\mathrm{m})$$

涡室内壁导流坎圆弧半径：$r \approx 0.7R_v = 0.7 \times 5.9 = 4.13(\mathrm{m})$

实取 $r = 4.5$ m，其圆弧中心位于同涡室圆截面竖轴成60°的线上。

涡室与竖井收缩连接段长：$l \leqslant D \approx 8$ m。

3. 确定引水道与涡室连接尺寸

按式(1-19)，引水道进口处墙高：$z = 1.25h = 1.25 \times 5 = 6.25(\mathrm{m})$，实取6 m

引水道弗劳德数：$Fr = 4.55$

按式(1-20)涡室面积为：

$$\omega = 1.25 \times (1.25 + 0.1Fr)Bh = 1.25 \times (1.25 + 0.1 \times 4.55) \times 3.8 \times 5 \approx 40.49(\mathrm{m})$$

涡室进口边墙高度为：

$$y = \omega/B = 40.49/3.8 \approx 11(\mathrm{m})$$

引水道底板坡度0.025，顶部保持水平（不逐渐加高）与涡室连接。为了防止引水道末端水跃封顶，将涡室进口前 $L = 3D \approx 26$ m 段长的底板坡度改成0.175的陡坡，并将上下游不同的底坡用半径50 m的圆弧切线连接。

为了避免引水道与涡室连接段跌坎区出现负压，按图1-11在涡室进口前的引水道底板上浇注折流坎，其设计结果见图1-27中涡室大样 abc 斜面，ac 棱角修圆（或倒角）后 a 点垫厚 $0.15D = 1.2$ m（D 为竖井直径）。

4. 出水洞设计

由于泄洪洞出口水位低于洞顶，故可设计成明流泄洪洞。为了控制洞内流速不超过施工导流时流速，取消泄洪洞出口挑流坎，在出水洞进口段设置压力消能工用以提高消能率。

压力消能工长度：$L = 6D = 6 \times 8.8 = 52.8(\mathrm{m})$，实际取 $L = 50$ m

盲洞长约为 D，取8.5 m。

根据出水洞断面尺寸宽7 m、高8.5 m，截面面积59.5 m^2≈竖井截面面积 $\pi 8.8^2/4 = 60.8$ m^2，在竖井轴线下游5D内设置两道边墩，边墩的迎水面坡与壁面成20°角，边墩厚度 $\delta = 1.8$ m，收缩断面面积均为 $A_b = 31.3$ m^2，满足了式(1-39)的约束条件，见图1-27。

压力消能工的两边墩，都埋设垂直通气管和水平支管，当墩后产生立轴旋涡时可以自动掺气，边墩不会发生空蚀，在第二道边墩下游，洞内由有压流逐渐形成无压流，使下游形成较平稳的明流流态。由于竖井中的螺旋流摩阻消能和竖井环状水跃水垫及洞内水气掺混剪切消能作用，本例设计的旋流竖井泄洪洞，洞内总消能率达到了80%。

对于类似例7工程，如果试验时发现涡室进口被表面水跃封堵，切断通气源，这时可在涡室顶部设在通气孔，通气孔直径 $= 0.2D$（D 为竖井直径），通气孔的位置必须设在靠涡室轴心的上游 $0.2D$ 处（见图1-15）。

由于例7按短压力进水口设计结果，涡室进口高度11 m，是引水道宽度的3倍多，如果改成长压力进水口可能更好一些，请读者自行改变设计方案。

【例8】 某工程泄洪洞基本参数：最大泄量2 800 m^3/s，进水口槛上水头 $H = 38$ m，从槛平面到导流洞底板高程差150 m，引水道长150 m，导流洞为18 m×20 m城门洞形断

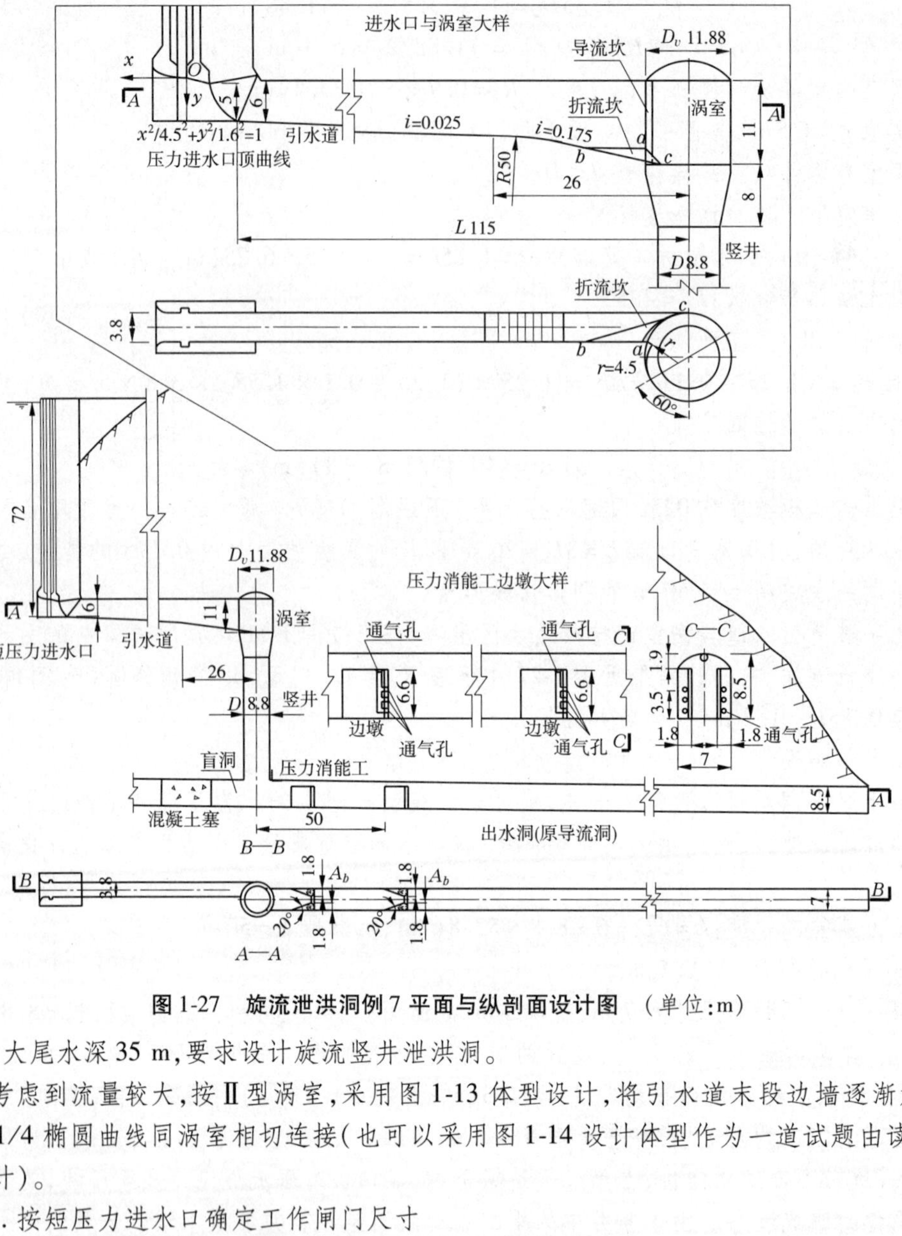

图 1-27　旋流泄洪洞例 7 平面与纵剖面设计图　(单位:m)

面,最大尾水深 35 m,要求设计旋流竖井泄洪洞。

考虑到流量较大,按Ⅱ型涡室,采用图 1-13 体型设计,将引水道末段边墙逐渐加高,采用 1/4 椭圆曲线同涡室相切连接(也可以采用图 1-14 设计体型作为一道试题由读者自己设计)。

1. 按短压力进水口确定工作闸门尺寸

首先按短压力进水口和明流引水道设计,考虑到槛上水头小于 40 m,进水口顶压板坡度取 1:5,流量系数为 0.93,再按闸门高宽比要求 $B/h \geqslant 1.2$,假设 $B = 10$ m,$h = 13.8$ m,计算最大流量为:

$$Q = \mu Bh\sqrt{2g(H-h)} = 0.93 \times 10 \times 13.8 \times \sqrt{2 \times 9.81 \times (38 - 13.8)}$$
$$= 2\,796.5(\text{m}^3/\text{s}) \approx 2\,800\ \text{m}^3/\text{s}$$

基本满足设计要求。

2. 确定引水道与涡室进口顶高度

按式(1-19),引水道进口洞顶高:

$$z = 1.25h = 1.25 \times 13.8 = 17.25(\mathrm{m})，取 z = 17\ \mathrm{m}$$

引水道弗劳德数：

$$Fr = \frac{Q}{\sqrt{gB^2h^3}} = \frac{2\,800}{\sqrt{9.81 \times 10^2 \times 13.8^3}} = 1.74$$

按式(1-26)涡室进口面积和边墙高度分别为：

$$\omega = 1.25(1.35 + 0.1Fr)Bh = 1.25 \times (1.35 + 0.1 \times 1.74) \times 10 \times 13.8 = 262.89(\mathrm{m}^2)$$

$$y = \omega/(0.9 \times B) = 262.89/(0.9 \times 10) = 29(\mathrm{m})$$

式中0.9是采用椭圆曲线连接涡室的收缩系数。

从上述初步计算结果可看出，引水道进口高度17 m、长度150 m(给定的)和涡室进口高29 m(约等于水道宽度的3倍)，受力条件不好，而且工程量太大。所以，下面改变按长压力进水口设计。

3. 按长压力进水口确定工作闸门尺寸

引水道按有压流条件设计进水口尺寸。采用两道平板闸门，两闸门之间的顶压板坡度改为1∶6，可近似地采用短压力进水口流量公式确定工作闸门尺寸，流量系数 $\mu = 0.78 \sim 0.80$。

假设引水道宽 $B = 12$ m，工作闸门处孔高14 m，验算流量：

$$Q = \mu Bh\sqrt{2g(H-h)} = 0.79 \times 12 \times 14 \times \sqrt{2 \times 9.81 \times (38-14)} = 2\,880(\mathrm{m^3/s})。$$

流量较大，取 $B = 11.8$ m，重新计算流量得：$Q = 2\,832\ \mathrm{m^3/s}$。

满足最大设计流量要求，确定平板工作闸门尺寸，宽11.8 m、高14 m，闸门高宽比≈1.2。

4. 确定引水道和涡室进口洞顶高度

按式(1-23)，引水道进口洞顶高度：$z = 1.05h = 1.05 \times 14 = 14.7(\mathrm{m})$，取14.5 m。

按式(1-24)，涡室进口面积：$\omega = 1.55Bh = 1.55 \times 11.8 \times 14 = 256.06(\mathrm{m^2})$。

涡室进口边墙高度：$y = \omega/(0.9 \times B) = 256.06/(0.9 \times 11.8) = 24(\mathrm{m})$，实取23 m。

5. 确定进水口结构尺寸

进水口顶部1/4椭圆曲线的长、短半轴分别为：

$$a = 0.75h = 0.75 \times 14 = 10.5(\mathrm{m})，取 a = 10\ \mathrm{m}$$

$$b = 0.35a = 0.35 \times 10 = 3.5(\mathrm{m})$$

进水口侧墙1/4椭圆曲线的长、短半轴分别为：

$$b = 0.2B = 0.2 \times 11.8 \approx 2.4(\mathrm{m})$$

$$a = 3b = 3 \times 2.4 \approx 7(\mathrm{m})$$

顶部压板长度为：

$$W = 0.45h = 0.45 \times 14 \approx 6(\mathrm{m})$$

6. 确定竖井和涡室直径

系数 $1 < k < 1.05$，取 $k = 1.03$，按式(1-12)确定竖井直径：

$$D = k(Q^2/g)^{0.2} = 1.03 \times (2\,832^2/9.81)^{0.2} = 15.68(\mathrm{m})，取 D = 15.6\ \mathrm{m}$$

按式(1-25)确定涡室直径：$D_v = 1.25D = 1.25 \times 15.6 = 19.5(\mathrm{m})$，实取 $D_v = 19.6$ m，$R_v = D_v/2 = 9.8$ m。

涡室垂直导流坎：$r = 0.6R_v = 0.6 \times 9.8 \approx 6(\mathrm{m})$，圆弧中心设置在涡室截面的横轴上。

涡室与竖井收缩连接段长：$l \leqslant D$，取 $l = 10$ m。

7. 确定与涡室连接的椭圆曲线

已知引水道宽 $B = 11.8$ m，涡室半径 $R_v = 9.8$ m，涡室连接结构按 1.4.2.1 设计。

引水道与涡室偏心距：$\Delta = (0.5 \sim 0.65) D_v = (0.5 \sim 0.65) \times 19.6 = 9.8 \sim 12.74$ m，取 $\Delta = 10.6$ m。

椭圆中心与涡室圆心间距为：

$K \approx (0.6 \sim 1.0) D_v = (0.6 \sim 1.0) \times 19.6 = 11.76 \sim 19.6(\text{m})$，取 $K = 19.5$ m

椭圆短半轴为：

$$b = \Delta + \frac{B}{2} = 10.6 + 11.8/2 = 16.5(\text{m})$$

按式(1-27)计算椭圆长半轴：

$$a = \sqrt{\frac{b^2(K^2 + b^2 - R_v^2)}{b^2 - R_v^2}} = \sqrt{\frac{16.5^2 \times (19.5^2 + 16.5^2 - 9.8^2)}{16.5^2 - 9.8^2}} = 29.32(\text{m})$$

按式(1-28)计算椭圆曲线与圆弧的切点(x,y)：

$$x = a^2K/(a^2 - b^2) = 29.32^2 \times 19.5/(29.32^2 - 16.5^2) = 28.54(\text{m})$$

$$y = b\sqrt{1 - x^2/a^2} = 16.5 \times \sqrt{1 - 28.54^2/29.32^2} = 3.78(\text{m})$$

根据涡室半径 $R_v = 9.8$ m，$\Delta = 10.6$ m，$K = 19.5$ m，椭圆长半轴 $a = 29.32$ m，椭圆短半轴 $b = 16.5$ m，可绘制出引水道与涡室连接结构，见图 1-28 进水口与涡室大样图 A—A 和 B—B。从该图大样 A—A 剖面可看出，涡室进口宽度缩窄，引水道内壁同涡室的 x 轴间距 $e = 4.7$ m 较小，阻力大，故涡室需设置竖导流坎，以防止壅水影响泄流能力。

若将工作闸门的孔口高宽比改成 $h/B = 15/11.2 > 1.3$（满足 2 800 m^3/s 泄量的要求），并将 Δ 增大，K 减小，$\Delta = K = 0.6D_v \approx 11.8$ m，则切点在 x 轴上，椭圆长、短半轴分别为 $a = K + R_v = 21.6$ m，$b = \Delta + B/2 = 17.4$ m。这时涡室进口边壁同其 x 轴的间距 $e = 6.2$ m，同时涡室进口也扩宽，可以取消涡室内的竖导流坎，但是，为了消除涡室连接段的负压，仍设置折流坎，见图 1-28A'—A'。

涡室进口段折流坎的起始线 bc 是圆弧形，也可以是直线形（见大样图 A'—A'），图 1-29的 bc 线是按圆弧设计的，圆弧半径 $R_b = 30$ m。将折流坎 ac 弧线的棱角进行修圆（倒角）后 a 点增厚 $0.15D = 0.15 \times 15.6 = 2.34(\text{m})$，取 2 m，沿 ac 方向厚度逐渐变薄，至 c 点为零，abc 形成一倾斜面。

折流坎的工作原理是，当来自引水道的水流经过 abc 斜面时，偏向 c 点方进入涡室，形成强力的旋转流运动，流经涡室进口跌坎段，在离心力的作用下消除该区负压。

折流坎的施工比较简单，在涡室进口底板上立 1 ~4 道断面模板，按照模板顶曲线浇筑混凝土抹平即可。ac 曲线上各断面模板的高度是根据其断面之间的弧长按比例求出的。

8. 确定涡室顶与进水口闸门后的通气孔直径

涡室顶通气孔直径为：

$$d = 0.2D = 0.2 \times 15.6 \approx 3(\text{m})$$

进水口闸门后通气孔直径按水力学手册公式计算：

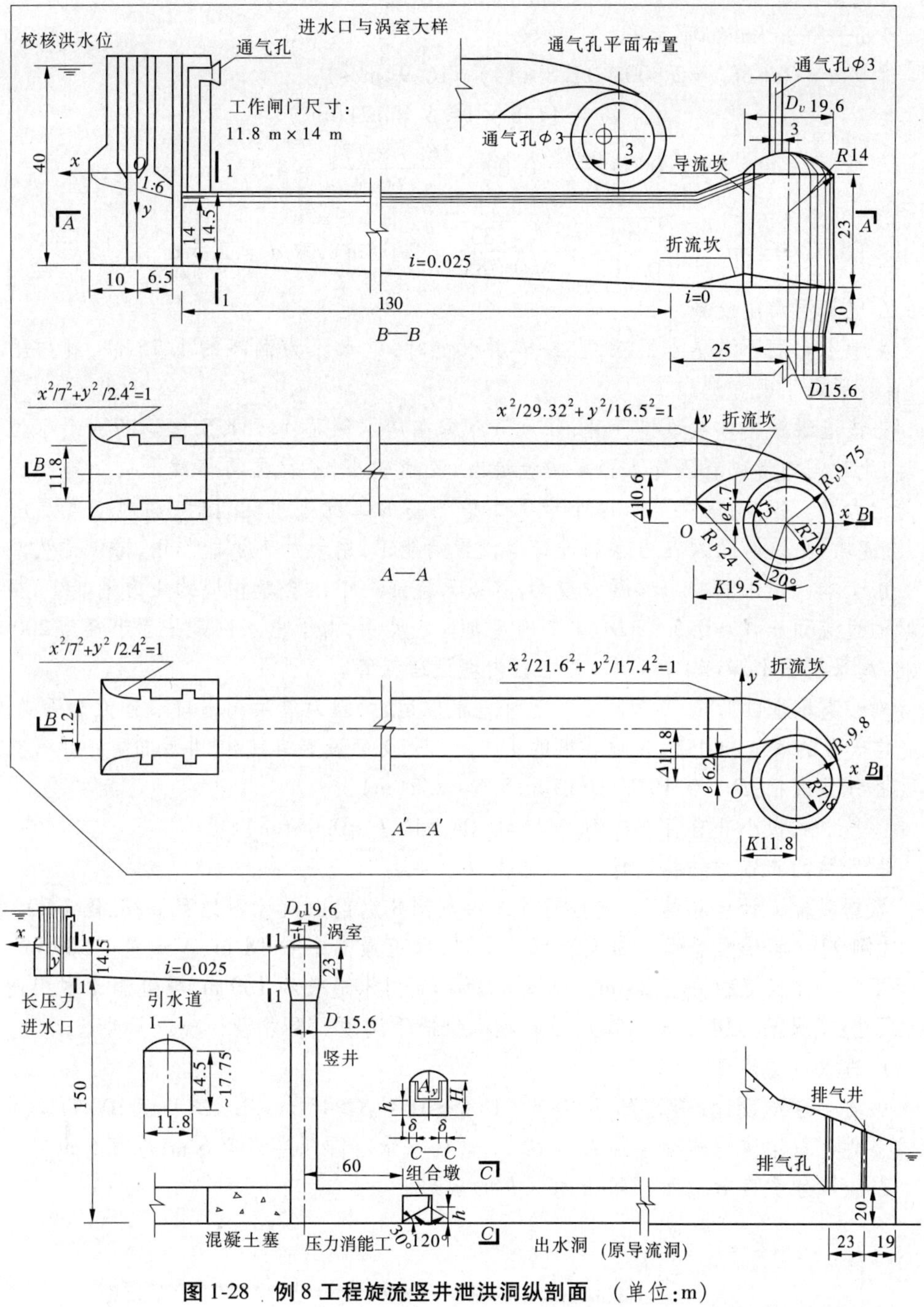

图 1-28　例 8 工程旋流竖井泄洪洞纵剖面　(单位:m)

通气孔面积：

$$A_a \geqslant 0.09\,\frac{v}{v_a}\omega$$

通气孔直径：

$$d=\sqrt{\frac{A_a}{0.785}}$$

式中　v——工作闸门孔处的流速；

v_a——通气管的允许风速 40 m/s(这里取 $v_a = 60$ m/s),

ω——引水道断面面积。

本例 $v = Q/(Bh) = 2\,800/(11.8 \times 14) = 16.9$(m/s)

$$\omega = 11.8 \times 14.5 = 171(\mathrm{m}^2)$$

$$A_a \geqslant 0.09\frac{v\omega}{v_a} = 0.09 \times \frac{16.9 \times 171}{60} = 4.33(\mathrm{m}^2)$$

$$d = \sqrt{\frac{A_a}{0.785}} = \sqrt{\frac{4.33}{0.785}} = 2.3(\mathrm{m}),取 d = 2.5\ \mathrm{m}$$

9. 出水洞消能设施设计

由于出水洞下游尾水很深,在校核洪水位时,尾水深为洞高的 1.75 倍,洞内压力较大,自然形成了压力消能工。

当该泄洪洞出口段设排气井,并且只考虑在尾水深不小于 1.5 倍洞高的洪水位下运行时,此时洞内形成有压气水分层缓流流态,流速较小,不需要再修建洞内消能工或其他任何消力墩。但是,当在尾水深小于 1.5 倍洞高的工况下也运行时,洞内空气层压力降低,流速增大,这时必须在出水洞进口段设置消能工,用于加大消能作用,降低洞内流速。

由于本例出水洞的内水压力较大,可以只浇注一个组合墩构成的压力消能工,根据组合墩的过流面积 $A_z \approx 0.5 \times \pi D^2/4$ 来确定 h 和 δ 尺寸,由于出水洞是平面半径为 200 m 的弯洞,故采用图 1-24(c)组合墩,并在墩内埋设通气管。

对于高尾水位工程,不管限定在何种尾水位运行,因为泄洪洞出口段皆为有压满流,洞顶存在大量的气泡和气囊,因此在洞的出口段顶部必须设置排气井,井底布置小排气孔。

排气井直径:$D_s = 0.15D = 0.15 \times 15.6 \approx 2.5$(m)

排气下底板小孔直径:$d = 0.04D = 0.04 \times 15.6 \approx 0.06$(m)

排气井的布置和结构设计,参见图 1-26。

根据以上设计计算结果,旋流竖井泄洪洞例 8 纵剖面设计图见图 1-28、图 1-29。

【例 9】 某工程泄洪洞为溢流堰进水口,堰上最高水头 18 m、泄流量 1 500 m^3/s,堰顶至下游反弧段底板高度 20 m。总落差 150 m,引水道长约 100 m,导流洞为城门洞形断面(尺寸:宽×高 = 14 m×16 m),最高尾水位低于洞顶。要求设计旋流竖井泄洪洞。

1. 进水口溢流堰设计

按自由堰流设计,满足 $H/S \leqslant 0.4 = 18/S \leqslant 0.4$,$S \geqslant 45$ m,引水道长度 100 m 满足自由堰流条件。取溢流堰断面半径 $R_y = 10$ m,堰的前缘小圆弧半径取 6 m,堰高 5 m。

2. 溢流堰宽度 B 和反弧段上水深 h 的确定

$$B = \frac{Q}{m\sqrt{2g}H^{1.5}}$$

$$= \frac{1\,500}{0.455 \times \sqrt{19.62} \times 18^{1.5}} = 9.75(\mathrm{m}),取 B = 9.7\ \mathrm{m}$$

单宽流量:$q = \varphi h\sqrt{2g(Z-h)}$

已知单宽流量 $q = 1\,500/9.7 = 154.64(\mathrm{m}^2/\mathrm{s})$;反弧段上 $Z = 18 + 20 = 38$(m);取 $\varphi = 0.9$ 代入 $q = \varphi h\sqrt{2g(Z-h)}$,通过试算得反弧段上水深 $h = 7$ m。

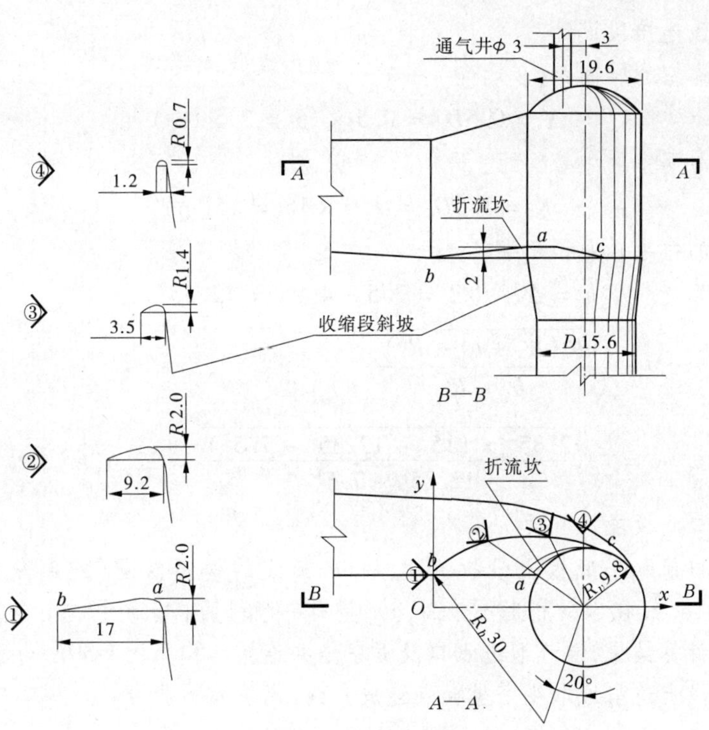

图 1-29　涡室进口前导流坎结构

3. 竖井和涡室直径确定

首先计算反弧段上弗劳德数：

$$Fr = \frac{Q}{\sqrt{gB^2h^3}}$$

$$= \frac{1\,500}{\sqrt{9.81 \times 9.7^2 \times 7^3}} = 2.67$$

$$k = (Fr + 1)^{0.035} = (2.67 + 1)^{0.035} = 1.05$$

竖井直径：$D = 1.05(\frac{Q^2}{g})^{0.2} = 1.05 \times (\frac{1\,500^2}{9.81})^{0.2} = 12.40(\text{m})$，实际取 $D = 12$ m，$R = 6$ m。

采用 1/4 椭圆曲线连接涡室，计算涡室直径为：$D_v = 1.25D = 1.25 \times 12 = 15(\text{m})$，$R_v =$ 7.5 m。

涡室与竖井收缩连接段长取 10 m。

4. 引水道和涡室进口墙高

反弧段墙高：

$z = 1.25h = 1.25 \times 7 = 8.75(\text{m})$，取反弧段末端墙高 $z = 8.5$ m

涡室进口面积为：

$$\omega = 1.25 \times (1.35 + 0.1Fr)Bh = 1.25 \times (1.35 + 0.1 \times 2.67) \times 9.7 \times 7 = 137.2(\text{m}^2)$$

$$y = \omega/(0.9 \times B) = 137.2/(0.9 \times 9.7) = 15.71，取\ y = 15.5\ \text{m}$$

5. 椭圆曲线连接段设计

引水道与涡室的轴间距(偏心距):

$$\Delta = 0.5D_v = 0.5 \times 15 = 7.5\ (\mathrm{m})$$

椭圆曲线与涡室的中心间距:

$$K = 1.0D_v = 1.0 \times 15 = 15(\mathrm{m})$$

椭圆曲线的短半轴 b 和长半轴 a:

$$b = \Delta + B/2 = 7.5 + 4.85 = 12.35(\mathrm{m})$$

$$a = \sqrt{\frac{b^2(K^2 + b^2 - R_v^2)}{b^2 - R_v^2}}$$

$$= \sqrt{\frac{12.35^2 \times (15^2 + 12.35^2 - 7.5^2)}{12.35^2 - 7.5^2}} = 22.6(\mathrm{m})$$

6. 涡室进口底板段折流坎

在涡室进口前水平底板上设折流坎,将 ac 弧线的棱角修圆(或倒角)后,a 点垫厚 $0.15D = 1.8$ m,bc 线在水平底上不垫高,abc 构成一倾斜面将水流折向 c 点流入涡室。

根据前面计算结果,溢流堰进水口及涡室竖井连接结构见图 1-30。为了简化施工,可在 1/4 椭圆曲线上适当地取 4 个坐标点连成直线,代替椭圆曲线。

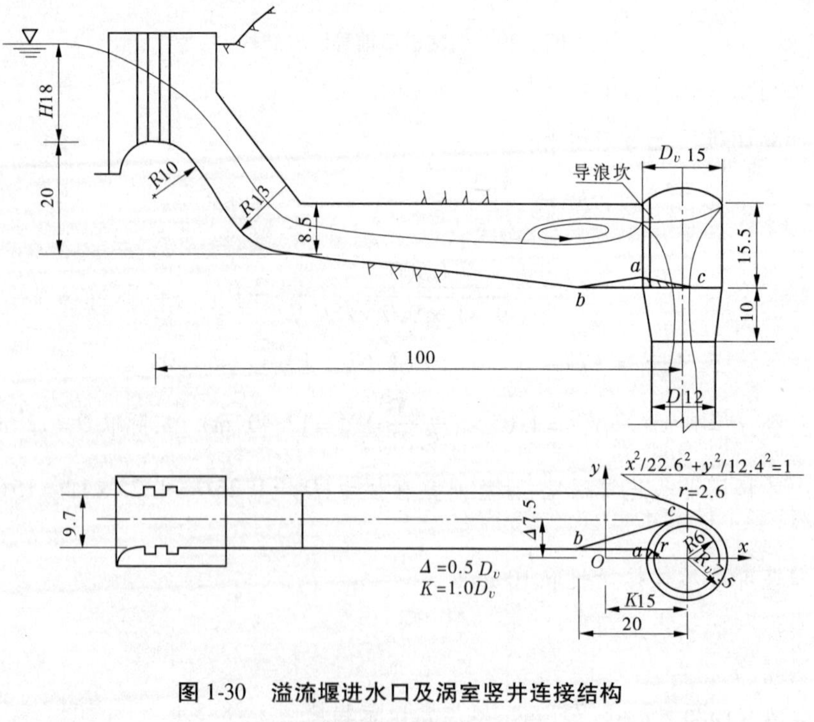

图 1-30　溢流堰进水口及涡室竖井连接结构

若例 5 工程的竖井轴线距溢流堰较近(约 55 m),其他工程资料皆相同。为了防止涡室进口水跃封堵空气的来源,在涡室顶部设置通气井。此种布置的设计结果见图 1-31。

由于图 1-30 和图 1-31 引水道末段的直线边墙距涡室断面的横轴较近,涡室进口入流

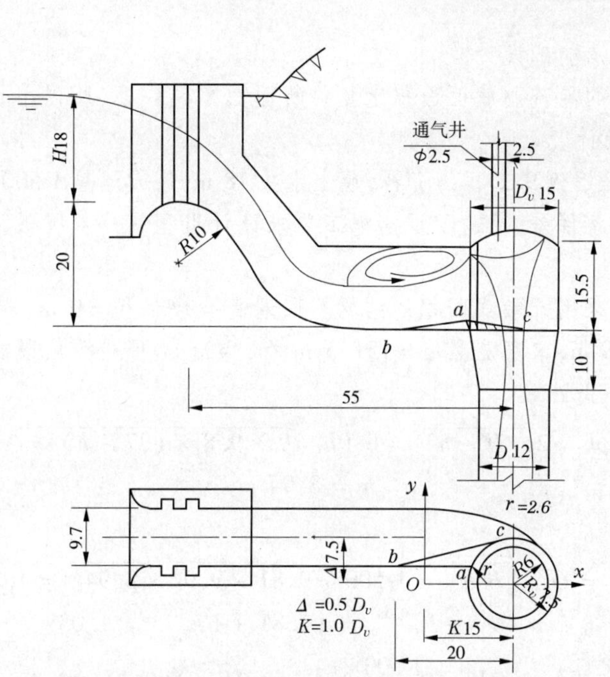

图 1-31　将例 9 的竖井轴线向上游移 45 m 的结构布置的设计结果

与旋流的交汇角大，将会引起雍水降低泄流能力，因此均设垂直导流坎，使两股水流的交汇角减小。

要想去掉涡室的垂直导流坎，除在涡室进口前底板上浇注折流坎外，在设计时应将引水道和涡室的轴间距 Δ 增加，同时将椭圆和涡室断面之间的轴心间距 K 减小。

现在根据本例，令 $\Delta = 0.6D_v = 0.6 \times 15 = 9(\mathrm{m})$ 和 $K = 0.88D_v = 0.88 \times 15 = 13.2(\mathrm{m})$，此时椭圆与涡室两条曲线不相切，取切点 $x = a = K + R_v = 20.7$ m，$y = 0$，$b = 13.85$ m，则引水道与涡室连接结构如图 1-32 所示，上述图中折流坎 bc 均改为直线。

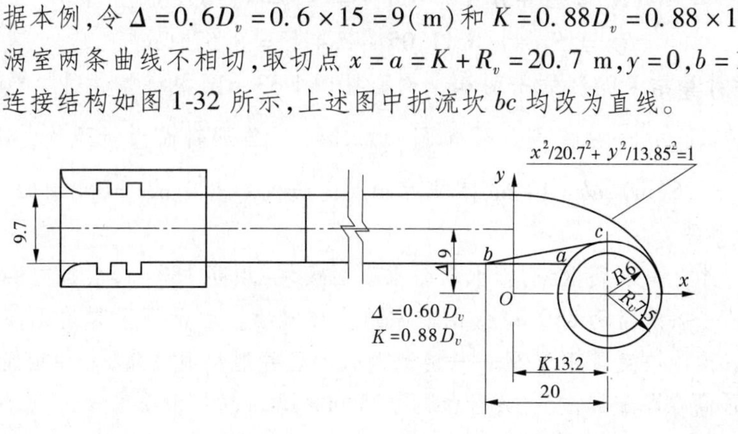

图 1-32　涡室内不设垂直导流坎的连接结构平面

引水道同涡室的连接曲线若按图 1-32 设计去掉涡室中的垂直导流坎，由于涡室进口处入流和旋流的交汇角减小，同时涡室的进口宽度也扩大了一些（由 8.60 m 增至 8.93 m），涡室进口边壁同 x 轴的间距由 2.7 m 增至 4.2 m，消减涡室入流与旋转流的交汇角，减小水流阻力，所以可避免产生壅水现象。

7. 出水洞压力消能工设计

由于例 9 工程的导流洞截面面积比竖井断面面积大许多，所以出水洞的压力消能工结构可按图 1-17 设计。

【例 10】 仍采用例 9 工程的资料，堰上水头 18 m，最大泄量 1 500 m^3/s，与例 9 不同之处是进口段地质条件差，不适于洞挖施工要求设计Ⅲ型——双圆弧涡壳型涡室的旋流竖井泄洪洞。

引水道和涡室采用开敞式明挖的结构。取堰高 = 堰半径 = 9 m，流量系数 $m = 0.45$，计算出堰宽 $B = 9.9$ m，单宽流量 $q = 151.5\ m^2/s$，溢流堰下游反弧段底板上水头 $H = 27$ m，收缩水深通过下式计算：

$$q = \varphi h\sqrt{2g(H-h)} = 0.9h\sqrt{2\times 9.8\times(27-h)} = 151.5$$

则

$$h = 8.94\ \text{m}$$

弗劳德数：

$$Fr = Q/\sqrt{gB^2h^3} = 1\,500/\sqrt{9.81\times 9.9^2\times 8.94^3} = 1.81$$

$$k = (Fr+1)^{0.035} = (1.81+1)^{0.035} = 1.037$$

竖井直径：$D = k(\frac{Q^2}{g})^{0.2} = 1.037\times(\frac{1\,500^2}{9.81})^{0.2} = 12.24(\text{m})$，取 $D = 12.2$ m，$R = D/2 = 6.1(\text{m})$

下面按式(1-29)计算双圆弧涡室各尺寸：

$$\Delta = R = 6.1\ \text{m}$$

$$b = 9.9\ \text{m}$$

$$e = 0.25B = 0.25\times 9.9 = 2.48(\text{m})$$

$$R_2 = \Delta + B/2 = 6.1 + 4.95 = 11.05(\text{m})$$

$$R_1 = R_2 - e = 11.05 - 2.475 = 8.575(\text{m})$$

根据上述计算结果绘制的平面和纵剖面见图 1-33。图中将竖井进口断面的棱角修圆，大样图中 $c_1, c_2, c_3\cdots$ 为修圆的圆弧圆心点，abc 三角形斜面为折流坎，$\overline{ab} = 1.2R_2 = 1.2\times 11.05 = 13.26(\text{m})$，$\overline{ab} = 14$ m，修圆后 a 点比底板高出 $0.3D = 0.3\times 12.2\approx 4(\text{m})$，$b$ 点、c 点与底板齐平。

【例 11】 某大型水利枢纽，挡水坝为堆石面板坝，坝高 180 m，根据防洪保坝安全的需要，要求修建一条泄量为 850 m^3/s 的非常泄水建筑物。由于坝区岸边无修建开敞溢洪道的地形条件，因此决定采用Ⅴ型——旋流喇叭形竖井泄洪洞方案，竖井轴线距开挖的山坡约 25 m，堰顶高程即正常蓄水位，出水洞为 11 m×13 m 城门洞形断面，尾水位低于洞顶。

1. 喇叭形溢流堰进水口设计

旋流喇叭形堰的平面直径确定：由于喇叭形堰进水口距山坡较远，可以围绕喇叭形堰周边对称地布置 8 个潜水起旋墩。在计算喇叭形堰平面直径之前，先按式(1-33)确定竖井直径：

$$D = (\frac{Q^2}{g})^{0.2} = (\frac{850^2}{9.81})^{0.2} = 9.4(\text{m}),\ R = 4.7\ \text{m}$$

参考表 1-1，当 $Q = 850\ m^3/s$ 时，取 $H/R_L = 0.44$，$P/H = 0.3$，潜水起旋墩与喇叭堰外缘夹角 $\theta = 10°$，按式(1-36)计算 $m = 0.252$，按式(1-32)计算 $k = 1.184$，于是按式(1-34)

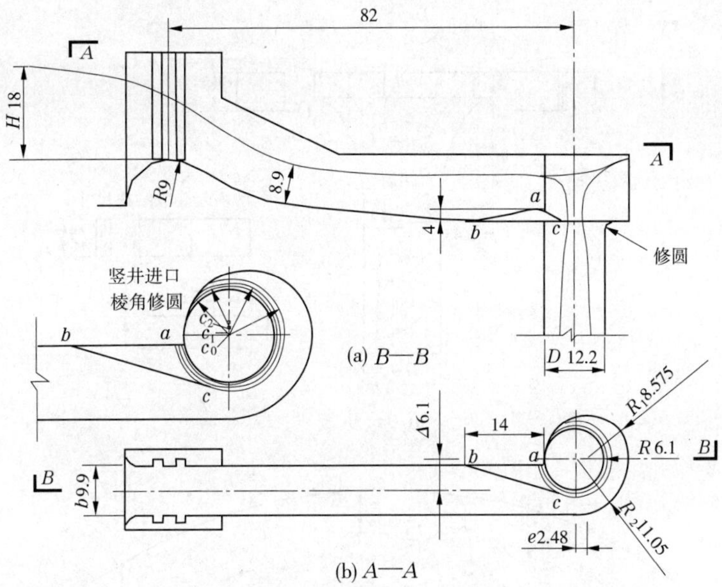

图 1-33　流堰水口同涡壳型涡室连接结构

计算喇叭形堰平面半径：$R_L = kD = 1.184 \times 9.4 = 11.13$(m)，直径 $D_L = 22.26$ m。

堰顶水头为：

$$H = 0.44R_L = 0.44 \times 11.13 \approx 4.9(\text{m})$$

堰高为：

$$P = 0.3H = 0.3 \times 4.9 \approx 1.5(\text{m})$$

起旋墩净高为：

$$z = 0.75H = 0.75 \times 4.9 \approx 3.7(\text{m})$$

验算流量为：

$$Q = m\pi D_L \sqrt{2g}H^{1.5} = 0.252 \times 3.14 \times 22.26 \times 4.429 \times 4.9^{1.5} = 846.2(\text{m}^3/\text{s})$$

验算流量结果与设计值接近，可以进行水工试验的模型设计。

喇叭形堰断面采用 1/4 椭圆曲线同竖井连接，断面尺寸按式(1-35)确定：

短半轴：$b = R_L - R = 11.13 - 4.7 = 6.43$(m)（$R_L$、$R$ 分别为环形堰和竖井半径）

长半轴：$a = 2.4b = 2.4 \times 6.43 \approx 15$(m)

于是椭圆断面曲线表达式：$x^2/15^2 + y^2/6.43^2 = 1$

在椭圆曲线的顶点连接半径 $r = 0.15D = 1.5$ m 的小圆弧，于是喇叭形堰的外圆半径 12.63 m，潜水起旋墩同外圆的切线成 10°角连接。

起旋墩高度 $= P + z = 1.5 + 3.7 = 5.2$(m)，起旋墩长度 $= R_L = 12$ m，墩宽 $0.35H = 0.35 \times 4.9 \approx 1.6$(m)。旋流喇叭形竖井泄洪洞结构体型及流态示意见图 1-34。

根据上述设计的旋流喇叭形堰，如果通过试验测得的最大泄量不满足设计要求，这时只要最大流量的差异在 ±20% 之内，在保持溢流堰整体结构尺寸不变的情况下，可以通过调整起旋墩的高度来改变流量。其操作程序是，若试验的流量偏小就降低墩高；反之，若试验的流量偏大就增加墩高，通过一两次修改墩试验便能满足最大设计流量的要求。

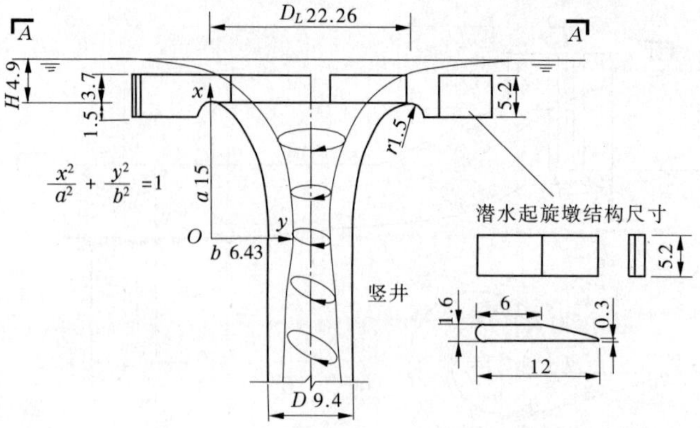

(a) *B—B*

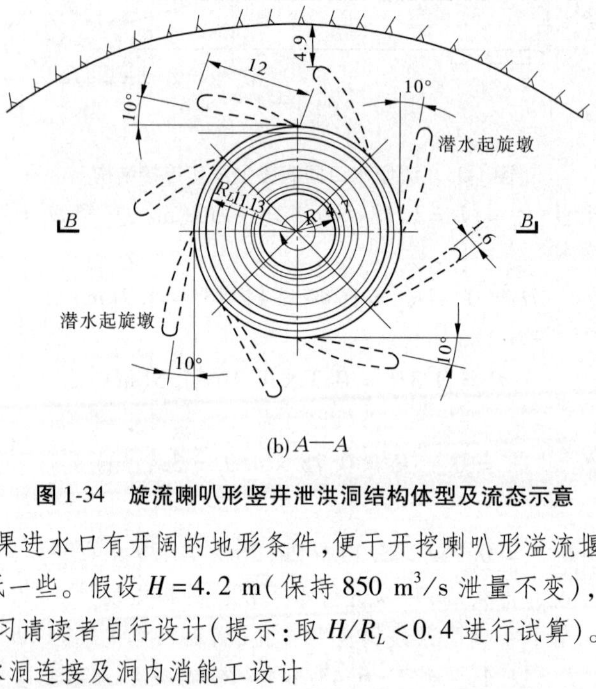

(b) *A—A*

图 1-34　旋流喇叭形竖井泄洪洞结构体型及流态示意

附带说明，如果进水口有开阔的地形条件，便于开挖喇叭形溢流堰，为了减少弃水量，堰上水头可以降低一些。假设 $H=4.2$ m（保持 850 m^3/s 泄量不变），要求重新计算喇叭形堰半径，作为练习请读者自行设计（提示：取 $H/R_L<0.4$ 进行试算）。

2. 竖井与出水洞连接及洞内消能工设计

由于旋流喇叭形竖井泄洪洞不设置闸门，堰上水头从低到高随水库水位变化不能控制。在高水位时竖井下部形成环状水跃和水垫层，而在低水位时竖井内不能形成水垫层，洞内又是无压流，竖井底板容易被水流冲蚀。

考虑到在任何泄流量，特别是小泄流量下竖井底板上都应形成水垫，而出水洞断面比竖井断面大，洞内压力消能工可以采用自掺气的组合墩 + 边墩构成，所以可将组合墩放到出水洞上游（参考图 1-17 设计）。这样的设计能保证在任何堰上水深条件下竖井底部均能形成水垫，可避免低水位时对竖井底板的冲蚀，同时不仅能避免消力墩出现负压，而且加大了洞内的消能力度。注意，在组合墩底部应埋设若干支 ϕ5 cm 的排水管。

如果想在出水洞进口段前后设置两道边墩又在其下游的洞顶设置顶压板（应参考图 1-24设计），构成压力消能工，若压板设计得不合理，如迎水面斜坡太陡，或压板下的孔高太低等,就可能引起竖井壅水现象,这时不仅减小泄流能力,同时会诱发出水洞结构振动。如果竖井出现壅水现像,只能增加压板下过流断面的高度来限制壅水和避免发生振动现象,而绝对不能调整起旋墩高度,因为这样做会改变泄流量。

1.7 对存在问题的讨论

1.7.1 关于竖井空蚀问题及解决办法

例如,泄洪洞总水头接近200 m,其中竖井本身高度约150 m,在竖井下部螺旋流主要是竖向流运动,环向旋转流的作用已经很小,竖井周壁的压力接近零,而流速达到40 m/s以上。这时泄流空化数已降至0.1左右。传统泄洪洞很容易发生空蚀破坏。对于旋流竖井是否会发生空蚀目前尚没有工程实践经验,下面仅作粗浅的讨论。但是,在没有原型观测检验之前,必须做好防蚀的准备和采取有效的防蚀工程措施。

关于旋流竖井是否会发生空蚀问题,根据下面分析认为竖井发生空蚀的可能性不大:

(1)旋流的空化气泡向竖井轴心方向漂移。竖井最大流速发生在靠近环状水跃上面的空腔流处(环状水跃下面是水气混合体满流),通过2.5.4中竖井断面径向掺气浓度分布的试验成果明显看出,不管是带有空腔的环形流段或是环状水跃下淹没层段,竖井壁面的掺气浓度皆为零,这表明竖井水层中的气泡被旋流空腔所吸收脱离了壁面,如果壁面存在不平整体引发了空化现象,其空化气泡也会向竖井轴心漂移,有可能减免空蚀,在第9章的旋流空化与空蚀试验及理论分析结果也证明了这一论点。

(2)空化现象。即便出现空化现象,空化气泡膨胀只有在高压区瞬间溃灭,才会产生巨大的冲击力,导致结构物空蚀破坏。而竖井下部的水层薄,压力较低(小于0.5 m),不具备空化气泡溃灭的条件,因此发生空蚀的可能性也不大。

(3)竖井沿径向分布的合成速度的边界层厚度增大。竖井螺旋流的流程较长,同时旋流摩阻系数大,水流到达环状水跃前的边界层厚度增厚,即合成流速分布在靠近壁面20~30 cm水层处的流速已降至15 m/s以下。按此流速计算的泄流空化数较高,不至于发生空蚀。

1.7.2 关于防止竖井发生空蚀的工程措施

1.7.2.1 在竖井上设置环形掺气坎

在竖井上设置环形掺气坎,利用坎下的通气孔掺气是比较容易做到的,如图1-35(a)所示,但是从通气孔进来的空气很快就被剩余的旋转能量所吸收,空气集中到竖井轴心,掺气保护长度缩短,很难起到防止空蚀的作用,除非在仅靠流速大和低压区的上部设置环形掺气坎。

1.7.2.2 在竖井上设置环形阻水坎

环形阻水坎的位置设在竖井的中部,其目的是,使坎的上部形成气水混合体的水垫层,下部产生负压旋涡和气水混合体。由于靠近环形坎的上部为水气混合体满流,速度降低,而下部也是水气掺混流可以保护负压区不发生空蚀。为达到此目的,阻水坎的设计应

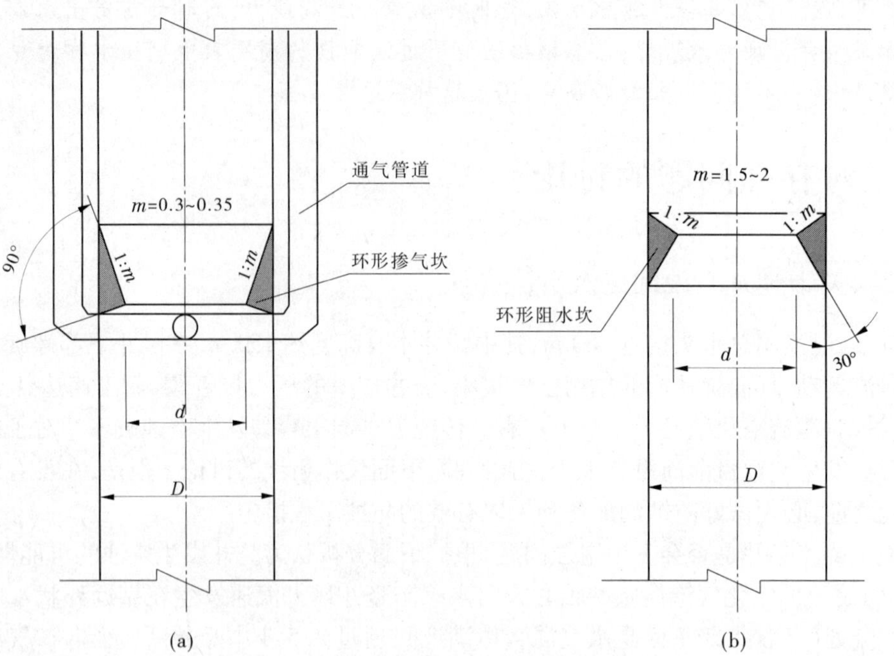

图 1-35　竖井环形掺气坎和环形阻水坎结构

遵循以下设计原则:环形坎的收缩孔与竖井的孔径比 $d/D \approx 0.75$,迎水面坡度较缓,背水面坡度与垂线成 30°角,见图 1-35(b)。

应特别注意,由于环形掺气坎与环形阻水坎的功能不同,其结构有本质的区别在于:前者环形坎的收缩坡度为 $1:m(m=0.3\sim0.35)$,在坎下设通气孔,出口射流形成的环状空腔吸进大量空气;而后者环形坎的收缩坡 $m=1.5\sim2.0$,在收缩口下产生旋涡,由于呛水引起壅水现象,在坎上形成水气垫层,降低流速,下部为水气混合体可以防止发生空蚀。请读者仔细比较图 1-35(a)、(b)的差异。

第 2 章　旋流竖井泄洪洞水力学特性

旋流竖井泄洪洞水力学特性包含的内容有泄流能力、流态、动水压力和脉动动水压力、旋流空腔特性、旋流竖井合成速度及消能率等。

2.1　泄流能力和流态

泄水建筑物的设计程序是，通常先给定最大设计流量和进水口堰上水头，确定进水口、涡室结构体型和它们的尺寸，其中涡室尺寸是通过计算竖井直径确定的。

对于溢流堰进水口，主要计算堰宽和下游收缩水深；而短压力进水口主要计算工作闸门孔口尺寸。进水口的泄流能力必须同竖井协调一致，竖井直径根据最大设计流量按式(1-12)确定。若进水口试验结果实际最大下泄流量超过最大设计流量很多，则竖井泄流能力可能承受不了，竖井口或涡室中会产生壅水现象。如果进水口和竖井的流量基本相匹配、皆满足设计要求，进水口与涡室结构设计不佳也会影响水流流态，造成泄流能力减小，究其原因有三：①由于涡室进口内旋流与入流的交角大引起壅水；②涡室进口高度不够，引起界面水跃向上游移动导致泄量减小；③在竖井上设置孔板或在出水洞内浇注阻水墩，因其收缩断面面积太小，也会引起壅水现象影响到泄流能力。因此，为了实现各控制结构泄流量的平衡，首先要设计好进水口尺寸，使其通过的最大流量与实际相符合，其他涡室和竖井结构尺寸要按照第 1 章介绍的方法设计好，这样才能够使旋流竖井泄洪洞各部分结构的泄流能力相互协调，满足设计的要求。

下面在介绍旋流泄洪洞流态时将会提到对泄流能力有影响的有关设计和一些特殊的水力学问题。

2.1.1　溢流堰进水口与涡室(或涡井)偏心相切连接的流态

如图 2-1 所示，溢流堰进水口以堰顶 0 - 0 为 0 基线，溢流堰进水口与涡室(或涡井)中水流流态根据涡室(竖井)中不同水位可分为四种：①竖井水位略高于堰顶($h>0$)时，为带有波状水跃的淹没流，涡室进口段形成气水混合的旋转流；②涡室水位接近库水位($h\geqslant 0.8H$)时，为完全淹没流，竖井形成漏斗式串通旋涡流(见图 2-1 虚线流态)；③涡室水位略低于堰顶($h<0$)时，为带有界面水跃的自由流，竖井开始形成空腔旋转流，但气水界面不清晰；④涡室水位低于堰顶较深($h\leqslant -0.8H$)时，为形成水跃的完全自由流，大量空气带入竖井，在竖井内产生稳定的空腔旋转流，空腔的气水界面明显。

溢流堰流量系数通常与堰的断面体型、相对堰高和堰宽沿流程的收缩有关，特别是受竖井进口水位的影响很大。淹没堰流和自由堰流的流量系数差别很大，其精确值需要根据具体的工程情况通过水工模型试验确定。

下面对圆形断面溢流堰，堰高 $P\approx 0.5H$ 时，给出溢流堰与涡室连接结构流量系数 m

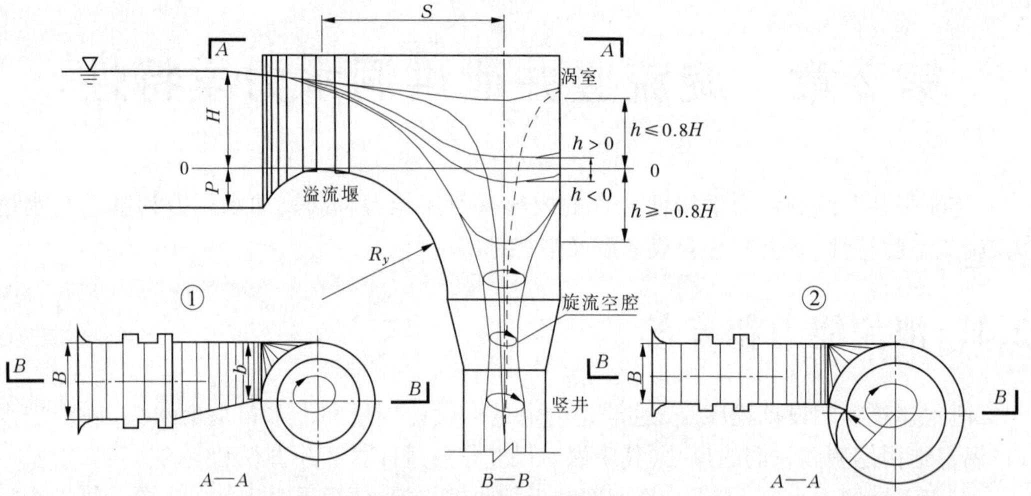

图 2-1　堰流进水口连接涡室和竖井的流态

的参考值(见图 2-1①)：

对于淹没堰流：　　$0 < h \leqslant 0.8H$，堰宽收缩比 $b \approx 0.7B$

流量系数：　　　　　　　$0.20 \leqslant m \leqslant 0.35$　　　　(2-1)

形成完全淹没流条件：　$H/S \geqslant 0.8$，　$m \leqslant 0.20$　　　　(2-2)

对于自由堰流：　　$0 > h \geqslant -0.8H$，堰宽收缩比 $b \approx 0.7B$

流量系数：　　　　　　　$0.38 \leqslant m \leqslant 0.40$　　　　(2-3)

形成完全自由流条件：$H/S \leqslant 0.4$，　$0.40 < m \leqslant 0.42$　　　　(2-4)

若溢流堰边墙无收缩(见图 2-1②)，则 $m = 0.44 \sim 0.45$　　　　(2-5)

上述各式中　H——堰上水头；

S——溢流堰顶与涡室(竖井)的中轴线间距。

旋流竖井泄洪洞若采用完全自由堰流进水口，由于携带大量空气，在竖井内形成带有空腔的旋转流运动。

2.1.2　短压力和长压力进水口引水道与涡室竖井连接的流态

短压力进水口的引水道通常为明流急流流态，由于引水道末端水流与涡室旋转流偏心交汇产生阻力，当引水道弗劳德数大于 1.6 时，出现界面水跃现象，涡室进口段水深增加。如果水跃封顶就会向上游移动，使引水道由明流变成满流，严重影响泄流能力。但是只要涡室的高度设计合理，水跃就不会封堵涡室进口，并且将大量空气带进涡室，使涡室保持稳定的空腔旋转流运动。

涡室内为不对称的喇叭形空腔旋转流，经过涡室下部收缩连接段的调整后，水流至竖井接近为轴对称的长螺距的螺旋流运动。在竖井进口处(称喉部)空腔直径最小，沿流程旋流空腔逐渐扩大，在竖井下部产生环状水跃，旋流空腔消失。环状水跃以下竖井为满流(或称水、气垫层)流态，在垫层内水、气进行强力的紊动掺混剪切作用消刹大量能量，见图 2-2。

当库水位降至进水口孔顶高程以下时，引水道从急流流态变成缓流流态，界面水跃消失，涡室中水面不再抬高。在缓流或流量接近零的情况下，涡室和竖井仍能形成稳定的带有空腔的螺旋流流态。

长压力进水口引水道为有压流，采用双道平板闸门。在闸门启闭过程，从闸门后的通气孔向引水道输气。当引水道开始变成满流时，引水道的一部分空气立即又从该通气孔排除，另一部分被涡室的旋流空腔吸收。引水道为无气泡有压满流流态，无水跃现象。主要由涡室顶部的通气井向涡室和竖井输气，使涡室和竖井形成稳定的空腔旋转流，空腔形状比较清晰。竖井下部产生环状水跃和水气混合体满流流态。当库水位降至设计水位以下时，引水道中出现明流现象，这时与短压力进水口流态基本相同。

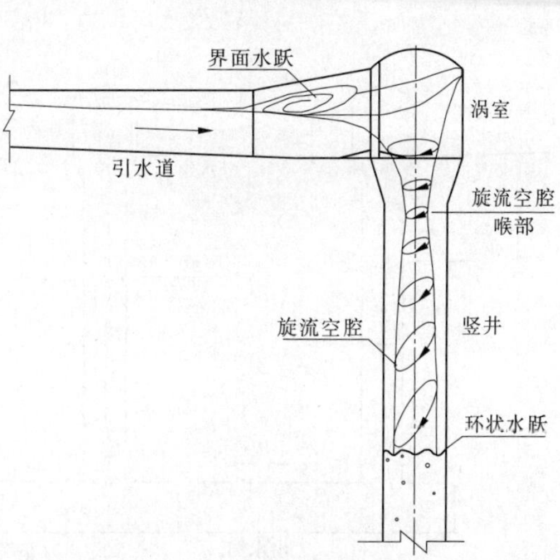

图 2-2　引水道为急流时涡室和竖井流态

2.1.3　涡室竖井旋流空腔的变异

旋流竖井泄洪洞要保证安全可靠运行，必须使涡室竖井能具有稳定的、与大气相通的空腔的旋转流运动。在前面第 1 章的旋流竖井泄洪洞设计中已经考虑了这个问题，合理的设计可以避免发生空腔变异现象。下面从水力学的流态上来介绍旋流空腔的变异问题及其危害性，了解这个问题对设计大有裨益。

通常在竖井中的旋流空腔直径为(0.40～0.75)D(D 为竖井直径)，竖井螺旋流为流态稳定、空腔压力接近于大气压力的正常流态。旋流空腔变异现象是指，当空腔直径小于 $0.02D$ 时，旋流空腔变化成负压涡带(类似于蚯蚓形状)。此负压涡带在竖井及出水洞进口满流段出现不稳定的摆动而导致竖井和泄洪洞壁面振动(模型试验结果)。对旋流竖井泄洪洞而言，竖井和泄洪洞设计不合理就可能产生旋流空腔变异现象。例如：

(1)为了防止在竖井环状水跃上面竖井周壁出现负压，增设一道环形阻水坎来抬高竖井水垫层，此时当孔板收缩孔口面积与竖井断面面积比 $s<0.5$，且迎水面的坡度较缓($1:m, m\geqslant 2.5$)时，就会出现空腔变异现象(见图 2-3(a))。

(2)为了增加消能率，在出水洞进口段利用组合墩修建压力消能工，当组合墩收缩口的过流面积与竖井断面面积比 $\varepsilon<0.5$ 时，会引起空腔变异现象(见图 2-3(b))。

(3)为了增加消能率，在压力消能工内浇注边墩，特别是在下游洞顶设置压板，若边墩收缩面积与竖井断面面积比 $s<0.55$，同时顶压板下收缩面积与竖井面积比 $s<0.6$ 时(按图 1-24(a)设计的顶压板)，也会出现空腔变异现象(见图 2-3(c))。

当出现旋流空腔变异时，除产生上述的水流流态不稳定引起竖井和出水洞进口结构振动现象外，涡室进口前的界面水跃也会向上游移动，严重地影响整个泄洪洞的泄流能力。

应指出，上述各种出现空腔变异情况下的过流断面面积收缩比 s(约束条件)，是按图 1-24的组合墩、边墩和顶压板等三角坎结构收缩断面面积确定的，如果这些三角坎的

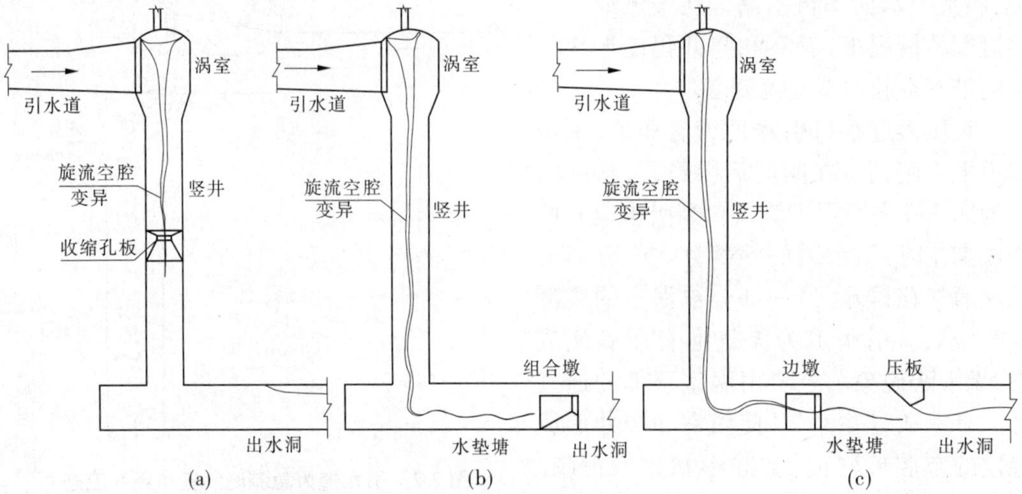

图 2-3　旋流竖井泄洪洞出现空腔变异流态

迎水面坡角改变了,则相应的 s 约束条件也要随之改变。

2.1.4　旋流竖井出水洞流态

出水洞中水流流态受出口的尾水位影响很大,与相对尾水深 h/H_d(h 为尾水深,H_d 为洞高)有密切关系。下面分几种情况说明:

(1)当出水洞出口相对尾水深保持 $h/H_d \geqslant 1.5$ 的条件运行时,出水洞出口完全淹没,出水洞内不用设任何形式的消能工,可完全依靠出水洞内自身压力水流形成的压力消能工消能。由于从旋流竖井带来的大量空气以气泡的形式进入洞内,这些气泡集聚变成压力气囊漂浮在洞顶来回游荡,使洞内水流流态极不稳定。当高压气泡离开隧洞出口至下游水面时,会在瞬间产生巨大气爆现象,可能破坏周围的建筑物,因此必须在出水洞出口段设排气井。

(2)当 $1 \leqslant h/H_d \leqslant 1.5$ 时,出水洞出口仍然处于淹没状态,洞内进口段为气水混合有压流,洞顶逐渐形成凹形明流段,然后在出口段又变成明满流过渡现象。由于洞内水流流态不稳定,需要在与竖井连接的出水洞进口段设置水垫塘进行消能,在出口段也必须设排气井。

(3)当 $h/H_d \leqslant 1$ 时,出水洞为自由出流状态,出水洞的进口段为气水混合体满流,下游出水洞全长为明流。必须在洞的进口段设置水垫塘进行消能,洞顶不设排气井。

2.1.5　高尾水位出水洞的排气设施和流态变化

对于高尾水位的旋流竖井泄洪洞,出水洞本来可以利用自身的水压力为消能创造条件,不需要再建造阻水墩构成一压力消能工。但是水库需要在多种工况下调度运行,有些工况下尾水位会降低的,这时开闸放水,出水洞洞内可能产生首尾落差较大的明满流过渡流态。为了消耗水流的能量、降低洞内水流流速、改善洞内的流态,通常在高尾水位条件下也要在出水洞的进口段设置阻水墩构成压力消能工,以保证出水洞内进口段总是气水混合体有压满流流态。

出水洞下游洞内水流流态主要与排气井的布置和排气的设施有密切关系，下面分别介绍三种排气井的结构布置及其流态。

2.1.5.1 出水洞进口集中排气设施

在出水洞进口段开挖集气室通过排气井将混合在水中的气体排出，见图2-4(a)。集中排气并不能保证下游洞内不进气，也常有残余的空气在洞内积聚形成气囊。气囊移出洞口时发生气爆现象。但是只要在洞的出口顶部设置破气坎，基本上能消除气爆现象。这种排气设施适用于水头和泄量较小的工程。否则集气室的工程投资较大，且二期工程施工期较长。

2.1.5.2 沿出水洞分散布置排气井

在出水洞的进口段设置压力消能工时，在水垫塘下游沿洞长按一定间隔布置3~4道排气井，并将排气井与上部总集气洞连通。为了提高排气的效率，在洞内紧靠排气井口上游的洞顶处设置集气坎，同时，通气孔的直径应小于排气井的直径(见图2-4(b))。采取此种措施可以使大量空气排除到洞外。

当尾水深与洞高之比 $h/H_d<1.5$ 时，为了消除洞顶不稳定气囊的游荡现象，需要提高洞内压力。解决措施是在洞的出口段底板上设置阻水挑坎($h/H_d\geqslant1.5$ 时不设阻水挑坎)，这样出水洞的出口段水流变为强度较弱的明满流过渡流态。

此种排气措施也不经济，有时洞内还出现小气囊游动现象，在出水洞出口的下游仍然会产生强度较弱的气爆现象。如果在洞的出口顶部设置破气坎，气爆现象可以基本消除。

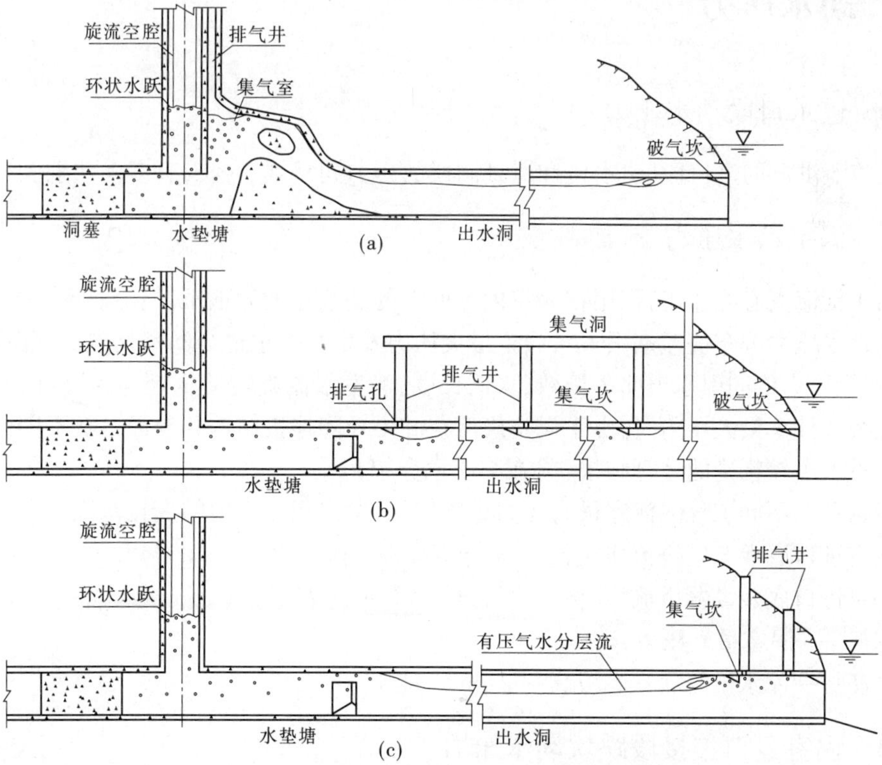

图2-4 高尾水位出水洞布置排气设施及流态变化

2.1.5.3 **在出水洞的出口段布置排气井**

不管出水洞有多长,通常在洞的出口段布置两道排气井就够了。排气井距洞口1.4D,两道排气井的间距为1.6D(D为竖井直径),排气井设计方法详见1.5.2节,图1-26。

此种排气井的设计和实施可使出水洞的流态大为改善。在洞内进口段为水气混合体有压满流,下游为有压气水分层缓流流态,水面平稳,出口段洞内为含有大量气泡和气囊的满流流态,如图2-4(c)所示。大部分气泡从排气井排除,剩余气泡穿过破气坎排出洞外,无气爆现象,尾水面波动很小。

对于低尾水位泄洪洞($h/H_d \leqslant 1.0$),水流通过水垫塘(压力消能工)后,下游全洞为无压明流流态,洞内水面比较平稳,如图2-5所示。

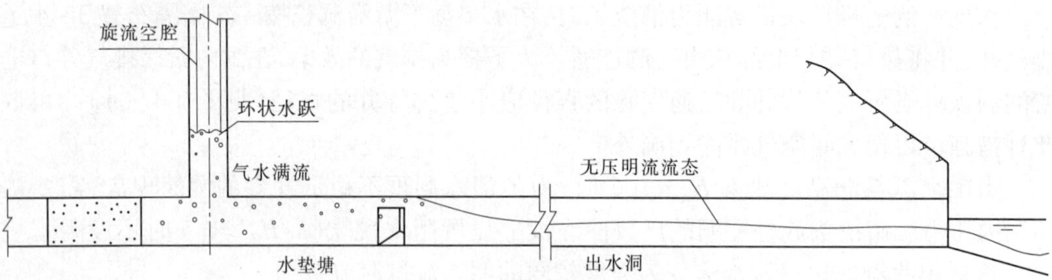

图2-5 低尾水位出水洞流态

2.2 动水压力

2.2.1 进水口段动水压力

旋流泄洪洞的进口段、引水道和泄洪洞段的压力同常规工程没有多大差别。

2.2.2 涡室动水压力

由于旋流离心力作用,作用在涡室内壁面上的动水完全为正压,但沿涡室圆周和不同高程的动水压力分布值差别很大。涡室最大压力发生在引水道与涡室切点的下游靠近底板处,最大压力值同引水道弗劳德数、水道长度、涡室水流旋转动量矩等因素有关。当采用理论公式计算最大压力时,由于涡室旋流空腔半径随连接结构和界面水跃不同而变化,因此很难给出较精确的计算结果(将在第3章介绍)。

根据几个不同工程的涡室最大压力试验结果,给出相对压力的变化范围:

涡室进口底板未设折流坎时: $h_v = (0.5 \sim 0.6)H_v$ (2-6)

涡室进口底板设置折流坎时: $h_v = (0.6 \sim 0.7)H_v$ (2-7)

式中 h_v——涡室最大压力,m;

H_v——库水位与涡室底板高程差,m。

2.2.3 涡室进口连接段跌坎动水压力

涡室连接段跌坎指的是引水道末端同涡室进口底板连接的下部(自然形成的跌坎),

见图 2-6 中 A—A 剖面 ab 圆弧。

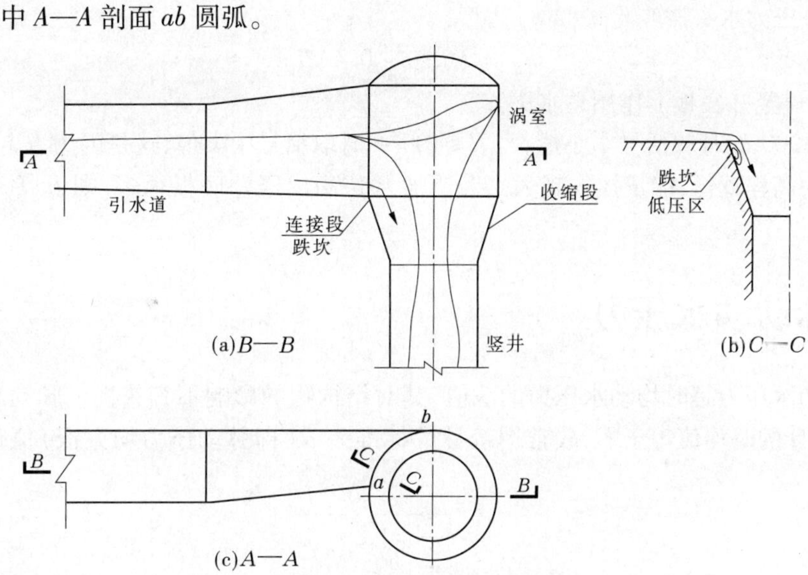

图 2-6　涡室连接段低压区

在 ab 弧段跌坎下易产生负压,如图 2-6 中 C—C 剖面所示的负压区。该区恰好是部分水流转向跌坎处,没有形成旋转流运动,如果不按图 1-11 在涡室进口底板上增设折流坎(或图 1-12 将跌坎断面修成大圆弧),就会由于水流分离在坎下出现较大的负压,可能引起空蚀。

2.2.4　竖井动水压力

同常规竖井式泄洪洞比较,由于旋流竖井泄洪洞竖井内螺旋流的离心力增加了竖井内壁动水压力,一般不会在竖井内发生水流与井壁边界分离现象,出现较大的负压。但是,由于受重力和水流与井壁及空腔空气之间摩擦阻力的双重影响,随着竖井深度的增加,螺旋流在竖井中流程长度增加,螺旋流的竖向速度增大、环向速度减小。环向速度的减小使得作用在螺旋流上的离心力减小,相应地作用在竖井内壁上的动水压力也随之降低,直到环状水跃出现之前压力降到最低点(接近为零)。这时是否会发生空化与空蚀,需要进行讨论和研究。

国外资料和我们的试验研究成果都证明:当竖井深度增加到一定程度时,竖井内螺旋流水流多余的位能完全消耗于摩阻损失(摩擦阻力与重力平衡),井内螺旋流流速达到极限值,水流为均匀流状态。这表明竖井中水流的流速不会随井深无限的增加,竖井中也不会出现较大的负压。

尽管如此,由于流速大,水流空化数很小,$\sigma < 0.2$,通常在小空化数的高速水流作用下,极易引起结构物空蚀。但是,2.4 节旋流空腔特性和第 9 章旋流空化特性试验研究结果表明,竖井螺旋流水层中的气泡或空化气泡都会向旋流轴心的方向飘逸;另外,由于螺旋流的流程长,阻力大,沿程流体边界层发展迅速,靠近竖井壁面水层的流速急剧降低(见 2.6 节),因此不易发生空蚀,除非在低压区残留不平整体。

旋流竖井泄洪洞最大动水压力水头发生在竖井底板上,通过进水口和竖井旋流消能

后的底板上压力水头按经验式(2-8)估算:

$$h_d = (0.3 \sim 0.4)H \tag{2-8}$$

式中 H——竖井底板上作用总水头。

当 $H \geqslant 200$ m 时取括号中小值;当 $H \leqslant 100$ m 时取括号中大值,这是因为 H 越大,环状水跃发生的高程越低,能量损失越大。若下游水位高出竖井底板很多,则 H 等于上下游水位差值。

2.3 脉动动水压力

脉动动水压力是时均动水压力的载值,其对结构物的影响不容忽视。脉动载值有正有负,其统计的时均值等于零,故常用统计的标准差 σ(即脉动压力均方根)值代表脉动动水压强:

$$\sigma = \sqrt{\frac{\sum_{i=1}^{N}(p_i - \bar{p})^2}{N}} \tag{2-9}$$

式中 p_i——瞬时压强,kPa;

$\bar{p}$——在采样时段内的时均压强,kPa。

通常采样时间 20 s,采样次数 $N = 5\ 000$,采样时间间隔为 0.004 s。

2.3.1 涡室脉动压力

虽然时均压力沿涡室圆周分布不均匀,但由于明流涡室进口的水跃消能作用,脉动压强并不大。试验资料显示,一般情况下,无压流涡室的脉动压力 $\sigma < 25 \times 9.8$ kPa,而有压流涡室的脉动压力更小,$\sigma < 15 \times 9.8$ kPa。

2.3.2 竖井底板脉动压力

在旋流竖井中,底板脉动标准差值最大,可用下式估算:

$$\sigma_{\mathrm{m}} = (0.65 \sim 0.80)\frac{v^2}{2g} \times 9.8 \tag{2-10}$$

式中 v——竖井断面平均流速,m/s;

g——重力加速度,m/s^2。

2.3.3 水垫塘脉动压力

当压力消能工采用流线型阻水墩时,水垫塘中脉动压力标准差值一般小于 40 kPa。在旋流竖井泄洪洞的洞内采用三角形墩时,其背面负压很大,墩后底板上的脉动标准差值 50 ~ 65 kPa,而采用自掺气的三角形边墩、中间加挑坎的组合墩时脉动标准差值要小一些。

2.3.4 实测脉动压力自相关函数和功率谱

脉动压力随时间变化是平稳随机过程,直观上不能量出脉动压力变化周期或频率。

但是对一段时间的采样数据通过快速傅里叶变换(FFT)的统计数学处理,可以给出脉动压力自相关函数和功率谱密度曲线,用这些曲线可了解脉动压力随机统计特性。

随机统计理论参见文献[21]。自相关函数$R(\tau)$表示时间间隔τ的两脉动压力$p'(t)$乘积的统计平均值;$R(\tau)/\sigma^2$代表自相关系数;$\sigma^2=\overline{p'^2}(t)$为脉动压力均方值。当$\tau=0$时,$R(0)=\sigma^2$,即自相关系数等于1。从自相关系数曲线可以看出脉动压力变化是否具有周期性。

功率谱密度$S(f)$代表单位频率的功率,它与压力脉动均方值的关系是:

$$\overline{p'^2}(t) = \int_{-\infty}^{\infty} S(f)\,\mathrm{d}f \tag{2-11}$$

即功率谱密度曲线下的面积等于脉动压力均方值。

最大功率谱密度值所对应的频率即主频率(优势频率)。若从相关系数曲线上看出有明显的周期特性,其周期为T,则在相应的功率谱密度曲线上就会出现一个突出(孤立的)的尖峰曲线,所对应的主频率$f=1/T$,这种脉动称为谐波(正弦波)脉动。

当旋流竖井或出水洞出现空腔变异流态时(见图2-3),就会发生带有周期性的谐波脉动过程,如图2-7谐波频率0.55 Hz、周期1.82 s。这是泄水建筑物不希望发生的现象。按照第1章所介绍的方法设计旋流竖井泄洪洞,在竖井都能产生平稳的空腔旋转流运动,可避免出现周期性脉动压力,其统计特性如图2-8所示。

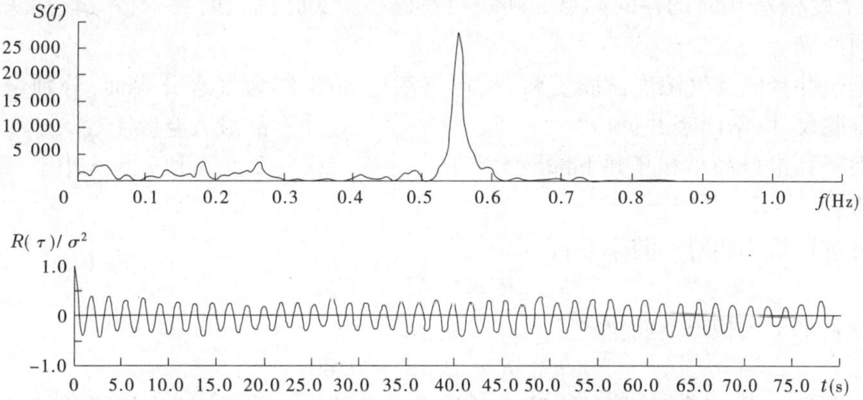

图2-7 竖井出现变异流态时底板上脉动压力特性曲线

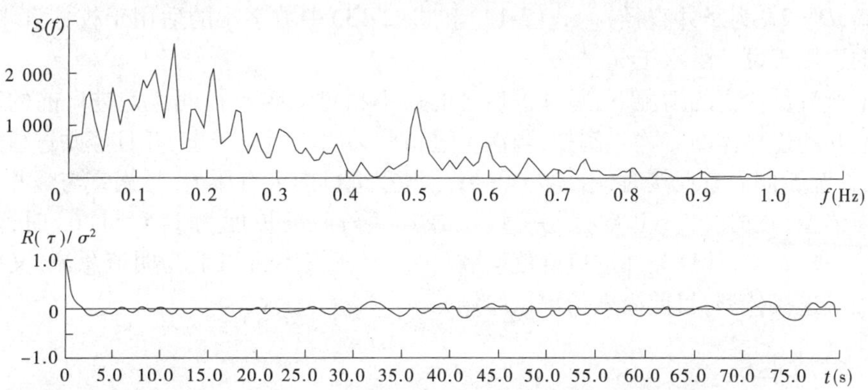

图2-8 竖井为正常空腔旋转流时脉动压力特性曲线

2.4 竖井旋流空腔特性和断面平均流速

2.4.1 旋流空腔特性

在最大设计流量条件下,螺旋流在竖井中能否形成与大气相通的稳定的空腔是旋流竖井泄洪洞设计成败的关键,因此需要对旋流空腔特性进行深入讨论。

旋流竖井泄洪洞竖井进口处(喉部)由于旋流收缩,旋流空腔直径最小。沿竖井向下,由于受重力影响,旋流竖向流速增大,水流过流断面面积减小,空腔直径逐渐增加。若竖井很深,在下游无明显阻水壅水的情况下,螺旋流到达竖井中一定深度时,流速达到极限流速,空腔直径也达到极限值(等于常数)。此断面以下,竖井中的水流由加速流变成均匀流,竖井断面平均流速保持极限流速不变,空腔直径也保持极限值不变。

由于旋流离心力的作用,密度大的水体紧紧贴附在竖井内壁,密度小的气体集聚在竖井轴心,形成旋流空腔。在高速水流的脉动和交接面水气混合剪切作用下,水气之间进行紊动混掺,形成一个水气混合层,即空气腔中有水滴,螺旋流水层中有气泡,两相流之间没有一个明显的水、气分界线。在常规直线(非旋转)运动的高速水流泄水道中,定义掺气浓度60%为气水分界面。由于空腔吸气作用,高速螺旋流中从清水到空腔的过渡层很薄,掺气浓度相差10%的径向测点的间距相差很小。实际测量时要求掺气仪探头的径向测距必须准确。

根据竖井径向掺气浓度试验资料,按掺气浓度60%作为气水分界面,分别量取竖井各断面空腔尺寸,给出竖井进口最小空腔半径 r_{min} 和竖井下部最大空腔半径 r_{max}。

有关竖井进口最小和竖井下部最大空腔尺寸确定详见2.5.4和2.5.5小节。该工程试验结果:

竖井进口最小相对空腔半径:

$$r_{min}/R = 0.45 \sim 0.50 \tag{2-12}$$

竖井下部最大相对空腔半径:

$$r_{max}/R = 0.75 \sim 0.80 \tag{2-13}$$

当竖井深度 $Z \geqslant 7D$ 时,相对空腔直径最大并且趋近于常数(Z 为从竖井进口算起向下的距离,$D=2R$ 为竖井直径)。式(2-12)和式(2-13)中数字小的适用于校核洪水工况,数字大的适用于设计洪水工况。

在下泄流量一定的情况下,竖井进口处的最小相对空腔半径同涡室进口前的流态及涡室和竖井的连接体型有关。例如,当涡室进口前为明流缓流流态,并且竖井进口周边采用0.2R 的圆弧同涡室连接时,$r_{min}/R=0.4$;当涡室进口前为有压流,且涡室与竖井采用收缩段连接体型,收缩段长≈0.65竖井直径(或连接段收缩坡度为1∶5 ~ 1∶6)时,可采用式(2-12)、式(2-13)计算竖井进口旋流空腔尺寸;对于涡室进口前为明流急流,又同竖井采用收缩段连接体型,目前尚未给出试验结果。

2.4.2 合成速度

由2.4.1关于旋流空腔特性的分析可知,竖井水流最大轴向平均速度发生在最大旋流空腔产生的断面(半径为 r_{max})处,水流在该断面达到极限流速、水层厚度最薄。但是在达到极限流速之前,竖井出现环状水跃,这时最大平均轴向速度发生在紧靠环状水跃上部为:

$$v_z = \frac{Q}{\pi(R^2 - r^2)} \tag{2-14}$$

合成速度:

$$v = v_z/\cos\theta \tag{2-15}$$

式中 R——竖井半径;

r——紧靠环状水跃上部的旋流空腔半径;

θ——最大旋流合成速度矢向同垂直线的夹角,$\theta \approx 12°$。

2.5 旋流竖井泄洪洞水力学特性试验举例

下面举例,介绍模型试验中的水力学问题(可以参见文献[19])。该工程竖井直径15.6 m,泄洪洞为城门洞形断面,宽18 m、高20 m,校核洪水工况进水口槛上水头38 m,洪水流量2 815 m^3/s,尾水深52 m;设计洪水工况下溢流堰槛上水头30.7 m,流量2 580 m^3/s,尾水深45 m,这是高水头、大泄量和高尾水位的压力泄洪洞。

由于该泄洪洞只在泄洪期高尾水位下运行,洞内未设水垫塘阻水墩,而在洞的出口段设两道排气井。试验是在1:60比尺模型上进行的。通过这个试验例子,读者可以大致了解高尾水位旋流竖井泄洪洞的基本结构、总体流态和压力分布情况以及一些关键水力学问题。

2.5.1 高尾水位旋流竖井泄洪洞流态

2.5.1.1 总体流态特性

图2-9为校核洪水工况旋流竖井泄洪洞总体流态和压力分布。从图中可看出,进水口和引水道为有压流,竖井进口处空腔直径最小,向下逐渐变大,到环状水跃处空腔消失。竖井下部和出水洞进口段皆为有压满流,水气之间进行强力的紊动掺混消耗大量能量。随着水中气泡的不断上升,水气开始分离,在大部分出水洞内形成了有压气水分层流态,水气界线分明,水面非常平稳,气层厚度占洞高的15% ~20%,水流断面平均速度≤10 m/s,洞内动水压力沿程变化较小、分布较均匀(约54.5 m)。分层水流在出口排气井段内平稳的过渡到满流(见图2-9和图2-10照片)。

出水洞的出口段为无水跃的明满流过渡流态,气泡集聚在洞顶形成气囊,大部分气体从两道排气井排除,残余的气囊被出口洞顶的破气坎撕碎排除到下游,完全消除了气爆现象。

2.5.1.2 尾水深对出水洞洞内流态的影响

为了查明尾水深对出水洞洞内流态的影响,专门在设计工况(下泄流量2 580 m^3/s)下,对尾水深分别为45.4 m(设计洪水工况)、30.5 m、26.5 m和22.5 m四种情况进行试验。试验结果在尾水深不小于30.5 m(尾水深与洞高之比 $h/H_d \geqslant 1.5$)时,出水洞内都能形成有压气水分层缓流,气水界线分明,水面比较平稳,出口洞段为不产生水跃的满流流态,洞内流速皆小于10 m/s,分别见图2-11(a)、(b)。

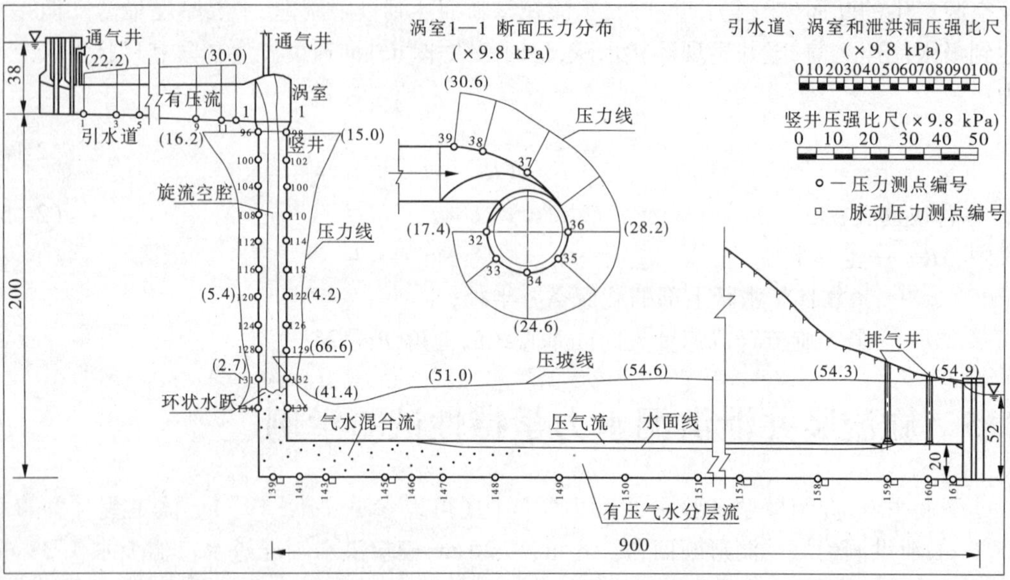

图 2-9　校核洪水工况旋流竖井泄洪洞总体流态和压力分布

在尾水深 26.5 m($h/H_d \leqslant 1.35$,$H_d = 20$ m)的洞内变成气水分层急流,出口洞段出现带有水跃的明满流过渡流态,洞内流速 22 m/s。当尾水水深降到 22.5 m($h/H_d \leqslant 1.15$)时,水跃冲出洞外,出水洞内为波动较大的明流流态,流速达 25 m/s,分别见图 2-12(a)、(b)。

本工程在正常运行工况下尾水深不低于 30 m,因此洞内不会出现图 2-12(a)、(b)的急流流态。但是如果不了解上述流态变化规律,在低尾水位时误开闸放水泄洪,就可能酿成重大事故。

此例试验说明:在泄洪洞出口段设排气井的前提下,当尾水深/洞高≥1.5 时,在出水洞内无须设置水垫塘即可形成稳定的有压气水分层缓流流态,流速小于 10 m/s,洞内底板上沿程压力水头分布均匀,平均约 54.5 m,出水洞内动水压力较大;当尾水深/洞高 < 1.35 时,洞内就可能出现急流明满流过渡流态,流速大于施工导流期流速。因此,为了避免出现急流明满流过渡流态,应在出水洞进口段修建带有消力墩的水垫塘(压力消能工),在出水洞的出口段设置两排带有小孔的排气井(排气井的设计见图 1-26)。

在模型试验时,应特别注意:若放水前下游未充水,只靠放水流量的增加使下游水位逐渐升高,即便泄流量和下游尾水位都达到了设计最大值,此时洞内也不会形成稳定的气水分层缓流流态,而是强有力的明满流过渡流。这表明,要想洞内能形成理想的气水分层流态,必须在尾水深与洞高之比 $h/H_d \geqslant 1.35$ 时才能开闸放水。若出水洞的进口段设置水垫塘便可以避免出水洞内发生高速明满流过渡流态造成重大事故。

2.5.2　动水压力

2.5.2.1　总体压力特性

图 2-9 给出引水道、涡室、竖井和泄洪洞的压力分布曲线。涡室只给出最大压力发生位置 1—1 断面的压力分布线,最大压强 28.2 ×9.8 kPa;竖井进口处最大压强 16 ×9.8

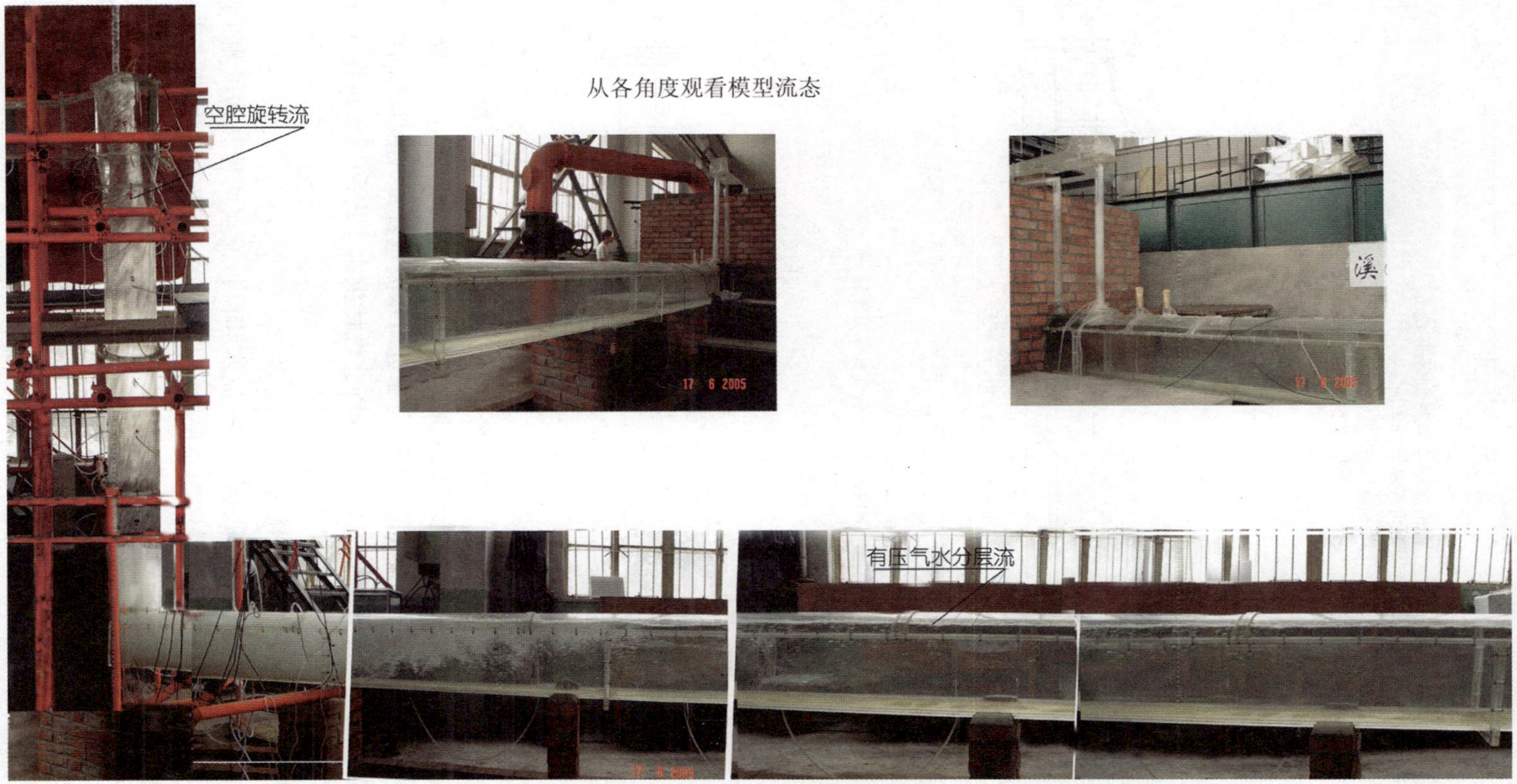

图 2-10　溪洛渡旋流竖井泄洪洞万年一遇洪水工况流态

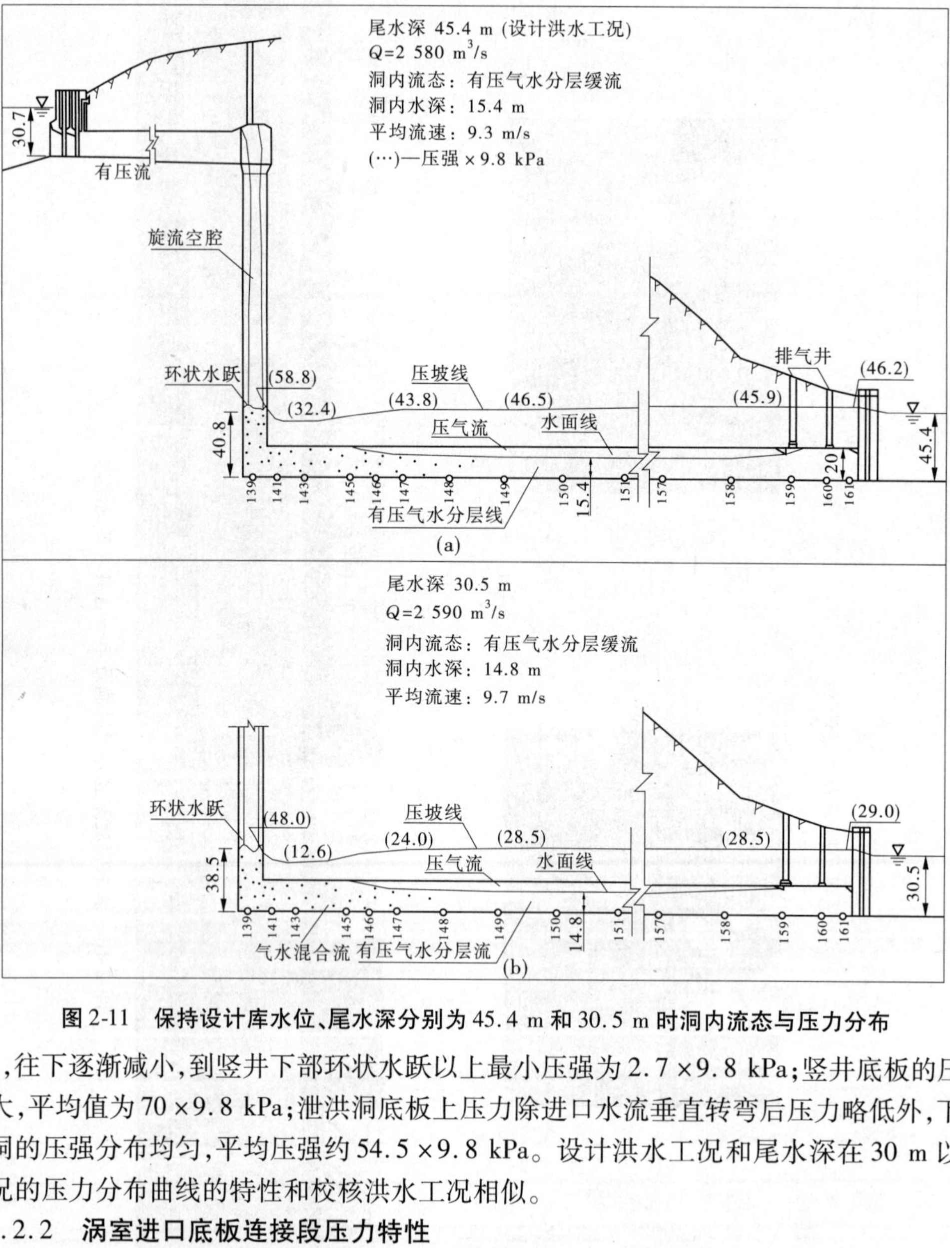

图 2-11　保持设计库水位、尾水深分别为 45.4 m 和 30.5 m 时洞内流态与压力分布

kPa，往下逐渐减小，到竖井下部环状水跃以上最小压强为 2.7×9.8 kPa；竖井底板的压强最大，平均值为 70×9.8 kPa；泄洪洞底板上压力除进口水流垂直转弯后压力略低外，下游全洞的压强分布均匀，平均压强约 54.5×9.8 kPa。设计洪水工况和尾水深在 30 m 以上情况的压力分布曲线的特性和校核洪水工况相似。

2.5.2.2　涡室进口底板连接段压力特性

在校核洪水工况下，对涡室进口底板不设折流坎和设折流坎两种结构量测了跌坎区的压强分布。测点布置在涡室与竖井收缩连接段的上部 *A*、*B* 两排，这两排测点刚好在跌坎区，见图 2-13*B*—*B* 剖面。

首先对不设折流坎时进行试验，结果在 *B* 排测点出现了负压，其中 87 号测点的负压最大为 5.4×9.8 kPa，见图 2-13*A*—*A*，负压分布的弧长约 5 m。显然，这是水流在连接跌坎处分离产生的负压(见图 2-6 中剖面 *C*—*C* 示意)。

后来在涡室进口底板上设置折流坎，试验结果连接段跌坎区全为正压，最低正压为 8×9.8 kPa，发生在 *B* 排第 83 测点上，见图 2-14。这是因为折流坎的作用使水流偏向椭

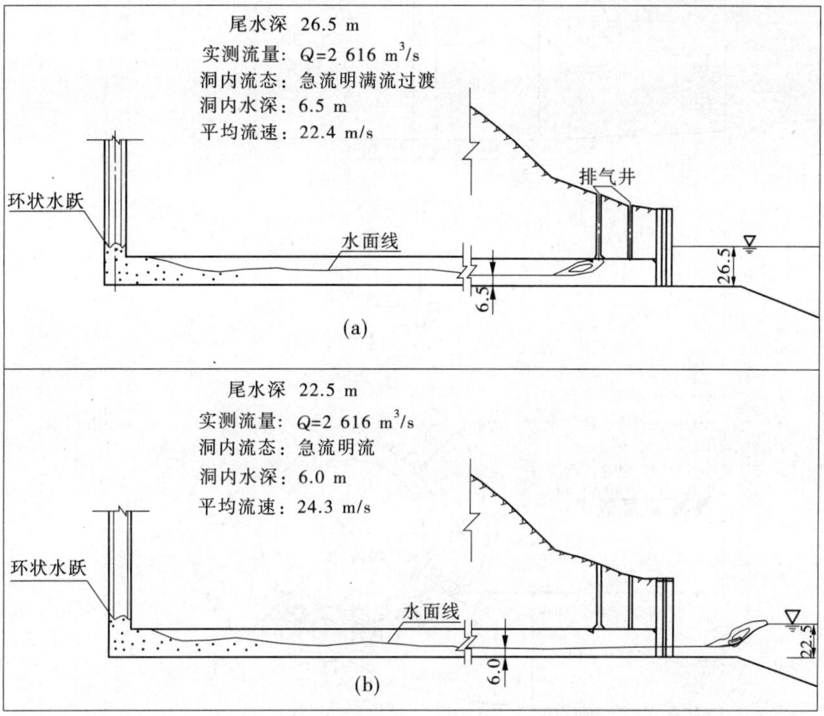

图 2-12 保持设计库水位、尾水位分别为 26.5 m 和 22.5 m 洞内流态

圆曲线与涡室圆弧切线方向作旋转运动，增加了旋流旋转半径和缩短了螺距，致使旋流通过跌坎区产生离心力，因而增加压力。后来又对正常和设计洪水工况进行了同样的试验，结果在不设折流坎的情况下皆出现负压，以正常洪水工况的负压最大，为 -6.6×9.8 kPa，设折流坎后最小正压为 8.0×9.8 kPa。上述试验表明，设折流坎对消除负压和提高压力非常有效。

2.5.3 脉动压力

通常在最高洪水位时的泄洪洞中各部分脉动压强最大，故下面仅介绍校核洪水的脉动压力特性。试验中采样时间 40 s，时间间隔 0.008 s，采样次数 5 000 次。

2.5.3.1 涡室脉动压力

从涡室进口段顶部到底部以及涡室的周壁一共布置 7 个测点。实测结果显示，整个涡室的脉动压力都不大。比较大的脉动压力标准差值发生在时均压强较小的涡室进口顶部一个测点，为 10.53 kPa（主频率 6.57 Hz），而涡室最大时均压强处的脉动标准差值并不大，为 8.43 kPa（主频率 0.004 Hz）。

2.5.3.2 竖井脉动压力

在竖井中，环状水跃以上的水流为稳定的螺旋流，动水压强脉动较小；而在其下部由于水气掺混引起强烈的紊动二相流，动水压强脉动值较大，所以试验中只在该水气掺混紊动区布置了两个测点。实测结果显示，其离出水洞顶部较近处竖井测点的脉动标准差值较大，为 36.54 kPa（主频率 2.28 Hz）。

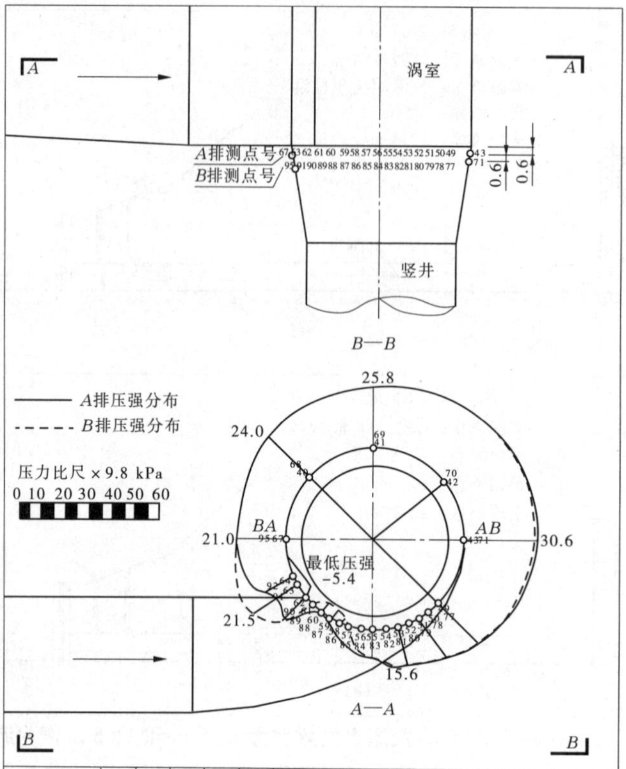

A排测点号	40	41	43	53	54	55	56	57	58	60	61	62	63	64	67
压强(×9.8 kPa)	24	25.8	30.6	15.6	14.7	10.8	9.6	6.9	3.9	0.0	4.4	11.6	9.5	13.5	21.0
B排测点号	68	69	71	79	81	83	84	85	86	87	88	89	90	91	95
压强(×9.8 kPa)	24.0	25.2	28.8	19.1	15.9	10.6	9.0	2.1	-4.0	-5.4	-5.4	0.3	14.1	21.5	20.4

图 2-13　涡室进口底板无折流坎时连接段跌坎区压强分布

2.5.3.3　泄洪出水洞脉动压力

出水洞内靠竖井轴的底板受到竖井中下落水流的竖向冲击和环状水跃以下水气混掺紊动及明满流交替变化的复杂水流流态的影响，其上的脉动压力标准差值最大，试验测得为 90 kPa(0.170 Hz)。泄洪洞出口满流段脉动压力的标准差值为 27 ~ 35 kPa(主频率 0.215 Hz)，脉动压强相对较小。

2.5.3.4　泄洪洞各流段脉动压力统计特性

图 2-15 ~ 图 2-17 为校核洪水工况典型流段的脉动压力统计特性曲线。

从图 2-15 ~ 图 2-17 中可以看出，各流段的脉动压力特性是不同的，但变化过程都是随机的、非周期性的。涡室段的脉动压强很小，但主频率比其他流段都大，为 6.57 Hz(见图 2-15)。

竖井环状水跃区在采样时段 40 s 内的压力时间过程线上出现多次尖锋负值，如在 19 s出现 -5 kPa 的瞬时负压(见图 2-16 压力—时间过程线图)，而在 26 s 附近出现 -67 kPa 瞬时负压(图 2-16 中 18 s 以后过程线被截掉)。

由于负压是瞬间出现的一个尖峰，故引起空蚀的可能性不大。竖井底板处虽然标准差值很大(见图 2-17)，但从相关曲线和谱密度曲线来看，属于大尺度旋涡紊动特征，主频率很低，不会引起泄水结构物共振。出水洞末段从有压分层流过渡到满流流态，在排气减

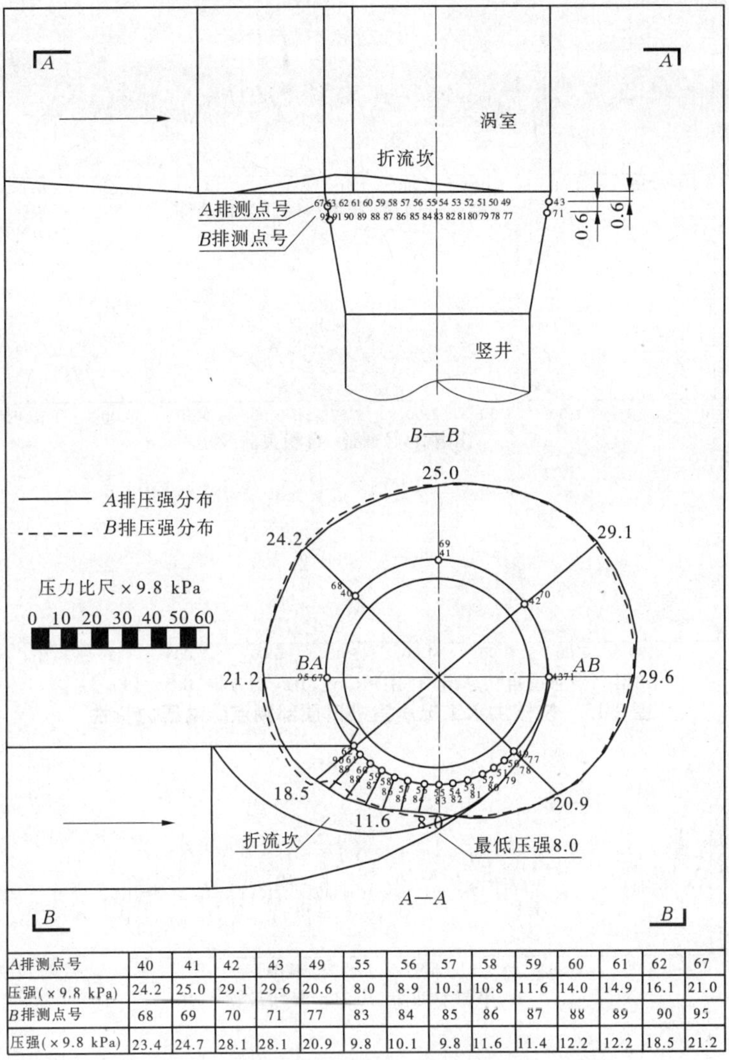

A排测点号	40	41	42	43	49	55	56	57	58	59	60	61	62	67
压强(×9.8 kPa)	24.2	25.0	29.1	29.6	20.6	8.0	8.9	10.1	10.8	11.6	14.0	14.9	16.1	21.0
B排测点号	68	69	70	71	77	83	84	85	86	87	88	89	90	95
压强(×9.8 kPa)	23.4	24.7	28.1	28.1	20.9	9.8	10.1	9.8	11.6	11.4	12.2	12.2	18.5	21.2

图 2-14　涡室进口底板设折流坎时连接段跌坎区压强分布

压过程虽然致使洞内水流紊乱，但脉动压力标准差值不大，主频率很低，也是大尺度旋涡紊动特征，这表明在出水洞的出口段布置排气井是合理的。

从脉动压力测量结果可看出，竖井下部和底部（出水洞进口段）所形成的水气垫层的压力消能工，紊动强度最大，脉动标准差值也最大。

2.5.4　掺气浓度的测量和竖井旋流空腔特性

掺气浓度 C 的定义式：

$$C = \frac{V_a}{V_w + V_a} \times 100\ \%$$

式中　V_a——气的体积；

　　　V_w——水的体积。

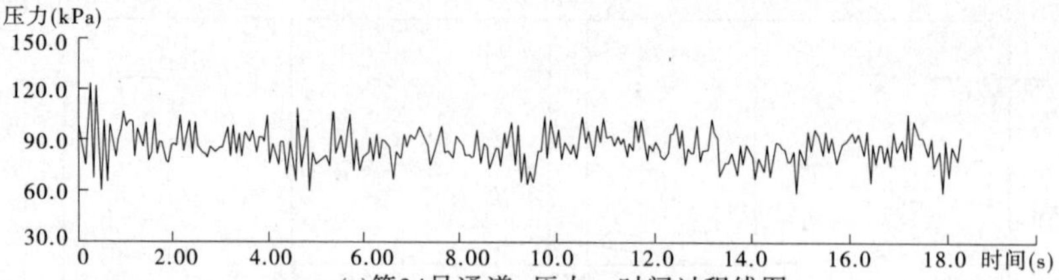

(a)第34号通道 压力—时间过程线图

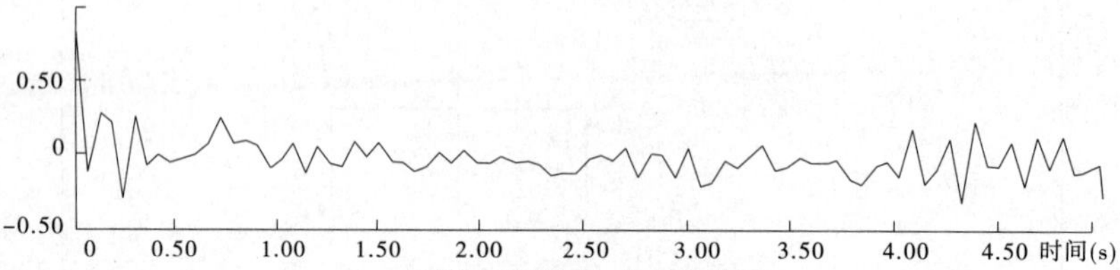

(b)第34号通道 自相关曲线

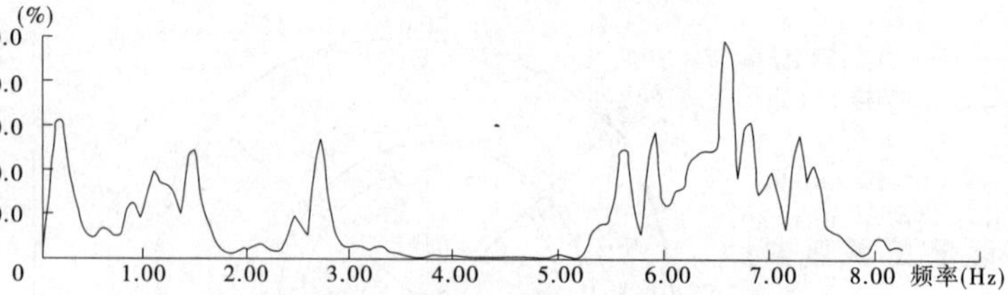

(c)第34号通道自功率谱图 主频6.57 Hz 均方根10.53 kPa

图 2-15 校核洪水工况涡室进口顶部测点脉动压力特性

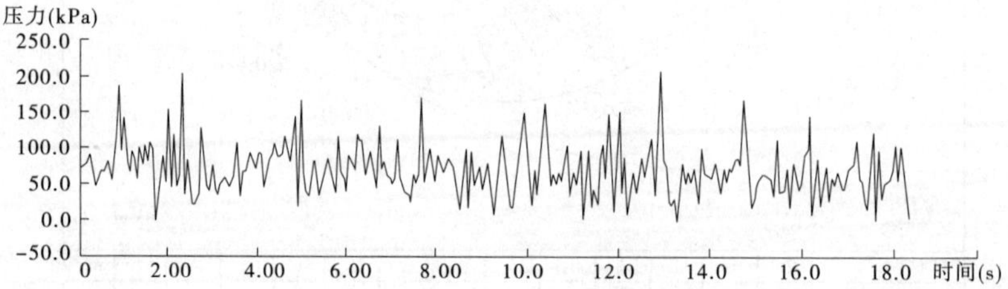

(a)第31号通道 压力—时间过程线图

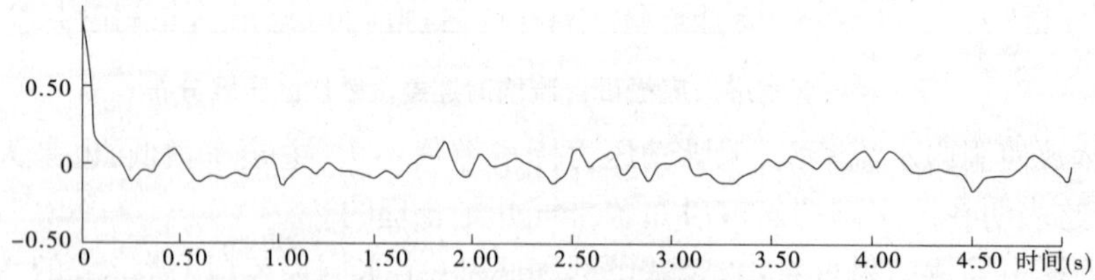

(b)第31号通道 自相关曲线

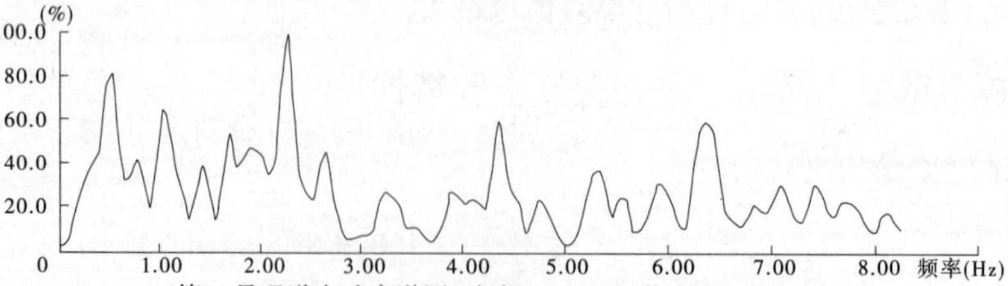

(c)第31号通道自功率谱图 主频2.28 Hz 均方根36.54 kPa

图 2-16 校核洪水工况竖井环状水跃下部 9 号测点脉动压力特性

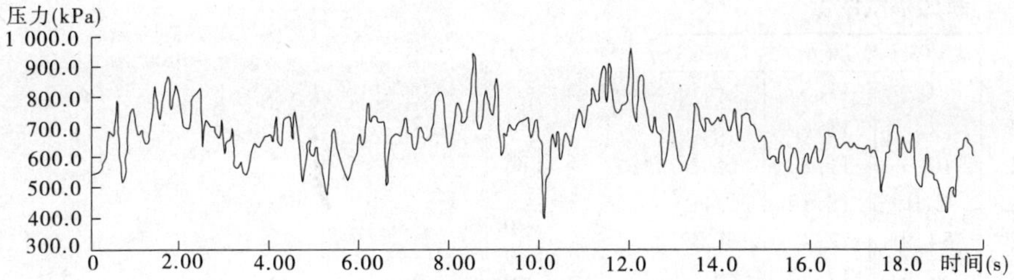

(a)第25号通道 压力—时间过程线图

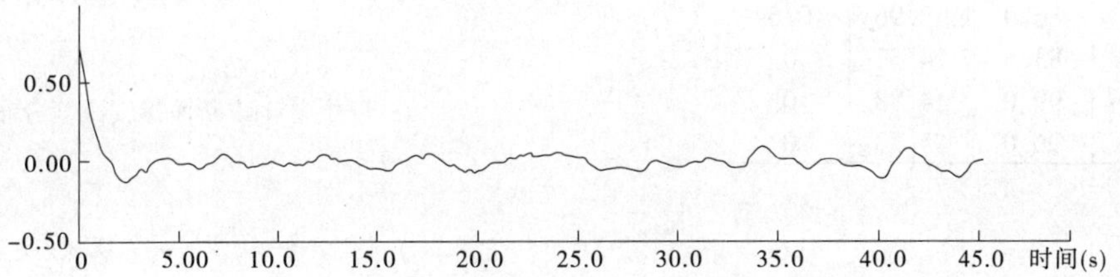

(b)第25号通道 自相关曲线

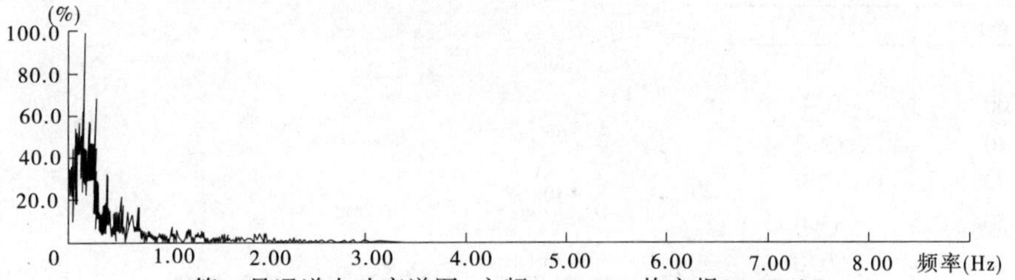

(c)第25号通道自功率谱图 主频0.17 Hz 均方根94.23 kPa

图 2-17 校核洪水工况竖井底板 139 号测点脉动压力特性

竖井掺气浓度的量测是在李忠义教授级高级工程师的指导下,采用小型取样管进行量测的。取样探头是内径 3 mm 的铜管弯成一直角小口,对准水流方向采集水样。管中水流通过长方形容器内的两个电极片量测掺气浓度。为了保持取样流体的速度与测点的速度基本相同,取样电极容器要低于测点高程。

本书结合溪洛渡泄洪洞优化体型量测了旋流竖井各断面径向掺气浓度分布,进而确定旋流空腔直径;试验中还量测出水洞进口有压段掺气浓度。

2.5.4.1 竖井中掺气浓度的测量

从竖井顶部向下沿程共布置 a、b、c、d、e 和 f 6 个断面的测点,量测各断面的径向掺气浓度分布。

其中 a 点距竖井进口(初始断面)$Z=0.24D=3.7$ m,其他各测点距井口的距离分别为 b 点 $Z=2D=31.2$ m,c 点 $Z=4.9D=76.2$ m,d 点 $Z=6.9D=106.2$ m,e 点 $Z=8.8D=136.2$ m,f 点 $Z=10.4D=160.5$ m。其中,a、b、c、d 和 e 测点在竖井空腔旋流段,f 测点在竖井下部环状水跃淹没流段,从此以下竖井为水气混合体满流。

对校核洪水工况各测点径向掺气浓度试验结果见图 2-18 ~ 图 2-23;设计洪水工况各测点径向掺气浓度见图 2-24 ~ 图 2-29。图中纵坐标 C(%)代表掺气浓度,横坐标 D(m)代表竖井断面直径范围内的径向测点,而 aE、aN 和 eW、eN 代表 a 和 e 两测点在横断面上正交两个方向的径向测点,E、W、N 表示东、西、北方向。

*a*E 断面掺气浓度

D(m)	C(%)	D(m)	C(%)
0	0	11.52	86.0
3.42	0	11.82	73.3
3.72	10.3	11.88	65.5
4.08	2.0	12.12	23.2
4.32	54.9	12.42	4.3
4.38	37.5	12.72	0
4.98	71.3	12.78	4.5
4.62	86.0	12.96	0.6
4.92	83.5	14.52	0
5.58	99.0	14.88	0
6.72	96.0	15.50	0

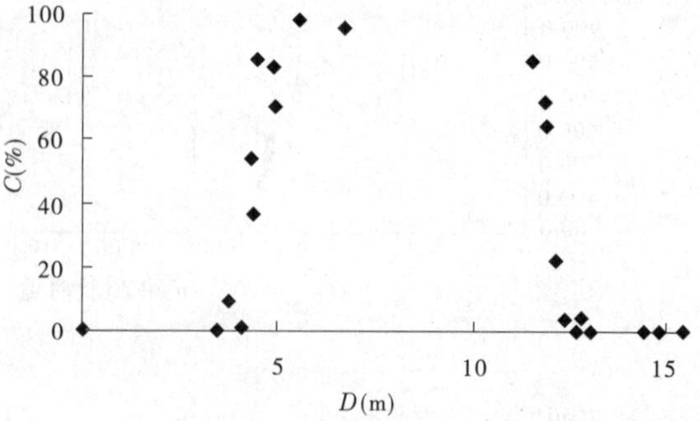

(a)竖井进口*a*E断面掺气浓度分布

*a*N 断面掺气浓度

D(m)	C(%)
0	0.1
3.00	0.4
3.30	19.2
3.90	77.9
4.50	83.6
4.80	89.0
11.40	62.4
12.00	21.2
12.60	0.8
12.90	0.3
15.50	0

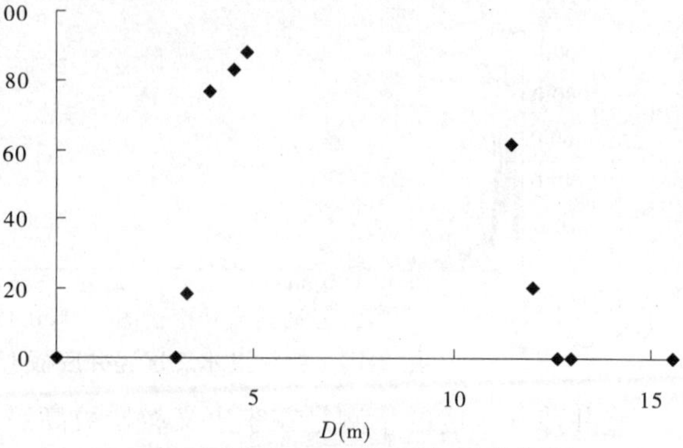

(b)竖井进口*a*N断面掺气浓度分布

图 2-18　校核洪水工况（距竖井进口 $Z=3.7$ m 断面掺气浓度分布）

b 断面掺气浓度

D(m)	C(%)	D(m)	C(%)
0	0	5.94	99.1
1.20	0	11.34	99.0
1.44	0.3	11.94	88.2
1.74	39.0	12.24	80.1
1.86	70.7	12.84	54.5
2.04	92.9	13.44	0.2
2.94	99.0	15.50	0

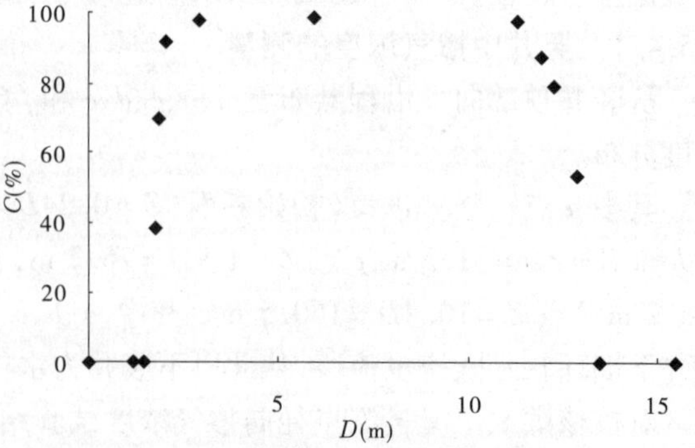

(a)竖井*b*断面掺气浓度分布

图 2-19　校核洪水工况（距竖井进口 $Z=31.2$ m 断面掺气浓度分布）

c 断面掺气浓度

D(m)	*C*(%)
0	0
0.78	1.7
1.14	21.4
1.56	69.2
1.86	92.0
2.16	99.0
13.20	99.0
13.80	44.0
15.50	0

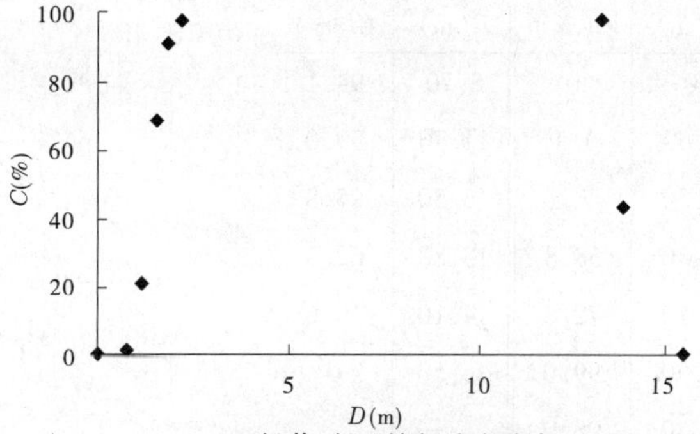

(b)竖井*c*断面掺气浓度分布

图 2-20　校核洪水工况(距竖井进口 $Z = 76.2$ m 断面掺气浓度分布)

d 断面掺气浓度

D(m)	*C*(%)	*D*(m)	*C*(%)
1.00	1.0	3.66	88.7
1.38	0.3	13.56	87.2
1.56	8.4	13.68	77.8
1.86	35.5	13.86	43.9
2.16	75.3	14.16	24.2
2.46	82.1	14.46	2.2
3.06	86.0	15.50	0

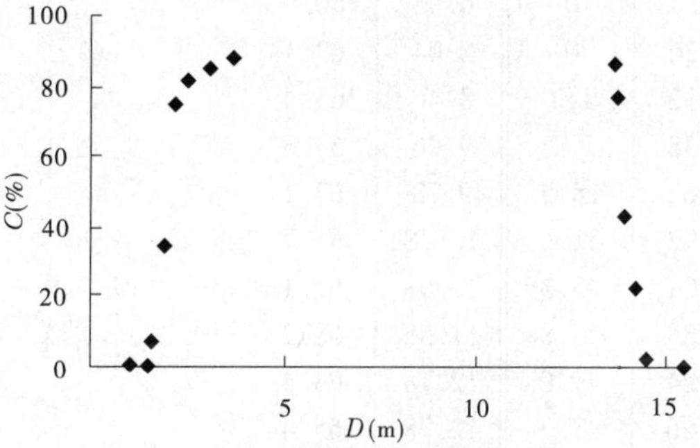

竖井*d*断面掺气浓度分布

图 2-21　校核洪水工况(距竖井进口 $Z = 106.2$ m 断面掺气浓度分布)

*e*N 断面掺气浓度

D(m)	*C*(%)	*D*(m)	*C*(%)
0	0	10.50	95.0
1.20	0.3	13.20	92.8
1.62	38.0	13.80	92.5
3.00	80.0	14.04	81.5
3.60	90.0	14.10	49.5
6.90	94.0	14.12	0
8.40	92.5		

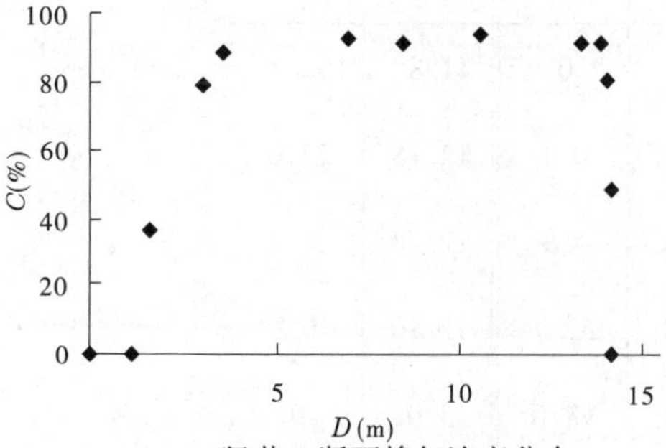

(a)竖井*e*N断面掺气浓度分布

图 2-22　校核洪水工况(距竖井进口 $Z = 136.2$ m 断面掺气浓度分布)

*e*W 断面掺气浓度

D(m)	C(%)	D(m)	C(%)
0	0	8.70	94.1
1.32	1.1	11.70	99.0
1.50	7.5	13.50	95.8
1.80	58.8	13.80	62.3
2.10	72.8	14.10	19.6
4.50	99.0	15.50	0
7.80	98.9		

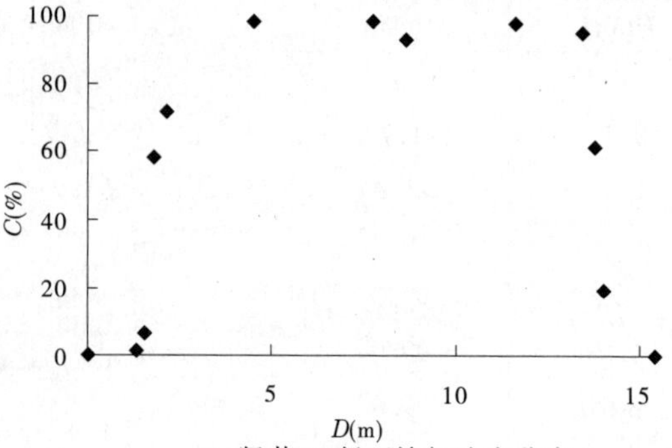

(b)竖井*e*W断面掺气浓度分布

续图 2-22

f 断面掺气浓度

D(m)	C(%)	D(m)	C(%)
0	0	6.48	60.9
1.26	0	8.04	63.1
1.32	1.7	8.46	65.4
1.38	2.7	9.06	64.3
1.62	18.5	9.78	67.1
1.92	31.6	10.38	65.7
2.04	43.3	10.98	67.1
2.88	45.8	11.58	68.2
3.24	49.0	12.18	63.4
3.66	47.3	12.78	65.4
4.08	53.2	13.38	48.5
4.68	55.6	15.50	0

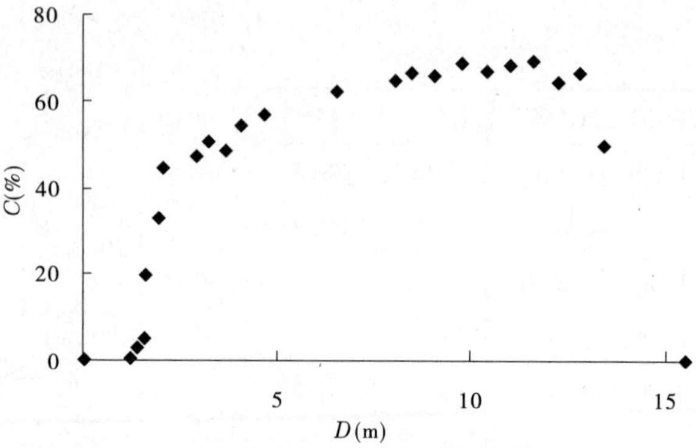

竖井*f*断面掺气浓度分布

图 2-23　校核洪水工况(距竖井进口 $Z = 160.5$ m 断面掺气浓度分布)

*a*E 断面掺气浓度

D(m)	C(%)	D(m)	C(%)
0	0	11.88	92.8
3.78	0.1	12.18	73.0
4.08	4.9	12.78	26.2
4.68	52.7	12.90	1.2
5.28	98.0	13.08	0

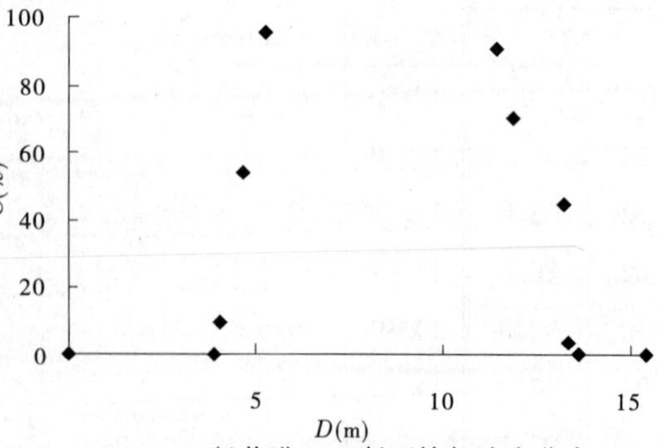

(a)竖井进口*a*E断面掺气浓度分布

图 2-24　设计洪水工况(距竖井进口 $Z = 3.7$ m 断面掺气浓度分布)

*a*N 断面掺气浓度

D(m)	*C*(%)	*D*(m)	*C*(%)
0	0	11.40	69.0
2.40	0.4	11.70	60.5
2.70	7.5	12.30	4.3
3.30	73.4	12.60	0.2
3.90	82.9	15.24	0
9.90	95.1	15.50	0
11.10	86.6		

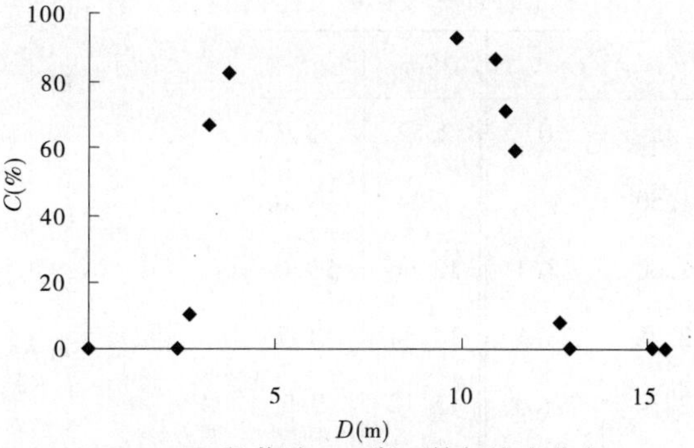

(b)竖井进口*a*N断面掺气浓度分布

续图 2-24

b 断面掺气浓度

D(m)	*C*(%)	*D*(m)	*C*(%)
0	0	11.70	91.6
1.50	1.3	12.30	77.6
1.98	86.9	12.90	38.1
2.10	95.9	13.50	4.3
11.10	99.0	13.80	1.0
11.40	93.8	15.24	0

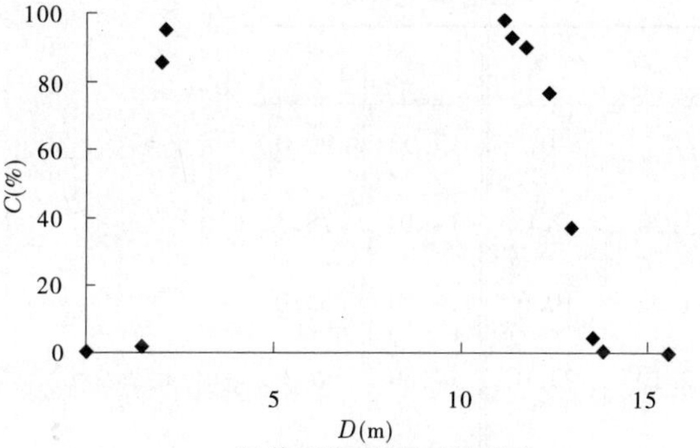

竖井*b*断面掺气浓度分布

图 2-25 设计洪水工况(距竖井进口 $Z = 31.2$ m 断面掺气浓度分布)

c 断面掺气浓度

D(m)	*C*(%)	*D*(m)	*C*(%)
0	0	1.86	96.9
0.78	1.8	13.50	90.8
0.96	27.4	13.80	81.0
1.56	70.7	15.50	0
1.74	83.2		

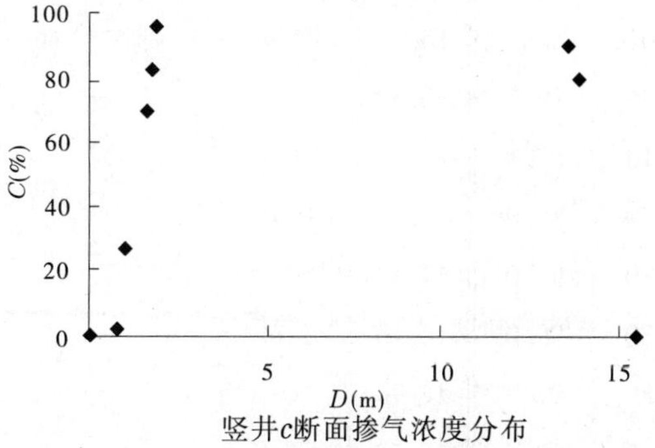

竖井*c*断面掺气浓度分布

图 2-26 设计洪水工况(距竖井进口 $Z = 76.2$ m 断面掺气浓度分布)

d 断面掺气浓度

D(m)	C(%)	D(m)	C(%)
0	0	2.52	78.7
1.50	3.6	2.64	99.0
1.80	23.4	12.66	99.0
2.28	78.1	14.34	81.7
2.34	76.0	15.12	0.5
2.46	76.3	15.50	0

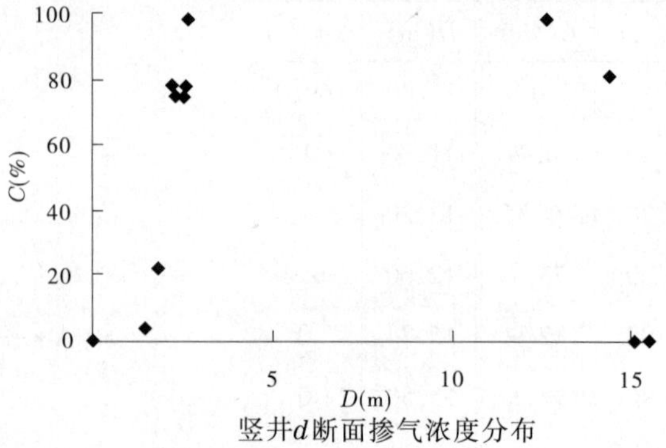

竖井*d*断面掺气浓度分布

图 2-27 设计洪水工况(距竖井进口 $Z=106.2$ m 断面掺气浓度分布)

*e*N 断面掺气浓度

D(m)	C(%)	D(m)	C(%)
0	0	13.00	90.0
1.20	0.1	14.10	78.3
1.50	10.6	14.40	35.0
2.10	71.0	14.60	0.3
3.90	86.5	15.20	0

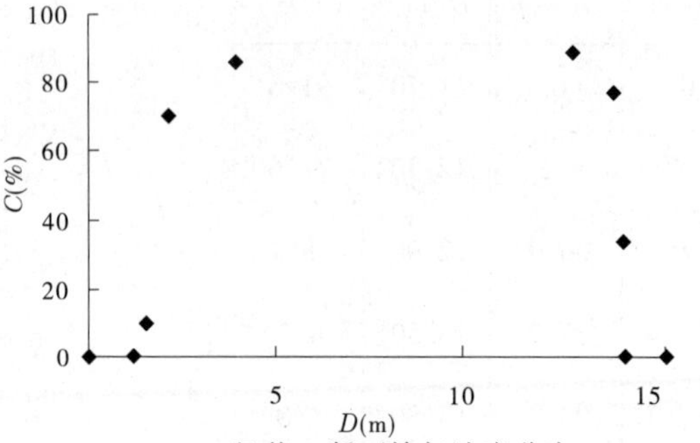

(a)竖井*e*N断面掺气浓度分布

*e*W 断面掺气浓度

D(m)	C(%)	D(m)	C(%)
0	0	9.30	97.1
1.02	0.2	10.50	97.9
1.26	19.3	12.50	97.5
2.10	67.1	13.50	95.5
2.70	84.0	13.80	85.4
3.30	99.0	14.10	46.2
6.30	99.0	14.40	2.6
7.80	97.4	14.70	0
8.10	97.4	15.50	0

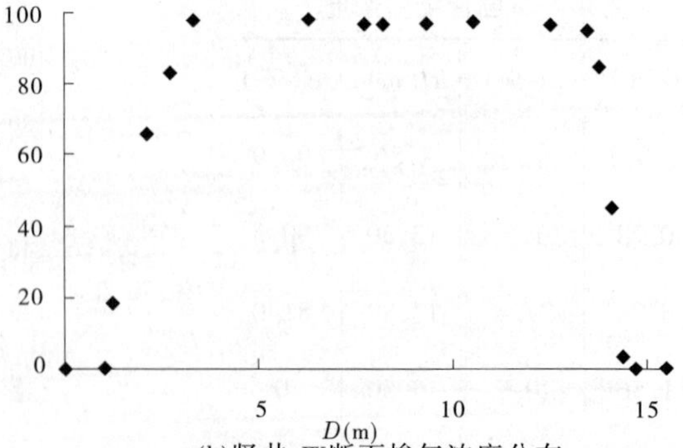

(b)竖井*e*W断面掺气浓度分布

图 2-28 设计洪水工况(距竖井进口 $Z=136.2$ m 断面掺气浓度分布)

f 断面掺气浓度

D(m)	C(%)	D(m)	C(%)
0	0	9.24	66.0
1.44	0	10.44	68.0
1.74	11.3	11.04	72.0
2.64	40.5	11.64	65.1
3.84	51.2	13.14	67.0
5.04	51.9	13.38	60.2
6.24	56.2	13.88	56.0
6.60	59.2	14.13	37.0
8.64	61.0	15.50	0

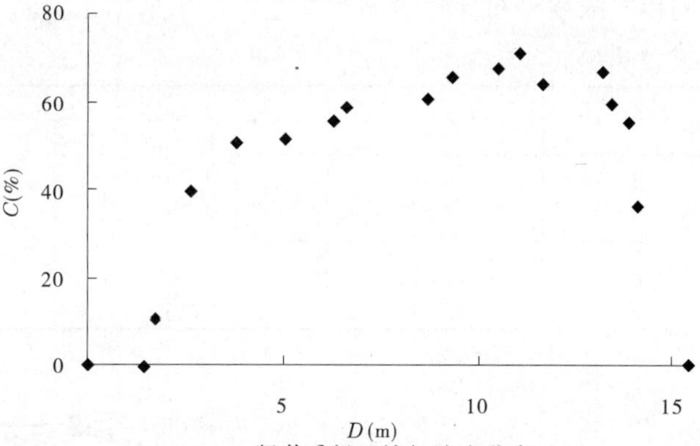

竖井 *f* 断面掺气浓度分布

图 2-29　设计洪水工况(距竖井进口 $Z = 160.5$ m 断面掺气浓度分布

从这些图中可以看出,掺气浓度集中分布在竖井断面的中心区,形成空腔。随着竖井向下 Z 的增加,空腔尺寸相应增加。从图中还可看出,两种运行工况下竖井各断面的边壁测点 0 和 15.5 m 量测的掺气浓度均等于 0,特别是环状水跃下水气掺混区 f 测点两壁面的掺气浓度也等于 0。这表明在环状水跃区仍残存旋转能量,在旋流的吸力作用下使质量轻的气体集中在中心区域,而质量重的水体靠近周壁,导致壁面掺气浓度等于 0。由此得出重要结论:从涡室顶部通气孔输入的空气只用来形成稳定的空腔,而不能用于防止壁面空蚀。要想从外面(譬如设环形通气坎)向旋流竖井低压区输气以防止空蚀,其作用是很小的。

2.5.4.2　泄洪洞掺气浓度

靠近竖井的一段出水洞中的水流,由于旋转能量基本消失,气水充分掺混,全断面掺气。试验测得垂直转弯段洞顶壁面的最大掺气浓度为 55% 。

2.5.5　竖井旋流空腔尺寸的确定

根据竖井径向掺气浓度分布曲线可直接量出旋流空腔直径。但是由于水气界面的紊动剪切作用导致的水气混掺,旋流空腔与周围水体之间不存在一个明显的分界面。

从图 2-18 ~ 图 2-22 和图 2-24 ~ 图 2-28 可看出,按 60% ~70% 掺气浓度作为水气交界面判断标准量测出的旋流空腔直径变化不大。因此,我们援引直线高速水流气水分界面定义掺气浓度 60% 为旋流水气交界面判断标准浓度,从图 2-18 ~ 图 2-22 和图 2-24 ~ 图 2-28中径向掺气浓度曲线上量取旋流空腔直径(其中 aE、aN 和 eN、eW 两断面测点各取其空腔尺寸的平均值),并根据所量出的旋流空腔直径作出相对空腔半径 r/R 与相对竖井距离 Z/D 的关系曲线(r 和 R 分别代表旋流空腔和竖井半径,Z 代表从竖井顶部算起向下至测点的距离)。

旋流空腔半径沿竖井相对深度变化见图 2-30。从该图表中各测点的相对空腔半径 r/R 值可看出,竖井进口测点 a 的 r/R 值分别为 0.50 和 0.52;而测点 c($Z = 4.9D = 106.2$ m)的 r/R 数值(带 * 号)偏大,随 Z 增加测点 d 和 e 又减小,似乎违反前述的旋流空腔直径沿竖井向下变化的一般规律。这是因为旋流空腔不对称，而测点 c 仅在一个方向量测径向掺气浓度分布导致的测量偏差。如果采用正交两个方向量测 c 断面掺气浓度，则 r/R 值将会减小。

测点	Z/D	r/R		C(%)
		校核工况	设计工况	
a	0.24	0.50	0.52	60
b	2.00	0.69	0.69	60
c	4.88	0.79*	0.80*	60
d	6.81	0.76	0.79	60
e	8.70	0.76	0.79	60

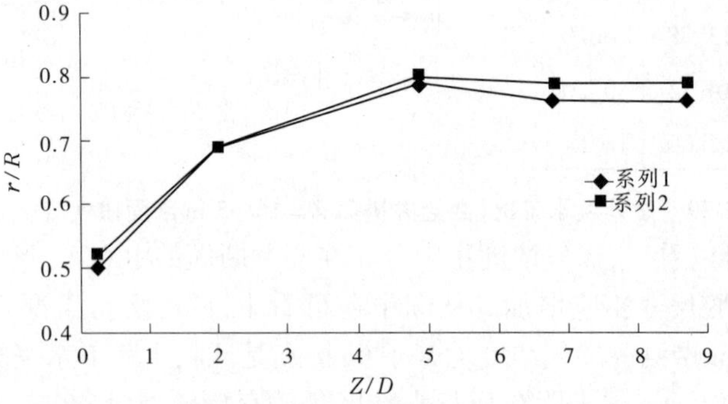

$R=D/2$—竖井半径；Z—离竖井顶端距离；r/R—空腔相对半径

图 2-30　旋流空腔相对半径沿竖井相对深度变化（$C=60\%$ 定义水气分界面）

测点	Z/D	r/R		C(%)
		校核工况	设计工况	
a	0.24	0.50	0.52	60
b	2.00	0.69	0.69	60
c	4.88	0.75	0.76	60
d	6.81	0.76	0.79	60
e	8.70	0.76	0.79	60

为此，取 b、c 和 d 三测点的平均值来代替 c 点的 r/R 值，略小于 d 点值，而 d、e 两测点测得的 r/R 值基本相同。其中 e 测点是采用两个方向量测掺气浓度的，应当接近实际情况，修改结果见图 2-31。从图 2-31 中可看出，当 $Z\geqslant 7D$ 时，r/R 值趋于极限值。

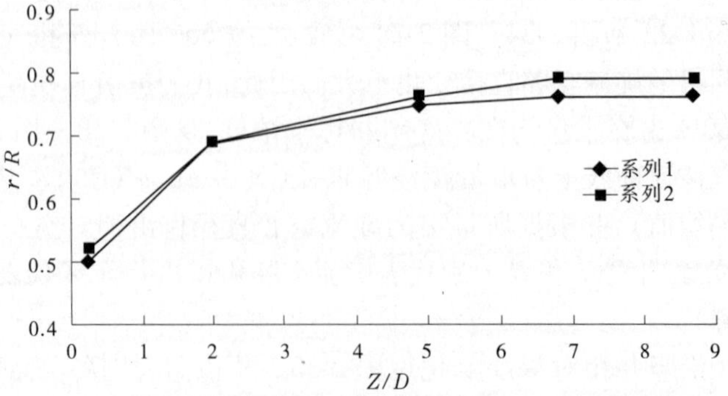

图 2-31　修正后的旋流空腔相对半径沿竖井相对深度变化

从竖井进口喉部 $Z/D=0$ 断面至下部靠近环状水跃 $Z/D=8.7$ 断面的 r/R 值见表 2-1。其中 $Z/D=0$ 断面的相对空腔半径 r/R 值是根据 $Z/D=0.24$ 断面测值外延求得的，其校核与设计的 r/R 值分别为 0.48 和 0.50，而 $Z/D=8.7$。断面的 r/R 值分别为 0.76 和 0.79。

表 2-1　竖井进口和靠近环状水跃上部的空腔相对半径 r/R

测点	Z/D	校核工况 r/R	设计工况 r/R	C(%)
竖井进口	0	0.48	0.50	60
a	0.24	0.50	0.52	60
e	8.70	0.76	0.79	60

从图 2-31 可看出，r/R 随 Z/D 的增加趋近一常数。这表明，旋转流到达竖井一定的深度时，多余位能完全消耗于摩阻损失，竖井的合成速度 v 不再沿程增加，趋近一极限值。

由于旋流空腔存在不对称性和测量精度的限制，图 2-30 或图 2-31 表中竖井 b、c 和 d 各断面测点，根据单向测的掺气浓度分布确定的 r/R 值同实际情况有些差异。即使 a 和 e 两断面是采用两个方向测得的空腔尺寸，也不能保证完全等于真实值。但从试验结果的趋势来看，r/R 随 Z/D 的增加最终趋近一常数，确实存在极限速度，这个极限值对本例来讲发生在 $Z/D\geqslant 7$ 处。

2.5.6　计算竖井进口初始合成速度和环状水跃上部最大合成速度

竖井直径 $D=15.6$ m（$R=7.8$ m），按掺气浓度 $C=60\%$ 定义空腔界面，校核（$Q=2\ 815\ \text{m}^3/\text{s}$）和设计（$Q=2\ 580\ \text{m}^3/\text{s}$）两工况竖井进口空腔半径分别为 $r=0.48R$ 和 $0.50R$。实测合成速度方向与垂线之间的夹角为 40°。靠近竖井环状水跃上部的 e 测点（距竖井进口深 $L=8.7D$）的空腔尺寸为极限值，空腔半径分别为 $r=0.76R$ 和 $0.79R$，实测该点的合成速度方向与铅垂线之间的夹角为 12°，则竖井进口旋流断面初始速度如下：

（1）校核工况下：

$$\text{轴向流速}:v_{z0}=\frac{Q}{\pi(R^2-r^2)}=\frac{2\ 815}{3.14\times 7.8^2\times(1-0.48^2)}=19.15(\text{m/s})$$

$$\text{合成速度}:v_0=v/\cos\theta=19.15/\cos 40^\circ=25.00(\text{m/s})$$

$$\text{环向流速}:v_{t0}=\sqrt{v_0^2-v_{z0}^2}=\sqrt{25.00^2-19.15^2}=16.07(\text{m/s})$$

（2）设计工况下：

$$\text{轴向流速}:v_{z0}=\frac{Q}{\pi(R^2-r^2)}=\frac{2\ 580}{3.14\times 7.8^2\times(1-0.5^2)}=18(\text{m/s})$$

$$\text{合成速度}:v_0=v/\cos\theta=18/\cos 40^\circ=23.50(\text{m/s})$$

$$\text{环向流速}:v_{t0}=\sqrt{v_0^2-v_{z0}^2}=\sqrt{23.50^2-18^2}=15.11(\text{m/s})$$

靠近环状水跃（$Z=8.7D$）上的最大合成速度：

（1）校核工况下：

$$\text{轴向流速}:v_z=\frac{Q}{\pi(R^2-r^2)}=\frac{2\ 815}{3.14\times 7.8^2\times(1-0.76^2)}=35.34(\text{m/s})$$

合成速度：$v_z = v_z/\cos\theta = 35.34/\cos12° = 36.13(\mathrm{m/s})$

(2)设计工况下：

$$\text{轴向流速}:v_z = \frac{Q}{\pi(R^2 - r^2)} = \frac{2\ 580}{3.14 \times 7.8^2 \times (1 - 0.79^2)} = 35.93(\mathrm{m/s})$$

合成速度：$v_z = v_z/\cos\theta = 35.93/\cos12° = 36.73(\mathrm{m^3/s})$

计算结果在竖井 $Z = 8.7D$ 断面，校核和设计两种工况下的螺旋流合成速度分别为 36.13 m/s 和 36.73 m/s。当 $Z > 8.7D$ 时出现环状水跃和水气混合垫层，竖井断面平均流速仅为 14.93 m/s。根据竖井的压力试验结果，靠近环状水跃上部的压力水头为 $h = 2.7$ m，一般大气压力 $h_a = 10.3$ m，水的饱和蒸汽压力 $h_v = 0.23$ m，由此计算竖井最小泄流空化数为：

$$\sigma = \frac{h + h_a - h_v}{v^2/(2g)} = \frac{2.7 + 10.3 - 0.23}{36.73^2/19.62} = 0.182$$

如此小的泄流空化数，旋流竖井是否能发生空蚀，将在下一节进行讨论。

2.6 关于竖井空蚀问题的讨论

在 2.5.6 计算例中的合成速度代表水层的平均合成速度，下面介绍溪洛渡竖井非常泄洪洞模型试验，测量竖井沿径向最大合成速度情况。该工程基本数据：最大泄量 Q_m = 2 849 $\mathrm{m^3/s}$，引水道为明流，弗劳德数 $Fr = 1.83$，竖井底板上作用总水头 220 m，竖井直径 $D = 17$ m(当时设计的直径偏大)、在竖井靠近环状水跃上部 444.2 m 高程处(从竖井进口算起向下 $Z = 105$ m)，布置一个流速测点，该点作用水头 165.63 m。测量了该断面沿径向合成速度分布，实测径向最大合成速度为 42.6 m/s。

由于模型合成速度较大(接近 6 m/s)，且合成速度方向同垂线的夹角是变化的，故采用特殊的皮托柱测量合成速度。皮托柱是用两根外径 2 mm 的不绣钢管合并焊接成的，皮托柱的一端封堵，并在靠近两根钢管封堵端部相背各钻 0.8 mm 小孔，分别作为动压孔和静压孔，在皮托柱的另一端连接透明的软塑料管和压差计。率定试验测得皮托柱的流速系数为 0.81。在流速试验时将皮托柱动压孔对准合成速度流线方向，便可测出流速值。当压差计连接管出现气泡时便停止测速试验。

图 2-32 为竖井 444.2 m 高程，沿径向 r 的合成速度实测曲线 $v = f(r)$，横坐标 R 表示竖井半径。在测速水层厚度还不到 1 m 时，皮托柱连接管就出现气泡，因此只测到了距竖井边壁 0.6 m 处的最大合成速度 42.6 m/s。若对距边壁水层 0.2 m 以上的合成速度取平均值，则平均合成速度等于 36.75 m/s，与上述由旋流空腔试验的极限速度比较接近。距边壁水层 0.1 ~ 0.2 m 的合成速度分别为 12 m/s 和 25 m/s。

2.6.1 降低竖井合成速度和提高泄流空化数的措施

前面已经根据试验数据说明过，想在竖井上设置掺气槽(坎)向低压区输气来防止空蚀是不现实的，因为补充的空气还未到达目的地就被旋流空腔所吸收。为了降低流速，增加泄流空化数，可在竖井中段设置一道收缩孔板。在孔板上形成的淹没水气垫层可以使

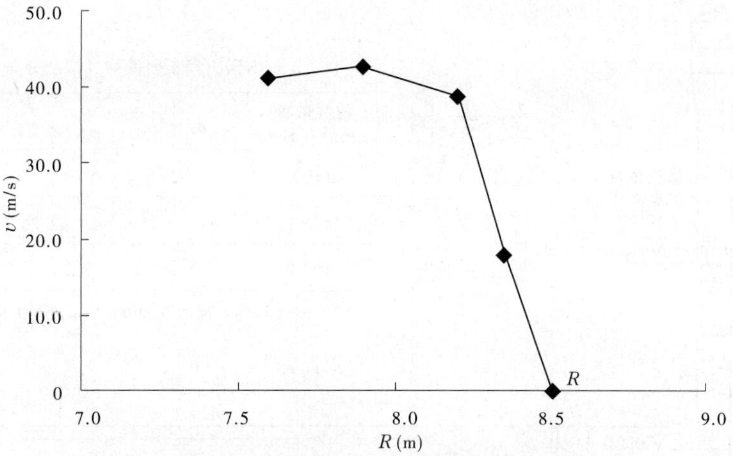

图 2-32　竖井(未设收缩孔板)径向最大合成速度分布

原最大合成速度消逝、淹没层以上的合成速度降低,可以提高泄流空化数,避免发生空蚀。孔板以下水流充分掺气(详见 2.6.2),也不会发生空蚀。阻水孔板结构按图 1-35(b)设计。

孔板设计的原则是:孔板的位置设在竖井中段距竖井进口(3 ~4)D 处,孔口与竖井的直径比 $\varepsilon = d/D \approx 0.75$。若孔、径收缩比取得太小,会产生壅水影响泄流能力,同时会产生不稳定的涡带引起振动现象(见图 2-3(a));若收缩比取得太大,孔板上部不能形成水垫层。除此之外,孔板迎水面坡度应设计较缓一些,一般取 1∶1.5 ~1∶2。若迎水坡度太陡,在孔口的出口形成高速射流,致使孔板上不能形成水垫层。

2.6.2　竖井设置收缩孔板的掺气特性

现仍引用文献[11]资料,在竖井进口下 $Z = 4D$ 断面处设置一道孔板,孔径比 0.75,孔板迎面坡度 1∶1.5。

该试验从最高库水位 609.83 m(流量 2 849 m^3/s)一直降到库水位 591.68 m(流量 1 298.8 m^3/s),相应孔板上的淹没水深从 26 m 降到 9.6 m,即在库水位下降 18 m 的情况下,孔板上仍能形成淹没水层,竖井未发生壅水现象。

为了查明孔板附近的掺气特性,在孔板上下三个高程上布置了掺气浓度探头,每个高程沿径向设置 a ~f 6 个测点,具体详见图 2-33。

图 2-33 为校核洪水工况竖井各断面的掺气浓度分布。从图表中可以看出,孔板上下竖井边壁的掺气浓度都比较大,如 485.6 m 高程处边壁 a、f 的掺气浓度分别为 3.1% 和 6.0%;442.1 m 高程分别为 19.6% 和 55.6%(水流通过孔板后,旋流的吸气作用完全消逝);直到靠近竖井底板上的掺气浓度也有 2.0% ~3.0%。

图 2-34 为设计洪水工况竖井各断面的掺气浓度分布。从图 2-34 中可以看出,各断面边壁附近的掺气浓度也较大。从两种工况掺气浓度的测量结果可看出,设置阻水孔板所形成的水垫层不仅能避开高流速的威胁,同时带来的大量空气对防止空蚀是有利的。即使孔板下部出现负压,由于掺气浓度较大,该处也不会发生空蚀。

这里要解释一个问题:在 2.5.4 和 2.5.5 小节沿竖井流层各断面掺气特性试验中,对

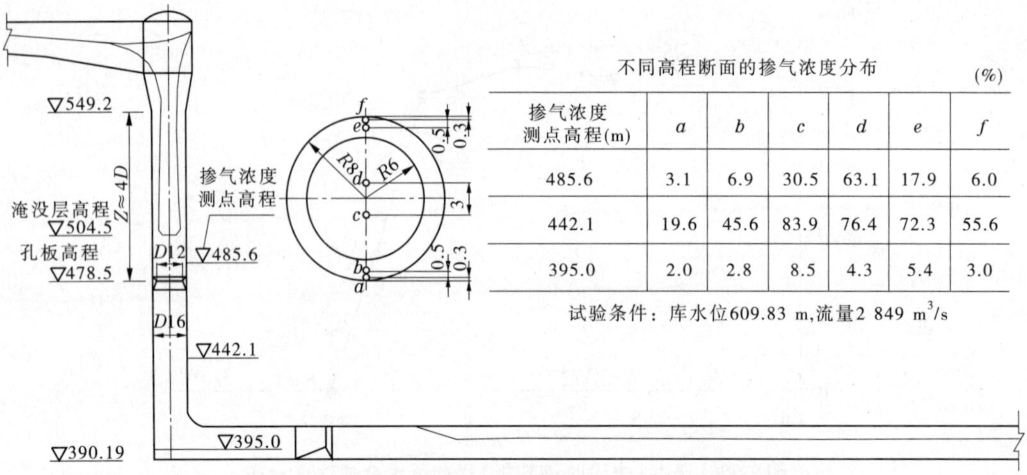

不同高程断面的掺气浓度分布 (%)

掺气浓度 测点高程(m)	*a*	*b*	*c*	*d*	*e*	*f*
485.6	3.1	6.9	30.5	63.1	17.9	6.0
442.1	19.6	45.6	83.9	76.4	72.3	55.6
395.0	2.0	2.8	8.5	4.3	5.4	3.0

试验条件：库水位609.83 m,流量2 849 m^3/s

图 2-33　竖井设置孔板和各断面掺气浓度分布(校核洪水工况)

环状水跃下气水混合体的竖井壁面 f 点测得的掺气浓度皆为零,为何此处孔板上水垫层竖井边壁 a、f 两测点的掺气浓度不为零?

这是因为前者的掺气浓度测点距环状水跃较近,而后者距环状水跃较远,旋流的离心力作用基本消逝。此外,前者的探头紧贴竖井壁面,而后者探头距竖井壁面0.3 m(模型5 mm)。

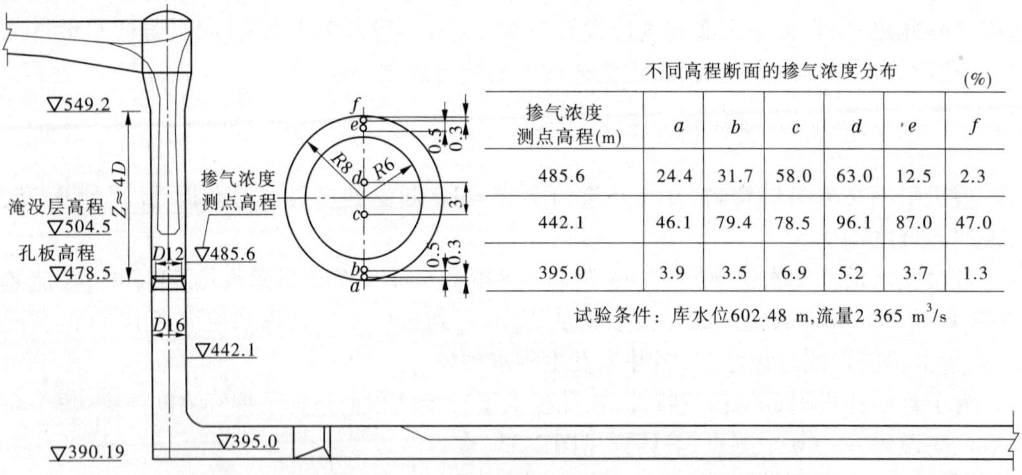

不同高程断面的掺气浓度分布 (%)

掺气浓度 测点高程(m)	*a*	*b*	*c*	*d*	*e*	*f*
485.6	24.4	31.7	58.0	63.0	12.5	2.3
442.1	46.1	79.4	78.5	96.1	87.0	47.0
395.0	3.9	3.5	6.9	5.2	3.7	1.3

试验条件：库水位602.48 m,流量2 365 m^3/s

图 2-34　竖井设置孔板和各断面掺气浓度分布(设计洪水工况)

2.6.3　竖井沿程边界层的发展情况

虽然在竖井中部设置孔板使环状水跃的位置向上移动,对避开最大合成速度起到一定的作用。但是,对于高水头很深的竖井,即便设置了孔板,所形成的水垫层上部的螺旋流的合成速度仍然很大,难以解决空蚀问题;同时在竖井内浇注孔板的施工技术有些难度。这就促使我们考虑一个新问题,既然竖井的螺旋流流程长、阻力大、消能率较高,那么它的紊流边界层发展情况如何?如果在环状水跃上部流速虽然很高,但其边界层可能有了较大的发展，这时靠近竖井壁面水层的流速比较低，就不至于引起空蚀。

本节通过对过去所量测的沿竖井径向合成速度进行分析，可以初步了解边界层沿程发展情况，借此来判断能否发生空蚀。

文献[11]起初试验时竖井未设置收缩孔板，由于合成速度太大，超过了 40 m/s，后来才改为设孔板方案。图 2-32 就是未设收缩孔板时竖井下部 444.2 m 高程处径向合成速度试验结果，可以看出，从距离竖井边壁 0.3 m 开始速度急剧下降，至井壁速度为零。在距离井壁 0.1 m 处的流速为 12 m/s，在距离井壁 0.2 m 处的流速为 25 m/s。

该高程的井壁压力为 2.4 m，若按距壁面 0.2 m 的流速计算泄流空化数为：

$$\sigma = \frac{2.4 + 10 - 0.23}{25^2/19.62} = 0.382$$

后来在竖井 478.5 m 高程处设置一道收缩孔板，在靠近竖井进口 547 m 和靠近孔板水垫层上部 519.2 m 两高程处，量测了沿径向合成速度分布，见图 2-35(a)、(b)。

a		b	
中心距 r(m)	合成速度 v(m/s)	中心距 r(m)	合成速度 v(m/s)
8.5	0	8.5	0
8.35	8.79	8.35	6.52
8.3	≈12	8.3	≈16
8.2	23.3	8.2	28.06
7.9	26.94	7.9	30.7
7.6	28.27	7.6	31.69
7.3	29.05	7.3	32.15

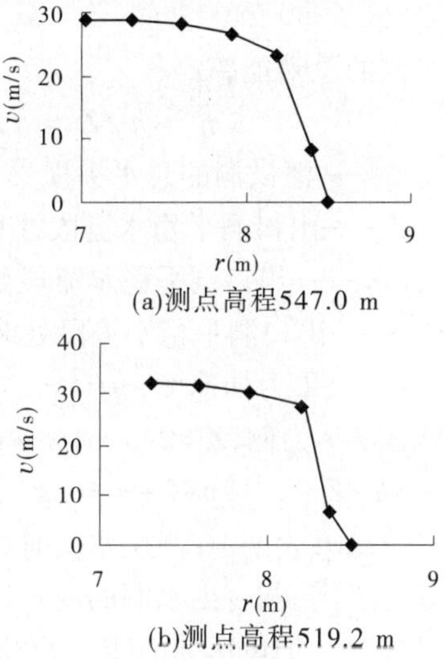

图 2-35　旋流竖井空腔流断面水层合成速度分布(设置收缩孔板)

两断面最大合成速度分别为 29.05 m/s 和 32.15 m/s。从沿径向的速度分布图可看出，图 2-35 和图 2-32 的流速分布趋势基本相同，靠近旋流空腔处速度最大，并且离竖井中心沿径向流速逐渐减小，到了距壁面 0.3 m 一段距离速度急剧下降，在边壁水层厚 0.2 m 内最大流速小于 15 m/s。这表明，由于旋流流程和阻力增加，致使边界层厚度增加、近壁面水层流速减小。

由于当时对竖井旋流合成速度的测量比较困难，沿径向布置的测点很少，试验断面也少，试验结果远不能分析出速度分布的边界层发展规律。但是要将图 2-35(b)按距壁面 0.2 m 的速度 15 m/s(该壁面压力 6 m)计算泄流空化数，则 $\sigma = 1.37$。

通过上述径向速度分布试验和泄流空化数计算结果，可得出以下结论：

(1)竖井不设收缩孔板时，最大合成速度可能超过 40 m/s。由于边界层的发展，在距井壁 20 cm 的水层流速降到 25 m/s，泄流空化数由原 0.13 提升到 0.385，有利于减免空蚀。

(2)竖井中部设置孔板使环状水跃上移,可避开极限速度区,最大速度从原来的 42 m/s 降到 32 m/s。距井壁 20 cm 的流速 15 m/s,泄流空化数增至 1.37,这样便可以完全避免空蚀发生。

因此,2.6.3 所提到的边界层发展规律问题值得进一步研究。通过研究边界层的发展规律来预测是否会发生空蚀,这一研究课题留待今后的学者采用紊流数值模型计算来解决。

2.7 泄洪洞总消能率

泄洪洞总消能率通常定义为从溢流堰进口开始到出水洞压力消能工下游水流平稳段洞内的(总水头损失/该处总水头)×100%。根据伯努利能量守恒原理:

$$Z = p/\gamma + v^2/(2g) + h_s$$

$$h_s = Z - p/\gamma - v^2/(2g)$$

则泄洪洞的总消能率:

$$\eta = h_s/Z = \{1 - [p/\gamma + v^2/(2g)]/Z\} \times 100\%$$

式中 h_s——泄洪洞的总水头损失,m;

Z——出口洞平稳水流段处总作用水头,m;

p/γ——出口洞平稳水流段处实测压力水头,m;

v——出口洞平稳水流段处断面平均流速,m/s;

g——重力加速度,m/s^2。

以图 2-9 为例,$Z=243$ m,$p/\gamma=54.6$ m,$v\approx8.5$ m/s,泄洪洞总消能率为:

$$\eta = h_s/Z = 1 - [p/\gamma + v^2/(2g)]/Z = 1 - (54.6 + 8.5^2/19.62)/243 = 0.76 = 76\%$$

计算结果表明:在高尾水位时,若出水洞进口段不设阻水墩等压力消能工,泄洪洞总消能率并不高,同时出水洞的内水压力也较大,因此仍需要设一道压力消能工,用于提高洞内消能率。加设压力消能工后,虽然会使出水洞进口段压力升高,但泄洪洞总消能率可达 80% 以上,可以降低出口流速。

对于低尾水位旋流竖井泄洪洞,洞内设两道阻水墩(边墩和组合墩)所构成的压力消能工,总消能率可达 85% 以上。

2.8 旋流喇叭形竖井泄洪洞水力学特性

2.8.1 旋流喇叭形堰的水位与流量关系

旋流喇叭形堰通常采用 6~8 个潜水起旋墩与堰的外缘切线成 $\theta\leq15°$ 角连接。起旋墩的墩顶高程低于校核洪水位,其净高约为 $0.75H$(H 为堰上水头)。由于不同水位条件下起旋墩有淹没和非淹没两种状态,对应这两种不同的过堰水流流态形成了特殊的堰顶水头与下泄流量之间的关系。

当堰顶水头小于起旋墩墩顶高程时,水流从起旋墩墩间流入堰井内,受小角度起旋墩的控制，流量随水头升高缓慢增长。而当水深超过起旋墩墩顶时，墩高将水流分为上下两层。下层墩间水流仍保持原来状态，上层水流则不受起旋墩的约束，水流自动地扩大入流角度进入竖井，流量随水头升高迅速增长。

图2-36为广东清远抽水蓄能电站下水库喇叭形堰竖井泄洪洞水工模型试验的流量和流量系数同堰顶相对水头 H/R_L 的变化关系曲线。

图2-36中曲线1、2分别代表流量和流量系数随相对水头变化关系。点画线代表起旋墩的相对净高（从堰顶算起的墩高）的位置，该点画线将整个图划分为A、B两个区。其中，B区水头低于墩顶，称自由流区；而A区水流漫过墩顶，称淹没流区。从图2-36中1、2两条曲线随堰顶水头的变化趋势可看出：B区的流量随相对水头缓慢增长，相应流量系数连续下降；A区流量随相对水头呈线性增长，而流量系数接近一常数。

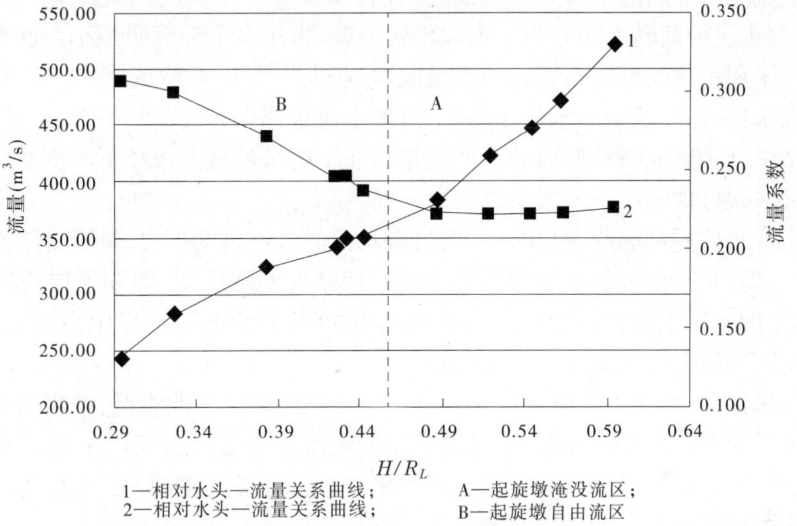

图2-36　潜水起旋墩喇叭形堰流量和流量系数同堰顶相对水头 H/R_L 的变化关系曲线

2.8.2　潜水起旋墩对泄流量的调节与控制

旋流喇叭形堰的流量系数受起旋墩的数量、堰的断面曲线、墩与堰的夹角、堰顶相对水头、相对堰高等诸多因素影响，很难给出流量系数精确的通用算式。考虑到相对水头是影响流量系数的主要变量，本书对其他影响因素的取值作了统一规定后，给出了旋流喇叭形堰的流量系数经验式(1-36)，便于旋流喇叭形堰的设计，但也需要通过模型试验来验证。

按本书第1章给出的设计方法，根据流量的大小和经济上的考虑，首先按表1-1选择相对水头值 H/R_L 和对流量系数的估算值，便可由竖井直径立即算出喇叭形堰直径。根据此值设计的旋流喇叭形堰，若在模型试验过程中发现其泄流能力与设计最大下泄流量值相差较大（容许误差在±20%以内），则可以通过调节潜水起旋墩的高度来消除两者之间的差异。

例如清远的喇叭形堰堰上最高水头4.75 m，起初设计起旋墩净高度（从堰顶算起）为3 m，模型试验过程中发现，校核洪水位对应的旋流喇叭形堰的泄流能力比设计要求的最大下泄流量值大13%，后来将墩高增加到3.7 m，试验结果流量比设计值小2%，在设计允许范围内。这表明，按本书设计原理设计的旋流喇叭形竖井泄洪洞，在模型试验过程不需要对模型尺寸作重大的修改（如修改溢流堰和竖井尺寸等）。

利用潜水起旋墩调节流量的原则是：当试验流量大于设计值时就增加墩的高度；反之，当试验流量小于设计值时就降低墩的高度。

在设计起旋墩时，墩子的上半部采用不同厚度的起旋墩形的有机玻璃板临时粘合，便于修改墩高，调节泄流量。

2.8.3　旋流喇叭形竖井泄洪洞流态

2.8.3.1　旋流喇叭形堰和竖井流态

由于旋流喇叭形堰的堰顶一般不设置闸门，库水位一超过堰顶就泄流。当堰顶水头较小时，过堰水流的旋转力弱。为了增加旋转力度，采用多个起旋墩按小角度布置与喇叭形堰连接。采用小角度连接布置的缺点是阻水面积偏大，影响泄流能力。若整个起旋墩高于校核洪水位，即在最高库水位条件下，过堰水流也都受起旋墩的引导、从墩间流入，模型试验的结果显示旋流喇叭形堰的下泄流量往往不能满足最大设计下泄流量的要求。采用潜水起旋墩很好地解决了最大泄流能力问题。

但是当库水位超过起旋墩顶时，上层过堰水流的入流角度扩大，是否会降低螺旋流的旋转强度？试验观测结果显示入堰螺旋流的旋转强度不降反增，即在下层旋转流的拖曳下，墩顶以上的上层水流作同步旋转运动，由于没有起旋墩的阻水作用，总体旋转速度明显加快（见第7章图7-26（a）和图7-27（a））。

试验结果显示，基于上述旋流机理设计的旋流喇叭形竖井泄洪洞，在喇叭形堰和竖井内均能形成带有空腔（气核）的稳定的轴对称螺旋流。其之所以能产生稳定和轴对称的旋转流，是因为起旋墩的数量较多，并且墩子轴对称地布置在喇叭堰外围，使进水口的流态基本上不受周围地形和风力的影响。

在喇叭形堰下与竖井连接处附近，旋流空腔直径最小（称空腔咽喉）。沿竖井向下，空腔直径逐渐扩大，直到产生环状水跃为止。竖井下部为水气混合体形成的水垫层（见图2-37和第7章图7-27、图7-28）。

2.8.3.2　压力消能工（水垫塘）流态

为了防止堰顶长期在小水头下运行时，水流冲蚀竖井底板（因泄小流量竖井无水垫层），在连接竖井的出水洞底板上，距竖井壁$2D$处浇注集水墩，构成压力消能工，可以迅速使竖井产生水垫。

为了增加消能力度，集水墩最好采用自掺气的组合墩（见图1-24（c））。当水流通过组合墩时，中墩的挑流同两侧的射流相互碰撞，消刹大量能量。在组合墩的上游这段洞内形成有压流，下游保持一段满流后很快就恢复到平稳的明流流态（见图2-37）。为了进一步提高消能率，可以在组合墩下游再加一道边墩或组合墩，具体应视出水洞的断面面积大小而定。

2.8.4　旋流喇叭形堰竖井的压力和流速

以清远泄洪洞（校核洪水流量535 m^3/s，总水头60 m）为例。20年一遇洪水运行工

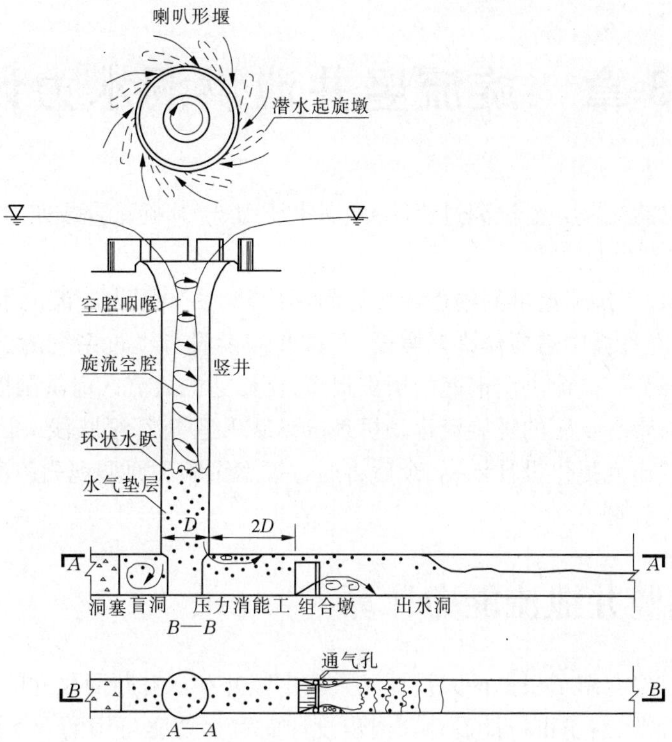

图 2-37　设置潜水起旋墩的旋流喇叭形竖井泄洪洞流态示意

况，在靠近环状水跃上部的竖井出现小于 1 m 的负压，但是负压随着流量的减小有减小的趋势。在 20 年一遇以上的洪水运行工况，竖井全部为正压。在校核洪水流量下该断面的最大计算合成流速为 23 m/s。

2.8.5　旋流喇叭形竖井泄洪洞消能率

通常旋流喇叭形堰和竖井部分的消能率约为 60%。如图 2-37 中的出水洞洞内压力消能工的消能率约为 20%，到下游出水洞末端，泄洪洞总消能率大于 80%。若出水洞断面尺寸较大，可在组合墩下游 3*D* 长处再设置自掺气的分散组合墩（见图 1-24(d)），消能率可达 85% 以上。

在第 7 章介绍的清远下水库由于出水洞（原导流洞）断面面积小于竖井断面面积，洞内设置集水墩和组合墩试验结果消能率达 85% 以上。由于出水洞内水深裕幅只有 15%，不满足水工设计规范的要求，故放弃了此方案，改用集水墩和在下游洞内设置顶压板（见图 7-23）。模型试验结果显示：校核洪水工况条件下，泄洪洞总消能率还不到 80%。

第 3 章　旋流竖井泄洪洞水力计算

本章主要对旋流竖井泄洪洞过流能力、涡室压力、竖井旋流合成速度和底板压力等进行理论计算。

总的来讲,目前旋流泄洪洞的理论计算尚不成熟,主要因为旋流的水气二相流运动,流态非常复杂,在计算中需要作许多假设,而这些假设没有经过系统的试验验证。另外,结合水电工程研究旋流泄洪洞消能的历史很短,已修建的旋流式泄洪洞极少,无论从理论上还是实践上对带有空腔的螺旋流运动机理的认识和理解都很肤浅。目前,旋流泄洪洞主要靠模型试验研究提供设计依据,今后将通过模型试验和原型观测逐步总结经验,逐步改进和完善理论计算方法。

3.1　旋流竖井泄流能力计算

在 1.3 节已经介绍了根据最大设计流量确定竖井和涡室断面尺寸的计算公式。这些经验公式比较简单,对于可行性设计和初步设计而言是切实可用的。下面主要通过解析理论方法进行旋流竖井过流能力计算,与经验公式计算互有补益。

前面已经提到,竖井进口处旋流空腔直径最小,是泄流量控制断面。若竖井直径 D 设计小了,就可能产生呛水现象,引起涡室壅水,使引水道由明流变成有压流,严重影响泄流量;若竖井直径 D 设计大了,不经济;同时竖井下部壁面压力会降低,因此合理地确定竖井直径至关重要。本节在给定的最大设计流量和有关工程资料的条件下,按 1.3 节经验公式计算的竖井和涡室直径,通过理论计算流量系数和泄流能力检验是否能满足设计的要求,为此,通过一系列工程实例的理论计算与经验计算结果进行相互印证。由于引水道流态及涡室连接结构不同,如明流(急流或缓流)、有压流及涡室是否采用收缩段与竖井连接等,对理论计算都有较大的影响,因此在计算中对结构体型适当的作些规定,并加进一些计算假设。

3.1.1　明流急流引水道与涡室连接的旋流竖井泄流能力计算方法之一

3.1.1.1　计算方法与公式推导

首先建立涡室进口Ⅰ—Ⅰ和Ⅱ—Ⅱ两断面的水流能量、动量矩守恒方程和连续方程(计算符号参见图 3-1)。旋流条件下,伯努利方程可近似写成:

$$\frac{p_1}{\gamma} + \frac{v_1^2}{2g} + Z = (1 + \xi)\frac{v_z^2}{2g} + \frac{v_t^2}{2g} + \frac{p}{\gamma} \tag{3-1}$$

动量矩守恒方程:

$$lv_1 = rv_t = r_a v_a \tag{3-2}$$

连续方程:

$$Q = \omega v_1 = \pi(R^2 - r^2)v_z \tag{3-3}$$

旋流压力水头：

$$\frac{p}{\gamma} = \frac{1}{g}\int \frac{v_t^2}{r}\mathrm{d}r \tag{3-4}$$

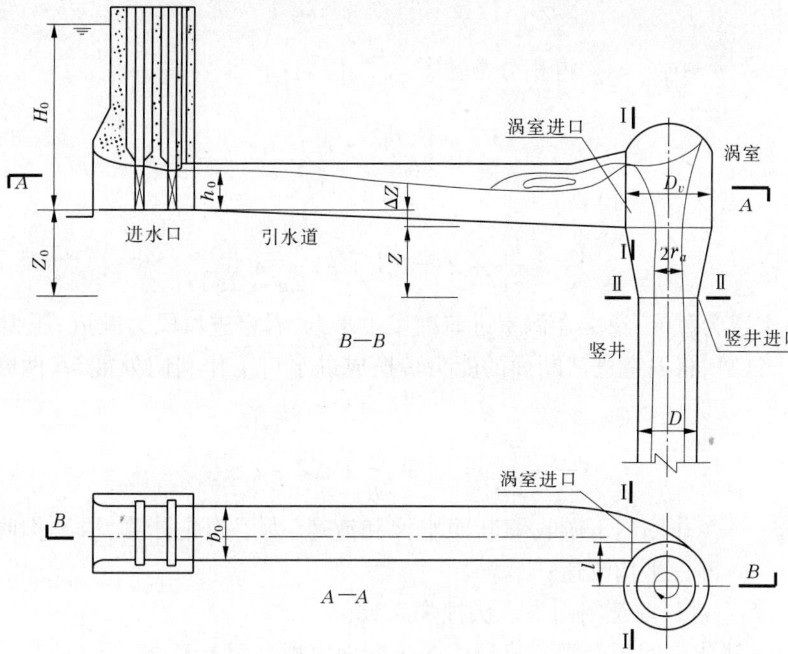

图 3-1　旋流竖井泄流量计算符号图

式中　γ、g——水的容重和重力加速度；

p_1、v_1——涡室进口Ⅰ—Ⅰ断面的压力和流速；

p、v_z、v_t——竖井进口Ⅱ—Ⅱ断面的旋流压力、轴向速度和环向速度；

r、r_a——竖井进口Ⅱ—Ⅱ断面水层任一点半径和空腔半径；

v_a——Ⅱ—Ⅱ断面旋流空腔界面环向流速；

R——竖井半径，$R = D/2$；

Z——涡室进口Ⅰ—Ⅰ断面底板至竖井进口Ⅱ—Ⅱ断面的高程差；

l——涡室进口（或引水道）和涡室的中轴线的间距（即偏心距）；

ω——涡室进口过流断面面积；

Q——最大设计泄流量；

ξ——涡室进口至竖井进口水头损失系数。

为了求解上述三方程作如下假设：

(1) 轴向速度 v_z 沿竖井截面径向不变；

(2) 假设涡室进口和竖井进口两断面水流满足动量矩守恒原理；

(3) 旋流空腔压力等于大气压力（$P_a = 0$）。

根据式(3-2)：

$$r = r_a v_a / v_t, \quad \mathrm{d}r = -\frac{r_a v_a}{v_t^2}\mathrm{d}v_t \tag{3-5}$$

将式(3-5)代入式(3-4)积分得：

$$\frac{p}{\gamma} = -\frac{1}{g}\int v_t \mathrm{d}v_t = -\frac{v_t^2}{2g} + C$$

当 $r = r_a$ 时，$p = 0, v_t = v_a$，得积分常数 $C = \frac{v_a^2}{2g}$，因而：

$$\frac{p}{\gamma} = \frac{1}{2g}(v_a^2 - v_t^2) \tag{3-6}$$

将式(3-6)代入式(3-1)得：

$$\frac{p_1}{\gamma} + \frac{v_1^2}{2g} + Z = (1 + \xi)\frac{v_z^2}{2g} + \frac{v_a^2}{2g} \tag{3-7}$$

因为引水道为急流，通常在涡室进口前发生水跃，涡室进口段为满流，压力 p_1 值不确定，为了便于计算，将涡室进口断面的能头转换成进水口工作闸门处能头，两断面伯努利方程为：

$$\frac{p_1}{\gamma} + \frac{v_1^2}{2g} = h_0 + \frac{v_0^2}{2g} + \Delta Z - \zeta\frac{v_1^2}{2g} \tag{3-8}$$

式中 h_0、v_0——工作闸门下游收缩断面水深和流速，为了简化计算，取工作闸门高度和断面平均流速；

ζ——涡室进口前至闸门处水头损失系数；

ΔZ——进水口底板至涡室进口Ⅰ—Ⅰ断面底板高程差。

将式(3-8)代入式(3-7)并考虑到连续方程：

$$A_0 v_0 = \omega v_1 \quad v_1 = \frac{A_0 v_0}{\omega}$$

则得：

$$h_0 + (1 - \zeta\frac{A_0^2}{\omega^2})\frac{v_0^2}{2g} + Z_0 = (1 + \xi)\frac{v_z^2}{2g} + \frac{v_a^2}{2g} \tag{3-9}$$

式中 Z_0——进水口底板至竖井进口Ⅱ—Ⅱ断面高程差，$Z_0 = Z + \Delta Z$；

A_0——进水口闸门处孔口面积，$A_0 = B_0 h_0$；

B_0、h_0——引水道进口工作闸门处宽度和水深。

当引水道中水流为急流($Fr > 1$)时，无论引水道末端与涡室是采用1/4椭圆曲线还是采用直线相切连接，涡室进口面积都按下面经验公式计算：

$$\omega = 1.25(k + 0.1Fr)B_0 h_0 \tag{3-10}$$

当引水道引与涡室直线相切连接时 $k = 1.25$，当引水道与涡室采用1/4椭圆曲线连接时 $k = 1.35$。

若涡室进口前宽度变窄，则 $B_0 = B_1$，B_1 = 涡室进口宽度；

进水口工作闸门处弗劳德数 $Fr = Q/\sqrt{gB_0^2 h_0^3}$

由式(3-2)和式(3-3) $lv_1 Q = r_a v_a$，$Q = r_a v_a \omega v_1$

$$v_a = \frac{lQ}{r_a \omega} \tag{3-11}$$

而

$$v_z = \frac{Q}{\pi R^2(1 - r_a^2/R^2)} \tag{3-12}$$

将式(3-11)和式(3-12)代入式(3-9),并且令空腔特性参数 $\varphi = 1 - r_a^2/R^2$,经整理后得流量计算公式:

$$Q = \mu\pi R^2\sqrt{2g(h_0 + Z_0) + (1 - \zeta A_0^2/\omega^2)v_0^2} \tag{3-13}$$

流量系数为:

$$\mu = 1/\sqrt{\frac{1 + \xi}{\varphi^2} + \frac{A^2}{1 - \varphi}} \tag{3-14}$$

$$A = \pi lR/\omega \tag{3-15}$$

式中 R——竖井半径;

A——旋流结构特征参数;

l——涡室进口(或引水道)与涡室中轴线的间距:当采用1/4椭圆曲线与涡室连接时:$l = 0.9R_v$,当采用直接相切与涡室连接时:$l = R_v - B_0/2$;

R_v——涡室半径。

这里需要说明:为了便于以后工程的比较,按第1章椭圆曲线连接时,统一取涡室与引水道的中轴线间距 $l = \Delta = 0.5D_v = R_v$,又因为椭圆曲线到涡室进口段逐渐收缩,使 l 值随着减小,故在本章和以后的水力学计算中取 $l = 0.9R_v$。

流量系数计算式(3-14)是根据参考文献[25]导出的,其中旋流竖井结构特征参数 A 是无量纲数。从式(3-14)可以看出,A 越大流量系数越小,流量就越小;要想减小 A 增加泄量,最好扩大涡室进口断面面积 ω,也可以对式(3-13)调整 R 和 Z_0,使泄量满足设计要求。仅根据式(3-14)尚不能直接计算流量系数,因为空腔半径 r_a 尚不确定,即 φ 值是未知数。但根据离心式雾化器试验研究结果证明:只要旋流结构的特征参数 A 一定,不论有何干扰,其空腔尺寸就一定。这个稳定的空腔尺寸能保证旋涡竖井流量达到相对的最大值。为此,将式(3-14)对 φ 求导数,使 $d\mu/d\varphi = 0$ 求极值,可给出 $A = f(\varphi)$ 的关系式:

$$A = (1 - \varphi)\sqrt{2(1 + \xi)/\varphi^3} \tag{3-16}$$

这样由式(3-16)已知 A 值可试算出 φ 值。

将式(3-16)代入式(3-14)得 $\mu = f(\varphi)$ 的函数形式:

$$\mu = \frac{1}{\sqrt{(1 + \xi)(2 - \varphi)/\varphi^3}} \tag{3-17}$$

式(3-13)中系数 ζ 和式(3-17)中系数 ξ,笔者根据许多工程模型试验给出经验值:

对涡室采用椭圆曲线连接并带有收缩段时,取 $\zeta \approx 0.7$,$\xi \approx 0.2$;

对涡室直线相切连接并带有收缩段时,取 $\zeta = 2 \sim 3$,$\xi \approx 0.5$。

计算竖井最大泄量的步骤是:已知 Q、h_0、B_0、v_0、Z_0、R、R_v 和 ζ、ξ,首先计算 Fr、ω、l 和 A 值,再由式(3-16)试算计算出 φ 后代入式(3-17)求出 μ 值,由式(3-13)便可计算泄流量。

为了便于计算 φ 值,将式(3-16)作成 $\varphi = \varphi(A)$ 函数关系曲线图,见图3-2。根据此图即可由 A 和 ξ 值查出 φ 的近似值,再按式(3-16)精确地试算出 φ 值。

3.1.1.2 计算举例

【例1】 某工程泄洪洞最大设计下泄流量 $Q = 2\ 080\ m^3/s$,需要进行泄流量验证

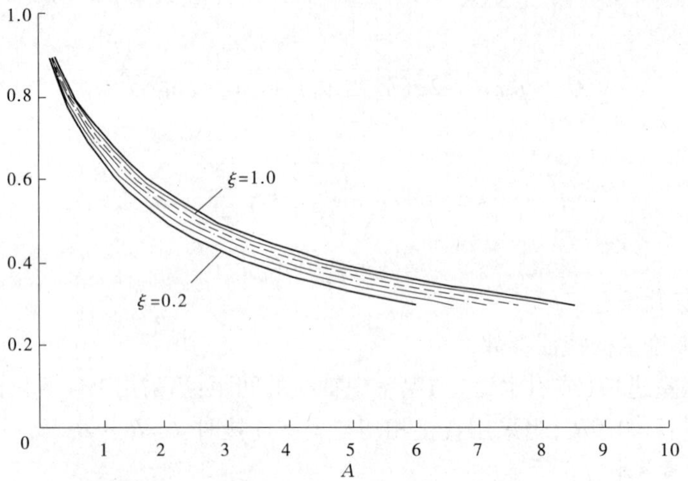

图 3-2 $\varphi \sim A$ 关系曲线($\xi=0.2, 0.4, 0.6, 0.8, 1.0$)

计算。

已知：弧形闸门尺寸：$A_0 = B_0 \times h_0 = 7.5 \times 10 = 75(\mathrm{m}^2)$，

断面平均流速：$v_0 = 27.73\ \mathrm{m/s}$，

弗劳德数：$Fr = 27.73/\sqrt{9.81 \times 10} = 2.80$，

进水口底板至竖井进口高程差 $Z_0 = 15\ \mathrm{m}$。

根据第 1 章经验公式估算竖井半径 $R = 7.2\ \mathrm{m}$，涡室半径 $R_v = 9\ \mathrm{m}$。引水道采用 1/4 椭圆曲线同涡室相切连接，采用收缩段与竖井进口连接，$\zeta = 0.7$，$\xi = 0.2$。具体计算步骤如下：

引水道与竖井中轴线间距为：

$$l = 0.9R_v = 0.9 \times 9 = 8.1(\mathrm{m})$$

涡室进口面积为：

$$\omega = 1.25 \times (1.35 + 0.1Fr)B_0h_0 = 1.25 \times (1.35 + 0.1 \times 2.8) \times 7.5 \times 10 = 152.8(\mathrm{m}^2)$$

根据式(3-15)计算得：

$$A = \pi lR/\omega = 3.14 \times 8.1 \times 7.2/152.8 = 1.199$$

查表得近似的 φ 值然后按式(3-16)算得准确的 φ 值，按式(3-17)算得 $\mu = 0.381$，于是

$$Q = \mu\pi R^2 \sqrt{2g(h_0 + Z_0) + (1 - \zeta A_0^2/\omega^2)v_0^2}$$
$$= 0.381 \times 3.14 \times 7.2^2 \times \sqrt{2 \times 9.81 \times (10 + 15) + (1 - 0.7 \times 75^2/152.8^2) \times 27.73^2}$$
$$= 2\,083.4(\mathrm{m}^3/\mathrm{s})$$

计算结果满足了最大设计流量的要求。

按上述方法对另外五个优化试验后的旋流竖井基本资料进行理论计算，计算所得下泄流量结果列入表 3-1 最末一行。

表中工程 1 和工程 2 中引水道直接与涡室相切连接，而工程 3 ~ 6 中引水道与涡室采用椭圆曲线连接。

表 3-1　短压力进水口几种工程旋流竖井的泄流能力计算结果(算法一)

工程		1	2	3	4	5	6
最大设计流量试验值 $Q(m^3/s)$		245	550	1 419	2 080	2 720	3 000
进口工作门过流面积 $B_0 \times h_0(m^2)$		3.4×5	4×4.5	6×8	7.5×10	8×12	9×12
进水口底板与竖井进口高程差 Z_0(m)		13	12	12.8	15	18	18.5
由式(1-12)确定的竖井半径 R(m)		3	4.2	6	7.2	7.8	8.2
涡室半径 R_v(m)		4	5.9	7.5	9	9.7	10
涡室至竖井进口阻力系数 ξ		0.5	0.5	0.2	0.2	0.2	0.2
涡室进口前引水道总损失系数 ζ		2.7	2	0.7	0.7	0.7	0.7
计算结果	A	0.800	1.338	1.259	1.199	1.106	1.069
	φ	0.719	0.622	0.611	0.621	0.637	0.644
	μ	0.439	0.341	0.370	0.381	0.397	0.405
	理论计算流量 $Q(m^3/s)$	245.9	550.2	1 416.0	2 083.4	2 716.2	3 005.6

3.1.2　明流急流引水道与涡室连接的旋流竖井泄流能力计算方法之二

3.1.1 节是采用 $d\mu/d\varphi=0$,得出最大流量下的旋流结构特征参数与竖井进口空腔特性参数的关系 $A=f(\varphi)$,用来确定 φ 值。本节采用略有不同的方法,直接采用 $dQ/d\varphi=0$ 得出最大流量下动量矩与空腔特性参数的关系 $M=f(\varphi)$,用来求 φ 值。

3.1.2.1　计算方法与公式推导

下面采用与前面类似的方法对涡室进口Ⅰ—Ⅰ断面和竖井进口Ⅱ—Ⅱ断面建立三个方程(见图 3-1):

伯努利方程:

$$\frac{p_1}{\gamma}+\frac{v_1^2}{2g}+Z=(1+\xi)\frac{v_z^2}{2g}+\frac{v_t^2}{2g}+\frac{p}{\gamma} \tag{3-18}$$

同样,用进水口工作闸门处已知水流参数代替Ⅰ—Ⅰ断面压力水头和流速水头,式(3-18)可变为:

$$h_0+\frac{v_0^2}{2g}+\Delta Z+Z=\frac{p_1}{\gamma}+\frac{v_1^2}{2g}+\zeta\frac{v_1^2}{2g}+Z \tag{3-19}$$

根据连续方程:$A_0v_0=\omega v_1$

可得:$v_1=\dfrac{A_0v_0}{\omega}$

代入式(3-19),并令 $Z_0=\Delta Z+Z$,则有:

$$\frac{p_1}{\gamma}+\frac{v_1^2}{2g}+Z=h_0+Z_0+(1-\zeta\frac{A_0^2}{\omega^2})\frac{v_0^2}{2g} \tag{3-20}$$

将式(3-20)代入式(3-19),再令:

$$H=h_0+Z_0+(1-\zeta\frac{A_0^2}{\omega^2})\frac{v_0^2}{2g} \tag{3-21}$$

由式(3-18)可得:

$$H=(1+\xi)\frac{v_z^2}{2g}+\frac{v_t^2}{2g}+\frac{p}{\gamma} \tag{3-22}$$

式中 H——作用竖井进口上的净水头;

h_0、v_0 和 A_0——工作闸门处水深、断面平均流速和过流面积;

p_1、v_1 和 ω——涡室进口断面Ⅰ—Ⅰ处压力、流速和过流面积;

ΔZ——进水口底板至Ⅰ—Ⅰ断面底板高程差;

Z——Ⅰ—Ⅰ断面底板至Ⅱ—Ⅱ断面高程差;

Z_0——进水口底板至Ⅱ—Ⅱ断面底板高程差;

ζ——涡室进口至上游闸门处水头损失系数;

ξ——涡室进口至竖井进口水头损失系数。

竖井进口Ⅱ—Ⅱ断面旋流动量矩方程:

$$lv_t=r_a v_a=M=const \tag{3-23}$$

$$p=\frac{\gamma}{g}\int\frac{v_t^2}{r}\mathrm{d}r \tag{3-24}$$

将式(3-24)积分,同式(3-6):

$$p=\frac{\gamma}{2g}(v_a^2-v_t^2) \tag{3-25}$$

将式(3-23)的转换式 $v_a=M/r_a$ 代入式(3-25)后,再代入式(3-22)可得Ⅱ—Ⅱ断面轴向速度:

$$v_z=\frac{1}{\sqrt{1+\xi}}\sqrt{2gH-M^2/r_a^2} \tag{3-26}$$

式中 r_a、v_a——Ⅱ—Ⅱ断面旋流空腔半径和对应的环向速度。

涡室进口断面Ⅰ—Ⅰ处动量矩为:

$$M=lv_t=lv_1 \tag{3-27}$$

于是通过半径为 R 的竖井泄流量为:

$$Q=\pi(R^2-r_a^2)v_z=\frac{\pi(R^2-r_a^2)}{\sqrt{1+\xi}}\sqrt{2gH-M^2/r_a^2} \tag{3-28}$$

令

$$\varphi=1-r_a^2/R^2$$

则:

$$r_a^2=(1-\varphi)R^2$$

将 r_a^2 代入式(3-28),得:

$$Q=\frac{\pi R^2\varphi}{\sqrt{1+\xi}}\sqrt{2gH-\frac{M^2}{(1-\varphi)R^2}} \tag{3-29}$$

将式(3-29)Q 对 φ 微分,并令 $\partial Q/\partial\varphi=0$,导出最大流量时的 M 与 φ 的关系:

$$M^2 = 4gHR^2(1-\varphi)^2/(2-\varphi) \tag{3-30}$$

满足此条件的最大流量,在涡室收缩断面(即竖井进口)处不会发生呛水现象。

将式(3-30)代入式(3-29)整理后得:

$$Q = \mu\pi R^2\sqrt{2gH} \quad (\mathrm{m^3/s}) \tag{3-31}$$

μ 的计算式与式(3-17)完全相同。

计算竖井泄流量步骤:已知 Q、B_0、h_0 和 Z_0,按式(3-10)计算 ω,$v_1 = Q/\omega$;再由式(3-21)求 H 和由式(3-15)定义的 l,然后按式(3-27)求 M。

为了便于求 φ 值,首先令:

$$c = M^2/(4gHR^2)$$

则根据式(3-30)

$$c = (1-\varphi)^2/(2-\varphi)$$

联立求解 φ 的二次方程,得:

$$\varphi = \frac{-(c-2)-\sqrt{(c-2)^2-4(1-2c)}}{2} \tag{3-32}$$

3.1.2.2 计算实例

【例2】 仍按工程例1数据进行泄流量验证计算。已知最大设计下泄流量:$Q = 2\ 080\ \mathrm{m^3/s}$,弧形闸门宽度 $B_0 = 7.5$ m,闸孔高度 $h_0 = 10$ m,闸孔过水断面面积 $A_0 = 75\ \mathrm{m^2}$。

断面平均流速:$v_0 = 2\ 080/75 = 27.73(\mathrm{m/s})$,

闸下水流弗劳德数:$Fr = 2.8$,

竖井与涡室半径:$R = 7.2$ m,$R_v = 9$ m,

涡室进口面积:$\omega = 1.25\times(1.35+0.1Fr)B_0h_0$

$= 1.25\times(1.35+0.1\times2.8)\times7.5\times10 = 152.8(\mathrm{m^2})$,

涡室进口高度:$y = \omega/b_1$,

涡室进口流速:$v_1 = Q/\omega = 2\ 080/152.8 = 13.61(\mathrm{m/s})$,

进水口底板与竖井进口的高程差:$Z_0 = 15$ m。

作用竖井进口的净水头为:

$$H = h_0 + Z_0 + \left(1-\zeta\frac{A_0^2}{\omega^2}\right)\frac{v_0^2}{2g} = 10 + 15 + \left(1-0.7\times\frac{75^2}{152.8^2}\right)\times\frac{27.73^2}{19.62} = 57.58(\mathrm{m})$$

涡室进口的动量矩为:

$$M = lv_1 = 0.9R_vv_1 = 0.9\times9\times13.61 = 110.24(\mathrm{m^2/s})$$

$$c = M^2/(4gHR^2) = 110.24^2/(4\times9.81\times57.58\times7.2^2) = 0.103\ 8$$

由式(3-32)计算 $\varphi = 0.622$

根据式(3-17)计算流量系数:

$$\mu = \frac{1}{\sqrt{(1+\xi)(2-\varphi)/\varphi^3}} = \frac{1}{\sqrt{(1+0.2)(2-0.622)/0.622^3}} = 0.381$$

由式(3-31)可计算出其泄流能力:

$$Q = \mu\pi R^2\sqrt{2gH} = 0.381\times3.14\times7.2^2\times\sqrt{2\times9.81\times57.58} = 2\ 084.5(\mathrm{m^3/s})$$

对上述几个工程旋流竖井泄流量计算结果列于表 3-2 最后一行。在表的下方标注一行为相同工程采用求解法一的计算结果(见表 3-1)以资比较。

表 3-2　短压力进水口几种工程旋流竖井的泄流能力计算结果(算法二)

工程		1	2	3	4	5	6
最大设计流量 $Q(m^3/s)$		245	550	1 419	2 080	2 720	3 000
工作闸门孔口面积 $B_0 \times h_0(m^2)$		3.4×5	4×4.5	6×8	7.5×10	8×12	9×12
进口底板与竖井顶部高程 Z_0(m)		13	12	12.8	15	18	18.5
式(1-12)确定的竖井半径 R(m)		3	4.2	6	7.2	7.8	8.2
涡室半径 R_v(m)		4	5.6	7.5	9	9.7	10
ξ		0.5	0.5	0.2	0.2	0.2	0.2
ζ		2.7	2	0.7	0.7	0.7	0.7
计算结果	φ	0.720	0.622	0.611	0.622	0.636	0.644
	μ	0.441	0.341	0.369	0.381	0.397	0.406
	$Q(m^3/s)$	246.5	550.4	1 413.4	2 087.6	2 711.8	3 011.7
注:	算法一 $Q(m^3/s)$	245.9	550.2	1 416.0	2 083.4	2 716.2	3 005.6

从表 3-1 和表 3-2 可看出,采用两种方法计算结果,各工程的 φ 值比较接近,泄流量也基本相同。

表 3-2 中工程 1 和工程 2 是引水道同涡室直接相切连接,阻力系数较大,而工程 3 ~ 工程 6 为椭圆曲线同涡室连接,阻力系数小。关于阻力系数问题有待今后作专门系统试验加以认证和改正。

说明:(1)工程 1 沙牌泄洪洞的引水道末端宽度由 3.4 m 缩窄为 2.75 m,相应旋转半径 $l = R_v - b_1/2 = 4 - 2.75/2 = 2.625$(m)。

(2)计算工程 1 和工程 2 时,涡室进口面积 $\omega = 1.25(1.25 + 0.1Fr)Bh$。

通过理论计算流量表明,用 1.3 节经验公式(1-12)确定的竖井直径,能够满足设计最大下泄流量的要求。

3.1.3　长压力进水口(引水道为压力流)与涡室连接的旋流竖井泄流能力计算

同理,建立涡室进口到竖井进口两断面的伯努利方程(能量守恒方程):

$$p_1/\gamma + v_1^2/(2g) + Z = (1 + \xi)v_z^2/(2g) + v_t^2/(2g) + p/\gamma$$

由于工作闸门和涡室进口两处的压力水头值都不确定,只能用进水口上游水位来换算涡室进口处能量(部分符号仍参见图 3-1,从进水口上游到涡室进口改为有压流),即:

$$H_0 + \Delta Z = p_1/\gamma + v_1^2/(2g) + \zeta v_1^2/(2g) \tag{3-33}$$

$$p_1/\gamma + v_1^2/(2g) + Z = H_0 + \Delta Z + Z - \zeta v_1^2/(2g) \tag{3-34}$$

令 $Z_0 = Z + \Delta Z$ 代入式(3-34),并结合式(3-6)、式(3-7)得:

$$H_0 + Z_0 - \zeta v_1^2/(2g) = (1 + \xi)v_z^2/(2g) + v_t^2/(2g) + p/\gamma \tag{3-35}$$

令 $H = H_0 + Z_0 - \zeta v_1^2/(2g)$，$\varphi = 1 - r_a^2/R^2$，按 3.1.2 节关系式同样可得下面计算式：

$$M = lv_1$$

$$M^2 = 4gHR^2(1-\varphi)^2/(2-\varphi) \tag{3-36}$$

$$\mu = \frac{1}{\sqrt{(1+\xi)(2-\varphi)/\varphi^3}} \tag{3-37}$$

$$Q = \mu\pi R^2\sqrt{2gH} \tag{3-38}$$

式中 H_0——进水口槛上水头；

ΔZ——进口底板与涡室进口底板的高程差；

p_1、v_1——涡室进口断面处压力、流速；

ω——涡室进口断面面积，$\omega = B_0 y$，对有压流引水道，涡室进口高度 $y = 1.55h_0$；

ζ——从进水口到涡室进口损失系数，$\zeta = 0.4 \sim 0.5$；

ξ——涡室至竖井损失系数，$\xi \approx 0.1$。

由于涡室进口段无水跃，通常从进水口到涡室进口的损失系数要小一些。

【例 3】 某工程旋流泄洪洞最大设计流量 $Q = 2\ 815\ m^3/s$，$B_0 h_0 = 12\ m \times 14\ m$，竖井进口断面最大水头 $H_0 + Z_0 = 51.24\ m$，进行流量验证。

按经验公式估算竖井半径 $R = 7.8\ m$，$R_v = 9.5\ m$，$l = 0.9 \times R_v = 8.55(m)$。

$$\omega = 1.55B_0h_0 = 1.55 \times 12 \times 14 = 260.4(m^2)$$

$$v_1 = Q/\omega = 2\ 815/260.4 = 10.81(m/s)$$

$$H = H_0 + Z_0 - \zeta v_1^2/(2g) = 51.24 - 0.5 \times 10.81^2/(2 \times 9.81) = 48.26(m)$$

$$M = lv_1 = 8.55 \times 10.81 = 92.43$$

$$c = M^2/(4gHR^2) = 92.43^2/(4 \times 9.81 \times 48.26 \times 7.8^2) = 0.074$$

将 c 值代入式(3-32)得：

$$\varphi = \frac{-(c-2) - \sqrt{(c-2)^2 - 4(1-2c)}}{2} = 0.689$$

$$\mu = \frac{1}{\sqrt{(1+\xi)(2-\varphi)/\varphi^3}} = \frac{1}{\sqrt{(1+0.1)(2-0.689)/0.689^3}} = 0.476$$

$$Q = \mu\pi R^2\sqrt{2gH} = 0.476 \times 3.14 \times 7.8^2 \times \sqrt{19.62 \times 48.56} = 2\ 808.2(m^3/s)$$

计算结果与最大设计流量基本符合。

3.1.4 对理论公式通过计算最大泄量确定竖井直径的评价

通过上述两种方法均可以采用计算流量来确定竖井直径，并且同采用经验公式(1-12)计算的竖井直径相互认证，基本上是吻合的，但这种吻合是在许多假设条件和给出经验损失系数下实现的，不甚严谨，尚需进行模型试验和原型观测收集大量的有关资料加以完善。通过理论计算和过去对许多旋流泄洪洞的试验结果表明，目前采用公式(1-12)直接确定竖井直径是可行的。

3.2 涡室壁面最大压力计算

根据大量试验资料证明，涡室最大压力发生在靠近涡室低部壁面上。对于椭圆曲线连接的涡室最大压力发生在椭圆曲线 x 轴与涡室圆弧交点处；而对于直接相切连接的涡室最大压力也发生在 x 轴与涡室圆弧的交点处。引水道流态不同对涡室压力的影响有差别，故分别推导计算公式。

3.2.1 引水道为无压急流情况

3.2.1.1 计算方法与公式推导

因为引水道为急流流态，受涡室旋转流的影响，通常在涡室进口渠段发生界面水跃，流态比较复杂，往往水流封顶。为了推导涡室壁面压力计算公式作如下假设：

(1)涡室进口Ⅰ—Ⅰ断面的切向速度 v_t 等于该断面的平均流速 v_1；

(2)涡室进口Ⅰ—Ⅰ断面同涡室底部（收缩连接段顶部大口）Ⅱ—Ⅱ断面，任意点的动量矩相等，即：

$$lv_1 = rv_{vt} \tag{3-39}$$

式中 r、v_{vt}——涡室低部Ⅱ—Ⅱ断面旋流水层任意点半径、相应的环向速度；

l——引水道（或涡室进口中轴线）与涡室中轴线的间距，对于椭圆曲线连接的涡室：$l \approx 0.9R_v$，对于直接切线连接涡室：$l = R_v - B_0/2$，R_v 和 B_0 分别为涡室半径和涡室进口宽度。

若引水道末端与涡室采用收缩段连接，则涡室进口宽度为 B_1，$l = R_v - b_1/2$。

涡室进口Ⅰ—Ⅰ断面的跃后水深极不均匀，通常为满流，根据式(1-20)和式(1-26)涡室进口面积：

对于椭圆曲线连接的涡室：$\omega = 1.25 \times (1.35 + 0.1Fr)B_0h_0$

对于直线相切连接的涡室：$\omega = 1.25 \times (1.25 + 0.1Fr)B_0h_0$

式中 B_0、h_0 和 Fr——进水口工作闸门处引水道宽度、水深和相应的弗劳德数，$B_0 = B$，$h_0 = h$。

涡室进口Ⅰ—Ⅰ断面平均流速：$v_1 = Q/\omega$

涡室壁面压力的积分表达式：

$$p/\gamma = \frac{1}{g}\int_{r_{va}}^{R_v} \frac{v_{vt}^2}{r}\mathrm{d}r \tag{3-40}$$

由式(3-39)$v_{vt} = lv_1/r$ 代入式(3-40)得：

$$p/\gamma = \frac{l^2v_1^2}{g}\int_{r_{va}}^{R_v} \frac{1}{r^3}\mathrm{d}r \tag{3-41}$$

积分式(3-41)得：

$$p/\gamma = \frac{l^2v_1^2}{2gr_{va}^2}(1 - r_{va}^2/R_v^2) \tag{3-42}$$

式中 r_{va}——涡室底部Ⅱ—Ⅱ断面空腔半径；

R_v——涡室半径；

Fr——进水口闸门（或溢流堰反弧段）处弗劳德数。

根据模型试验结果，适用于椭圆曲线或直接同涡室连接的两种体型的涡室相对空腔半径 r_{va}/R_v 的经验公式为：

$$n = r_{va}/R_v = 0.4(Fr + 1)^{0.06} \tag{3-43}$$

由式(3-42)和式(3-43)：

$$p/\gamma = \frac{l^2 v_1^2}{2gn^2 R_v^2}(1 - n^2) \tag{3-44}$$

3.2.1.2 计算实例

【例4】 某工程最大设计流量 2 080 m^3/s，工作闸门处水深 10 m。从闸门到涡室进口引水道处宽 7.5 m、涡室半径 10 m，引水道采用 1/4 椭圆曲线与涡室连接，要求计算涡室壁面最大压强。

首先计算工作闸门处弗劳德数 Fr：

$$Fr = Q/\sqrt{gB_0^2 h_0^3} = 2\,080/\sqrt{9.81 \times 7.5^2 \times 10^3} = 2.8$$

涡室进口面积为：

$$\begin{aligned}\omega &= 1.25 \times (1.35 + 0.1Fr)B_0 h_0 \\ &= 1.25 \times (1.35 + 0.1 \times 2.8) \times 7.5 \times 10 = 152.81(\mathrm{m}^2)\end{aligned}$$

涡室进口Ⅰ—Ⅰ断面平均流速：$v_1 = Q/\omega = 2\,080/152.81 = 13.61(\mathrm{m/s})$

Ⅱ—Ⅱ断面的涡室相对空腔半径按式(3-43)计算：

$$n = r_{va}/R_v = 0.4(Fr + 1)^{0.06} = 0.4 \times (2.8 + 1)^{0.06} = 0.43$$

$$l = 0.9R_v = 0.9 \times 10 = 9(\mathrm{m})$$

涡室最大压力水头按式(3-44)计算：

$$p/\gamma = \frac{l^2 v_1^2}{2gn^2 R_v^2}(1 - n^2) = \frac{9^2 \times 13.61^2}{2 \times 9.81 \times 0.43^2 \times 10^2} \times (1 - 0.43^2) = 33.71(\mathrm{m})$$

最大压强等于 $33.71 \times 9.81 = 330.7(\mathrm{kPa})$。

表3-3列举了4个工程的涡室壁面最大压力水头 p/γ 计算值和模型试验测量值，并进行了对比分析。表中工程1的引水道直接同涡室相切连接；工程2～工程4采用1/4椭圆曲线与涡室连接。

通过比较分析表3-3中所列数据可以看出，按上述系列公式计算而得的涡室最大压力值同试验结果比较接近。

表3-3 几个工程的涡室壁面最大压力水头 p/γ 计算值与模型试验测量值比较

参数	1	2	3	4
$Q(\mathrm{m^3/s})$	542	2 080	2 849	1 419
$B_0 \times h_0(\mathrm{m^2})$	4×4.5	7.5×10	12×12	6×8
$R_v(\mathrm{m})$	6.9	10	11	8.5
Fr	4.53	2.80	1.82	3.34
r_{va}/R_v	0.44	0.43	0.43	0.44
$v_t = v_1(\mathrm{m/s})$	14.14	12.62	10.33	14.04
p/γ 计算值(m)	21.19	33.08	19.90	34.55
p/γ 试验值(m)	24.17	33.80	22.50	33.71

当引水道末端宽度逐渐缩小，同时坡度变陡时，上述涡室压力的计算公式不适用（如沙牌旋流泄洪洞）。

细心比较上述表格中数据和计算方法后，不免会有这样一个疑问：为什么表3-3中一些工程的竖井和涡室尺寸同表3-1和表3-2有些差别，而不用相同模型的数据计算呢？

这是因为表3-3中的早期模型试验竖井的直径不是按经验公式(1-12)计算的，过于偏大，但计算涡室的压力必须同此试验结果进行比较。而表3-1和表3-2仅仅是为了对竖井直径的经验公式(1-12)和涡室直径的经验公式的合理性，通过理论来验证，以便作为旋流竖井优化直径设计的依据。因此，本节涡室压力计算只能同未优化前的而又有试验资料的旋流竖井模型进行计算和比较。

3.2.2 引水道为有压流情况的涡室压力

3.2.2.1 计算方法与公式推导

有压引水道弗劳德数用水力半径表示：

$$Fr = \frac{v_0}{\sqrt{gR_w}} = \frac{Q}{Bh_0\sqrt{gR_w}} \tag{3-45}$$

水力半径：
$$R_w = \frac{B_0 h_0}{2(B_0 + h_0)}$$

涡室相对空腔半径：

$$n = r_{va}/R_v = 0.35(Fr + 1)^{0.05} \tag{3-46}$$

式中 B——引水道宽度；

h_0——水深；

v_0——断面平均流速；

Fr——引水道弗劳德数；

r_{va}——涡室底部断面空腔半径；

R_v——涡室半径。

引水道与涡室的中心轴间距：

$l = 0.9R_v$（适于椭圆曲线与涡室连接结构）

$l = R_v - B_0/2$（适于直径与涡室切线连接结构）

涡室最大压力仍按式(3-44)计算。

3.2.2.2 计算举例

某工程最大设计流量 $Q = 2\ 815\ m^3/s$，进水口工作闸门处孔口宽 12 m、高 14 m，涡室进口宽 12 m、涡室半径 $R_v = 9.5$ m，计算涡室最大壁面压力。

详细计算过程如下：

涡室进口过流面积为：

$$\omega = 1.55B_0h_0 = 1.55 \times 12 \times 14 = 260.4(m^2)$$

涡室进口流速为：

$$v = Q/\omega = 2\ 815/260.4 = 10.81(m/s)$$

偏心距为：

$$l = 0.9R_v = 0.9 \times 9.5 = 8.55(\text{m})$$

压力引水道水力半径和弗劳德数分别为：

$$R_w = \frac{B_0 h_0}{2(b_0 + h_0)} = \frac{12 \times 14}{2 \times (12 + 14)} = 3.23(\text{m})$$

$$Fr = \frac{Q}{B_0 h_0 \sqrt{gR_w}} = \frac{2\ 815}{12 \times 14 \times \sqrt{9.81 \times 3.23}} = 2.98$$

涡室相对空腔半径为：

$$n = r_{va}/R_v = 0.35 \times (Fr + 1)^{0.05} = 0.35 \times (2.98 + 1)^{0.05} = 0.38$$

于是涡室最大压力水头为：

$$p/\gamma = \frac{l^2 v^2}{2gn^2 R_v^2}(1 - n^2) = \frac{8.55^2 \times 10.81^2}{2 \times 9.81 \times 0.38^2 \times 9.5^2} \times (1 - 0.38^2) = 28.59(\text{m})$$

模型实测涡室最大压力水头 30.60 m，计算值与试验结果相差 6.57%。

3.3 旋流竖井合成速度解析计算理论

旋流竖井中的水流流态分为三种，从上到下为空腔螺旋流、环状水跃和水气淹没垫层中水气掺混强烈的二相紊流。由于螺旋水流在竖井随着高程降低，合成速度增加，而动水压力降低。在竖井的下部、环状水跃之上如果出现负压，可能会出现空化现象。

本节主要讨论空腔螺旋流合成速度与压力的理论计算方法。通过计算竖井沿程流速和压力分布，判断是否会发生空化现象，以便采取必要的措施，提高螺旋水流作用在竖井内壁上的动水压力，防止空蚀发生。

3.3.1 竖井进口初始合成速度的确定

在计算合成速度之前首先要确定竖井进口断面初始的环向速度、竖向(轴向)速度及合成速度等。

对于涡室直接与竖井连接情况，一般先给出竖井进口的相对空腔半径 r_a/R，已知最大泄流量 Q 和竖井半径 R，便可计算出竖井进口初始轴向速度：

$$v_{z0} = \frac{Q}{2\pi R^2 (1 - r_a^2/R^2)}$$

然后由作用竖井进口断面的净水头 H 和涡室进口前行近流速 v，便可计算出竖井进口断面的初始合成速度：

$$v_0 = \sqrt{2gH + v^2}$$

最后计算初始合成速度与水平夹角：

$$\alpha_0 = \arcsin \frac{v_{z0}}{v_0}$$

但是，对于涡室与竖井采用收缩连接的情况，竖井进口的相对空腔半径 r_a/R 的试验资料很少，尚不能给出。下面通过近似的计算动量矩 M 来间接地确定 r_a/R。初始参数的具体计算如下：

根据动量矩守恒原理：

$$r_a v_a = R v_R = l v_t = M \tag{3-47}$$

$$v_a = M/r_a$$

$$v_R = M/R$$

假设竖井进口断面的平均初始环向速度为：

$$v_{t0} = \frac{v_a + v_R}{2} = \frac{M}{2r_a}(1 + r_a/R) = \frac{M}{2R\sqrt{1-\varphi}}(1 + \sqrt{1-\varphi}) \tag{3-48}$$

$$\varphi = 1 - r_a^2/R^2$$

式中 M——涡室进口断面的动量矩，$M = lv_t$；

$r_a v_a$——竖井进口旋流空腔界面动量矩，其中 r_a 为旋流空腔半径，v_a 为相应 r_a 的环向速度；

Rv_R——竖井进口靠近壁面上的动量矩，其中 v_R 为半径 R 处的环向速度；

v_t——涡室进口断面平均流速（等于环向速度）$v_t = v_1 = Q/\omega$；

ω——涡室进口过流面积；

l——引水道与涡室轴线间距。

对于椭圆曲线连接涡室：$l \approx 0.9R_v$

$$\Delta \approx 0.5D_v,\quad R_v = D_v/2$$

式中 Δ——引水道与涡室偏心距。

对于直接相切连接涡室：$l = R_v - B/2$（B 为引水道宽度）。

由 3.1 节式(3-32)重复给出计算 φ 的公式如下：

$$\varphi = \frac{-(c-2) - \sqrt{(c-2)^2 - 4(1-2c)}}{2} \tag{3-49}$$

$$c = M^2/(4gHR^2) \tag{3-50}$$

式中 R——竖井半径；

H——作用在竖井进口断面上的净水头（根据 3.1.2 节和 3.1.3 节）。

对于短压力进水口：$H = h_0 + (1 - \zeta A_0^2/\omega^2)v_0^2/2g + Z_0$ (3-51)

对于长压力进水口：$H = H_0 - \zeta_0 v_1^2/2g + Z_0$ (3-52)

式中 h_0——进水口工作闸门处水深；

A_0——进水口工作闸门处孔口面积；

v_0、v_1——进水口工作闸门和涡室进口处流速；

Z_0——从进水口底板到竖井进口断面的高程差；

H_0——进水口底板上水头（考虑行近流速水头）；

ζ——引水道进口闸门至涡室进口段水力损失系数；

ζ_0——从进水口到涡室进口损失系数。

对于溢流堰进水口因下游引水道为急流，在涡室进口段通常发生水跃封顶，可按式(3-52)计算 H 值。

竖井进口断面初始轴向速度为：

$$v_{z0} = \frac{Q}{\pi(R^2 - r_a^2)} = \frac{Q}{\pi R^2 \varphi} \tag{3-53}$$

竖井初始断面环向速度，见式(3-48)。

竖井初始断面合成速度为：

$$v_0 = \sqrt{v_{t0}^2 + v_{z0}^2} \tag{3-54}$$

合成速度矢量与水平夹角为：

$$\alpha = \arctan \frac{v_{z0}}{v_{t0}} \tag{3-55}$$

3.3.2 竖井各断面合成速度确定

任意断面合成速度 v 与水平夹角 α 可根据竖井进口初始断面已知值逐步求出，即向下依次计算 ΔZ 各断面合成速度和水平夹角 α。为此，首先建立 ΔZ 上下两断面的伯努利方程(见图3-3)：

$$\frac{v^2}{2g} + \mathrm{d}Z = \frac{(v + \Delta v)^2}{2g} + \frac{\lambda \mathrm{d}S}{4e}\frac{v^2}{2g} \tag{3-56}$$

忽略 Δv^2 项，并考虑到水力半径 e 和水流迹线长 $\mathrm{d}S$ 分别为：

$$e = \frac{A}{\pi D} = \frac{Q}{\pi D v \sin\alpha}$$

$$\mathrm{d}S = \frac{\mathrm{d}Z}{\sin\alpha}$$

代入式(3-56)得：

$$\mathrm{d}\left(\frac{v^2}{2g}\right) = \left(1 - \frac{\lambda \pi D}{4Q}\frac{v^3}{2g}\right)\mathrm{d}Z$$

$$= \left[1 - \frac{\lambda \pi D}{4Q}\sqrt{2g}\left(\frac{v^2}{2g}\right)^{3/2}\right]\mathrm{d}Z \tag{3-57}$$

令：

$$\frac{\lambda \pi D}{4Q}\sqrt{2g}\left(\frac{v^2}{2g}\right)^{3/2} = F^{3/2} \tag{3-58}$$

$$F = \left(\frac{\lambda \pi D \sqrt{2g}}{4Q}\right)^{2/3}\frac{v^2}{2g}$$

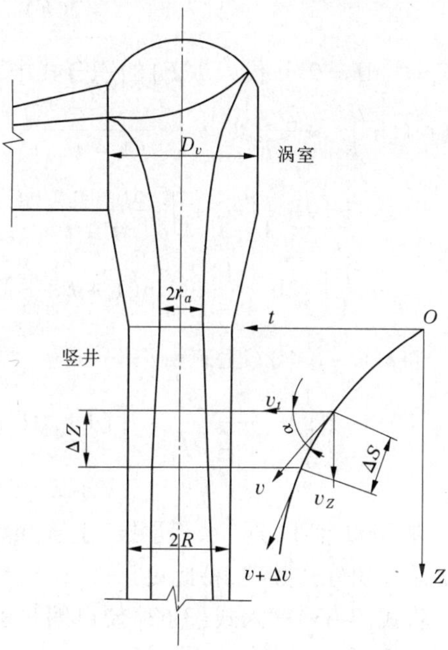

图3-3 合成速度计算示意

于是得：

$$F = C\frac{v^2}{2g} \text{和} C = \left(\frac{\lambda \pi D \sqrt{2g}}{4Q}\right)^{2/3} \tag{3-59}$$

$$\mathrm{d}\left(\frac{v^2}{2g}\right) = \frac{\mathrm{d}F}{C} \tag{3-60}$$

式中 v——合成速度；

A——竖井实际过流面积；

D——竖井直径；

λ——阻力系数。

将式(3-59)和式(3-60)代入式(3-57)得文献[3]的积分表达式：

$$C\int_0^Z \mathrm{d}Z = \int_{F_0}^F \frac{\mathrm{d}F}{1 - F^{3/2}} = \int_0^F \frac{\mathrm{d}F}{1 - F^{3/2}} - \int_0^{F_0} \frac{\mathrm{d}F}{1 - F^{3/2}}$$

$$\int_0^F \frac{\mathrm{d}F}{1 - F^{3/2}} = \int_0^{F_0} \frac{\mathrm{d}F}{1 - F^{3/2}} + C\int_0^Z \mathrm{d}Z \tag{3-61}$$

即：

$$I(F) = I(F_0) + CZ(\text{下标 0 为初始值}) \tag{3-62}$$

$Z = i\Delta Z(i = 1 \sim N)$，即从竖井进口算起向下至第 N 个 ΔZ 断面。

文献[3]未给出表达式(3-62)的积分解，而是给出一个计算曲线图，见后面图 3-4。利用曲线图表计算，计算范围和计算速度受到很大限制，而且不精确。本书给出 $I(F)$ 的积分解推导如下：

$$I(F) = \int_0^F \frac{\mathrm{d}F}{1 - F^{3/2}}$$

设 $F = t^2$，$\mathrm{d}F = 2t\mathrm{d}t$ 代入 $I(F)$ 的积分式中：

$$I(t^2) = \int_0^{t^2} \frac{2t}{1 - t^3}\mathrm{d}t = \int_0^{t^2} \frac{2t}{(1 - t)(1 + t + t^2)}\mathrm{d}t = \frac{1}{3}\left(\int_0^{t^2} \frac{2}{1 - t}\mathrm{d}t + \int_0^{t^2} \frac{2t - 2}{1 + t + t^2}\mathrm{d}t\right)$$

$$= \frac{1}{3}\left(2\ln\frac{1}{1 - t} + \int_0^{t^2} \frac{\mathrm{d}(1 + t + t^2)}{1 + t + t^2} - \int_0^{t^2} \frac{3}{1 + t + t^2}\mathrm{d}t\right)$$

$$= \frac{1}{3}\left[\left(2\ln\frac{1}{1 - t} + \ln(1 + t + t^2) - 2\sqrt{3}\arctan\frac{2t + 1}{\sqrt{3}}\right]\right|_0^{t^2}$$

将 $t = \sqrt{F}$ 代入上式得：

$$I(F) = \frac{1}{3}\left(2\ln\frac{1}{1 - \sqrt{F}} + \ln(1 + \sqrt{F} + F) - 2\sqrt{3}\arctan\frac{2\sqrt{F} + 1}{\sqrt{3}} + 2\sqrt{3}\arctan\frac{1}{\sqrt{3}}\right) \tag{3-63}$$

在 2000 年 11 期《水利学报》上曾刊登了积分解式(3-63)和计算例，注意该式中丢掉了最后一积分常数项，特此更正。

将式(3-63)代入式(3-62)便可编写程序计算 F 值。合成速度由式(3-59)得：

$$v = \sqrt{2g\frac{F}{C}} \tag{3-64}$$

竖井合成速度的计算过程：由式(3-59)算出 $Z = 0$ 时的 F_0 代入式(3-63)得 $I(F_0)$，再由式(3-62)计算 $Z = \Delta Z$ 的 $I(F)$，其相应的 F 值由式(3-63)反算(查图曲线或二分法计算等)求出，代入式(3-64)便可求出合成速度 v，依次进行下一个 $Z + \Delta Z$ 断面的合成速度计算。

竖井向下合成速度逐渐增加，但水流下泄到一定深度时，速度达到极限最大值，此时，位能的增加完全被摩擦损失所消耗，这时速度不再增加，而维持一常数。由式(3-57)，当 $\mathrm{d}[v^2/(2g)] = 0$ 时合成速度达到极限值：

$$v_j = \sqrt[3]{\frac{8gQ}{\lambda\pi D}} \tag{3-65}$$

3.3.3 竖井合成速度矢量与水平夹角的确定

根据动量原理,单位时间内沿轴向的动量变化等于沿轴向的总作用力之和(水体重量和壁面摩阻力):

$$\rho Q(v+\mathrm{d}v)\sin(\alpha+\mathrm{d}\alpha)-\rho Qv\sin\mathrm{d}\alpha=\gamma A\mathrm{d}z-\tau\pi D\mathrm{d}z\sin\alpha$$

考虑到 $\cos\mathrm{d}\alpha\approx1$ 和 $\sin\mathrm{d}\alpha\approx0$ 得简化的动量守恒方程:

$$\rho Q\mathrm{d}v\sin\alpha=\gamma A\mathrm{d}z-\tau\pi D\mathrm{d}Z\sin\alpha \tag{3-66}$$

$$\tau=\frac{\lambda}{4}\gamma\frac{v^2}{2g}$$

$$\gamma=\rho g$$

式中 A——竖井过流面积。

将轴向速度 $v_z=v\sin\alpha$、$Q=Av_z$ 和 τ 表达式代入式(3-66)得微分式:

$$\mathrm{d}\left(\frac{v_z^2}{2g}\right)=\left(1-\frac{\lambda\pi Dv^3}{8Qg}\sin^2\alpha\right)\mathrm{d}Z \tag{3-67}$$

根据定义式(3-58):$F^{3/2}=\dfrac{\lambda\pi Dv^3}{8Qg}$

代入式(3-67)得:

$$\mathrm{d}\left(\frac{v_z^2}{2g}\right)=(1-F^{3/2}\sin^2\alpha)\mathrm{d}Z \tag{3-68}$$

式(3-68)同式(3-57)联立,消去 ΔZ 得:

$$\frac{\mathrm{d}v_z^2}{\mathrm{d}v^2}=\frac{1-F^{3/2}\sin^2\alpha}{1-F^{3/2}} \tag{3-69}$$

将 $\mathrm{d}v_z^2=\mathrm{d}(v\sin\alpha)^2=\mathrm{d}v^2-2v^2\cos\alpha\mathrm{d}\cos\alpha-\cos^2\alpha\mathrm{d}v^2$ 代入式(3-69),再考虑式(3-59) $v^2=2gF/C$ 和式(3-60) $\mathrm{d}v^2=2g\mathrm{d}F/C$ 的关系,整理后得积分表达式:

$$\int_{\alpha0}^{\alpha}\frac{\mathrm{d}\cos\alpha}{\cos\alpha}=-\frac{1}{2}\int_{F0}^{F}\frac{1}{1-F^{3/2}}\frac{\mathrm{d}F}{F} \tag{3-70}$$

将式(3-70)积分得:

$$\ln\frac{\cos\alpha}{\cos\alpha_0}=-\frac{1}{3}\ln\left(\frac{F^{3/2}}{1-F^{3/2}}\Big/\frac{F_0^{3/2}}{1-F_0^{3/2}}\right)$$

于是合成速度矢量与水平夹角为:

$$\alpha=\arccos\left[\left(\frac{X(F)}{X(F_0)}\right)\cos\alpha_0\right] \tag{3-71}$$

$$X(F)=\left(\frac{1-F^{3/2}}{F^{3/2}}\right)^{1/3} \tag{3-72}$$

其中下标0代表初始值。

3.3.4 竖井空腔水层厚度和壁面压力计算

竖井中水层厚度 $d=R-r_a$(R 为竖井半径),r_a 为竖井计算断面空腔半径,竖井中旋流流量可由下式计算：

$$Q = v\sin\alpha \times \pi(R^2 - r_a^2)$$

移项得：

$$r_a^2 = R^2 - \frac{Q}{v\pi\sin\alpha} \tag{3-73}$$

$$d = R - r_a = R - \sqrt{R^2 - \frac{Q}{v\pi\sin\alpha}} \tag{3-74}$$

竖井壁面压力确定，若沿径向 r 的环向速度近似地取平均值 $v_t = v\cos\alpha$，对式(3-40)从积分上限 R 到下限 $r_a = R - d$ 直接积分得压力水头：

$$\frac{p}{\gamma} = \int_{r_a}^{R} \frac{v_t^2}{rg}\mathrm{d}r = \frac{v^2\cos^2\alpha}{g}\ln\frac{R}{R-\mathrm{d}} \tag{3-75}$$

由式(3-62)、式(3-63)和式(3-64)计算出合成速度后，立即按式(3-72)和式(3-71)计算相应的合成速度矢量与水平的夹角，最后按式(3-74)和式(3-75)计算竖井水层厚度和壁面压力。以上全部计算，可采用 Visual Basic 语言编写程序完成。

当竖井水垫层(环状水跃)以上的合成速度超过 35 m/s 时，需在竖井中的适当高程处设环形阻水坎，用来抬高水垫层降低流速。

3.3.5 竖井合成速度、水平夹角、水层厚度和壁面压力计算实例

3.3.5.1 基里斯基书中计算例(文献[3])

首先需要同基里斯基书中例题 11 - Б 进行计算比较。该例题是明流缓流引水道，采用经典涡壳式涡室，最大计算流量 $Q = 500\ \mathrm{m^3/s}$，涡室进口渠道宽 $b = 7$ m，水深 $h = 17.2$ m，渠道断面平均流速 $v = 4.16$ m，竖井直径 $D = 7.96$ m($R = 3.98$ m)，竖井进口作用水头 $h = 18$ m。

首先计算竖井进口初始值：

初始合成速度为：

$$v_0 = \sqrt{2g[h + v^2/(2g)]} = \sqrt{2 \times 9.81 \times (18 + 0.88)} = 19.2(\mathrm{m/s})$$

因涡室是经典的涡壳型，直接同竖井连接(无收缩段)，并且弗劳德数 $Fr = 0.32 < 1$，故该书给出竖井进口相对旋流空腔半径 $r_a/R = 0.4$。

初始竖向速度为：

$$v_{z0} = \frac{Q}{\pi R^2(1 - r_a^2/R^2)} = \frac{500}{3.14 \times 3.98^2 \times (1 - 0.4^2)} = 11.97(\mathrm{m/s})$$

初始合成速度矢量与水平夹角为：

$$\alpha_0 = \arcsin\frac{v_{z0}}{v_0} = \arcsin\frac{11.97}{19.2} = 38.6°$$

根据式(3-59)计算参数：

$$C = \left(\frac{\lambda\pi D\sqrt{2g}}{4Q}\right)^{2/3} = \left(\frac{0.02 \times 3.14 \times 7.96 \times 4.43}{4 \times 500}\right)^{0.667} = 0.010\,7$$

$$F_0 = C\frac{v_0^2}{2g} = 0.010\,7 \times 18.79 = 0.201$$

$$d_0 = R - 0.4R = 0.6 \times 3.98 = 2.39(\mathrm{m})$$

有了初始值便可计算竖井沿程合成速度和压力分布值。该书中未给出 $I(F)$ 积分表达式，而是分别给出计算合成速度的 $I(F) \sim F$ 曲线图和计算水平夹角 $X(F) \sim F$ 曲线图，见图 3-4。计算时，竖井的空腔旋转流沿程阻力系数取 $\lambda = 0.02$。

计算步骤是：

(1)已知 $F_0 = 0.201$ 从图 3-4 曲线查出 $I(F_0) = 0.2$，取计算步长 $\Delta Z = 10$ m。

(2)$Z_1 = 0 + \Delta Z = 10$，相应的 $I(F_1) = I(F_0) + CZ_1 = 0.2 + 0.0107 \times 10 = 0.31$，同时根据 $I(F_1)$ 图 3-4 曲线查出相应的值：$F_1 = 0.313$。

(3)再由式(3-64)求合成速度：$v_1 = \sqrt{2gF_1/C} = \sqrt{2 \times 9.81 \times 0.313/0.0107} = 23.96$ (m/s)。

(4)已知 F_1 由图 3-4 曲线查出 $X(F) = 1.68$，由式(3-71)求 $\alpha_1 = 52.42°$；最后由式(3-74)求水层厚度 $d_1 = 1.25$。

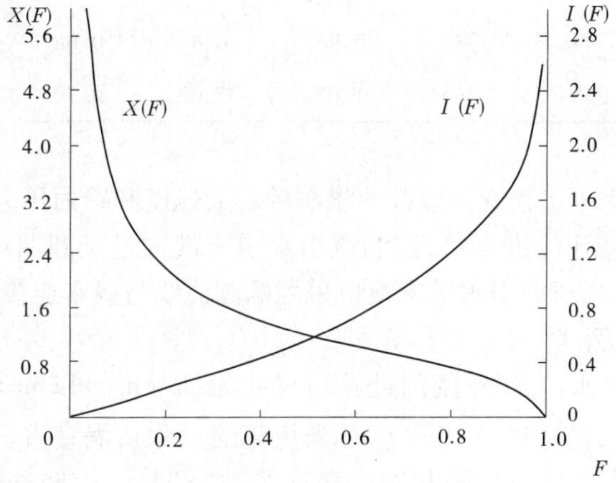

图 3-4　旋流竖井合成速度及水平夹角计算曲线

以此类推求 $I(F_2)$、F_2、v_2、$X(F_2)$、α_2 和 d_2。

本书全部采用电算代替查曲线求解。为了便于编程计算，本书导出 $I(F)$ 的积分表达式(3-63)，当根据该式由 $I(F_i)$ 反求 F_i 时，全部采用二分法电算求 F_i 值。图 3-5 为计算机计算程序框图，图中的初始水力学参数计算内容，是专为下面工程例 A 和例 B(分别采用短压力和长压力进水口的引水道同涡室连接)的算例设定的，按式(3-47) ~ 式(3-55)计算。

而基里斯基的算例是采用螺旋形涡室直接同竖井连接的，涡室进口前的明渠行近流为缓流，并且已知竖井进口收缩断面的相对空腔半径 $r_a/R = 0.4$，所以其初始水力参数的计算比较简单，只要按 3.3.1 节一开始计算 v_{z0}、v_0 和 α_0 即可。

同样在第 7 章计算广东清远抽水蓄能电站的喇叭形竖井泄洪洞的合成速度计算的初始条件也不相同，比较简单。

文献[3]计算例的旋流阻力系数是按达西系数 $\lambda = 0.02$ 计算的，本书取相同的 λ 值和根据该书所提供的数据，采用电算计算结果列入表 3-4，可看出同文献[3]的表 11 – Б

计算结果基本上一致。其中小数点后的差异是由该书中的初始 α_0 值有误（＊原书误为37.5），以及查曲线值不准确造成的。由于原书未给出竖井壁面的压力值，故无法进行比较，本书将在下面的例题计算中给出压力值。

表 3-4　基里斯基算例竖井各断面合成速度

Z(m)	λ	CZ	F	$I(F)$	v(m/s)	$X(F)$	α(°)	d(m)
0	0.02	0	0.202	0.21	19.20	2.15	38.60	2.39
10	0.02	0.107	0.313	0.31	23.96	1.68	52.42	1.25
20	0.02	0.214	0.408	0.42	27.35	1.42	59.04	0.97
30	0.02	0.321	0.491	0.53	30.00	1.24	63.21	0.83
40	0.02	0.428	0.563	0.64	32.12	1.11	66.20	0.75
50	0.02	0.535	0.625	0.75	33.84	1.01	68.50	0.70
60	0.02	0.642	0.679	0.85	35.26	0.92	70.37	0.66
70	0.02	0.749	0.725	0.96	36.44	0.85	71.93	0.63
80	0.02	0.856	0.764	1.07	37.43	0.79	73.27	0.60

下面对两种大型水电工程旋流竖井泄洪洞的合成速度和壁面压力分别举例计算。其中工程计算实例 A 是短压力进水口，在明流引水道末端通过椭圆曲线与涡室连接；工程实例 B 是长压力进水口，压力引水道末端也采用椭圆曲线与涡室连接。

3.3.5.2　工程计算实例 A

本工程为短压力进水口，工作闸门处孔口尺寸为：$B \times h_0 = 12\ \text{m} \times 12\ \text{m}$，最大设计下泄流量 $Q = 2\ 849\ \text{m}^3/\text{s}$，竖井直径 $D = 17$ m（未优化的尺寸）；涡室直径 $D_v = 22$ m，涡室进口宽度 $B = 10$ m。进水口底板与竖井进口高程差 $Z_0 = 25.8$ m，竖井进口高程 549.2 m。进水口至涡室进口损失系数 $\zeta = 0.7$，涡室至竖井水流局部水头损失系数 $\xi = 0.2$。

首先计算基本参数和初始值，初始合成速度和竖井进口相对空腔半径等数据按 3.3.1 节方法计算。

断面平均流速为：

$$v_0 = Q/(Bh_0) = 2\ 849/(12 \times 12) = 19.78(\text{m/s})$$

引水道弗劳德数为：

$$Fr = Q/\sqrt{gB^2h_0^3} = 2\ 849/\sqrt{9.81 \times 12^2 \times 12^3} = 1.82$$

涡室过流面积为：

$$\begin{aligned}\omega &= 1.25 \times (1.35 + 0.1Fr)Bh_0 \\ &= 1.25 \times (1.35 + 0.1 \times 1.82) \times 12 \times 12 = 275.76(\text{m}^2)\end{aligned}$$

引水道与涡室轴之间偏心距为：

$$l = 0.9R_v = 0.9 \times 11 = 9.9(\text{m})$$

涡室进口流速为：

$$v_1 = Q/\omega = 2\ 849/275.76 = 10.33(\text{m/s})$$

涡室进口惯性矩为：

$$M = lv_1 = 9.9 \times 10.33 = 102.27(\mathrm{m^2/s})$$

作用竖井进口上的净水头：

$$H = h_0 + (1 - \zeta A_0^2/\omega^2)v_0^2/(2g) + Z_0$$
$$= 12 + (1 - 0.7 \times 144^2/275.7^2) \times 19.78^2/19.62 + 25.8 = 53.93(\mathrm{m})$$

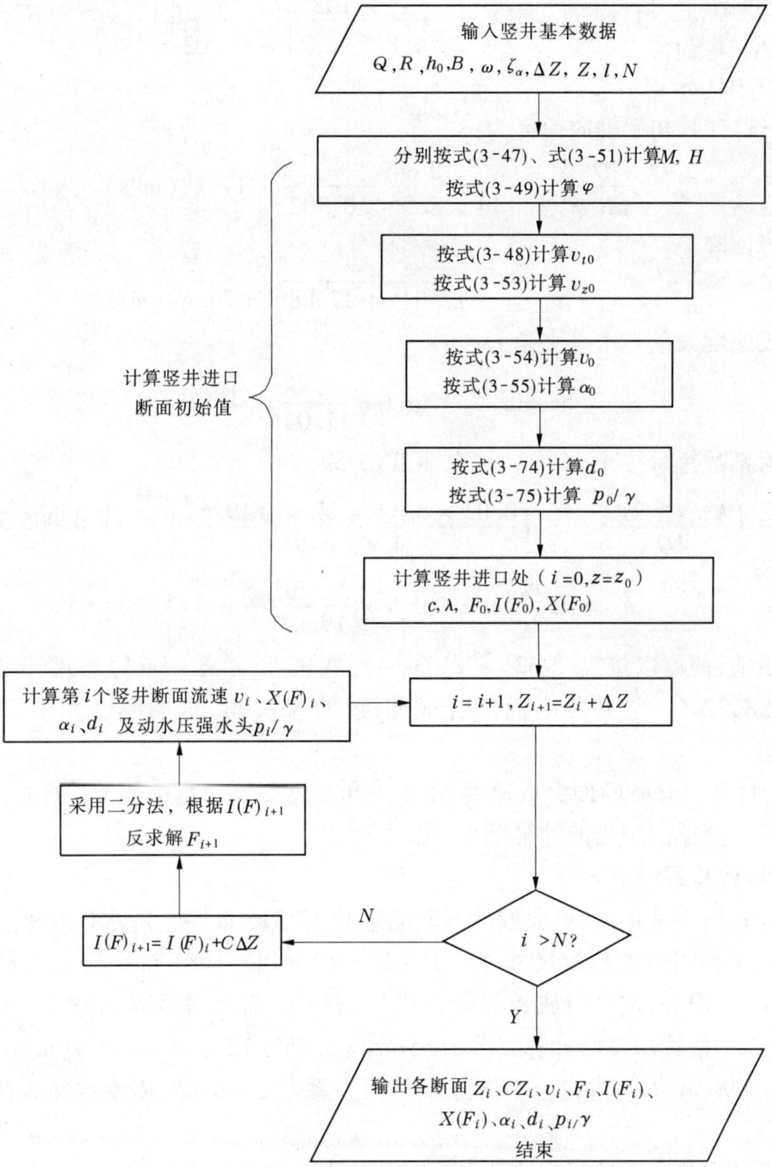

图 3-5　计算竖井各断面合成速度、水平夹角和壁面压力水头等的计算程序框图

根据式(3-32)计算 φ：

$$c = M^2/(4gHR^2) = 102.27^2/(4 \times 9.81 \times 53.93 \times 8.5^2) = 0.068$$

$$\varphi = \frac{-(c-2) - \sqrt{(c-2)^2 - 4(1-2c)}}{2}$$

$$= \frac{-(0.068-2) - \sqrt{(0.068-2)^2 - 4(1-2\times 0.068)}}{2} = 0.702$$

于是由式(3-48)计算初始环向速度为:

$$v_{t0} = \frac{M}{2R\sqrt{1-\varphi}}(1+\sqrt{1-\varphi}) = \frac{102.27}{2\times 8.5\times\sqrt{1-0.702}}(1+\sqrt{1-0.702})$$

$$= 17.04(\mathrm{m/s})$$

由式(3-53)计算初始轴向速度为:

$$v_{z0} = \frac{Q}{\pi R^2\varphi} = \frac{2\ 849}{3.14\times 8.5^2\times 0.702} = 17.88(\mathrm{m/s})$$

初始合成速度为:

$$v_0 = \sqrt{v_{t0}^2 + v_{z0}^2} = \sqrt{17.04^2 + 17.88^2} = 24.69(\mathrm{m/s})$$

初始合成速度矢量与水平夹角为:

$$\alpha_0 = \arctan\frac{v_{z0}}{v_{t0}} = \arctan\frac{17.88}{17.04} = 46.38°$$

旋流阻力系数暂时按 $\lambda = 0.02$ 计算,由式(3-59):

$$C = \left(\frac{\lambda\pi D\sqrt{2g}}{4Q}\right)^{2/3} = \left(\frac{0.02\times 3.14\times 17\times\sqrt{19.62}}{4\times 2\ 849}\right)^{0.667} = 0.005\ 5$$

$$F_0 = C\frac{v_0^2}{2g} = 0.005\ 5\times\frac{24.70^2}{19.62} = 0.173$$

有了初始值,便可以按式(3-62)~式(3-64)、式(3-71)、式(3-74)和式(3-75)依次计算 $Z = \Delta Z, 2\Delta Z, 3\Delta Z\cdots$ 竖井各断面的合成速度、水平夹角、水层厚度和壁面动水压力水头。

图 3-5 为计算竖井各断面合成速度、水平夹角和壁面压力水头等的计算程序框图。A 例就是根据该计算框图编程的计算结果(见表 3-5)。

3.3.5.3 工程计算实例 B

本工程为长压力进水口,最大设计下泄流量 $Q = 2\ 815\ \mathrm{m^3/s}$。进水口底板上最大水头 $H_0 = 37.94$ m,工作闸门处孔口尺寸 $A_0 = B\times h_0 = 12\times 14 = 168(\mathrm{m^2})$,竖井直径 $D = 15.6$ m,涡室直径 $D_v = 19$ m,进水口底板与竖井进口高程差 $Z_0 = 13.3$ m,涡室进口宽度 $b_1 = 11.5$ m,过流面积按式(1-24)计算:$\omega = 1.55Bh_0 = 1.55\times 12\times 14 = 260.4(\mathrm{m^2})$,竖井进口底板高程 556.696 m,涡室进口至上游进水口损失系数 $\zeta = 0.45$,涡室水流损失系数 $\zeta = 0.1$。

首先计算基本参数再计算初始环向、轴向、合成速度和初始等数据。

引水道与涡室的偏心距为:

$$l = 0.9R_v = 0.9\times 9.5 = 8.55(\mathrm{m})$$

涡室进口环向速度为:

$$v_t = v_1 = Q/\omega = 2\ 815/260.4 = 10.81(\mathrm{m/s})$$

涡室进口惯性矩为：

$$M = lv_t = 8.55 \times 10.81 = 92.43(\mathrm{m^2/s})$$

作用竖井进口上的净水头为：

$$H = H_0 + Z_0 - \zeta \frac{v_1^2}{2g} = 37.94 + 13.3 - 0.45 \times \frac{10.81^2}{19.62} = 48.56(\mathrm{m})$$

$$c = M^2/(4gHR^2) = 92.43^2/(4 \times 9.81 \times 48.56 \times 7.8^2) = 0.074$$

$$\varphi = \frac{-(c-2) - \sqrt{(c-2)^2 - 4(1-2c)}}{2}$$

$$= \frac{-(0.073-2) - \sqrt{(0.073-2)^2 - 4 \times (1 - 2 \times 0.074)}}{2}$$

$$= 0.687$$

表 3-5　工程计算实例 A 竖井合成速度及压力计算

高程 (m)	Z (m)	λ	CZ	F	$I(F)$	v (m/s)	$X(F)$	α (°)	d (m)	p/γ (m)
549.2	0	0.020	0	0.173	0.18	24.69	2.35	46.38	3.86	17.91
544.2	5	0.020	0.03	0.204	0.21	26.84	2.14	50.95	3.14	13.43
539.2	10	0.020	0.06	0.235	0.23	28.75	1.98	54.30	2.72	11.06
534.2	15	0.020	0.08	0.264	0.26	30.48	1.86	56.91	2.44	9.54
529.2	20	0.020	0.11	0.291	0.29	32.05	1.75	59.02	2.24	8.46
524.2	25	0.020	0.14	0.318	0.32	33.50	1.66	60.78	2.08	7.64
519.2	30	0.020	0.17	0.344	0.35	34.83	1.58	62.28	1.95	6.99
514.2	35	0.020	0.19	0.369	0.37	36.07	1.51	63.59	1.85	6.46
509.2	40	0.020	0.22	0.393	0.40	37.23	1.45	64.73	1.77	6.01
504.2	45	0.020	0.25	0.416	0.43	38.31	1.40	65.75	1.70	5.62
499.2	50	0.020	0.28	0.439	0.46	39.33	1.35	66.67	1.63	5.28
494.2	55	0.020	0.31	0.460	0.48	40.28	1.30	67.50	1.58	4.98
489.2	60	0.020	0.33	0.481	0.51	41.18	1.26	68.26	1.53	4.72
484.2	65	0.020	0.36	0.501	0.54	42.03	1.22	68.95	1.49	4.48
479.2	70	0.020	0.39	0.520	0.57	42.83	1.19	69.60	1.45	4.26
474.2	75	0.020	0.42	0.539	0.60	43.59	1.15	70.20	1.42	4.06
469.2	80	0.020	0.45	0.557	0.62	44.30	1.12	70.75	1.39	3.88
464.2	85	0.020	0.47	0.574	0.65	44.98	1.09	71.28	1.36	3.71
459.2	90	0.020	0.50	0.591	0.68	45.63	1.06	71.77	1.34	3.55
454.2	95	0.020	0.53	0.607	0.71	46.24	1.04	72.23	1.31	3.41
449.2	100	0.020	0.56	0.622	0.73	46.82	1.01	72.67	1.29	3.27
444.2	105	0.020	0.58	0.637	0.76	47.38	0.99	73.08	1.27	3.14
439.2	110	0.020	0.61	0.651	0.79	47.91	0.97	73.48	1.25	3.02

续表 3-5

高程 (m)	Z (m)	λ	CZ	F	I(F)	v (m/s)	X(F)	α (°)	d (m)	p/γ (m)
434. 2	115	0. 020	0. 64	0. 665	0. 82	48. 41	0. 95	73. 85	1. 24	2. 91
429. 2	120	0. 020	0. 67	0. 678	0. 85	48. 89	0. 93	74. 21	1. 22	2. 80
424. 2	125	0. 020	0. 70	0. 691	0. 87	49. 34	0. 91	74. 55	1. 21	2. 70
419. 2	130	0. 020	0. 72	0. 703	0. 90	49. 78	0. 89	74. 88	1. 19	2. 60
414. 2	135	0. 020	0. 75	0. 710	0. 93	50. 19	0. 87	75. 19	1. 18	2. 51

于是,初始环向速度为:

$$v_{t0} = \frac{M}{2R\sqrt{1-\varphi}}(1+\sqrt{1-\varphi}) = \frac{92.43}{2\times 7.8\times\sqrt{1-0.687}}\times(1+\sqrt{1-0.687})$$
$$= 16.52(\mathrm{m/s})$$

初始轴向速度为:

$$v_{z0} = \frac{Q}{\pi R^2\varphi} = \frac{2\ 849}{3.14\times 7.8^2\times 0.687} = 21.70(\mathrm{m/s})$$

初始合成速度为:

$$v_0 = \sqrt{v_{t0}^2 + v_{z0}^2} = \sqrt{16.52^2 + 21.70^2} = 27.27(\mathrm{m/s})$$

初始合成速度与水平夹角为:

$$\alpha = \arctan\frac{v_{z0}}{v_{t0}} = \arctan\frac{21.70}{16.52} = 52.72°$$

$$C = \left(\frac{\lambda\pi D\sqrt{2g}}{4Q}\right)^{2/3} = \left(\frac{0.02\times 3.14\times 15.6\times\sqrt{19.62}}{4\times 2\ 815}\right)^{0.667} = 0.005\ 28$$

$$F_0 = C\frac{v_0^2}{2g} = 0.005\ 28\times\frac{27.27^2}{19.62} = 0.200$$

按图 3-5 编程计算的竖井各断面的合成速度与对应的水平夹角和壁面压力水头结果见表 3-6。

表 3-6　工程计算实例 B 竖井合成速度及压力计算

高程 (m)	Z (m)	λ	CZ	F	I(F)	v (m/s)	X(F)	α (°)	d (m)	p/γ (m)
556. 696	0	0. 020	0	0. 200	0. 205	27. 27	2. 18	52. 72	3. 45	16. 32
551. 696	5	0. 020	0. 026	0. 226	0. 231	28. 95	2. 02	55. 43	2. 98	13. 23
546. 696	10	0. 020	0. 053	0. 254	0. 258	30. 69	1. 89	57. 92	2. 66	11. 32
541. 696	15	0. 020	0. 079	0. 281	0. 284	32. 28	1. 79	59. 94	2. 44	9. 98
536. 696	20	0. 020	0. 106	0. 307	0. 311	33. 74	1. 69	61. 62	2. 26	8. 98
531. 696	25	0. 020	0. 132	0. 332	0. 337	35. 09	1. 62	63. 06	2. 13	8. 20

续表 3-6

高程 (m)	Z (m)	λ	CZ	F	$I(F)$	v (m/s)	$X(F)$	α (°)	d (m)	p/γ (m)
526. 696	30	0. 020	0. 159	0. 357	0. 364	36. 35	1. 55	64. 31	2. 01	7. 56
521. 696	35	0. 020	0. 185	0. 380	0. 390	37. 52	1. 48	65. 41	1. 92	7. 02
516. 696	40	0. 020	0. 212	0. 403	0. 417	38. 62	1. 43	66. 39	1. 84	6. 56
511. 696	45	0. 020	0. 238	0. 424	0. 443	39. 65	1. 38	67. 27	1. 77	6. 17
506. 696	50	0. 020	0. 265	0. 446	0. 469	40. 62	1. 33	68. 07	1. 71	5. 82
501. 696	55	0. 020	0. 291	0. 466	0. 496	41. 54	1. 29	68. 80	1. 66	5. 50
496. 696	60	0. 020	0. 318	0. 485	0. 522	42. 40	1. 25	69. 47	1. 61	5. 23
491. 696	65	0. 020	0. 344	0. 504	0. 549	43. 22	1. 21	70. 09	1. 57	4. 97
486. 696	70	0. 020	0. 371	0. 523	0. 575	44. 00	1. 18	70. 66	1. 53	4. 74
481. 696	75	0. 020	0. 397	0. 540	0. 602	44. 73	1. 15	71. 20	1. 50	4. 53
476. 696	80	0. 020	0. 424	0. 557	0. 628	45. 43	1. 12	71. 70	1. 47	4. 33
471. 696	85	0. 020	0. 450	0. 574	0. 655	46. 09	1. 09	72. 17	1. 44	4. 15
466. 696	90	0. 020	0. 477	0. 589	0. 681	46. 73	1. 07	72. 62	1. 42	3. 98
461. 696	95	0. 020	0. 503	0. 605	0. 708	47. 33	1. 04	73. 04	1. 39	3. 82
456. 696	100	0. 020	0. 530	0. 619	0. 734	47. 90	1. 02	73. 43	1. 37	3. 68
451. 696	105	0. 020	0. 556	0. 634	0. 761	48. 45	0. 99	73. 81	1. 35	3. 54
446. 696	110	0. 020	0. 583	0. 647	0. 787	48. 97	0. 97	74. 17	1. 33	3. 41
441. 696	115	0. 020	0. 609	0. 661	0. 814	49. 46	0. 95	74. 52	1. 32	3. 28
436. 696	120	0. 020	0. 636	0. 673	0. 840	49. 94	0. 93	74. 85	1. 30	3. 17
431. 696	125	0. 020	0. 662	0. 686	0. 867	50. 39	0. 91	75. 16	1. 29	3. 06
426. 696	130	0. 020	0. 689	0. 697	0. 893	50. 82	0. 90	75. 46	1. 27	2. 95
421. 696	135	0. 020	0. 715	0. 709	0. 920	51. 24	0. 88	75. 75	1. 26	2. 85

3. 3. 6　关于竖井旋流阻力系数问题的讨论

前面工程计算实例 A、工程计算实例 B 均按达西摩阻系数 $\lambda = 0.02$ 计算的竖井各高程的合成速度，下面分别同试验值进行比较。

工程计算实例 A 为在 2001 年结合溪洛渡旋流竖井泄洪洞进行的水工模型试验，试验中，在竖井进口(高程 549. 2 m)以及竖井进口下方 519. 2 m 和 444. 2 m 两个高程，沿竖井断面径向测量了合成速度分布，在 2. 6 节已经介绍过。为了便于分析和讨论，这里重复给出该试验结果，见图 3-6。

从图 3-6(a)、(b)两速度曲线可看出，距竖井边壁 20 cm(半径 8. 3 m)以上水层的平

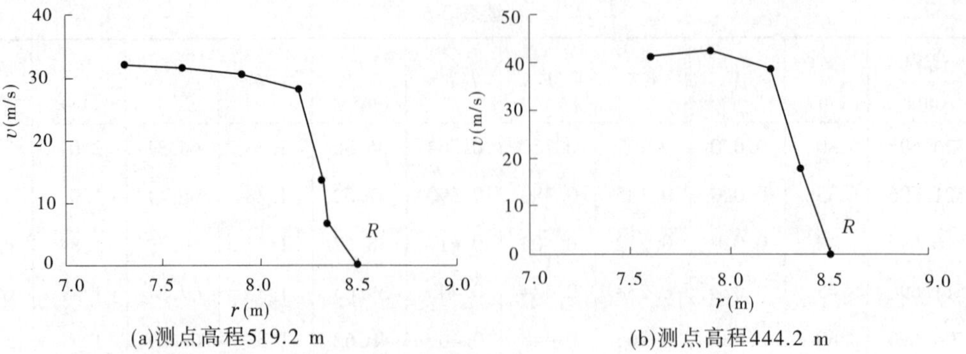

图 3-6　竖井径向合成速度分布

注：R 表示竖井直径。

均合成速度分别为 28 m/s 和 30 m/s。在相同条件下，两高程的计算合成速度分别为 34.83 m/s 和 44.98 m/s(见表 3-5)，计算值远大于实测值。

工程计算实例 B 为 2005 年结合溪洛渡旋流竖井式非常泄洪洞的试验资料。竖井进口高程 556.7 m。根据 2.5.6 节竖井旋流空腔试验结果，距竖井进口深度 $Z \geqslant 135$ m(高程 421.67 m)。根据该断面实测的旋流空腔直径和速度矢量与垂线夹角，确定的合成速度为 $v = 36.13$ m/s。空腔直径随 Z 增加变化缓慢，相应合成速度的增加也很少，表明合成速度接近极限值。但是按表 3-6 计算结果，$Z \geqslant 135$ m 处 $v \geqslant 51.24$ m/s，远大于试验值。

工程计算实例 C 为参考文献[27]163 页表 3.7 旋流竖井模型试验研究成果。竖井下 $Z = 94.59$ m 处试验合成速度为 27.5 m/s，而按 $\lambda = 0.02$ 计算出的合成速度达 41.4 m/s，计算结果同样远大于实测值。

上述计算和试验比较结果证明：由于竖井存在旋流空腔，其阻力系数应大于常规水力学中的达西系数 λ 值，按达西阻力系数计算旋流合成速度是不适宜的。

为了使计算结果接近试验值，曾假设阻力系数与旋流数有关的概念，在 2000 年提出估算旋流竖井阻力系数的表达式，后来在此基础上增加一些工程的试验与计算比较改成式(3-76)的形式，即：

$$\lambda = 0.02\exp\left[1.5\left(\frac{M}{Rv}\right)^{0.2}\right] \tag{3-76}$$

式中　M/Rv——旋流数；

R——竖井半径；

v——虚拟断面平均流速，$v = Q/(\pi R^2)$。

文献[27]165 页通过理论和试验提出与旋流数 S_v 有关的计算 λ 的表达式，并指出 λ 沿竖井水流下降而变化($\lambda = 0.13 \sim 0.09$)。

由于 λ 表达式中旋流数 S_v 值计算困难，因此这里只将文献[27]表 3.8 中用 $\lambda \sim S_v$ 关系式的计算资料绘成 $\lambda \sim Z/D$ 曲线，见图 3-7，再根据该曲线拟合出计算 λ 的表达式：

$$\lambda = 0.09 + 0.04\mathrm{Exp}(-0.2Z/D) \tag{3-77}$$

下面首先采用式(3-76)的 λ 值分别计算上述基里斯基、工程计算实例 A 和工程计算实例 B 三个工程例的合成速度，计算结果分别见表 3-7 ~ 表 3-9，可以明显看出，比前面

表 3-4 ~ 表 3-6 按 $\lambda=0.02$ 计算的合成速度要小很多。

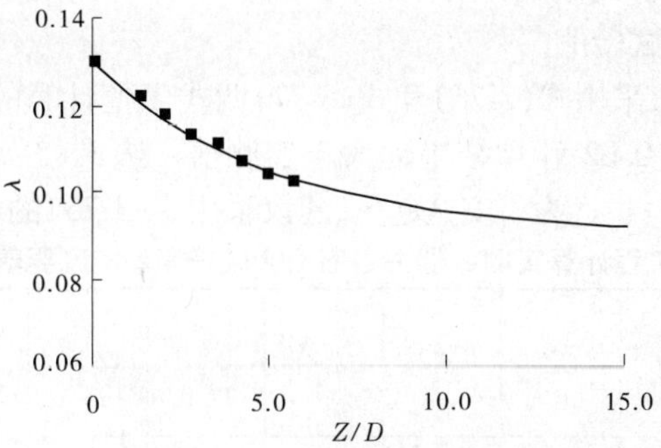

图 3-7　旋流摩阻系数沿竖井相对深度的变化曲线

表 3-7　基里斯基例竖井各断面合成速度等旋流要素计算结果

Z (m)	λ (按式(3-76)计算)	CZ	F	I(F)	v (m/s)	X(F)	α (°)	d (m)
0	0.092	0	0.558	0.686	19.25	1.12	38.43	2.39
5	0.092	0.148	0.643	0.834	20.66	0.98	46.69	1.69
10	0.092	0.296	0.712	0.982	21.74	0.87	52.33	1.41
15	0.092	0.443	0.768	1.130	22.58	0.79	56.60	1.26
20	0.092	0.591	0.813	1.277	23.24	0.71	60.01	1.16
25	0.092	0.739	0.850	1.425	23.75	0.65	62.86	1.10
30	0.092	0.887	0.879	1.573	24.16	0.60	65.29	1.05
35	0.092	1.034	0.903	1.721	24.49	0.55	67.40	1.01
40	0.092	1.182	0.922	1.869	24.74	0.51	69.27	0.99
45	0.092	1.330	0.938	2.02	24.95	0.47	70.94	0.96
50	0.092	1.478	0.950	2.16	25.11	0.43	72.43	0.95
55	0.092	1.626	0.960	2.31	25.24	0.40	73.79	0.93
60	0.092	1.773	0.968	2.46	25.35	0.37	75.02	0.92
65	0.092	1.921	0.974	2.61	25.43	0.34	76.14	0.91
70	0.092	2.069	0.979	2.76	25.50	0.32	77.17	0.91
75	0.092	2.217	0.983	2.90	25.55	0.29	78.12	0.90
80	0.092	2.364	0.987	3.05	25.59	0.27	78.99	0.90

为了更清楚地了解 λ 值对计算合成速度的影响，并同试验结果进行比较，对竖井井深 $Z=80$ m（基里斯基）、$Z=105$ m（工程计算实例 A，高程 444.2 m）和 $Z=135$ m（工程计

算实例 B,高程 421.7 m)三个不同工程,分别按阻力系数 $\lambda=0.02$、式(3-76)和式(3-77)的 λ 值,进行了合成速度计算,其计算结果列入表 3-10。表中还给出 A 和 B 两工程在相应竖井高程的合成速度试验值。

从表 3-10 可以看出,采用式(3-76)和式(3-77)两式 λ 值计算的合成速度同实测值比较接近,采用达西系数 $\lambda=0.02$ 计算结果远大于实测值。按式(3-76)计算的合成速度比按式(3-77)计算结果要大一些。为了安全起见,建议采用式(3-76)的 λ 值计算合成速度。

表 3-8　工程计算实例 A 竖井各断面合成速度等旋流要素计算结果

高程 (m)	Z (m)	λ (按式(3-76)计算)	CZ	F	$I(F)$	v (m/s)	$X(F)$	α (°)	d (m)	p/γ (m)
549.2	0	0.089	0	0.466	0.54	24.69	1.29	46.38	3.86	17.91
544.2	5	0.089	0.08	0.521	0.62	26.09	1.18	50.65	3.27	13.58
539.2	10	0.089	0.15	0.570	0.69	27.29	1.10	53.97	2.92	11.04
534.2	15	0.089	0.23	0.614	0.77	28.33	1.03	56.69	2.67	9.32
529.2	20	0.089	0.30	0.653	0.84	29.23	0.96	58.97	2.50	8.05
524.2	25	0.089	0.38	0.689	0.92	30.02	0.91	60.93	2.36	7.06
519.2	30	0.089	0.45	0.721	0.99	30.71	0.86	62.65	2.25	6.26
514.2	35	0.089	0.53	0.750	1.07	31.32	0.81	64.18	2.17	5.59
509.2	40	0.089	0.60	0.776	1.14	31.86	0.77	65.55	2.10	5.03
504.2	45	0.089	0.68	0.800	1.22	32.34	0.74	66.80	2.04	4.54
499.2	50	0.089	0.75	0.820	1.29	32.76	0.70	67.94	1.99	4.12
494.2	55	0.089	0.83	0.839	1.37	33.13	0.67	68.99	1.95	3.74
489.2	60	0.089	0.90	0.856	1.44	33.46	0.64	69.96	1.91	3.42
484.2	65	0.089	0.98	0.871	1.52	33.76	0.61	70.86	1.88	3.12
479.2	70	0.089	1.05	0.885	1.59	34.02	0.59	71.71	1.85	2.86
474.2	75	0.089	1.13	0.897	1.67	34.25	0.56	72.50	1.83	2.62
469.2	80	0.089	1.20	0.908	1.74	34.46	0.54	73.25	1.81	2.41
464.2	85	0.089	1.28	0.918	1.82	34.64	0.52	73.95	1.79	2.21
459.2	90	0.089	1.35	0.926	1.89	34.81	0.50	74.61	1.77	2.04
454.2	95	0.089	1.43	0.934	1.97	34.95	0.48	75.24	1.76	1.88
449.2	100	0.089	1.50	0.941	2.04	35.08	0.46	75.84	1.75	1.73
444.2	105	0.089	1.58	0.947	2.12	35.20	0.44	76.40	1.74	1.59

表 3-9　工程计算实例 B 竖井各断面合成速度等水力学要素计算结果

高程（m）	Z（m）	λ（按式(3-76)计算）	CZ	F	I(F)	v（m/s）	X(F)	α（°）	d（m）	p/γ（m）
556. 696	0	0. 084	0	0. 514	0. 614	27. 03	1. 20	52. 24	3. 45	16. 32
551. 696	5	0. 084	0. 069	0. 560	0. 683	28. 21	1. 12	55. 20	3. 09	13. 34
546. 696	10	0. 084	0. 138	0. 601	0. 752	29. 24	1. 05	57. 65	2. 84	11. 32
541. 696	15	0. 084	0. 207	0. 639	0. 821	30. 15	0. 99	59. 73	2. 66	9. 82
536. 696	20	0. 084	0. 276	0. 674	0. 890	30. 95	0. 93	61. 53	2. 52	8. 64
531. 696	25	0. 084	0. 345	0. 705	0. 959	31. 66	0. 88	63. 12	2. 40	7. 70
526. 696	30	0. 084	0. 414	0. 733	1. 028	32. 28	0. 84	64. 54	2. 31	6. 91
521. 696	35	0. 084	0. 483	0. 759	1. 097	32. 84	0. 80	65. 82	2. 24	6. 24
516. 696	40	0. 084	0. 552	0. 782	1. 166	33. 34	0. 76	66. 99	2. 17	5. 66
511. 696	45	0. 084	0. 621	0. 803	1. 235	33. 79	0. 73	68. 05	2. 12	5. 16
506. 696	50	0. 084	0. 690	0. 822	1. 304	34. 19	0. 70	69. 04	2. 08	4. 72
501. 696	55	0. 084	0. 759	0. 839	1. 373	34. 54	0. 67	69. 95	2. 04	4. 32
496. 696	60	0. 084	0. 828	0. 855	1. 442	34. 86	0. 64	70. 81	2. 00	3. 97
491. 696	65	0. 084	0. 897	0. 869	1. 511	35. 15	0. 62	71. 61	1. 97	3. 65
486. 696	70	0. 084	0. 966	0. 882	1. 580	35. 40	0. 59	72. 35	1. 94	3. 37
481. 696	75	0. 084	1. 035	0. 893	1. 649	35. 63	0. 57	73. 06	1. 92	3. 11
476. 696	80	0. 084	1. 104	0. 904	1. 718	35. 84	0. 55	73. 73	1. 90	2. 87
471. 696	85	0. 084	1. 173	0. 913	1. 787	36. 03	0. 53	74. 36	1. 88	2. 66
466. 696	90	0. 084	1. 242	0. 921	1. 856	36. 19	0. 51	74. 96	1. 87	2. 46
461. 696	95	0. 084	1. 311	0. 929	1. 925	36. 34	0. 49	75. 53	1. 85	2. 28
456. 696	100	0. 084	1. 380	0. 936	1. 994	36. 48	0. 47	76. 07	1. 84	2. 11
451. 696	105	0. 084	1. 449	0. 942	2. 063	36. 60	0. 45	76. 59	1. 83	1. 96
446. 696	110	0. 084	1. 518	0. 948	2. 132	36. 71	0. 44	77. 08	1. 82	1. 82
441. 696	115	0. 084	1. 587	0. 953	2. 201	36. 81	0. 42	77. 55	1. 81	1. 69
436. 696	120	0. 084	1. 656	0. 958	2. 270	36. 90	0. 41	78. 00	1. 80	1. 57
431. 696	125	0. 084	1. 725	0. 962	2. 339	36. 98	0. 39	78. 43	1. 79	1. 46
426. 696	130	0. 084	1. 794	0. 966	2. 408	37. 05	0. 38	78. 85	1. 78	1. 36
421. 696	135	0. 084	1. 863	0. 969	2. 477	37. 11	0. 36	79. 25	1. 78	1. 26
416. 696	140	0. 084	1. 932	0. 972	2. 546	37. 17	0. 35	79. 63	1. 77	1. 18

表 3-10　采用不同 λ 值计算三个工程实例的合成速度

计算例	基里斯基($D=7.96$ m)			工程计算实例 A($D=17$ m)			工程计算实例 B($D=15.6$ m)		
距井口深(m)	$Z=10D=80$ m			$Z=6.2D=105$ m			$Z=8.7D=135$ m		
λ	达西	式(3-76)	式(3-77)	达西	式(3-76)	式(3-77)	达西	式(3-76)	式(3-77)
	0.02	0.089	0.13 ~ 0.095	0.02	0.093	0.13 ~ 0.101	0.02	0.085	0.113 ~ 0.097
v(m/s)	37.43	25.59	25.34	48.45	35.20	34.01	51.24	37.11	35.68
试验值				37.82 m/s			36.13 m/s		

3.3.7　关于竖井的极限速度问题的讨论

为了查明合成速度沿竖井变化情况和开始发生极限合成速度的位置，按不同阻力系数 λ 计算上述三个工程例沿竖井深度 Z 的合成速度，见表 3-11，表中最末一行 v_j 是按式(3-65)计算的极限合成速度。下面讨论开始出现极限速度的竖井位置问题。

表 3-11　三个工程采用不同 λ 值计算沿竖井深度 Z 的合成速度

计算例	基里斯基($D=7.96$ m)			工程计算实例 A($D=17$ m)			工程计算实例 B($D=15.6$ m)		
井深 Z(m)	达西	式(3-76)	式(3-77)	达西	式(3-76)	式(3-77)	达西	式(3-76)	式(3-77)
	$\lambda=0.02$	$\lambda=0.0917$	$\lambda=0.13$ ~ 0.091	$\lambda=0.02$	$\lambda=0.089$	$\lambda=0.13$ ~ 0.091	$\lambda=0.02$	$\lambda=0.085$	$\lambda=0.13$ ~ 0.091
50	33.84	25.33	24.57	42.34	32.76	31.56	40.88	34.19	32.77
80	37.43	25.59	25.34	46.65	34.46	33.17	45.62	35.84	34.26
100	38.95	25.69	25.58	48.88	35.08	33.87	48.06	36.48	34.92
105	39.26	25.71	25.63	49.37	35.20	34.01	48.60	36.60	35.05
135	40.64	25.75	25.79	51.90	35.68	34.66	51.35	37.11	35.68
150	41.11	25.76	25.84	52.93	35.82	34.90	52.74	37.27	35.90
200	42.05	26.04		55.53	36.05	35.40	55.30	37.59	36.38
250	42.47			57.23	36.13	35.66	57.16	37.63	36.62
300	42.66			58.35	36.15	35.80	58.39	37.69	36.74
350	42.74			59.09	36.16	35.87	59.20	37.70	36.80
v_j(m/s)	42.81	25.77	25.83	60.59	36.10	35.83	60.86	37.70	36.73

3.3.7.1　把 v_j 计算值作为实际极限速度

三个工程采用不同 λ 值计算极限速度对应的相对竖井深度 Z/D 见表 3-12。从

表3-12可看出，各工程列出的极限速度的相对深度 Z/D 值是不同的，而且普遍大，同图2-31根据竖井空腔直径试验结果给出的极限速度相对深度 $Z/D=7\sim8$ 相差悬殊。

表3-12　三个工程采用不同 λ 值计算极限速度对应的相对竖井深度 Z/D

工程举例	$\lambda=0.02$	式(3-76)	式(3-77)
基里斯基例	350/7.96 > 40	150/7.96 = 18.8	150/7.96 = 18.8
工程计算实例 A	350/17 > 20.6	240/17 = 14.1	320/17 = 18.8
工程计算实例 B	350/15.6 > 22.4	300/15.6 = 19.2	300/15.6 = 19.2

3.3.7.2　把比 v_j 小 2%（即 $0.98v_j$）的速度作为极限速度的逼近值

根据表3-11计算结果列入表3-13，从此表可看出，按式(3-76) λ 值计算的竖井极限速度的相对深度 $6<Z/D\leqslant8$，同图2-31试验结果基本相符，而按达西 $\lambda=0.02$ 值计算的竖井极限速度的相对深度为 $20<Z/D\leqslant25$，这显然是不符合实际情况的。

表3-13　以 $0.98v_j$ 作为极限速度对应的竖井相对深度 Z/D

工程举例	基里斯基例($D=7.96$ m)			工程计算实例 A($D=17$ m)			工程计算实例 B($D=15.6$ m)		
λ	0.02	式(3-76)	式(3-77)	0.02	式(3-76)	式(3-77)	0.02	式(3-76)	式(3-77)
v_j(m/s)	42.8	25.77	25.83	60.59	36.10	35.83	60.86	37.70	36.73
$0.98v_j$	41.95	25.25	25.31	59.38	35.38	35.11	59.64	36.95	36.00
Z(m)	200	50	80	>350	119	17.5	>350	123	151
Z/D	25.1	6.3	10	>20.6	7	10.3	>22.4	7.9	9.8

极限速度一般发生在环状水跃以下，而环状水跃下部为水气垫层有压流，断面平均流速剧减并且为一常数。

3.3.8　旋流竖井压力计算

根据许多试验证明，竖井壁面最低压力和最大合成速度发生在靠近环状水跃上部。由于沿竖井高程的测压点布置同计算的不一致，对竖井环状水跃以上的压力分布计算和试验结果的比较存在一定困难。本书仍尽可能地将理论计算值与试验测量值进行比较分析，制成旋流竖井动水压力水头试验实测值和计算值沿竖井高程变化关系曲线，见图3-8。

由图3-8中可看出理论计算值与试验测量值有些差别，特别是工程计算实例B靠近竖井下部的压力试验值高出计算值很多。试验测量值大的原因可能是该泄洪洞尾水太深（水面比出口洞顶高34 m）洞内压力较大，致使靠近竖井下部动水压力升高。

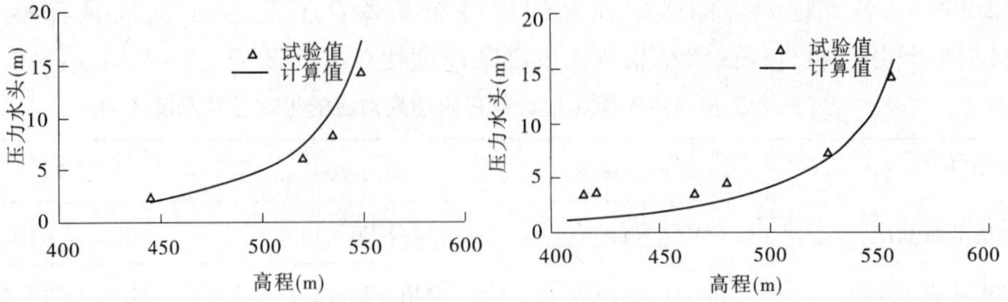

(a)工程计算实例A(竖井进口高程549.2 m)　　(b)工程计算实例B(竖井进口高程556.7 m)

图 3-8　旋流竖井动水压力水头试验实测值和计算值沿竖井高程变化关系曲线

3.4　竖井底板压力

3.4.1　底板压力计算公式的推导

推导竖井底板上压力的计算式时,作如下四点假设:

(1)竖井环状水跃下水垫层掺气浓度是均匀分布的。

(2)竖井环状水跃下水垫层速度是平均分布的且等于常数。

(3)按圆形断面淹没射流理论计算扩散角 $\theta=5°$,竖井水流降落在底板上面积为 $\pi(1+s/R)^2R^2$,$s=h_2\tan\theta$(h_2 为城门洞形断面高度)。

(4)环状水跃下水垫层的阻力系数等于达西系数 λ。

因水流降落在竖井底板上的流速等于零,压力最大,由此建立图 3-9 中Ⅰ—Ⅰ和Ⅱ—Ⅱ两断面的动量方程:

$$\begin{aligned}\rho Q(0-v_z) &= \pi(R^2-r_a^2)p+G_1+G_2-F-\pi R^2p_d-\rho Qv_z\\ &= \pi(R^2-r_a^2)p+(1-c_1)\rho gh_1\pi R^2+(1-c_2)\rho gh_2\pi R^2-\\ &\quad \tau\times 2\pi Rh_1-\pi\left(1+\frac{s}{R}\right)^2R^2p_d \end{aligned} \tag{3-78}$$

将式(3-78)等号两边同除以 $\rho g\pi R^2$,并将竖井空腔半径 $r_a=R-d$、壁面切应力 $\tau=\dfrac{\lambda}{4}\rho g\dfrac{v_0^2}{2g}$以及 $\gamma=\rho g$ 代入式(3-78),经整理后得竖井底板上压力水头计算公式:

$$\frac{p_d}{\gamma}=\left[\frac{Qv_z}{g\pi R^2}+\frac{(2R-d)d}{R^2}\frac{p}{\gamma}+(1-c_1)h_1+(1-c_2)h_2-\frac{\lambda h_1}{4R}\frac{v_0^2}{g}\right]\Big/\left(1+\frac{s}{R}\right)^2 \tag{3-79}$$

$$s=\tan5°h_2=0.087\,5h_2$$

当出水洞进口底板(即竖井底板)下有消力井时:

$s=0$,适用于 $R_j=R$ 情况;

$s=R_j-R$,适用于 $R_j>R$ 情况。

式中　Q——最大设计流量;

　　R——竖井半径,$R=D/2$;

R_j——消力井半径；

r_a——竖井Ⅰ—Ⅰ断面的水流空腔半径；

d——竖井壁面水层厚度；

v_0——竖井断面平均竖向速度；

h_1——环状水跃水面至洞顶高度；

h_2——洞高；

ρ——Ⅰ—Ⅰ断面上竖井旋流水层密度；

p——Ⅰ—Ⅰ断面上竖井旋流水层压力；

v_z——Ⅰ—Ⅰ断面上竖井旋流水层轴向速度，$v_z = v\sin\alpha$，其中 v 和 α 为合成速度及其与水平夹角；

λ——摩阻系数，对于水气混合满流和混凝土衬砌，取 $\lambda = 0.08$；

G_1、G_2——水垫深度为 h_1 和 h_2 的气水混合体重量；

c_1、c_2——水垫深度为 h_1 和 h_2 内的平均掺气浓度；

式(3-79)中，p、v、α 和 d 从竖井合成速度计算结果取值。

根据2.5.4.1小节图2-23靠近环状水跃下(距竖井进口下10.3D)竖井掺气浓度分布曲线计算出该断面平均值为40%，而在另一试验资料靠近环状水跃下(距竖井进口下3.7D)平均掺气浓度为26%。两个竖井 h_1 水气垫层的平均掺气浓度分别约为22%和15%。这表明，环状水跃距竖井进口越深(即 Z 值越大)平均掺气浓度越大，空腔半径越大，掺气浓度也越大。要想给出各种竖井深度的掺气浓度的理论值是很困难的，在涡室进口或顶部通气充分的条件下，只能给出试验的估值。

假设从环状水跃起至洞顶 h_1 水气层的平均掺气浓度：

$$c_1 = f(L/D, r_a/R)$$

根据掺气浓度试验资料和竖井底板压力计算分析结果给出经验公式：

$$c_1 \approx \ln\left(\frac{L}{D}\right)^{0.5}\left(\frac{r_a}{R}\right)^{6.5} = \ln\left(\frac{L}{D}\right)^{0.5}\left(1 - \frac{2d}{D}\right)^{6.5} \tag{3-80}$$

式中 L——从竖井进口至环状水跃的距离(由3.4.2小节计算环状水跃深度式(3-81)确定)；

D、R——竖井直径和半径；

d——环状水跃上部竖井最大合成速度断面水层厚度(由最大合成速度计算成果确定)；

r_a——最大合成速度断面的空腔半径，$r_a = R - d$。

竖井下部 h_2 段(从洞顶至洞底)平均掺气浓度 $c_2 \approx 4\%$。

3.4.2 竖井底板上淹没深度 h 的确定

由图3-9可知，竖井淹没深度 h 的定义为：

$$h = h_1 + h_2$$

式中 h_1——从竖井环状水跃起至出水洞顶深度；

h_2——从洞顶至竖井底板深度。

根据沙牌、瓦屋山、溪洛渡和小弯几个水电工程的旋流竖井泄洪洞试验资料，经分析计算得出相对淹没深度的经验公式：

$$\frac{h}{D} = 3Frs\varepsilon^{-0.2} + k \tag{3-81}$$

$$Frs = \frac{Q}{\sqrt{gD^5}}$$

$$\varepsilon = \frac{A}{\pi D^2/4}$$

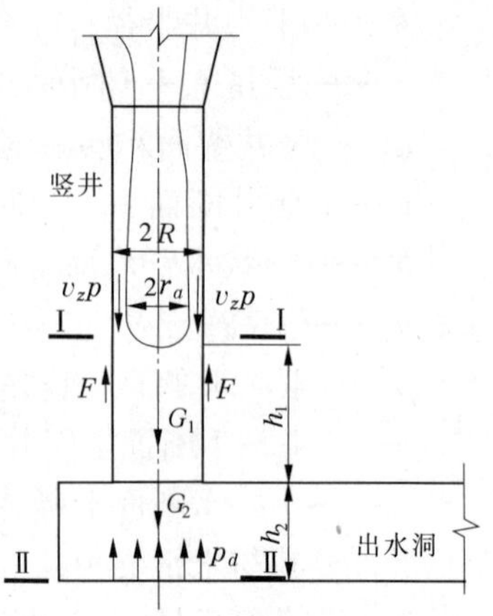

图 3-9　竖井底板压力计算

式中　Frs——竖井虚拟弗劳德数；

ε——出水洞收缩孔面积（或洞内压力消能工阻水墩的收缩面积）与竖井断面面积比（即孔口收缩率）；

k——与洞内消能设施和尾水淹没深度有关的参数，出水洞洞内无收缩孔，尾水淹没洞顶深度小于2 m时 $k \approx -0.3$，出水洞洞内设置1个收缩孔，且下游洞内为明流时 $k \approx 0$，出水洞洞内无收缩孔，洞内为有压流时 $k \approx 0.5$，出水洞洞内设置3道收缩孔时，取三个收缩孔的收缩率之积：$\varepsilon = \varepsilon_1 \times \varepsilon_2 \times \varepsilon_3$，$k \approx 0.5$。

表3-14为不同工程旋流泄洪洞的相对淹没深度计算值与试验值比较。从表中可看出，洞内收缩孔（墩）设置得越多（如第一列工程1）或尾水淹没深度较深和洞内压力大时（如工程3），其竖井淹没深度就大，但是单孔 ε 值不能小于0.4，否则竖井将会壅水，出现变异的空腔流态，即旋流空腔变成不稳定的涡带，同时严重影响泄流能力（2.1.3节）。

表3-14中工程1（第2列）的 $\varepsilon < 0.4$ 没有出现旋流空腔变异现象，这是因为 ε 是洞内三个阻水孔的乘积，其单孔的 $\varepsilon > 0.7$，并且三个阻水孔之间相隔有一定的距离，所以不会引起壅水现象。

表3-14　不同工程旋流泄洪洞的相对淹没深度计算值与试验值比较

Q（m^3/s）	2 080	2 849	28 415	1 419	1 325	250	545	545
D（m）	16	17	15.6	13.4	13.4	6.48	9	9
Frs	0.65	0.76	0.94	0.69	0.69	0.75	0.72	0.72
ε	0.33	1.43	1.74	1.48	1.96	0.41	0.45	0.42
k	0.5	-0.3	0.5	0.5	0.5	0.0	0.0	0.0
h/D（计算值）	2.93	1.82	3.01	2.41	2.31	2.70	2.53	2.57
h/D（试验值）	3.24	1.81	3.09	2.13	2.24	2.85	1.98	2.22
试验条件	洞内三收缩孔	洞内无收缩孔	洞内为有压流	洞内为有压流	洞内为有压流	洞内一收缩孔	洞内一收缩孔	洞内一收缩孔

3.4.3 竖井底板压力计算实例

【例5】 某工程最大设计下泄流量 $Q=2\ 815\ m^3/s$，竖井直径 $D=15.6\ m$，竖井进口和其底板高程分别为556.67 m和366.45 m。竖井底板扩宽（无消力井），出水洞尺寸为宽18 m，拱顶高20 m，城门洞形断面（实际断面面积 $A=18\ m\times18.5\ m$），洞内无任何收缩消能工，出口洞顶淹没水深32 m，$k=0.5$，工程其他有关资料见3.3.5节工程计算实例B，合成速度计算结果见表3-9。

出水洞内阻水墩收缩率为：

$$\varepsilon=\frac{A}{\pi D^2/4}=\frac{18\times18.5}{3.14\times15.6^2/4}=1.74$$

竖井虚拟弗劳德数：

$$Frs=\frac{Q}{\sqrt{gD^5}}=\frac{2\ 815}{\sqrt{9.81\times15.6^5}}=0.935$$

$$v_0=4Q/(\pi D^2)=4\times2\ 815/(3.14\times15.6^2)=14.74(m/s)$$

由式(3-81)竖井底板上淹没深度为：

$$h=(3Frs\varepsilon^{-0.2}+k)D=(3\times0.935\times1.74^{-0.2}+0.5)\times15.6=46.97(m)$$

$$h_1=h-h_2=46.97-20=26.97(m)$$

环状水跃断面高程 $=h+$ 竖井底板高程 $=46.97+366.45=413.42(m)$

竖井进口至环状水跃长度为：

$$L=556.67-413.42=143.25(m)$$

由表3-9查得，高程413.42 m以上，高程为416.696 m竖井断面的合成速度 $v=37.17\ m/s$。

速度矢量与水平夹角为79.63°（与垂线夹角10.37°）。

轴向速度为：

$$v_z=v\cos10.37°=36.56\ m/s$$

水层厚度为：

$$d=1.77\ m$$

动水压力水头 $p/\gamma=1.18\ m$。

相应 h_1 和 h_2 两水体段的掺气浓度分别为：

$$c_1=\ln(\frac{L}{D})^{0.5}(1-\frac{2d}{D})^{6.5}=\ln(\frac{143.25}{15.6})^{0.5}\times(1-\frac{2\times1.77}{15.6})^{6.5}=0.21$$

$$c_2=0.04$$

$$s=0.087\ 5h_2=0.087\ 5\times20=1.75(m)（洞高20\ m）$$

按式(3-79)计算竖井底板压力：

$$\frac{p_d}{\gamma}=\Big[\frac{Qv_z}{g\pi R^2}+\frac{(2R-d)d}{R^2}\frac{p}{\gamma}+(1-c_1)h_1+(1-c_2)h_2-\frac{\lambda h_1}{4R}\frac{v_0^2}{g}\Big]\Big/\Big(1+\frac{s}{R}\Big)^2$$

$$=\Big[\frac{2\ 815\times36.56}{9.81\times3.14\times7.8^2}+\frac{(2\times7.8-1.77)\times1.77}{7.8^2}\times1.18+(1-0.21)\times$$

$$26.97+(1-0.04)\times 20-\frac{0.02\times 26.97\times 14.74^2}{4\times 7.8\times 9.81}\Big]\Big/\left(1+\frac{1.75}{7.8}\right)^2$$

$$=63.7(\text{m})(\text{水柱高})$$

底板时均压力试验值66.6 m,比计算值大4.55%。

【例6】 某工程为短压力进水口,弧形闸门孔口尺寸:宽7.5 m、高10 m,设计最大下泄流量 $Q=2\,080\ \text{m}^3/\text{s}$。引水道与涡室采用1/4椭圆曲线切线连接,竖井直径 $D=16$ m(早期试验竖井直径尚未优化),涡室直径20 m,竖井断面平均流速 $v_0=10.35$ m/s,虚拟弗劳德数 $Frs=0.649$。出水洞宽16 m,洞高22 m,洞内设三道消能孔板,综合收缩率 $s=0.33$, $k=0.5$。竖井进口和出水洞底板高程分别为519.78 m和390.19 m,竖井底板下设直径16 m、深10 m的消力井。

按式(3-81)计算环状水跃至洞底深度为:

$$h=(3Frs\varepsilon^{-0.2}+k)D=(3\times 0.649\times 0.33^{-0.2}+0.5)\times 16=46.89(\text{m})$$

同环状水跃深度实测深度49.81 m比较接近。

环状水跃高程为:

$$390.19+46.89=437.08(\text{m})$$

通过合成速度计算结果如下:

靠近环状水跃上部高程444.78 m处各数据:

$$v=31.16\ \text{m/s}$$

$$v_z=31.16\times\cos 17.35^\circ=29.74(\text{m/s})$$

$$\alpha=70.59^\circ$$

$$d=1.56\ \text{m}$$

$$p/\gamma=2.37\ \text{m}$$

从竖井进口至环状水跃的深度为:

$$L=519.78-437.08=82.7(\text{m})$$

$$h_1=h-22=46.89-22=24.89(\text{m})\quad(\text{洞高}22\ \text{m})$$

$$h_2=22+10=32(\text{m})(\text{洞高}+\text{消力井深})$$

环状水跃至洞顶段掺气浓度为:

$$c_1=\ln\left(\frac{L}{D}\right)^{0.5}\left(1-\frac{2d}{D}\right)^{6.5}=\ln\left(\frac{82.7}{16}\right)^{0.5}\left(1-\frac{2\times 1.49}{16}\right)^{6.5}=0.215$$

因消力井与竖井直径相同,取 $s=0$,则按式(3-79)计算消力井底板压力为:

$$\frac{p_d}{\gamma}=\frac{Qv_z}{g\pi R^2}+\frac{(2R-d)d}{R^2}\frac{p}{\gamma}+(1-c_1)h_1+(1-c_2)h_2-\frac{\lambda h_1}{4R}\frac{v_0^2}{g}$$

$$=\frac{2\,080\times 29.74}{9.81\times 3.14\times 8^2}+\frac{(2\times 8-1.56)\times 1.56}{8^2}\times 2.37+$$

$$(1-0.215)\times 24.89+(1-0.04)\times 32-\frac{0.02\times 24.89\times 10.35^2}{4\times 8\times 9.81}$$

$$=82.65(\text{m})$$

试验底板时均压力值为89.2 m,比计算值大7.9%。

【例7】 某工程为短压力进水口,槛上水头20 m。弧形门孔口宽3.4 m,高5 m。设

计最大下泄流量 $Q=250\ m^3/s$。引水道末端收缩宽 2.75 m，与涡室直接相切连接。竖井直径 $D=6.48$ m，涡室直径 9.5 m，$v_0=7.58$ m/s，$Frs=0.747$。出水洞高宽 4 m，高 5.5 m，洞内进口设一道收缩压板，收缩率 $s=0.41$，$k=0$，下游洞内为明流。竖井进口和出水洞进口底板高程分别为 1 833 m 和 1779.3 m，竖井底板下设置直径 6.48 m、深 5 m 的消力井。

按式(3-81)计算环状水跃至洞底深度为：

$$h = (3Frs\varepsilon^{-0.2}+0)D = 3\times 0.747\times 0.41^{-0.2}\times 6.48 = 17.36(\mathrm{m})$$

环状水跃高程为：1 779.3 + 17.36 = 1 796.66(m)

通过合成速度计算结果：靠近环状水跃上部高程 1 798 m 处各数据：

$$v = 21.11\ \mathrm{m/s}, \alpha = 74.41°, d = 0.66\ \mathrm{m}, p/\gamma = 0.75\ \mathrm{m}$$

$$v_z = 21.11\times \cos 15.59° = 20.33(\mathrm{m/s})$$

从竖井进口至环状水跃的深度为：

$$L = 1\,833 - 1\,796.66 = 36.34(\mathrm{m})$$

$$h_1 = h - 5.5 = 17.36 - 5.5 = 11.86(\mathrm{m})(\text{洞高 5.5 m})$$

$$h_2 = 5.5 + 5 = 10.5(\mathrm{m})(\text{洞高 + 消力井深})$$

环状水跃至洞顶段掺气浓度为：

$$c_1 = \ln\left(\frac{L}{D}\right)^{0.5}\left(1-\frac{2d}{D}\right)^{6.5} = \ln\left(\frac{36.34}{6.48}\right)^{0.5}\times\left(1-\frac{2\times 0.67}{6.48}\right)^{6.5} = 0.19$$

因消力井与竖井直径相同，取 $s=0$，则按式(3-79)计算消力井底板压力为：

$$\frac{p_d}{\gamma} = \frac{Qv_z}{g\pi R^2} + \frac{(2R-d)d}{R^2}\frac{p}{\gamma} + (1-c_1)h_1 + (1-c_2)h_2 - \frac{\lambda h_1}{4R}\frac{v_0^2}{g}$$

$$= \frac{250\times 20.33}{9.81\times 3.14\times 3.24^2} + \frac{(2\times 3.24-0.66)\times 0.66}{3.24^2}\times 0.75 +$$

$$(1-0.19)\times 11.86 + (1-0.04)\times 10.5 - \frac{0.02\times 11.86\times 7.58^2}{4\times 3.24\times 9.81}$$

$$= 35.6(\mathrm{m})$$

试验压力平均值为 35.6 m。

对上述竖井底板压力计算成果需要做一些说明，由于计算前必须给出环状水跃深度和紧靠环状水跃上部竖井的合成速度、水层厚度，以及水跃下至洞顶和洞顶至竖井底板的平均掺气浓度等，想要精确地计算这些参数是很困难的，尚需积累大量试验资料，分析研究和给出通用的经验公式，才能得出满意的结果，因此这里所提出的一些经验公式和计算成果只是初步的，仅供读者参考。

第 4 章　竖井 - 旋流泄洪洞

本章所介绍的竖井 - 旋流泄洪洞与第 1 章旋流竖井泄洪洞都是利用旋流消能，但旋流的起旋方式和旋流的位置有所不同。旋流竖井泄洪洞起旋用的涡室或旋流喇叭形堰起旋墩均设置在竖井顶部，使水流绕竖井轴产生螺旋流，并在竖井下部产生环状水跃消能；而竖井 - 旋流泄洪洞中水流由进水口进入竖井，通过竖井下部收缩与起旋室偏心相切连接起旋，使水流绕平洞轴线作旋转运动消能。

在 20 世纪 80 年代后期和 90 年代初苏联和印度就结合大型工程开始进行了关于平洞旋转消能的泄洪洞研究工作（详见第 8 章）；1993 年就提出了竖井 - 旋流泄洪洞的基本结构体型，1996 ~ 1998 年我国西北理工大学研究了连续型旋流消能的泄洪洞水力特性。本章主要结合工程实践，介绍这一领域的研究成果。

竖井 - 旋流泄洪洞根据消能方式不同，大体上有两种体型：

（1）Ⅰ型——洞内连续旋流消能，即水流沿出水洞全长连续旋转消能。

（2）Ⅱ型——一段洞内旋流 + 洞内辅助消能工（水垫塘）消能，即水流在与竖井连接的一段洞内旋转消能 + 水垫塘消能。

竖井 - 旋流泄洪洞的类型选择取决于导流洞的断面形式。对于圆形、马蹄形和高宽比≤1.15 的城门洞形断面的导流洞，其截面面积等于或略大于旋流洞的截面面积时，通常采用Ⅰ型旋流泄洪洞，即一开始就做成一段圆形截面的旋流洞（对非圆形截面隧洞而言），不需要再将导流洞的城门洞形截面改成圆形截面，洞内基本上不设辅助消能设施，可减少导流期过后的二期施工量。对于高宽比 >1.2 的城门洞形断面的导流洞，通常采用Ⅱ型旋流泄洪洞，即在导流期过后将一段城门洞形截面填充混凝土改成圆形洞，下游接水垫塘。此种形式的竖井 - 旋流泄洪洞经过优化设计，可以缩短圆形断面旋流洞的长度，减少混凝土填充量，加强同下游水垫塘联合消能作用，提高泄洪洞总消能率。由于我国水电工程的施工导流洞大部分是高宽比较大的城门洞形断面，因此本章主要介绍Ⅱ型竖井连接平洞旋流加水垫消能的结构设计方法。

竖井 - 旋流泄洪洞主要由进水口、竖井、起旋室、旋流洞、水垫塘（或压力消能工）和出水洞（原导流洞）组成，其中起旋室、旋流洞、水垫塘都是在导流洞中修建的，见图 4-1。

图 4-1 中采用的是简单的溢流堰进水口，也可以采用复合溢流堰、喇叭形溢流堰及带有引水道的短压力进水口等。

水垫塘阻水墩可以是单级的，也可以是多级的，主要由泄洪洞作用总水头及导流洞截面尺寸大小来确定。当水头≤100 m 时，采用一级水垫塘；当水头 >150 m，同时导流洞截面面积大于竖井断面面积时，采用多级消力墩构成的水垫塘，尽可能地降低洞内流速；当水头在 100 ~ 150 m 时，可根据泄洪洞出口地质条件酌情选择水垫塘消力墩的级数。如果这样就能满足消能的要求，在泄洪洞的出口就不需要另外修建挑流鼻坎或其他形式的大型消能工。

竖井－旋流泄洪洞的布置，与第1章旋流竖井泄洪洞的布置基本相同，这里不再重述。但是，由于竖井－旋流泄洪洞是直接在导流洞内改建起旋室和旋流洞，并且多数情况需要将这一段城门洞断面改成圆形断面，这将给导流期以后的二期施工增加很多工程量，影响到工程施工进度。为了避免施工干扰和减少导流后期的施工工程量，可将进水口、竖井、起旋室、旋流洞全都修建在导流洞的外部，在导流期也可单独进行施工；在导流期结束后再同导流洞内压力消能工连接。这种布置方式可以减少在施工过程的交叉干扰。这种与导流洞分离布置的竖井－旋流泄洪洞，将在第6章介绍。

下面对竖井－旋流泄洪洞各部分结构体型和设计方法进行介绍。

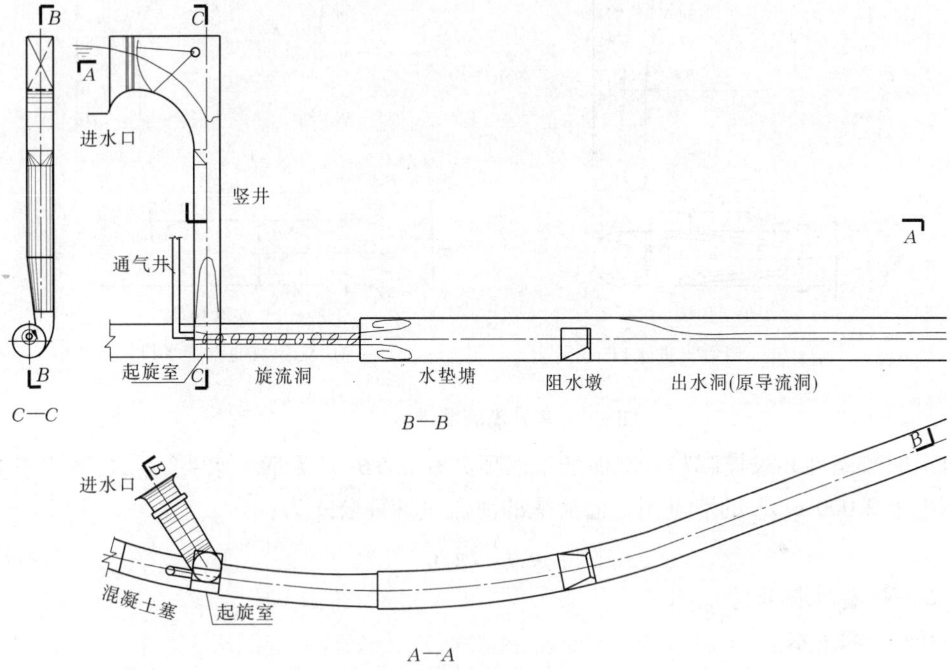

图4-1　竖井－旋流泄洪洞纵剖面和平面图

4.1　竖井－旋流泄洪洞进水口

竖井－旋流泄洪洞进水口主要由溢流堰和带有胸墙的孔口出流的两大部分组成。其中溢流堰进水口在结构上分为单一和复合溢流堰断面体型、平面扇形和喇叭形溢流堰布置型式，在流态上有自由堰流和淹没堰流之分。带有胸墙的进水口分为短压力和长压力两种进水口型式。由于进水口体型不同，与竖井的连接的方式就有较大的差异，下面分别介绍。

4.1.1　溢流堰进水口

4.1.1.1　自由堰流进水口

自由堰流进水口可分为单一型和复合型两种堰型。其中，单一型堰流进水口指的是溢流堰断面直接与竖井连接体型，如图 4-2(a) 所示；而复合型堰流进水口是溢流堰断面通过反弧和圆弧段同竖井连接，如图 4-2(b) 所示（部分溢流堰和竖井在地下）。

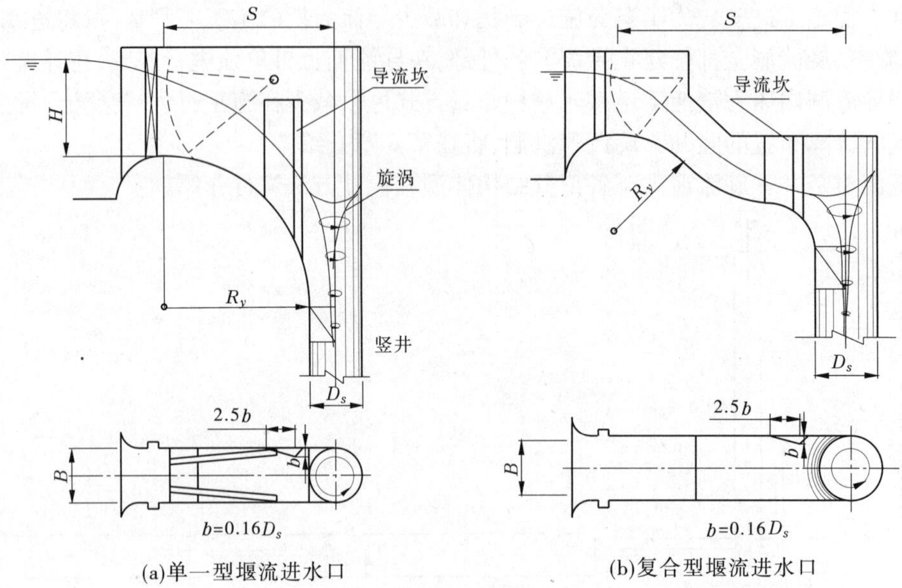

图 4-2　单孔溢流堰进水口

自由堰流条件要求控制竖井水面低于堰顶高程 0.5H（H 为堰上水头）左右，适用于泄流量不大于 2 000 m^3/s 的泄洪洞。溢流堰的泄流量计算公式为：

$$Q = mB\sqrt{2g}H^{3/2} \tag{4-1}$$

式中　B——溢流堰净宽；

H——堰上水头；

g——重力加速度；

m——溢流堰流量系数。

自由溢流堰剖面通常采用圆形断面，并在其上游连接一小圆弧。溢流堰流量系数与相对水头 H/S、溢流堰断面型式和堰高有关：

对于单一圆形断面自由堰流，要求 $H/S \leqslant 0.5$，流量系数 $m = 0.44 \sim 0.45$；

对于复合圆形断面自由堰流，要求 $H/S \leqslant 0.4$，流量系数 $m = 0.45 \sim 0.46$；

其中　H——堰上水头；

S——堰顶至竖井轴间距，见图 4-2。

根据上述原则，下面给出具体计算溢流堰断面尺寸的公式：

对于单一圆形断面自由堰流（见图 4-2(a)），满足 $H/S = H/(R_y + D_s/2) \leqslant 0.5$ 条件，可导出溢流堰断面半径算式：

$$R_y \geqslant 2(H - 0.25D_s) \tag{4-2}$$

当按式(4-2)计算出的堰半径太大时，可采用复合断面溢流堰进水口，该溢流堰断面半径 $R_y \approx H$（H 为堰上水头），使得堰断面尺寸减小，见图 4-2(b)。

复合断面溢流堰的反弧和圆弧段以及竖井进口皆可建在地下,同时在竖井顶部留有通气井。

4.1.1.2 **淹没堰流进水口**

淹没堰流进水口一般要求竖井水面高于堰顶 0.8H 左右,使溢流水面达到平稳状态。单孔淹没堰流进水口适用于泄量≤1 500 m^3/s 的泄洪洞,通常淹没堰流采用两道平板闸门,同时为了增加泄量,堰宽要比竖井直径大,所以流量系数除受淹没系数影响外,还与工作闸门槽处堰宽同竖井直径之间的收缩比有关。当采用圆形溢流堰断面,堰宽收缩比 = 0.75,$H/S \approx 0.8$ 时,若按堰流公式(4-1)计算泄流量,则流量系数 $m \approx 0.25$。

由 $H/S = H/(R_y + D_s/2) \geqslant 0.8$ 可导出溢流堰断面半径计算式:

$$R_y \leqslant 1.2(H - 0.45D_s) \tag{4-3}$$

可见,淹没出流的溢流堰堰宽大,堰的断面半径较小。

当竖井不设置环形掺气坎时,因淹没堰流实际上变成有压管流,其泄流能力受控于起旋室进口断面过流面积,流量应按孔口出流公式计算:

$$Q = \mu A\sqrt{2gZ} \tag{4-4}$$

式中 A——起旋室进口面积;

Z——作用在起旋室进口断面上总水头;

μ——孔口流量系数,当竖井下部与起旋室连接斜面同垂线的夹角 $\theta = 8.5° \sim 14°$ 时(相应参数 $k = 2.5 \sim 3.0$),流量系数为:

$$\mu = \frac{1}{\sqrt{k + \lambda Z_0/D_s}} \tag{4-5}$$

式中 λ——摩阻系数,对于混凝土衬砌面取 $\lambda = 0.02$;

Z_0——从堰顶到起旋室进口的高程差;

D_s——竖井直径。

用式(4-1)和式(4-4)计算淹没溢流堰泄流量可以相互验证。当计算出的泄流量与最大设计流量相差较大时,可调整起旋室进口宽度(改变竖井与起旋室收缩连接角 θ 或扩大起旋室直径)。收缩角 θ 越小,泄流能力大,但旋流洞与竖井连接段处易发生负压;反之,θ 越大,下泄流量不能满足要求,但可以去掉起旋室顶部的导流坎,并且能消除旋流洞进口陡坎处的负压。关于此问题在后续章节还要进一步说明。

自由堰流的优点是,堰宽和闸门尺寸较小,自由流可向竖井输入大量空气,对防止起旋室连接段空蚀有一定作用。缺点是,溢流堰断面半径比淹没流的大,溢流堰与竖井连接段存在负压,且竖井水面波动较大。

解决溢流堰与竖井连接段负压和水面波动的办法是:在溢流堰下游一侧墙上设置垂直导流坎,使主流方向少许偏转,致使竖井进口断面产生立轴旋涡(见图 4-2 流态示意),在旋涡流离心力的作用下消除溢流堰与竖井连接段的负压;同时立轴旋涡流还能向竖井输气,减轻水面波动。这里特别指出,要想在竖井中产生平稳的立轴旋涡,溢流堰与竖井的一边应采用方形截面连接,另一边(下游)则必须保持圆形截面。此处竖井中的立轴旋涡流与第 1 章旋流竖井空腔旋转流不同:立轴旋涡的空腔直径较小,不会使竖井直径有明显的增加(竖井直径计算中考虑了此影响因素)。

垂直导流坎横截面为非等边三角形，三角形顶高 $b=0.16D_s$（D_s 为竖井直径，详见图4-2）。有关溢流堰设垂直导流坎消减负压的模型试验资料见5.1.1.4节。

淹没堰流的优点是，在高水位运行工况下可使堰上水位平稳；缺点是，堰宽和闸门尺寸相对很大，增大闸门启闭动力设备和相应闸室的建筑规模，同时在低于设计水位运行时也存在负压和水面波动问题，所以只能限定在大于等于设计洪水位运行。

4.1.1.3 多孔平面扇形溢流堰

多孔平面扇形溢流堰见图4-3，这种体型扩大了溢流堰进口宽度，可布置三道或多道闸孔，能增大泄流能力，适用于下泄流量超过2 000 m^3/s 的泄洪洞。

溢流堰断面曲线也可采用圆形（断面尺寸小一些），其下游经过一段反弧和圆弧同竖井连接。为了在竖井进口形成小旋涡，扇形溢流堰的一侧壁与竖井切线连接，另一侧壁与竖井法线连接，其延长线通过竖井轴心（见图4-3(b)）。

这种设计方法与图1-3中设计的不同之处在于：本设计的旋流惯性矩小，使进水口只形成立轴旋涡，用以消除连接段的负压。

形成自由堰流的条件为：

$$H/S < 0.4 \tag{4-6}$$

扇形溢流堰断面半径取 $R_\gamma \approx H$，流量系数 $m=0.3\sim0.35$，由模型试验确定，流量计算公式为：

$$Q = m(\pi R/2 - nB)\sqrt{2g}H^{1.5} \tag{4-7}$$

式中 R——扇形溢流堰平面圆弧半径；

n、B——闸墩数和闸墩宽；

H——堰上水头。

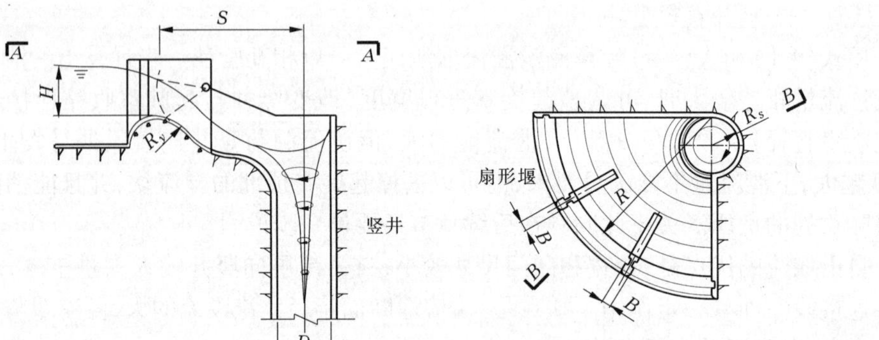

图4-3 扇形多孔溢流堰

4.1.1.4 喇叭形溢流堰

喇叭形溢流堰的型式见图4-4。传统的喇叭形溢流堰断面形式通常采用复杂的高次曲线，此处仍推荐椭圆曲线。其优点是：①简单，椭圆曲线顶即堰顶；②调整椭圆曲线长半轴,能逼近跌落水流流线:③易与竖井进口切线连接;④施工简单。

为了防止喇叭形堰与竖井连接段出现负压,可以采取如下两种工程措施:

(1)在喇叭形堰下竖井段设置环形掺气坎,通过射流负压涡吸入大量气体防止空蚀。掺气坎下的竖井直径不扩大也不开挖槽,可参照4.6节,图4-14设计环形掺气坎。

(2)使喇叭形堰产生稳定的立轴旋涡,通过旋转离心力的作用防止连接段出现负压和空蚀。

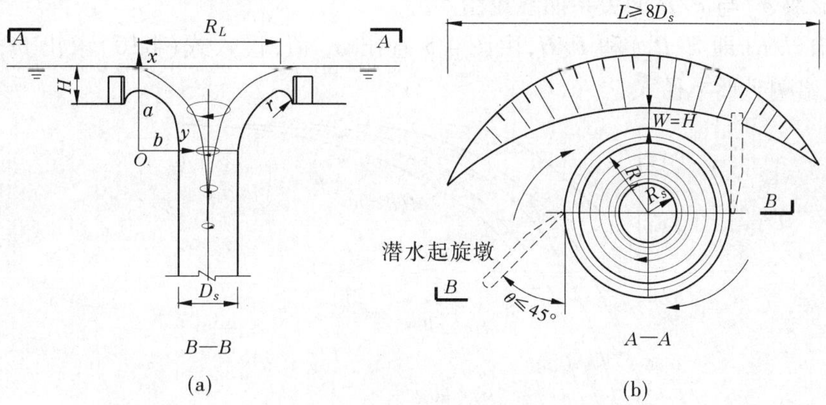

图4-4　喇叭形溢流堰的型式

措施(2)同1.2.1节(5)图1-4有相似之处。但是,为了减小在大泄流量时水流的旋转动量矩,避免产生旋流空腔以致影响泄流能力;同时在小泄流量时也能在溢流堰上形成旋转流运动,根据背坡开挖的有利条件,仅设两座潜水起旋墩,墩顶的高程低于堰上最高洪水位:其中一座起旋墩同喇叭形堰外缘的切线成θ角相切连接($\theta\leqslant 45°$),另一座起旋墩同喇叭形堰外缘相切与背面山坡连接(见图4-4)。通过模型试验调整潜水起旋墩的高度和墩与喇叭形堰的夹角θ,使在高水位运行下能满足最大泄流量的要求,同时能产生稳定的漏斗形旋涡,避免堰、井连接段出现负压和竖井产生空腔变异流引起竖井壅水现象。

喇叭形溢流堰作为非常泄洪洞使用,堰顶高程即正常蓄水位,堰上水头较低,不设闸门。喇叭形堰流量计算公式为:

$$Q = m2\pi R_L \sqrt{2g}H^{3/2} \tag{4-8}$$

流量系数主要受相对堰上水头影响,即$m=f(H/R_L)$。为了便于计算,文献[3]引用罗曼尼科(Н. И. Романько,1966)的成果,将确定喇叭形堰半径的计算公式改成:

$$R_L = \sqrt[5]{\left[\frac{Q}{2m\pi\ \sqrt{2g}(H/R_L)^{3/2}}\right]^2} \tag{4-9}$$

式中　H——堰上最大水头,由水库校核洪水位确定。

对于堰顶高程已确定的某一具体工程,其值已定。如果H值未定,可以先选取相对水头H/R_L代入式(4-9),计算喇叭形堰半径来确定H值。H/R_L越大,R_L越小,溢流堰开挖量越小,但流量系数m减小会导致泄流能力不足;反之,H/R_L越小,虽然m增加满足了泄流量的要求,但喇叭形堰直径太大,进水口和山坡开挖工程量很大。因此,H/R_L的最优选择应通过方案比较确定。合理地给出流量系数值对确定喇叭形堰尺寸非常重要。

传统的喇叭形堰流量系数计算公式能用于工程设计的很少，根据文献[3]的推荐，采用莫依斯（П. П. Мойс，1970）的公式比较适用。为了便于计算，假设喇叭形堰背水面开挖宽度 $l>8D_s$（D_s 为竖井直径，见图4-4），不考虑防旋设施，并且只计算最大设计流量时的流量系数，则莫依斯的公式可简化为：

$$m = (0.507 - 0.136H/R_L)\sigma_p \tag{4-10}$$

式中　σ_p——受相对堰高 P/H 的影响系数。

喇叭形堰 σ_p 与 P/H 的关系曲线见图4-5。

若已知 H/R（即 H/R_L）和 P/H，由图4-5查出 σ_p 值，代入式(4-10)求出 m，便可由式(4-9)求出喇叭形半径 R_L。

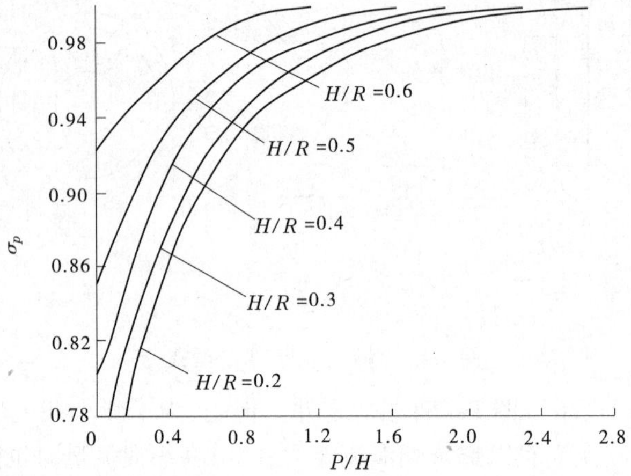

图4-5　喇叭形堰 σ_p 与 P/H 的关系曲线

与传统喇叭形堰相比，带有起旋墩的喇叭形堰流量系数要小一些。这里暂且假设设置两座起旋墩喇叭形堰的流量系数 $=km$，$k=0.92\sim0.96$，m 为由式(4-10)确定的流量系数。

根据此流量系数确定的 R_L 进行模型试验。当试验结果不满足最大设计流量要求时，可适当调节潜水起旋墩与堰切线的夹角 θ 或起旋墩的高度（参考图4-4），以增大流量系数，这样既能满足最大设计下泄流量要求，又能产生立轴旋涡。调节角度和墩高的原则是：若试验测得的下泄流量偏小，就将角度减小或将墩高降低；反之，若试验测得的下泄流量偏大，则增大角度或将墩高加高。

喇叭形堰断面椭圆曲线计算步骤如下：

(1)按上述方法计算喇叭形堰半径 R_L。

(2)按4.2节公式(4-12)确定竖井直径 D_s（即 $D_s=0.28\sqrt{Q}$）。

(3)喇叭形堰椭圆曲线方程的长、短半轴分别为：长半轴 $a=2.5b$，短半轴 $b=R_L-D_s/2$。

于是，椭圆曲线方程为：

$$\frac{x^2}{(2.5b)^2} + \frac{y^2}{b^2} = 1 \tag{4-11}$$

椭圆曲线的顶点（$x=a$）即溢流堰顶，从堰顶相切的连接一半径为 $0.15D_s$ 的1/4小圆弧，为喇叭形的外缘再同地面做垂直切线连接。

4.1.2 短压力进水口

短压力进水口和传统进水口的结构体型基本相同，进水口顶部采用1/4椭圆曲线下接平板闸门门槽和顶压板，再安装弧形闸门。

根据竖井直径与引水道宽度的相对宽度不同，引水道与竖井有两种连接方式：

(1)当竖井直径大于引水道的宽度时，两者之间可采用如图4-6所示的连接方式。其中根据闸门处弗劳德数不同，连接方式也略有差异。

当闸门处弗劳德数较大($Fr>3$)时，引水道底坡取$i=0.05$。为了防止引水道与竖井连接的跌坎处发生空蚀，在距竖井轴线上游$3D_s$的引水道底板上设置掺气坎和通气孔，其下游仍为0.05的底坡。引水道尾部采用半径≥竖井直径的圆弧段与竖井相连，同时在引水道两侧边墙上设垂直三角形自掺气收缩坎，坎厚为$0.1B$。竖井顶部设通气孔，与引水道上的通气洞连接，通气洞与大气相通，具体详见图4-6(a)。

图4-6(b)和图4-6(a)的结构体型基本相同，适用于闸门处弗劳德数较小($3>Fr\geq2$)的情况。因为弗劳德数小一些，为了保证掺气坎的通气孔不被回流堵塞，掺气坎下游底板的坡度变陡($i=0.2$)并直接与竖井连接，引水道末端也设置三角形自掺气收缩坎。

边墙设垂直三角坎在坎后能产生立轴旋涡，吸收大量空气从两边进入竖井内，一方面可防止竖井进口连接段发生空蚀，同时对竖井下部与起旋室连接处也能掺入一些空气，起到一定的防蚀作用。另外，设垂直三角坎后可以使引水道末段增加抗外水压力的强度。

(2)当竖井直径与引水道的宽度相差不大时，引水道上不用设置掺气槽，两者之间的连接方式如图4-7所示。

当弧形闸门处弗劳德数$Fr\leq2$时，引水道全长底坡取$i=0.05$。若引水道宽度同竖井直径相等，在引水道一边墙设垂直导流坎，使竖井进口产生涡流，见图4-7(a)；当引水道宽度略小于竖井直径时，让引水道一边墙与竖井相切连接，使竖井进口形成涡流，为了防止竖井连接段出现负压，在竖井进口前底板上浇注折流坎abc，将ac跌坎修圆(倒角)后的a点垫厚$0.2D_s$(D_s为竖井直径)，折流坎的其他连接点b、c不垫高，见图4-7(b)。

短压力进口在高水头工况下的泄流量可超过2 000 m^3/s，甚至能适用于3 000 m^3/s泄流量的泄洪洞(如槛上水头50 m，弧门尺寸10 m×12.5 m，竖井直径约15 m)。

这里应指出：按短压力进水口(见图4-7)设计竖井－旋流泄洪洞时，在竖井顶部最好也设置通气孔，以防止水流封堵竖井进口，不能向竖井掺气。短压力进水口的泄洪洞在校核洪水位及其以下任何水位都能正常运行，不受水位变化的限制。

4.1.3 长压力进水口

长压力进水口的压力引水道采用垂直转弯段同竖井连接。转弯圆弧半径的大小与作用水头、竖井流速及竖井下部是否收缩有关。通常，当弯段进口作用水头$H\approx2.5D$(D为竖井直径)、断面平均流速小于17 m/s和竖井下部有收缩段连接起旋室时，则要求转弯圆弧中心线半径$R\geq1.5D$。

此时弯段内侧不会产生负压，因此不必担心空蚀问题。但是，此型进水口必须控制在

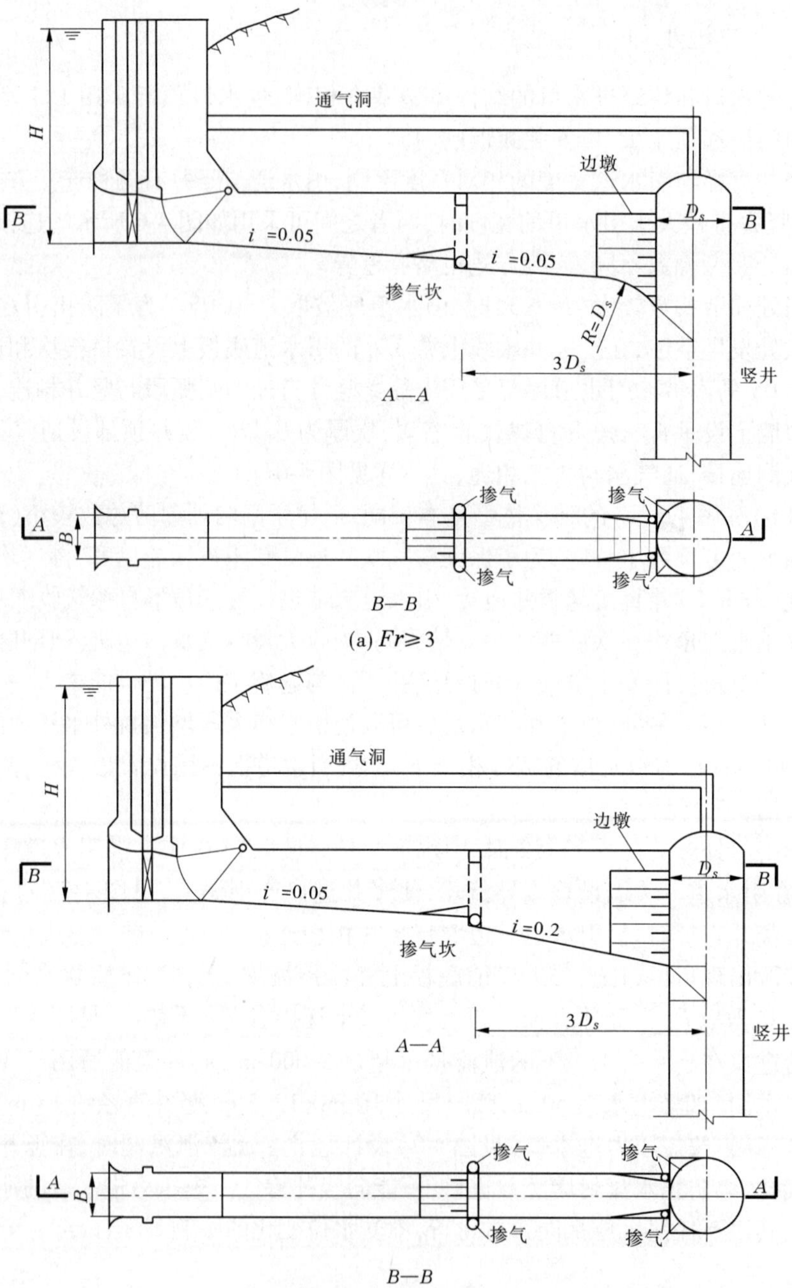

图 4-6　短压力进水口引水道与竖井连接结构

高库水位下运行，使引水道和竖井始终保持为满流，否则当引水道中出现明流时，在高速水流作用下，转弯连接段极易发生空蚀，严重威胁泄洪洞的安全。由于进水口槛上水头较高，此型泄洪洞的最大泄量可达 2 000 m^3/s。

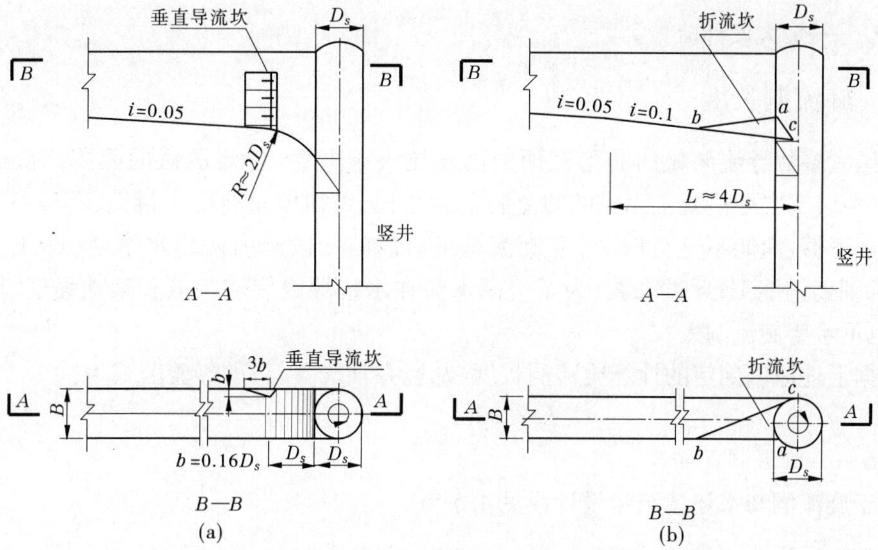

图 4-7　短压力进水口引水道与竖井连接结构($Fr \leqslant 2$)

4.2　竖井直径确定

当泄洪洞设计最大下泄流量确定后,竖井直径按其断面平均流速确定。从经济和安全考虑,竖井内水流的平均流速控制在 16 ~ 17 m/s,因此竖井直径的计算公式为:

$$D_s = \sqrt{\frac{4Q}{\pi v}} = (0.27 \sim 0.28)\sqrt{Q} \tag{4-12}$$

式中　D_s——竖井直径,m;

Q——最大设计流量,m^3/s;

v——竖井断面平均流速,m/s。

按式(4-12)计算竖井直径时,对于完全淹没流竖井,系数取最小值 0.27;对于自由流竖井,考虑进口立轴旋涡对流量的影响,式中系数取大值 0.28。

4.3　旋流洞尺寸确定

4.3.1　旋流洞直径

竖井-旋流泄洪洞是利用施工期的导流洞改建而成的。若导流洞是城门洞形断面,并且起旋室和旋流洞修建在导流洞内,则要求将这段城门洞形断面改成圆形断面。本书提出的计算旋流洞直径的经验公式为:

$$D = \left(\frac{D_s}{Z}\right)^{0.02}\left(\frac{Q^2}{g}\right)^{0.2} \tag{4-13}$$

式中　Z——最高洪水位与竖井下导流洞底板的高程差；

D_s——竖井直径；

Q——最大设计流量。

4.3.2　旋流洞长度

我国大多数导流洞城门洞形截面的高宽比大于1.2。导流洞截面面积比旋流洞的大，在其中填塞二期混凝土而成的旋流洞不能太长，否则填充混凝土量大，不经济。当旋流洞长度不够、消能不充分时，可在旋流洞出口前的一段洞内修建水垫塘（即压力消能工）作为辅助消能工；反过来看，为了提高水流在水垫塘内旋转扩散和紊动强度，增加消能率，也不希望旋流洞太长。

根据上述原因确定的计算旋流洞长度（从竖井轴线算起）的经验公式为：

$$L = (3.5 \sim 4.0)D \tag{4-14}$$

式中　D——旋流洞直径。

关于旋流洞与水垫塘结构设计详见4.5节。

4.4　起旋室与竖井连接结构及其尺寸确定

通常，起旋室断面直径等于旋流洞直径（$D_q = D$）。为了防止竖井降落水流同起旋室旋转流交汇引起壅水，在起旋室顶部设置导流坎；为了防止旋流洞进口陡坎区产生负压引起空蚀，在竖井下部的收缩段采用和垂线成较大的夹角 θ 同起旋室连接。θ 值越大，旋转力度越大，可以消除负压，同时可去掉导流坎；但是 θ 值越大，涡室进口水流收缩断面越小，降低泄流能力。为了防止连接段出现负压，又不影响泄流能力，必须合理地选择竖井与起旋室的偏心距 Δ 和椭圆与起旋室的中心距 K。只有处理好上述新问题才能做出合理的设计。

首先确定起旋室断面直径：

$$D_q = (1.1 \sim 1.2)D \tag{4-15}$$

式中　D——旋流洞直径（以下同）。

竖井下部由圆变方，其中一侧壁逐渐收缩，收缩段末端与起旋室采用1/4椭圆曲线连接。起旋室结构的设计步骤如下（参看图4-8剖面 $B—B$）。

4.4.1　确定竖井与起旋室的偏心距 Δ

竖井与起旋室的偏心距 Δ（即竖井与起旋室两中轴线间距）为：

$$\Delta = (0.32 \sim 0.50)D_q \tag{4-16}$$

4.4.2　确定椭圆曲线中心点 O 与起旋室圆心的间距 K

椭圆曲线中心点 O 与起旋室圆心的间距 K 为：

$$K = (0.6 \sim 1.0)D_q \tag{4-17}$$

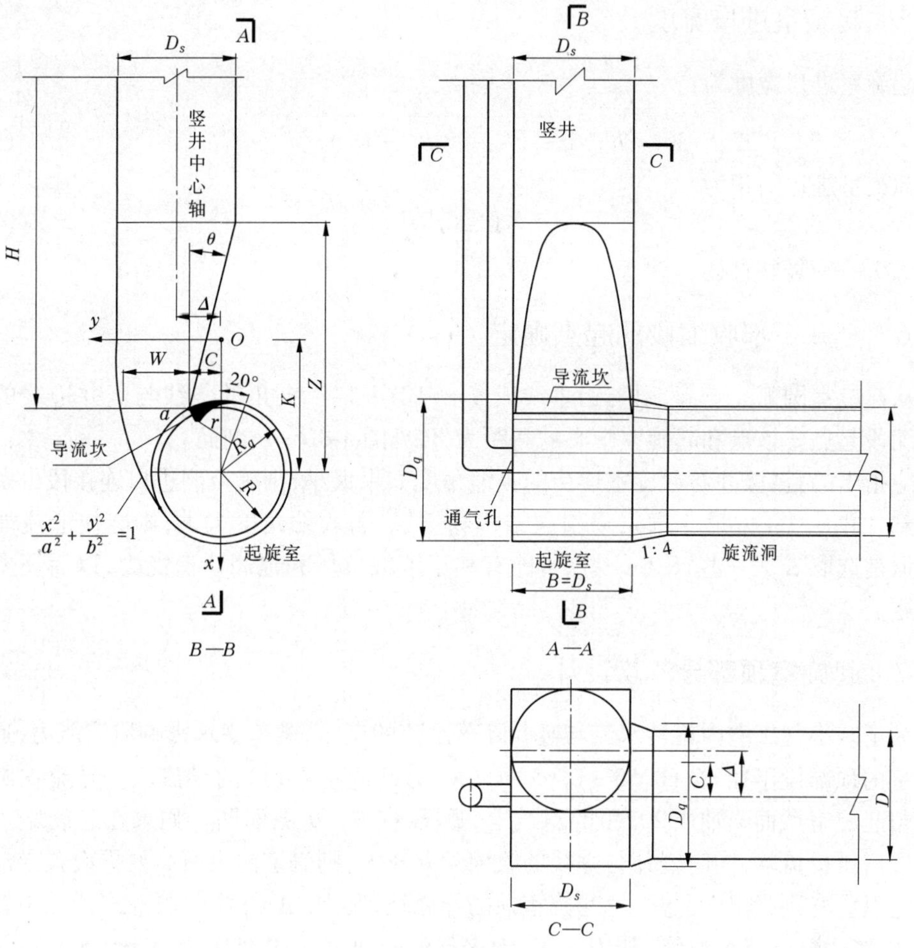

图 4-8 竖井、起旋室与旋流洞连接结构

4.4.3 确定椭圆曲线长、短半轴 a 和 b 尺寸

椭圆曲线长、短半轴 a 和 b 尺寸为：

$$\left.\begin{aligned}&\text{短半轴：}\quad b=\Delta+R_s \quad (R_s=D_s/2\ \text{为竖井半径})\\&\text{长半轴：}\quad a=\sqrt{b^2(K^2+b^2-R_q^2)/(b^2-R_q^2)} \quad (R_q\ \text{为起旋室半径})\end{aligned}\right\} \tag{4-18}$$

椭圆曲线与起旋室圆弧切点坐标：

$$x = a^2K/(a^2-b^2), \quad y = b\sqrt{1-x^2/a^2} \tag{4-19}$$

计算结果若 $x>a$，则令 $x=a=K+R_q$，$y=0$，$b=R_q+R_s$，此时 $\theta<12°$。

4.4.4 竖井收缩段与涡室圆弧的交点 a 同该圆弧 x 轴的水平间距

竖井收缩段与涡室圆弧的交点 a 同该圆弧 x 轴的水平间距（参看图 4-8 符号）为：

$$C = (0.22 \sim 0.35)D_q \tag{4-20}$$

4.4.5 起旋室进口宽度

起旋室进口宽度为：

$$W = b\sqrt{1 - (K - \sqrt{R_q^2 - C^2})^2/a^2} - C \tag{4-21}$$

起旋室进口面积为：

$$A = WD_s \tag{4-22}$$

式中 D_s——竖井直径。

4.4.6 竖井下部收缩段的起点确定

从起旋室圆弧 a 点起，引与铅垂线成 $\theta = (10° \sim 14°)$ 夹角的斜线与竖井边线的交点即收缩段起点。该点和起旋室中心的间距为 Z，见图 4-8B—B 剖面。

应指出的是：竖井与起旋室连接的收缩角度如果太小，则旋流洞进口连接段的负压可能达到气化压力（见第 5 章），易引起结构物空蚀；若收缩角度太大，则会使泄流能力降低。但是选取 Δ 大一些，K 小一些，可能有利于消减负压和提高泄流能力，以后还要讨论此问题。

4.4.7 起旋室顶部导流坎设计

为了减小起旋室内旋转水流与竖井降落水流的交角，避免壅水影响泄流能力，通常在起旋室内顶部设半径 $r = (0.55 \sim 0.65)R_q$（R_q 为起旋室半径）的导流坎。导流坎圆心设置在与起旋室截面 x 轴成 20°角的斜线上，见图 4-8B—B 剖面图。如果在起旋室进口上部设置增压折流坎，同时竖井与垂线的收缩角 θ 较大，则涡室内没有必要再设置导流坎。

这里应特别指出：要想去掉起旋室顶的导流坎，则 D_q、Δ 和 C 应取各式括号中较大数值，K 应取括号中较小数值（如 $D_q \approx 1.2D$，$\Delta \approx 0.45D_q$，$C \approx 0.35D_q$ 和 $K \approx 0.8D_q$），并且需要通过模型试验验证。具体方法请参看 4.9 节(4)和 7.2.8 节内容。

4.4.8 起旋室盲端通气孔的设置与设计

起旋室盲端设通气孔的目的是向旋流空腔输气，确保在旋流洞内形成稳定的、空腔压力接近于大气压力的空腔旋转流，提高洞壁压力，同时可避免水流摆动引起洞体结构振动。

通气孔的中心设置在距起旋室圆心上部 $0.2D_q$ 处，见图 4-9A—A 剖面。对于结构体型已定的起旋室，当出水洞水流状态为明流时，通气孔的气水比主要与起旋室进口处的弗劳德数及竖井中水流流态（淹没流或自由流）有关。

当竖井为淹没流时：$\beta = 0.065Fr$ (4-23)

当竖井为自由流时：$\beta = 0.04Fr$ (4-24)

式中 β——气水流量比，$\beta = Q_a/Q$，Q_a、Q 分别为气、水流量；

Fr——起旋室进口断面弗劳德数，$Fr = v/\sqrt{gR}$；

v——起旋室进口断面平均流速，$v = Q/(B\omega)$；

R——起旋室进口断面水力半径，$R=B\omega/2(B+\omega)$，$\omega=\varepsilon W$；

ε——竖井与起旋室连接角为 θ 时的收缩系，当 $\theta=5°$、$10°$、$15°$时，对应的 $\varepsilon\approx1$、0.95、0.9；

B、W——起旋室进口长度和宽度，其中 $B=D_s$；

暂定允许最大风速为 60 m/s，则通气孔直径 $d=\sqrt{\dfrac{4Q_a}{60\pi}}$。

因为旋流洞直径是最大泄流量的函数，通气流量也和泄流量有关，所以设计合理的旋流洞直径与通气孔直径之间存在一定的、必然的联系。试验研究成果也证明通气孔直径可以用旋流洞直径 D 表示，两种不同堰流条件下的通气孔直径可用下面简化的经验公式计算：

竖井为淹没堰流：$d=0.3D$ (4-25)

竖井为自由堰流：$d=0.25D$ (4-26)

4.4.9 简化起旋室椭圆曲线

竖井下部采用椭圆与起旋室连接方式比采用圆弧曲线连接的好处是，椭圆中心点在起旋室截面的竖轴线上，施工时容易确定中心点的位置。另外，为了便于施工，可在椭圆曲线上固定Ⅰ、Ⅱ、Ⅲ和Ⅳ个坐标点，简化成三条折线代替椭圆曲线（见图 4-9B—B 剖面），不影响流态。

折线坐标点在施工中很容易确定，例如：折线的起点坐标为Ⅰ$(0,b)$，求Ⅱ(x,y)坐标点时，先给出该点的 x 值，由式（4-19）计算出 y 值，依次可算出Ⅲ(x,y)坐标点，而Ⅳ(x,y)点为椭圆曲线与起旋室圆弧的切点，直接按式（4-19）两式计算。

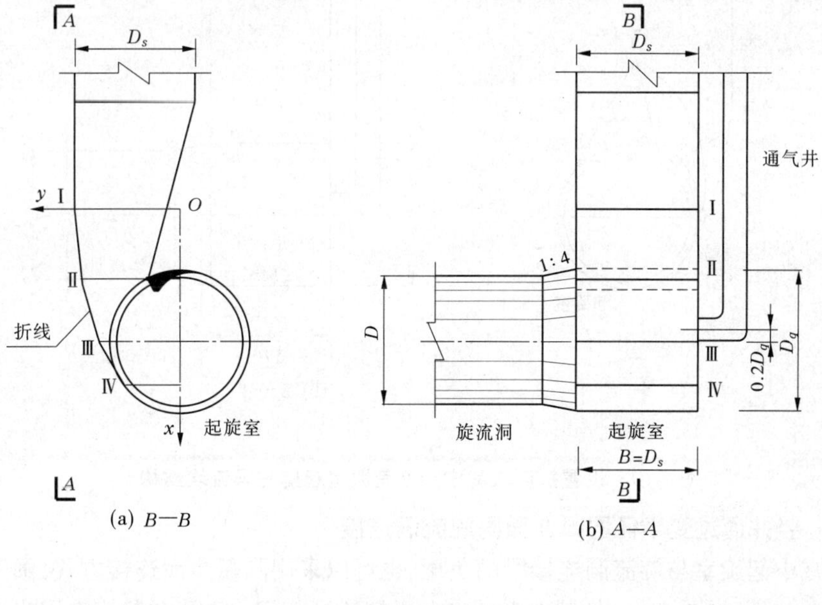

图 4-9 用折线代替椭圆曲线

4.4.10 消除旋流洞进口负压的结构设计

关于起旋室与旋流洞连接段出现负压的问题将在第5章中详细介绍。消除旋流洞进口段负压的结构设计有以下两种。

4.4.10.1 在起旋室进口上部设置折流坎

设置折流坎的目的是增加角动量矩同时缩短螺距，以增加旋流的离心力，从而消除起旋室与旋流洞连接段陡坎边缘处的负压。

折流坎结构与第1章旋流竖井泄洪洞涡室前设置的结构类似，只是位置不同。涡室的折流坎设在涡室进口前底板上，而起旋室的折流坎是设在起旋室进口上部靠旋流洞一侧的竖井边墙上（见图4-10*B*—*B*剖面中*abc*斜面）。

在与起旋室断面横轴成30°角的线上取圆心点画*bc*弧线与起旋室外缘相交于*c*点，*bc*弧线不垫厚为折流坎的起始线，*a*点（即竖井收缩坡与起旋室的交点）为制高点，将*ac*线棱角修圆（倒角）后，*a*点垫厚（0.12～0.15）*D*，从*a*点至*c*点的厚度逐渐减小到零，于是*abc*形成一个倾斜面，使竖井下来的水流偏离，向*c*点方向流入起旋室，产生强力的旋转流穿过*ac*连接坎，在离心力的作用下消除负压。

若竖井下部设置折流坎，同时又将竖井与起旋室的收缩连接角度θ增加（见图4-10），则不仅能消除旋流洞进口陡坎的负压，还减小了入流与旋转流的交汇角，就能去掉涡室顶部的导流坎，而不发生壅水现象，影响到泄流量。但是，θ角若太大，会减小起旋室进口的流量系数，也会影响到泄流量，因此必须合理地选择Δ和K值进行优化设计。

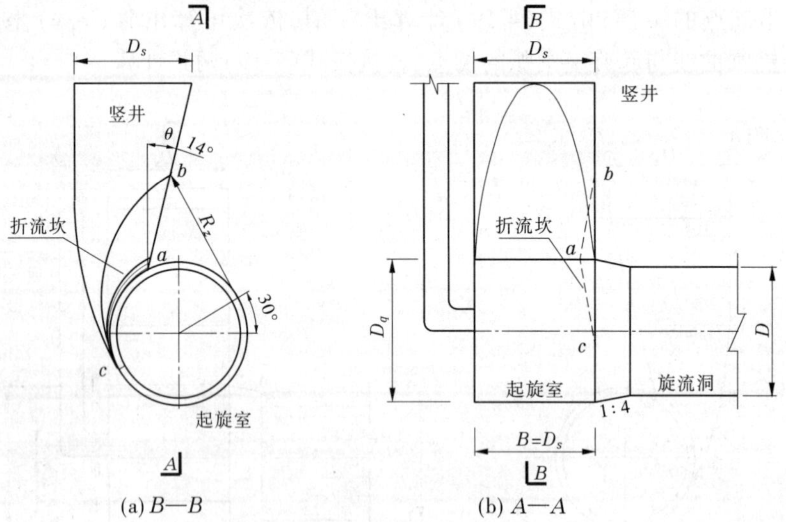

(a) *B*—*B*　　(b) *A*—*A*

图4-10　设置折流坎和增加θ角取消起旋室导流坎结构

4.4.10.2 竖井通过变半径圆弧曲面同旋流洞连接

为了减小起旋室与旋流洞连接段的负压，也可以采用圆弧曲面连接方式，圆弧曲面是变半径复合曲面，见图4-11，其最大半径应大于旋流洞直径*D*。此时起旋室同旋流洞采用等截面直接连接，取消了收缩段。这种连接结构可以减小负压值，但不能完全消除负压，并且施工难度较大。

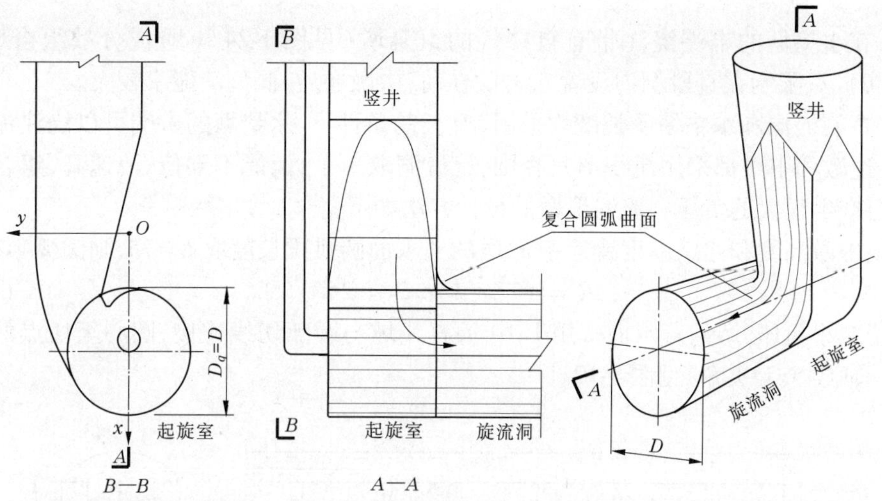

图 4-11　竖井通过圆弧曲面同旋流洞直接连接

应指出，当泄洪洞出口尾水深 h_w 比洞高 H_d 大许多时（如 $h_w \geqslant 1.25H_d$），只需要将旋流洞进口陡坎修成圆弧形就可以避免出现负压，不必再设置折流坎或修成变半径的大圆弧曲线。这时泄洪洞的主要矛盾转移到洞内排气问题上，关于排气问题，将在后面作介绍。

4.5　旋流洞与出水洞连接体型

根据出水洞内消能方式不同，旋流洞与出水洞连接体型划分为两大类。

4.5.1　洞内水流连续旋转消能型

当出水洞（原导流洞）为圆形、马蹄形或高宽比小于 1.2 的城门洞形断面，并且截面面积与旋流洞断面面积相差不多时，旋流洞出口通过渐变段与出水洞连接，利用水流在整个出水洞洞内连续旋转运动的沿程摩阻损失消耗能量。

为了避免洞顶产生负压，可在距竖井大于 10D 的洞内断面开始设置顶压板或自掺气式边墩（只用于城门洞形断面），压板和边墩设计见图 1-24（a）、（b）。上述作为连续旋转流消能的出水洞，要求在修建施工导流洞过程应适当加强衬砌结构，不要在改建旋流泄洪洞时再加钢筋混凝土的贴层。

4.5.2　旋流洞＋洞内水垫塘（压力消能工）联合消能型

按照旋流洞长度＝3.5D（D 为旋流洞直径，以下同）设计水垫塘，则水垫塘长度为：

$$L = (5 \sim 6)D \tag{4-27}$$

通常水垫塘为城门洞形断面，当断面的高宽比不大于 1.2 时，旋流洞出口采用 1∶4 的逐渐扩大斜坡同出水洞连接，这种连接在斜坡上的负压约小于 15 kPa。

当水垫塘与旋流洞断面面积之比 A_s/A_x 为 1. 5 ~ 1. 8 时，水垫塘阻水墩有两种体型：

(1)在水垫塘的末端浇注带有自掺气的组合墩(见图 1-24(c))或分散组合墩(见图 1-24(d)，只限制在直段洞内设置)，边墩在前，中墩在后，此型消能率较大。

(2)在旋流洞和水垫塘的长度均采用 5D 长的条件下，水垫塘的末端可以浇注流线形组合墩(边墩和中墩都采用流线形)，否则，旋流洞取短了，消能不到位，流速高，组合墩下游坡面会产生很大的负压。流线形墩的设计方法如下：

假设中墩高度和边墩厚度皆等于 δ，墩的迎水面圆弧段长度取 $L=7\delta$，则圆弧半径为：

$$R = (7^2+1)\delta/2 = 25\delta \tag{4-28}$$

为了减小负压，墩的背水面采用 1∶10 的直线坡与圆弧切线连接，圆心至切点的连线同圆弧 y 轴成 5. 7°夹角，见图 4-12。

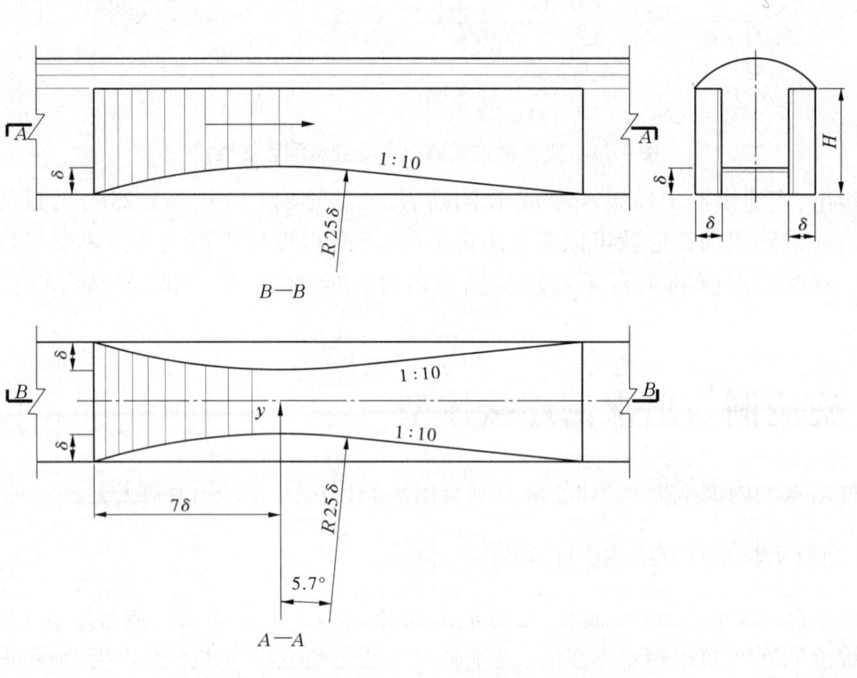

图 4-12　水垫塘出口采用流线形阻水墩

当水垫塘断面的高宽比≤1. 2、水垫塘与旋流洞断面面积之比 $A_s/A_x \geq 2$ 时，旋流洞出口采用突然扩大同水垫塘连接(要求最小突扩坎的厚度应不小于 1. 5 m)。这时水垫塘仍采用自掺气的组合墩(中墩高度≈边墩厚度)，此种水垫塘结构的消能率比前面的都高。

当水垫塘断面的高宽比大于 1. 2，且水垫塘与旋流洞断面面积之比 $A_s/A_x \geq 2$ 时，旋流洞仍采用 1∶6的坡度与水垫塘连接(因为这时突扩连接的最小坎厚小于 1. 5 m)。

当出水洞为圆形断面，其与旋流洞的截面面积之比大于 2 时，旋流洞采用突扩或坡度为 1∶6渐扩段与出水洞相衔接，在距旋流洞末端约长 5. 5D 处的水垫塘洞内设孔板(见图 4-13)，再在下游长 3. 5D 处设置自掺气顶压板(顶压板参照图 1-24(a)设计)，以控制孔板的负压，顶压板下的过流面积应略大于旋流洞面积。

应着重指出，不论采用哪一种水垫塘结构，其阻水墩所在断面的过流面积受一定的限

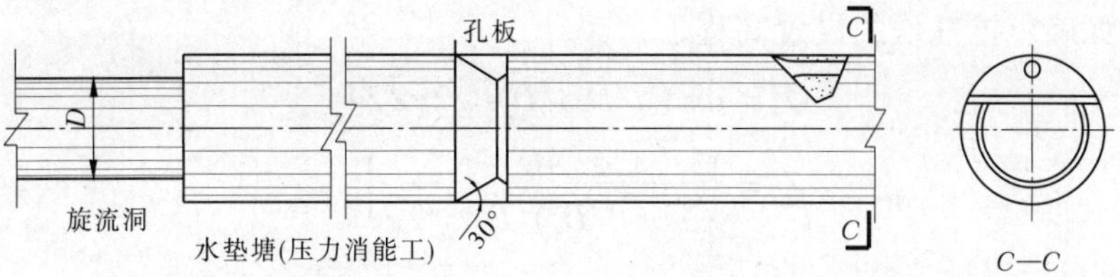

图 4-13　出水洞断面面积比旋流洞断面面积大 2 倍时水垫塘结构

制，因此确定墩(坎)高的原则是，应保证组合墩所在断面的过流面积 A 等于或略小于旋流洞断面面积，即：

$$0.8 < A/(\pi D^2/4) \leqslant 1 \tag{4-29}$$

上述过流面积如果太小，则洞内压力升高，旋流洞出现不稳定的变异气带流引起结构振动，同时也会影响到泄流能力和通气量；如果过流面积太大，在水垫塘内不能形成有压流，消能效果降低。

在施工时，水垫塘内和最后一道阻水墩下游洞长为 2.5D 洞段内也需要加固以抵抗脉动压力的作用，由此以下的下游洞段则可维持原有导流洞衬砌结构不变。

4.6　竖井环形掺气坎设计

进水口溢流堰和竖井按淹没流设计时，竖井为有压满流状态，为了保护旋流洞进口陡坎处不发生空蚀，同时提高竖井的消能率，往往需要在竖井的适当高程处，如在溢流堰与竖井连接段下面(该处压力相对较小)设置环形掺气坎(见图 4-14)。

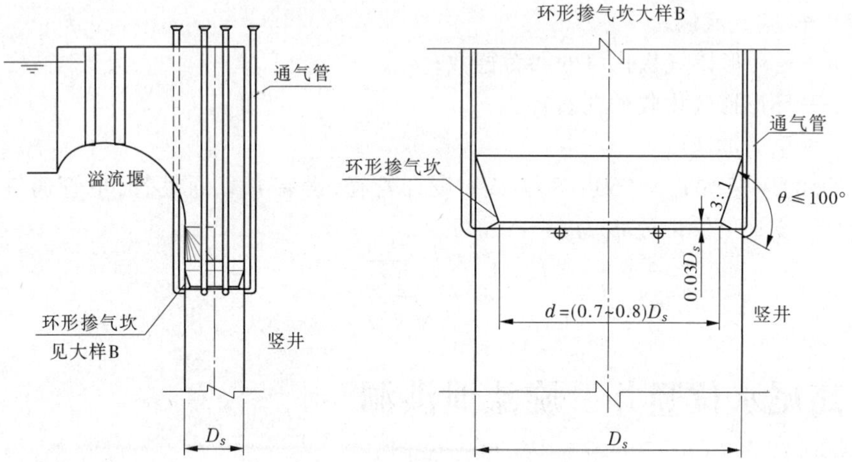

图 4-14　竖井设环形掺气坎结构尺寸

根据试验研究经验，环形掺气坎的迎水面坡度取 3∶1(1∶0.33)；同时掺气坎的棱角 $\theta \leqslant 100°$ 时掺气畅通，不会产生水流封堵通气孔现象。

当掺气坎的位置 Z 已定，选择掺气坎孔口与竖井两直径的收缩比 ε，一般取 ε =

$d/D_s=0.7\sim0.8$。孔径收缩比已定，根据孔口流量公式(4-30)计算泄流能力或者按式(4-31)计算确定掺气坎的设置高程。

$$Q=\mu\pi(d/D_s)^2D_s^2\sqrt{2gZ}/4 \tag{4-30}$$

$$Z=\left[\frac{4Q}{\mu\pi(d/D_s)^2D_s^2\sqrt{2g}}\right]^2 \tag{4-31}$$

式中 Q——最大设计流量；

D_s——竖井直径；

d——环形掺气坎孔径；

Z——最高库水位与环形坎收缩断面的高程差；

μ——流量系数。

对单孔溢流堰连接竖井，$\mu\approx0.85$；对于多孔堰或喇叭形溢流堰，μ 值要小一些，应通过试验确定。

当计算结果不满足最大设计流量的要求时，应重新选择 ε 值。

竖井环形掺气坎的通气量因受模型比尺的影响同原型不相似。例如公伯峡竖井-旋流泄洪洞是按风速 60 m/s 设计的通气孔直径和布置孔的数量，而原型观测风速达 100 m/s。这里参考公伯峡的原型观测资料[41]给出气水比的估算式：

$$\beta=\frac{Q_a}{Q}\approx0.04Frd \tag{4-32}$$

$$Frd=\frac{Q}{\sqrt{gd^5}} \tag{4-33}$$

式中 β——气水流量比；

Q——最大设计流量；

Q_a——空气流量；

Frd——环形掺气坎孔口处弗劳德数；

d——环形掺气坎收缩孔直径；

g——重力加速度。

通气管的风速按 $v_a=(60\sim80)$ m/s 设计管径，设有 n 只通气管，单管通气量 $q_a=Q_a/n$，于是每支通气管内径 ϕ 为：

$$\phi=\sqrt{\frac{4q_a}{\pi v_a}} \tag{4-34}$$

4.7 高尾水位竖井-旋流泄洪洞

高尾水位竖井-旋流泄洪洞的进水口、起旋室和旋流洞结构设计，与上述低尾水位泄洪洞的设计基本相同。所不同之处在于，在泄洪洞出口段需设排气井，出水洞内是否设置水垫塘视具体情况而定。

当洪水来临，规定起旋室、旋流洞和出水洞在完全充满水体(即洞内为有压流)，且在 $h_w/H\geqslant1.5$(h_w 为下游尾水深，H 为出水洞洞高)的条件下开闸泄洪时，出水洞内可以不设置水垫塘。这时在出水洞内能形成有压气水分层的缓流流态，水面比较平稳。除此之外，洞内皆应设置水垫塘，以保证在各种尾水位下都能在洞内形成低弗劳德数（$Fr \leqslant 2$）的有压气水分层流。

在出水洞出口之前的一段洞内，水流常为有压气水混合体流态，洞内存在不稳定的气囊运动，可能会破坏泄洪洞的正常运行，因此必须采取排气工程措施。除在起旋室盲端照例设置通气孔外，在出水洞的出口段需另设两道排气井。排气设置可按图 1-26 设计。

起旋室通气井除考虑进气外，还应考虑排气问题，因此需要在距洞顶 2.5D 通气井处设置气水分离室，见图 4-15。气水分离室的作用是：可将通气井内气水混合体中的空气排除，纯水部分回到起旋室内排到洞外，避免了通气井出现喷水现象。

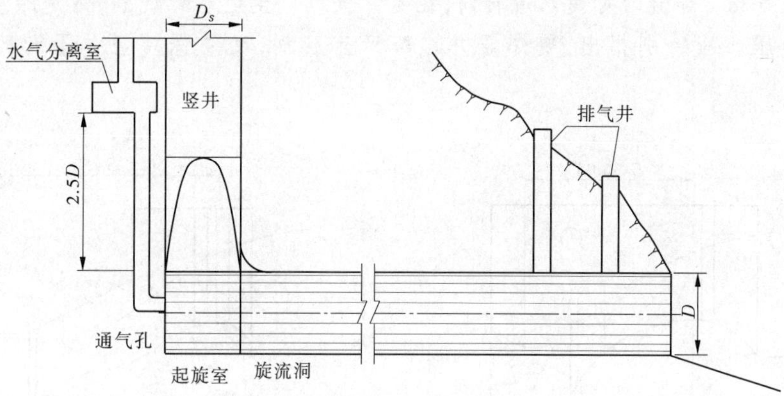

图 4-15　带有气水分离室的通气井

4.8　竖井 - 旋流泄洪洞工程设计举例

4.8.1　工程设计举例之一

【例 1】　某泄洪洞最大设计泄流量为 2 000 m^3/s，对应堰上水头为 18 m。从库水位到竖井底板总水头 200 m，导流洞断面尺寸为 15 m × 18 m 城门洞形，导流洞出口尾水位低于洞顶。要求根据上述基本资料设计竖井 - 旋流泄洪洞。

（一）按自由堰流进水口设计

1. 溢流堰尺寸确定

首先，按式（4-12）确定竖井直径为：

$$D_s = 0.28\sqrt{Q} = 0.28 \times \sqrt{2\ 000} = 12.5(\mathrm{m})$$

采用单孔圆形断面溢流堰，由于溢流堰边墙未收缩，取流量系数 $m = 0.455$，溢流堰宽为：

$$B = \frac{Q}{m\sqrt{2g}H^{1.5}} = \frac{2\ 000}{0.455 \times 4.429 \times 18^{1.5}} = 13(\mathrm{m})$$

其次，按式（4-2）计算溢流堰断面半径：

$$R_y \geq 2(H - 0.25D_s) = 2 \times (18 - 0.25 \times 12.5) = 29.8(\text{m})$$

$$S = R_y + D_s/2 = 29.8 + 6.25 \approx 36.05(\text{m})$$

$$H/S = 18/36.05 \approx 0.5$$

满足自由堰流条件。据此进口溢流堰设计尺寸见图4-16(a)。

从图中可看出,在泄流量2 000 m^3/s情况下,为了在竖井内形成自由水面,溢流堰断面半径达到29.8 m。要减小溢流堰半径,可按4.1.1节设计复合断面自由堰流进水口,要求满足条件:$H/S \leq 0.4$。由于堰断面半径$R_y = H = 18$ m,由此计算得$S = 45$ m,见图4-16(b)。

两个图中溢流堰下的垂直导流坎横截面尺寸皆一样,坎厚2 m,顶角为直角,迎面坡水平投影长5 m。导流坎可使水流转向,在竖井进口产生逆时针旋涡,可消除溢流堰下部连接段的负压。应特别指出,要想竖井进口产生旋涡,必须保持竖井下游的壁面为圆弧形。

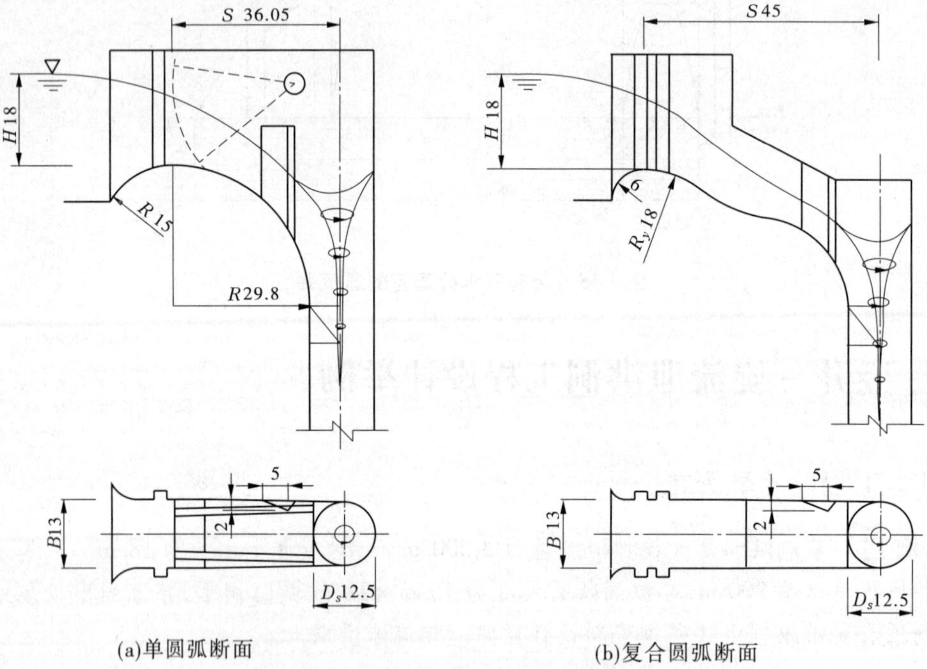

图4-16 两种自由堰流进水口方案

2. 起旋室和旋流洞设计

首先,按式(4-13)确定旋流洞直径为:

$$D = \left(\frac{D_s}{Z}\right)^{0.02}\left(\frac{Q^2}{g}\right)^{0.2} = \left(\frac{12.5}{200}\right)^{0.02} \times \left(\frac{2\,000^2}{9.81}\right)^{0.2} \approx 12.5(\text{m})$$

式中 D_s——竖井直径;

Z——竖井底板上总水头;

起旋室采用收缩段与旋流洞连接,按式(4-15)确定起旋室直径:

$$D_q = 1.1D = 1.1 \times 12.5 \approx 14(\text{m})$$

按式(4-16)确定竖井与起旋室两轴线间距：$\Delta = 0.32D_q = 0.32 \times 14 \approx 4.5(\text{m})$

按式(4-17)确定1/4椭圆中心与起旋室圆心距：$K = 0.9D_q \approx 12.5\ \text{m}$

椭圆短半轴长：$b = \Delta + D_s/2 = 4.5 + 6.25 = 10.75(\text{m})$

按式(4-18)和式(4-19)分别计算椭圆长半轴和切点坐标：

$$a = \sqrt{\frac{b^2(K^2 + b^2 - R_q^2)}{b^2 - R_q^2}} = \sqrt{\frac{10.75^2 \times (12.5^2 + 10.75^2 - 7^2)}{10.75^2 - 7^2}} = 19.67(\text{m})$$

$$x = \frac{a^2K}{a^2 - b^2} = \frac{19.67^2 \times 12.5}{19.67^2 - 10.75^2} = 17.82(\text{m})$$

$$y = b\sqrt{1 - \frac{x^2}{a^2}} = 10.75 \times \sqrt{1 - \frac{17.82^2}{19.67^2}} = 4.55(\text{m})$$

3. 起旋室进口宽度及竖井与起旋室收缩连接段起点确定

竖井收缩段终点(即与起旋室圆弧交点)同椭圆 x 轴的水平间距 C，按式(4-20)确定：

$$C = 0.24D_q = 0.24 \times 14 \approx 3.4(\text{m})$$

涡室进口宽度按式(4-21)确定：

$$W = b\sqrt{1 - (K - \sqrt{R_q^{\ 2} - C^2})^2/a^2} - C = 10.75 \times \sqrt{1 - (12.5 - 6.12)^2/19.67^2} - 3.4 = 6.77(\text{m})$$

起旋室进口面积按式(4-22)确定：$A = WD_s = 6.77 \times 12.5 = 84.63(\text{m}^2)$

从竖井收缩段与起旋室圆弧交点 a 开始，向上引与垂线成11°角的斜线同竖井边线的交点，即为竖井收缩段的起点。

在施工设计图中，可将图4-17的椭圆曲线采用图4-9所示方法，用Ⅰ、Ⅱ、Ⅲ和Ⅳ坐标点连成三段折线代替椭圆曲线。其中Ⅰ点坐标为(0,10.75)，Ⅱ点坐标从图4-17量取得 $x = 7.4$ m，则：

$$y = b\sqrt{1 - x^2/a^2} = 10.75 \times \sqrt{1 - 7.4^2/19.67^2} = 9.96(\text{m})$$

按类似的计算方法计算得Ⅲ点坐标为(12.5,8.3)。

Ⅳ点为椭圆曲线与涡室圆弧的切点坐标，按式(4-19)两式计算：

$$x = a^2K/(a^2 - b^2) = 19.67^2 \times 12.5/(19.67^2 - 10.75^2) = 17.82(\text{m})$$

$$y = b\sqrt{1 - x^2/a^2} = 10.75 \times \sqrt{1 - 17.82^2/19.67^2} = 4.55(\text{m})$$

4. 起旋室进口上部折流坎设计

折流坎设在竖井与起旋室收缩连接段下部靠旋流洞的壁面上，即图4-17中的 abc 斜面。ac 线是起旋室的一段圆弧，将其棱角修圆(倒角)后，a 点要垫厚 $0.12D = 1.5$ m，bc 为折流坎起始圆弧线，不垫厚，其圆心在与起旋室断面横轴成30°角的直线上，圆弧半径 $R_z \approx 13.5$ m。水流经过 abc 斜面向 c 点方向偏转，旋流动量矩增加，螺距缩短，使旋流穿过低压区，消除连接段负压。

设置折流坎后，由竖井进入起旋室的水流流线与涡室旋转流流线的交汇角有所减小，故本设计的起旋室断面顶部未设置导流坎。

5. 确定起旋室盲端通气孔直径和位置

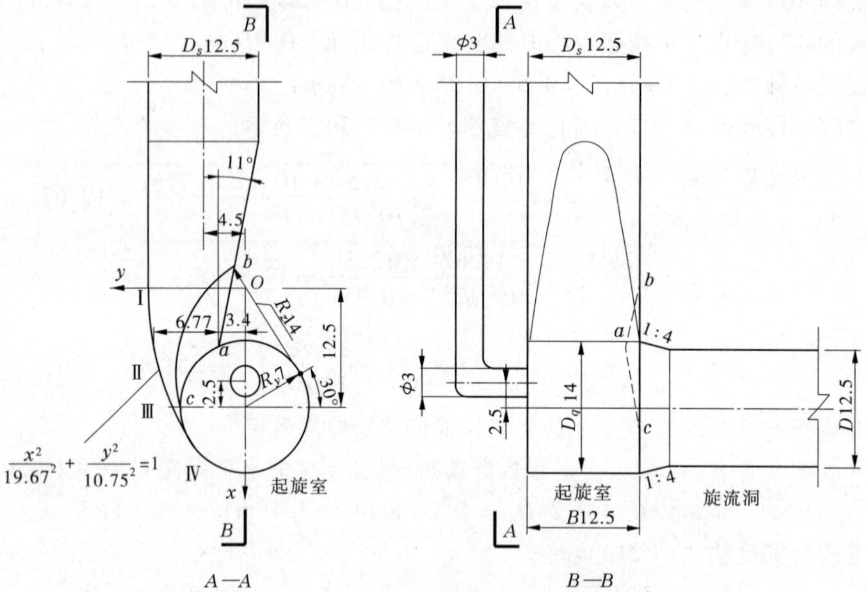

图 4-17　起旋室与竖井、旋流洞连接结构尺寸

起旋室收缩断面宽度为：

$$\omega = \varepsilon W = 0.95 \times 6.77 = 6.43(\mathrm{m})$$

起旋室进口水力半径为：

$$R = \frac{D_s\omega}{2(D_s + \omega)} = \frac{12.5 \times 6.43}{2 \times (12.5 + 6.43)} = 2.12(\mathrm{m})$$

起旋室进口弗劳德数为：

$$Fr = \frac{Q}{D_s\omega\sqrt{gR}} = \frac{2\ 000}{12.5 \times 6.43 \times \sqrt{9.81 \times 2.12}} = 5.46$$

按式(4-24)自由堰流设计时，竖井为自由水面，气水比为：

$$\beta = 0.04Fr = 0.04 \times 5.46 = 0.22$$

空气流量为：

$$Q_a = \beta Q = 0.22 \times 2\ 000 = 440(\mathrm{m^3/s})$$

通气井最大限定风速 60 m/s，则通气井直径为：

$$d = \sqrt{\frac{4Q_a}{60\pi}} = \sqrt{\frac{4 \times 440}{60 \times 3.14}} = 3.05(\mathrm{m})\text{，取 } d = 3\ \mathrm{m}$$

按简化经验公式(4-26)计算：$d = 0.25D = 0.25 \times 12.5 = 3.13(\mathrm{m})$，两式的计算结果相差不大。

通气孔中心与起旋室圆心间距为：

$$l = 0.2D = 0.2 \times 12.5 = 2.5(\mathrm{m})$$

以上设计和计算结果绘制的竖井、起旋室与旋流洞的连接结构尺寸见图 4-17。

6. 旋流洞、水垫塘和出水洞设计

旋流洞长度为：

$$L = 3.5D = 3.5 \times 12.5 = 44(\text{m}), 取 L = 45\ \text{m}$$

水垫塘为宽15 m、高18 m城门洞形截面（等于旋流洞断面面积的2倍）。旋流洞出口采用突扩段与水垫塘相连接。

从水垫塘进口到阻水墩收缩断面长度为：

$$L = 5D = 5 \times 12.5 = 62.5(\text{m}), 取 L = 60\ \text{m}$$

由于水垫塘截面面积大，浇注组合式消力墩，此组合墩与图1-24(c)中所示基本相同。通气竖管埋设在两边墩内，并且依次焊接六个水平短通气支管通到边墩背面。最下部的支管直径较大，专为中墩挑流坎掺气。组合墩的边墩厚度为3.2 m，中墩高度为4 m，结构尺寸见图4-18。水垫塘组合墩的过流面积为123.2 m^2，略大于旋流洞截面面积。

边墩和中墩的空气均来自边墩顶部的气水混合体。因洞顶空间的掺气浓度最大（约50%），通过竖管进气供给支管。应注意，出气孔尽量靠近墩的顶角下部，如图4-18(b)所示。

若导流洞截面面积较小，假设宽14 m、高16.5 m，则可按式(4-28)和图4-12设计流线形阻水墩，见图4-19。流线形墩上过流面积 A 与旋流洞面积之比为：

$$\frac{A}{\pi D^2/4} = \frac{105.2}{122.66} = 0.86$$

在式(4-29)规定的范围之内，旋流洞不会产生不稳定的涡袋，但是在流线形墩的下游坡面会出现较大的负压。为了减小流线形墩的负压，将旋流洞加长到 $4.5D = 55$ m。

（二）按淹没堰流进水口设计

1. 进水口溢流堰宽和堰断面半径计算

溢流堰宽为：

$$B = \frac{Q}{m\sqrt{2g}H^{1.5}} = \frac{2\,000}{0.25 \times 4.429 \times 18^{1.5}} = 23.7(\text{m})$$

比自由堰流的堰宽增加10 m多。淹没堰流的堰半径按式(4-3)计算为：

$$R_y = 1.2(H - 0.45D_s) = 1.2 \times (18 - 0.45 \times 12.5) \approx 15(\text{m})$$

比自由堰流断面半径约小14.8 m。

淹没堰流若采用单孔，则工作闸门尺寸约高16 m，净宽23.7 m太大，故进水口可改成两孔，总宽27 m，见图4-20。

以上共介绍三种溢流堰进水口方案（见图4-16(a)、图4-16(b)和图4-20），其中图4-16(b)溢流堰下游连接竖井段可以建在地下。方案的选择要通过地形地质条件、施工难度及投资大小等进行比较才能确定。

从高速水流方面来考虑，自由堰流在竖井内进行了一次消能，使起旋室和旋流洞处水流流速降低并且掺入空气，这对减轻负压和防止空蚀有利。

淹没竖井则与此向反，不仅不能在竖井内掺气消能，反而使旋流洞连接段陡坎处的负压增大。为此，为了防止空蚀和提高消能率，需在竖井的适当高程设置环形掺气坎补气。

模型试验和原型观测结果都表明，虽然设置了掺气坎，吸进了大量空气，增加了消能效果，但在旋流洞进口低压区，掺气效果不佳（掺气浓度小于2.5%）。

2. 竖井、起旋室和旋流洞的连接结构及水垫塘结构

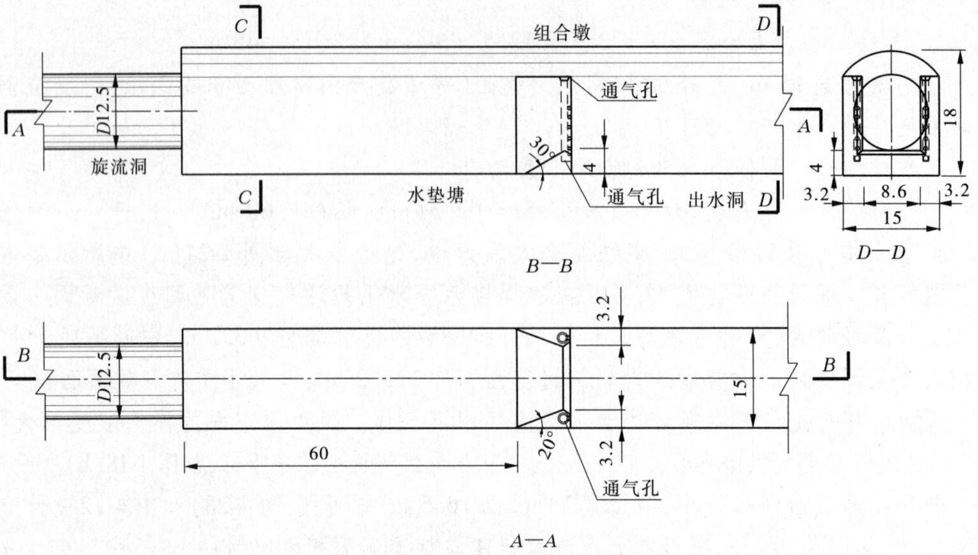

(a)水垫塘组合墩断面结构尺寸

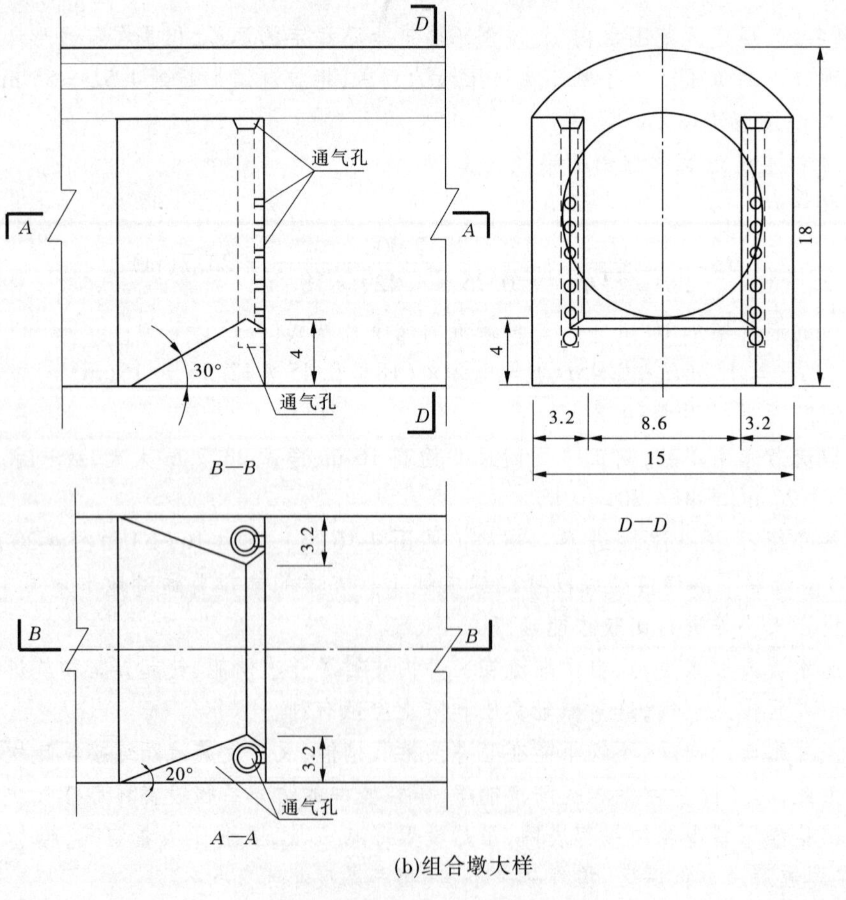

(b)组合墩大样

图 4-18　水垫塘组合墩断面结构尺寸及组合墩大样　（单位:m）

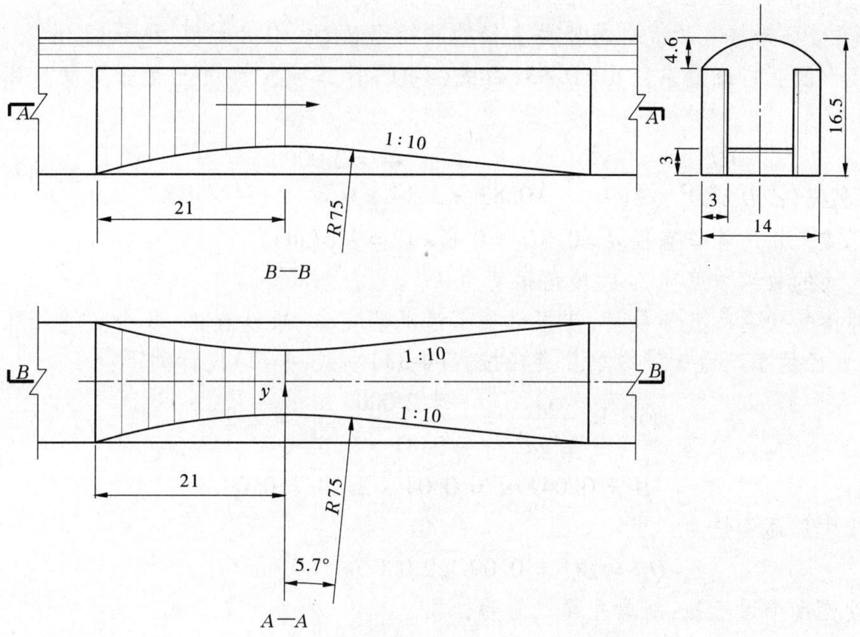

图 4-19　水垫塘采用流线形阻水墩

关于竖井、起旋室和旋流洞的连接结构及水垫塘结构尺寸与自由堰流设计基本相同。竖井直径略小一些，$D_s = 12$ m，起旋室直径 14 m，旋流洞直径 12.5 m。

3. 淹没堰流起旋室通气量

淹没堰流起旋室通气量，若竖井不设环形掺气坎，由式(4-23)计算β值：

$$\beta = 0.065Fr = 0.065 \times 4.76 = 0.31$$

$$Q_a = 0.31Q = 0.31 \times 2\ 000 = 620(\mathrm{m^3/s})$$

由此可计算出起旋室通气井直径为：

$$\phi = \sqrt{\frac{4Q_a}{60\pi}} = \sqrt{\frac{4 \times 620}{60 \times 3.14}} \approx 3.6(\mathrm{m}),取\ \phi = 3.5\ \mathrm{m}$$

若竖井设置环形掺气坎，起旋室的通气量可按自由堰流经验公式计算。

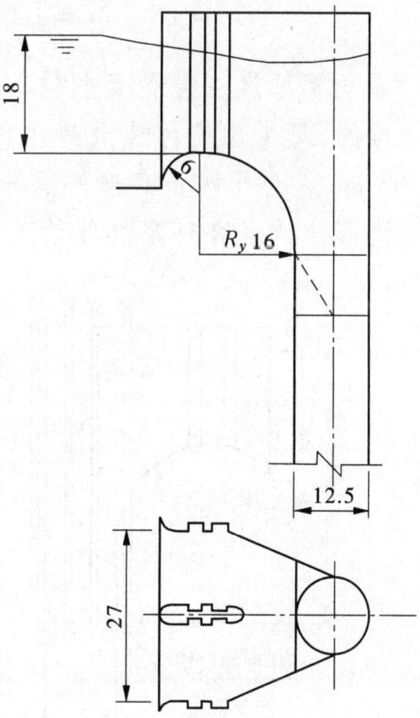

图 4-20　淹没堰流进口

因为本工程实例在起旋室上采用折流坎来消除竖井与旋流洞连接段的负压，所以在自由堰流条件下，无需在竖井上再设置环形掺气坎输气。对于淹没堰流，为了增加消能率和减小起旋室通气井的通气量，并对旋流洞连接段补充少许的空气，设置环形掺气坎是有利的。

4. 环形掺气坎的设计

本例采用淹没堰流方案进行竖井环形掺气坎的设计，其设计方法见4.6节。

首先，按环形掺气坎孔口与竖井直径的孔径比 $d/D_s = 0.8$ 计算，$D_s = 12$ m

取环形坎孔口流量系数 $\mu = 0.83$，由式(4-31)计算掺气坎坎上断面至最高库水位高程差为：

$$Z = \left[\frac{4Q}{\mu\pi(d/D_s)^2 D_s^2 \sqrt{2g}}\right]^2 = \left(\frac{4 \times 2\,000}{0.83 \times 3.14 \times 0.8^2 \times 12^2 \times 4.43}\right)^2 = 56.47(\text{m})$$

环形掺气坎的孔口直径 $d = 0.8D_s = 0.8 \times 12 = 9.6(\text{m})$

掺气坎的收缩坡度为3:1，棱角角度为95°。

竖井掺气坎通气孔的数量，要根据施工情况确定，一般设置4~8个。通气孔数量越多，单孔直径越小。通气管的单孔直径按式(4-33)和式(4-32)设计如下：

$$Frd = \frac{Q}{\sqrt{gd^5}} = \frac{2\,000}{\sqrt{9.81 \times 9.6^5}} = 2.24$$

$$\beta = 0.04Frd = 0.04 \times 2.24 = 0.09$$

掺气坎总通气量为：

$$Q_a = \beta Q = 0.09 \times 2\,000 \approx 180(\text{m}^3/\text{s})$$

若设置6个通气孔，则单孔通气量为：

$$q_a = Q_a/6 = 180/6 = 30(\text{m}^3/\text{s})$$

通气管内最大风速按60 m/s计算，则单孔通气管直径为：

$$\phi = \sqrt{\frac{4q_a}{\pi v_a}} = \sqrt{\frac{4 \times 30}{3.14 \times 60}} = 0.8(\text{m})$$

通气管可浇注在混凝土衬砌内。但像这种大管径的通气管要浇注在竖井衬砌里是比较困难的，可考虑将风速限制在80 m/s，则管径减小到0.7 m(公伯峡竖井掺气坎为5孔 ϕ0.63 m)。为了防止高速气涡流产生尖叫声，在通气管的顶端应做成喇叭形进气口。本例淹没堰流的竖井环形掺气坎的结构尺寸，见图4-21。

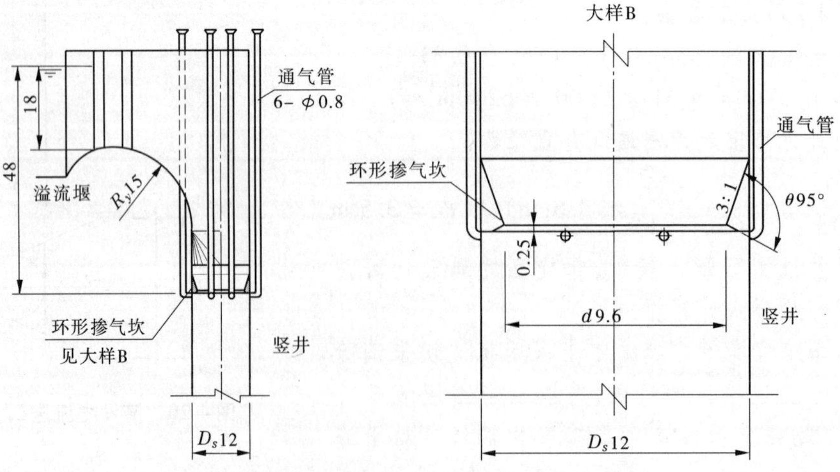

图4-21　竖井环形掺气坎的结构及通气管布置

4.8.2 工程设计举例之二

【例2】 某水库为黏土斜墙土坝，坝高80 m，库容8亿m^3。原溢洪道设计泄洪能力5 500 m^3/s，经水文资料复查，发现洪水标准较低，按PMF标准尚需增泄洪能力1 000 m^3/s。为了确保大坝安全，在比较增加坝高和增建泄洪洞两个方案后，确定采用增建非常泄洪洞方案。

堰顶高程等于水库正常水位，校核洪水位对应的堰上水头$H=4.2$ m。由于无导流洞可利用，需新开挖一条出水洞。根据地形、地质条件及减少投资的考虑，决定采用不设置闸门的喇叭形竖井－旋流泄洪洞方案。出水洞为11 m×12.5 m城门洞形断面，最高设计洪水位至竖井底板的总水头64 m，出口尾水位低于洞顶。由于城门洞断面尺寸的高宽比小于1.15，本泄洪洞按高速水流在出水洞内全程连续旋转消能进行设计。

1. 确定喇叭形堰平面半径

首先考虑自由堰流方案，向竖井自然掺气，避免发生空蚀，因此设定相对堰上水头$H/R_L=0.4$，$R_L=H/0.4=4.2/0.4=10.5$(m)，取相对堰高$P/H=0.4$，由图4-5查得$\sigma_p=0.92$，按式(4-10)计算流量系数为：

$$m=(0.507-0.136H/R_L)\sigma_p=(0.507-0.136\times0.4)\times0.92=0.416$$

对于产生立轴旋涡的喇叭形堰，流量系数取$m=0.416k=0.416\times0.95=0.395$，于是下泄流量为：

$$Q=m2\pi R_L\sqrt{2g}H^{1.5}=0.395\times2\times3.14\times10.5\times4.429\times4.2^{1.5}=993.4(\mathrm{m^3/s})$$

满足了最大设计泄流量的要求。如果流量验算结果比设计值小许多，就将H/R_L取小一些，反之流量验算结果比设计值大许多，就将H/R_L取大一些。根据H/R_L按式(4-10)计算流量系数，再计算流量，试算几次就能满足最大设计流量的要求，或者在模型试验中改变潜水起旋墩的净高也能调节流量。

喇叭形堰直径为：

$$D_L=2\times10.5=21(\mathrm{m})$$

2. 潜水起旋墩

潜水起旋墩净高(从堰顶算起)为：

$$z=0.75H=0.75\times4.2\approx3(\mathrm{m})\text{(通过试验可以调整墩的净高)}$$

堰高为：

$$P=0.4H=0.4\times4.2=1.7(\mathrm{m})$$

潜水起旋墩总高为：

$$Z=z+P=3+1.7=4.7(\mathrm{m})$$

潜水起旋墩长度为：

$$L=R_L=10.5(\mathrm{m})$$

因为喇叭形堰只产生立轴旋涡，起旋墩长度可以取短一些：$L=10$ m。

3. 竖井直径

按式(4-12)计算，竖井直径为：

$$D_s = 0.28\sqrt{Q} = 0.28 \times \sqrt{1\,000} = 8.85(\text{m})，取 D_s = 9\ \text{m}$$

4. 确定喇叭形堰断面椭圆曲线的长、短半轴：

椭圆短半轴：$b = R_L - D_s/2 = 10.5 - 4.5 = 6(\text{m})$

椭圆长半轴：$a = 2.5b = 2.5 \times 6 = 15(\text{m})$

于是环形溢流堰断面曲线方程为：

$$\frac{x^2}{15^2} + \frac{y^2}{6^2} = 1$$

溢流堰的顶点与半径 $r = 0.1D_s \approx 1$ m 的小圆弧切线连接，为喇叭形堰外缘（喇叭形堰外圆弧直径 23 m）。

5. 起旋室与旋流洞直径

按式(4-13)计算旋流洞直径为：

$$D = \left(\frac{D_s}{Z}\right)^{0.02}\left(\frac{Q^2}{g}\right)^{0.2} = \left(\frac{9}{64}\right)^{0.02}\left(\frac{1\,000^2}{9.81}\right)^{0.2} = 9.65(\text{m})$$

取 $D = 10$ m，要求新开挖的出水洞衬砌直径按 $D = 10$ m 设计。

起旋室直径为：$D_q = 1.1D = 1.1 \times 10 = 11(\text{m})$，$R_q = D_q/2 = 5.5$ m

6. 竖井与起旋室连接结构

按式(4-16)～式(4-21)依次计算：

竖井与起旋室的轴间距为：

$$\Delta = 0.35D_q = 0.35 \times 11 \approx 3.8(\text{m})$$

椭圆曲线与起旋室的轴间距为：

$$K = 0.9D_q = 0.9 \times 11 \approx 10(\text{m})$$

椭圆短半轴为：

$$b = \Delta + D_s/2 = 3.8 + 4.5 = 8.3(\text{m})$$

椭圆长半轴为：

$$a = \sqrt{\frac{b^2(K^2 + b^2 - R_q^2)}{b^2 - R_q^2}} = \sqrt{\frac{8.3^2 \times (10^2 + 8.3^2 - 5.5^2)}{8.3^2 - 5.5^2}} = 15.72(\text{m})$$

$$C = 0.23D_q = 0.23 \times 11 \approx 2.5(\text{m})$$

按式(4-21)计算涡室进口宽度为：

$$W = b\sqrt{1 - (K - \sqrt{R_q^{\ 2} - C^2})^2/a^2} - C = 8.3 \times \sqrt{1 - (10 - 4.9)^2/15.72^2} - 2.5 = 5.33(\text{m})$$

竖井与起旋室连接结构的详细尺寸见图 4-22*B—B* 剖面。

由于出水洞直径略大于旋流洞直径，同时城门洞形断面的高宽比小于 1.15，故旋流洞通过 1∶6 的扩散坡的渐变段与出水洞连接。在距旋流洞末端下游 100 m 处浇注自掺气的边墩形成长的水垫塘，高速旋转流在水垫塘内强力的紊动剪切作用下，消耗大量能量，在边墩下游形成比较稳定的明流流态。

边墩的结构设计见图 1-24(b)。为了增加消能率，水垫塘末端也可以采用组合墩或分散组合墩取代边墩（参考图 1-24(b)、(c)设计）。

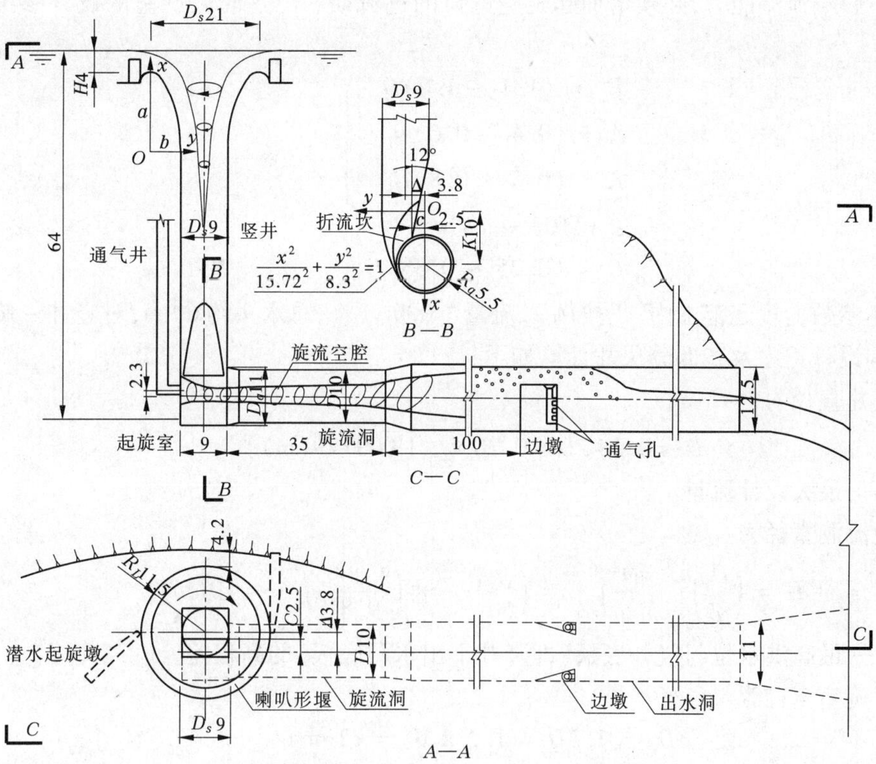

图 4-22　喇叭形堰竖井 - 旋流泄洪洞

本例起旋室的连接结构仍然比较复杂，为了取消涡室内顶导流坎，可以保持 $D_q = 11$ m 不变，增加 Δ 和减小 K 值，按 4.9 节式(4-35)如取 $\Delta = 0.5D_q$ 和 $K = 0.64D_q$，这时椭圆曲线同涡室圆弧的切点坐标为 $x = a, y = 0$，椭圆长半轴 $a = k + D_q/2$，请读者自行设计。

4.9　竖井 - 旋流泄洪洞研究的遗留问题和解决办法

竖井 - 旋流泄洪洞研究的遗留问题指：如何在消除旋流洞进口连接段负压的同时也能消除起旋室顶部导流坎末端的负压。

旋流洞进口连接段的负压可以通过设置折流坎消除(详见 5.1.2 节)，但是，通过原型观测发现，起旋室导流坎处存在负压涡并产生空化噪声，见 7.2.5.3 节，这个问题到目前为止尚没有研究解决。要想消除该处的负压，只有去掉导流坎(导流坎的作用是，使竖井与起旋室两股水流的交汇角减小，防止出现壅水现象，影响泄流能力)，并在起旋室进口的井壁上设置折流坎。因为折流坎能使水流偏转，使其与起旋室旋流的交汇角减小一些。因此，如果在设置折流坎的同时，又加大竖井收缩段与涡室连接的夹角，就可以去掉导流坎。

5.1.2 节中的模型试验资料表明，当竖井与起旋室的收缩连接坡角 θ 大于 10°时，旋流洞进口 ac 段的负压有明显的减小。这是由于竖井入流和起旋室的旋流交汇角减小，以及起旋室的旋转角动量增大所致。但坡角 θ 变大会使得泄流量减少。

为了不影响泄流能力，必须增加起旋室进口的过流面积。这时起旋室的设计参考式为：

$$\left.\begin{aligned} D_q &= (1.1 \sim 1.2)D_q \\ \Delta &= (0.4 \sim 0.6)D_q \\ K &= (0.5 \sim 0.8)D_q \\ \theta &= 10° \sim 14° \\ C &= (0.25 \sim 0.35)D_q \end{aligned}\right\} \tag{4-35}$$

在上述参数的规定范围内，仍按例2，流量1 000 m^3/s，总水头约60 m，对竖井－旋流泄洪洞结构设计程序及各部分尺寸计算如下：

(1)竖井直径为：

$$D_s = 0.28\sqrt{Q} = 0.28 \times \sqrt{1\,000} \approx 9(\mathrm{m})$$

式中 Q——最大设计流量。

(2)旋流洞直径为：

$$D = \left(\frac{D_s}{Z}\right)^{0.02}\left(\frac{Q^2}{g}\right)^{0.2} = \left(\frac{9}{60}\right)^{0.02} \times \left(\frac{1\,000^2}{9.81}\right)^{0.2} \approx 10(\mathrm{m})$$

式中 Z——最高洪水位与竖井底板(即竖井下出水洞底板)的高程差。

(3)起旋室直径为

$$D_q = 1.2D = 1.2 \times 10 = 12(\mathrm{m})$$

上述(1)~(2)计算的竖井与旋流洞直径和4.8.2节的相同，没有改变。将起旋室直径增至12 m，竖井下部的一侧边壁采用收缩坡与起旋室连接，收缩坡与垂线夹角 $\theta = 11°$。以下是起旋室的其他连接结构按式(4-35)设计计算(参看图4-23A—A剖面)：

(4)起旋室与竖井轴的偏心距(即竖井与起旋室两中轴线间距)为：

$$\Delta \approx 0.5D_q = 0.5 \times 12 = 6(\mathrm{m})$$

(5)确定椭圆曲线中心 O 与起旋室圆心的间距为：

$$K \approx 0.6D_q = 0.6 \times 12 = 7.2(\mathrm{m}),\text{取} K = 7\ m$$

(6)确定椭圆曲线长、短半轴 a 和 b 尺寸：

短半轴：$b = \Delta + R_s = 6 + 4.5 = 10.5(\mathrm{m})$($R_s = D_s/2 = 9/2 = 4.5(\mathrm{m})$为竖井半径)

长半轴：$a = \sqrt{10.5^2(7^2 + 10.5^2 - 6^2)/(10.5^2 - 6^2)} = 13.53\ \mathrm{m}$($R_q = 6$ m为起旋室半径)

由于切点坐标值 $x = \dfrac{a^2K}{a^2 - b^2} = \dfrac{13.53^2 \times 7}{13.53^2 - 10.5^2} = 17.6(\mathrm{m}) > a$，不相切，故取椭圆长半轴 $a = K + R_q = 7 + 6 = 13\ (\mathrm{m})$，短半轴仍为 $b = 10.5$ m。

(7)竖井收缩段终点与椭圆 x 轴的水平间距为：

$$C = 0.27D_q = 0.27 \times 12 = 3.2(\mathrm{m})$$

按式(4-21) $W = 7.2$ m。

起旋室进口面积为：

$$A = WD_s = 7.2 \times 9 = 64.8(\mathrm{m}^2)$$

式中　D_s——竖井直径。

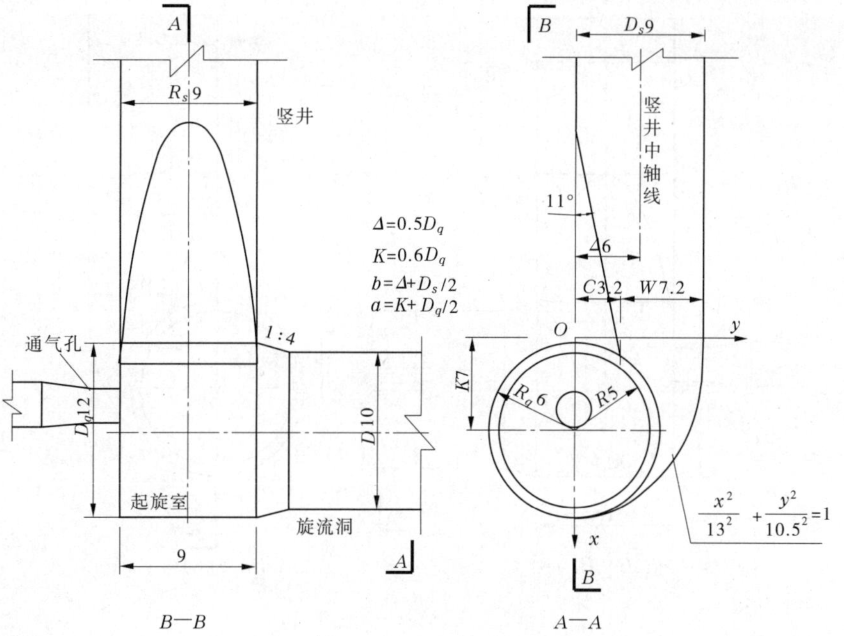

图 4-23　起旋室无导流坎的竖井 - 旋流泄洪洞设计

图 4-23 是例 2 工程按起旋室不设置导流坎和折流坎的竖井 - 旋流泄洪洞设计。同原设计比较可以看出,起旋室进口宽度由 5.33 m 增至 7.2 m,明显地使泄流能力增加,同时起旋室进口的入流同旋转流的交汇角也减小,能够消除起旋室进口陡坎的负压。从图 4-23中 A—A 可看出,要想去掉起旋室的导流坎和折流坎,除适当地增加起旋室直径外,必须增加竖井与起旋室的轴间距 Δ 和减小椭圆与起旋室的中心距 K。

扩大起旋室直径并不会增加工程量,因为起旋室的直径和导流洞断面尺寸相当,其长度等于竖井直径。起旋室直径增大还有一个好处,即可以采用收缩段与旋流洞连接,有利于提升旋流洞进口陡坎区的压力,这样就不需要再设置折流坎来消除负压。

除此之外,还有一种措施可解决由于竖井收缩角增大引起流量减少的问题:增加沿纵轴方向的起旋室宽度,即从竖井收缩断面起点开始,在旋流洞纵轴方向向下逐渐扩大,直到椭圆曲线坐标 O 断面为止,由 9 m 增加到 10.5 m(或其他值,根据计算确定),这样可以增大起旋室进口过流面积,具体详见图 4-24B—B 剖面。

现在关心的问题是,竖井 - 旋流泄洪洞的连接结构究竟按 4.4 节设计还是按 4.9 节设计? 这个问题回答是,按 4.9 节设计比较好。而按 4.4 节的计算和设计结构比较复杂一些,但是以前是结合公伯峡旋流泄洪洞许多模型试验方案获得的一些资料做出的结果。其中旋流洞进口的负压问题已采用第 7 章图 7-10 的方案或设折流坎的技术措施得到了基本解决。但是,由于起旋室均设置导流坎,对导流坎的旋涡负压和空化问题没有研究,对于旋涡空化气泡是否会脱离导流坎和起旋室壁面,或者是否会引起结构物空蚀,目前尚不清楚,有待公伯峡旋流泄洪洞多次放水后,经过检查才能解开这一难题。

由于当时无旋流泄洪洞工程的试验研究资料和研究水平有限,再加上设计单位限定

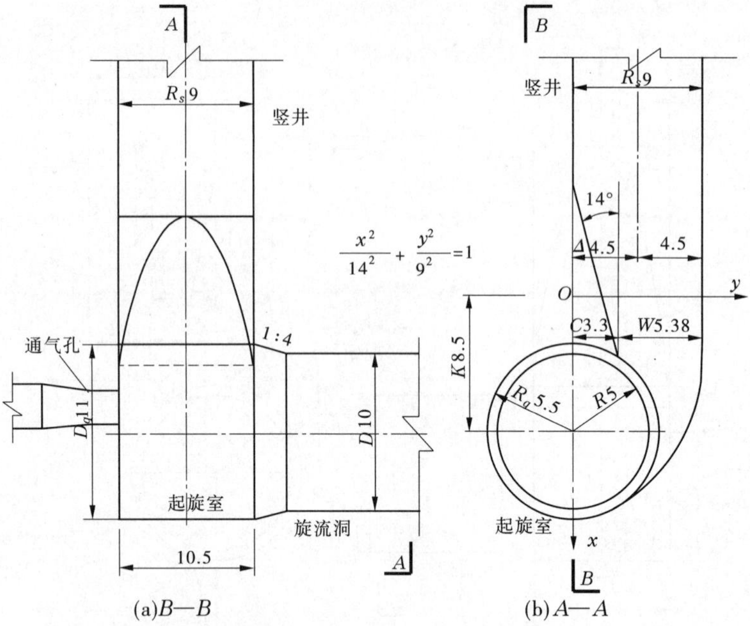

图 4-24　起旋室无导流坎的竖井 - 旋流泄洪洞设计(扩大起旋室轴向宽度)

了模型试验内容,如强调起旋室和旋流洞要加钢衬(最终并没有加钢衬),不能对模型结构有较大的改变等,因此走了不少弯路,花费了大量试验研究时间,最终才提出图 7-10 的推荐方案。推荐的设计方案通过原型观测成果证明是可行的,但并不是优化的研究方案。

后来经过多年的思考分析认为:起旋室无导流坎的图 4-23(D_q 增至 12 m)的连接结构可能是最佳设计选择,但缺乏模型试验的验证。如果读者有机会接受旋流泄洪洞工程试验任务,不妨按此方法进行模型试验,通过改进和创新研究出更完善、更经济和更可靠的结构体型。详细改进设计方案请参看 7. 2. 8 节的后公伯峡竖井 - 旋流泄洪洞总体结构优化设计。

第5章　竖井－旋流泄洪洞水力特性及简要理论计算

竖井－旋流泄洪洞总体水流运动过程是，水库水流经进水口流入竖井，通过下部起旋室进行旋转运动，在平洞内形成带有空腔的螺旋流，再以旋转扩散的流态进入水垫塘，进行强力的气水掺混消耗大量能量，最后水流经阻水墩又一次产生旋涡紊动，流入下游出水洞及河道。这种洞内旋流加水垫塘的联合消能方式，是提高消能率最有效的组合，是为黄河公伯峡水电站右岸泄洪洞提出的结构体型。

竖井－旋流泄洪洞各段的流态和水力特性与竖井进口及泄洪洞出口是否是自由流或淹没流有密切关系，下面将自由堰流和淹没堰流两种进水口及其连接结构分开介绍。前者主要介绍自由堰流及尾水低于洞顶的明流泄洪洞水力特性，并且重点指出一些常见的水力学问题和对其解决办法；后者对淹没堰流低尾水位和高尾水位泄洪洞的水力特性进行简略说明，最后简要介绍竖井－旋流泄洪洞泄流能力理论计算方法。

5.1　自由堰流

5.1.1　进水口形成自由堰流的条件和竖井水力学问题

5.1.1.1　单孔圆形溢流堰断面体型和流量系数

在第4章里已经提到，通常溢流堰采用圆形截面即可满足泄流能力的要求，只要堰上水头 H 与堰顶至竖井轴间距 S 之比满足 $H/S \leqslant 0.5$，就会形成自由堰流。自由堰流是指竖井将出现低于堰顶的自由水面。这时如果溢流堰流道无收缩，则堰流的流量系数主要取决于主溢流堰截面半径 R_y、前缘小圆弧半径 r、相对水头 H/S 和相对堰高 P/H 的大小。按常理主溢流堰截面半径越大，流量系数 m 值越小，但是通过试验研究证明前缘小圆弧半径的大小也对流量系数有较大的影响。

对进水口不收缩的圆形截面溢流堰，形成自由流条件的一种溢流堰截面设计方案为：$H/S \leqslant 0.5$，$r/R_y \leqslant 0.2$，$P/H = 0.25 \sim 0.50$，相应的流量系数 $m = 0.45 \sim 0.46$。按此原则设计的溢流堰能形成自由堰流，并能向竖井掺入空气。

对于自由堰流进水口，因流量系数较大，若堰上水头较高，通常进水口宽度不大于竖井直径。

5.1.1.2　复合溢流堰

复合溢流堰指溢流堰圆弧截面下游连接反弧段，再用圆弧同竖井相切连接，设计要求 $H/S < 0.4$。此种方案可使溢流堰截面半径减小，过堰水流变成完全自由堰流流态，可掺入大量空气。

当堰截面采用 WES 标准型和 $P/H\approx0.5$ 时，流量系数 $m\approx0.46$。例如：印度特里水电站左岸竖井－旋流泄洪洞的进水口就是采用复合溢流堰，溢流堰采用实用堰，堰高 10 m，堰顶至竖井轴距约 75 m，堰上水头 20 m，$H/S=0.27$，$P/H\geqslant0.5$，根据下泄量 1 900 m^3/s和堰宽 10.5 m，推算得流量系数 $m\approx0.46$。关于 WES 标准型堰的详细结构和流量系数请查阅《水力学手册》。

5.1.1.3　自由堰流水力学问题

溢流堰与竖井进口连接段存在两大水力学问题，即水面波动问题和负压问题。

1）水面波动问题

溢流水流与竖井墙壁交汇处激起水面波动。

2）负压问题

在溢流堰断面的中下部出现较大的负压，同时在竖井的下游壁面也出现负压。对于复合曲面溢流堰，在竖井进口段同样产生较大的负压。

现以公伯峡泄洪洞为例予以说明。起初设计溢流堰断面半径 $R_y=20$ m，竖井直径 9 m。在校核洪水工况运行时，堰上水头 $H=16$ m，堰顶与竖井轴间距 $S=24.5$ m，$H/S\approx0.65$，属于自由堰流与淹没堰流的过渡流态，溢流堰壁面全部为正压，水面波动较大。在设计洪水工况运行时，堰上水头 13 m，$H/S\approx0.53$，为自由堰流流态，在溢流堰中下部 A 区出现负压，图 5-1(a)中 $4^{\#}$和 $6^{\#}$测点的负压水头分别为 6 m 和 9 m，接近气化压力，B 区也出现负压，但略小一些。

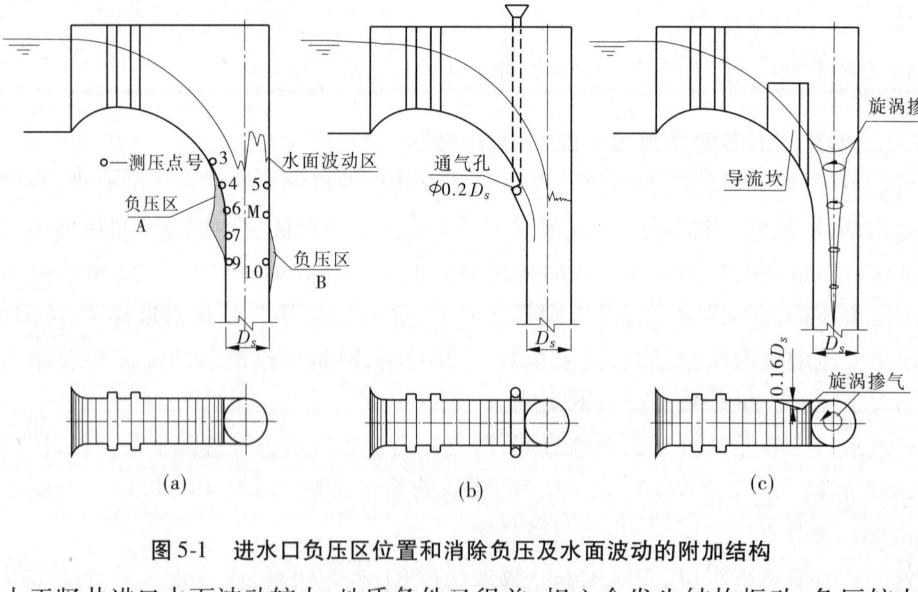

图 5-1　进水口负压区位置和消除负压及水面波动的附加结构

由于竖井进口水面波动较大，地质条件又很差，担心会发生结构振动；负压较大可能会引发空蚀，导致结构物的破坏。因此，必须减小水面波动和消除负压，确保工程安全。

5.1.1.4　自由堰流流态下减小负压和水面波动的措施

自由堰流进水口存在的负压和水面波动两大水力学问题可以采取如下两种工程措施来解决：

(1)在溢流堰下游壁面上设置通气槽,两边墙开通气孔,见图 5-1(b)。试验结果显示,通气孔向溢流堰面掺气只能控制在 A 区不出现较大的负压、防止壁面发生空蚀,而不能向竖井中 B 区补气。B 区也需要设置掺气坎来解决负压问题。试验还发现,在校核洪水工况下,设置在溢流堰面的掺气槽充满水,掺气失效。

(2)在溢流堰的一边墙上设垂直导流坎。导流坎截面为不等边三角形,其顶点厚度为 0.16D_s(D_s 为竖井直径),见图 5-1(c)。导流坎的作用是,当水流经过坎的迎水坡面时使其主流方向偏转,在竖井进口形成一立轴旋涡,在旋流离心力的作用下使压力增加。应注意,要想形成旋涡,竖井进口的下游壁面必须保持圆形截面不变。

根据公伯峡堰流进水口堰半径 $R_y = 17$ m 的模型试验结果,在设计洪水工况运行下,溢流堰全部为正压。如 A 区(见图 5-1(a))3#、4#、6#、7#和 9#测压点的压力水头分别为 2.8 m、4.4 m、4 m、7.2 m 和 4 m;B 区 5#、M#和 10#测压点的压力水头分别为 16 m、1.53 m 和 7.6 m。这表明设置垂直导流坎能在消除溢流面负压的同时,也消除了竖井壁面的负压(注:M#是借用脉动压力传感器测点的读数)。

为了查明导流坎对竖井进口段的水动力作用,进行了专门的脉动压力试验。图 5-2 是在溢流堰一边墙设置垂直导流坎,在设计洪水工况下,竖井进口段脉动压力特性。从图 5-2中的图表中可看出,在旋涡流作用下,5#和 8#测点的压力水头最大,相应脉动标准差值也大一些;导流坎下 4#和 7#测点皆为正压;只有接近水面的 6#测点出现很小的负压。所有测点的脉动主频率都小于 0.05 Hz,不会引起结构物共振。总的来看,脉动标准差值皆较小,表明导流坎的立轴旋涡不仅消除了负压,也改善了竖井中水面波动现象,并且吸进大量空气输送到竖井内。

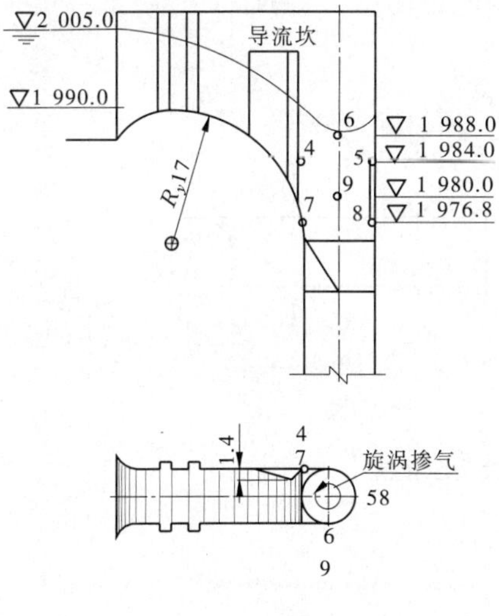

设导流坎堰上水头 15 m

竖井进口脉动压力特性

测点号	时均压头(m)	脉动压力标准差(m)	脉动压力主频率(Hz)
4	0.12	0.78	0.016
5	7.59	1.53	0.008
6	-0.07	0.34	0.016
7	0.94	1.49	0.040
8	10.52	2.39	0.048
9	4.81	1.15	0.008

图 5-2　竖井进口段脉动压力特性

需要注意的是,当进水口采用弧形闸门时,导流坎的高度设置要低于弧形门支臂以下,不得妨碍弧形闸门的正常运行。

关于竖井进口产生立轴旋涡是否会影响泄流能力问题,回答是不会的。这是因为:

①旋涡发生在溢流堰的下游,竖井进口自由流不会改变流量系数;②在竖井直径的计算公式中已经考虑到了旋涡的影响,不发生壅水现象就不会减小泄流能力。例如图5-2在同一溢流堰和库水位条件下,设置和不设置导流坎的流量试验结果皆为996.9 m^3/s,过堰流量没有变化。

5.1.1.5 复合堰自由流态下减小负压和水面波动的措施

上述简单溢流堰,按满足 $H/S \leqslant 0.5$ 自由堰流条件下设计,可能因溢流堰断面半径太大,施工困难,这时可根据有利的地形地质条件采用复合溢流堰。

复合溢流堰由溢流堰下接反弧段再接直线斜坡(或圆弧)同竖井连接,斜坡渠道可长可短,通常要求满足:$H/S < 0.4$。在与斜坡(或圆弧)连接的竖井进口段同样会产生很大的负压。可以采取第4章图4-7的防蚀措施,在靠近竖井的溢流堰下游一边墙设置垂直导流坎或在底板上浇注折流坎(见图5-3),既能减轻负压,又能掺入大量空气,可以防止溢流堰与竖井连接段处发生空蚀。

若溢流堰与竖井连接段修建在地下岩层内,需在竖井顶部设置通气井(见图5-4),这时也采用图5-3措施,向竖井掺气消减连接段负压。

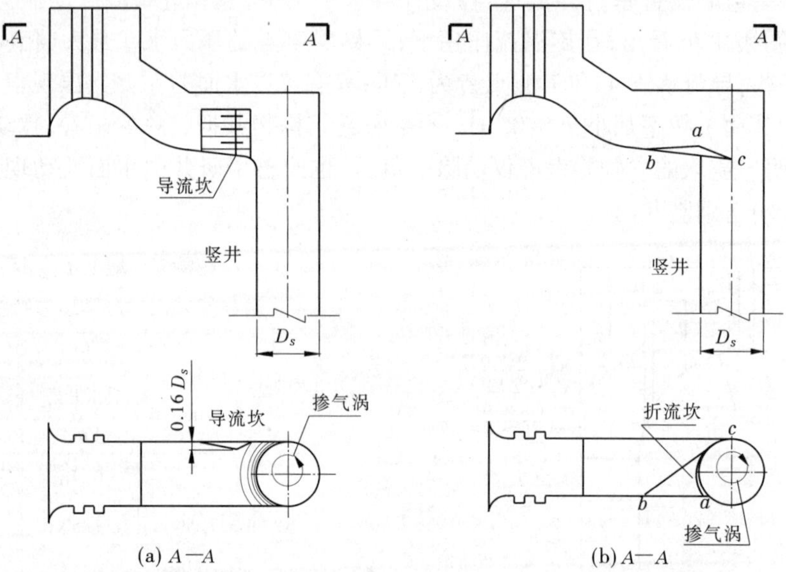

图5-3 复合曲面溢流堰消除负压措施

5.1.2 竖井与旋流洞连接段负压问题

高速水流在起旋室和旋流洞内作强力旋转运动,产生离心力使起旋室和旋流洞压力升高,不会发生空蚀,但是在起旋室进口段水流从竖井转向旋流洞过程,恰好穿过旋流洞进口断面 LA 长的陡坎段,发生水流与固壁边界分离产生负压(见图5-5),其中最大负压能降到气化压力以下。如果不采取有效的工程措施消除负压,结构物很可能遭受到空蚀破坏,这是竖井-旋流泄洪洞存在的最关键的空化水力学问题。

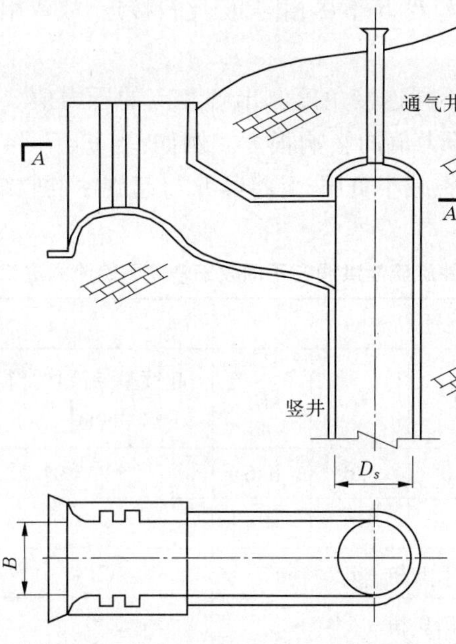

图 5-4　溢流堰布置在半地下

为了能确保工程安全不发生空蚀破坏，解决竖井与旋流洞连接段的负压问题必须同时采取以下三种措施：①优化竖井与起旋室连接结构（参看 4.9 节图 4-23），在不影响流量的情况下增加连接角度 θ，加大水流旋转强度；②向旋流洞进口陡坎区输气；③利用折流坎消除负压。其中优化竖井与起旋室连接结构或设折流坎是消除负压的治本方案。

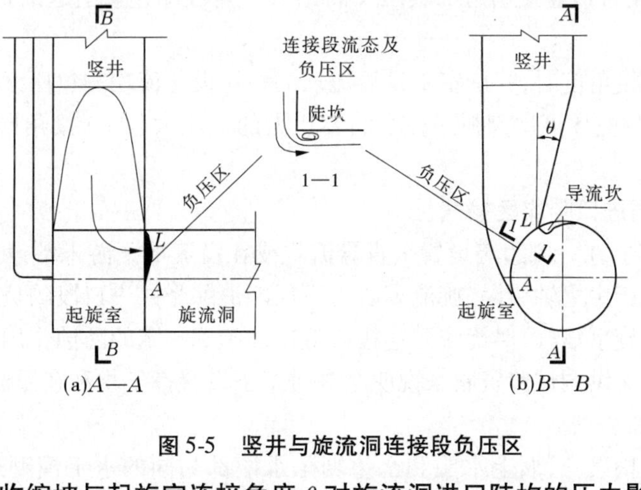

图 5-5　竖井与旋流洞连接段负压区

5.1.2.1　竖井收缩坡与起旋室连接角度 θ 对旋流洞进口陡坎的压力影响

竖井收缩坡与起旋室连接角 θ（见图 5-5(b)）对 AL 段的压力有较大的影响。

例如：总水头 100 m 左右、出水洞为无压流情况下，当收缩角 $\theta \leq 9.3°$ 时，AL 段出现了负压；当收缩角 $\theta < 8°$ 时，产生的负压就会低于气化压力而引起结构物的空蚀。

表 5-1 为公伯峡竖井－旋流泄洪洞在不同收缩角 θ 下旋流洞进口段压力水头。其

中,各模型的测点编号 D、E、F、G、H 不尽相同,但比较接近,故皆用相同的符号(测点布置见图 5-6(a))。

表 5-1 列出了采用几种不同连接角度测出各测点的压力值。从中可以明显看出,收缩连接角对 AL 陡坎段动水压力值的影响很大。例如:当 $\theta = 7.44°$时,$D \sim H$ 五个测点基本上都出现了气化压力。要想减小负压,可将竖井与起旋室的收缩连接角度增加到 9.5°以上。

表 5-1　公伯峡竖井旋流泄洪洞在不同收缩角 θ 下旋流洞进口段压力水头　(单位:m)

θ(°)	测点号					说明	
	D	E	F	G	H	起旋室导流坎半径 r(m)	起旋室与旋流洞连接方式
9.5	6.4	2.8	4.0	3.0	5.6	2.5	直接连接
9.5*	3.5	2.7	1.9	2.7	4.4	2.5	直接连接
9.26	两点负压:-1.1 和 -0.9					2.4	直接连接
9.26	两点负压:-7.0 和 -7.0					0	直接连接
8.4	-0.6	-1.6	0.8	-1.2	2.0	2.8	收缩连接
8.4	最大负压:-5					2.4	收缩连接
7.44	-10	—	-10	-10	-10	2.5	直接连接

注:*—文献[44]试验资料。

从表 5-1 中还可以看出,起旋室与旋流洞采用直接连接要比收缩连接引起的负压值大。如采用 9.26°角直接连接引起的负压反而比 8.4°角收缩连接引起的负压值大就是这个原因。

还有在相同连接角度时,起旋室不设导流坎的要比设导流坎的负压大(如表 5-1 中两个 9.26°的压力),相应导流坎圆弧半径小的要比大的负压大(如连接角同为 8.4°角的两组的压力)。

5.1.2.2　向旋流洞进口陡坎区输气

5.1.2.1 已提到,在一侧边墙设置垂直导流坎或在溢流堰下游末端设置折流坎,使竖井进口自由水面上产生立轴旋涡,旋流离心力不仅能消除竖井进口段的负压,而且自然吸入空气向竖井和起旋室输气,对旋流洞连接段低压区起到一定的防蚀作用。

下面以公伯峡泄洪洞试验资料来说明竖井进口下设置掺气坎和在溢流堰一侧墙设置导流坎的掺气效果。

采用溢流堰结构尺寸、堰上水头和水垫塘阻水墩都相同的水工模型进行对比试验。在竖井上设环形掺气坎时,校核洪水位工况下下泄流量为 1 090.8 m^3/s,相应起旋室盲端通气孔的通气量为 287 m^3/s,$Q_a/Q = 0.263$,在旋流洞进口负压区附近掺气浓度为 2.4% ~3.0%;而在溢流堰侧墙设垂直导流坎时,校核洪水位工况下泄流量为 1 165 m^3/s,相应的起旋室通气孔的通气量为 147.6 m^3/s,$Q_a/Q = 0.127$,旋流洞进口低压区附近掺气浓度为 5.5% ~11.4%。试验成果表明,两种掺气措施均能向旋流洞低压区输气,但后者效果更好一些。

根据上述两个试验成果的对比可看出:在溢流堰下游一侧墙设置垂直导流坎的掺气效果较好,它不仅将大部分空气补给起旋室,同时将部分空气有效地输送到旋流洞进口负压区,可防止结构物发生空蚀。而竖井设置环形掺气坎补给旋流洞进口段的掺气量相对要少,并且环形掺气坎和通气管道等工程结构复杂,施工困难。

5.1.2.3 在竖井与起旋室连接处设置折流坎

在起旋室进口上部靠近旋流洞一侧的竖井壁面上设置折流坎是相当有效的消除负压措施。关于折流坎的布置和结构尺寸详见图 4-10,这里不再重述。下面举例说明旋流洞连接段负压现象和采用折流坎消除负压的效果。

在公伯峡水电站的竖井-旋流洞模型试验中发现,旋流洞进口连接段的负压很大,除扩大竖井与起旋室的收缩角度外(在不影响泄流能力的前提下),采取各种措施都没有消除负压,后来研究出一种折流坎解决了此问题。

图 5-6(b)*B—B* 剖面中 *LA* 段为低压区,*abc* 为折流坎斜面(*a* 点垫厚 1.6 m,从 *a* 点分别至 *b* 点和 *c* 点厚度逐渐变零)。图中 *A—A* 剖面分别在旋流洞进口陡坎上和折流坎上分别布置 *A*~*L* 和 1~5 测压孔。为了检验折流坎消除负压的效果,分别对设置和不设置折流坎,在校核和设计两种洪水工况下进行了试验,试验结果见表 5-2。从表中可看出,在相同的试验条件下,不设置折流坎时在校核工况 *D*、*F*、*G* 和 *H* 四个测点的压力都降到气化压力,设计工况的负压降到 -7.2 m 水柱高,而设置折流坎时全部为正压,最小正压 3.6 m,在折流坎上也布置了 1~5 个测压孔全部为正压,这表明设置折流坎对防止旋流洞段产生负压是非常有效的。

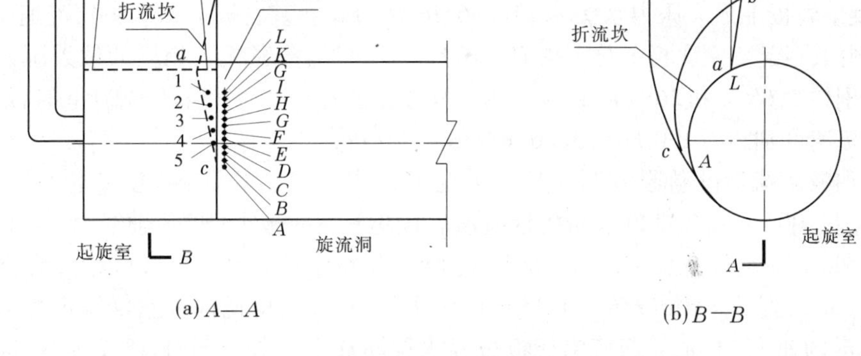

图 5-6 旋流洞进口连接段折流坎和测压孔布置

表 5-2 设置和不设置折流坎时旋流洞进口连接段压力水头 （单位:m）

测点位置	测点号	设置折流坎压力水头		不设置折流坎压力水头	
		设计水位	校核水位	设计水位	校核水位
折流坎段	1	10.8	4.8	—	—
	2	9.6	12.0	—	—
	3	6.4	9.6	—	—
	4	3.2	7.2	—	—
	5	1.6	2.8	—	—
旋流洞进口连接段	*A*	7.2	9.2	27.2	28.4
	B	6.4	3.6	11.2	22.8
	C	10.0	10.4	3.2	4.8
	D	15.6	19.6	0.2	-10
	E	17.6	21.6	5.6	—
	F	20.5	26.4	1.2	-10
	G	18.8	22.8	-1.6	-10
	H	17.6	23.2	-7.2	-10
	I	18.0	22.4	5.2	15.2
	J	16.8	21.2	10.0	15.2
	K	17.2	21.6	13.3	17.2
	L	20.4	22.4	16.2	22.0

5.1.3 起旋室底板最大压力、合成速度及脉动压力标准差

根据公伯峡和印度特里两旋流泄洪洞模型试验资料整理结果，在单孔自由堰流条件下，起旋室底板上最大压力水头 $p/\gamma \approx 0.65H$（H 为起旋室底板上总水头），流速系数 $\varphi \approx 0.6$。例如，当起旋室底板上总水头 $H \approx 100$ m 时，起旋室底板上相应的最大压力水头和流速分别约为 65 m 和 26.6 m/s，脉动压力标准差值 $\sigma \approx 5.5$ m；当 $H \approx 200$ m 时，最大压力水头和流速分别约为 130 m 和 37.6 m/s，$\sigma \approx 5.0$ m。

公伯峡旋流泄洪洞原方案在校核工况下合成速度试验资料：起旋室半径 $R = 5.5$ m，总水头 100 m，竖井进口水面接近堰顶。在起旋室底板上（竖井轴线处）合成速度的测量结果是：在起旋室水层深 $Z = 2.1$ m 测点（相对半径 $r/R = 0.62$）以上，流速趋近一常量 33 m/s；到 $Z = 3$ m（$r/R = 0.45$）时，由于出现气泡，皮托柱流速仪停止测速。距底板 0.5 m 的速度 21 m/s，起旋室底板边界水层厚 0.3 m 处的流速 15.2 m/s，具体测量结果详见图 5-7曲线和表。按边界水层厚 0.3 m 以上实测速度计算的平均合成速度为 27 m/s。

Z(m)	r/R	v(m/s)
3	0.45	出现气泡
2.7	0.51	32.85
2.4	0.56	32.29
2.1	0.62	33.24
1.8	0.67	31.32
1.5	0.73	26.07
1.2	0.78	24.72
0.9	0.84	23.83
0.6	0.89	23.42
0.3	0.95	15.22
0	1	0

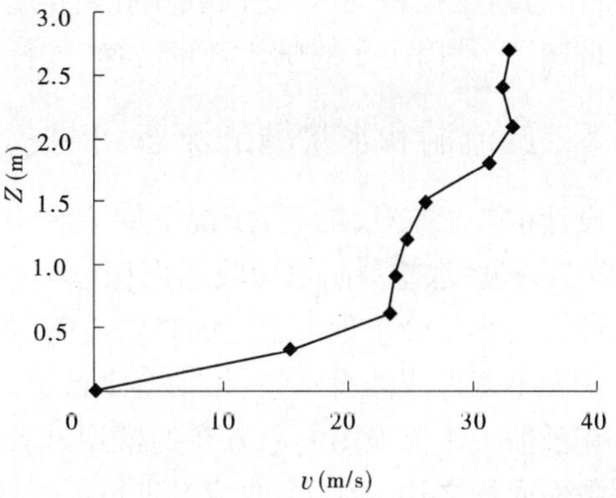

图 5-7　公伯峡校核工况起旋室合成速度分布

5.1.4　旋流洞合成流速和脉动压力标准差

距竖井轴线下游 40 m($L=3.6D$)处,旋流洞底板上合成速度分布曲线与起旋室速度分布类似。当旋流洞底板水层深大于 0.8 m 时,采用皮托柱流速仪测得合成速度 30 m/s,速度矢量与水平夹角 45°,测到水深 1.5 m 时出现气泡停止测速。边界水层深度 0.3 m 处的流速 6.21 m/s,见图 5-8 中的曲线和表。

Z(m)	r/R	v(m/s)
1.5	0.73	出现气泡
1.2	0.78	30.1
0.9	0.84	30
0.6	0.89	24.93
0.3	0.95	6.21
0	1	0

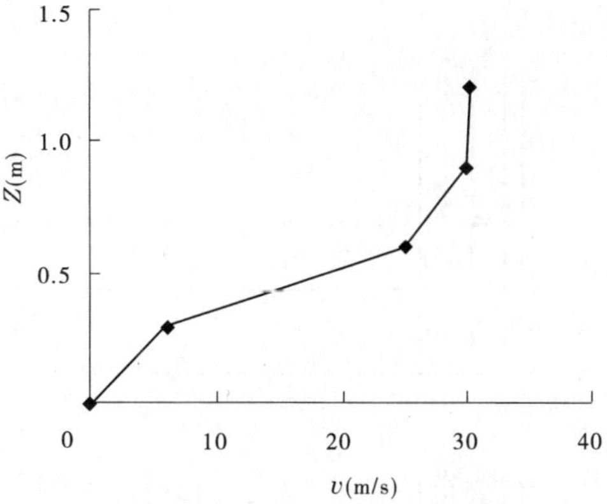

图 5-8　旋流洞合成速度分布

从这两个图表可看出,旋转流经过 40 m 直线距离,其边界水层 0.3 m 厚度处的流速从起旋室处 15.2 m/s 降到旋流洞处 6.21 m/s,减少了 9 m/s。这表明螺旋流的沿程摩阻损失对降低边界层速度非常有效,为防止结构物空蚀创造了有利的条件。按边界水层厚度 0.3 m 以上的实测速度计算的平均值为 22.8 m/s。

在起旋室底板上的脉动压力标准差值最大为 $\sigma\approx5.5$ m。

为了减轻流速探头对水流的干扰,上述流速是采用两只不锈钢管(外径 1.5 mm)焊接在一起的皮托柱量测的。皮托柱顶部封死,在靠近封口断面的前后各打一个 ϕ 1 mm 的小孔,作为动压孔和“静压”孔,动压孔对准螺旋流的流线方向,皮托柱的下端连接透明的有机玻璃管,利用两孔的压差测量流速,皮托柱流速系数率定为0.81。

5.1.5 旋流洞和水垫塘的流态问题

设计中要求在任何运行工况下旋流洞均应保持稳定的空腔旋转流流态。为此,在第4章曾提到过,水垫塘阻水墩收缩面积(即过流面积)应大致等于旋流洞的截面面积。如果设计得太小将会出现不稳定的气带流态,可能引起结构物振动,同时影响泄流能力;若设计太大不能形成淹没水垫层,则会降低消能效果。下面举例说明。

在公伯峡旋流泄洪洞原方案的模型试验过程中,曾对水垫塘消力墩收缩孔面积与旋流洞截面面积之比为0.75的情况进行了试验。试验结果显示,从起旋室到水垫塘出口全流道变成如同“蚯蚓”形气带的不稳定的旋转流流态(见图5-9(a)),模型旋流洞伴有周

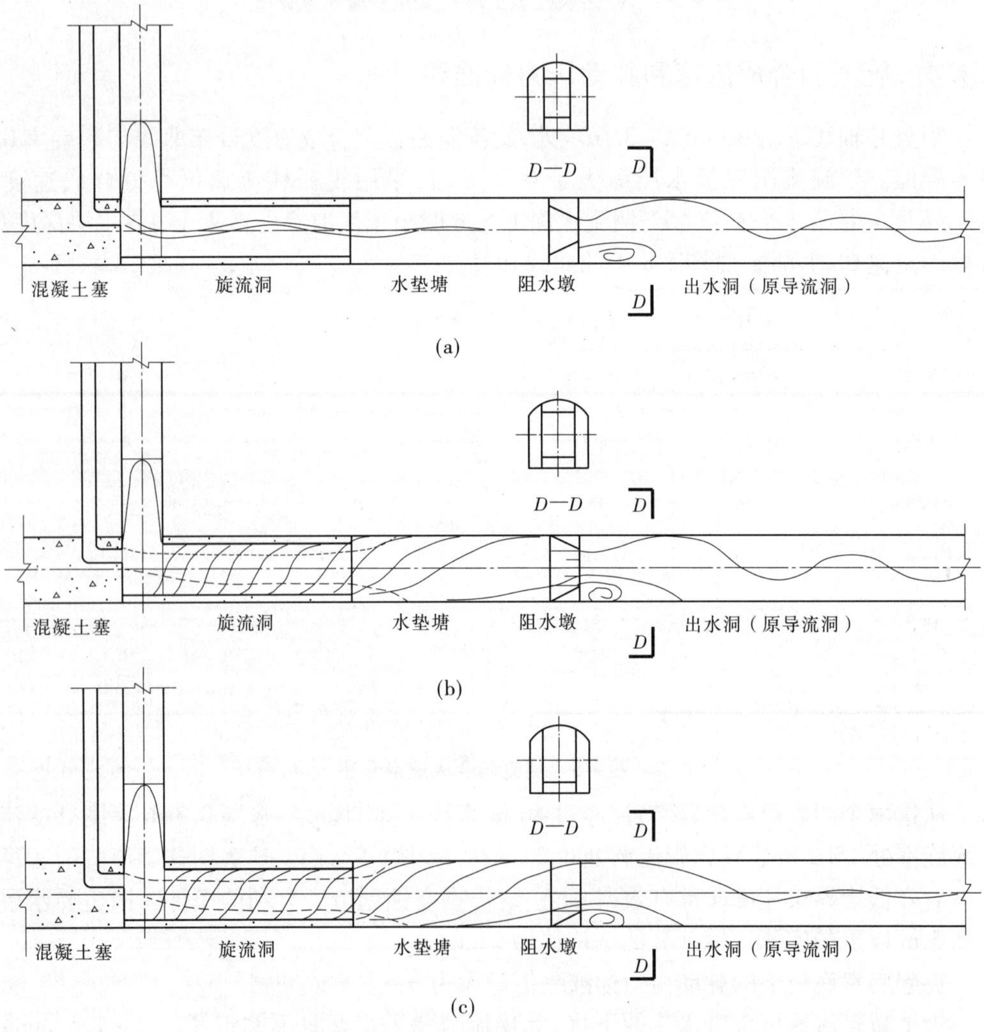

图5-9 水垫塘不同阻水墩的流态变化

期性振动现象。气带核的负压吸入周围水体的空气,致使旋流洞和水垫塘内水流透明,掺气浓度为零。

当阻水墩的收缩面积接近旋流洞断面面积时,旋流洞保持稳定的空腔旋转流运动(见图 5-9(b)、(c)),且空腔内气体压强接近于大气压。

通常水垫塘阻水墩的横断面可划分为有顶盖(洞塞形)和无顶盖(凹形)这两种结构体型。两者在旋流洞所形成的空腔螺旋流的流态完全相同,但是在阻水墩下游的水流流态差异较大。前者洞内水面波动大,稳定的距离很长(见图 5-9(a)、(b)),而后者波动较小稳定的距离较短,洞内水面很快趋于平稳状态(见图 5-9(c))。因此,本书的阻水墩设计全部采用无顶盖的 c 方案,公伯峡泄洪洞水垫塘的施工设计也采用开敞阻水墩方案。

5.1.6 旋流洞与水垫塘掺气浓度

公伯峡旋流洞段距竖井轴线总长 $L=4.5D$(原旋流洞直径 $D=11$ m),在距离竖井轴线 $L=3.6D$ 的断面顶部和侧面分别布置两道掺气浓度测点,通过两测点十字交叉量测全断面的掺气浓度分布。

测量结果显示,从侧面测点沿水平方向量测的掺气浓度分布是不对称的(见图 5-10(a)),这是由于旋流洞中存在半径为 360 m 的平面转弯段引起的流态变化所导致的掺气浓度不对称分布。从洞顶垂直向下量得的掺气浓度分布比较对称,详见图 5-10(b)。

水平距离(m)	掺气浓度 C(%)
0.8	33.8
2	63.9
3.7	67.6
4.5	74.5
6.2	87.6
7.4	93.3
8.6	86.3
9.8	53.3
10.4	8.2
11	0

垂直距离(m)	掺气浓度 C(%)
1	23.9
2	76.1
5	88.9
8	80.5
9.2	39.3
10.4	1.8
11	0

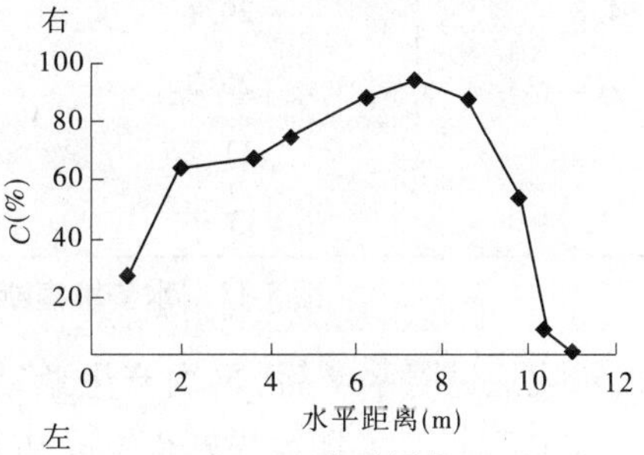

(a)水平测点

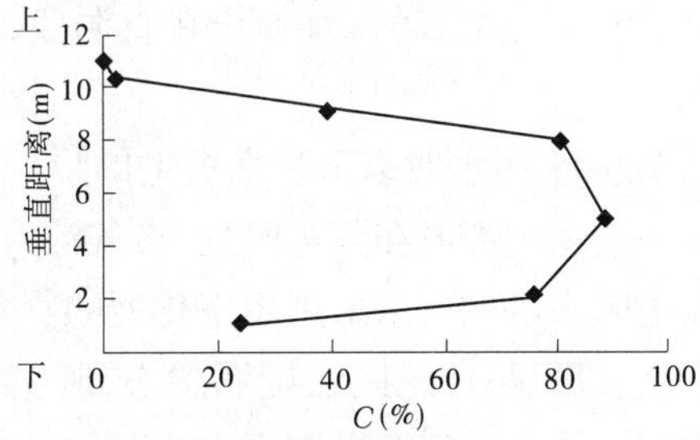

(b)垂直测点

图 5-10 旋流洞 $L=4.5D$ 断面处掺气浓度分布

若按 60% 掺气浓度划定旋流空腔的气水分界线,则从图中量得的旋流洞空腔直径为 7.2 m,相对空腔半径 $r_a/R=0.65$(R 为旋流洞半径)。

为了查明水垫塘的掺气浓度分布特性,在阻水墩(非自掺气的组合墩)的上下游底板上分别布置测点，量测底板上横向掺气浓度分布。水垫塘横断面宽 12 m、高 15 m。试验结果见图 5-11(a)、(b)。

从图 5-11(a)可看出，阻水墩上游底板横向的掺气浓度分布比较均匀，靠两边壁的掺气浓度约 6%，中部 11%；而阻水墩下游的掺气浓度分布不对称。正常情况，只要阻水墩布置对称，其下游掺气浓度分布也应当对称分布。实测结果与其不一致也是因为水垫塘和阻水墩处在弯洞段的位置，由水流的不对称所导致的。

水平距离(m)	掺气浓度 C(%)
0.6	6.2
3	7.8
6	10.7
8.4	6.9
10.8	5.7

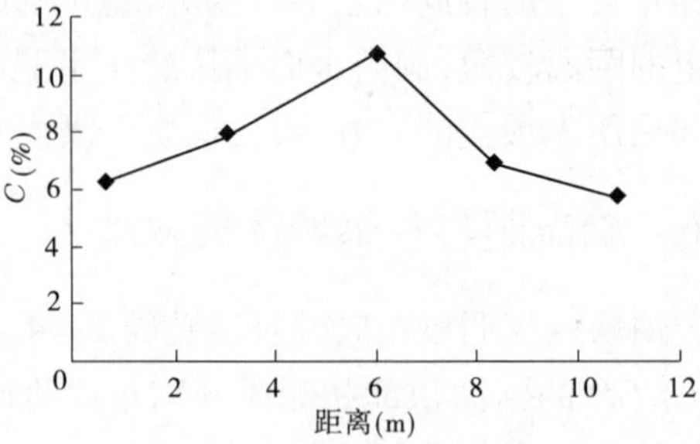

(a)阻水墩上游

水面距离(m)	掺气浓度 C(%)
1.2	20.7
3	23.9
4.8	29.1
7.2	25.3
9	11.1
11	3.9

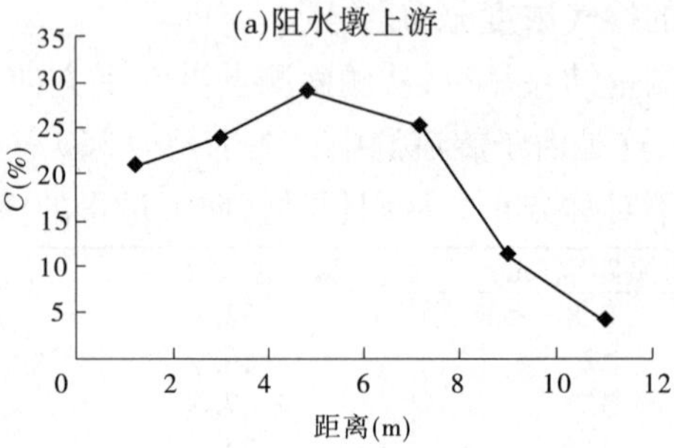

(b)阻水墩下游

图 5-11　水垫塘横断面底板上掺气浓度分布

掺气水流经过阻水墩后，再次产生紊动旋涡，吸收大量空气，掺气浓度进一步增加。从图 5-11(b)可看出，实测得横断面 1 m 和 11 m 两测点的掺气浓度分别为 20% 和 5%，中部达到 29%。总之，若水垫塘设在直洞段，则阻水墩下游边墙底板的最小掺气浓度应大于 5%。

从图 5-11 阻水墩上下游底板上的掺气浓度分布测量结果可以看出：水垫塘上下游，不论在水垫塘内部或在其边壁处，掺气浓度都较大。只要导流洞断面尺寸较大，水垫塘内的混凝土阻水墩就可以采用超空化型的直角三角墩（墩顶做 120°的倒角）的结构体型，在墩后产生负压涡，负压区在旋涡中心，脱离结构物壁面，再加上掺气充分，故不会引起空蚀。带有自掺气的组合墩则更安全可靠，这要比黄河小浪底孔板泄洪洞安全得多，因为小浪底泄洪洞没有掺气保护。

5.1.7　水垫塘负压问题

水垫塘进口扩散连接段及阻水墩的下游坡面存在负压。图 5-12 为公伯峡旋流泄洪洞水垫塘一种阻水墩方案的压力试验例，图中黑点为测压孔位置。

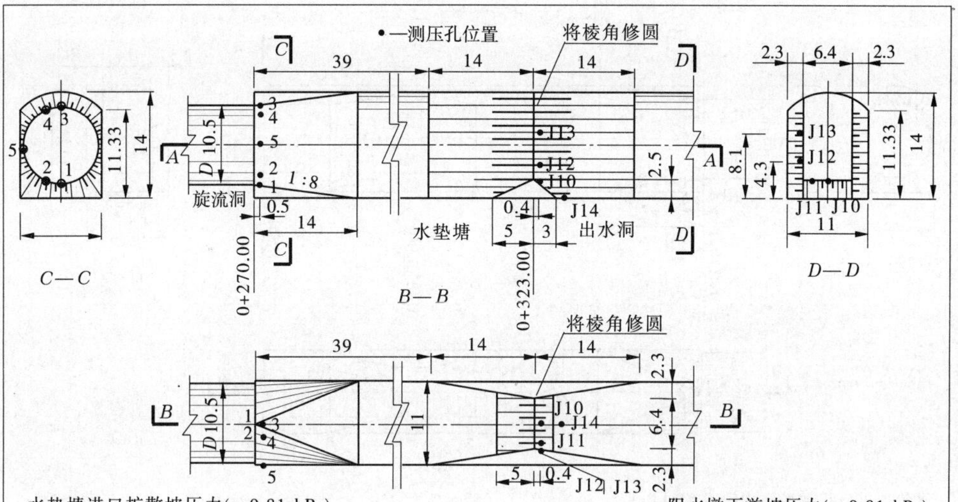

A—A

水垫塘进口扩散坡压力(×9.81 kPa)

测压孔号	1	2	3	4	5
校核工况	-0.5	2.7	3.2	3.4	7.6
设计工况	-0.5	2.8	2.8	2.9	8.0

阻水墩下游坡压力(×9.81 kPa)

测压孔号	J10	J11	J12	J13	J14
校核工况	-4.4	-2.0	3.2	-3.2	4.8
设计工况	-3.2	-1.6	2.8	-2.0	4.4

图 5-12　旋流洞出口扩散坡和水垫塘三角体阻水墩背水坡压力

在旋流洞出口扩散坡度为1∶8的情况下，坡面最大负压力水头为0.5 m。下游组合墩的边墩将全部三角体顶角按半径1 m圆弧修圆，边墩的下游坡度为1∶6，试验测得最大负压为3.2 m；中墩的下游坡度为1∶1，试验测得背坡面最大负压为4.4 m。

如果将中墩的迎水坡面与水平面的夹角做成30°，背水坡面与水平面夹角60°，三角体的顶角为90°，则在墩后形成负压涡，最大负压在旋涡中心处，脱离了混凝土壁面，不会发生结构的空蚀现象。

根据5.6节水垫塘掺气浓度试验结果得知，水垫塘内掺气浓度较大(10%～25%)，即使不采取上述防护措施，发生空蚀的可能性也不大。如果设计者对掺气防蚀的作用抱着怀疑态度，要求尽量减小负压值，可做成如同第1章的自掺气墩；也可做成流线形组合墩，将迎水斜坡面改成大圆弧与下游1∶10的直线坡相切连接(见图4-12)；或做成双圆弧形组合墩，如公伯峡水垫塘最后施工设计图，见图5-13。

图5-13阻水墩的两个边墩和中墩都一样长，每个墩的截面都由两个不同半径的圆弧构成，上、下游圆弧半径分别约为13 m和33 m(保持原设计中墩高2.5 m和边墩厚2.3 m不变)。模型试验结果显示仍出现负压，但同图5-12相比较，负压要小一些。双圆弧形中墩和边墩背水面最大负压分别为2.4 m和2.3 m。应指出，采用圆弧形和流线形墩，消能率要降低一些，施工也较复杂。

在上述公伯峡泄洪洞水垫塘的两个试验实例中，组合墩中两边墩高度均浇注到城门洞形断面的圆拱上，这样不能利用洞顶空气向墩的背面通气，以防止发生空蚀。为了确保阻水墩不发生空蚀和增加消能效果，在本书第1章图1-24中将边墩、组合墩等全部改成自掺气的直角三角形墩，并将边墩的高度只做到与城门洞形断面的边墙高度

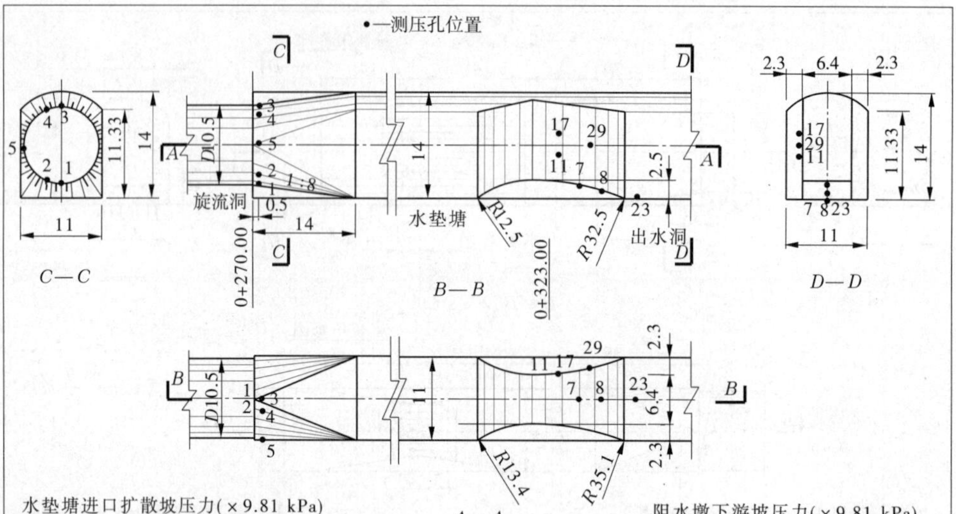

水垫塘进口扩散坡压力(×9.81 kPa)

测压孔号	1	2	3	4	5
校核工况	−0.5	2.7	3.2	3.4	7.6
设计工况	−0.5	2.8	2.8	2.9	8.0

阻水墩下游坡压力(×9.81 kPa)

测压孔号	7	8	23	11	17	29
校核工况	−0.23	−0.26	−0.61	−1.8	−1.7	−2.4
设计工况	−0.17	−0.22	−0.33	−1.9	−2.2	−2.3

图 5-13　水垫塘双圆弧形阻水墩背水面压力　(单位:m)

一致,而不做到圆拱上,以便埋设通气竖管,由洞顶空间的水气混合体供气。第 4 章图 4-12中的双圆弧流线形墩也不做到洞顶(因洞顶掺气浓度较大不会发生空蚀),使施工大为简化。

应指出,公伯峡旋流洞段较长,$L\approx 5D$(D 为旋流洞直径),进入水垫塘水流的旋转能量消耗殆尽,离心力减弱,在扩散坡取 1∶8时还出现负压。本书第 4 章将旋流洞设计长度改短($L=3.5D$),增加水垫塘扩散连接段的水流旋转力,即使扩散坡度取 1∶6,该处动水压力也不会降到 −0.5 以下。

5.2　淹没堰流

5.2.1　淹没溢流堰结构、流态和流量系数

通常 $H/S\approx 0.65$(H 为堰上水头,S 为堰顶与竖井轴的间距)时,竖井水面接近堰顶,溢流堰为淹没流过渡流态,竖井水面波动较大。当 $H/S>0.85$ 时,则为完全淹没流流态,此时竖井水位高于堰顶 $0.8H$,水面平稳。下面举几个淹没流态堰流进水口试验实例。

(1)溢流堰进口宽 $B=D_s=9$ m(D_s 为竖井直径),$H/S=0.65$,$P/H=0.44$,流量系数 $m=0.443$,流量 $Q=1\ 134\ \text{m}^3/\text{s}$,过堰水流为淹没流过渡流态,水面波动较大。

(2)溢流堰进口宽 $B=D_s=9$ m,$H/S=0.74$,$P/H=0.31$,流量系数 $m=0.414$,泄流量 $Q=1\ 057\ \text{m}^3/\text{s}$,过堰水流开始形成淹没流流态,水面波动很大。

(3)溢流堰进口宽 $B=D_s=9$ m,$H/S=0.88$,$P/H=0.26$,流量系数 $m=0.34$,泄流量

$Q = 1\ 124.39\ m^3/s$,过堰水流为淹没流态,水面波动较小。

从(1)、(2)和(3)可看出,在相同的堰宽 B 下,相对水头 H/S 较小和相对堰高 P/H 较大时,流量系数大;反之,H/S 较大和 P/H 较小时,流量系数小。当开始形成淹没流(即自由与淹没过渡流态)时竖井水面波动最大。

(4)溢流堰进口宽 $B = 1.333D_s = 12\ m$,堰、井平面连接段收缩坡 1∶12,$H/S = 0.74$,$P/H = 0.25$,流量系数 $m = 0.329$,泄流量 $Q = 1\ 120.0\ m^3/s$,过堰水流为淹没流态,水面波动很小。

(5)溢流堰进口宽 $B = 1.333D_s = 12\ m$,堰、井连接段收缩坡 1∶12,$H/S = 0.88$,$P/H = 0.21$,流量系数 $m = 0.250$,泄流量 $Q = 1\ 132\ m^3/s$,过堰水流为完全淹没流态,水面平稳。

从(4)和(5)同样可看出,在相同的堰宽 B 和堰、井连接段收缩坡下,H/S 较小时,流量系数大。

为什么例(2)、例(4)及例(3)、例(5)的 H/S 值两两相同,但流态和流量系数相差很大?这是因为例(2)的堰宽度窄、泄流量较小,堰下游水面相对较低,流量系数较大;而例(4)堰宽和泄流量增加,同时还受连接段收缩的影响,竖井进口水面升高形成淹没流流态,故流量系数降低。例(3)和例(5)也同样是由于上述原因致使流量系数出现差异。特别是例(5)属于有压管流,除进口收缩段局部水头损失、竖井沿程和下部收缩损失外,由于还受起旋室进口阻水影响产生壅水现象,因此水面升高至接近库水位,致使流量系数急剧减小。

5.2.2　水垫塘阻水墩收缩面积对起旋室通气孔进气量的影响

在淹没堰流条件下,水垫塘阻水墩的收缩(过流)面积或下游尾水淹没深度对起旋室通气孔通气量的影响很敏感。收缩面积越小或尾水淹没越深,则通气量越小;反之,通气量越大。下面举公伯峡两个试验实例为证。

模型试验时,溢流堰竖井为淹没出流流态,而出口尾水位低于洞顶,在旋流洞下游利用阻水墩形成水垫塘(压力消能工)。工程总水头 100 m,校核洪水位工况下泄流量为 $1\ 100\ m^3/s$。

其中一个水垫塘方案为:阻水墩收缩面积 $A = 64\ m^2$,收缩面积与旋流洞面积比 $\varepsilon = 4A/(\pi D^2) = 0.83$(按旋流洞收缩断面直径 $D = 9.9\ m$ 计算)。试验测得,起旋室通气井空气流量在校核工况为 $287.0\ m^3/s$,设计工况为 $258.3\ m^3/s$。

而另外一个水垫塘方案为:阻水墩收缩面积 $77\ m^2$,$\varepsilon = 4A/(\pi D^2) = 1.0$。试验测得,起旋室通气井空气流量:在校核工况下为 $502.1\ m^3/s$,在设计工况下为 $573.9\ m^3/s$。

可见,水垫塘的内水压力大小对通气量影响很大。内水压力越大,通气量越小;反之亦然。

5.2.3　淹没堰流条件下的水力学特点和必要的附加装置设计

淹没堰流的主要优点是:在设计水位以上运行时,溢流堰至竖井进口水面波动很小,溢流堰和竖井进口无负压,因此不需要在溢流堰一侧边墙设垂直导流坎消除负压和补气或其他掺气工程设施。

其缺点是：除进水口需加宽、堰上水头增高外，在水力学上的问题是起旋室流速增大，致使旋流洞进口连接段的负压达到气化压力的区域扩大，易引发结构的空蚀。因此，为了消除负压，除在起旋室进口上部需设置折流坎、促使旋流穿过低压区时能消除负压外，还应在竖井上设置环形掺气坎。

5.2.4 竖井环形掺气坎结构及水力学问题

通过模型试验和原型观测试验结果，环形掺气坎掺入的空气量虽然带进旋流洞进口区很少，掺气浓度只有1%～3%，但是也能起到一定的减蚀作用。另外，环形掺气坎的射流空腔掺气流，在竖井下部进行强有力的紊动剪切作用，能增加水气混掺消能的力度，降低流速和减小负压强度。

5.2.4.1 环形掺气坎结构及掺气量

曾对下泄流量接近1 100 m^3/s、作用在出水洞底板上总水头为110 m的公伯峡旋流泄洪洞进行了环形掺气坎试验。试验中，环形掺气坎设在溢流堰与竖井渐变段的下部（因此处竖井的压力相对要小一些）。试验基本条件：收缩断面直径 d 与竖井直径 D_s 之比（$\varepsilon = d/D_s$）为 $0.8 \leq \varepsilon < 0.85$，环形掺气坎收缩坡度为3∶1。

起初，采用环形掺气坎收缩坡度为4.5∶1、收缩比 $\varepsilon = d/D_s = 0.8$ 和环形掺气坎的棱角角度78°的模型结构进行了试验。结果显示，由于收缩坡度太缓，环形掺气坎下通气孔灌水，掺气失效。

后来，按以下原则设计了三种环形掺气坎体型：

(1)收缩坡度为2.5∶1，$\varepsilon = 0.8$，坎的棱角角度70°。

(2)收缩坡度为3∶1，$\varepsilon = 0.82$，坎的棱角角度约为100°，设有4个通气孔。

(3)收缩坡度、ε 值和棱角角度同(2)，设有5个通气孔。此为公伯峡旋流泄洪洞实例。

试验结果证明，环形掺气坎的收缩坡度太缓(大于4∶1)时，通气孔易被坎后旋涡流封堵，最好取3∶1。同样，环形掺气坎棱角的角度做得太大，通气孔也会被水流封堵不能进气；但棱角的角度做小了，施工困难，且尖角容易破损。下面举几个常用图例(见图5-14)进行比较，从中进行筛选。

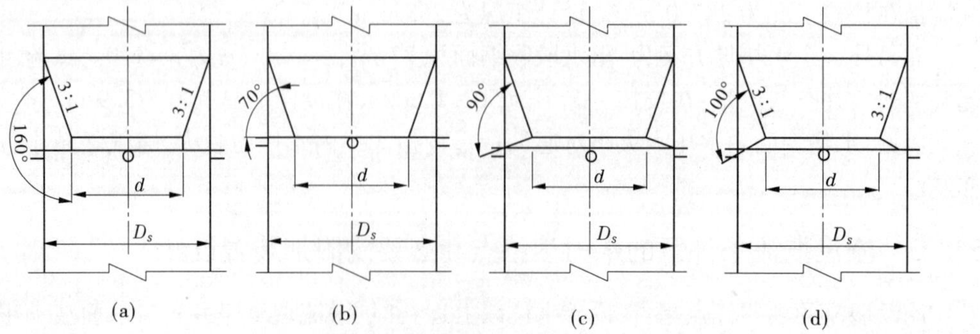

图5-14 环形掺气坎四种坎棱角体型

图 5-14(a)环形掺气坎的棱角向下垂直延长一小段,与斜坡成 160°的夹角。试验结果显示在坎下形成旋涡,水流封堵了通气孔,掺气失效;图 5-14(b)环形掺气坎是 70°尖角,掺气效果虽然好,但施工困难且尖角易损坏;图 5-14(c)、(d)棱角分别为 90°和 100°,施工是不成问题的,且掺气畅通,可作为环形掺气坎的推荐方案。

表 5-3 是在上述(1)、(2)和(3)条件下环形掺气坎棱角分别取 70°和 100°的试验成果。表中给出在校核工况和设计工况下泄流量 Q、总平均通气量 Q_a 和射流空腔长度 L。试验结果显示,两种不同环形坎棱角取值对应的掺气效果都较好。从表中还可以看出,方案(3)的泄流量满足了设计要求,掺气量略小于(2),但射流空腔较长;(2)和(3)的掺气坎结构完全相同,只是(3)多了一个通气孔,通气流量减小,这是受模型缩尺影响的结果。

表 5-3 环形掺气坎的总通气量和空腔长度

编号	校核工况				设计工况			
	Q (m^3/s)	Q_a (m^3/s)	μ	L (m)	Q (m^3/s)	Q_a (m^3/s)	μ	L (m)
1	1 028	73.2	0.849	3.2	1 005	108	0.859	4.8
2	1 090	116	0.857	3.2	1 062	120	0.864	4.5
3	1 091	97.5	0.850	5.0	1 060	105	0.856	5.8

当竖井设置环形掺气坎时,考虑坎的迎水面坡度取 3∶1,孔径比 $\varepsilon = d/D_s = 0.8$,以保证通气孔空气畅通,不发生水流回灌现象。参考公伯峡竖井例,竖井直径与溢流堰宽的收缩比 $D_s/B \approx 0.75$,其连接段边墙收缩比为 1/12。试验结果:环形掺气坎孔口流量系数 $\mu = 0.85$。

只要工程的溢流堰与竖井连接结构与公伯峡基本相似,便可参考上述无量纲值按孔口出流公式计算环形掺气坎的过流能力。如果计算出的孔口过流能力小于设计值,则需重整掺气坎的高程、增加作用水头重新计算,直到孔口的过流能力满足设计要求为止。

【例 1】 竖井－旋流泄洪洞最大流量 1 060 m^3/s,竖井直径 $D_s = 9$m。假设作用在掺气坎上的最大水头 $Z = 45$ m(Z 为最高库水位至掺气坎收缩断面总水头),按第 4 章孔口流量公式(4-30)计算,环形掺气坎收缩孔过流量为:

$$Q = \mu \pi \frac{D_s^2}{4} \varepsilon^2 \sqrt{2gZ} = 0.85\pi \frac{9^2}{4} \times 0.8^2 \times \sqrt{19.62 \times 45} = 1\,028(m^3/s)$$

计算流量小于设计值,不满足设计要求。另取 $Z = 48$ m 重新计算,过流量为 1 062 m^3/s,满足了设计要求。

或者,已知流量 Q、流量系数 μ 和孔径设收缩比 $\varepsilon = d/D_s$,计算环形掺气坎的位置 Z(计算例从略)。

也可根据已知流量系数 μ 和 Z 反求孔径比:

$$\varepsilon = \frac{d}{D_s} = \sqrt{\frac{4Q}{\mu\pi D_s^2\ \sqrt{2gZ}}}$$

【例2】 某竖井－旋流泄洪洞采用单孔溢流堰进水口，堰宽大于竖井直径，下泄量为 1 850 m^3/s，溢流堰断面半径为36 m，堰上水头为20 m。要求在溢流堰与竖井连接渐变段的下部设置环形掺气坎，确定环形掺气坎孔径同竖井直径的比值 ε。

假设溢流堰下部与竖井连接的渐变段长6 m。按式(4-12)计算竖井直径为：

$$D_s = 0.275\sqrt{Q} = 0.275 \times \sqrt{1\,850} = 11.8(\text{m})，取\ D_s = 12\ \text{m}$$

考虑溢流堰与竖井连接渐变段的流态影响，将环形掺气坎从渐变段向下延伸长度 $\Delta = 4$。根据命题数据，则作用在环形掺气坎上的总水头为：

$$Z = 20 + 36 + 6 + \Delta = 62 + 4 = 66(\text{m})$$

环形掺气坎收缩坡度取3∶1，$\mu = 0.85$，按上式计算，则：

$$\varepsilon = \sqrt{\frac{4Q}{\mu\pi D_s^2\ \sqrt{2gZ}}} = \sqrt{\frac{4 \times 1\,850}{0.85 \times 3.14 \times 12^2 \times \sqrt{19.62 \times 66}}} = 0.73$$

环形掺气坎收缩直径为：$d = 0.73D_s = 0.73 \times 12 = 8.76(\text{m})$ 取 $d = 8.8$ m，环形掺气坎两边坎的厚度为：$\delta = 1.6$ m。

若竖井直径等于堰宽，则流量系数应略大于0.85。

5.2.4.2 环形掺气坎下通气孔的数量选择

曾在环形掺气坎下分别设置一个、两个、四个和五个通气孔进行通气量试验。

在坎下设一个大通气孔，试验结果显示也能正常掺气，只是射流空腔下的水面不平衡，向一个方向倾斜，波动较大。

设四个和五个孔的掺气量及射流空腔长度两者相差不多，但比一个通气孔的空腔要长一些。由于风速测量受缩尺影响，通气量的大小很难比较。通过长期的实践经验认为：通气孔设四至八个皆可以，通气管可浇筑在混凝土衬砌中；为了减小通气管直径，计算管径时可将管内最大限制风速控制在60～80 m/s，并将通气孔进口做成喇叭形，以防止气涡产生尖叫声。

5.2.4.3 环形掺气坎通气量的缩尺效应

模型试验成果表明，环形掺气坎的通气孔直径较小受缩尺的影响，模型量测的掺气量比原型小很多。例如，公伯峡旋流泄洪洞模型环形掺气坎的总通气量120 m^3/s、气水流量比 $\beta \approx 0.1$；相同条件下原型观测得到的总通气量176 m^3/s、气水流量比 $\beta = 0.16$。所以，与原型相比表5-3中的模型通气量皆偏小。因此，当设计环形掺气坎通气管道时，为了安全起见，应按原型观测的气水流量比 $\beta \approx 0.16$ 计算通气孔直径。

5.2.4.4 环形掺气坎的适用性

环形掺气坎不仅适用于竖井－旋流泄洪洞，也适用于任何高水头的竖井式泄洪洞，用以防止井壁和竖井与出水洞垂直转弯连接段顶部的空蚀。但是，它不适用于第1章旋流竖井泄洪洞，因为在旋流竖井上设置任何掺气坎所掺进的空气会全部被旋流空腔吸收，不能起到减免空蚀作用，除非将环形掺气坎设在距环状水跃上部不远的低压区，因为此区的环向速度已降到很小的量级，而竖向流速最大。

5.2.4.5 淹没堰流下起旋室、旋流洞和水垫塘的流态

关于淹没堰流下的起旋室、旋流洞和水垫塘及洞内可能出现的不稳定流态和负压问题以及对其控制方法，可参照自由堰流旋流洞类似的方法去处理。

5.2.4.6 高尾水位条件下竖井－旋流泄洪洞的水力特性

高尾水位竖井－水平旋流泄洪洞除需在起旋室盲端设置带有水气分离室的通气井外(见图4-15)，还需要在出水洞末端设两三道排气井(关于末端排气井的具体设计见第1章1.5.2节)。当尾水深大于1.5倍洞高时，一般可不修建由阻水墩构成压力消能工。但此种泄洪洞的运行条件必须规定为在高尾水位时才能开闸泄洪，此时泄洪洞内能形成有压气水分层缓流流态，即便总水头有200 m，洞内流速也小于10 m/s。否则，如果在尾水位尚未达到预定深度就开闸放水，在洞内将会产生高速明满流过渡现象，危及泄洪洞的安全。

为了避免误操作运行造成事故，不管尾水深是否大于1.5倍洞高，最好都修建带有阻水墩的压力消能工，即使在下游尾水不够深时泄洪，泄洪洞内也能形成气水分层流流态。这时，对于总水头200 m和100 m的泄洪洞，洞内流速可分别降到20 m/s和15 m/s以下。

5.2.4.7 消能率

对于自由堰流、过渡堰流与完全淹没堰流三种形式的进水口，当出水洞都采用一道组合消力墩构成水垫塘时，三种竖井－旋流泄洪洞的总消能率相差不大，约85%。其中起旋室和旋流洞消能率占50%～55%，水垫塘占25%～30%，若在淹没流竖井中设置环形掺气坎，则竖井内的消能率可占15%，同时旋流洞和水垫塘的消能率要相应减小一些。总之，旋流洞加水垫塘的消能率占总消能率比重很大，是竖井－旋流泄洪洞最重要的内消能工。

在本书中，旋流洞长度由4.5D减小到3.5D，此时由于旋流洞的长度缩短消能率应小于50%，但是进入水垫塘水流的旋转力增强使水垫塘的消能率增加，整个泄洪洞总的消能率改变不大。

5.3 竖井－旋流泄洪洞理论计算

5.3.1 旋流洞尺寸计算

本节主要通过理论分析计算旋流洞半径R，并与经验公式(4-13)计算的旋流洞直径D值相互验证，同时确定旋转流条件下水头损失系数ζ和流量系数μ。

在已知最大设计下泄流量Q_m、起旋室进口过流面积ω和旋流洞轴线上的最大水头H_0的情况下，先假设旋流洞半径R，确定竖井和旋流洞两轴线间距l，然后计算流量Q，若计算的$Q \approx Q_m$，表明旋流洞能通过最大设计流量，否则重新选R值。

为此，根据参考文献[25]中的方法，列出旋流洞Ⅰ—Ⅰ和Ⅱ—Ⅱ两断面的能量平衡方程、动量矩守恒方程和连续方程(见图5-15)：

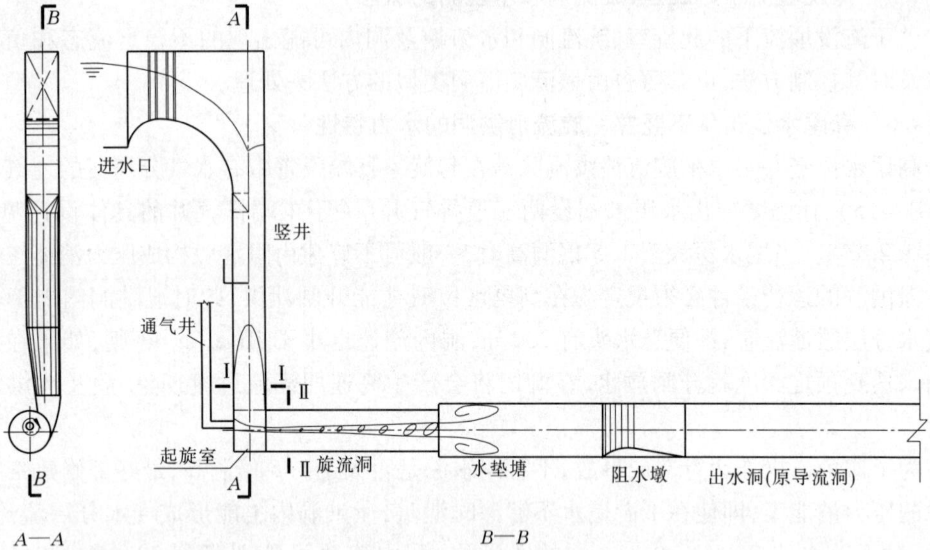

图 5-15　竖井 - 旋流泄洪洞基本结构体型及计算参考

$$\rho g H_0 = \frac{1}{Q}\int_{r_a}^{R}\left[\rho(1+\zeta)\frac{v_z^2}{2}+\rho\frac{v_t^2}{2}+p\right]v_z 2\pi r\mathrm{d}r \tag{5-1}$$

$$l v\rho Q = \int_{r_a}^{R} r v_t \rho v_z 2\pi r\mathrm{d}r \tag{5-2}$$

$$Q = \omega v\int_{r_a}^{R} v_z 2\pi r\mathrm{d}r \tag{5-3}$$

式中　H_0——旋流洞轴线上的总作用水头；

v、ω——起旋室进口Ⅰ—Ⅰ断面流速、过流面积；

v_z、v_t——旋流洞轴向速度和环向速度；

R——旋流洞半径；

r——旋流洞Ⅱ—Ⅱ断面水层任一点半径；

r_a——Ⅱ—Ⅱ断面空腔半径；

l——竖井与旋流洞两轴线的间距(即偏心距)；

ζ——从进水口到旋流洞Ⅱ—Ⅱ断面处的水头损失系数；

ρ——水的密度。

$$p = \rho\int\frac{v_t^2}{r}\mathrm{d}r \tag{5-4}$$

式中　p——旋流洞Ⅱ—Ⅱ断面处壁面压力。

为了便于解析计算，首先作下述假设：

(1)旋流洞为自由涡流，遵从动量矩守恒原理，即：

$$r v_t = r_a v_a = R v_{Rt} = const \tag{5-5}$$

式中　v_a——空腔界面 r_a 处速度；

v_{Rt}——旋流洞壁面切向速度。

(2)旋流洞空腔为大气压力,即 $p=0$。

(3)旋流水层轴向速度不随 r 变化,即 v_z 沿径向等于常数。

下面进行旋流洞泄量的理论公式推导。

由式(5-5)得:

$$dr = -\frac{r_a v_a}{v_t^2}dv_t$$

代入式(5-4)积分得:

$$p = -\rho\int v_t dv_t = -\rho\frac{v_t^2}{2} + C \tag{5-6}$$

当 $r=r_a$ 时,$p=0$,$v_t=v_a$,积分常数 $C=\rho\frac{v_a^2}{2}$。

代入式(5-6)得:$p=\frac{\rho}{2}(v_a^2-v_t^2)$ (5-7)

由式(5-3):$Q = v_z\int_{r_a}^{R}2\pi r dr = \pi(R^2-r_a^2)v_z$ (5-8)

将式(5-7)和式(5-8)代入式(5-1)得:

$$2gH_0 = (1+\zeta)v_z^2 + v_a^2 \tag{5-9}$$

将式(5-5)$rv_t=r_a v_a$ 代入式(5-2),并考虑 $Q=\omega v$ 得:

$$v_a = \frac{lQ}{r_a\omega} \tag{5-10}$$

令:

$$\varphi = 1 - \frac{r_a^2}{R^2}, R^2 - r_a^2 = R^2\varphi, r_a = R\sqrt{1-\varphi} \tag{5-11}$$

由式(5-8)得:

$$v_z = \frac{Q}{\pi(R^2-r_a^2)} = \frac{Q}{\pi R^2\varphi} \tag{5-12}$$

将式(5-10)和式(5-12)代入式(5-9)并考虑式(5-11)的关系,整理得:

$$Q = \mu\pi R^2\sqrt{2gH_0} \quad (m^3/s) \tag{5-13}$$

$$\mu = \frac{1}{\sqrt{\frac{1+\zeta}{\varphi^2} + \frac{A^2}{1-\varphi}}} \tag{5-14}$$

$$A = \frac{\pi lR}{\omega} \tag{5-15}$$

式中 μ——旋流洞流量系数;

A——旋转结构特性参数。

要想计算 Q 值,必须确定流量系数计算式中的 φ 和 ζ 值。前人进行的离心式雾化器试验研究结果证明,只要旋转结构特性参数 A 值一定,且空腔内保持大气压力,则空腔尺寸 r_a 保持不变,这个稳定的尺寸能保证旋流洞通过的流量达到最大设计值。

由此,根据流量最大值原理,将式(5-14)对 φ 求导数,并令 $d\mu/d\varphi=0$ 求极值,得 $\varphi\sim$

A 表达式：

$$A = (1-\varphi)\sqrt{\frac{2(1+\zeta)}{\varphi^3}} \tag{5-16}$$

将式(5-16)代入式(5-14)得：

$$\mu = \varphi\sqrt{\varphi}/\sqrt{(1+\zeta)(2-\varphi)} \tag{5-17}$$

可以看出，式(5-16)、式(5-17)与第 3 章的公式完全相同。该式中 A 值已知，只要给出损失系数 ζ 值便可由式(5-16)求出 φ，再由式(5-17)计算出 μ 值。

对于不同的竖井－旋流洞结构体型 ζ 值是不同的，很难给出 ζ 值的表达式。但是对于单孔溢流堰(非复合堰)进水口、竖井、起旋室和旋流洞结构体型，可以根据公伯峡泄洪洞试验资料估算 ζ 值。为此，将式(5-14)代入式(5-13)同式(5-16)联立：

$$\begin{cases} C^2 = \dfrac{1+\zeta}{\varphi^2} + \dfrac{A^2}{1-\varphi} \\ A^2 = 2(1-\varphi)^2(1+\zeta)/\varphi^3 \end{cases} \tag{5-18}$$

$$C = \frac{\pi R^2\sqrt{2gH_0}}{Q} \tag{5-19}$$

从式(5-18)两式中削去 ζ，得二次方程：

$$C^2\varphi + \left(\frac{A^2}{2} - 2C^2\right)\varphi + (C^2 - A^2) = 0 \tag{5-20}$$

式(5-20) 的解为：$\varphi = \dfrac{-(A^2-4C^2) \pm \sqrt{(A^2-4C^2)^2 - 16C^2(C^2-A^2)}}{4C^2}$ (5-21)

式(5-21)中根号前的符号由 $0<\varphi<1$ 确定为“－”。根据式(5-15)和式(5-19)计算 A 和 C 代入式(5-21)求得 φ 后，代入式(5-18)即可求出 ζ 值。

对于公伯峡泄洪洞，最初方案竖井无环形掺气坎，旋流洞半径 $R=5.5$ m、$H_0=102.3$ m、$l=3.5$ m 和 $\omega=41$ m^2。试验结果已通过了最大设计下泄量 $Q=1\ 134$ m^3/s，据此可反求 ζ 值。首先计算参数：

$$A = \frac{\pi lR}{\omega} = \frac{3.14 \times 3.5 \times 5.5}{41} = 1.475$$

$$C = \frac{\pi R^2\sqrt{2gH_0}}{Q} = \frac{3.14 \times 5.5^2 \times \sqrt{2g \times 102.3}}{1\ 134} = 3.75$$

将 A 和 C 代入式(5-21)求得 $\varphi=0.681$，再代入式(5-18)得 $1+\zeta=3.377$，$\zeta=2.377$。此处水头损失定义为 $\zeta\dfrac{v_z^2}{2g}$，v_z 为旋流洞的轴向速度。

对于竖井不设环形掺气坎，单孔圆断面溢流堰，准自由流态(竖井水面接近堰顶)，总水头 100 m 情况下，$\zeta\approx2$。若总水头大于或小于 100 m，则 $\zeta\approx2\pm\dfrac{\lambda h}{D}$，其中，$\lambda$ 为摩阻系数(混凝土面 $\lambda=0.02$)，h 为比 100 增加或减少的水头值。

5.3.2 采用公伯峡资料对理论分析结果检验

由于对公伯峡的试验资料和原型观测结果掌握比较全面而翔实，下面采用现有的资料对上述公式进行检验分析。

5.3.2.1 计算断面Ⅱ—Ⅱ空腔半径 r_a

根据对公伯峡旋流洞断面掺气试验结果，在校核工况下，旋流洞空腔直径 $D_a=6.5$ m，见公伯峡报告 6.2.5 节。

$r_a/R=D_a/D=6.5/11=0.59$　　$\varphi=1-(r_a^2/R^2)=1-0.59^2=0.652$

理论计算结果：$\varphi=0.681$，$r_a/R=\sqrt{1-\varphi}=\sqrt{0.391}=0.564$，同实测 r_a/R 值接近。

5.3.2.2 流量验证

由式(5-17)：

$$\mu=\varphi\sqrt{\varphi}/\sqrt{(1+\zeta)(2-\varphi)}=0.681\times\sqrt{0.681}/\sqrt{3.377\times(2-0.681)}=0.266$$

$$Q=\mu\pi R^2\sqrt{2gH_0}=0.266\times3.14\times5.5^2\sqrt{2\times9.81\times102.3}$$

$$=1\,132.5(\mathrm{m^3/s})\approx1\,134\ \mathrm{m^3/s}$$

计算与实测基本吻合。

5.3.3 起旋室底板最大压力计算

起旋室底板上切向速度 v_t 可近似地用起旋室进口断面平均流速估算：

$$v_t=v_{tm}=\frac{Q}{\varepsilon\omega}\tag{5-22}$$

式中　Q——最大下泄流量；

ε——起旋室进口水流收缩系数，约为 0.9；

ω——起旋室进口过流面积。

将 $v_t=v_{tm}$ 和 $\rho=\gamma/g$ 代入式(5-4)，积分得压力水头：

$$p/\gamma=\frac{v_{tm}^2}{g}\int_{r_a}^{R}\frac{\mathrm{d}r}{r}=\frac{v_{tm}^2}{g}\ln\frac{R}{r_{\min}}\quad(\mathrm{m})\tag{5-23}$$

式中　$r_{\min}/R$——起旋室最小相对空腔半径。

根据公伯峡旋流泄洪洞起旋室实测平均流速和压力按式(5-23)估算出最小相对空腔半径 $r_{\min}/R\approx0.4$，这与公伯峡模型试验中显示出的起旋室内空腔断面尺寸较小的情况相符(见图 5-16)。

将上述 ε、$r_{\min}/R$ 值代入式(5-22)和式(5-23)，计算结果为：

$$v_{tm}=\frac{Q}{\varepsilon\omega}=\frac{1\,134}{0.9\times41}=30.73(\mathrm{m/s})$$

$$p/\gamma=\frac{30.73^2}{g}\ln(1/0.4)=88.2(\mathrm{m})$$

计算结果与实测值基本吻合，说明：对单孔堰流进水口通过竖井与起旋室和旋流洞连

图 5-16　起旋室和旋流洞流态

接的明流泄洪洞，以上给出的简易设计计算方法基本上是合理的。但是，其中有关水头损失系数 ζ 以及起旋室和旋流洞内空腔直径试验值，还有待今后进行大量试验和原型观测工作加以修正和完善。

在目前尚无现成的旋流洞设计方法情况下，本计算方法可行，具有一定的参考价值。

第 6 章　导流、泄洪和放空(或排沙)三结合旋流泄洪洞及各种泄洪洞的适用条件

本章主要介绍导流、泄洪和放空(或排沙)共用一条导流洞的三结合旋流泄洪洞(简称三结合旋流泄洪洞)的结构体型和设计方法,包括双层进水口引水道与涡井(即共用的竖井)连接结构及其防蚀措施等具体设计,并且给出工程设计算例。在本章的最后,讨论了各类旋流泄洪洞的实用条件,即在什么情况下采用旋流竖井泄洪洞或竖井 - 旋流泄洪洞,以及传统的各种形式泄洪洞的特点和适用条件。

6.1　三结合旋流泄洪洞

近 30 年世界上兴起修建面板堆石坝,坝身不能过流,必须在岸边布置开敞溢洪道或由导流洞改建的泄洪洞宣泄洪水。通常岸边溢洪道和泄洪洞的进水口底板高程较高。要想在水库刚建成初期低水位时放水,或为了面板坝紧急事故放空水库,或为了施工期提前发电临时泄洪,或为了排沙防止泥沙封堵水电站进水口等,就需要另修建一条进口高程低的放水洞。

如果能利用一条导流洞担负泄洪和其他放水目的,则可以节省大量工程投资,这在技术上完全是可行的,为达到此目的,有如下两种工程措施可以选择:

(1)降低泄洪洞进水口底板高程或另修建低进水口的放空洞。对于总水头小于 100 m 的水库,降低泄洪洞进口底板高程,如槛上水头 70 m,采用能局部开启运行的弧形闸门控制流量,可以满足多目标放水的要求,且工程投资少。但是,当总水头超过 120 m 时,为了满足深孔放水的要求,泄洪洞进口底板高程至少要低于最高洪水位 70 m。深水高压闸门运行的可靠度降低了,同时高速水流引发空蚀的可能性增大。因此,在传统的设计中多半是另外修建一条进水口高程低的放空洞,增加工程投资。

(2)在旋流泄洪洞的竖井上设置双层进水口引水道。不论是竖井 - 旋流还是洞内旋流式泄洪洞,都是利用竖井泄洪。如果在竖井顶部和中下部修建双层进水口,既可以利用上层进水口为汛期泄洪,又能利用下层取水口作紧急放水或排沙,使得一处竖井和一条导流洞既能泄洪又能作为紧急放水或排沙等多种用途,完全可以免去另修建一条放水洞。

早在 1993 年,在《利用导流洞改为竖井式永久泄洪洞综合评价》[46]报告中曾提出并介绍了设计出的双层进水口旋流泄洪洞的结构体型,即导流、泄洪和放水为一体的三结合泄洪洞,未得到重视。直到 2008 年看到印度 www. nodigo6. im. com 网站上简要地报道了特里水电站右岸 T - 3 竖井泄洪洞设置双层泄水道的情况。该竖井上部为喇叭形堰(非旋流)进水口,无控制闸门,最大下泄流量约 1 900 m^3/s;在距堰顶下 130 m 处设深层进水口和泄水道同竖井连接,深层进水口下泄流量 1 100 m^3/s。竖井底部与圆形截面的起旋室连接,再接马蹄形截面的导流洞,属连续消能的竖井 - 旋流泄洪洞(具体详见第 8 章)。

在旋流竖井或竖井－旋流泄洪洞以及其他形式的竖井泄洪洞中，为了紧急（或事故）放水都可以事先增设深层进水口共用一条竖井和出水洞放水。虽然深层进水口的起调水位通常等于或低于主泄洪洞的堰顶高程，但是水头仍然很高，因此常用的深层进水口有两种结构体型：一种是高耸的闸门井式，适于槛上水头 $H=75\sim100$ m，流量 $Q>500$ m^3/s；另一种是地下厢式闸室，适于槛上水头 $H=80\sim150$ m，流量 $Q\leqslant500$ m^3/s。当引水道中的水流流速大于 30m/s 时，在闸门段顶部和底板下游均容易发生空蚀，因此应针对具体情况采取必要的防蚀工程措施。

下面先对两种形式的深层进水口结构作简单介绍，然后进行深层引水道与涡井（即竖井）连接结构的设计。

（1）井式深层进水口。井式深层进水口同常规的短（长）压力进水口的结构体型基本相同。由于深层进水口槛上水头较高，出口流速较大，需要考虑防蚀措施，当槛上水头 $H>80$ m时，可在闸门底板下游设置掺气跌坎（见图 6-1（a）），以保护下游底板不发生空蚀。

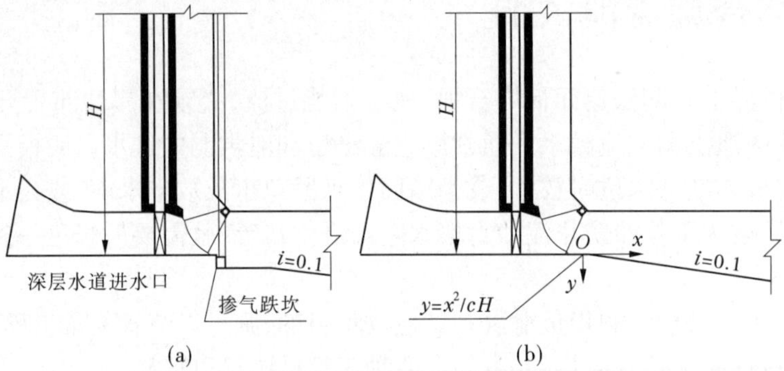

图 6-1　闸门井式深层进水口

对于槛上水头 $H\leqslant80$ m 情况，闸门下游底板的纵剖面可以做成抛物线连接直线坡（见图 6-1（b））。抛物线与 $i=0.1$ 的直线坡引水道相切连接，这时底板上不设掺气设施也不会发生空蚀。所用抛物线方程为：

$$y = x^2/cH \tag{6-1}$$

式中　H——深层进水口槛上水头，当 $H=50\sim90$ m 时，对应 $c=4.5$；

x、y——抛物线上各点的直角坐标值。

若引水道较长，为了减小引水道末端的高度，可以减缓下游底坡，如底板从 0.1 坡度连接 0.05 的坡度。引水道的末端直接与涡井偏心相切连接，或改成一平底段、采用 1/4 椭圆曲线与涡井连接，以便在涡井中产生旋转流流态。

当槛上水头 $H\leqslant80$ m 时，为了减化设计和施工，也可以采用 $R=H$ 的短圆弧段同 $i=0.02$底坡连接，同时将水道下游段洞顶逐渐升高后，再同涡井连接（见后面图 6-5）。

（2）地下厢式闸室进水口。这是在地下修建城门洞形断面的廊道通向闸室，采用厢式液压滑动闸门，检修和工作闸门的高度相等。

为了防止闸门段发生空蚀，进水口顶部曲线采用 1∶5的压板同闸门槽连接，在两道闸门槽间的顶板上设通气孔，并且使通气孔断面由圆形逐渐变成矩形断面，增加掺气防蚀的效果。工作闸门过流断面同出口引水道（原导流洞）采用突然扩大连接，在突扩的洞顶和底部设通气孔掺气,用以防蚀和增加消能效果。

引水道末端采用收缩孔结构同竖井连接,使深层进水口和竖井之间形成压力消能工,可以提高消能率。收缩孔的出口从竖井掺气(此时竖井不泄洪),可避免下游发生空蚀。收缩孔的过流面积必须大于闸门孔口断面面积,以防止泄流能力降低。根据文献[47]的试验资料,在运行水位较低的情况下,工作闸门槽下游靠近顶部是低压区,最大负压0.54 m,这是由于工作门至其出口突扩的间距太长(8 m)所致。本章提出的地下闸室进水口结构不会出现较大的负压,因为工作门出口段很短,同时掺气充分(见图6-2)。

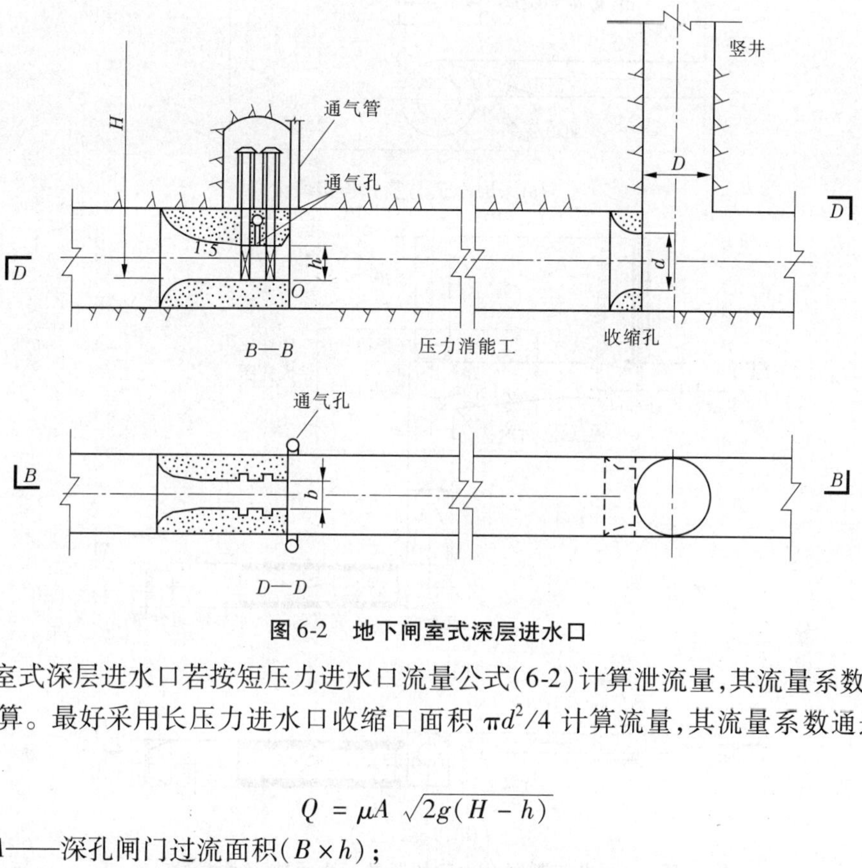

图6-2　地下闸室式深层进水口

闸室式深层进水口若按短压力进水口流量公式(6-2)计算泄流量,其流量系数按$\mu\approx 0.80$估算。最好采用长压力进水口收缩口面积$\pi d^2/4$计算流量,其流量系数通过试验确定。

$$Q = \mu A\sqrt{2g(H-h)} \tag{6-2}$$

式中　A——深孔闸门过流面积($B\times h$);

H、h——进水口底板上的作用水头、闸孔高。

关于双层进水口旋流泄洪洞的一般设计样式可参看图6-3和图6-4。其中图6-3是在竖井-旋流泄洪洞的竖井下设置深孔泄水道,泄水道为明流流态;而图6-4是在旋流竖井泄洪洞的竖井下设置深孔泄水道,泄水道为有压流流态。这两种深层泄水道不是针对各自旋流泄洪洞定型设计的,而是举两个例子作为参考,两种泄洪洞根据实际情况,深层泄水道进水口的体型完全可以互换设计。

6.1.1　设计深层泄水道的程序

6.1.1.1　根据深层泄水道最大流量确定涡井直径和连接方式

因泄洪竖井直径的大小不一定能满足深层水道涡井尺寸的要求,如果尺寸不够大,则

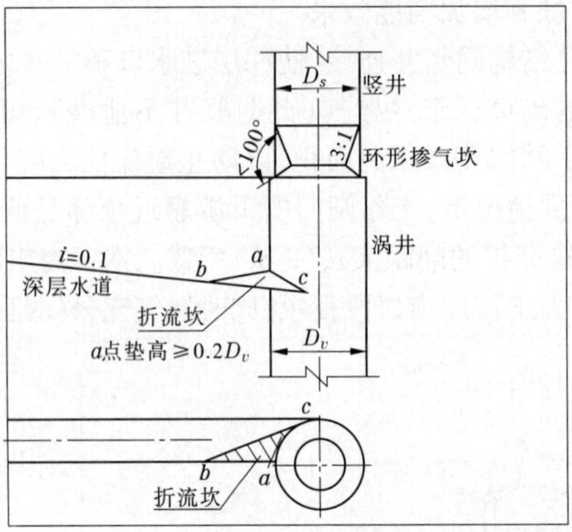

(a)深层水道与竖井连接段大样

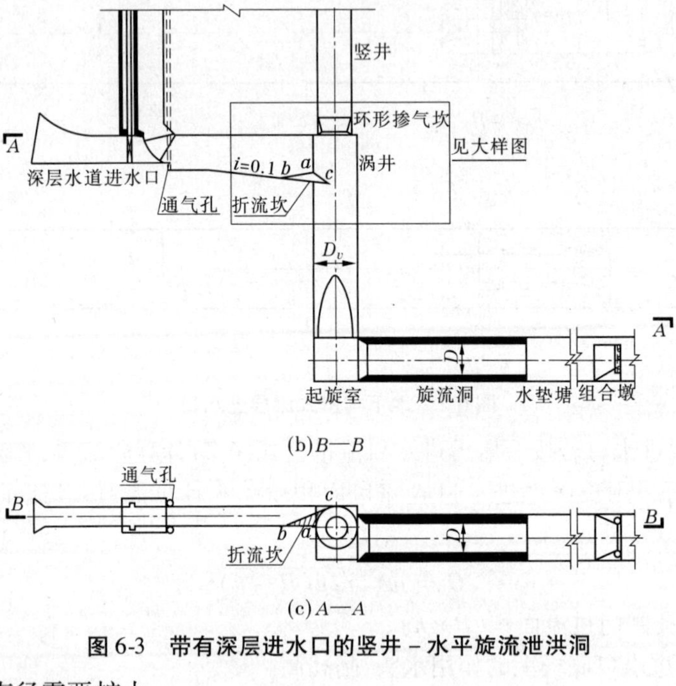

(b) B—B

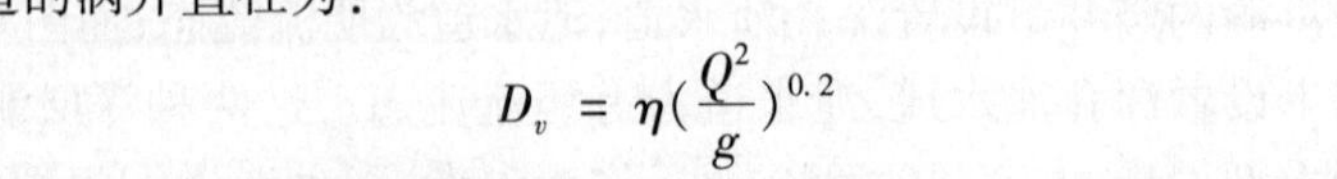

(c) A—A

图 6-3　带有深层进水口的竖井－水平旋流泄洪洞

作为涡井部分直径需要扩大。

深层引水道的涡井直径为：

$$D_v = \eta(\frac{Q^2}{g})^{0.2} \tag{6-3}$$

式中　Q——深层进水口最大设计流量；

η——系数，当深层引水道末端采用直线与涡井偏心连接时，$\eta = 1.5$，当深层引水道末端采用 1/4 椭圆曲线与涡井偏心连接时，$\eta = 1.3$。

因为不能像第 1 章那样在涡室内设置垂直导流坎来防止产生壅水现象，所以式(6-3)的涡井直径要比第 1 章的式(1-12)的竖井直径要大一些。

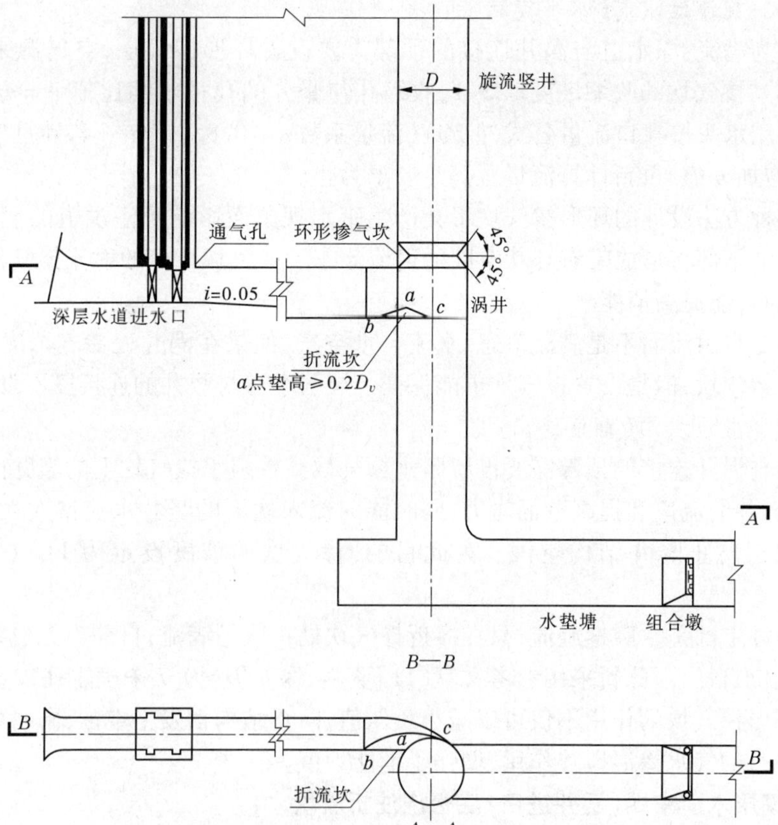

图 6-4 带有深层进水口的旋流竖井泄洪洞

若竖井直径 $D \geqslant D_v$，则竖井可作为深水道的涡井，不必再扩大竖井尺寸；若竖井直径略小于涡井直径（譬如小于 1 m），为了便于施工，可考虑将整个竖井扩大和涡井直径相同；若竖井直径比涡井直径小 1.5 m 多，这时可只将涡井段直径扩大。

在结构尺寸设计时要求深孔 $h/B \geqslant 1.5$。若采用椭圆曲线与涡井连接，为了减小涡井进口处入流与旋流的交汇角，同时又不减小涡井进口宽度，引水道与涡井的中轴线间距 Δ 及椭圆与涡井断面中心的间距 K 值分别按式(6-4)和式(6-5)设计：

$$\Delta = (0.50 \sim 0.65) D_v \tag{6-4}$$

$$K = (0.50 \sim 0.65) D_v \tag{6-5}$$

当引水道与涡室直线相切时，要求涡井进口宽度 $B < 0.4D_v$，同时在涡井进口底板上应浇注折流坎，折流坎的制高点厚度 $a = 0.15D_v$（倒角后的厚度），D_v 为涡井直径。

6.1.1.2 竖井设置环形掺气坎

当竖井泄洪时，在高速水流的作用下，深层水道与竖井连接段的下部可能引发空蚀。其原因是，下泄水流会扩散到深层水道末端的底板上，形成水流与固壁边界的分离产生负压，从而导致下部井壁发生空蚀。

掺气是防止空蚀最有效的办法之一。可在靠近深层泄水道连接段的涡井（竖井）顶部设置环形掺气坎，从深层水道供气，因为在此期间深水道不放水。

1）竖井－旋流泄洪洞（水平旋流）

若竖井为满流，深水道与涡井连接的顶部需要设置环形掺气坎，空气源来自深层水道，见图6-3。掺气坎的收缩坡度取3∶1，收缩孔与竖井的孔径收缩比值 $\varepsilon = d/D$，应根据掺气坎上作用水头按孔口流量公式(4-30)（流量系数 $\mu \approx 0.85$）确定。若计算出的下泄量不够，则可增加 ε 值，重新计算流量至满足要求为止。

通过这种方法设计的环形掺气坎不会产生壅水现象而影响到溢洪道的泄流能力，而且在掺气坎的下部将形成带有环状空腔的射流流态。掺气坎下部的射流掺气作用不仅能防止空蚀，而且能提高消能率。

若竖井是自由流而不是满流流态，水流自带空气，如果在涡井处掺气浓度较大，可考虑不设环形掺气坎，但是设置掺气坎更能保证下层引水道与竖井的连接段不发生空蚀。

2）旋流竖井泄洪洞（垂直旋流）

深水道与涡井连接的顶部需要设置阻水掺气坎。在阻水掺气坎上的竖井内形成一水垫，以降低竖井的流速和提高壁面压力，同时能向流入坎下的竖井水流掺入大量空气，这两点都有利于防止竖井结构空蚀。为此目的，掺气坎的坡度设定为1∶1（45°角），见图6-4。

由于竖井上部是空腔螺旋流，只在靠近掺气坎处一段是满流，目前尚无成熟的公式计算掺气坎孔口直径，因此暂采用参考文献[11]资料，取 $d/D \approx 0.7$ 来确定孔口直径 d。

上述环形掺气坎的作用不仅可以减小负压值、防止结构物发生空蚀，同时由于在竖井下部进行强力的气水掺混搅拌作用，增强了消能力度。

6.1.1.3 深层水道末端（涡井进口）底板浇注折流坎

当深层水道单独放水时，同样会在与水道末端相连接的涡井壁面上发生空蚀，另外，涡井内无垂直导流坎，可能由于旋流的阻水而引起壅水现象。为了防止发生空蚀和壅水，在深水道末端底板上必须浇注折流坎。折流坎与第1章的图1-11基本相同。但是，当深水道与涡井采用椭圆曲线连接时，可以取 $\Delta = 0.6D_v$，$K = 0.65D_v$，设计连接结构见图6-5深层水道与涡井连接大样，即使不浇注折流坎，也可能清除连接段跌坎的负压，同时也不会产生壅水现象。

6.1.2 竖井－旋流泄洪洞兼双层进水口的设计举例

竖井－旋流泄洪洞泄流量2 000 m^3/s，槛上水头18 m，从库水位到导流洞底板总水头150 m，导流洞断面为15 m×17 m城门洞形，泄洪洞出口尾水位低于洞顶。竖井下部设深层水道，作为事故紧急放水用，深层进口底板距顶部溢流堰堰槛80 m，深水道末端采用1/4椭圆曲线与竖井偏心相切连接，深层进水口起调水头80 m，流量900 m^3/s（不参加泄洪任务），深层水道长约100 m，要求设计带有双层进水口的竖井－旋流泄洪洞。

6.1.2.1 按自由堰流进水口设计主体竖井－旋流泄洪洞

1）溢流堰和竖井尺寸确定

溢流堰进水口堰宽为：

$$B = \frac{Q}{m\sqrt{2g}H^{1.5}} = \frac{2\ 000}{0.455 \times 4.429 \times 18^{1.5}} = 13(\mathrm{m})$$

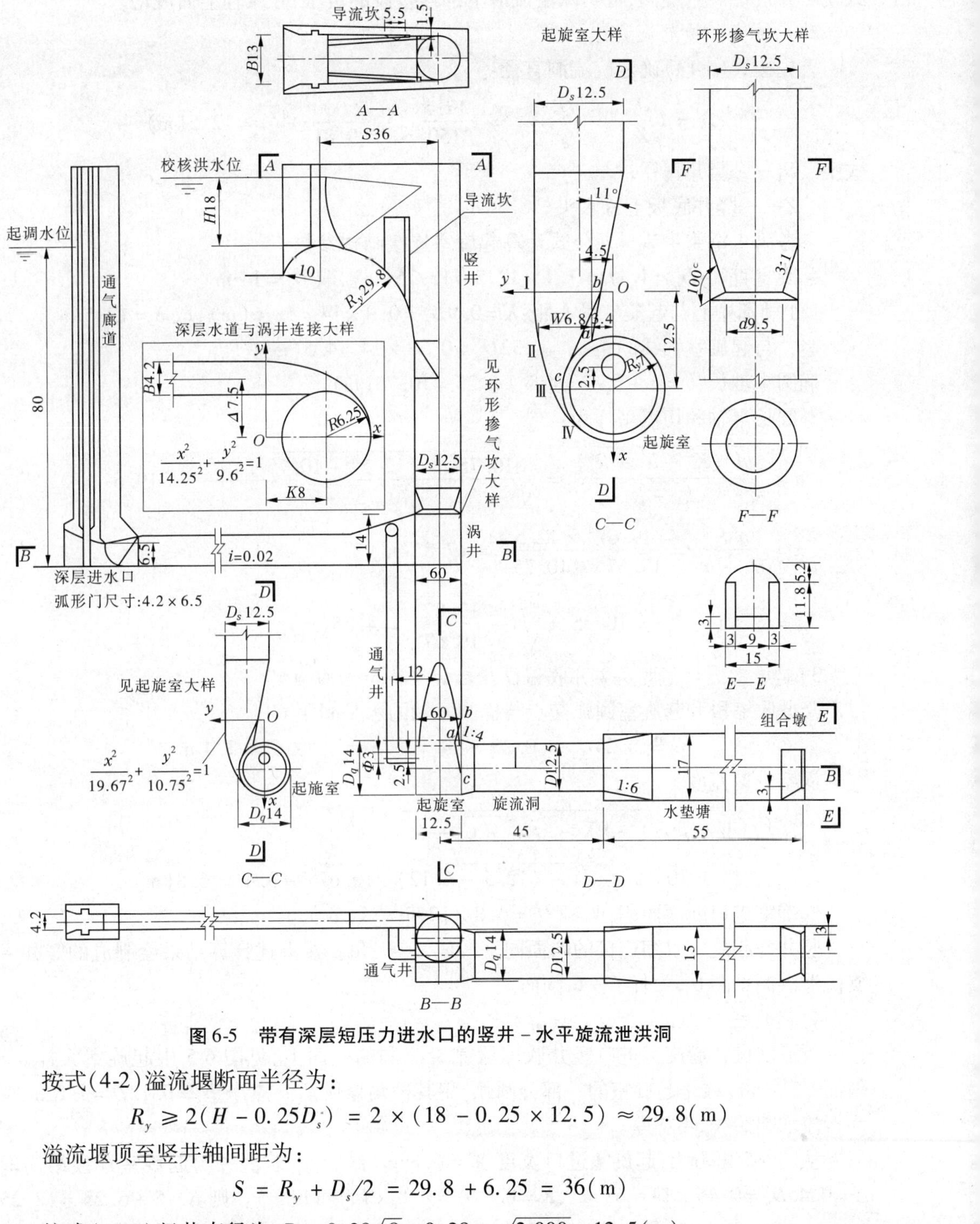

图 6-5　带有深层短压力进水口的竖井–水平旋流泄洪洞

按式(4-2)溢流堰断面半径为:

$$R_y \geqslant 2(H - 0.25D_s) = 2 \times (18 - 0.25 \times 12.5) \approx 29.8(\text{m})$$

溢流堰顶至竖井轴间距为:

$$S = R_y + D_s/2 = 29.8 + 6.25 = 36(\text{m})$$

按式(4-12)竖井直径为:$D_s = 0.28\sqrt{Q} = 0.28 \times \sqrt{2\ 000} = 12.5(\text{m})$

为了消除溢流堰与竖井连接处的负压和减小水面波动现象,在溢流堰下游一侧墙上设置垂直导流坎,坎厚 1.5 m,坎的顶角为直角,迎面坡水平长 5.5 m,导流坎使水流转向致使竖井进口产生旋涡，可消除溢流堰下部连接段的负压，并减轻上面波动。

2）起旋室和旋流洞设计

首先按式(4-13)确定旋流洞直径：

$$D = (\frac{D_s}{Z})^{0.02}(\frac{Q^2}{g})^{0.2} = (\frac{12.5}{150})^{0.02}(\frac{2\ 000^2}{9.81})^{0.2} \approx 12.5(\mathrm{m})$$

式中 D_s——竖井直径；

Z——竖井底板上总水头。

参考第4章4.4节早期公式计算起旋室连接结构参数：

起旋室直径：$D_q = 1.1D = 1.1 \times 12.5 \approx 13.75(\mathrm{m})$，取 $D_q = 14$ m

1/4椭圆中心与起旋室圆心距：$K = 0.9D_q = 0.9 \times 14 = 12.6(\mathrm{m})$，取 $K = 12.5$ m

竖井与起旋室轴线间距：$\Delta = 0.32D_q = 0.32 \times 14 = 4.5(\mathrm{m})$

椭圆半轴长：$b = \Delta + D_s/2 = 4.5 + 6.25 = 10.75(\mathrm{m})$

椭圆长半轴和切点坐标为：

$$a = \sqrt{\frac{b^2(K^2 + b^2 - R_q^2)}{b^2 - R_q^2}} = \sqrt{\frac{10.75^2 \times (12.5^2 + 10.75^2 - 7^2)}{10.75^2 - 7^2}} = 19.67(\mathrm{m})$$

$$x = \frac{a^2K}{a^2 - b^2} = \frac{19.67^2 \times 12.5}{19.67^2 - 10.75^2} = 17.82(\mathrm{m})$$

$$y = b\sqrt{1 - \frac{x^2}{a^2}} = 10.75 \times \sqrt{1 - \frac{17.82^2}{19.67^2}} = 4.55(\mathrm{m})$$

3）起旋室进口宽度及竖井收缩段与起旋室连接点的确定

竖井收缩段和起旋室圆弧交点与椭圆 x 轴的水平间距 C：

$$C = 0.25D_q = 0.25 \times 14 = 3.5(\mathrm{m})，取\ C = 3.4\ \mathrm{m}$$

涡室进口宽度：

$$W = b\sqrt{1 - (K - \sqrt{R_q^2 - C^2})^2/a^2} - C$$

$$= 10.75 \times \sqrt{1 - (12.5 - 6.12)^2/19.67^2} - 3.4 = 6.8(\mathrm{m})$$

起旋室进口断面面积：$A = WD_s = 6.8 \times 12.5 = 85(\mathrm{m}^2)$

竖井与起旋室收缩连接的斜面同垂线成11°夹角。按上述计算结果绘制成的竖井－旋流泄洪洞见图6-5大样 C—C 剖面。

4）起旋室进口上部折流坎设计

折流坎设在起旋室进口竖井收缩段靠旋流洞的壁面上，见图6-5中起旋室大样 abc 斜面。其中 ac 线是起旋室的一部分圆弧，将其棱角修圆后 a 点净垫厚 $0.12D = 1.5$ m，bc 为折流坎起始线，不垫厚。

从图6-5可看出，起旋室进口宽度 $W = 6.8$ m，比较窄，若竖井与起旋室连接结构取 $\Delta = 0.45D_q = 0.45 \times 14 \approx 6(\mathrm{m})$，$K = 0.8D_q = 0.8 \times 14 \approx 11(\mathrm{m})$。则 $b = 6 + 6.25 = 12.25(\mathrm{m})$，$a = K + R_q = 11 + 7 = 18(\mathrm{m})$，则 $W = 8.2$ m，不会产生壅水现象，影响到泄流能力。

5）确定起旋室通气孔直径和位置

起旋室盲端的通气井直接引至深层水道的顶部为止，由深水道供气，因为竖井泄洪时,深层引水道不放水。

竖井－旋流泄洪洞的起旋室通气孔直径可按下述简单经验公式确定:

$$d = 0.25D = 0.25 \times 12.5 \approx 3(\text{m})\ (D = 12.5\ \text{m}\ 为旋流洞直径)$$

通气孔中心在起旋室圆心上,其间距:$l = 0.2D = 0.2 \times 12.5 = 2.5(\text{m})$。

6)旋流洞、水垫塘和出水洞设计

旋流洞与起旋室采用1∶4收缩坡度连接,旋流洞长度:

$$L = 3.5D = 3.5 \times 12.5 = 43.75(\text{m})$$

取 $L = 45$ m。

旋流洞圆断面采用1∶6扩散坡度与水垫塘连接,水垫塘为宽15 m、高18 m的城门洞形截面,从水垫塘进口到组合墩收缩断面处的长度:$L = 4.5D = 4.5 \times 12.5 \approx 56(\text{m})$,取55 m。

组合墩的边墩和中墩结构可以做成不等边的直角三角形体,在边墩中埋设通气管向坎后掺气(参考图1-24),中墩高度和边墩厚度均为3 m。

收缩墩的过流面积为131 m^2,接近旋流洞断面面积:

$$A = \pi D^2/4 = 3.14 \times 12.5^2/4 = 122.7(\text{m}^2)$$

6.1.2.2 深层泄水道的设计

1)按短压力进水口设计泄水道

进水口槛上起调水头80 m,短压力进水口顶、侧采用1/4椭圆曲线,连接检修闸门槽,下接1∶4的顶压板再接工作弧形闸门。

假设弧门宽4.2 m、高6.5 m,流量系数取0.87,则闸下水流的过流量为:

$$Q = \mu Bh\sqrt{2g(H-h)} = 0.87 \times 4.2 \times 6.5\sqrt{2g(80-6.5)} = 901.9(\text{m}^3/\text{s})$$

流量满足了设计要求。

因深层泄水道下泄流量 $Q = 900\ \text{m}^3/\text{s} > 500\ \text{m}^3/\text{s}$,因此采用椭圆曲线与涡井连接。取 $\eta = 1.3$,按式(6-3)计算涡井直径得:

$$D_v = \eta\left(\frac{Q^2}{g}\right)^{0.2} = 1.3 \times \left(\frac{900^2}{9.81}\right)^{0.2} \approx 12.5(\text{m}) \quad R_v = 6.25(\text{m})$$

与泄洪竖井直径基本相同,故深层泄水道的涡井直径不需要扩大。

2)深层泄水道与涡井连接结构

深层泄水道采用椭圆曲线与涡井偏心相切连接。对于短压力进水口,引水道中轴线与涡井圆心间距按式(6-4)计算:

$$\Delta = 0.6D_v = 0.6 \times 12.5 = 7.5(\text{m})$$

椭圆中心与涡井圆心间距按式(6-5)计算:

$$K = 0.65D_v = 0.65 \times 12.5 = 8.13(\text{m}),取 K = 8\ \text{m}$$

椭圆曲线段的短半轴为:

$$b = \Delta + B/2 = 7.5 + 4.2/2 = 9.6(\text{m})$$

椭圆曲线段的长半轴为

$$a = \sqrt{\frac{b^2(K^2 + b^2 - R_v^2)}{b^2 - R_v^2}} = \sqrt{\frac{9.6^2 \times (8^2 + 9.6^2 - 6.25^2)}{9.6^2 - 6.25^2}} = 14.26(\text{m})$$

椭圆曲线与圆弧切点的坐标为：

$$x = a^2K/(a^2 - b^2) = 14.26^2 \times 8/(14.26^2 - 9.6^2) = 14.63(\text{m})$$

由于 $x > a$，椭圆与圆弧不相切，故取切点 $x = a = K + R_v = 8 + 6.25 = 14.25(\text{m})$，$y = 0$，$b = 9.6$ m（保持不变）重新制图，见图 6-5 深层水道与涡井连接大样。

泄水道进口弧形闸门处弗劳德数为：

$$Fr = \frac{Q}{\sqrt{gB^2h^3}} = \frac{900}{\sqrt{9.81 \times 4.2^2 \times 6.5^3}} = 4.13$$

泄水道进口洞高为：

$$z = 1.25h = 1.25 \times 6.5 \approx 8.13(\text{m})，取 z = 8 \text{ m}$$

当 $b/B > 1.5$ 时，取 $s = 1.25$，泄水道出口（即涡井进口）高度和断面面积的计算将式(1-26)改为：

$$y = 1.25(s + 0.1Fr)h = 1.25 \times (1.25 + 0.1 \times 4.13) \times 6.5 = 13.5(\text{m})，取 14 \text{ m}$$

泄水道出口断面面积为：

$$w = ey = 0.95By = 0.95 \times 4.2 \times 14 \approx 56(\text{m}^2)$$ ❶

泄水道底坡取 $i = 0.002$。为了便于施工，泄水道的下游做成平底坡，其末端一侧边墙与涡井采用 1/4 椭圆曲线偏心相切连接。根据前面计算结果，椭圆方程为：

$$x^2/14.25^2 + y^2/9.6^2 = 1$$

为了消除泄水道与涡井连接段跌坎处的负压，通常在泄水道末端底板上设置折流坎，但是由于本设计中取 Δ 值较大，泄水道进入涡井的水流几乎与涡井圆弧壁面相切，无需设折流坎。

3）环形掺气坎

当开启上层进水口闸门通过竖井泄洪时，为了防止竖井与深层引水道连接陡坎处发生空蚀，在连接断面的顶部设置环形掺气坎。由于竖井中不是有压流，无法计算掺气坎孔口直径，可暂假设孔口直径：

$$d = 0.75D = 0.75 \times 12.5 \approx 9.5(\text{m})$$

环形掺气坎厚度 1.5 m，坎角 100°，坎坡度 3∶1。环形掺气坎具体结构见图 6-5 中的大样图，其通气的来源是深层泄水道通气的空间（因深层泄水道不泄洪）。

6.1.2.3　按长压力进水口设计深层泄水道

上述深层进水口是按短压力进水口、无压引水道设计的，下面按长压力进水口、有压引水道设计。

这时，工作闸门改为平板门，闸门尺寸要大一些，但深层水道出口的高度可以降低。有压进水口顶曲线连接检修门槽和 1∶5压板，再接工作平板闸门，门后设通气井。

泄流量可按短压力进水口孔口流量公式计算，流量系数 $\mu \approx 0.79$（准确值由试验确定），假设工作闸门尺寸为宽 5.2 m、高 6.5 m，则其泄流量为：

$$Q = \mu Bh\sqrt{2g(H - h)} = 0.79 \times 4.2 \times 7.2 \times \sqrt{19.62 \times (80 - 7.2)} = 902.87(\text{m}^3/\text{s})$$

流量满足了设计的要求。

---

❶ 由于 K 减小，收缩系数由 0.9 增至 0.95。

工作闸门出口通气孔尺寸按竖井下部起旋室通气孔的需要，孔径按式(4-26)计算取 $\phi=3$ m。水道进口和末端面积分别按式(1-23)和式(1-24)计算：

水道进口洞高：$z=1.05h=1.05\times7.2\approx7.5$(m)

水道末端(涡井进口)面积：$\omega=1.55Bh=1.55\times4.2\times7.2=46.87$($m^2$)

涡井进口墙高：$y=\omega/(0.95\times4.2)\approx11.7$(m)，取 11.5 m

水道采用 $R=H$ 圆弧底板同 $i=0.055$ 底坡连接至下游段改成平底坡，水道末端采用椭圆曲线同涡井偏心相切连接，其连接体型及竖井－旋流泄洪洞结构见图 6-6。

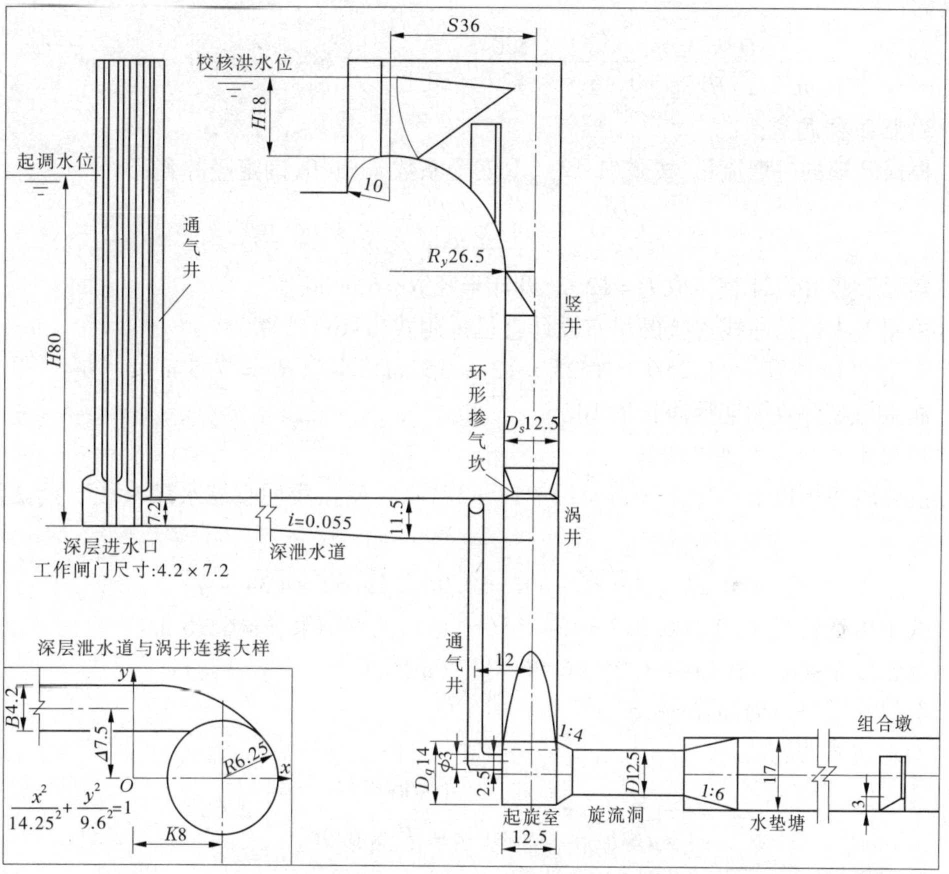

图 6-6　带有深层长压力进水口的竖井－旋流泄洪洞

6.1.3　旋流竖井泄洪洞兼双层进水口的设计举例

某工程泄洪洞最大下泄流量 1 500 m^3/s，总作用水头约 120 m。主泄洪洞进水口溢流堰堰上最高水头 18 m，堰顶至下游反弧段底板高差 20 m，引水道长约 100 m，深层取水口也设在原导流洞内，在竖井的上游。导流洞为城门洞形断面，宽 13 m，高 15.5 m，最高尾水位低于洞顶。

泄洪洞担任宣泄洪水和事故放空水库任务。水库放空时，深孔起调水头 90 m，下泄流量 800 m^3/s。汛期泄洪和事故放水分开运行，要求设计带有双层进水口的旋流竖井泄洪洞。

6.1.3.1 **旋流竖井泄洪洞设计**

1)泄洪进水口溢流堰断面尺寸

按复合溢流堰自由堰流设计,取溢流堰断面半径 $R_y=15$ m,堰前缘小圆弧半径取 6 m,堰高 6 m。

2)溢流堰宽度确定

在已知过堰流量和堰顶水头的情况下,根据溢流堰过流能力的计算公式,确定溢流堰宽度为:

$$B=\frac{Q}{m\sqrt{2g}H^{1.5}}=\frac{1\ 500}{0.46\times 4.429\times 18^{1.5}}=9.64(\text{m}),\text{取}B=9.7\ \text{m}$$

3)竖井和涡室直径

根据已知的过堰流量,按式(1-12),取安全系数 $k=1.0$,确定竖井直径为:

$$D=(\frac{Q^2}{g})^{0.2}=(\frac{1\ 500^2}{9.81})^{0.2}=11.8(\text{m})$$

实际取竖井设计直径取 $D=12$ m,设计半径 $R=6$ m

采用 1/4 椭圆曲线连接的涡室设计直径采用式(1-16)计算:

$$D_v=1.25D=1.25\times 12=15(\text{m}),\text{半径}R_v=7.5\ \text{m}$$

涡室与竖井收缩连接段长取 10 m。

4)引水道和涡室进口墙高

反弧段底板以上作用水头 $H=20+18=38$(m),反弧段上收缩水深 h 按下式试算确定:

$$q=\varphi h\sqrt{2g(H-h)}=0.9h\sqrt{19.62\times(38-h)}$$

式中单宽流量 $q=1\ 500/9.7=154.64(\text{m}^2/\text{s})$,试算结果:$h=6.96$ m

反弧段墙高:$z=1.25h=1.25\times 6.96=8.7$(m)

取引水道进口墙高:$z=8.5$ m

引水道弗劳德数:

$$Fr=\frac{Q}{\sqrt{gB^2h^3}}=\frac{1\ 500}{\sqrt{9.81\times 9.7^2\times 6.96^3}}=2.689$$

涡室进口断面面积,按式(1-26)计算:

$$\omega=1.25(1.35+0.1Fr)Bh=1.25\times(1.35+0.1\times 2.689)\times 9.7\times 6.96=136.6(\text{m}^2)$$

涡室进口段墙高:$y=\omega/(0.9\times B)=136.6/(0.9\times 9.7)\approx 15.5$(m)

5)椭圆曲线连接段设计

引水道中轴线与涡井圆心间距按第 1 章 1.4.2.1 节中的规定计算:

$$\Delta=0.5D_v=0.5\times 15=7.5(\text{m}),\ \text{取}\Delta=7.25\ \text{m}$$

椭圆中心与涡井圆心间距 $K=1.1D_v=1.1\times 15=16.5$(m)未按 1.4.2.1 中的规定计算。

椭圆曲线短半轴:

$$b = \Delta + B/2 = 7.25 + 4.85 = 12.1(\mathrm{m})$$

椭圆曲线长半轴：

$$a = \sqrt{\frac{b^2(K^2 + b^2 - R_v^2)}{b^2 - R_v^2}} = \sqrt{\frac{12.1^2 \times (16.5^2 + 12.1^2 - 7.5^2)}{12.1^2 - 7.5^2}} \approx 24.3(\mathrm{m})$$

6）涡室内及其进口段分别设置导流坎和折流坎

为了防止向上游进水口方向产生壅水，在涡室内设置半径为4 m的垂直导流坎；而为了消除涡室进口跌坎处的负压，在涡室进口水平底板上设 *abc* 型倾斜面折流坎。将 *ac* 弧线的棱角倒角后，*a* 点垫厚 $0.15D = 1.9$ m，*bc* 圆弧在水平底上不垫高，倾斜面将水流折向 *c* 点方向流入涡室。

根据以上计算结果，溢流堰和涡室连接结构见图6-7*A*—*A* 剖面。若取 $\Delta = 0.6D_v = 9$ m，$K = 0.7D_v = 10.5$ m，则 $a = 18$ m，$b = 13.85$ m，因 *e* 和 *w* 均增加可以不设导流坎。

7）出水洞水垫塘结构

在出水洞下游距离竖井轴长度为 $4.5D = 4.5 \times 12 = 54(\mathrm{m})$，取55 m的断面处浇注三角形体自掺气的组合墩（参考图1-24设计）。其中，中墩高2.8 m，两边墩敦厚按阻水墩收缩面积略小于竖井面积来确定，边墩三角顶厚2 m，具体详见图6-7中 *B*—*B* 剖面。

6.1.3.2 深层泄水道设计

深层进水口布置在竖井上游的导流洞内，采用地下廊道闸室式进水口方案。

1）根据放水流量800 $\mathrm{m^3/s}$ 确定进口工作平板闸门尺寸

按孔口流量公式计算，流量系数 $\mu \approx 0.8$（准确值由试验确定）。假设工作闸门尺寸为宽4.5 m、高5.5 m，则过闸流量：

$$Q = \mu Bh\sqrt{2g(H-h)} = 0.8 \times 4.5 \times 5.5\sqrt{19.62 \times (90 - 5.5)} = 806.2(\mathrm{m})$$

大于800 $\mathrm{m^3/s}$，满足了泄量的要求。取深水孔（闸门）尺寸为：宽4.2 m，高5.5 m。

为了防止闸门段顶部发生空蚀，在检修门和工作门之间埋设通气孔（孔口由圆形渐变成矩形断面），工作闸门后延长1 m后突然扩大，在突扩洞顶部和下部均设通气孔。

2）闸门出口突扩通气管直径确定

通气量与闸门出口水流的弗劳德数有密切关系。此处按闸门出口射流计算弗劳德数：

$$Fr = \frac{Q}{\sqrt{gB^2h^3}} = \frac{800}{\sqrt{9.81 \times 4.5^2 \times 5.5^3}} = 4.4$$

气水流量比：

$$\beta = 0.18(Fr - 1)^{0.4} = 0.18 \times (4.4 - 1)^{0.4} = 0.29$$

$$Q_a = 0.29Q = 0.29 \times 800 = 232(\mathrm{m^3/s})$$

通气井直径：$d = \sqrt{\dfrac{4Q_a}{60\pi}} = \sqrt{\dfrac{4 \times 232}{60 \times 3.14}} = 2.22(\mathrm{m})$，取 $d = 2.5$ m

为了提高深层泄水道的消能率，在水道末端设置一道收缩孔与竖井底部连通。若控制收缩孔口平均流速为10 m/s，则收缩孔口直径为10 m，孔口面积大于闸孔面积，不会引起壅水而影响泄流能力。孔口后的掺气来源于竖井，见图6-7。当深水孔放水时，水流通过两次突扩消能，再加上下游水垫塘和组合墩消能，泄水道的总消能率可达到85%。

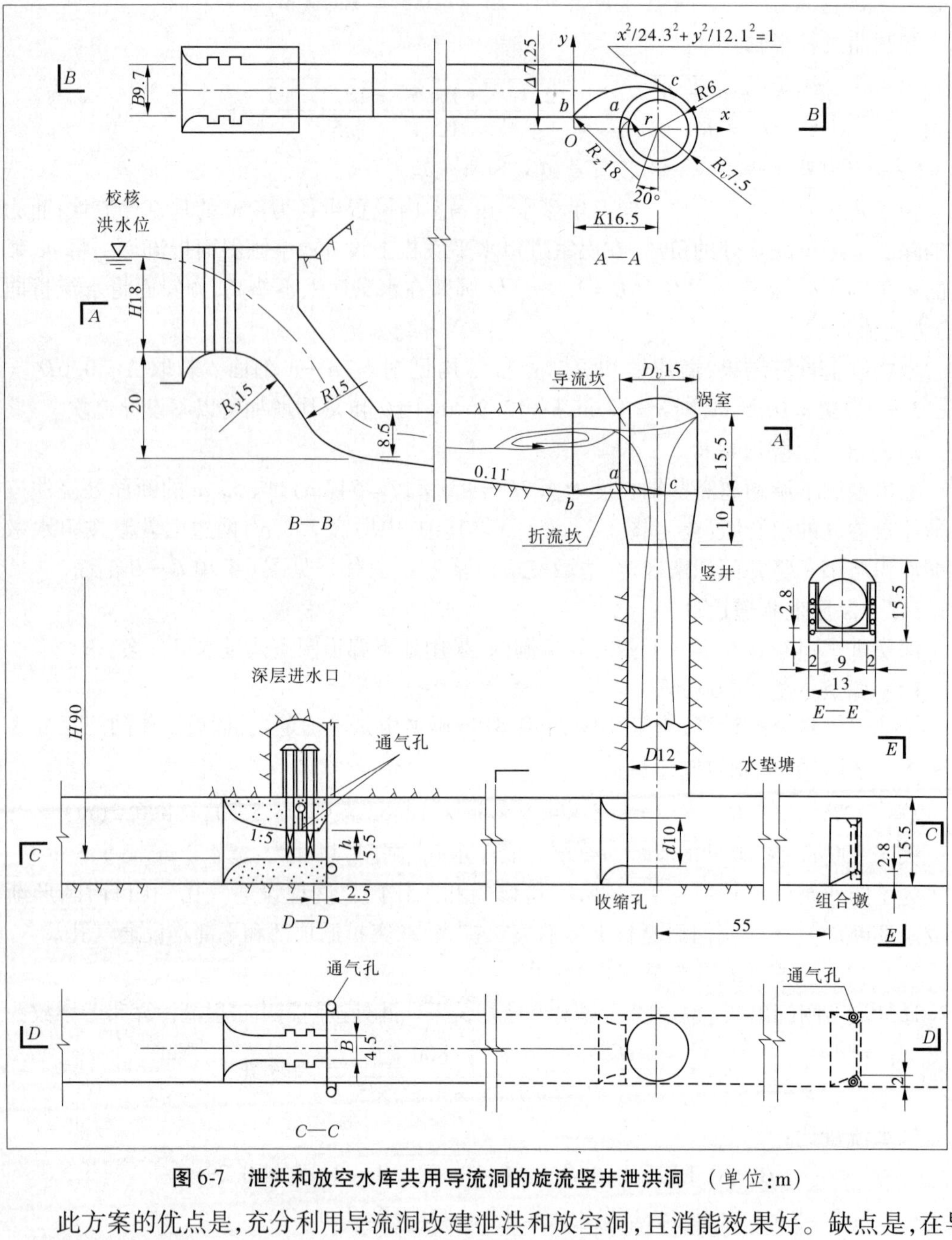

图 6-7　泄洪和放空水库共用导流洞的旋流竖井泄洪洞　（单位:m）

此方案的优点是,充分利用导流洞改建泄洪和放空洞,且消能效果好。缺点是,在导流期过后、汛期到来之前,洞内深层进水口的二期工程施工量较大。

6.1.4　泄洪兼排沙双层旋流竖井泄洪洞

在多泥沙河流上(如黄河)修建水电站,往往因水中含沙量很多,泥沙容易在水电站进口上游淤积而影响水电站的运行,因此需建相应的排沙工程设施。特别是对于坝后引水式电站,若排沙问题没有解决好,很容易在大坝上游形成沙坝,封堵水电站进水口,严重影响发电效益。例如,黄河上的刘家峡水电站,水库泥沙主要来源于上游几千米的洮河,其大坝上游就曾出现过沙坝现象。刘家峡水电站本来在靠近大坝的右岸修建了排沙洞,但是由于洞内空蚀问题没有得到彻底解决而不能及时开闸排水排沙。时间一长,沉积的泥沙就封堵了进口,最终导致排沙洞废弃。因此,对于多泥沙河流的坝后引水电站或岸边引水电站,在进水口旁合理地修建排沙洞是非常重要的。

本例是采用表孔和中孔通过竖井共用一条导流洞、分层泄洪和排沙的三结合泄洪洞。此设计不仅可避免发生空蚀,高效率排沙,同时还能减少工程投资。下面作简单介绍。

本例是坝后引水电站,在坝前水库的右岸存在一平坦的高台地形,地下有一条绕坝肩的导流洞。利用此有利的条件可以修建一条平面扇形堰或旋流喇叭形堰进水口的旋流竖井连接导流洞的泄洪洞,用以泄洪和排除高水位的泥沙;同时,还在竖井上设置中层进水口的排沙道,用以在低水位时排除电站进水口前推移质泥沙。其设计基本资料如下:

表孔无闸门控制,堰顶高程等于正常蓄水位,堰上最高设计水头 4.8 m,对应设计最大泄洪流量为 1 200 m^3/s。作为非常泄洪和汛期排沙用,总落差为 130 m。

排沙洞不参加泄洪任务,其底板高程设在水电站进水口槛下 10 m 处。起调水位即正常蓄水位(堰顶高程),最大水头为 50 m,最大泄量 600 m^3/s。

下面分别介绍两种不同旋流进水口的竖井泄洪洞兼中层排沙道的设计结构。

6.1.4.1 扇形堰旋流竖井泄洪洞兼中层排沙道的设计

1)表孔扇形旋流进水口

由于表孔堰上水头较低,采用三孔溢流堰,设两个墩厚为 2 m 的分流墩。假设每孔堰宽 20 m,总溢流段宽度(弧长)$s=64$ m。

取流量系数 $m\approx0.43$(准确值由试验定),则过堰流量为:

$$Q = 0.43 \times 3 \times 20\sqrt{2g} \times 4.8^{1.5} = 1\ 201.8(m^3/s)$$

大于设计最大下泄流量 1 200 m^3/s,满足了表孔最大泄流量的要求。

平面扇形泄洪旋流进水口设计程序是:两个挡水边墙互相成直角布置,其中一侧边墙与涡室外侧圆弧直接切线连接,另一侧边墙通过一段圆弧与涡室轴线成 45°角的边墙相切连接,具体详见图 6-8 中 *B—B* 剖面。扇形溢流堰平面圆弧曲线的圆心点 *O* 设在两边墙的交点处,其平面半径为:

$$R_s = \frac{2s}{\pi} = \frac{2 \times 64}{3.14} = 40.7(m)$$

中间两条分流墩的轴线通过圆心点 *O*。

2)泄洪旋流竖井与涡室直径

根据已知的过堰流量,按式(1-12),取安全系数 $k=1.0$,确定竖井直径为:

$$D = (\frac{Q^2}{g})^{0.2} = (\frac{1\ 200}{9.81})^{0.2} = 10.8(m)$$

实际上取 $D=11$ m。

涡室直径按式(1-15)确定:

$$D_v = 1.35D = 1.35 \times 11 = 14.85(m)$$

实际上取 $D_v=14.8$ m。

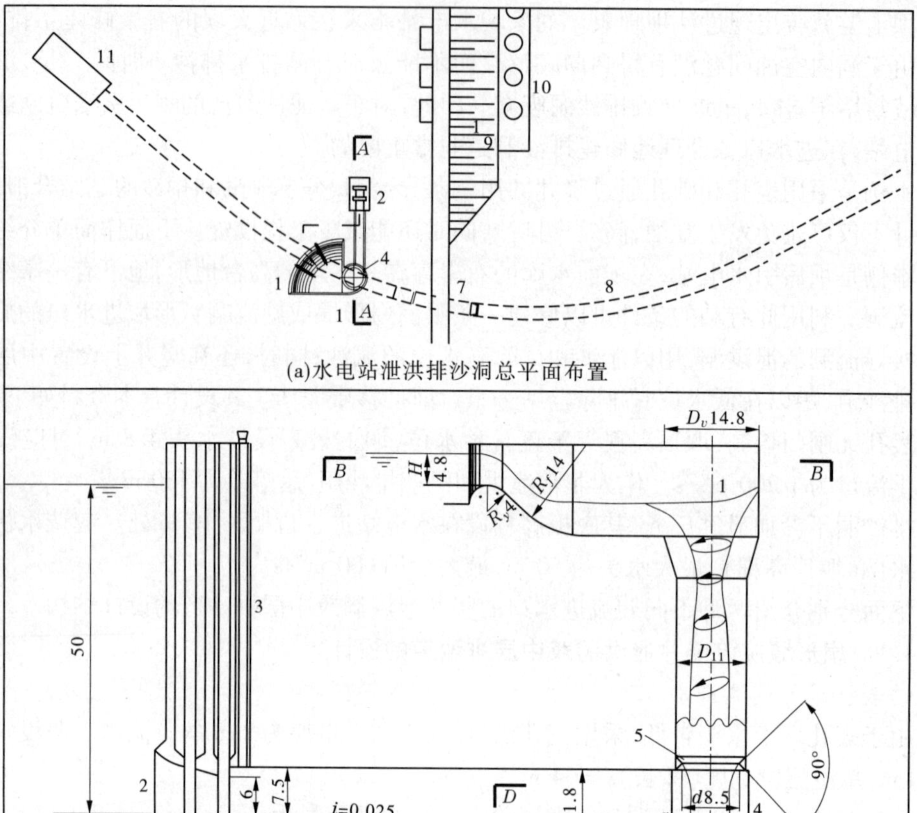

1—扇形堰进水口与涡室;2—排沙洞进水口与引水道;3—通气井;4—竖井与涡井;5—环形阻水掺气坎;6—折流坎;7—水垫塘;8—出水洞(原导流洞);9—大坝;10—水电站厂房;11—原导流洞进水口

图 6-8　扇形堰旋流竖井泄洪洞兼排沙道

3）中层进水口与排沙道设计

中孔进口底板上最高作用水头 50 m，采用短压力进水口。进水口由顶椭圆曲线和两道平板闸门组成，两闸门间顶压板的坡度为 1∶4，流量系数 $\mu = 0.86$。为了避免水道发生壅水，闸门尺寸的高宽比要取大一些（$h/B \geqslant 1.5$），这里闸孔口尺寸取宽 × 高 = 4 m × 6 m，则泄流量为：

$$Q = 0.86 \times 4 \times 6\sqrt{2g(50 - 6)} = 606(\mathrm{m^3/s})$$

满足最大设计流量的要求。中层水道进口工作闸门尺寸确定为：宽 4 m，高 6 m。

4）排沙道连接的涡井直径计算

因排沙道的流量大于 500 $\mathrm{m^3/s}$，本应采用椭圆曲线与涡井相切连接。为了同下例有所区别，本例采用直线与涡井相切连接。这时要求涡井直径按式（6-3）计算，取系数 $\eta = 1.5$，则：

$$D_v = \eta\left(\frac{Q^2}{g}\right)^{0.2} = 1.5 \times \left(\frac{606^2}{9.81}\right)^{0.2} \approx 12(\mathrm{m})$$

结果涡井直径比竖井直径大 1 m，施工困难，如果排沙道采用椭圆曲线同涡井连接，则其直径约 11 m 就不需要扩大（请读者自行设计）。

5）中层水道进口高度

中层水道进口高度为：

$$h = 1.25h_0 = 1.25 \times 6 = 7.5(\mathrm{m})$$

6）涡井进口断面面积 ω 和高度 y 确定

首先计算中层引水道弗劳德数为：

$$Fr = Q/\sqrt{gB^2h^3} = 600/\sqrt{9.81 \times 4^2 \times 6^3} = 3.26$$

涡井进口高度为：

$$w = 1.25(1.25 + 0.1Fr)Bh = 1.25 \times (1.25 + 0.1 \times 3.26) \times 4 \times 6 = 47.28(\mathrm{m^2})$$

$$y = w/B = 48/4 = 11.8(\mathrm{m})$$

其中 B 和 h 分别为闸门处孔口宽度和高度。

排沙道底坡 $i = 0.025$，在其末段改成陡坡。其一侧边墙与涡井圆弧偏心相切连接，并在连接底板上设置折流坎，以防止排沙洞放水时涡井跌坎处发生空蚀和引起排水道壅水。折流坎为 abc 斜面，将 a 点垫高 $0.2D = 2.2$ m，bc 点不加高（见图 6-8D—D 剖面）。

为了避免泄洪时在深层引水道与涡井连接段处发生空蚀，在连接段涡井顶部设置环形掺气坎，利用引水道通气孔掺气。环形掺气坎与竖井的孔径比要求满足：

$$\beta = d/D \geqslant 0.75 \quad 则：d \approx 8.5\ \mathrm{m}$$

竖井上的环形阻水掺气坎结构见图 6-8 中 A—A 剖面图。掺气坎的作用有二：一是阻水使坎上形成水垫，降低竖井流速；二是掺入大量空气，防止中层水道与涡井连接段处发生空蚀。

在竖井下部与出水洞（导流洞）连接部的洞段内采用组合消力墩构成的水垫塘，下游为平稳的明流泄洪洞。

上面提到的折流坎、组合消力墩和环形掺气坎等结构尺寸按第 1 章 1.4.1.4 节、1.5.1 节和 1.7.2 节规定的方法设计。为了在涡井内不设垂直导流坎，这里将涡井进口

前折流坎 a 点的厚度比以前增加了一些。最好是按 6.1.2 节采用椭圆曲线连接。

6.1.4.2 旋流喇叭形竖井泄洪洞兼中层排沙道设计

工程基本资料同 6.1.4.1 例。

1）旋流喇叭形堰进水口设计

对于主泄洪洞最大泄量 1 200 m^3/s，根据第 1 章表 1-1，暂时取相对堰上水头 $H/R_L=0.35$（要求 $H\leqslant 5$ m），相对堰高 $P/H=0.3$，起旋墩与堰外圆弧切线的夹角 $\theta=10°$，按式（1-36）计算流量系数 m：

$$m=0.19+0.035(H/R_L)^{-1.5}e^{-1.5H/R_L}=0.19+0.035\times 0.35^{-1.5}e^{-1.5\times 0.35}=0.29$$

按式（1-32）计算系数 k：

$$k=\frac{0.417}{m^{0.4}(H/R_L)^{0.6}}=\frac{0.417}{0.29^{0.4}\times 0.35^{0.6}}=1.285$$

按式（1-33）和式（1-34）计算喇叭形堰平面半径：

首先计算竖井直径：$D=(Q^2/g)^{0.2}=(1\,200^2/9.81)^{0.2}=10.80$（m），取 $D=11$ m

喇叭形堰半径：$R_L=kD=1.285\times 11=13.88$（m），取 $R_L=14$ m，$D_L=28$ m

堰上水头：$H=0.35\times R_L=0.35\times 14=4.9$（m）$<5$ m，符合设计要求。

再检验泄流量：

$$Q=m2\pi R_L\sqrt{2g}H^{1.5}=0.29\times 2\times 3.14\times 14\times\sqrt{19.62}\times 4.9^{1.5}=1\,224.8(m^3/s)$$

比最大设计流量多2%。计算泄流能力虽然满足了设计要求，但是由于流量系数的计算值不准确，还有待通过模型试验检验。

若试验结果同设计值有差别，只需通过调节潜水起旋墩的高度便能满足最大设计流量的要求。调节起旋墩的原则见第 1 章 1.4.5.2 节。

本工程喇叭形堰进水口对称地布置 8 个潜水起旋墩，起旋墩与堰的外圆弧切线成 10°角连接，其他结构尺寸均按 1.4.5.4 节设计。如：

从堰顶算起，起旋墩净高（墩高）：$z=0.75H=0.75\times 4.9\approx 3.68$（m），取 3.6 m

起旋墩墩高：$P+z=1.4+3.6=5$（m）

起旋墩墩厚：$0.35H=0.35\times 4.86=1.7$（m）

2）喇叭形堰断面按椭圆曲线设计

按式（1-35）计算椭圆曲线，短半轴：$b=R_L-D/2=14-5.5=8.5$（m）

长半轴：$a=2.4b=2.4\times 8.5=20.4$（m），取 $a=20$ m。

旋流喇叭形堰竖井设计结果见图 6-9。

3）中层排沙道设计

竖井下层排沙道的进水口最大流量 600 m^3/s，孔口尺寸：宽 4 m，高 6 m。设计同图 6-8，此处不再重复。而中层引水道与涡井采用 1/4 椭圆曲线连接，按式（6-3），取系数 $\eta=1.3$ 计算涡井直径：

$$D_v=1.3(\frac{Q^2}{g})^{0.2}=1.3\times(\frac{606^2}{9.81})^{0.2}=10.68(m)$$

由于竖井直径 $D=11$ m，大于涡井直径，恰好可以作为涡井，不需要再扩大直径。于是取 $D_v=11$ m，$R_v=5.5$ m。再按式（6-4）和式（6-5）计算引水道和涡井的轴间距 Δ 和椭圆曲线和涡井圆断面的中心间距 K：

$$\Delta = 0.6D_v = 0.6 \times 11 = 6.6(\mathrm{m})$$
$$K = 0.5D_v = 0.5 \times 11 = 5.5(\mathrm{m})$$

椭圆曲线短半轴为：

$$b = \Delta + B/2 = 6.6 + 2 = 8.6(\mathrm{m})$$

椭圆曲线长半轴为：

$$a = K + R_v/2 = 5.5 + 5.5 = 11\ (\mathrm{m})$$

椭圆与涡室圆弧两条曲线的切点坐标：

$$x = a = 11\ \mathrm{m},\quad y = 0$$

排沙道水流弗劳德数为：

$$Fr = \frac{Q}{\sqrt{gB^2h^3}} = \frac{606}{\sqrt{9.81 \times 4^2 \times 6^3}} = 3.29$$

因 $h/B = 6/4 = 1.5$，取 $s = 1.25$

涡井进口高度为：

$$y = 1.25(s + 0.1Fr)h = 1.25 \times (1.25 + 0.1 \times 3.29) \times 6 = 11.8(\mathrm{m})，取\ y = 12\ \mathrm{m}$$

其中：B 和 h 分别为排沙道孔口宽度和高度。

喇叭形堰旋流竖井泄洪洞兼排沙道见图 6-9。

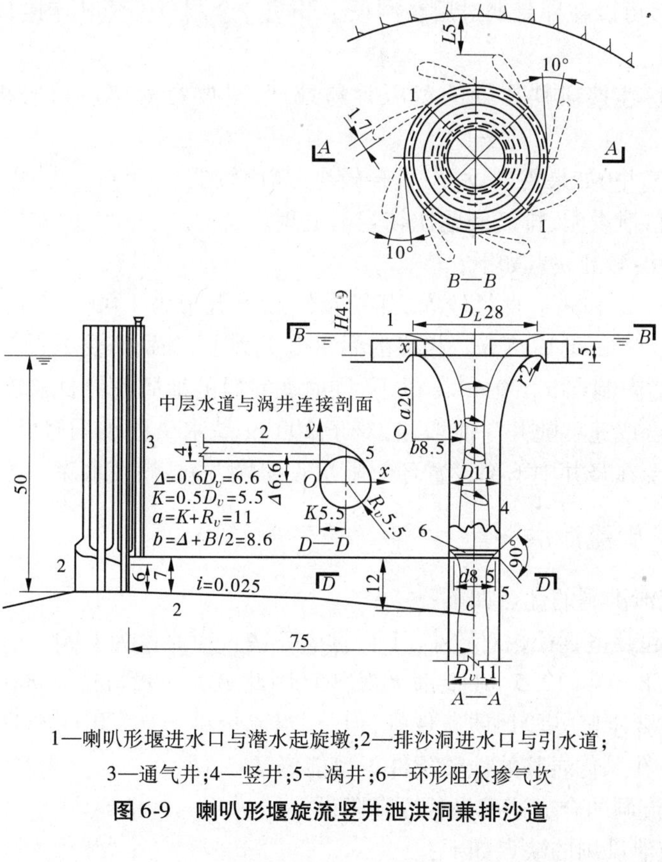

1—喇叭形堰进水口与潜水起旋墩；2—排沙洞进水口与引水道；

3—通气井；4—竖井；5—涡井；6—环形阻水掺气坎

图 6-9　喇叭形堰旋流竖井泄洪洞兼排沙道

从上述两种形式的双层进水口设计例可看出：图6-8将涡井段的竖井直径扩大，增加施工难度；相比之下，图6-9的中层水道采用椭圆曲线同涡井连接方案，涡井和竖井直径相同，施工要简单很多。

关于中层引水道采用椭圆曲线与涡井连接的设计方案，设计时应将涡井进口前的底板改成平底，椭圆曲线改成三段折线，以便于施工。同时，将中层引水道和涡井的轴间距Δ值取大一些，椭圆曲线和涡井圆断面的中心间距K值取小一些，以避免发生壅水现象，影响到泄流能力。

6.2 旋流泄洪洞的适用条件

本节主要从施工布置、地形地质条件、水工结构和水力学特点等方面，对旋流竖井泄洪洞、竖井－旋流泄洪洞和旋流喇叭形竖井泄洪洞三种泄洪洞的不同特点进行比较，并讨论其适用条件。

6.2.1 旋流竖井泄洪洞

旋流竖井泄洪洞的优点如下：

(1)旋流竖井泄洪洞的进水口、引水道、涡室和竖井都布置在导流洞外部，与导流洞施工不相互干扰，可以在导流期过后在洞顶上开挖一个洞口同竖井连接，也可与竖井和导流洞同时施工。

(2)涡室进口连接段跌坎处的负压容易处理，只要在涡室进口底板上浇注折流坎即可。

(3)涡室通气井(如果需要设置)直径较小，高度较低。

(4)高尾水位泄洪洞，排气问题比较容易处理。

旋流竖井泄洪洞的缺点如下：

(1)竖井直径D和涡室直径较大，开挖量大。当流量为1 000～2 000 m^3/s时，竖井直径分别需要10.5 m和13.5 m。相应的涡室就更大了，分别需要13.5 m和17.5 m。因此，最大泄流能力限制在3 000 m^3/s以下，同时涡室段的地质条件要求较高。

(2)竖井的合成速度随井深而增加，对于200 m高水头泄洪洞竖井下部的合成速度达到40 m/s，需要在竖井中下部设置环形阻水收缩坎，提高淹没水深。

6.2.2 竖井－旋流泄洪洞

竖井－旋流泄洪洞的优点如下：

(1)竖井和起旋室直径相对较小，工程量少一些。当流量为1 000～2 000 m^3/s时，竖井直径分别为8.8 m和12.5 m(上部无涡室)，因此最大泄量可达3 000 m^3/s，竖井直径15 m。虽然同样要求竖井段地质条件好，但是，当流量小于1 500 m^3/s时，因竖井直径减小到10 m左右，在风化岩基的地质条件下也能修建。

(2)水平旋流洞的合成速度沿程逐渐降低。

竖井－旋流泄洪洞的缺点如下：

(1)起旋室和水平旋流洞都要在导流期过后施工,二期施工工程量较大,特别是要将一段城门洞形截面的导流洞改成圆形截面的旋流洞,填充钢筋混凝土的施工比较困难。

(2)通气井比竖井还高,直径较大,并且要防止渗水。

(3)竖井与旋流洞连接段陡坎处的负压大,易发生空蚀,需要在竖井的一侧边壁面上浇注折流坎以消除负压,浇注垂直折流坎比浇注水平折流坎施工难度大。

(4)对于淹没堰流竖井不掺气,需要设置环形掺气坎向竖井和旋流洞进口低压区补气,用以增加竖井段消能率,减轻旋流洞连接坎的负压。

(5)高尾水位泄洪洞的排气问题比较难以处理。

通过上述对比可看出,竖井-旋流和旋流竖井两种泄洪洞各有利弊,难分好坏,主要根据地形地质条件而确定。若地形地质条件比较好,可选择旋流竖井泄洪洞方案;反之,若地形地质条件极差,可采用竖井-旋流泄洪洞方案。

为了克服上述竖井-旋流泄洪洞的缺点(1),工程上可采取下述两种改进措施:

(1)在导流洞外布置起旋室与旋流洞。将起旋室和旋流洞改建在洞外与导流洞连接。此种旋流泄洪洞布置方案施工简单,与旋流洞布置在导流洞内相比,经费增加不多。这是因为起旋室和旋流洞均布置在导流洞外,与导流洞的施工和汛期运行互不干扰;所增加的起旋室和旋流洞的工程量与在导流洞内填充混凝土的工程量比较虽然大一些,但施工大为简化,能确保二期工程施工质量和完成工期。

图6-10为导流洞截面面积大于旋流洞截面面积,同时导流洞断面的高宽比小于1.2时,起旋室和旋流洞布置在导流洞外连接的一种方案。旋流洞与导流洞轴线的夹角小于45°,为了减轻旋流洞水流对导流洞的冲击,在这段导流洞内浇注了边墩和顶压板(参照图1-24设计)构成水垫塘(压力消能工)。要想增加泄洪洞的总消能率,也可将出水洞顶压板改成组合消力墩(见图1-24)。由于边墩和顶压板会产生负压,为避免空蚀,边墩和顶压板或组合墩均应埋设通气管以自行掺气,空气源来自洞顶空间(因为该区的掺气浓度较大)。

旋流洞出口水流为空腔旋转扩散流,在水垫塘内进行强力的气水掺混作用,形成有压气水混合体,可以减小水流的冲击压力。在施工时,对导流洞冲击壁面采用锚筋加固,并采用高强度等级混凝土以防止冲蚀。

这种新的设计方案只需要开挖3.5D长的旋流洞(D为旋流洞直径),其衬砌施工比较容易,且混凝土与基岩黏合力强,能保证施工质量。而在导流洞的城门洞形断面内填充钢筋混凝土,改成圆形断面的旋流洞,不仅施工困难,而且新老混凝土黏合力较差,必须增加很多锚筋,才能保证浇筑后新老混凝土的整体性。

若导流洞断面面积较小(例如等于或略大于旋流洞截面面积),可将旋流洞末端接一段长2.2D、直径≈1.8D的大截面有压洞,其出口采用圆弧曲线收缩,其直径等于D的孔口与导流洞连接(见图6-11),通过压力洞和孔口收缩、扩散消能,可以减小对导流洞的冲击力。图中数字表示的意义见图6-10。

(2)兼顾旋流泄洪洞的结构尺寸设计导流洞断面体型。

若在水电工程可行性设计中采用竖井-旋流泄洪洞方案,在设计导流洞时应减小导流洞城门洞形断面的高宽比值,如高宽比取1.15。

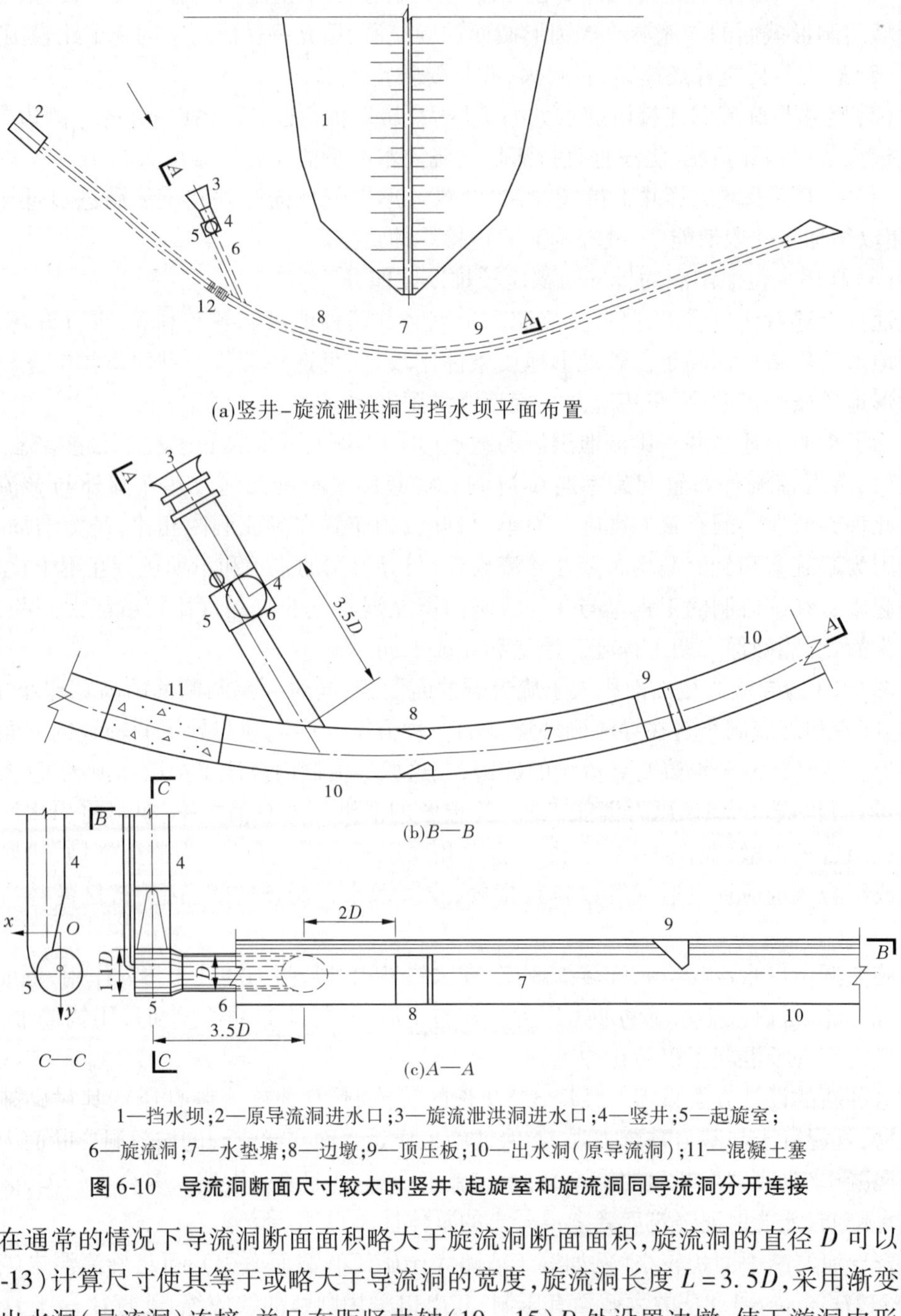

(a)竖井-旋流泄洪洞与挡水坝平面布置

(b)B—B

(c)A—A

1—挡水坝；2—原导流洞进水口；3—旋流泄洪洞进水口；4—竖井；5—起旋室；6—旋流洞；7—水垫塘；8—边墩；9—顶压板；10—出水洞（原导流洞）；11—混凝土塞

图 6-10　导流洞断面尺寸较大时竖井、起旋室和旋流洞同导流洞分开连接

在通常的情况下导流洞断面面积略大于旋流洞断面面积，旋流洞的直径 D 可以大于式(4-13)计算尺寸使其等于或略大于导流洞的宽度，旋流洞长度 $L=3.5D$，采用渐变过渡段同出水洞（导流洞）连接，并且在距竖井轴（10～15）D 处设置边墩，使下游洞内形成比较平稳的明流流态。若消能率不满足设计要求，可在第一道边墩下游 3.5D 处再设一道组合墩，必要时出口前设顶压板用以消除消力墩可能引起的负压。此方案对应旋流泄洪洞洞内总消能率可达 85%。

若导流洞断面比旋流洞断面小许多（如 $A_D<0.8A_X$），则导流洞不适于改建竖井-旋

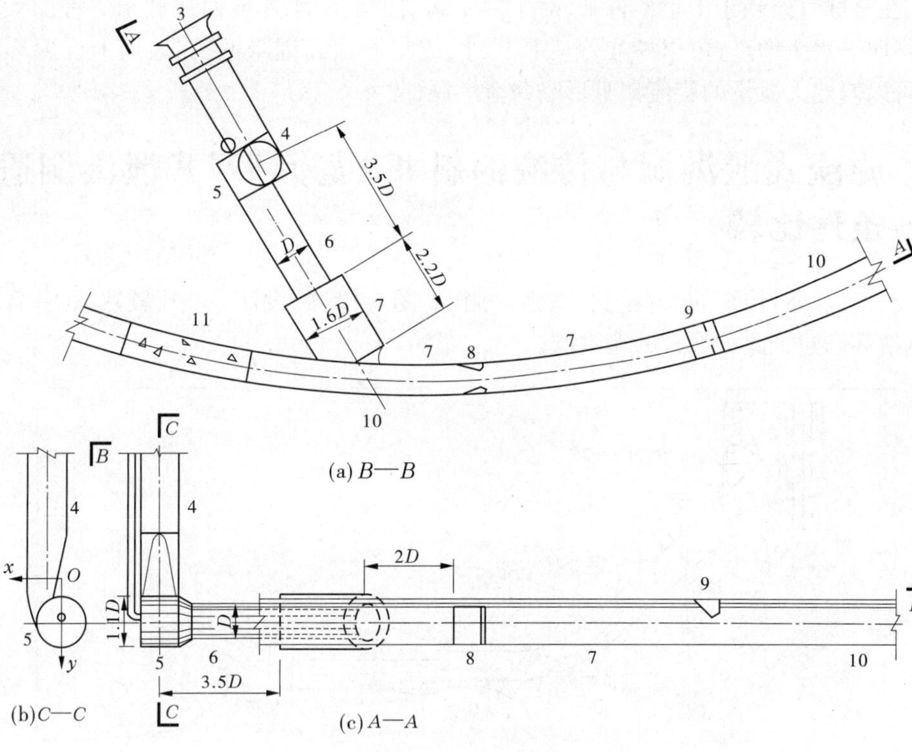

1—挡水坝;2—原导流洞进水口;3—旋流泄洪洞进水口;4—竖井;5—起旋室;
6—旋流洞;7—水垫塘;8—边墩;9—顶压板;10—出水洞(原导流洞);11—混凝土塞

图 6-11　导流洞断面尺寸较小时竖井、起旋室和旋流洞同导流洞分开连接

流泄洪洞,但可以修建旋流竖井泄洪洞。

6.2.3　旋流喇叭形竖井泄洪洞

旋流喇叭形堰的主要特点如下:

(1)堰顶高程即正常蓄水位,不设置闸门。

(2)采用潜水起旋墩使水流在喇叭形堰和竖井中产生带有空腔的螺旋流运动,有较好的防止空蚀和掺气消能的效果;同时,采用潜水起旋墩便于调节流量,满足最大设计流量的要求。

根据上述两大特点,旋流喇叭形竖井泄洪洞,因其泄洪灵活、安全,适用于具有突暴洪水型的中小型水库修建,更适于那些洪水设计标准低的土石坝水库修建非常泄洪洞。

对大型土石坝高水头水库,可在竖井上设置双层进水口作为非常泄洪洞和事故放水洞。

旋流喇叭形竖井泄洪洞的主要缺点是:由于堰顶高程较高,堰上水头 H 受到限制,为了发挥水库利用效益,通常堰上最高水头 $H \leqslant 5$ m。喇叭形堰只适用于宣泄中小泄量或抽水蓄能电站上下库的泄洪洞,但是如果能找到适于修建喇叭形的平坦地形条件,也可以修建 2 000 m^3/s 以上洪水流量的大型喇叭形竖井泄洪洞,这时喇叭形堰平面直径需要大于

30 m。在全球气候趋于干旱条件下，对于多年调节的大型水库或西线调水工程的大型泄洪洞，将堰上水头增高，可以减小喇叭口尺寸；或将堰顶高程降低，在堰顶上设置环形闸门，也可以修建大泄量的旋流喇叭形竖井泄洪洞（见6.6节）。

6.3 旋流式泄洪洞与传统的斜井“龙抬头”式泄洪洞适用条件比较

水利工程师对传统的“龙抬头”式泄洪洞（见图6-12）的设计方法比较熟悉，并且在许多水电站都修建了此种形式的泄洪洞。

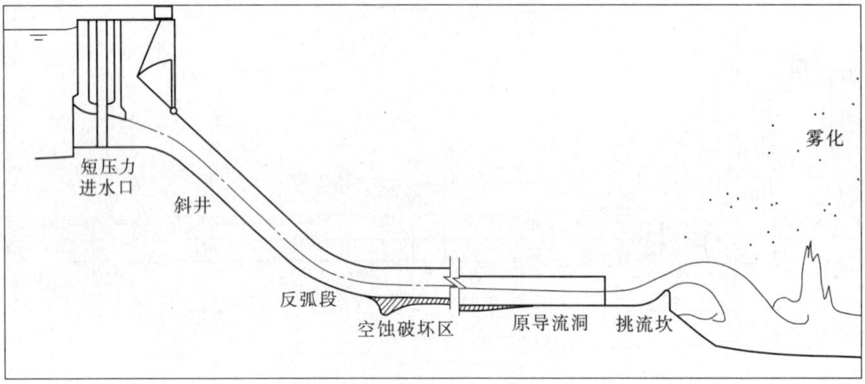

图6-12 传统的“龙抬头”式泄洪洞及其易发生空化区

从设计角度来看，“龙抬头”式泄洪洞工程实例较多，也比较容易设计，其经典的结构体型由进水口（溢流堰或短压力进水口）、抛物线段底板、斜井、反弧段、出水洞（原导流洞）和挑流鼻坎（或消力池）构成。

“龙抬头”式泄洪洞存在四个主要缺点：

（1）在平面上，进水口和斜井的轴线必须同下游直线段导流洞的轴线一致。否则，需要保留有压流弯段的导流洞作为引水洞，中间修建高压闸门井进水口与直线段导流洞连接作为明流泄洪洞，形成所谓“龙落尾”式泄洪洞。

（2）进水口下游垂直弯洞和斜洞段较长，与竖井比较，施工困难。

（3）采用洞外挑流消能，洞内消能率低（约20%），流速大，反弧段末端水流空化数很小，在泄洪洞反弧段末端极易发生空蚀破坏。

（4）泄洪洞出口冲刷和雾化现象较严重，给生态环境造成危害。

自从20世纪40年代初美国胡佛坝在世界上首次建成“龙抬头”式泄洪洞以来，美国和世界其他各国许多坝都采用了此型泄洪洞。胡佛坝泄洪洞（Hoover dam tunnel spillway）初次放水时，在反弧段下游发生了严重破坏（见图6-13）。以后“龙抬头”式泄洪洞在反弧段下游破坏的实例很多，如美国的格林峡坝（Glen canyon dam）（见图6-14）[84]、黄尾坝（Yellow tail dam）、墨西哥的英菲尔尼罗坝、西班牙的阿尔达阿达比拉坝等泄洪洞。

中国刘家峡泄洪洞初次放水时，由于挑流雾化中挟带泥沙，使对岸高压变电器短路，

图 6-13 美国胡佛坝泄洪洞破坏现场(1942 年)

图 6-14 美国格林峡坝左岸泄洪洞破坏现场(1983 年)

导致电力中断,同时还破坏了岸边公路。1972 年的一次放水后不久,反弧段下游遭受到严重破坏。破坏的原因主要是高速水流经过反弧段溢流面末端,由于不平整体引起的空蚀。

美国多年研究认为,向空蚀敏感区掺气可防止发生空蚀,如 1960 年对大苦力坝的中孔泄水道出口采用通气槽掺气首次解决了多年困扰的空蚀问题,1966 年又将这一技术成功地用到黄尾坝泄洪洞的反弧段上,后来世界上修建高水头的"龙抬头"式泄洪洞都设置掺气槽,很少再见到有泄洪洞空蚀破坏的报道。这一方面表明掺气起到了减免空蚀的作用;另一方面由于近半个世纪天气干旱少雨,或上游有大型调节水库,经常运行的泄洪洞很少,因此出现事故的机会也就少。例如,因为上游修建了龙羊峡多年调节水库,刘家峡泄洪洞从修复至今未放过水。

中国二滩两条泄洪洞虽然都设置了掺气槽,在积累运行数千小时后,其中一号洞反弧段下游也遭受到严重破坏。据介绍,是边墙掺气槽开始空蚀引起的反弧段下游破坏。这个事故说明两个问题:一是长期运行的泄洪洞即使设有掺气槽也难免空蚀;二是掺气槽结构经过半个世纪的研究尚未完善,特别是城门洞形断面泄洪洞的边墙与底板的掺气槽如何匹配好,至今没有完全得到解决。

另外,在对二滩两条泄洪洞放水挑流雾化的原型观测中,由于雾化形成的降雨量竟然达到 1 000 mm/h,引起山体滑坡和生态环境的破坏。

因此,对于高水头泄洪洞,为了避免空蚀破坏和出口挑流雾化造成岸坡塌方与生态破坏,将研究目标转向到内消能工上,即在竖井或洞内消能。这完全不同于传统的"龙抬头"式泄洪洞在洞外消能,把矛盾转移到下游,但也未能确保泄洪洞自身的安全。

旋流竖井泄洪洞和竖井-旋流泄洪洞是内消能工的最佳选择。这两种旋流泄洪洞共同的优点是:

(1)进水口都与竖井连接。因此,当竖井与导流洞连接时,不受其是否存在弯洞的限制,比较容易布置。旋流洞和水垫塘都可以布置在导流洞的弯段内,同时竖井比斜井施工容易。

(2)均采用旋流+水垫塘掺气扩散联合消能工,消能率高,洞内流速小,可避免发生空蚀。同时,出口下游不再需要修建大型的挑流坎或其他庞大的消能设施,完全消除了雾化现象。

旋流泄洪洞在水流转换到旋转流的过渡区存在负压,但这种负压较容易消除,同时旋流竖井边界层流速也不像"龙抬头"式泄洪洞反弧段处那样高。现以刘家峡泄洪洞典型空蚀破坏为例予以说明,当时运行水头 120 m、下泄量 650 m^3/s、最大流速接近 40 m/s。于 1972 年对刘家峡泄洪洞的破坏现场进行了详细调查研究,发现泄洪洞破坏的原因是反弧段末端表面突起和右侧三个残留钢筋头(平均高约 8 cm)引起空蚀。这两处空蚀坑都以平面 45°角向下游扩散发展,并在下游汇合冲出 5 m 的深坑,混凝土受力钢筋大部分被拉断,泄洪洞破坏面积达 500 m^2。

仔细检查还发现,在反弧段区边墙上存在的 4 mm 高的模板错台上就开始发生空蚀(露出混凝土的砂石骨料),作者亲自在现场做了石膏拓模,见图 6-15。

分析结果认为,边墙上 4 mm 错台处水流流速至少有 20 m/s,水流与边壁的分离使压力降到气化压力而引起空蚀。在水工模型的压力试验中,反弧末端的压力分布虽然急剧下降,但最低压力仍然是正压,不应该发生空蚀。促使发生空蚀的条件是,反弧段末端溢流面的法向流速分布接近矩形分布,近壁边界层速度较大,水头越高,相应的边界层流速也越大。因此,只要在溢流面上残留几毫米的不平整体,其背水面动水压力就会降到气化压力以下,引起结构物空蚀破坏,何况表面隆起数厘米和残留钢筋头或混凝土渣。

以上分析结果认为,"龙抬头"式泄洪洞适宜于水头 $H \leqslant 60$ m,反弧段流速小于 30 m/s,同时需处理好表面不平整体。这样,如果再设通气槽就能确保安全的运行。但是,

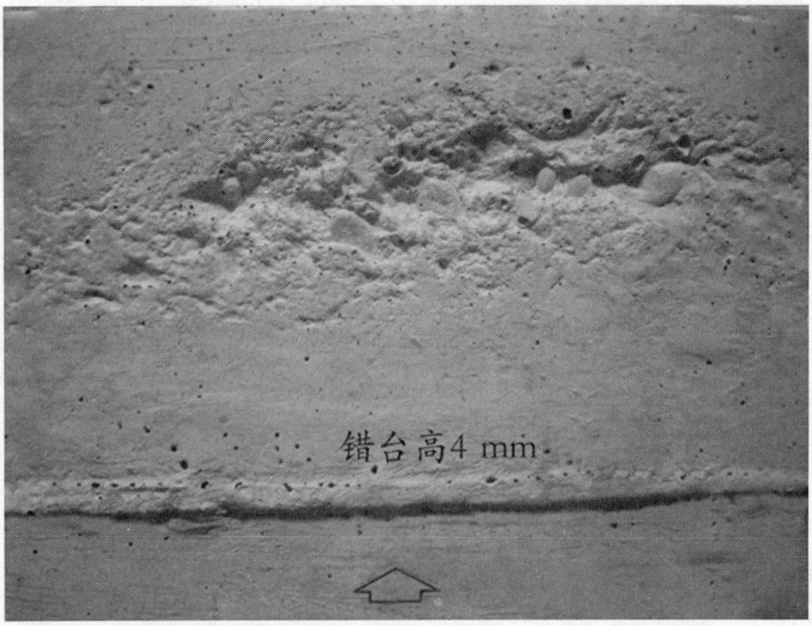

图 6-15　刘家峡泄洪洞反弧段末端 4 mm 高错台引起的空蚀

如果将传统斜井式泄洪洞的掺气槽改成图 10-15、图 10-16 的自掺气边墩加挑流消能掺气坎和下游设置组合消力墩，则既能保护反弧段末端不发生空蚀，又能减小出口流速，减轻雾化现象。对这种改进设计，高水头的斜井式泄洪洞能继续得到应用，但出口雾化问题仍然值得关注。

公伯峡竖井－旋流泄洪洞通过 100 m 水头和 1 100 m^3/s 流量的原型观测的检验，未发现空蚀的迹象，下游洞内流速 14 m/s，水面比较平稳。通过原型观测初步证明，旋流泄洪洞适于高水头泄洪洞的修建。

至于旋流竖井泄洪洞，虽然在 200 m 水头的竖井下部最大合成速度能达到 40 m/s，压力较小（约 0 m），但由于螺旋流的阻力系数大，流程较长，边界层的速度较小。另外，即使出现空化现象，空化气泡向旋流中心方向漂移，故不易发生空蚀现象。

例如，曾对溪洛渡旋流竖井泄洪洞（总水头 220 m、流量 2 850 m^3/s、竖井半径 17 m）的模型竖井上下两处高程进行了合成速度分布试验及竖井各断面掺气浓度沿径向分布试验。

图 6-16 为在库水位以下 116.4 m 处竖井测速断面沿径向合成速度分布，图中只能测到 $r=7.6$ m，即距壁面 0.9 m（无气泡）的最大合成速度为 38 m/s（压力 8 m），靠近壁面 15 cm 的速度为 9.22 m/s。图 6-17 为库水位以下 165.6 m 断面处（上下两测速断面间距 49 m）合成速度分布，最大合成速度 42.6 m/s（压力 2.4 m），靠近壁面 15 cm 的速度为 18 m/s。

测速结果表明，水头越高、合成速度越大，相应的边界层流速也增加。但从两个图可看出，距壁面 10 cm 的速度均小于 5 m/s。同“龙抬头”式泄洪洞反弧末端层厚 4 mm 的速度比较，旋流竖井的速度要小得多。

h(m)	r(m)	v(m/s)
0	8.5	0
0.15	8.38	9.22
0.3	8.2	33.29
0.6	7.9	36.33
0.9	7.6	38

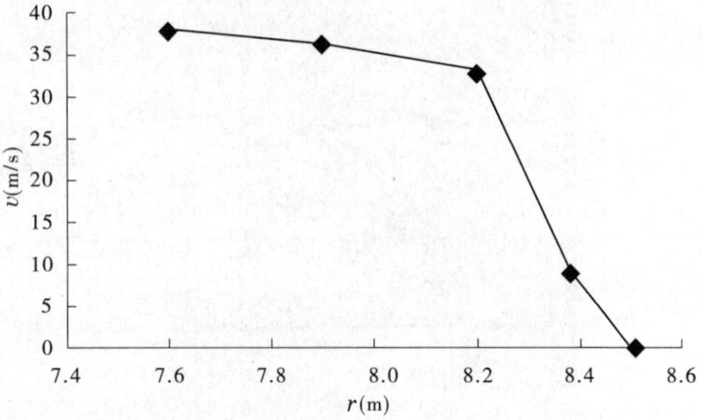

图 6-16　旋流竖井测点上总水头 116.4 m 合成速度分布

h(m)	r(m)	v(m/s)
0	8.5	0
0.15	8.35	18
0.3	8.2	38.9
0.6	7.9	42.6
0.9	7.6	41.3

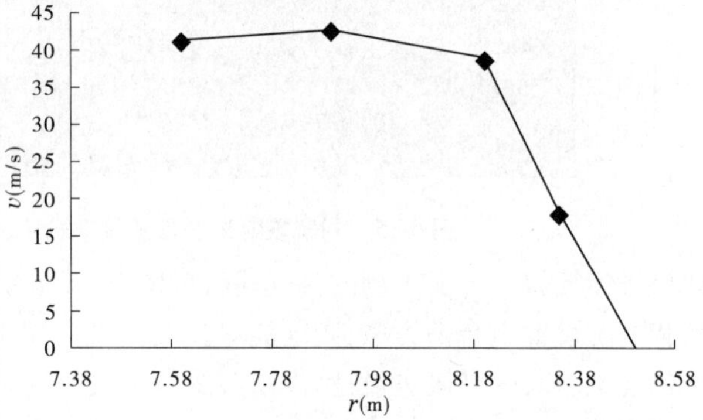

图 6-17　旋流竖井测点上总水头 165.6 m 合成速度分布

在进行掺气浓度试验中发现，竖井环状水跃以下是强烈掺混的气水垫层，掺气充分，但是竖井周壁的掺气浓度竟然等于零。这表明，水垫层内尚存在着旋转能量，使气泡向旋流轴心方向集中。同样，在第 9 章空化特性的理论和试验研究中，也得出旋流竖井的空化气泡向旋流中心漂移的结论。上述试验研究结果都说明，旋流对防止发生空蚀是有利的。

6.4　其他内消能式泄洪洞的特点及适用条件

6.4.1　消力井式泄洪洞

消力井式泄洪洞是指，将一般的竖井继续向下延伸开挖，在其底部形成低于出水洞底板的消力井。竖井内流态不同对消力井的消能率有很大的影响。

对于有压流竖井，若下部直径收缩后再连接尺寸扩大的消力井（消力井直径 $D>3d$，d 为射流直径），形成带有环状空腔的射流。射入消力井内的水流突然扩散后，进行强力的气水掺混紊动消能，整条泄洪洞的消能率可达 85%。苏联卡姆巴拉金水电站的泄水道（水头 210 m，泄量 750 m^3/s，竖井断面尺寸 4 m×6 m，消力井直径 10 m、长 48 m）就是采用消力井式泄洪洞，消力井底板上最大脉动压力标准差 $\sigma\approx0.08v^2/(2g)$（$v$ 为射流速度)。

对于自由流竖井,当下部形成水垫层时,再增挖消力井增加的消能率很少。

对于旋流竖井泄洪洞,也不适于在洞下开挖消力井,因为在旋流竖井环状水跃下形成的水气垫层已经消耗了大量能量,再设消力井的消能率增加无几。如沙牌旋流竖井泄洪洞的消力井就没有起到提高消能率的作用。

文献[30]曾对设置消力井的旋流竖井泄洪洞进行了消能率试验研究,试验结果见图6-18。该工程竖井直径为13.4 m,消力井直径等同竖井向下延伸,同时两侧以1∶8水平渐扩段与泄洪洞(原导流洞)相连接。图表中洞内深度指靠近出口的洞内水深,洞内流速为对应该水深的断面平均流速。从图表中数据可看出,当消力井的深度从0增加到17.91 m时,增加的消能率只有1.1%,可见旋流竖井下的消力井消能率很低。

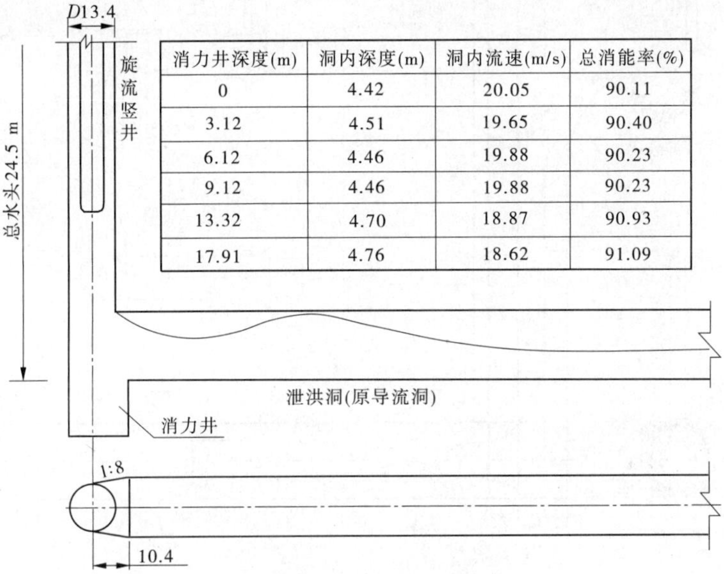

消力井深度(m)	洞内深度(m)	洞内流速(m/s)	总消能率(%)
0	4.42	20.05	90.11
3.12	4.51	19.65	90.40
6.12	4.46	19.88	90.23
9.12	4.46	19.88	90.23
13.32	4.70	18.87	90.93
17.91	4.76	18.62	91.09

图6-18　消力井深度对消能率的影响　(单位:m)

消力井式泄洪洞是集中消能,适用于高水头和地质条件好的常规竖井泄洪洞修建。如果竖井中的水流是自由射流进入消力井,同时将消力井断面尺寸扩大,则其消能率可超过80%。其主要缺点是:消力井的开挖量大,施工出渣困难;此外,由于集中消能,冲击动力作用大,易引起结构的振动。对于高水头、大流量的泄洪洞,如水头200 m、流量2 000 m^3/s,进入消力井内的总功率近400万kW,这就必然要求围岩整体性好、强度高和抗震能力强。旋流泄洪洞是分散、分级消能,不存在此问题。

如果将消力井换成水平消力洞将会缩小上述缺点,且有较大的实用性。但是要想达到满意的消能效果,则要求导流洞的截面面积大于竖井截面面积的2倍,并且导流洞的城门洞形断面尽量接近正方形。如果在竖井底部采用收缩孔与出水洞连接,并在收缩孔出口设置通气管向四周洞壁掺气,在收缩孔下游一段洞内设有自掺气的组合墩(第1章图1-24),构成压力消力洞。压力消力洞虽然与旋流洞加水垫塘的水流特征不同,但消能效果也较好。前者是高速射流在突扩消力洞的周围形成掺气空腔,依靠强力的水气掺混和紊动剪切作用削刹大量能量,后者是空腔旋转流经过旋流洞沿程消能后在水垫塘内继续旋转扩散进行气水紊动掺混消耗大量能量。笔者曾设计出较为实用的竖井－消力洞式泄洪洞的结构设计，详见图6-19。

进口溢流堰与竖井连接的垂直转弯段易出现负压。消除负压最简单有效的方法有两种，如图6-19所示。图中①是在溢流堰末段底板上浇注折流坎，折流坎是由 $abcd$ 构成的三角形体，其中 a 是顶点要垫厚 $0.16D$（D 为竖井直径），b、c、d 点不垫厚与底面齐平，形成 abc 和 acd 两斜面，水流经 abc 斜面偏转使竖井进口水流旋转升压。图中②是在竖井进口一侧墙上设置垂直导流坎，使竖井水流旋转升压。两种措施均能在竖井进口产生立轴旋涡流，可以消除堰、井连接段的负压。

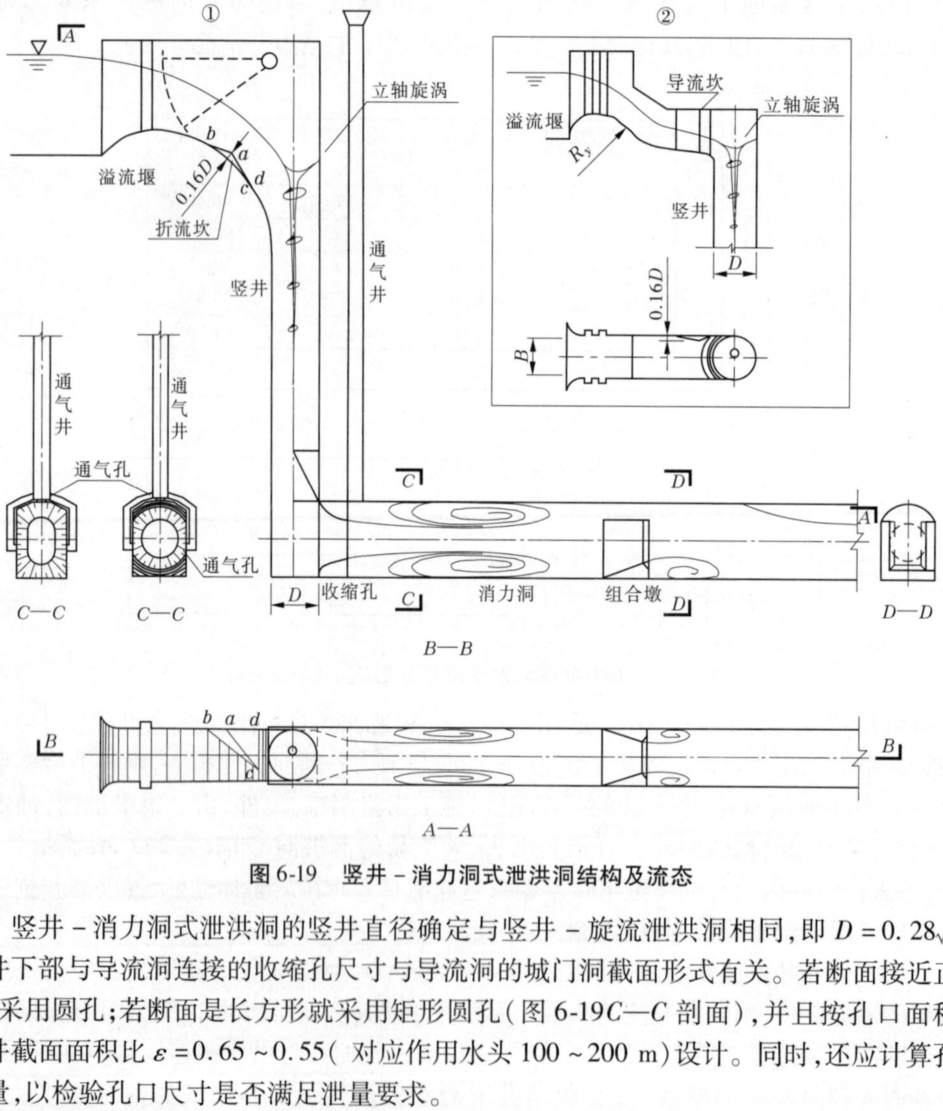

图6-19 竖井－消力洞式泄洪洞结构及流态

竖井－消力洞式泄洪洞的竖井直径确定与竖井－旋流泄洪洞相同，即 $D=0.28\sqrt{Q}$。竖井下部与导流洞连接的收缩孔尺寸与导流洞的城门洞截面形式有关。若断面接近正方形，采用圆孔；若断面是长方形就采用矩形圆孔（图6-19C—C剖面），并且按孔口面积与竖井截面面积比 $\varepsilon=0.65\sim0.55$（对应作用水头100～200 m）设计。同时，还应计算孔口流量，以检验孔口尺寸是否满足泄量要求。

若导流洞的断面尺寸比竖井的尺寸小或不够大，就不能修建竖井－消力洞式泄洪洞。除非在规划设计阶段就为了采用消力洞，在导流洞设计时预先将这段消力洞的断面尺寸扩大，最好要大于两倍竖井截面面积。但这时采用消力洞式泄洪洞可能是不经济的。

竖井－消力洞式泄洪洞和旋流竖井泄洪洞一样，在高、低尾水位条件下都适于修建。但在高尾水位条件修建时，出水洞的末端必须设排气井。关于排气井的设计详见 1. 5. 2 节。

6. 4. 2 洞塞式泄洪洞

20 世纪 70 年代初加拿大麦加坝首次建成洞塞式深水泄水道，最大水头约 191 m。此泄水道是利用直径 $D = 13.72$ m 的导流洞改建的，在导流洞内设置两道洞塞，在每个洞塞中品字形布置三个直径 3. 51 m 的孔口，利用水流经洞塞收缩和突然扩大消能。洞塞孔口的等价直径 $d \approx 6.1$ m，其与导流洞直径之比 $\beta = d/D = 6.1/13.72 = 0.44$，即孔径比。洞塞式泄洪洞主要靠塞后突然扩大段水流强烈混掺的紊动剪切作用消能，它的消能效果取决于 β 值的大小，β 值越小，消能率越高。其水头损失为：

$$h = \xi \frac{v^2}{2g} \tag{6-6}$$

损失系数：

$$\xi = (1 - \frac{\omega_1}{\omega_2})^2 = (1 - \beta^2)^2 \tag{6-7}$$

$$\omega_1 = \pi d^2/4$$

$$\omega_2 = \pi D^2/4$$

式中 ω_1——洞塞孔口截面面积；

ω_2——出水洞(即导流洞)截面面积；

v——洞塞孔道流速。

由式(6-7)可看出：孔径比 β 值越小，突然扩大的水头损失越大，消能效果就越好。如麦加坝泄水道，$\beta = 0.44$，采用两级洞塞就满足了消能要求。

但是，利用导流洞改建的泄洪洞，通常由于下泄量大，孔径比都较大，$\beta = 0.65 \sim 0.85$，洞塞孔的流速较小，洞塞后突扩段的水头损失也小，消能效果较差。即使采用五级洞塞，其消能率也达不到 60%。如果想增加消能率把 β 值取小了，就会引起壅水现象，降低泄流能力。另外，采用洞塞时，要求泄洪洞尾水位要高，洞顶的淹没水深必须大于洞高，否则在洞塞的孔内，由于水流分离可能引起空蚀。

6. 4. 3 孔板式泄洪洞

孔板式泄洪洞是从洞塞式泄洪洞演化来的，即：将洞塞的短管改成薄壁孔板。

假设由导流洞改建孔板式泄洪洞，则水流通过孔板的水头损失为：

$$h = (\frac{\omega}{k_s \omega_k} - 1)^2 \frac{v^2}{2g} = (\frac{1}{k_s \beta^2} - 1)^2 \frac{v^2}{2g} \tag{6-8}$$

式中 ω_k、ω——孔板和出水洞(原导流洞)的过流面积；

β——孔径比；

v——出水洞断面平均流速；

k_s——孔板水流收缩系数，$k_s = \omega_k / \omega_s$；

ω_s——水流收缩面积。

倪汉根根据国外资料给出 $k_s \sim \beta$ 的经验关系式[27]：

$$k_s = 0.586 + 0.37(1 - e^{-\beta^4}) \tag{6-9}$$

从式(6-8)和式(6-9) 可看出，孔径比 β 越小，孔板过流的水头损失越大，即消能率越高。

但是，由导流洞改建的泄洪洞通常泄量较大，要求 β 值相当大才能通过最大设计流量。现以黄河小浪底孔板泄洪洞为例，泄洪洞上游采用斜井（"龙抬头"）式，下游出水洞采用多级孔板消能。最大设计泄流量和工作水头分别为 1 300 m^3/s 和 140 m，出水洞直径 14.5 m。孔径比 0.69，孔板间距 $3D$，三级到四级孔板的消能率 50% ~65%。为了不影响泄流量，各级孔板的孔径次第增加。例如，对五级孔板孔径比优化试验结果依次为 0.585、0.672、0.743、0.799 和 0.540。其中第一级孔板水头损失 52.5 m（按式(6-8)计算结果 51.5 m），以后几级的水头损失急剧减少，到了第五级只损失 3.5 m。

若定义孔板水头损失系数为：

$$k = \frac{\Delta h}{\frac{v_0^2}{2g}} \tag{6-10}$$

式中 Δh——孔板水头损失；

v_0——孔板的孔口平均流速；

g——重力加速度。

詹克祥和赵慧琴分别对单级和多级孔板水工模型试验资料，给出计算孔板水头损失系数的经验公式，分别为：

$$k = [1 - (d/D)^2][2.427 - 0.948(d/D)^2] \tag{6-11}$$

$$k = [0.707\sqrt{1 - (d/D)^2} + 1 - (d/D)^2]^2 \tag{6-12}$$

当 $\beta = d/D = 0.7$ 时，由式(6-11)和式(6-12)分别得 $k = 1.0$ 和 $k = 1.03$。

参考小浪底泄洪洞资料：$Q = 1\ 300\ m^3/s$，假设五级孔板的孔径相同：$d = 0.7D = 0.7 \times 14.5 = 10.15(m)$。

孔口平均流速：$v_0 = Q/(\pi d^2/4) = 1\ 300/(10.15^2\pi/4) = 16.07(m/s)$

按多级孔板 $k = 1.03$ 计算孔板水头损失：

$$\Delta H = 1.03 \times \frac{16.07^2}{19.62} = 13.56(m)$$

若设置 5 个孔板，则平均总水头损失：$5 \times 13.56 = 67.8(m)$，占泄洪洞总水头(140 m)的 48%。剩余水头 $h = 140 - 67.8 = 72.2(m)$。

如果将进水口局部水头损失和斜井段水头损失都算到流速系数 ϕ 上，假设 $\phi = 0.8$，则泄洪洞出口段流速：

$$v = \phi\sqrt{2gh} = 0.8 \times \sqrt{19.62 \times 72.2} = 30(m/s)$$

这表明：经五级孔板消能后，出口段洞内流速仍有 30 m/s。

若再增加孔板数量是否可以使洞内流速降到 15 m/s 以下？

回答是不可能的。因为孔板超过五个以后水头损失增加很小，仅 2 ~ 3 m。水头损失不能随着孔板数量成倍地增长,孔板最佳数量的选择可能是三到四个。

与旋流泄洪洞相比,孔板式泄洪洞的消能率不算高。此外,当尾水位较低时,必须在泄洪洞的出口设置控制闸门,使洞内形成一定程度的压力流,否则孔板下游将会出现负压涡。由于没有掺气保护,可能会发生空蚀。和洞塞式泄洪洞一样,孔板式泄洪洞必须限制在高库水位下运行,否则在斜井内会产生不稳定的气囊运动,在出口处可能产生气爆现象,破坏结构物。

6.5 旋流喇叭形竖井泄洪洞与传统的喇叭形竖井泄洪洞的比较

传统的喇叭形竖井泄洪洞(Morning glory shaft spillway),在20世纪四五十年代美国修建较多。这种泄洪洞通常不设闸门,正常蓄水位即堰顶高程,自动泄洪。因此,适用于无人操作的非常泄洪洞或抽水蓄能电站的溢洪道,特别是在人烟稀少的西线调水工程采用这种泄洪洞最有利。当具有修建喇叭形堰的开阔地形时,它的最大泄流能力可达3 000 m^3/s。

传统的喇叭形竖井泄洪洞存在许多缺点:在淹没流喇叭形堰易产生旋涡,出现不稳定涡带引起结构物振动,甚至会出现气流回爆现象[64],如美国的俄勒冈州阿威希(Oregon Owyhee)坝竖井泄洪洞,见图6-20。除此之外,在溢流堰与竖井连接处易产生负压,特别是靠近竖井下部的负压能达到气化压力引起空蚀。由于上述原因,高水头大泄量竖井泄洪洞的应用受到了很大限制。我国修建的竖井泄洪洞很少,如攀枝花和在建的大石门泄洪洞,均属于小型工程。

图6-20 美国俄勒冈州阿威希(Oregon Owyhee)坝竖井泄洪洞气流回爆现象

解决旋涡问题的传统方法是采用防旋墙或分流墩等措施。为了防止竖井空蚀,在溢流堰下设突扩掺气坎(见图6-21(a));或在竖井内设环形掺气坎,或在竖井与隧洞转弯连接段上部设收缩掺气坎，如俄国的洽尔瓦克（Чарвакской）泄洪洞（见图 6-21(b)）；或将竖井沿轴向收缩提高井壁压力（见图 6-21(c)）。

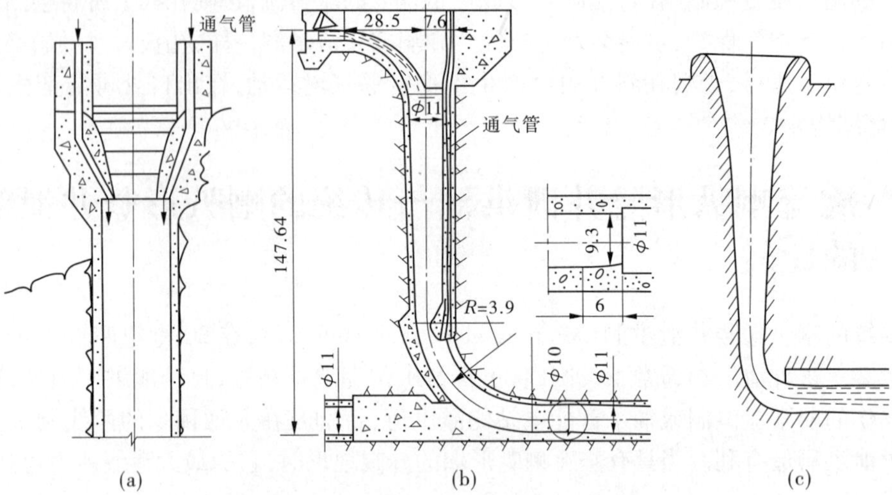

图 6-21　防止竖井发生空蚀的几种措施

设突扩掺气坎或环形掺气坎，由于掺气保护长度有限，不能保证竖井全长不发生空蚀，洽尔瓦克形掺气坎不能保证明流条件下堰、井连接段不发生空蚀。同时，由于泄洪洞内转弯段底板流速大，还得设置掺气坎。设掺气装置使竖井直径增大，并且需要布置通气管道系统。总而言之，采取掺气防蚀措施不仅使结构复杂，也给施工带来很大的难度。将整个竖井渐变收缩，可能形成完全淹没流，降低泄流能力，同时竖井的施工很困难。

为了克服上述缺点，研究出一种旋流喇叭形竖井泄洪洞，主要由进口起旋墩、喇叭形堰、竖井和洞内压力消能工四部分组成。

根据旋流增压和掺气的原理，在喇叭口外缘轴对称地布置若干个起旋墩，使溢流堰和竖井中的水流产生带有空腔的旋转流运动，利用离心力消减负压、防止空蚀，利用水流掺气防止泄洪洞内消力墩空蚀，并提高泄洪洞的总消能率。虽然旋流泄洪洞的竖井直径较一般泄洪洞的竖井直径大，但是与设有掺气装置的传统喇叭形竖井泄洪洞比较，要小一些。如攀枝花和大石门[9]泄洪洞设计最大下泄流量分别为 80 m^3/s 和 152 m^3/s，竖井直径均为 5 m，喇叭形堰直径分别为 8.73 m 和 14 m。如果采用旋流喇叭形竖井泄洪洞方案，则设计竖井直径分别为 3.8 m 和 4.8 m，喇叭形堰设计直径分别为 8 m 和 10 m。

喇叭形堰无闸门控制，洪水一超过堰顶就溢流。为了能在低水位条件下产生旋转流，起旋墩必须与喇叭口外缘的切线成小角度（≤15°）连接。起旋墩数目越多或连接角越小，水流的旋转力度越大，易消除竖井负压，但堰流流量系数减小，泄流能力降低；反之，起旋墩数目越少或夹角越大，喇叭形堰流量系数和泄流能力越大，但旋转力度小。因此，同数量的起旋墩，要想在堰顶水头较小时也能产生较好的旋流效果，起旋墩必须与喇叭口外缘的切线成小角度连接，但是这样做往往不能满足最大设计泄流量的要求。为了解决这个矛盾，本书研究出一种潜水起旋墩，既能在低水位情况下产生有效的旋转流，又能在高水位情况下拥有满足设计要求的泄流能力和旋转流运动。

潜水起旋墩的流动机理是：当堰上水深较浅时，水流沿着小角度布置的起旋墩墩壁进入竖井，产生有效的旋转流运动；当水库水位增加、堰顶水深超过墩顶时，墩顶以上的入堰水流在底层旋转流的拖曳下同步旋转，并在惯性力的作用下自动调节入流角，增大了下泄流量，并且增加了旋转力度。此种起旋墩结构简单、墩体尺寸小，便于推广应用。旋流喇叭形竖井的基本结构见图 1-4、图 1-34 和图 7-20。

6.6 旋流喇叭形竖井泄洪洞应用的扩展(堰顶设置环形闸门)

喇叭形竖井泄洪洞作为非常泄洪洞用时不设置闸门，堰顶高程即正常蓄水位。由于堰上水头 H 受到水库利用效益的限制，$H \leqslant 5$ m。例如上述清远下库泄洪洞流量只有 530 m^3/s，$H = 4.75$ m，喇叭形堰直径就有 16 m。要想宣泄大流量，喇叭形堰的直径很大，不易寻找合适的地形条件。如在堰上设置环形闸门，则可增加堰上水头和下泄流量、减小喇叭形堰直径，减少工程投资，有利于工程布置和推广应用。下面通过对同一工程采用上述是否设置环形闸门的两种设计方案进行比较计算，分析其各自的特点。

6.6.1 旋流喇叭形堰上设置环形闸门分析计算

假设某工程设计选用旋流喇叭形堰，设计最大下泄流量为 2 000 m^3/s。

首先，计算竖井直径为：

$$D = \left(\frac{Q^2}{g}\right)^{0.2} = \left(\frac{2\,000^2}{9.81}\right)^{0.2} = 13.24(\text{m})，取 D = 13.5 \text{ m}$$

参考第 1 章表 1-1，取 $H/R_L = 0.27$，流量系数按式(1-36)计算：

$$m = 0.19 + 0.035(H/R_L)^{-1.5}e^{-1.5H/R_L} = 0.19 + 0.035 \times 0.27^{-1.5}e^{-1.5\times0.27}$$
$$= 0.356$$

$$k = \frac{0.417}{m^{0.4}(H/R_L)^{0.6}} = \frac{0.417}{0.356^{0.4} \times 0.27^{0.6}} = 1.383$$

于是喇叭堰半径为：

$$R_L = kD = 1.383 \times 13.5 = 18.6(\text{m})，取 R_L = 18.5 \text{ m}$$

喇叭形堰直径：$D_L = 37$ m

对应最大设计流量，其堰顶水头：$H = 0.27R_L = 0.27 \times 18.5 = 5(\text{m})$

检验流量：

$$Q = m2\pi R_L\sqrt{2g}H^{1.5} = 0.356 \times 2 \times 3.14 \times 18.5 \times 4.429 \times 5^{1.5} = 2\,048(\text{m}^3/\text{s})$$

满足最大设计流量的要求。

计算结果表明，宣泄 2 000 m^3/s 以上流量的喇叭形堰直径较大，$D_L = 37$ m，需要在具有平坦的地形条件上施工，否则开挖量很大，不经济。

如果保持泄流量 2 000 m^3/s 不变，将堰顶高程降低 2.5 m，在堰上设置 2.5 m 高的环形闸门，闸门顶高程即正常蓄水位，堰上水头 $H = 7.5$ m。要求设计溢流堰结构尺寸。

首先假设 $H/R_L = 0.5$，计算流量系数：

$$m = 0.19 + 0.035(H/R_L)^{-1.5}e^{-1.5H/R_L} = 0.19 + 0.035 \times 0.5^{-1.5}e^{-1.5\times0.5} = 0.237$$

$$k = \frac{0.417}{m^{0.4}(H/R_L)^{0.6}} = \frac{0.417}{0.237^{0.4} \times 0.5^{0.6}} = 1.124$$

$$R_L = kD = 1.124 \times 13.5 = 15(\text{m}),D_L = 30 \text{ m}$$

$$H = 0.5R_L = 0.5 \times 15 = 7.5(\text{m})$$

满足堰上水头的限制条件。

下泄流量验证：

$$Q = m2\pi R_L \sqrt{2g}H^{1.5} = 0.237 \times 2 \times 3.14 \times 15 \times 4.429 \times 7.5^{1.5} = 2\ 032(\text{m}^3/\text{s})$$

满足最大设计流量的要求。

上述计算表明，设计2 000 m^3/s 流量的旋流喇叭形竖井泄洪洞，若堰顶增加水头设置2.5 m 高的闸门，则喇叭形堰直径由37 m 减至30 m，减少了19%，泄量也符合设计要求。如果闸门的高度再增加，喇叭形堰直径还会减小。

喇叭形堰截面1/4 椭圆曲线：

短半轴：$b = R_L - D/2 = 15 - 13.5/2 = 8.25(\text{m})$

长半轴：$a = 2.3b = 2.3 \times 8.25 = 19(\text{m})$

由于流量系数估计得不准确，上述计算结果可能与最大设计流量有一些差别，这些差别在模型试验中通过调整潜水起旋墩的高度可以消除。调整的原则是：当试验测得旋流喇叭形堰下泄流量偏大时，就增加起旋墩的高度；反之，当下泄流量偏小时，就降低起旋墩的高度。剩下的问题是，如何设计环形闸门结构。

6.6.2 环形闸门的结构设计

最简单的方法是沿喇叭形堰顶向下留一深槽，与堰下的环形廊道连通，在环形廊道内对称地安装四条齿带，通过金属杆与环形闸门底板连接。每条齿带连接大功率电动齿轮，四台电动机同步转动驱动闸门作上下移动，进行闸门启闭操作。

图6-22 为可宣泄2 000 m^3/s 流量的旋流喇叭形竖井泄洪洞，廊道截面尺寸宽4 m、高4 m。堰顶安装了可上下移动的环形闸门，环形闸门高2.5 m，在廊道底板下的深沟为齿带留的移动空间。在廊道底板上应埋设水管作为排水通道。

6.6.2.1 泄洪时环形闸门的止水设计

在喇叭形堰顶闸门槽两侧安装带有圆头的平板橡皮止水，称O 形止水，圆头紧靠闸门面板。当闸门顶下降到与堰顶齐平时，堰顶的O 形止水恰好被闸门顶的斜面压实，封堵了闸门的通道口，泄洪时不会漏水，见图6-23(a)。

6.6.2.2 挡水时环形闸门的止水设计

除堰顶固定的O 形止水外，还有在闸门下部迎水面，沿环形闸门的弧面安装P 形止水，当闸门挡水时，两者联合防止漏水，具体详见图6-23(b)。

6.6.2.3 环形闸门的操作程序

在汛期来临前将闸门顶降到堰顶高程，汛期刚过，堰上还在溢流小流量时，将闸门升起。根据来流量的预测情况，当流量较小时最好将闸门一次升高到2.5 m(正常蓄水位)为止，也允许在启闭过程闸门顶泄小流量。但是，决不允许闸门中途停止来宣泄流量，因为在这种情况下，堰顶的O 形止水可能漏水，甚至引起闸门振动。

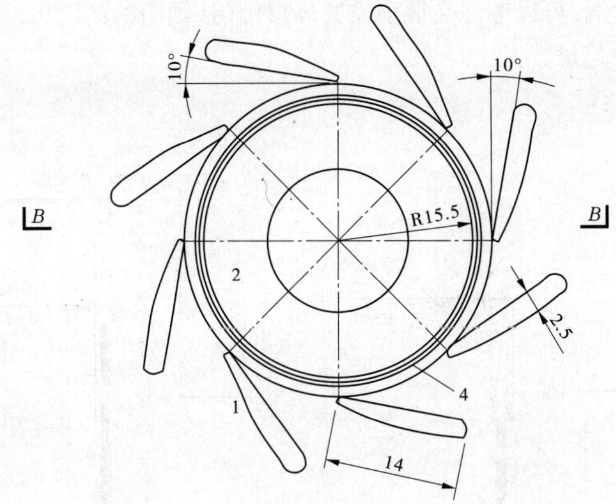

(a)A—A

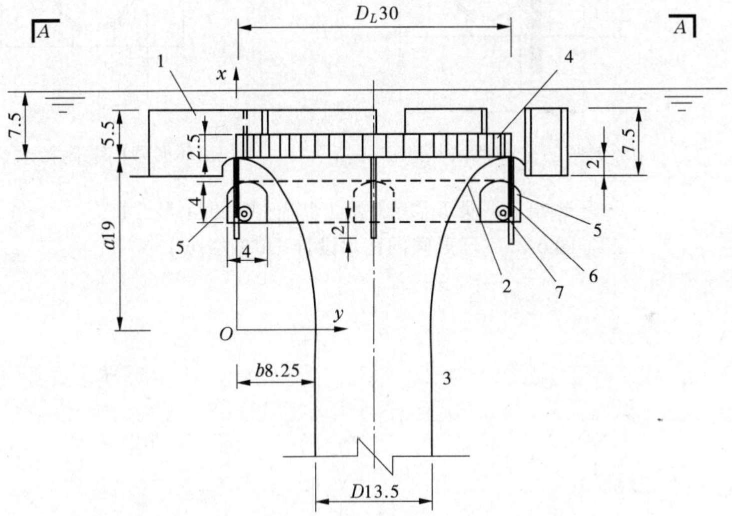

(b)B—B

1—潜水起旋墩;2—喇叭形溢流堰;3—竖井;4—环形闸门;

5—闸门启闭机廊道;6—齿带;7—齿轮及蜗轮蜗杆动力装置

图 6-22　带有控制闸门的旋流喇叭形竖井泄洪洞结构设计　(单位:m)

设置环形闸门的喇叭形竖井泄洪洞,通常在竖井上修建深层泄水道为下游供水或事故水库放水。为了增加水库的蓄水量,汛期刚过,喇叭形堰闸门顶的高程升至正常蓄水位。若这期间上游又降大雨,水库水位超过正常蓄水位时,闸门顶开始泄流,这时应迅速打开深孔闸门放水,尽量减小喇叭形堰闸门顶的泄流量,最好是不过流。

上述设有环形闸门的喇叭形竖井泄洪洞设计,由于溢流堰增加 2.5 m 水头,在保持正常蓄水位不变的情况下,可以加大泄流能力。因此,对于设计下泄流量超过 2 000 m^3/s 的大型喇叭形竖井泄洪洞，可以考虑在堰顶设置环形闸门（闸门的高度可以增至 3 m），以减小溢流堰土石方的开挖量。

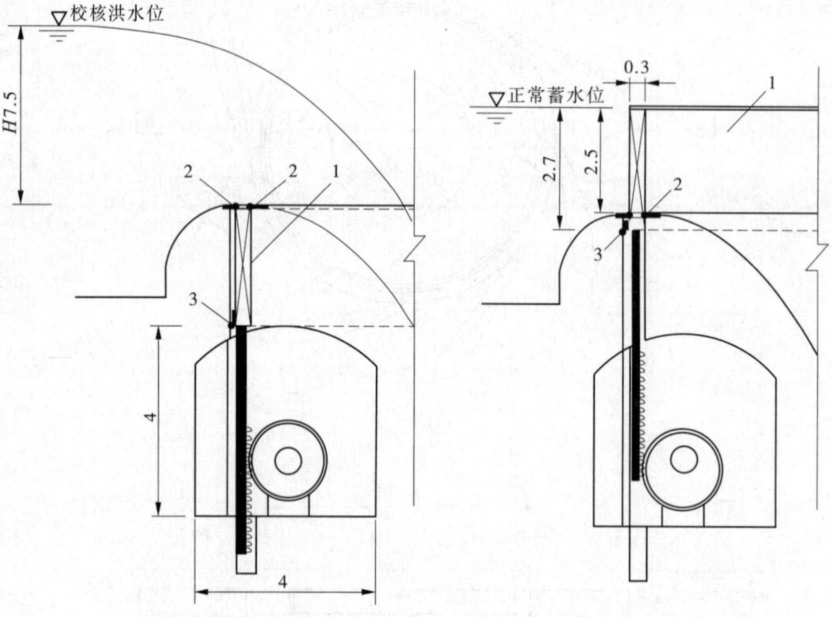

1—环形闸门；2—堰顶固定 O 形止水；3—闸门底 P 形止水

图 6-23 环形闸门止水设计 （单位：m）

第7章　我国已建和在建的旋流泄洪洞及研究总结

本章主要介绍已建的四川沙牌水电站旋流竖井泄洪洞和青海公伯峡水电站竖井－旋流泄洪洞的设计与原型观测情况,对其存在的技术问题进行总结,并对正在建设的广东清远抽水蓄能电站的旋流喇叭形竖井泄洪洞的结构设计及水力学特征进行较详细介绍。其中,沙牌泄洪洞是水流通过竖井上部的涡室起旋,绕竖井轴线旋转泄洪消能;公伯峡泄洪洞是水流通过竖井下部起旋室绕一段圆形截面的平洞轴线旋转消能,这两条泄洪洞先后于2001年和2006年建成。清远泄洪洞是水流通过进水口的潜水起旋墩起旋后,绕喇叭形堰和竖井轴线旋转,工程正在修建之中。这些泄洪洞与传统的泄洪洞相比有很大的差异,主要是水流在竖井或洞内形成带有空腔的螺旋流运动。除沙牌泄洪洞外,公伯峡泄洪洞和清远泄洪洞都是采用旋流加洞内水垫塘的方式进行两次水气掺混消能,消能率较高。由于旋流泄洪洞在竖井或洞内产生离心力提升压力,可避免发生空蚀。

沙牌泄洪洞地处川北,自建成以来直到汶川大地震时放过水(无记录)和2011年汛期,库水位约1 855 m泄洪一个多星期,泄流量80 m^3/s,汛后没有进行检查过。公伯峡泄洪洞于2006年8月进行了原型观测,没有发现空蚀、振动和冲刷的迹象,通过了验收。在本章中,根据多年的研究经验及公伯峡原型观测的成果,分别对沙牌和公伯峡旋流泄洪洞结构的特点及存在的问题进行了总结分析。

清远竖井泄洪洞与传统的喇叭形竖井增设防旋墩和掺气设施完全相反,是利用潜水起旋墩使水流在喇叭形堰产生旋转流运动,借助于离心力和掺气来防蚀和消能的新型泄洪洞。通过对旋流喇叭形堰的设计方法及起旋墩的数量、结构尺寸及布置等优化试验研究,拓展了竖井－旋流泄洪洞的研究领域,使其在水电站泄水建筑物中具有更广泛的应用前景。20世纪80年代末,我国最早在四川岷江支流草坡水电站就建成了旋流竖井泄洪洞。但是,由于其流量很小,且其结构体型完全是按国外文献[3]的方法设计建成的,故留到第8章介绍。

7.1　沙牌旋流竖井泄洪洞

沙牌水利枢纽工程位于四川省汶川县境内、岷江支流草坡河的上游。枢纽工程由碾压混凝土拱坝、右岸两条泄洪洞和引水式发电站组成。水库总库容1 860万m^3,最大坝高132 m,坝顶高程1 867.5 m,校核蓄水位1 866 m,总装机容量3.6万kW。

沙牌水利枢纽工程两条泄洪洞中的1号洞由导流洞改建为旋流竖井泄洪洞。导流洞为城门洞形断面,宽4 m,高5.5 m,底坡$i=0.01$。对应于水库正常蓄水位1 866 m,该泄洪洞设计最大泄流量245 m^3/s。泄洪洞进水口底板高程1 846 m;在桩号0+105.00 m处开挖竖井,井下导流洞底板高程1 774.20 m,总水头88 m。2号泄洪洞兼作水库放空洞用,进水口底板高程 1 805 m,设计最大下泄流量 211 m^3/s。

中国电力公司成都勘测设计研究院将沙牌 1 号泄洪洞作为国家"八五"攻关新技术项目的依托工程与中国水利水电科学研究院合作进行设计研究。笔者于 1993 年开始进行沙牌旋流泄洪洞的试验研究,提出导流洞改建旋涡式竖井溢洪道综合研究报告;1995 年 2 月提出正式的旋涡竖井溢洪道试验研究报告[56];1995 年 3 月通过了中华人民共和国电力部的鉴定,并在《水力发电》杂志上发表两篇文章。1997 年南京水利科学研究院采用较大的模型比尺对其作了验证性试验研究。下面具体对沙牌旋涡竖井溢洪道的特点、研究成果及其存在的问题作较详细介绍。

7.1.1 沙牌旋流泄洪洞试验研究成果

根据提供的基本资料,首先提出了由短压力进水口、引水道、涡室、竖井和出水洞(原导流洞)组成的旋流竖井泄洪洞结构体型。从 1993 年第三季度开始采用 1∶27 比尺进行了水工模型试验。研究中最关键问题是如何合理地确定竖井直径、引水道与涡室(或涡井)连接方式以及下部竖井与出水洞连接体型。

由于初次研究这种新型泄洪洞,试验了许多方案,走了不少弯路。直到 1995 年初才完成了推荐方案的试验研究,提出了"沙牌水电站导流洞改建旋涡式竖井溢洪道水工试验研究报告(二)"。从整体布置和结构体型来看,所提出的沙牌旋流竖井泄洪洞是可行的,得到了设计单位的认可。由于这是一项新技术,国内外尚没有应用的工程实例。下面将沙牌旋流竖井泄洪洞的结构体型和研究成果作简要介绍。

沙牌水电站总平面布置见图 7-1。1995 年中国水利水电科学研究院提出的沙牌旋流竖井泄洪洞结构体型见图 7-2,进口宽度 3. 4 m,弧形闸门尺寸 3. 4 m×5 m。由于地形地质条件的影响,布置引水道长 83 m,在其末段采用 1∶7. 5 的底坡与直径为 9. 5 m 的涡室偏心相切连接。涡室内设有垂直导流坎,以防止向上游壅水;涡室下部采用收缩段与直径为 6. 5 m 的竖井连接,以调整旋流空腔中心的位置。竖井下部开挖 5 m 深的消力井与出水洞连接,并在出水洞顶设收缩压板和直径为 1. 2 m 的通气井。

试验结果:在正常库水位 1 866 m 情况下,泄洪洞下泄量为 250 m^3/s,比设计流量大 2%。在任何库水位条件下,涡室和竖井内水流都能保持带稳定的空腔的螺旋转流流态。涡室内壁面最大压力为 16. 2 m,竖井底板上最大压力为 38. 3 m。在竖井内环状水跃以上高程为 1 798 ~1 805 m,竖井段壁面压力较低,最小压力为 -0. 5 m。

竖井与出水洞进口连接处的顶压板下游为明流,水中掺有大量空气,水面有较小的波动。当库水位为 1 864 m 时,出水洞洞顶通气孔通气量最大,为 78. 9 m^3/s。在距竖井 110 m 处的出水洞内水面平稳,垂直断面最大流速 21. 34 m/s,平均流速 20. 3 m/s,水深 3. 2 m,消能率为 73%。

为了工程安全起见,设计方又请南京水利科学研究院在原试验研究的基础上采用 1∶20大比尺进行了验证性试验研究,并于 1997 年完成了最终试验成果,即"竖井涡旋泄洪洞水力学特性:沙牌水库涡旋内消能式泄洪洞工程应用的研究之二"报告[57]。泄洪洞最终采用方案的结构尺寸详见图 7-3。

从图 7-3 中可看出,总体结构体型没有改变,但局部尺寸稍有变化,如:①涡室直径增

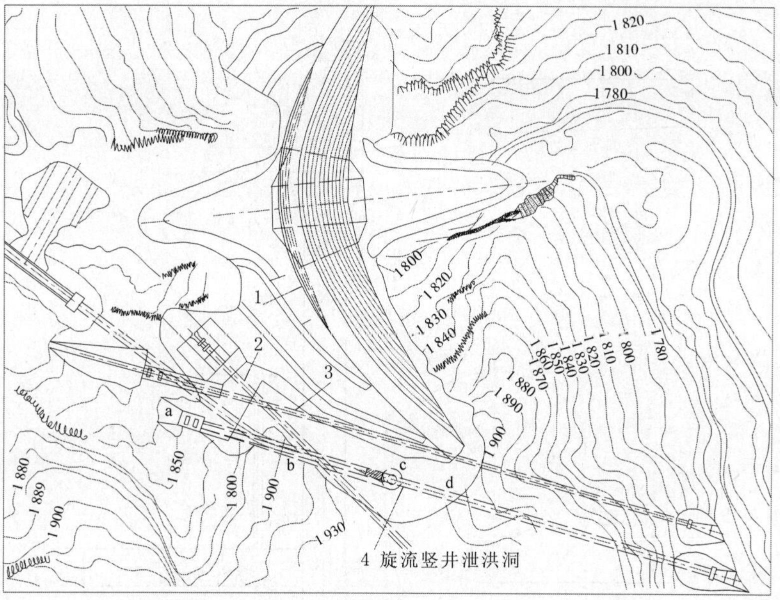

a—进水口;b—引水道;c—涡室、竖井;d—出水洞;

1—碾压混凝土拱坝;2—电站引水洞;3—2 号泄洪洞;4—1 号旋流竖井泄洪洞

图 7-1　沙牌水电站总平面布置

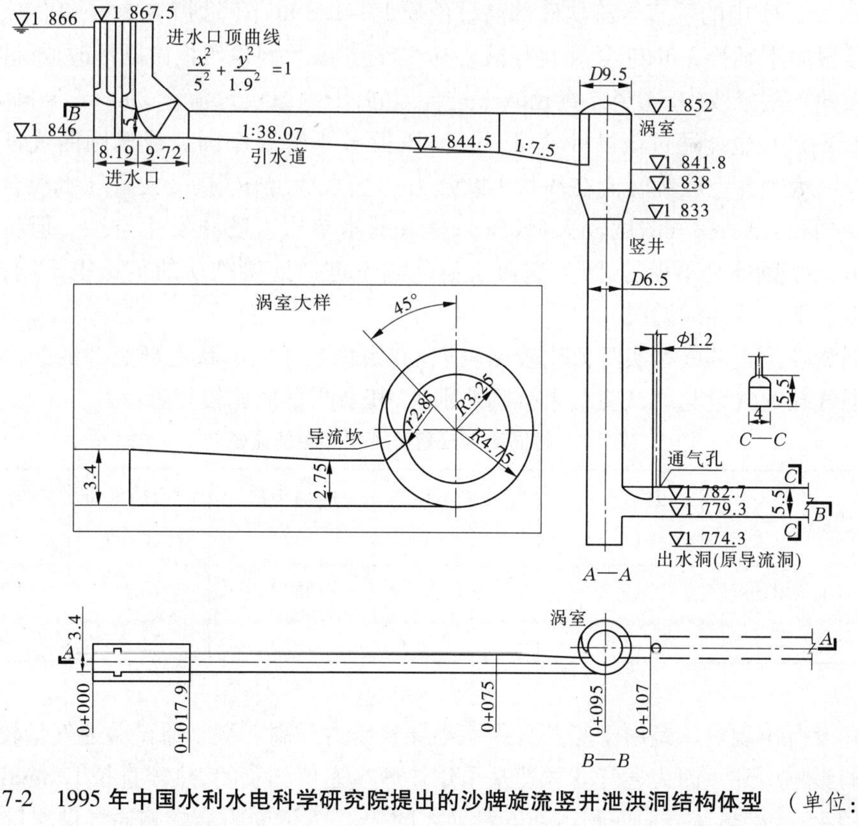

图 7-2　1995 年中国水利水电科学研究院提出的沙牌旋流竖井泄洪洞结构体型　(单位:m)

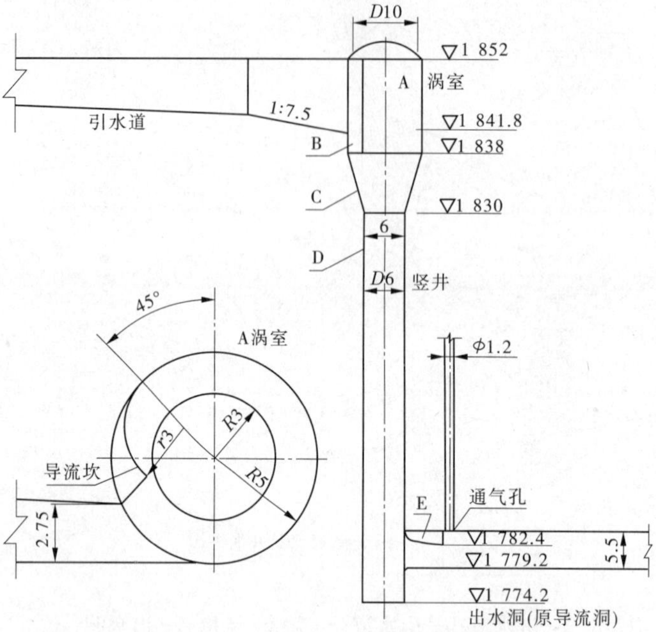

A—涡室;B—导流坎;C—连接段;D—竖井;E—压板

图 7-3　1997 年南京水利科学研究院验证试验的主要结构尺寸　(单位:m)

加 0.5 m;②涡室内的垂直导流坎底部高程由原 1 841.8 m 下降到 1 838 m;③涡室下部的收缩连接段向下延长 3 m;④竖井直径减小 0.5 m;⑤出水洞顶压板由圆形改成椭圆曲线。

上面的一些修改中,④竖井直径减小是合理的,因为原设计流量 250 m^3/s 偏大,即使连接段 C 不延长也能通过该设计流量;另外,压板 E 不管采用圆弧或椭圆曲线都不会发生空蚀。因为竖井空腔旋转流在环状水跃强力的气水掺混作用下,大量气水混合体流到下游,出水洞洞顶的掺气浓度较大(50%),掺气的水垫层可防止发生空蚀。但将涡室的导流坎 B 向下延伸是不妥的,因为这对于消除涡室进口连接跌坎的负压很不利,关于此问题将在 7.1.2 节详细说明。

相同测点位置两模型实测值比较见表 7-1。除靠近环状水跃上部竖井的最小压力和出水洞通气孔通气量与原试验结果有些差别外,其余测量值比较相近。

表 7-1　相同测点位置两模型实测值比较

单位	涡室最大压力(m)	竖井最小压力(m)	井底最大压力(m)	洞顶通气量(m^3/s)	下游洞内流速(m/s)
中国水利水电科学研究院	16.2	-0.5	38.2	78.9	20.3
南京水利科学研究院	17.0	1.4	38.8	87.5	20.2

竖井没有出现负压是由于竖井直径缩小导致压力升高。至于原试验通气量较小是模型缩尺的影响所致。因为通气管风速是采用热球风速仪测量的,热球直径 12 mm,模型通气管直径 45 mm,热球截面面积占通气管面积的 7%,气流受阻会影响通气量测量结果。

7.1.2 沙牌旋流竖井泄洪洞存在的问题

在第2章2.2节和2.5.2节曾经说明,引水道同涡室的连接段存在一低压区。因为水流从引水道转向进入涡室时,虽然大部分水流沿涡室的圆弧边墙作旋转运动进入竖井,但还有一部分水流受惯性影响直接穿过涡室进口的跌坎下泄,使水流与固壁分离产生负压,很可能引起结构物空蚀。

本书在第2章里已经多次介绍过,在涡室进口的底板上浇注折流坎,可改善流态、消除负压和避免发生空蚀。但是,验证试验成果中将涡室中的垂直导流坎从高程1 841.8 m延伸到引水道底板以下是存在问题的,特别是在施工中又将其延伸到涡室与竖井连接的收缩段处更是不允许的。下面结合图7-4说明出现问题的症结所在。

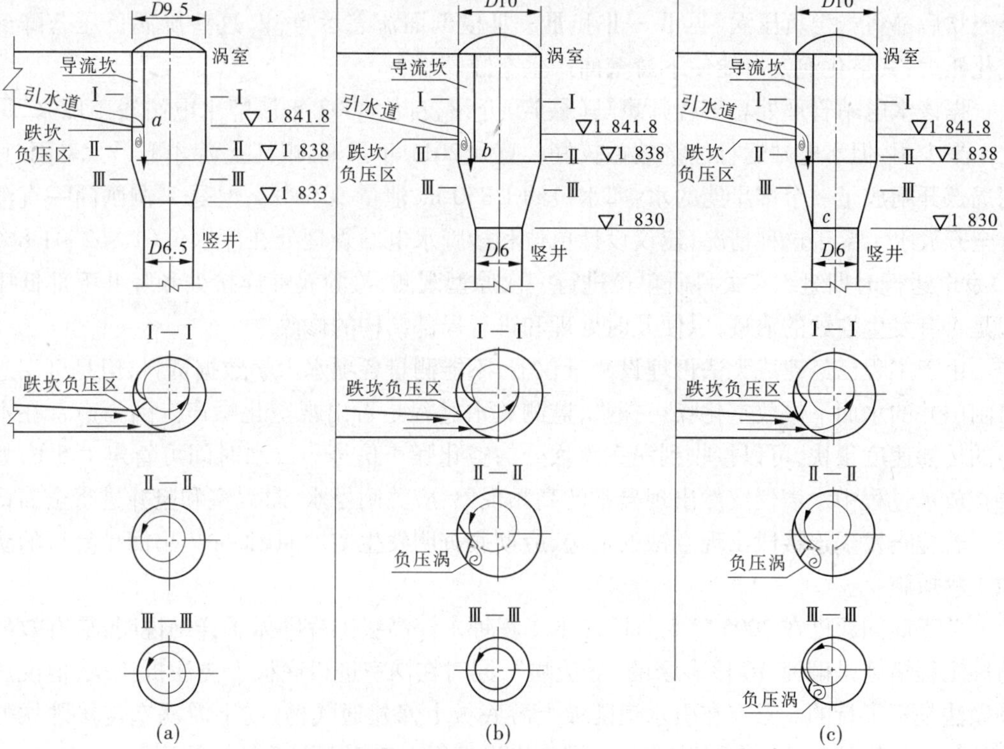

图7-4 涡室连接段跌坎及导流坎的旋涡负压

图7-4(a)是原推荐设计图,涡室的垂直导流坎底部设在引水道与涡室圆弧墙交会处a点(高程1 841.8 m)。图7-4(b)为推荐方案,导流坎底部设在涡室与竖井收缩连接段的起始断面b点(高程1 838 m)。图7-4(c)为沙牌旋流竖井泄洪洞的竣工图,导流坎又向下延伸到收缩断面c点(高程1 830 m)。

从图7-4(a)、(b)、(c)可看出,水流从引水道转向,部分水流经涡室进口的跌坎下泄,出现水流与固壁的分离引起负压(见图7-4中1 841.8~1 838 m高程段)。涡室进口流速约19 m/s,假设跌坎下出现5 m的负压,大气压力和水的饱和蒸汽压力分别为h_a =

10 m 和 $h_v=0.23$ m，则泄流空化数为：

$$\sigma=\frac{h+h_a-h_v}{v^2/2g}=\frac{-5+10-0.23}{19^2/19.62}=0.26$$

根据美国陆军工程师团水道空蚀试验资料，高跌坎的初生空化数 $\sigma_i=0.8\sim1.0$。显然，σ 远小于 σ_i，跌坎负压区可能发生空蚀，这是最令人担心的问题。

图 7-4(a)方案，若在涡室进口的引水道底板上浇注折流坎完全可以消除负压，避免发生空蚀。而图 7-4(b)、(c)方案由于涡室的导流坎均延伸到引水道底板以下，使旋转流脱离了涡室进口跌坎区，因此浇注折流坎也不能消除负压。

另外，图 7-4(b)、(c)方案又出现新的问题：图 7-4(b)方案从涡室进口底板至 1 838 m 高程 b 点，这段壁面因导流坎的延伸，在导流坎后将产生负压涡（见Ⅱ—Ⅱ横剖面流态示意）。特别是沙牌实际竣工方案图 7-4(c)，从涡室进口底板一直到 1 830 m 高程 c 点，导流坎后都将产生负压涡（见Ⅱ—Ⅱ和Ⅲ—Ⅲ横剖面流态示意）。这些旋涡负压若降到气化压力，其空化泡就可能使下游壁面产生空蚀。

据该水电站管理处总工程师班马（藏族）介绍，自从 2002 年沙牌水电站竣工以来，川北干旱少雨，但水电站运行经济效益较好。直到 2011 年汛期，岷江上游才下了大暴雨，1# 洞局部开闸放了一个多星期的水，库水位约 1 850 m，泄量 80 m^3/s，但是 1# 洞闸门一直没有全开放水。鉴于这种情况，建议设计单位和沙牌水电站管理处在库水位（1 862 ~ 1 866 m）发电运行时期组织有关科研单位进行一次原型观测，检验涡室连接处和竖井下部低压区是否有发生空蚀的痕迹，以便及时处理和进行局部结构的修改。

由于工程已经建成无法再埋设测量仪器，不能测量各项水力学数据资料，但是可在进口闸门井的水面下吊放空化噪声探头，监测放水过程是否出现空化噪声。因为声音在水中的传播速度很快，可以接收到涡室跌坎处的空化噪声信号。放水时间可暂定 1.5 h，如果在放水过程中水声仪突然出现异常的高频现象，应关闸停水，对涡室和竖井进行全面检查。若检查发现连接段出现空蚀的痕迹，应彻底查明发生空蚀原因，并提出简单易行的防蚀工程措施。

关于此问题已在 2005 年 5 月已向本工程钟永江高级工程师做了详细说明：最有效的防蚀工程措施是砸掉 AC 段多余的“导流坎”，同时在涡室进口底板上浇注折流坎，他说这种做法是不可行的。只有在引水道陡坡上游底板上修建通气槽，向下游涡室连接跌坎处掺气。在工程处理前，应采用 1∶20 的模型比尺进行水工模型试验加以认证。

7.1.3 沙牌旋流竖井泄洪洞研究总结

沙牌旋流竖井泄洪洞早已建成，为什么现在又提出总结？这是因为该试验研究至今已过去 15 年，通过多年来对其他一些工程的研究，积累了一些经验；如果再设计这种类型泄洪洞，不能走老路照抄原沙牌的设计，要不断创新。现在就旋流竖井泄洪洞的主要结构尺寸和一些连接段的设计进行修改，以达到优化结构、运行可靠和经济实惠的目的，为今后推广应用具有重要价值。

若沙牌旋流竖井泄洪洞地形和地质条件较好，当进水口槛上水头 $H\leqslant20$ m 时，可以采用溢流堰进水口取代短压力进水口，使施工简化和经济。

7.1.4 后沙牌旋流竖井泄洪洞

从地形、地质条件考虑，沙牌适于采用短压力进水口方案。现对原沙牌泄洪洞的结构进行改进设计（供后人参考），修改后的工程称之为后沙牌旋流竖井泄洪洞，其修改内容如下：

(1)由于槛上水头只有 20 m，将弧形门前洞顶压板收缩坡改为 1∶5，相应的流量系数可增加到 $\mu=0.88$。为了改善涡室进口流态和增加旋转力度，工作闸门的高宽比取大于 1.8，弧门尺寸改成宽 3 m、高 5.5 m，涡室进口宽 =0.35 涡室直径。

(2)为了消除涡室进口跌坎的负压，在涡室进口陡坡的底板上浇注折流坎，并将三角形折流坎 *abc* 斜面的 *a* 点垫高一些（垫高 $0.25D=1.5$ m，D 为竖井直径），*bc* 两点不垫厚与底板齐平（详见图 7-5 中大样），以便减小涡室垂直导流坎的厚度，改善涡室旋转流态。水流经过折流坎 *abc* 斜面向 *c* 点方向偏转流入涡室，形成强力的旋转流运动，产生离心力可以完全消除涡室进口跌坎区的负压，同时可增加竖井壁面的压力。折流坎的施工比较简单，只要在 *abc* 斜面上预先立 1—1、2—2 两个钢模板浇筑混凝土砂浆抹平即可。

(3)从涡室进口底板 1 842.2 m 高程直接采用收缩段与竖井相连接，取消原设计中涡室直径不变的过渡段，可提高涡室进口连接段的压力。

(4)涡室直径取 $1.4D\approx8.5$ m，比工程实际选用直径小 1.5 m，必要时在涡室顶部设通气井（直径为 $0.2D$），以确保向竖井供气。当山顶太高且竖井距进水口小于 50 m 时，可以开挖断面高度为 2.5 m 的水平或斜坡通气洞与涡室顶相连接。

(5)引水道下游底板不收缩（保持 3 m 宽度不变），其中一边墙直接与涡室相切连接。

(6)取消竖井底部 5 m 深的消力井及紧靠竖井的顶压板和洞顶通气井，因为在竖井下部存在水垫层的情况下，消力井的消能作用很小。在原导流洞内靠竖井的上游留有盲洞；在下游设置压力消能工，即：在离竖井边壁为 $2D$ 长处浇注边墩（参考图 1-24 设计边墩），在距竖井轴约 $5.5D$ 处再浇注边墩。边墩自带通气孔对其背水面进行掺气以防止发生空蚀。气源来自洞顶的气水混合体，因为竖井下环状水跃掺混的大量空气带入洞内，洞顶的掺气浓度有 50%，故压力消能工不再需要从洞外连接通气井。另外，要求各收缩墩的过流面积应按 1.5.1 节式(1-39)的准则设计。后沙牌旋流竖井泄洪洞结构尺寸详见图 7-5。

通过这种改进设计，下游洞内能形成比较稳定的明流流态。采用盲洞和洞内压力消能工取代原消力井的优点是，盲洞和消能工皆在导流洞内施工，无挖方工程，比在洞下开挖消力井的施工要容易得多，不仅工程量减少，同时泄洪洞总消能率可由原 73% 提高到 80% 以上。

7.1.5 采用堰流进水口旋流竖井泄洪洞

若有适宜的地形地质条件，沙牌旋流竖井泄洪洞可采用溢流堰进水口代替短压力进水口的结构体型。这种形式泄洪洞最适于自由堰流进水口与涡室直接相切连接。为了在涡室内产生自由旋转流运动，应遵守下述设计要求：

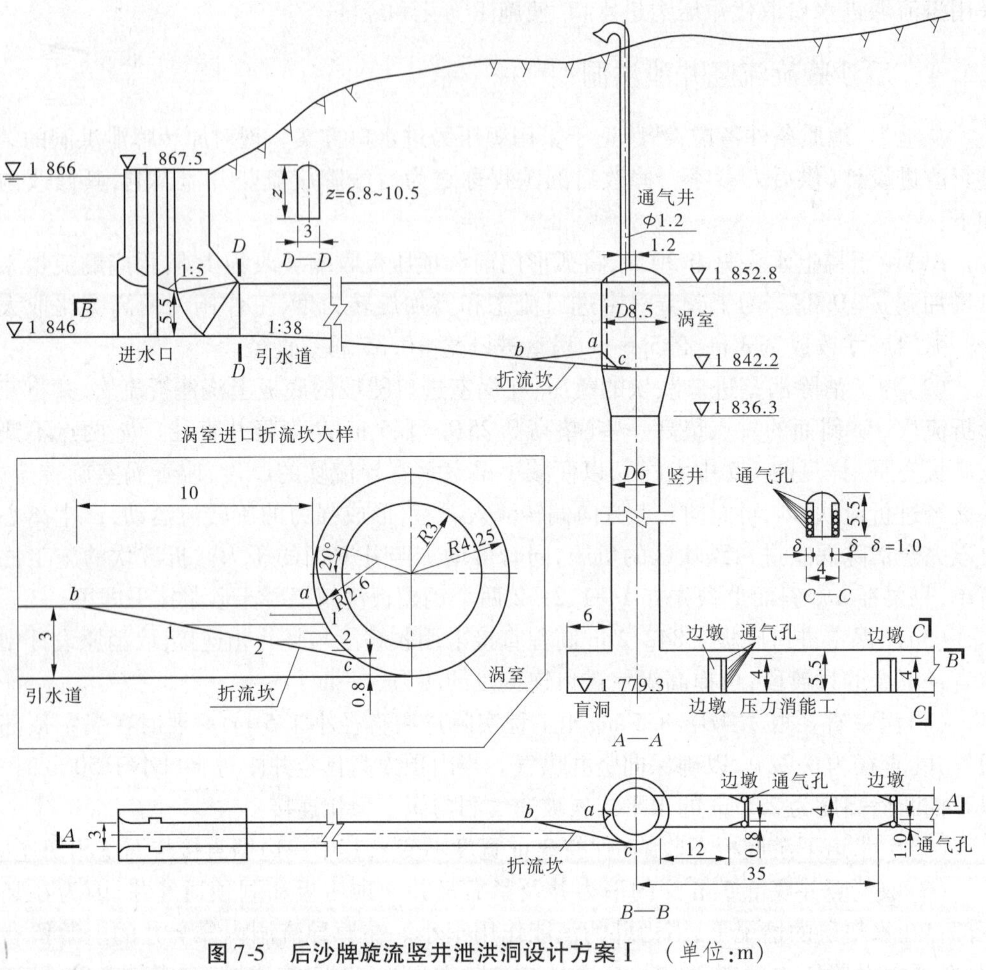

图 7-5　后沙牌旋流竖井泄洪洞设计方案Ⅰ　（单位：m）

$$H/S \leqslant 0.4 \tag{7-1}$$

式中　H——堰上水头；

S——堰顶与竖井轴的间距。

最高洪水位 1 866 m，假设堰上水头 $H = 11.8$ m，堰顶高程 1 854.2 m，取进水口宽度 $B = 3$ m，流量系数 $m = 0.455$，计算流量 $Q = 245\ m^3/s$，单宽流量 $q = 245/3 = 81.67(m^2/s)$。按式(7-1)计算堰顶与竖井轴的间距 $S \approx 30$ m，圆形断面的溢流堰半径 $R \geqslant H$ 的要求，取 $R = 12$ m。

堰顶至下游反弧段平台高度设定 13 m，高程 1 841.2 m，纵水头 $Z = 11.8 + 13 = 24.8$(m)。

反弧段上单宽流量：$q = Q/B = \varphi h\sqrt{2g(Z - h)} = 0.9h\sqrt{19.62(24.8 - h)} = 81.67$，试算结果：

反弧段底板水深 $h = 4.55$ m，反弧段弗劳德数：$Fr = 2.69$，涡室进口边墙高按式(1-20)：

$$y = 1.25(1.25 + 0.1Fr)h = 1.25 \times (1.25 + 0.1 \times 2.69) \times 4.55 = 8.6(\text{m})$$

竖井和涡室直径均按第 1 章的式(1-12)确定,竖井直径:$D=6$ m。

因下泄流量小于 500 m^3/s,溢流堰直接与涡室偏心相切连接,则

涡室直径:$D_v=1.4D=1.4\times6=8.4(m)$,取 $D_v=8.5$ m。

由于水流可能封顶,需在涡室顶部设通气井。通气井直径:$\phi=0.2D=1.2$ m。

涡室与竖井收缩连接段高度:$k=D=6$ m。

为了消除进水口与涡室连接段跌坎区的负压,同样需要在涡室进口前反弧段的底板上浇注折流坎,其结构尺寸可参考图 7-5 设计。图 7-6(a)为进水口段岩基整体性好时,采用洞挖结构;图 7-6(b)为进水口段岩基破碎情况下,采用明挖结构。

图 7-5 和图 7-6 同原设计比较:①优化了进水口设计,涡室直径减少了 1.5 m,即 D_v/D 值由 1.67 降到 1.42;②采用盲洞和水垫塘取代了消力井,并且取消了原泄洪洞进口顶压板后高的通气井;③特别是在涡室进口前底板上浇注折流坎,可消除连接段跌坎的负压。做了上述改进的后沙牌旋流竖井泄洪洞的结构体型完全可以推广应用到最大设计泄流量为 500 m^3/s 以下的工程设计。

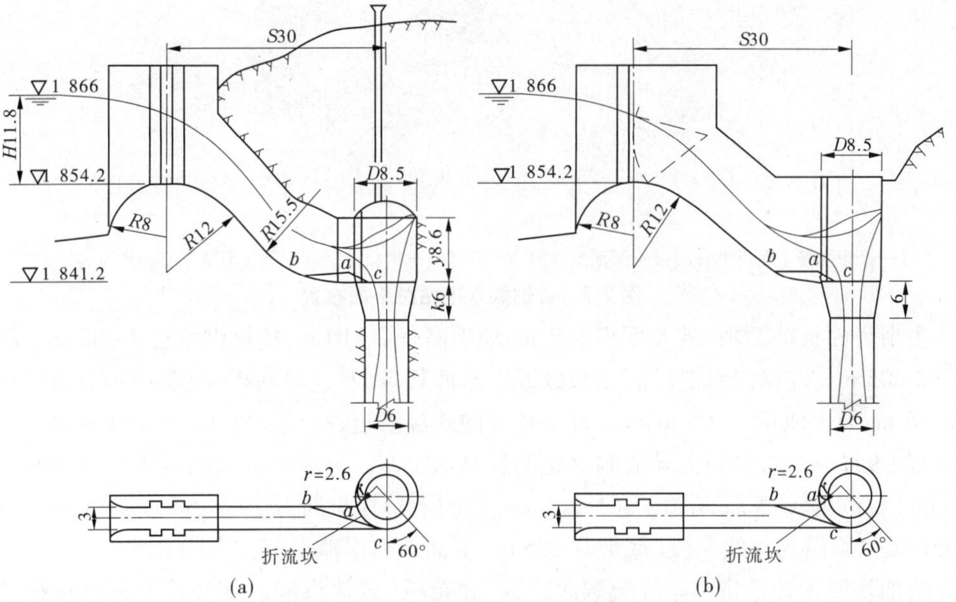

图 7-6 后沙牌旋流竖井泄洪洞设计方案 2 (单位:m)

7.2 公伯峡竖井 - 旋流泄洪洞

7.2.1 工程概况和竖井 - 旋流泄洪洞方案

黄河公伯峡水电站位于青海省黄河干流,电站距西宁市 153 km,是黄河上游几座大型梯级电站之一。水电站枢纽由钢筋混凝土面板堆石坝、左岸深水泄洪洞、开敞溢洪道、右岸泄洪洞和引水发电建筑物组成,枢纽平面布置见图 7-7。水库总库容 6.2 亿 m^3,电站装机 5 台总容量 1 500 MW。

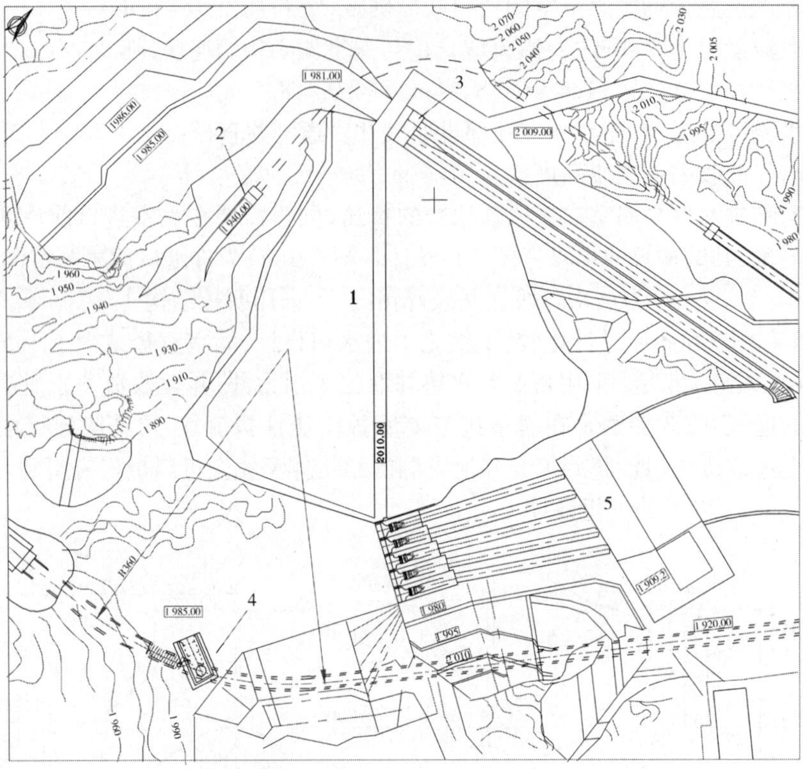

1—钢筋混凝土面板堆石坝;2—深水泄洪洞;3—开敞溢洪道;4—竖井-旋流泄洪洞;5—引水发电站

图 7-7　公伯峡水电站总平面布置

主坝为面板堆石坝,最大坝高 139 m,坝顶高程 2 010 m,校核洪水位 2 008 m,设计洪水位 2 005 m。左岸深水泄洪洞兼事故放空水库任务,其进口底板高程 1 940 m,孔口尺寸 6 m×6 m,最大泄量 1 205 m^3/s。设 2 孔开敞式溢洪道,孔口尺寸 12 m×18 m,其进口底板高程 1 987 m。右岸为由导流洞改建的新型泄洪洞。导流洞为城门洞形断面,断面尺寸 12 m×15 m(宽×高)。在 0+361.22 m 桩号的上游导流洞为半径 360 m 圆弧洞段(底坡 0.001 66),下游为直线洞段(底坡 0.005)。下面对右岸泄洪洞作专门介绍。

公伯峡原设计是将右岸导流洞改建为"龙抬头"式泄洪洞。在导流洞掘进过程,发现岩层裂隙发育、风化严重,先后发生了 7 次塌方。特别是在 0+089 桩号的大塌方(见图 7-8),严重地影响了施工进度。由于"龙抬头"式泄洪洞的斜洞段紧靠导流洞的右上方,岩石破碎,在其开挖过程中更可能出现大塌方,且斜井较竖井难以成型,施工又不安全。鉴于以上原因,黄河上游开发分公司向科研单位提出采用竖井取代"龙抬头"式泄洪洞的可能性研究问题。根据公伯峡总水头 110 m、流量 1 100 m^3/s、右岸导流洞存在半径 360 m 的弯段和尾水位较低等实际情况和特点,认为公伯峡右岸泄洪洞主要有三种竖井泄洪方案可供选择,即旋流竖井泄洪洞、竖井-旋流泄洪洞和竖井-压力消力洞。在相同的条件下三方案的优缺点分列如下。

7.2.1.1　旋流竖井泄洪洞

若采用类似于沙牌旋流竖井泄洪洞体型,能保留公伯峡导流洞的城门洞形断面尺寸

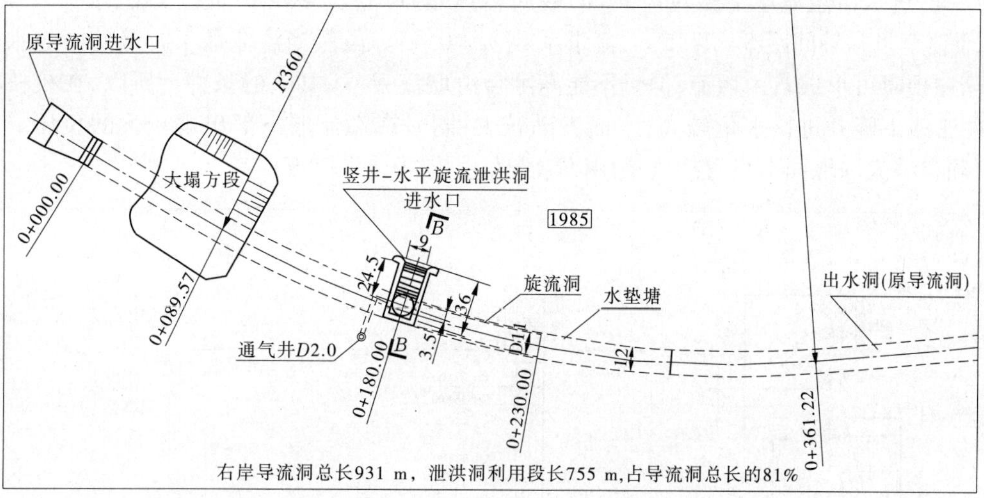

图 7-8　施工导流洞大塌方段和竖井－水平旋流泄洪洞初始布置

(12 m×15 m)不变,结构简单。但旋流竖井泄洪洞存在竖轴旋流空腔,致使竖井和涡室(起旋室)的直径增大,分别需要 11 m 和 14 m。像这样大的尺寸在地质条件很差的情况下施工也比较困难。

7.2.1.2　**竖井－旋流泄洪洞**

在竖井下通过起旋室连接旋流洞,竖井直径仅需 9 m,相对施工较易。但需要将一段城门洞形断面的导流洞改成直径约 10 m 的圆断面起旋室和旋流洞,增加了填充混凝土的工程量。

7.2.1.3　**竖井－压力消力洞**

在竖井下部采用收缩孔与导流洞连通,下游设置消力墩构成一突扩型压力消力洞。此方案结构简单,但约有 120 万 kW 的能量集中在消力洞内,可能会对岩基产生强大的动力作用,影响导流洞结构的稳定性。

经过综合比较研究后认为:竖井－旋流泄洪洞的尺寸较小,且水流在出水洞内旋转分散消能,产生的动力作用小,适合于在公伯峡恶劣地质条件下应用;至于将一段导流洞改成圆形断面的旋流洞,虽然多用了一些填充洞的水泥和骨料,且施工困难,但增加了衬砌厚度,可以提高旋流洞结构的强度和稳定性。

关于竖井－旋流泄洪洞问题,在 20 世纪 80 年代苏联水力学手册中出现雏形,80 年代末苏联分别为罗贡和印度特里泄洪洞进行了初步试验研究,后来印度为特里工程继续试验研究(详见第 8 章)。参考前人的研究成果,结合公伯峡具体工程情况,提出的设计方案是由溢流堰进水口、竖井、起旋室、旋流洞、水垫塘和出水洞组成的竖井－旋流泄洪洞结构体型,并在 1∶60 的比尺下进行了模型试验。试验结果证明,此推荐方案是可行的。该方案也得到工程业主和设计单位共同的认可并采用。该方案的平面布置见图 7-8,竖井－水平旋流泄洪洞初始研究方案见图 7-9。

7.2.2　公伯峡竖井－旋流泄洪洞特征和基本试验成果

初始方案的结构特征和水力学试验主要成果如下:

(1)进水口溢流堰半径 $R_y=20$ m,堰宽 9 m,堰顶高程 1 992 m,堰上最大水头 $H=16$ m,堰顶至竖井轴间距 $S=24.5$ m,流量系数 $m=0.45$。虽然当溢流堰下游竖井中的水位低于堰顶时可形成自由堰流,但仍不能满足自由堰流 $H/S\leqslant0.5$ 的条件。所以,在校核洪水位工况下竖井进口水位较高,水面波动较大;同时在溢流堰下部出现较大的负压。当时,须在溢流堰堰面上设置掺气槽用以防止发生空蚀(见图 7-9)。

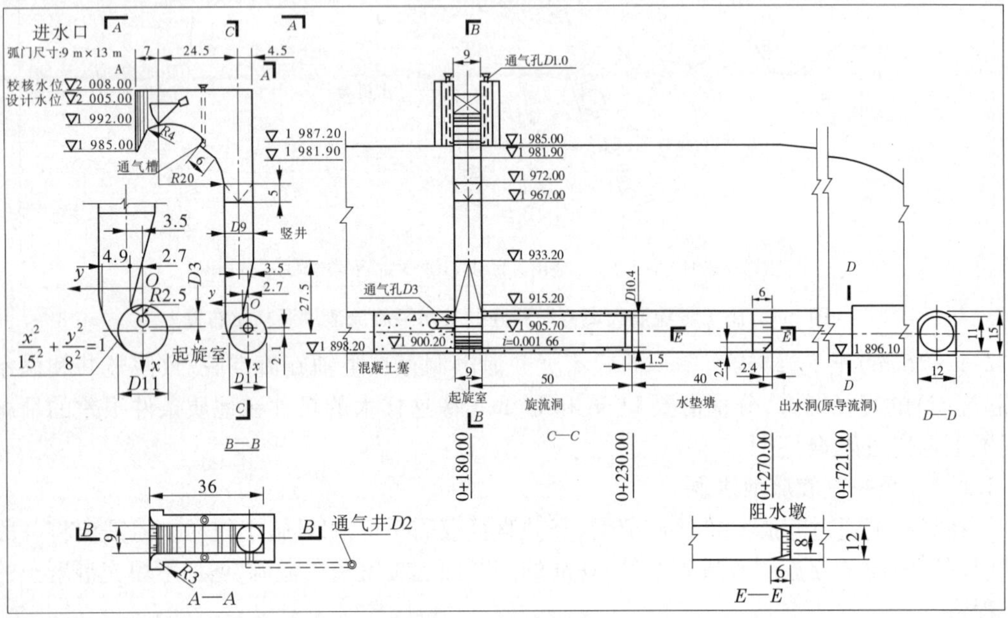

图 7-9　竖井－水平旋流泄洪洞初始研究方案(2002 年 2 月)　(单位:m)

(2)旋流洞出口和水垫塘三角形阻水墩的陡坎下游产生负压旋涡,最大脉动标准差值超过 5 m;水流掺气充分,断面平均掺气能度为 25%。

(3)采用 1/4 椭圆线连接的起旋室和竖井以及旋流洞与水垫塘联合消能的结构设计方案比较合理。起旋室盲端的通气孔输气畅通,能在旋流洞内形成稳定的空腔旋转流运动。下游出水洞内形成比较平稳的明流流态,水面波动较小。模型试验测得:断面平均流速为 13 m/s,总消能率达 86.5%。

7.2.3　进行大比尺模型试验研究和最终施工设计方案的确定

由于推荐方案完全不同于传统的泄洪洞体型结构,为了检验 1∶60 比尺的模型试验成果和改进其结构体型,业主组织有关科研单位分别采用 1∶40 的大比尺模型进行了水工试验。在试验前,设计单位将竖井轴线定在 0＋220 桩号,溢流堰与导流洞两纵轴线的平面夹角改成 45°,溢流堰断面半径减小为 $R_y=17$ m,起旋室和旋流洞直径由 11 m 减小为 10.5 m。由于设计单位想对起旋室和旋流洞采用钢衬,不希望较大地改变结构,同时要求旋流洞出口和阻水墩都做成斜坡或圆弧形,以减小负压。通过各单位的试验结果,最终施工采用的方案如图 7-10 所示,总平面布置见图 7-7。

与图 7-9 相比较,图 7-10 所示的最终设计保持了原来总体的结构体型和布置,局部尺寸改变情况如下:

(1)将自由堰流改为完全淹没溢流堰,堰顶高程由1 992 m改为1 989 m,堰上水头由16 m增至19 m,堰宽由9 m增加到12 m,$H/S \geq 0.8$,流量系数 $m = 0.25 \sim 0.28$。改变溢流堰设计的原因是:考虑到该处地质属于古全风化破碎岩层,原方案竖井进口处水流波动较大,可能引起结构物振动。

(2)将起旋室连接的椭圆曲线的长半轴 a 值由原15 m改为15.2 m,起旋室结构设计见图7-10中大样A。

(3)在1∶40的大比尺模型试验中,发现竖井与旋流洞的连接坎下出现了严重负压,有几个测点的负压已达到气化压力。这说明在旋流洞进口段可能发生空蚀,这是竖井-旋流泄洪洞最大的隐患之处。为了消除该负压,需要改变连接段结构设计。由于设计方不允许大的结构变动,因此花费很多时间做了大量试验研究工作,最后将起旋室与旋流洞连接处的导流坎削坡,同时在旋流洞进口处设置环形收缩坎,用来提高压力,具体详见图7-10大样B。试验最终结果显示,采用的减压措施并没有彻底消除负压,只是使最大负压减小到0.4 m。因测点的布置受限制,实际的负压可能还要大一些。

另外,在起旋室导流坎的末端,竖向流与旋转流交汇的旋涡区测出2.3 m的负压。很难消除该处的负压,除非减小竖向流与旋转流的交汇角,去掉导流坎可根除隐患。但考虑到起旋室水流强力旋转,即使出现空化气泡会向旋流轴心漂移,不一定引起结构物空蚀。

(4)为了防止旋流洞进口陡坎处发生空蚀,在溢流堰与竖井连接段下部增设环形掺气坎和5道的通气管 $\phi 0.63$ m(见图7-10大样C),用以向竖井和旋流洞连接坎处补气。

(5)将水垫塘阻水墩三角体的直线边坡全部改成圆弧曲线边坡,使该处负压由4.4 m减至2.8 m。

7.2.4 最终修改方案主要试验成果和对关键问题的讨论

7.2.4.1 最终修改方案主要试验成果

1)泄洪洞内水流流态

在校核水位2 008 m和设计水位2 005 m工况下运行时,溢流堰下游至竖井进口之间水流水面平稳。水位降到2 004 m时,水面开始波动,而且水位下降越多,水面波动幅值越大。在各种洪水位工况下运行,环形掺气坎下均能形成射流空腔和气水混合水垫层。

在任何库水位下运行,泄洪洞其他各部分水流流态良好:在起旋室和旋流洞都能形成稳定的空腔旋转流流态,水流进入水垫塘扩散、旋转、掺气和进行强烈的紊动掺混消能,在出水洞内也能形成比较平稳的明流流态。

2)压力和脉动压力

图7-11为最终修改方案的竖井-旋流泄洪洞动水压力沿程分布的试验成果。从图中可以很明显地看出:竖井与旋流洞连接坎圆弧段内存在低压区,最低压力分别为-0.4 m和0.0 m。校核和设计工况下,试验测得起旋室底板上最大压力水头分别为78.8 m和75.2 m。

两种工况下脉动压力的试验结果是:竖井水气掺混层处脉动值标准差值最大,分别为4.4 m和5.4 m;起旋室底板上标准差值分别为2.2 m和2.6 m;水垫塘阻水墩下游动水压力脉动值的标准差值都小于3 m。

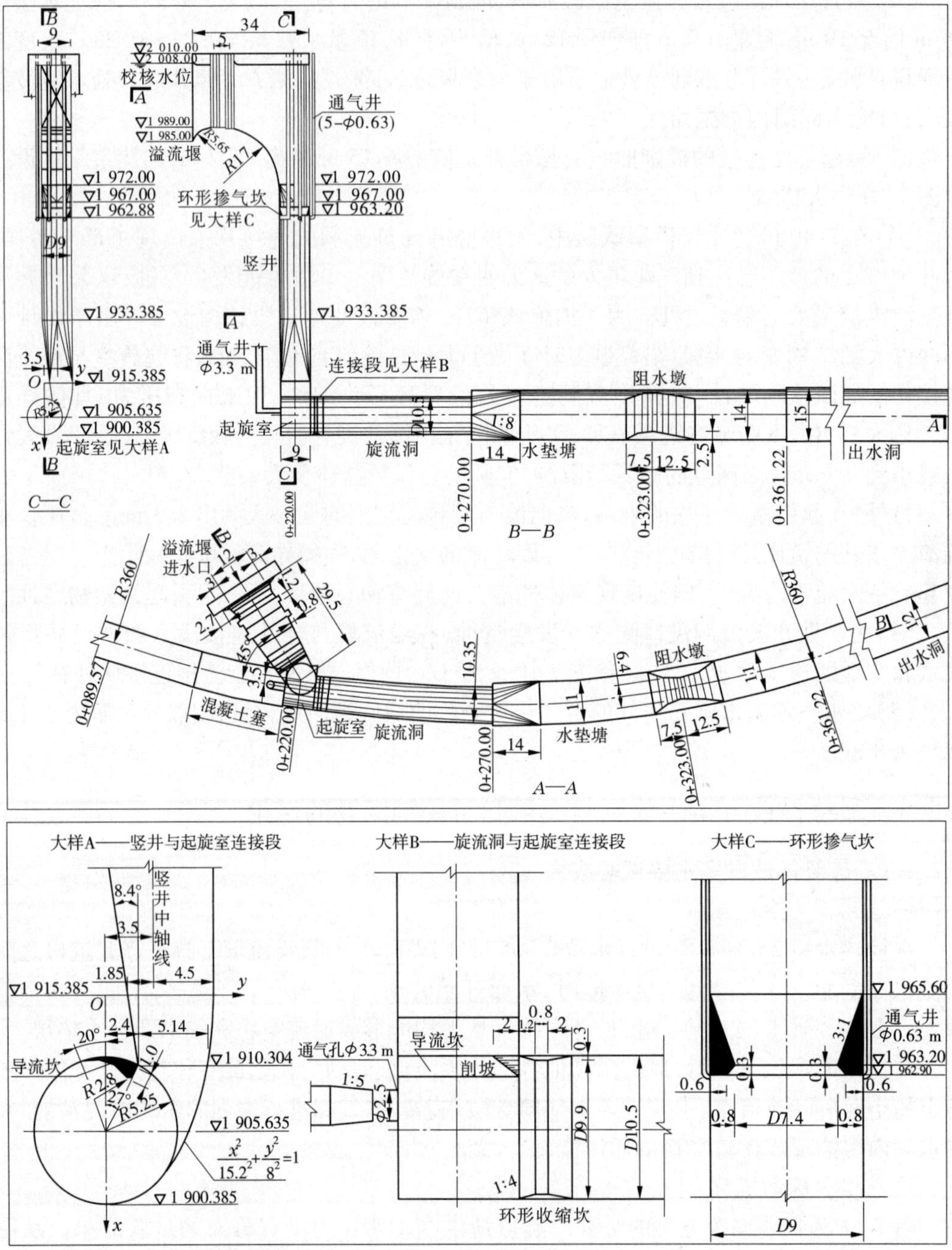

图 7-10　公伯峡水电站右岸旋流泄洪洞最终设计方案(2004 年 12 月)　(单位:m)

3)下泄流量、通气量和掺气浓度

试验测得,在校核和设计洪水位两种工况下运行,泄洪洞泄流量分别为 1 090.8 m^3/s 和 1 059.7 m^3/s,环形掺气坎单孔(1/5 孔)通气量分别为 19.5 m^3/s 和 20.9 m^3/s,竖井周边空腔长度分别为 5 m 和 5.8 m,起旋室通气井通气量分别为 287.0 m^3/s 和 258.3 m^3/s。

两种工况下水流掺气浓度测量结果为：靠近起旋室进口的竖井壁面处水流的掺气浓度分别为3.5%和4%。旋流洞进口收缩坎下游顶部和侧面水流的掺气浓度，两种工况基本相同，为2%~3%。

4）出水洞内水流流速和水深

试验测得：在校核库水位和设计库水位两种工况下运行，若采用三角体斜坡阻水墩，在水垫塘下游出水洞内水流流速分别为11.6 m/s和12.3 m/s，水深分别为7.8 m和7.2 m，相应消能率为86.7%和86.1%。采用圆形阻水墩时未测出水洞的水流流速和水深。

7.2.4.2 对关键问题的讨论

1）旋流洞进口陡坎处的负压问题

关于竖井与旋流洞连接陡坎处的负压问题，若按图4-10采用折流坎的办法可以完全消除负压，这点已经在第5章的5.1.2.3小节的试验例中得到充分验证。因为该例就是公伯峡水平旋流泄洪洞在1:40模型的试验结果：设折流坎时旋流洞进口连接跌坎区（含折流坎）全部为正压，最小正压为3.6 m。

公伯峡泄洪洞没有采用折流坎的原因是，当时设计方要求在起旋室和旋流洞段加钢板衬砌（最后未加衬钢板），不希望在钢衬上再增加格外结构。这样，既不能设置折流坎，也不能采用变半径大圆弧的方法同旋流洞连接，给消除负压带来极大的困难。后来通过大量试验研究，最终将涡室导流坎削坡和在旋流洞进口处设置环形收缩坎（见图7-10大样B），才将负压降到0.4 m（见图7-11）；同时在竖井上增设环形掺气坎，向低压区输气，以防止发生空蚀。

2）掺气防蚀问题

由于旋流洞进口连接陡坎处还存在负压，考虑到该处是易发生空蚀的敏感区域，为了避免发生空蚀、确保工程安全，需要向负压区掺气。应指出，在起旋室的盲端所设置的通气孔是专门为旋流空腔输气，使旋流洞内保持稳定的空腔螺旋流，避免洞内出现不稳定空腔流，并防止壁面产生负压，因此必须另外为旋流洞进口陡坎处寻找补气方法。经试验研究发现，在竖井与溢流堰连接处的下部（该处压力相对较低）设置环形掺气坎较为有利。设置环形掺气坎时应特别注意：环形掺气坎的坡度和收缩孔口面积直接影响泄流量和通气量的大小。同时，环形掺气坎棱角的角度不要大于100°；否则，会产生旋涡封堵通气孔现象，环形掺气坎将失去掺气的能力。

通过初步计算和多种方案试验结果对比分析，最后确定掺气坎收缩断面直径为7.4 m（孔径比为0.82）、坎坡3:1。试验测得该环形掺气坎的孔口流量系数为0.85，孔口泄流量为1 090.8 m^3/s，满足了最大设计流量的要求。设计方结合竖井衬砌布置5个直径0.63 m的通气管，见图7-10大样C。通气孔单孔通气量、空腔长度及旋流洞进口坎处掺气浓度的试验成果如7.2.4.1节3）中所述。总的来说，环形掺气坎的通气量较大，但在旋流洞进口低压区的掺气浓度并不大（约2.5%），其中大部分空气被起旋室的旋流空腔所吸收。

另外，对于淹没堰流竖井方案，在竖井上设环形掺气坎后，过坎后水流变成自由射流，在竖井下部形成气水掺混的水垫层，消耗大量能量，会致使进入起旋室的水流流速降低。这样，一方面使进入旋流洞连接坎的流速降低，压力升高；另一方面使得起旋室盲端通气

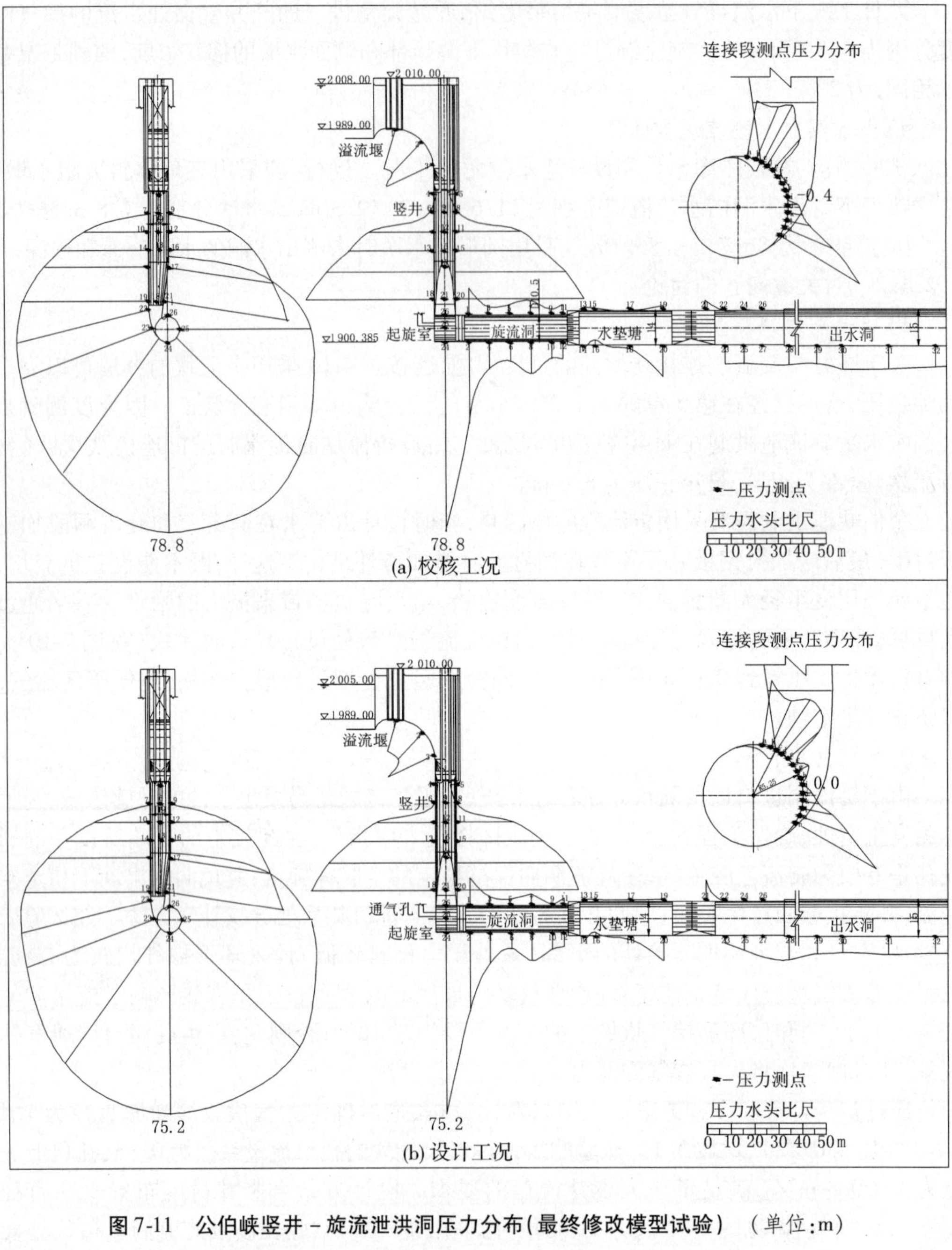

图 7-11　公伯峡竖井－旋流泄洪洞压力分布(最终修改模型试验)　(单位:m)

井的通气量减少,从无环形掺气坎时的 516 m^3/s 降到有掺气坎时的 287 m^3/s。这表明,对于淹没堰流,在竖井上设置环形掺气坎是有利的。

7.2.5　公伯峡旋流泄洪洞原型观测

本节主要引用刘继广和陈文学编写的公伯峡原型观测报告中资料和成果,并作适当的讨论。

由于竖井－旋流泄洪洞是新型泄水建筑物，在世界上只有中国的公伯峡和印度的特里两大水电工程首次均在2006年建成此型泄洪洞。这两工程的泄洪洞虽然皆采用洞内旋流消能，但在结构体型和水力条件有很大的差异（将会在第8章具体介绍）。

由于旋流泄洪洞结构体型是通过模型试验确定的，它的结构和水力学情况及运行的可靠性如何，没有经过工程实践的考验。因此，在正式投入运行之前，需要进行原型观测，以对结构物安全性、水力学问题、泄洪洞的运行状况及对下游生态环境是否有不良的影响等问题作全面的检验。要检验在闸门启闭过程，淹没堰流与自由堰流过渡流态下，泄洪洞结构物是否会发生振动现象，特别是旋流洞进口连接坎处的低压区附近是否会发生空化与空蚀。

为了评估旋流泄洪洞运行的安全性和模型试验成果的合理性，同时，也为了今后在相关领域的科研、设计提供合理和可靠的依据，需要原型观测资料与模型试验结果进行对比分析研究。为此目的，公伯峡水电站在水库水位接近正常蓄水位的条件下，对其右岸竖井－旋流泄洪洞于2006年8月12日、16日和18日分别进行了三次放水观测试验，开闸后运行时间分别为20.47 min、21.09 min和60.07 min。印度的特里水电站虽然在2006年7月投产运行，但到目前为止，尚没有见到有关旋流泄洪洞原型观测或试水的报道。

下面分别介绍该次公伯峡水电站右岸竖井－旋流泄洪洞原型观测内容、仪器布置和主要成果及原型、模型试验资料比较、分析。

7.2.5.1 原型观测内容

泄洪洞原型观测内容分为水力学特征参数的量测和结构安全检测两大部分。在水力学方面，泄洪洞泄洪时主要量测的水力学参数有水位、流态、压力、流速、水流噪声、通气井（管）风速、环形掺气坎下空腔长度、水温、掺气浓度等；在结构方面有振动、混凝土应变等方面的监测。本章节主要介绍与模型试验有关的影响工程安全的水力学问题。

7.2.5.2 仪器布置

测量传感器分两部分布置：预埋通用底座上的传感器和临时安装的传感器。

1）通用底座布置和安装的传感器

到观测开始前为止，完好尚存的通用底座约有半数，其中在竖井上有12个底座，起旋室有8个，旋流洞只剩下1个底座，其分布见图7-12。原先在旋流洞、水垫塘和出水洞预埋了20多个底座，但由于电缆电路都不通，未能布置传感器。

图7-12括弧中F－YX－数值表示传感器底座号，每个底座上安装3～4只传感器。

在竖井*C*—*C*、*D*—*D*、*E*—*E*、*F*—*F*断面上布置F－YX－01～F－YX－12，共12个底座（图中用空心圆点标示），安装有压力、水听、掺气浓度、流速和振动等传感器。其中：

压力传感器：装在01～12号底座；

掺气浓度传感器：装在02号、03号、04号、05号、06号、07号、08号、10号和12号底座；

水听器：装在01号底座；

点流速仪：装在09号和11号底座；

振动传感器：装在02号底座。

为了测量旋流空腔长度，在环形掺气坎下长12.2 m一段竖井两壁上，分别布置10对

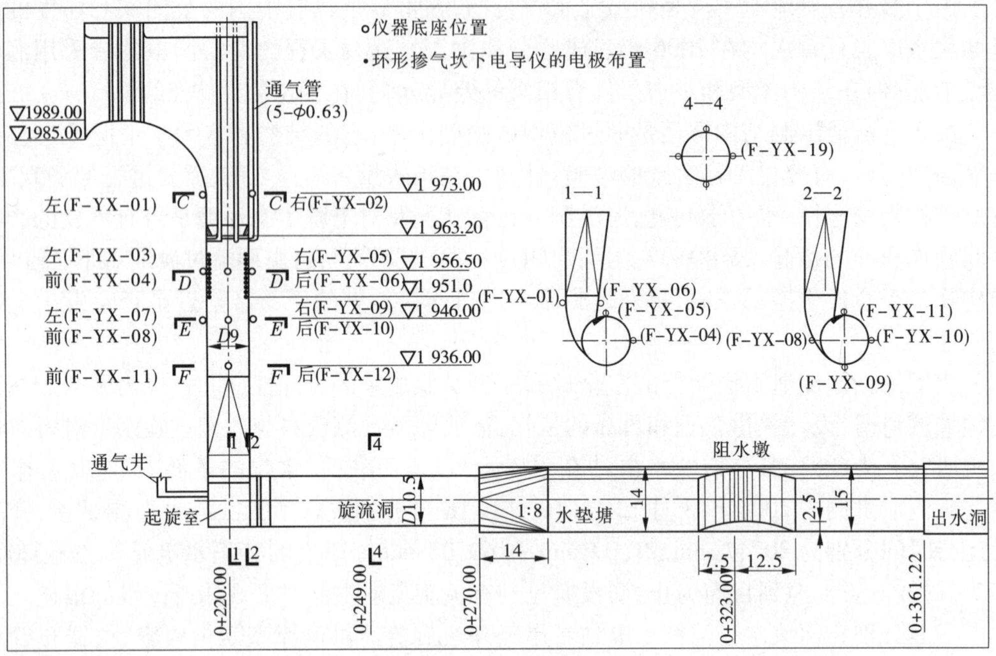

图 7-12　原型观测仪器测点布置　(单位:m)

电极,测点间距 1 m(图中用实心原点标示)。

在起旋室 1—1 断面和 2—2 断面上布置 F－YX－01、04、05、06 和 F－YX－08、09、10、11,共 8 个底座。其中:

压力传感器:装在 01 号、04 号、05 号、08 号、09 号、10 号和 11 号底座;

掺气浓度传感器:装在 01 号底座;

水听器:装在 04 号、05 号、08 号、09 号、10 号和 11 号底座;

振动传感器:装在 06 号底座。

在旋流洞 4—4 断面上只布置一个 F－YX－19 底座,装有 1 只掺气浓度传感器。

2)临时安装仪器

在进水口左侧水库内和竖井进口处布置了水位计和波高仪;起旋室通气井直径 3.3 m,在距井口内 6 m 断面上均匀地布置了 16 只风速仪。

竖井 5 个环形掺气坎通气管直径 0.63 m,在距管口内 2 m 断面上按等腰直角三角形的 3 个角尖处布置 3 个风速仪,直角位于通气管的中心,两个边角距管壁 0.2 m。

3 只三维振动传感器分别布置在闸顶、交通桥和闸门机房内。

7.2.5.3　原型观测主要成果

下面分项介绍一下公伯峡水电站右岸竖井－旋流泄洪洞水力学方面原型观测的成果。

1)水库水位

三次放水观测期间,水库平均水位相差不大,分别为 2 003.25 m、2 003.79 m 和 2 003.87 m,比正常蓄水位 2 005 m 低 1 m 多。泄洪洞出口处的下游水位在第 3 次放水时达到 1 903.57 m。

2)下泄流量

当地的同仁水文站对第三次放水,采用浮标法进行了下泄流量的实测。根据实测两组的流量平均值求得的溢流堰流量系数为0.361,按当时库水位2 003.87 m,计算得下泄流量为1 100.15 m^3/s。

3)水流流态

水流流态主要关注两处:竖井水面和出水洞中水流流态。

第三次闸门开启放水过程中,竖井水面最大波动幅度接近2.5 m。闸门全开启后,竖井水面最大波动幅度1.9 m;通过摄像机观测到,出水洞内桩号0+476 m断面水流为比较平稳的明流流态,水面波动较小。

4)动水压力

第三次开启闸门放水过程,竖井*C—C*断面F-YX-01和F-YX-02两测点测得动水压力从0变到-10~28.32 kPa,至闸门全开后,测值增至180~200 kPa。

闸门全开后,紧靠掺气坎下的射流空腔区*D—D*断面F-YX-03~F-YX-6测点动水压力的测值全是负压,但压力分布比较均匀,平均值为-38.7 kPa。

竖井*E—E*断面的动水压力分布极不均匀,F-YX-07测点、08测点、09测点和10测点的动水压力测值分别为1.33 kPa、-7.27 kPa、-23.75 kPa和-22.13 kPa。由此可以推断*E—E*断面位于射流空腔到气水混合满流的过渡区。

竖井*F—F*断面动水压力测得皆为正压:F-YX-11和12两测点动水压力测值分别为251.17 kPa和298.36 kPa。这显示*F—F*断面为有压满流区。

起旋室的压力测点布置在两个过流断面上:1—1断面在起旋室中心线上,2—2断面靠近旋流洞进口(见图7-12)。通常前者压力较大,如1—1断面F-YX-05同F-YX-11两测点的动水压力测值分别为435.19 kPa和306.31 kPa,F-YX-04和F-YX-10两测点的动水压力测值分别为513.56 kPa和400.59 kPa;2—2断面起旋室底板测点F-YX-09的动水压力测值为652.84 kPa。1—1断面底板上测点的电缆损坏,未测出压力值。按上面实测结构推断,竖井轴线上起旋室底板的压力应大于652.84 kPa。

5)脉动压力

闸门开启过程,竖井*F—F*断面F-YX-12测点脉动标准差随时间变化过程见图7-13。当闸门开启到65%时,脉动压力标准差值最大,$\sigma=63.12$ kPa。最大脉动压力标准差值发生在竖井*F—F*断面至起旋室进口段,其他断面σ值要小一些。如竖井*C—C*断面F-YX-01测点$\sigma=46.77$ kPa,起旋室2—2断面底板上F-YX-09测点$\sigma=41.82$ kPa,1—1断面中线底板上σ值约45 kPa。

在闸门全开后稳定运行时,脉动压力标准差值普遍减小。例如,同样是F-YX-12测点,闸门全开后稳定运行时,动水压力最大脉动标准差$\sigma=27.89$ kPa,主频率0.2 Hz;F-YX-09测点$\sigma=23.37$ kPa,主频率0.4 Hz。

6)通气量

通过布置的风速仪测得起旋室通气井在三次放水稳定运行时的平均风速分别为23.13 m/s、28.55 m/s和21.88 m/s。测速点处气井截面面积$2.8\times3.5=9.8(m^2)$,则三次测得起旋室通气井的通气量分别为226.67 m^3/s、279.79 m^3/s和214.42 m^3/s,气井平

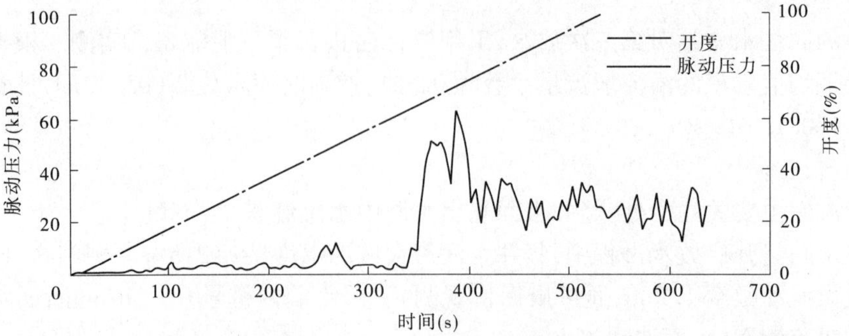

图 7-13　闸门开启过程 F－YX－12S 测点脉动压力均方根时间过程线

均通气量为 240.29 m^3/s。竖井环形掺气坎 5 个通气管在三次放水试验测得单管平均风速值分别为 112.8 m/s、106.1 m/s 和 121.3 m/s，相应单管的通气量分别为 35.14 m^3/s、33.06 m^3/s 和 37.79 m^3/s，单管平均通气量为 35.33 m^3/s。

7）掺气浓度

第三次放水在闸门全开后，竖井环形掺气坎下 *D—D* 断面边壁的掺气浓度实测值皆在 80% 以上，说明是空腔。往下至 *E—E* 断面，掺气浓度实测值分布极不均匀，为 8.2%～18.4%，表明 *E—E* 断面为气水掺混水跃区。再往下至 *F—F* 断面的边壁掺气浓度实测值较小，为 1.6%，表明是该断面是气水掺混有压流。至于旋流洞中部 4—4 断面，F－YX－19 测点的测得水流掺气浓度小于 1%。

8）环形掺气坎下空腔长度

安放在环形掺气坎下游的两排 20 对电极在放水前、后测得的电导值分别为 0.01～0.36 和 0.02～0.36。可以看出，两次测得的电导值基本上没有变化，表明从掺气坎高程 1 963.2 m 到最下端电极高程 1 951.0 m 之间为空腔，即掺气空腔长度应大于 12.2 m。另外，从位于高程 1 946 m 处 *E—E* 断面的壁面压力测值出现正负压力交替现象来看，*E—E* 断面为位于旋流空腔下游边缘的气水掺混水跃区。综合以上两点可以推断，环形掺气坎下空腔长度 L 的变化范围为 12 m＜L＜17 m。

9）泄洪洞出口水深和断面平均流速

第三次放水实测得泄洪洞下泄流量为 1 104 m^3/s，对应泄洪洞出口水深为 6.4 m。据此计算出泄洪洞出口断面平均流速 14.4 m/s。

10）水流噪声

为了观测水流是否出现空化，试验分析水流噪声频率为 160 Hz 时的噪声声压级变化特性，当扣除背景噪声后的噪声声级增幅超过 10 dB 时定义为水流开始发生空化。这里主要介绍第三次放水全过程中，溢流堰与竖井连接处 *C—C* 断面 F－YX－01 测点和起旋室 2—2 断面 F－YX－10 测点的空化噪声特性。

从 F－YX－01 测量的水流噪声声级历时曲线（见图 7-14）可看出，当闸门开启度约 25% 时，高频段噪声突然上升，噪声级在 60 dB 左右的平台上变化，最大噪声级为 61.8 dB。到闸门开度 73% 时，噪声声级下降，随后稳定在 47.3 dB 左右，此即背景噪声。

最大噪声声级增幅＝61.8－47.3＝14.5（dB）。这表明闸门开度不大于 73% 为自由

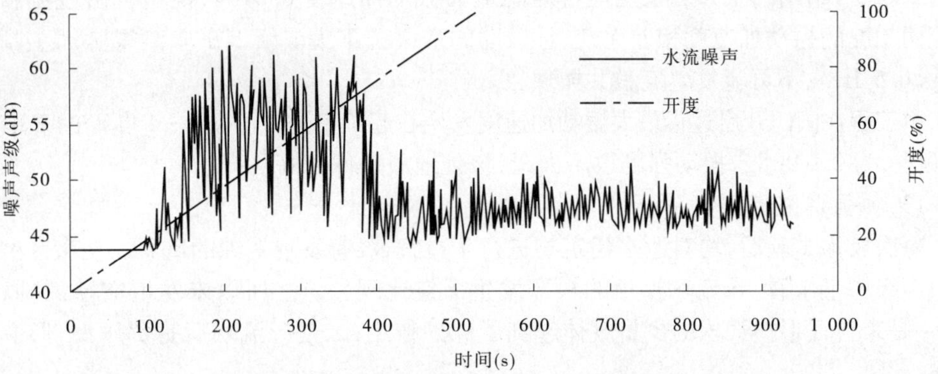

图 7-14 第三次过水试验测点 F－YX－01S 水流噪声声级历时曲线

堰流，壁面压力降至气化压力，开始发生空化。闸门开度增大到 73% 以上和闸门全开时，过堰水流为淹没堰流流态，壁面压力回升，空化消失。

F－YX－10 测点在起旋室内，距导流坎和旋流洞进口负压区比较近。从该测点测量的水流噪声声级历时曲线（见图 7-15）可看出，到闸门全开后声级稳定在 67.6 dB，背景噪声 44.8 dB，最大噪声声级增幅 22.8 dB，发生空化。模型试验结果也显示在起旋室导流坎拐角处和在旋流洞进口处存在负压，分别为 －2.3 m 和 －0.6 m。由于测点少，该区可能还潜在更大的负压引起空化。

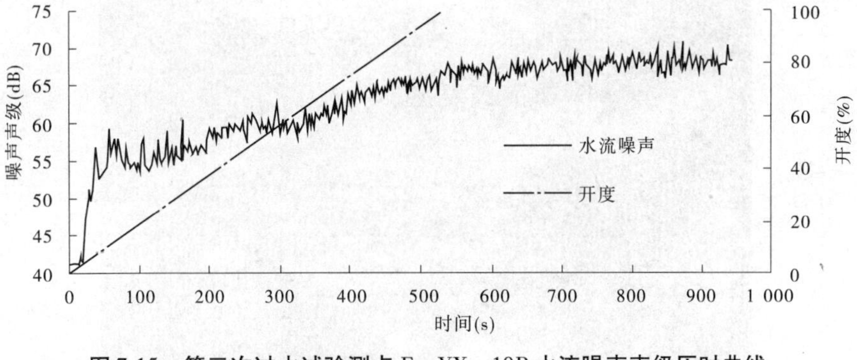

图 7-15 第三次过水试验测点 F－YX－10P 水流噪声声级历时曲线

溢流堰下部的初生空化是在闸门开启过程发生的，噪声声级增幅较小，不会发生空蚀。导流坎处的空化是在闸门全开启后正常运行时发生的，虽然噪声声级增幅不算太大，但在长期放水过程中是否会发生空蚀，有待运行一时期后停水检查，方能确定。

11）消能率

根据库水位 2 003.9 m、泄洪洞出口底板高程 1 895 m、水深 6.4 m、断面平均流速 14.4 m/s，计算得泄洪洞实测总消能率为 84.4%。

12）振动

图 7-12 中 *C—C* 断面地质条件恶劣，岩石破碎，设计方曾担心自由堰流运行时竖井进口的水面波动会引起结构物振动。但实际振动观测结果显示，在闸门开启全过程闸室内没有明显的竖井结构振动感觉，F－YX－02 振动测点测得闸门开启过程中最大振动加速

度为 0.036 4g，闸门全开后稳定运行时的最大振动加速度 0.016g，说明自由堰流和淹没堰流两工况的振动加速度相差无几，且振动的量级都不大。模型试验测得脉动主频率很小（<0.5 Hz），不可能发生流激共振现象。

本工程在闸门开启过程最大振动加速度发生在起旋室进口上部 1—1 断面的 F－YX－06 测点，为 0.048 8g，振动强度也不大，且该处地质条件较好。

13）冲蚀调查情况

每次放水试验后，均对泄水建筑物进行了检查，没有发现空蚀的迹象。从该区的空化噪声声级增量来看，导流坎拐角的根部发生了空化现象。之所以未发生空蚀，其原因有二：一是来自环形掺气坎的少量气体起到了保护作用；二是导流坎后是负压涡，形成了超空化。

图 7-16 为公伯峡水电站右岸竖井－旋流泄洪洞原型观测出口流态。从图中可以清楚地看出，出水洞内水面平稳，出口下游形成弱水跃是由于挑流坎引起的，挑流坎是为原设计的“龙抬头”式泄洪洞修建的。竖井－旋流泄洪洞出口的弗劳德数小于 1.8，所产生的水跃强度较低，未引起雾化和发生严重的冲刷现象。

图 7-16　公伯峡竖井－旋流泄洪洞原型观测出口流态

7.2.6　原型观测和模型试验成果对比

三次原型观测中的最高库水位不大于 2 004 m，可以同模型试验中库水位从 2 003.8 m 至设计水位 2 005 m 的试验资料比较。

实测原型泄流量比模型泄流量大 4%，这是常见的现象。因为原型采用浮标法测量河道中流量，通常要比模型用量水堰中测得的流量大，应以模型测得的水位—流量关系曲线作为调度运行的依据。

库水位为 2 005 m 时泄洪，模型试验测得竖井底板上动水压力为 737.7 kPa；原型测值为 652.8 kPa（库水位 2 004 m），比模型试验测值小 11.5%。原型压力测值小的原因是：测点 F－YX－09 不在竖井轴线 1—1 断面上，而是在靠近旋流洞进口的 2—2 断面上（见图 7-12），根据理论分析可知，此断面动水压力较 1—1 断面低，即比轴线上底板的压力低。这表明，原模型试验测量的竖井底板上压力结果与原型基本相符合。

在模型试验闸门开启过程中，竖井 *D—D* 和 *F—F* 两断面之间出现最大脉动压力标准差值为 57.4～63.1 kPa，而在闸门全开后的标准差值要小一些。此点与原型观测的结果基本一致。

模型试验在出水洞桩号 0＋430 m 处量测的水深 7.2 m，断面平均流速 12.3 m/s，总消能率 86.1%；原型在出水洞末端桩号 0＋962 m 量测的水深 6.4 m，断面平均流速 14.4 m/s，总消能率 84.4%。与模型试验结果相比，原型观测结果中流速增加和消能率降低是由于模型试验中水垫塘的三角形收缩墩改变成流线形墩导致的结果。原型和模型中，水垫塘下游的水流流态基本相同，水面都比较平稳。

总的来看，旋流洞加水垫塘的联合消能工消能率很高，泄洪洞出口不需要再修建挑流坎或其他大型的消能工。已建成的挑流坎是在导流洞施工时为原“龙抬头”设计方案修建的泄洪洞出口。

模型起旋室通气井的通气量测值为 258.3 m^3/s，与原型实测值（240.29 m^3/s）比较接近。但模型环形掺气坎单个通气管的通气量为 20.9 m^3/s，与原型实测单管通气量（35.3 m^3/s）比较差异较大。这主要受模型缩尺的影响，因为按 1∶40 比尺制作的通气管直径仅为 1.58 cm（模型实际采用 2 cm 有机玻璃管），由于气管小阻力大，风速降低。还有模型试验中，热球风速仪的探头在气管中阻力很大，也会使量测的风速值减小，通气量偏小。

模型掺气坎下的空腔长度 5.8 m，而原型为 12.2～17 m，这种差别可能是原型与模型通气管的通气量差别较大所造成的。

竖井下部收缩断面处模型测得掺气浓度为 4%，而相应于原型的 *F—F* 断面处掺气浓度实测值为 1.6%；旋流洞进口连接坎处模型测得掺气浓度为 2%～3%，而原型在距该测点下游 24 m 的 4—4 断面处掺气浓度实测值为 0.8%～1.0%。两相比较，原型掺气浓度小，其原因有二：一是在旋流洞离心力的作用下空气被水体排挤进空腔内，二是受模型缩尺的影响。根据含气水流相似率理论，当掺气浓度测点是正压时，则原型实测掺气浓度要比模型的小；反之，当测点处是负压时，则原型掺气浓度要比模型的大。因为原型中掺气浓度测点所在的 *F—F* 断面和 4—4 断面都处于正压区，所以原型掺气浓度测值比模型小是合理的。

综观上述各项比较分析，除受局部缩尺影响原型与模型试验结果略有不相似外，原型观测结果与模型基本吻合。这也验证了模型试验成果是可信的，通过模型试验研究可以创造出新的更有实用性的泄洪洞结构体型。

7.2.7 对公伯峡竖井－旋流泄洪洞的评价

公伯峡水电站右岸泄洪洞由原设计的“龙抬头”式泄洪洞改为竖井－旋流泄洪洞是

完全合理的,基本上达到了运行可靠、生态保护和经济实惠的原设计目的。如果在公伯峡水电工程设计伊始就采用竖井－旋流泄洪洞方案,施工还要简化一些,投资也还要少一些。

7.2.8 后公伯峡竖井－旋流泄洪洞总体结构优化设计

公伯峡竖井－旋流泄洪洞通过原型观测的检验,证明总体结构是合理的,运行情况是良好的,但仍存在一定的缺陷和问题,需要作全面总结,并进行一些修改和优化,这样就可以为今后更好地推广和应用。下面就以已建成的公伯峡竖井－旋流泄洪洞为例,提出具体的改进设计,称为后公伯峡竖井－旋流泄洪洞设计。为了清晰起见,将公伯峡平面转弯导流洞按直线洞制图来讲解。

7.2.8.1 进水口

若进水口基岩破碎,地质条件极差,建议仍采用完全淹没流溢流堰设计方案,如图7-10所示。溢流堰半径为 $R_y \leqslant 2D_s$(D_s 为竖井直径,以下同),进口宽度 12 m。校核洪水位 2 008 m 对应的堰上水头为 19 m,下泄流量 Q 为 1 100 m^3/s。溢流堰流量系数取 $m \approx 0.25$,竖井直径 D_s 根据校核洪水流量 1 100 m^3/s,按式(4-12)确定:

$$D_s = (0.27 \sim 0.28)\sqrt{Q} \approx 9 \text{ m}$$

采用淹没堰流时应注意,不能在低于设计洪水位以下工况运行,以免在溢流堰与竖井连接段处发生空蚀。在靠近溢流堰与竖井连接段的下部应设置环形掺气坎,用以向连接段低压区补气,并在竖井内进行一次消能。为了消除竖井与旋流洞连接陡坎处的负压,应在起旋室进口靠近旋流洞的竖井壁面上浇注折流坎。折流坎由 abc 斜面构成,bc 点不垫高,与原壁面齐平,将 ac 段棱角修圆(或倒角)后 a 点增高 1.2 m。为了便于施工,出水洞的水垫塘采用自掺气边墩和组合墩取代流线形墩。

进水口基岩虽然裂隙发达,但仍能保持整体连续性,建议采用自由流溢流堰进水口。

自由堰流设计方案是:堰顶高程由原 1 989 m 增至 1 992 m,校核洪水位 2 008 m 对应的堰上水头 16 m,进口宽度由原 12 m 减至 9 m。

自由堰流要求堰上水头 H 与堰顶至竖井轴间距 S 之比保持 $H/S \leqslant 0.5$。溢流堰半径按式(4-2)计算:

$$R_y \geqslant 2(H - 0.25D_s) = 2 \times (16 - 0.25 \times 9) = 27.5(\text{m})$$

由 $H/S \leqslant 0.5$ 可得:

$$S = R_y + D_s/2 = 27.5 + 4.5 = 32(\text{m})$$

溢流堰前沿小圆弧半径 $r \approx D_s$ 根据闸门布置的需要而定。此时流量系数取 $m \approx 0.45$,过堰流量:

$$Q = mB\sqrt{2g}H^{1.5} = 0.45 \times 9 \times \sqrt{19.62} \times 16^{1.5} = 1\,148(\text{m}^3/\text{s})$$

计算结果比原校核洪水位下的设计下泄流量(1 100 m^3/s)超过 4.4%。若要想减小一点流量,可将堰顶削平一段,有利于闸门布置。

竖井直径:$D_s = (0.27 \sim 0.28)\sqrt{Q} = 0.275 \times \sqrt{1\,100} = 9.1(\text{m})$,实取:$D_s = 9$ m。

采用自由堰流时,溢流堰断面半径虽然比完全淹没流的半径增加 10.5 m,相应闸门边墩也加长。但由于堰宽减小 3 m，堰上水头也减少 3 m，闸门尺寸由 12 m×16 m 减小到 9 m×13 m，这对于大泄量的泄洪洞非常有利，特别是闸门启闭设备减轻，操作灵活。

由于自由堰流可向竖井内自然掺气，故不必再在竖井上设置环形掺气坎和通气管路。

在自由堰流工况下，虽然竖井上部水流的水面波动较大，但由于波动周期长，不会与泄洪洞结构物发生流激共振。此结论也已通过原型观测闸门启闭过程的振动试验得到证实。

在自由堰流工况的模型试验中，溢流堰下部堰面及其对面的竖井壁面上都测出较大的负压。在公伯峡原型观测的闸门启闭过程中，当闸门运行到自由流一段行程时，噪声探测仪也测出了空化噪声。因此，采用自由堰流进水口时必须采取有效的措施防止溢流堰下部结构物空蚀。防止溢流堰空蚀最常用的方法是，在负压区上部设置通气槽，但是通气槽的掺气只能解决溢流堰一侧的空蚀问题，不能同时解决溢流堰连接段竖井对面一侧的空蚀问题，必须同时消除负压才能防止发生空蚀。

为了消除溢流堰连接段的负压，在自由堰流方案的模型试验中，曾在溢流堰下游的一侧边墙设置垂直导流坎，使主流向另一侧偏转，在竖井进口处形成立轴旋涡，从而消除了负压，同时也减轻了竖井上部水流的水面波动现象。关于本修改方案中的垂直导流坎结构及其旋涡流态详见图 7-17 中 *A—A* 和 *B—B* 剖面示意图。

7.2.8.2 起旋室及旋流洞（以下设计参见图 7-17 起旋室大样图）

首先，根据最大下泄流量 1 100 m^3/s，按式(4-13)确定旋流洞直径：

$$D = \left(\frac{D_s}{Z}\right)^{0.02}\left(\frac{Q^2}{g}\right)^{0.2} = \left(\frac{9}{107.87}\right)^{0.02}\left(\frac{1\,100^2}{g}\right)^{0.2} = 9.9(\text{m})，实取\ D = 10\ \text{m}$$

旋流洞距竖井轴长度：$L = 3.5D = 3.5 \times 10 = 35(\text{m})$

公伯峡的旋流洞取 $L = 35$ m 比较适宜，同时可以减少填充混凝土的工程量。

这里应特别指出：为了取消起旋室的顶部导流坎，以下参数除 K 值外，均按式(4-35)括弧中较大值计算和设计起旋室连接结构。

起旋室直径：$D_q = 1.2D = 1.2 \times 10 = 12(\text{m})$，$R_q = 6$ m

竖井中轴线与起旋室轴线的间距：$\Delta = 0.4D_q = 0.4 \times 12 = 4.8(\text{m})$，取 $\Delta = 4.5$ m

椭圆中心至起旋室中心间距：$K = 0.7D_q = 0.7 \times 12 = 8.4(\text{m})$，取 $K = 8.5$ m

起旋室采用 1/4 椭圆曲线同竖井一侧壁偏心相切连接，椭圆曲线尺寸按式(4-18)计算，竖井半径 $R_s = D_s/2 = 4.5$ m，则：

椭圆短半轴：$b = \Delta + R_s = 4.5 + 4.5 = 9(\text{m})$

$$椭圆长半轴：a = \sqrt{\frac{b^2(K^2 + b^2 - R_q^2)}{b^2 - R_q^2}} = \sqrt{\frac{9^2 \times (8.5^2 + 9^2 - 6^2)}{9^2 - 6^2}} = 14.53(\text{m})$$

根据式(4-20)和式(4-21)，竖井收缩坡终点 a 与起旋室 x 轴水平间距 C 及起旋室进口宽度 W 分别为：

$$C = 0.32D = 0.32 \times 10 = 3.2(\text{m})$$

$$W = b\sqrt{1 - \left(K - \sqrt{R_q^2 - C^2}\right)^2/a^2} - C$$

$$= 9 \times \sqrt{1 - (8.5 - 5.08)^2/14.53^2} - 3.2 = 5.55(\text{m})$$

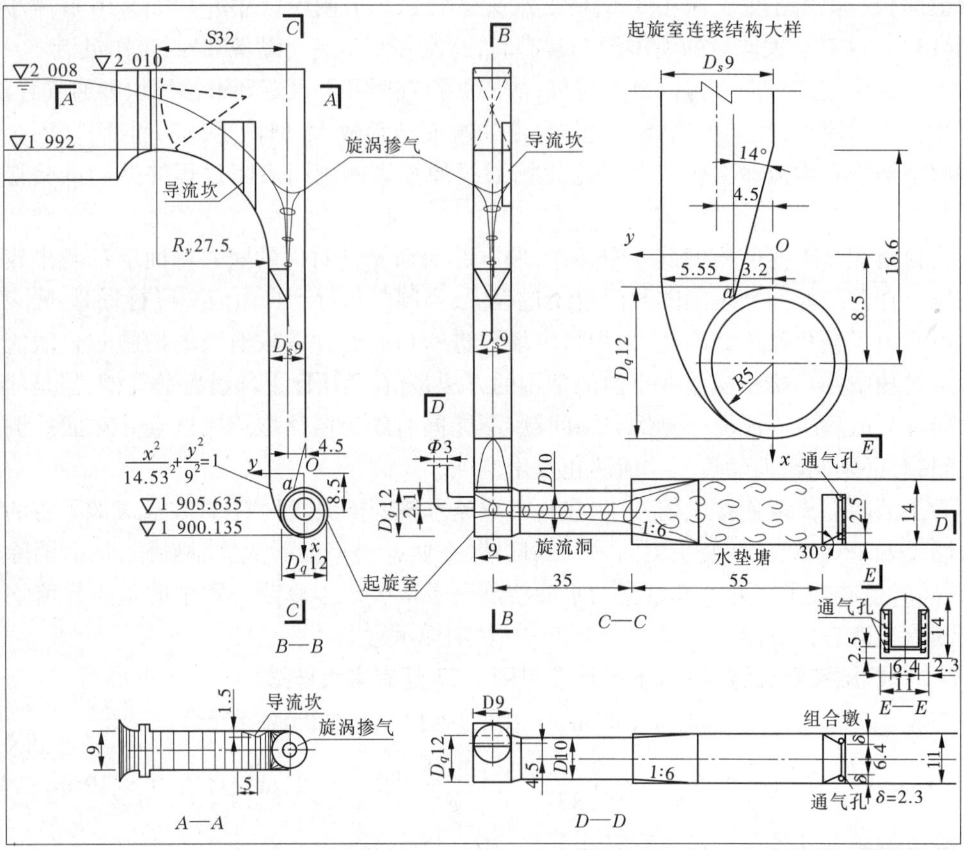

图 7-17　后公伯峡竖井－旋流泄洪洞优化设计方案　（单位:m）

起旋室进口面积:$A = D_s \times W = 9 \times 5.55 = 49.95$(m)

从起旋室进口 a 点起,向上引和垂线成 14°角的斜线同竖井边墙相交(这一段为竖井收缩段),从交点至起旋室中心的长度约为 16.6 m。

由于竖井与起旋室的连接角由原 8.5°增至 14°,同时起旋室进口过流面积由 46.2 m^2 增至 49.8 m^2。其结果是:①由竖井下来的水流与起旋室内旋转水流的交汇角度减小,不会引起壅水现象,所以可去掉起旋室顶部的导流坎,彻底地消除了由于导流坎可能引起的结构物空蚀;②提高了起旋室内水流的旋转动量矩,可以消除旋流洞连接陡坎处的负压,不需要在竖井上设置环形掺气坎和通气管系统;③由于起旋室进口面积有所增加,能够保证最大泄量的要求。④取消起旋室顶部的导流坎和竖井上的环形掺气坎及其配套通气管系统,使整条泄洪洞结构大为简化,施工难度减小。改进后结构设计详见图 7-17 大样。

上述改进设计并不是最佳方案,如果想要涡室进口宽度增大,而又不扩大竖井与起旋室连接角度 θ,可以再加大 Δ 值和减小 K 值,如 $\Delta = 0.5D_q$ 和 $K = 0.6D_q$ 这时椭圆曲线短半轴 $b = 10.5$ m,长半轴 $a = K + D_q/2 = 13.2$ m。连接角度 $\theta = 11°$,可能更好一些。

起旋室盲端的通气孔直径,对自由堰流进水口,可按式(4-24)确定:

$$\beta = 0.04Fr = 0.04Q/(B\omega\sqrt{gR_v}) = 0.04Q/[B\omega\sqrt{0.5gB\omega/(B+\omega)}]$$

$$= 0.04 \times 1\,100/[9 \times 5.09 \times \sqrt{0.5 \times 9.81 \times 9 \times 5.09/(9 + 5.09)}] = 0.24$$

式中 R_v——起旋室进口水力半径，$R_v = 0.5B\omega/(B+\omega)$；

B——起旋室进口长度，$B = D_s = 9$ m；

ω——涡室进口水流收缩宽度，$\omega = \varepsilon W = 0.9 \times 5.66 = 5.09$(m)；

W——起旋室进口宽度；

ε——考虑竖井与起旋室采用14°角连接的收缩系数，取 $\varepsilon = 0.9$。

起旋室所需通气量：

$$Q_a = \beta Q = 0.24Q = 0.24 \times 1\ 100 = 264(\mathrm{m^3/s})$$

若起旋室通气井的风速控制在60 m/s，则通气井直径为：

$$d = \sqrt{\frac{4Q_a}{\pi v_a}} = \sqrt{\frac{4 \times 264}{3.14 \times 60}} = 2.37(\mathrm{m}) \quad 取\ d = 2.5\ \mathrm{m}$$

若按简化的经验式计算自由堰流的起旋室通气孔直径时，则：

$$d = 0.25D = 0.25 \times 10 = 2.5(\mathrm{m})$$

式中 D——旋流洞直径。

7.2.8.3 旋流洞与水垫塘

原旋流洞长度为5D，太长，其末端洞顶压力接近零。将旋流洞的长度缩短为3.5D，这样做不仅可减少旋流洞段填充混凝土的方量，同时使进入水垫塘的水流剩余旋转力增大。因此，旋流洞与水垫塘连接坡度可以做陡一些，即使将扩散坡度由1:8改成1:6，背水坡上的负压也不会增加。旋流洞缩短，水垫塘长度要加长，取其长度为(5～5.5)D = 50～55 m。

另外，由于旋流洞长度缩短，其自身的消能率降低，致使水垫塘的流速增加，因此绝不能在水垫塘内浇注圆弧形消力墩，否则因出现气化压力，自身不能掺气，会导致空蚀破坏。为了避免发生空蚀，在水垫塘的末端浇注自掺气组合三角体墩(两边墩的迎水面坡角为20°，墩高2.3 m；中墩迎水面坡角为30°，墩高2.5 m)。两边墩只浇注到洞顶以下垂直段内，洞顶空间保持气水混合流体。这样做，一方面，由于洞顶的掺气浓度大，可以作为空气源，在边墩内埋设通气管从墩的顶部通气，向边墩和中墩的背水面掺气，防止组合墩空蚀；另一方面也有利于施工。具体详见图7-18。

若公伯峡右岸泄洪洞在开始设计时就考虑采用竖井－旋流洞方案，就可以将导流洞断面尺寸改为宽12.5 m、高14.4 m，高宽比＝1:1.15。这时旋流泄洪洞有两种设计体型可供选择。

1)旋流洞＋水垫塘消能型

选用10 m直径的旋流洞，其与12.5 m×14.4 m的水垫塘采用突然扩大连接(突扩断面处孔口边至导流洞边墙最小厚度1.25 m)，水流在突扩区产生负压旋涡，有利于消能。如果发生空化，因空化气泡脱离边壁(即超空化)；再加上有从旋流空腔混掺扩散进来的大量气体(或从水垫塘洞顶埋掺气管向突扩区补气)，故不会发生空蚀。水流旋转扩散进入水垫塘，由于塘中强力的水气二相流混掺的紊动剪切作用，联合下游三角体组合墩的旋涡消能(墩后的脉动压力标准差值达到6 m)，泄洪洞总消能率较高，一般都大于85%。

2)旋流洞连续消能型

起旋室和旋流洞直径均为12 m(根据导流洞过流量而定)，30 m长的旋流洞与导流

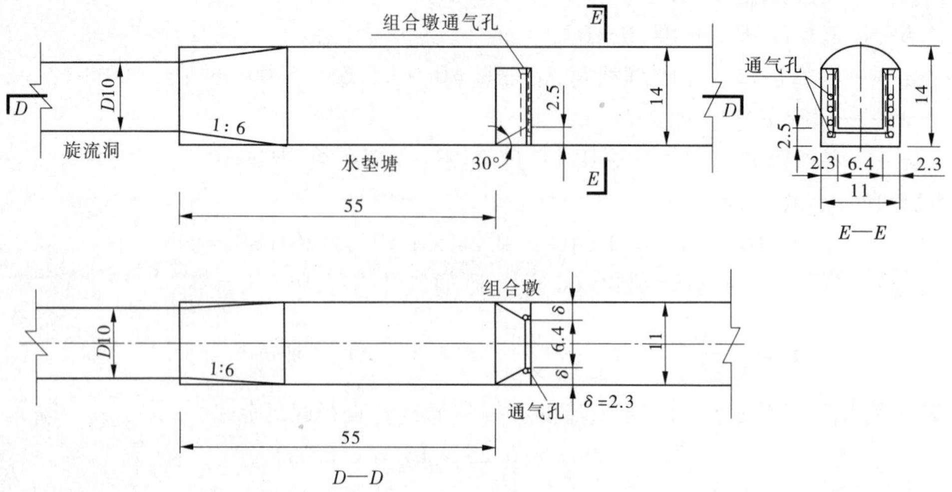

图7-18　水垫塘直线坡阻水墩结构　(单位:m)

洞采用渐变段连接,使水流在导流洞内作连续旋转运动。在距竖井轴10D(约100 m)洞内设置自掺气边墩,使下游形成较平稳的明流流态。若模型试验发现洞内水面尚不稳定,可再在下游间隔适当的距离设置边墩即可。

上述竖井－旋流泄洪洞的进水口为单一溢流堰,按自由堰流设计。可以看出,要想达到自由堰流条件,溢流堰剖面半径至少需要25 m,大半径的溢流堰可能对施工不利。要想减小溢流堰剖面半径,可采用复合式溢流堰设计方案,详情请参考图4-2(b)。

为了简化洞内施工,防止与导流洞二期施工相互干扰,也可以将起旋室和旋流洞直接修建在洞外,再和导流洞连接(见图6-10、图6-11)。

7.3　清远抽水蓄能电站旋流喇叭形竖井泄洪洞

清远抽水蓄能电站位于广东省清远市清新县境内,与广州直线距离约75 km。电站装机容量1 280 MW。枢纽建筑物由上水库、下水库、输水系统、地下厂房洞室群等组成。上、下水库都采用旋流喇叭形竖井泄洪洞泄洪。由于上水库设计最大下泄流量很小,下面以下水库为重点,介绍其工程概况和喇叭形堰竖井泄洪洞的设计、试验研究成果和应用情况。

下水库集雨面积9.146 km^2,水库总库容1 495.32万m^3,有效库容1 058.08万m^3,水库水位最大消落深度29.7 m,相应的正常蓄水位137.7 m,死水位108.0 m。水库建筑物包括挡水坝、泄洪洞及放水底孔等。坝址位于大秦水库库尾上游约850 m峡谷处,大坝为黏土心墙堆石(渣)坝,坝顶高程144.5 m,主坝坝顶长度275 m,最大坝高75.9 m。

泄洪洞位于大坝右岸坝头,其进口采用直径为16.0 m的喇叭形堰,下接竖井与施工导流洞连接。设计最大下泄量为534.2 m^3/s,对应堰顶高程137.7 m,与正常蓄水位相同。

原设计竖井内径6 m,底部设直径10 m、深12 m的消力坑。施工导流隧洞横断面为城门洞形,高 8 m,宽 6 m。导流隧洞出口底板接 1:4斜坡连接消力池,消力池长 50 m,深 3 m,宽度 6 m(边坡 1:0.8),消力池末端设高 2 m 的升坎,下游 18 m 处设高 1.6 m 的消力坎,接着布置钢筋混凝土海漫与原河道平顺衔接。清远抽水蓄能电站下库堆石(渣)坝和竖井泄洪洞平面布置见图 7-19。

原设计为传统的喇叭形竖井泄洪洞,堰顶设置防旋分流墩,竖井和洞内无防止空蚀的掺气设施,也无防止冲刷和提高消能率的洞内消能工。由于水库为堆石(渣)坝,且仅修建一条泄洪洞而无其他辅助泄洪建筑物,因此防止竖井和洞内空蚀、确保泄洪洞运行安全可靠至关重要。鉴于此种情况,提出了一种新型喇叭形竖井泄洪洞的结构,并进行了优化试验研究。下面介绍下库泄洪洞采用方案的结构体型和主要水力学参数。

7.3.1 改变传统喇叭形竖井泄洪洞的设计理念

原设计在喇叭形堰顶浇注 8 个分流墩,一方面用来防止在进水口出现的旋涡在竖井内产生不稳定的涡袋可能引发振动,另一方面通过调节分流墩的数量和宽度以满足设计最大泄流量的要求。

由于流量系数受很多因素影响,存在不确定性,所以分流墩的数量通常根据最大设计泄流量由模型试验来确定。传统的喇叭形堰竖井泄洪洞,往往会在堰与井连接段出现负压,在竖井下部由于水流与壁面分离产生负压,均可能引起空蚀。

为了解决负压问题,通常在溢流堰与竖井的连接处将竖井直径突然扩大,形成环形掺气坎(如四川攀枝花和内蒙古大石门竖井泄洪洞),并设通气孔通气。其缺点是,增设许多通气管道,使得泄洪洞结构复杂化。另外,竖井与隧洞连接的转弯段顶部也易发生空蚀,有的泄洪洞在竖井与隧洞连接段的垂直转弯起端设置收缩坎通气(如俄国的洽阿瓦科和陂斯克姆泄洪洞),使竖井下部变成有压流以消除负压,同时,也可保护转弯洞顶段不发生空蚀,但是,在泄洪洞垂直转弯段下游的出水洞内则形成高速明流,仍需设置掺气槽,以防止发生空蚀破坏。

与传统的喇叭形竖井泄洪洞相反,清远泄洪洞是利用螺旋流离心力消除喇叭形堰和竖井的负压。为此,研究出了一种带有潜水起旋墩的喇叭形竖井泄洪洞(见 1.1 节和 7.3.2小节),在各种堰上水头下,水流都能在竖井内形成稳定的轴对称空腔掺气旋转流运动,既能消减负压,又能提高消能率,变涡害为涡利。

7.3.2 旋流喇叭形竖井泄洪洞结构设计

清远下库竖井泄洪洞基本资料:设计最大泄量 $Q=534.2\ m^3/s$,堰顶高程即正常蓄水位 137.7 m,最高洪水位 142.45 m,对应堰上水头 $H=4.75$ m。所利用的导流洞为高 8 m、宽 6 m 的城门洞形断面。

原设计已给定喇叭形堰平面半径 $R_L=8$ m。根据第 1 章 1.4.5 节设计原理,采用 8 个长 8 m、宽 1.5 m、高 4.5 m 的潜水起旋墩,起旋墩与喇叭形堰外缘切线的夹角 $\theta=10°$。首先按式(1-33)确定竖井直径:

$$D=\left(\frac{Q^2}{g}\right)^{0.2}=\left(\frac{543.2^2}{9.81}\right)^{0.2}=7.86(\mathrm{m}),取\ D=8\ \mathrm{m}$$

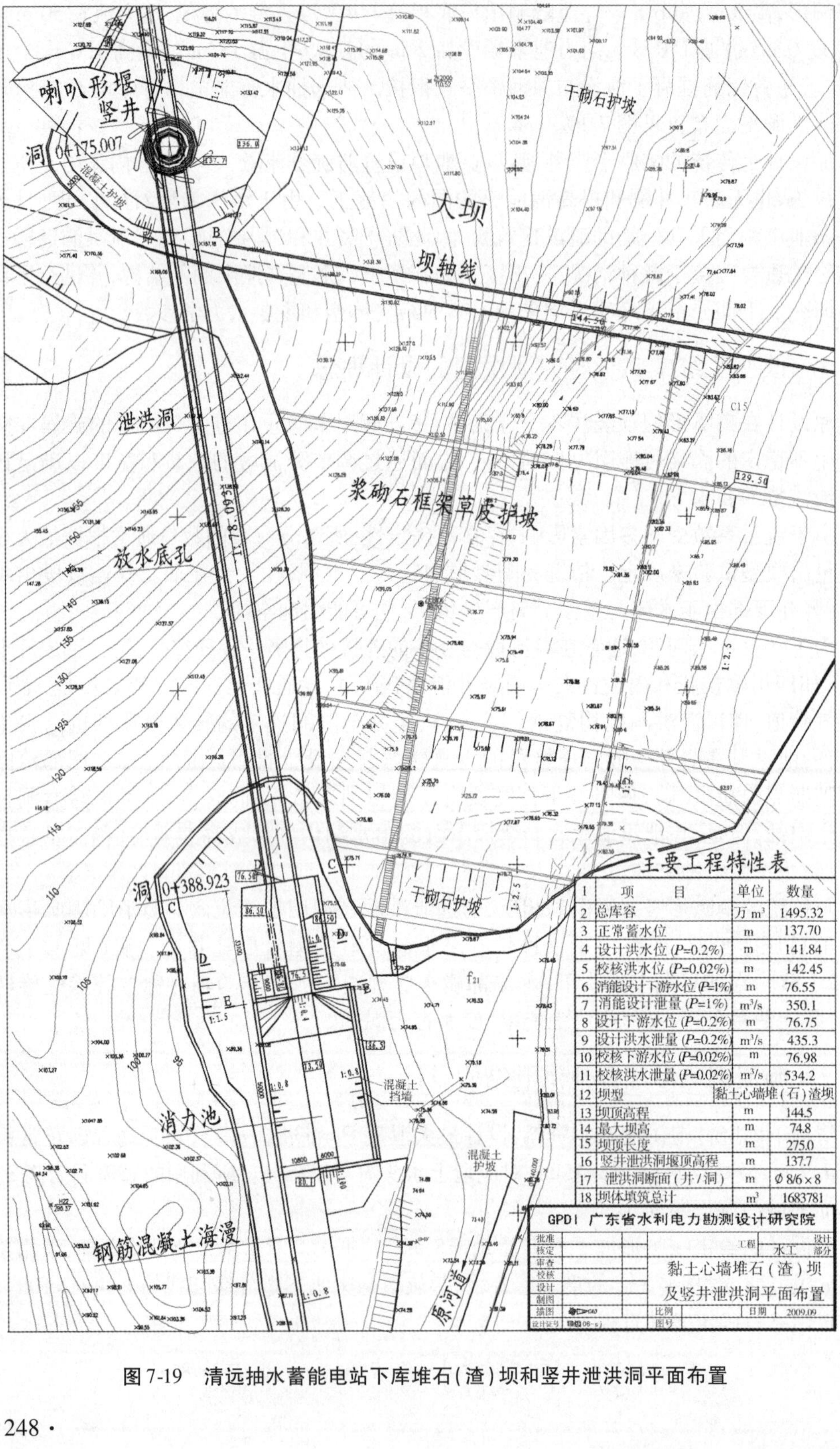

主要工程特性表

	项目	单位	数量
1	项　目	单位	数量
2	总库容	万 m³	1495.32
3	正常蓄水位	m	137.70
4	设计洪水位 (P=0.2%)	m	141.84
5	校核洪水位 (P=0.02%)	m	142.45
6	消能设计下游水位 (P=1%)	m	76.55
7	消能设计泄量 (P=1%)	m³/s	350.1
8	设计下游水位 (P=0.2%)	m	76.75
9	设计洪水泄量 (P=0.2%)	m³/s	435.3
10	校核下游水位 (P=0.02%)	m	76.98
11	校核洪水泄量 (P=0.02%)	m³/s	534.2
12	坝型	黏土心墙堆（石）渣坝	
13	坝顶高程	m	144.5
14	最大坝高	m	74.8
15	坝顶长度	m	275.0
16	竖井泄洪洞堰顶高程	m	137.7
17	泄洪洞断面（井/洞）	m	Ø 8/6×8
18	坝体填筑总计	m³	1683781

图 7-19　清远抽水蓄能电站下库堆石（渣）坝和竖井泄洪洞平面布置

已知竖井和喇叭形堰半径按式(1-35)计算喇叭形堰断面1/4椭圆曲线的长、短半轴：

$$a = 2.5b = 2.5 \times 4 = 10(\mathrm{m})$$

$$b = R_L - D/2 = 8 - 8/2 = 4(\mathrm{m})$$

再规定喇叭形堰堰高 $P = 0.3H$，潜水起旋墩的净高(从堰顶算起的高度) $z \approx 0.7H$，以上的设计基本上符合按式(1-36)计算流量系数的规定，于是根据堰顶相对水头 $H/R_L = 4.75/8 = 0.59$ 计算流量系数：

$$m = 0.19 + 0.035(H/R_L)^{-1.5}\mathrm{e}^{-1.5H/R_L} = 0.19 + 0.035 \times 0.59^{-1.5}\mathrm{e}^{-1.5\times 0.59} = 0.222$$

根据已知的堰上水头 $H = 4.75$ m、喇叭形堰半径 $R_L = 8$ m 和流量系数 $m = 0.222$ 计算泄流量：

$$Q = m2\pi R_L\sqrt{2g}H^{1.5} = 0.222 \times 2 \times 3.14 \times 8 \times \sqrt{19.62} \times 4.75^{1.5} = 511.6(\mathrm{m^3/s})$$

泄流量计算结果比最大设计流量小4%。

所计算得的泄流量虽然同设计值有一些差距。但是，可以作为设计依据，这种差距不会在模型试验中影响到改变喇叭形堰设计尺寸的地步。最终可通过模型试验调整潜水起旋墩的高度，来满足最大设计流量的要求。

当在试验中需要调节流量以满足最大设计流量的要求时，对潜水起旋墩高度的调节原则是：要想增加泄流量，就适当地降低墩高；反之，要想减小泄流量，就适当地增加墩高。

例如，起初设计潜水起旋墩的墩高4.5 m，从堰顶算起墩高3 m(比堰上最大水深低1.75 m)，水工模型试验结果测得最大泄流量为604.8 $\mathrm{m^3/s}$，比设计要求值还大13%，后来将墩高增至5 m，堰顶以上墩高3.5 m(比堰上最大水深低1.25 m)，水工模型试验结果测得最大泄流量523.3 $\mathrm{m^3/s}$，比设计要求值小2%，在设计允许的范围之内。

关于进水口起旋墩的布置原则是：当溢流堰靠山开挖的边坡，其平面圆弧相对于竖井轴不对称时，起旋墩的入流方向应与长圆弧边坡的走向一致，借以增加旋流效果。本工程的圆弧边坡对称于竖井轴，故其起旋墩布置方向不受限制，但优化试验结果规定，起旋墩与喇叭形堰外缘的切线成10°夹角。

起旋墩类似于流线形，其大墩头与下游开挖边坡的间距 $L \approx H$ (H 为堰上最高设计水头)。如果 L 太长，则边坡挖方量大，同时下泄流量略有减小；如果 L 太短，边坡紧靠起旋墩墩头，不仅影响下泄流量，同时也影响旋流空腔的对称性。

根据上述设计计算结果，旋流喇叭形堰和竖井结构尺寸见图7-20上半部分；旋流喇叭形堰进水口平面布置和潜水起旋墩大样见图7-21。

因竖井底部存在水垫层，在洞底再开挖消力坑，其消能作用很小，且施工比较困难，所以去掉了原设计中的消力坑方案，而采用洞内消能方式替代。

由于溢流堰无控制闸门，水库水位一旦超过堰顶高程就开始溢流。为了在各种堰上水位条件下竖井内都能形成水垫层，防止竖井内下落水流直接冲蚀底板，在出水洞进口附近的底板上浇注横向集水墩，并在其下游设置组合消力墩构成压力消能工(水垫塘)。

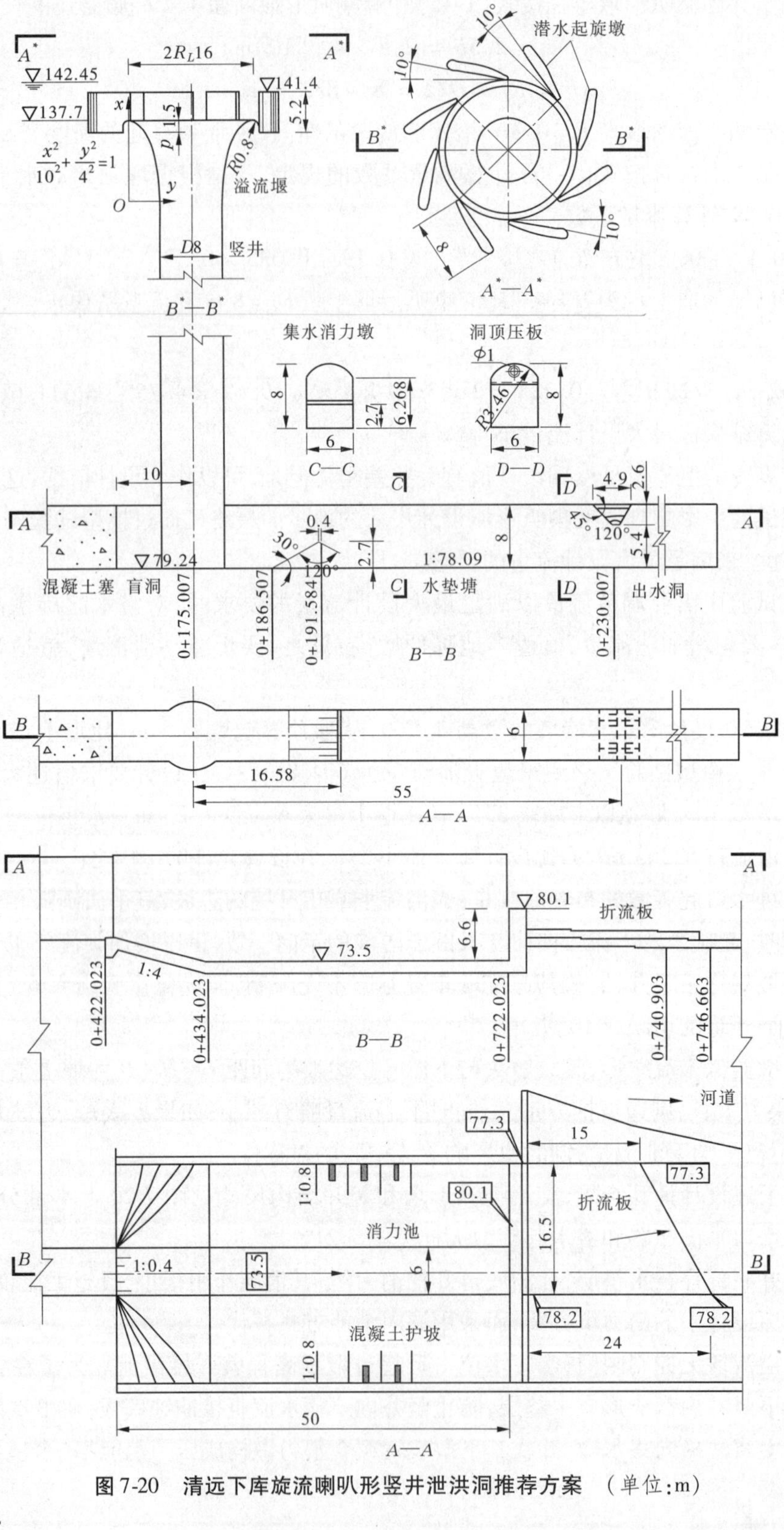

图 7-20 清远下库旋流喇叭形竖井泄洪洞推荐方案 （单位:m）

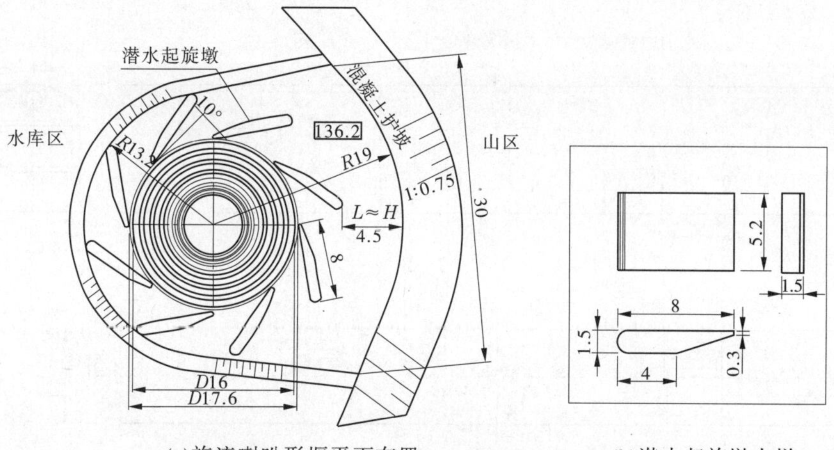

(a)旋流喇叭形堰平面布置　　(b)潜水起旋墩大样

图 7-21　旋流喇叭形堰进水口平面布置和潜水起旋墩大样　(单位:m)

集水坎为三角形挑流坎,迎水面坡与出水洞底板成 30°夹角,顶角削成 120°的钝角与底板垂直连接,坎高 2.7 m,坎顶过流断面面积为 28.3 $m^2 \approx 0.56\pi D^2/4$($D$ 为竖井直径)。组合消力墩起初由两侧三角形边墩加中间三角形挑流墩构成,消能率超过 85%。下游出水洞内水流流速为 12.5 m/s,水深超出城门洞断面的侧墙高度,洞内水面以上裕幅高小于 15%。同时,在消力墩的下游产生负压涡(这种负压涡可以按照第 1 章 1.5.1 节方法在墩内埋掺气管解决)。

由于洞内裕幅太小,后来根据中国国际工程咨询公司专家的意见:降低洞内的消能率,将边墩和中墩全部改成流线形组合墩。曾作了两次模型修改,均出现很大的负压。例如,第二次修改模型,将墩子迎水面的圆弧半径做到 52 m(原型)同 1∶10 的斜坡相切连接,见图 7-22。试验结果显示,背水坡面 8 ~ 12 号测点的动水压力大多数达 -10 m(气化压力)。发生负压的原因是,竖井旋流的消能不如公伯峡旋流洞的消能率高,再加上集水墩的挑流使洞内流速分布极不均匀,底层流速增大,致使下游的组合消力墩出现严重的负压。最后完全放弃了流线形组合墩方案,而采用洞顶压板方案(见图 7-23)。

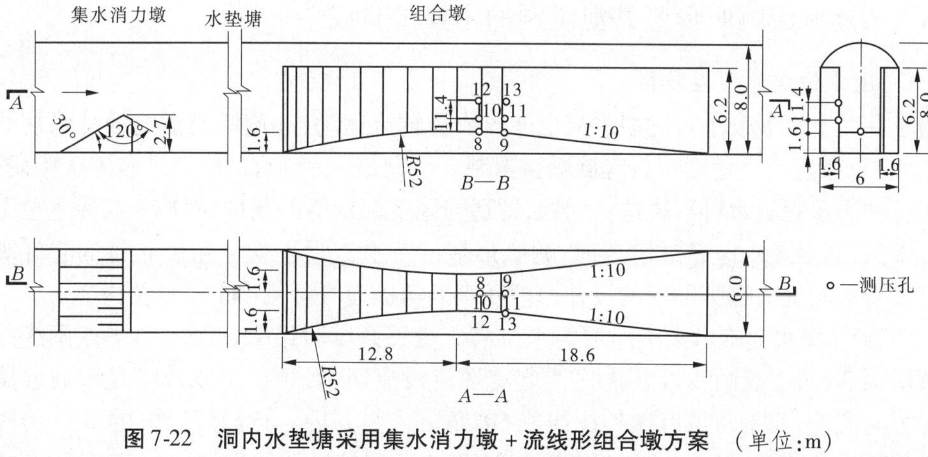

图 7-22　洞内水垫塘采用集水消力墩＋流线形组合墩方案　(单位:m)

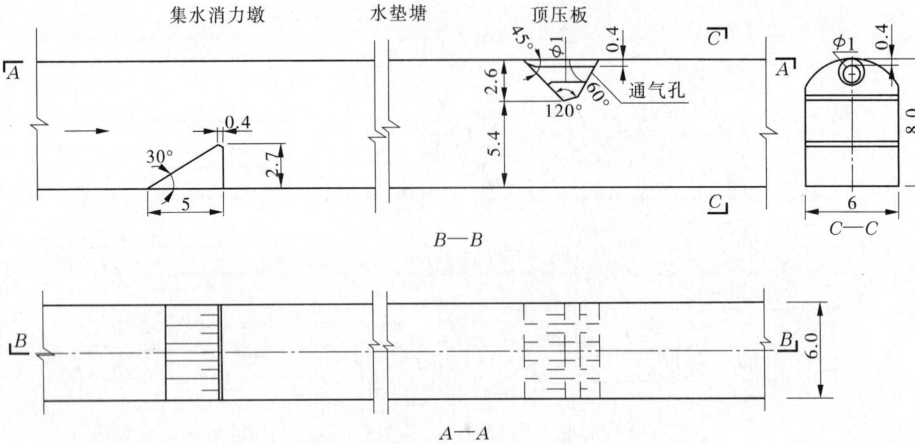

图 7-23　洞内消能工采用集水消力墩 + 洞顶压板方案　（单位:m）

洞顶压板采用倒三角形结构,其作用主要是为了提升洞内压力,消除集水墩挑坎的负压,同时只利用挑流旋滚消能,可降低下游洞内水深。

通常在紧靠顶压板下游的洞顶需要开挖通气井掺气,以防止出现不稳定的负压旋涡。本工程采用第 1 章 1.5.1 节自掺气原理,在顶压板内纵向埋设 ϕ1 m 的短管,从上游洞顶向下游掺气。顶压板的迎水斜面与水平方向的夹角为 45°,背水斜面与水平方向的夹角为 60°。起初,顶压板厚 4 m,下部泄流孔高 4 m。

试验结果显示,5 000 年一遇洪水工况竖井发生壅水现象,同时产生不稳定的涡袋,严重地影响泄流能力。后来将压板厚度减至 2.6 m,孔口高增至 5.4 m,见图 7-23。试验结果显示,竖井内壅水现象消失;同时,集水墩和顶压板的背面边墙在任何洪水工况都没有出现负压。所以,推荐出水洞内采用集水消力墩加顶压板的布置方案,得到咨询专家的认可。

最终下水库旋流喇叭形竖井泄洪洞纵剖面和平面设计见图 7-20 和图 7-21,其中出口消力池结构只作局部修改,基本采用原方案。

7.3.3　清远旋流喇叭形竖井泄洪洞的主要试验成果

7.3.3.1　库水位流量关系特性

为了在堰上水深较小时过堰水流也能形成旋转流运动,起旋墩与溢流堰外缘切线成小角度(10°)布置。小角度布置起旋墩会限制环形堰最大泄流能力,经过多方试验研究,提出了一种潜水起旋墩可解决这一问题,即适当降低起旋墩的高度,对应于高库水位下的高堰顶水头,当堰顶水深超过墩顶时,喇叭形堰的下泄流量不受小角度布置的起旋墩限制。有关潜水起旋墩喇叭形堰的设计原理和水力学机理可参见第 1 章相关内容。

图 7-24 是潜水起旋墩喇叭形堰的水位与流量关系试验结果。图中水平点画线代表起旋墩墩顶高程,在点画线以上 A 区为起旋墩淹没流区,墩顶以上水流不是顺着起旋墩的引导方向流动,而是与溢流堰外缘约成 60°角流入竖井内。点画线以下的 B 区为过堰水流水位低于起旋墩时的自由流区,水流受 10°小角起旋墩的约束,沿起旋墩的引导方向

流入竖井内。

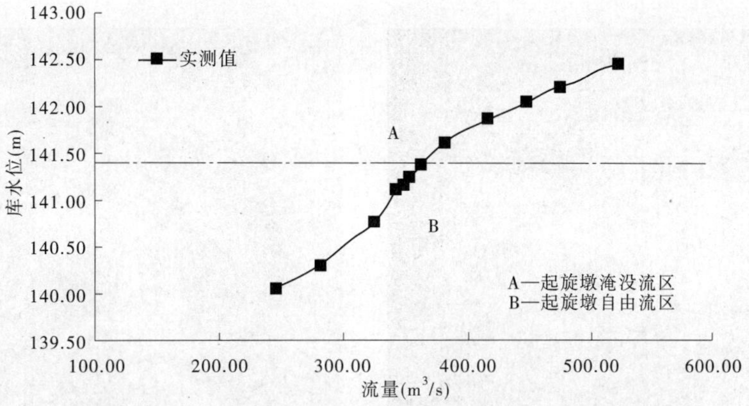

图 7-24　潜水起旋墩喇叭形堰的水位—流量关系曲线

从图 7-24 中可看出，在过堰水流水位低于墩顶的 B 区，过堰流量随水位增大的增加速率较小，而在起旋墩被淹没的 A 区，下泄流量随水位增大的增加速率较大，并且近似于线性增长。图 7-25 是潜水起旋的喇叭形堰流量系数 m 与堰顶相对水头 H/R_L 的关系曲线。图中垂直点画线为相对墩顶高，即墩顶分界线。从图 7-15 中可以明显看出，起旋墩自由流区 B 区的流量系数随相对于墩顶水头呈线性递减，而在起旋墩淹没流区 A 区的流量系数则趋近一常数。

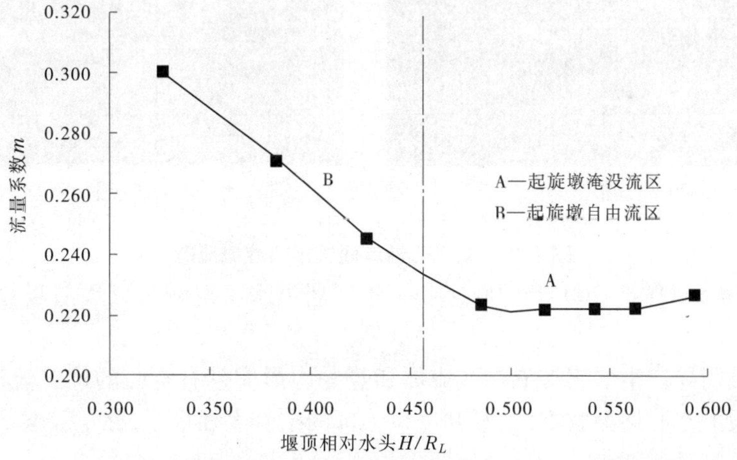

图 7-25　潜水起旋的喇叭形堰的流量系数与堰顶相对水头关系曲线

7.3.3.2　旋流喇叭形堰和竖井流态

由于采用了数量较多、入流角较小的潜水起旋墩，所以在堰上水位很低时，过堰水流也能产生有效的旋转流。当堰上水深超过起旋墩墩顶时，在起旋墩墩顶以下低层水流的拖曳下，墩顶以上的上层水流也与之同步旋转。由于上层水流不受起旋墩的约束，旋转力度加强，致使水流在溢流堰和竖井中形成稳定的带有空腔通气的螺旋流运动。

图 7-26 上排左和右分别为 5 000 年和 200 年一遇，下排分别为 20 年和 5 年一遇洪水工况的喇叭形堰进水口螺旋流流态。显然，5 000 年一遇洪水工况，堰顶水深最深，过堰水

流旋转力度最强，而20年和5年一遇洪水工况起旋墩露出水面以上，过堰水流的旋转效果要差一些。

(a)5 000 年一遇

(b)200 年一遇

(c)20 年一遇

(d)5 年一遇

图 7-26　喇叭形溢流堰进水口旋流流态

图7-27为5 000年、200年、100年和5年一遇洪水工况喇叭形堰与竖井连接段水流流态。

由起旋墩引导产生的旋转流在溢流堰和竖井内形成带有空腔的螺旋流运动，溢流堰和竖井连接段的空腔逐渐收缩，到竖井进口上部的空腔直径最小，称空腔喉部；然后，沿竖井向下空腔直径又逐渐扩大。

空腔喉部是控制竖井下泄流量的第一个卡口。5 000年一遇校核洪水工况，喉部直径$d=(0.5\sim0.6)D$(D为竖井直径)。如果竖井直径设计小了，就会在空腔喉部呛水引起壅水现象，降低泄流能力。本泄洪洞根据校核下泄流量设计竖井直径为8 m，有较大的泄洪余量。

旋流空腔直径沿竖井向下逐渐增加，在竖井的中下部出现环状水跃，掺混入大量空气，形成掺气强烈的水垫层。图7-28分别为5 000年、100年和5年工况的竖井环状水跃下水垫层水流流态。因各工况对应下泄流量不同，环状水跃出现的位置和高程有较大的差别。5 000 年、100 年和 5 年一遇洪水工况下环状水跃的高程分别为 110.2 m、92.0 m 和 89.2 m。由于在出水洞进口附近浇注了集水消力墩，在任何堰上水深下泄流，竖井底部都能形成一水气混掺的水垫层，以保护竖井底板不受水流冲蚀。

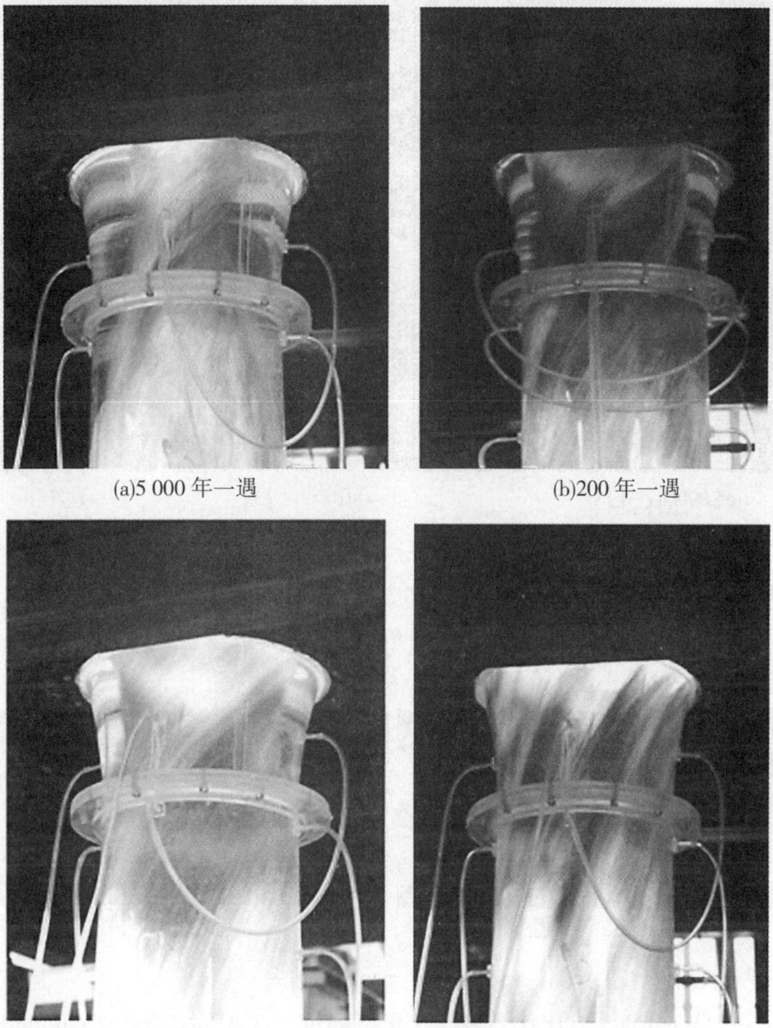

(a)5 000 年一遇　(b)200 年一遇

(c)100 年一遇　(d)5 年一遇

图 7-27　溢流堰和竖井连接段旋流空腔最小断面(喉部)

7.3.3.3　出水洞内水流流态

前面曾提到，出水洞内消能工的顶压板下孔口高度做成 4 m 时，试验结果：由于孔口水流收缩严重，5 000 年一遇洪水工况下的竖井出现壅水现象，环状水跃升至竖井口的空腔喉部以上，产生不稳定的涡袋，严重影响到泄流能力。将孔口高度改成 5.4 m 后，环状水跃的高度就下降到如图 7-28(a)所示那样，并且竖井形成稳定的旋流空腔，环状水跃的位置保持不变。

从竖井下来的水气混合流体，一部分进入盲洞产生旋涡流，其余大部分在集水墩下游形成旋滚流，在顶压板的作用下洞内形成压力消能工。顶压板坎后产生的负压可通过压

(a)5 000 年一遇　　(b)100 年一遇　　(c)5 年一遇

图 7-28　旋流竖井环状水跃水垫层流态

板内短管从上游洞顶吸取水气混合体(掺气浓度 50%),并在坎后留下一股水舌。水气混合体中的空气弥散四方,消除了顶压板后的负压涡,在其下游隧洞中可形成较平稳的明流流态。

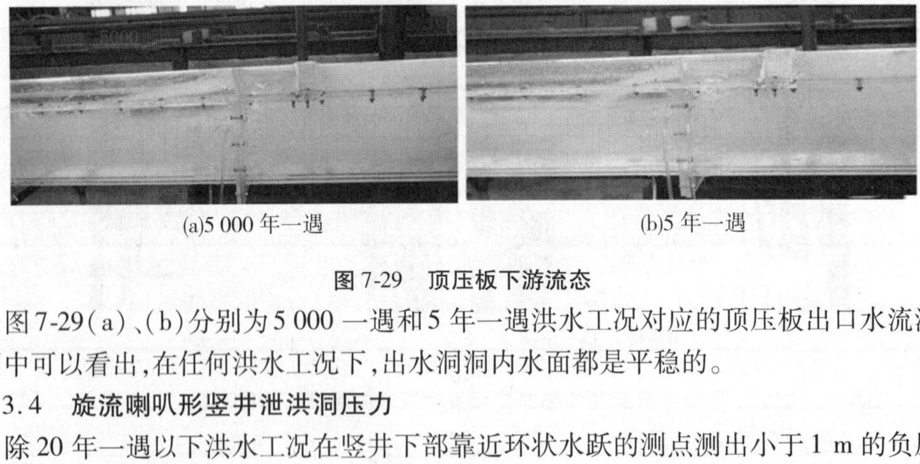

(a)5 000 年一遇　　(b)5 年一遇

图 7-29　顶压板下游流态

图 7-29(a)、(b)分别为 5 000 一遇和 5 年一遇洪水工况对应的顶压板出口水流流态。从图中可以看出,在任何洪水工况下,出水洞洞内水面都是平稳的。

7.3.3.4　旋流喇叭形竖井泄洪洞压力

除 20 年一遇以下洪水工况在竖井下部靠近环状水跃的测点测出小于 1 m 的负压外,其他工况条件下竖井壁面动水压力测值全部为正压,小于 5 年一遇洪水工况测得的负压值有减小的趋势。

集水消力墩和顶压板下游出水洞边墙上的动水压力在各种洪水工况下的测值均为正压。5 000 年一遇洪水工况测得竖井底板上动水压力最大,为 44.8 m;相应的脉动压力标准差值也最大,但小于 4 m。

7.3.3.5　竖井泄洪洞总消能率

泄洪洞总消能率指从喇叭形堰进口到泄洪洞出口前洞内水流所耗损的总水头损失与

总能头的百分比。已知作用在泄洪洞出口断面底板上的总水头 H,测量出作用在该断面底板上的压力水头或水深 h(因已接近均匀流)及断面平均流速 v,按下式可计算各工况的消能率:

$$\eta = \{1 - [h + v^2/(2g)]/H\} \times 100\% \tag{7-2}$$

由式(7-2)计算的各洪水工况消能率见表7-2。

表7-2　各洪水工况消能率

工况	库水位(m)	$Q(m^3/s)$	h(m)	v(m/s)	H(m)	η(%)
5 000 年一遇	142.45	521.77	5.44	15.99	65.99	72
200 年一遇	141.34	360.70	4.80	12.52	64.88	80
100 年一遇	141.11	342.00	4.80	11.88	64.65	85
20 年一遇	140.70	320.03	4.50	11.85	64.24	82
5 年一遇	140.08	240.00	4.00	10.00	63.62	86

从表7-2可看出:5 000年一遇洪水工况的消能率较小,未达到80%,其他洪水工况的消能率已达到或超过了80%,满足了出口下游按百年洪水消能防冲的设计要求。

5 000年一遇洪水工况消能率减小的原因是:出水隧洞断面尺寸较小,再加上洞内设置了顶压板,致使在此特大流量工况下竖井内的环状水跃升高,竖井内旋流沿程损失减小,水垫层的水气混掺强度减弱,消能率降低。

如果洞内只设顶压板加消力坑,竖井内环状水跃高程要降低一些。但5 000年一遇洪水工况的水流仍依靠竖井环状水跃的水垫层内水气混掺消能,而消力坑处于竖井底部、出水洞进口底板以下,经环状水跃消能后入井流速降低,消能的作用较小。因此,采用此方案的总消能率也不会超过75%(如沙牌和小湾旋流竖井泄洪洞)。

如果恢复到起初洞内设置集水消力墩加三角形组合墩的消能方案,5 000年一遇洪水工况下的消能率在85%以上,致使下游水深剧增、流速下降。但这样会出现两个问题:一是出水洞内水面以上裕幅太小(小于15%);二是集水消力墩下游边墙可能出现负压,而且下游组合墩的背水面也存在较大负压涡,可能达到气化压力引起空蚀。虽然这些负压可以采取自掺气措施消除,但是洞内裕幅小于20%的问题是无法解决的,在咨询专家建议后,降低了洞内消能率。

若下库采用传统的(非旋流)喇叭形竖井泄洪洞,竖井设掺气坎,下部挖消力井是否能使5 000年洪水工况的消能率达到80%? 回答是,在喇叭形堰相对水头 $H/R_L \approx 0.6$ 和隧洞断面面积小的淹没堰流条件下是不能做到的。除非选取 $H/R_L \approx 0.25$,同时出水隧洞的断面面积要大于竖井的断面面积,在自由堰流条件下才能实现消能率达到80%的目的,同时也满足了洞内裕幅20%的要求。

在清远下库直径为8 m的竖井上设环形掺气坎是可以的。但想要在5 000年洪水工况下入堰水流为自由流,堰上水头 H 需要减小到2.49 m,而喇叭形堰半径 R_L 要增加到11 m。这不仅增加了工程量,同时堰顶高程的抬高改变了正常蓄水位,这样做仍不能实现80%的消能率。因为出水隧洞与竖井断面面积的比值太小($A_d/A_j = 0.88$),还必须扩大出水隧洞断面面积。否则，竖井底部出现水垫层后就不能充分发挥消力井的消能作用。

内蒙古大石门喇叭形竖井泄洪洞完全满足了上述条件：最大泄量 150 m^3/s，$H/R_y = 1.4/7 = 0.2$，竖井直径取 5 m，隧洞与竖井面积比 $A_d/A_j = 30.83/19.625 = 1.57$，消力井与竖井面积比 $A_k/A_j = 44.63/19.625 = 2.27$，消力井(坑)深度与竖井直径比 $h_k/D = 7.5/5 = 1.5$。由于自由掺气的水流直接射入消力井内，所以消能率超过了 85%。这是以扩大喇叭形堰和增加消力井工程量的代价换来的高消能率。

7.3.3.6　泄洪洞出口消能问题

由于泄洪洞轴线与河道轴线的交角小，为了防止水流对右岸边坡产生冲刷，原设计在隧洞出口开挖长 50 m、深 3 m 和底宽 6 m(边坡 1:0.8)梯形截面的消力池。通过试验研究发现，消力池出口坎高取 3.5 m，在离坎的下游 24 m 处靠右边墙浇注折流板(见图 7-30)，使水流偏向左侧河道方向流动，可减轻对右岸的冲刷。

图 7-30 为 200 年一遇洪水工况消力池、海漫和下游河道流态。

图 7-30　200 年一遇洪水工况消力池、海漫和下游河道流态

7.3.4　清远旋流喇叭形竖井合成速度和压力理论计算

这里主要按第 3 章 3.3 节理论计算 5 000 年、200 年、20 年和 5 年一遇四种洪水工况下的竖井螺旋流的合成速度和竖井壁面压力分布。

竖井进口断面初始合成速度(不计进口行近流速影响)：

$$v_0 = \sqrt{2gZ_0}$$

初始轴向速度：

$$v_{z0} = \frac{Q}{\pi(R^2 - r_a^2)}$$

式中　r_a——竖井进口断面旋流空腔半径，m(暂时由试验确定)。

初始切线(环向)速度：

$$v_{t0} = \sqrt{v_0^2 - v_{z0}^2}$$

初始合成速度与水平夹角：

$$\alpha_0 = \arctan \frac{v_{z0}}{v_{t0}}$$

竖井虚拟断面平均流速：

$$v = \frac{Q}{\pi R^2}$$

角动量矩：

$$M = l v_{t0} = (R - \frac{R - r_{a0}}{2}) v_{t0}$$

由式(3-76)计算旋流阻力系数：

$$\lambda = 0.02\exp\left[1.5\left(\frac{M}{Rv}\right)^{0.2}\right]$$

由式(3-59)：

$$C = \left(\frac{\lambda \pi D\sqrt{2g}}{4Q}\right)^{2/3}$$

$$F_0 = C\frac{v_0^2}{2g}$$

$$X(F_0) = (\frac{1 - F_0^{3/2}}{F_0^{3/2}})^{1/3}$$

取竖井计算距段 $\Delta Z = 5$ 按第 3 章 3.3 节式(3-62)、式(3-63)、式(3-64)和式(3-71)、式(3-72)、式(7-74)、式(3-75)计算：

$$I(F) = I(F_0) + CZ \quad (\text{下标 0 为初始值})$$

$$I(F) = \frac{1}{3}[2\ln\frac{1}{1 - \sqrt{F}} + \ln(1 + \sqrt{F} + F) - 2\sqrt{3}\arctan\frac{2\sqrt{F} + 1}{\sqrt{3}} + 2\sqrt{3}\arctan\frac{1}{\sqrt{3}}]$$

竖井合成速度和其与水平夹角分别为：

$$v = \sqrt{2g\frac{F}{C}}$$

$$\alpha = \arccos[(\frac{X(F)}{X(F_0)})\cos\alpha_0]$$

$$X(F) = \left(\frac{1 - F^{3/2}}{F^{3/2}}\right)^{1/3}$$

竖井横断面水层厚度为：

$$d = R - r_a = R - \sqrt{R^2 - \frac{Q}{v\pi\sin\alpha}}$$

竖井壁面压力为：

$$\frac{p}{\gamma} = \int_{R-d}^{R}\frac{v_t^2}{g}\mathrm{d}r = \frac{v^2\cos^2\alpha}{g}\ln\frac{R}{R-d}$$

通过计算机框图图 3-5 改变初始条件，便可以编程计算。

7.3.4.1 5 000 年一遇洪水工况的竖井合成速度和壁面压力计算

已知流量 $Q=521.77\ m^3/s$，竖井半径 $R=4$ m，试验量得的竖井进口断面（高程 127.7 m）的旋流空腔半径 $r_a=0.57R$。竖井进口断面上的作用水头 $Z_0=142.45-127.7=14.75$ (m)。

首先计算竖井进口断面的初始参数：

初始合成速度（不计进口行近流速影响）为：

$$v_0=\sqrt{2gZ_0}=\sqrt{19.62\times14.75}=17.01(\mathrm{m/s})$$

初始轴向速度为：

$$v_{z0}=\frac{Q}{\pi(R^2-r_a^2)}=\frac{521.77}{3.14\times(4^2-0.57^2\times4^2)}=15.38(\mathrm{m/s})$$

初始环向速度为：

$$v_{t0}=\sqrt{v_0^2-v_{z0}^2}=\sqrt{17.01^2-15.38^2}=7.27(\mathrm{m/s})$$

初始合成速度与水平夹角为：

$$\alpha_0=\arctan\frac{v_{z0}}{v_{t0}}=\arctan\frac{15.38}{7.27}=64.67°$$

竖井虚拟断面平均流速为：

$$v=\frac{Q}{\pi R^2}=\frac{521.77}{3.14\times4^2}=10.38(\mathrm{m/s})$$

角动量矩为：

$$M=lv_{t0}=(R-\frac{R-r_{a0}}{2})v_{t0}=0.5(R+r_{a0})v_{t0}=0.5\times(4+0.57\times4)\times7.27=22.83(\mathrm{m^2/s})$$

由式(3-76)计算旋流阻力系数为：

$$\lambda=0.02\exp\left[1.5\left(\frac{M}{Rv}\right)^{0.2}\right]=0.02\exp\left[1.5\times\left(\frac{22.83}{4\times10.38}\right)^{0.2}\right]=0.076$$

由式(3-59)：

$$C=\left(\frac{\lambda\pi D\sqrt{2g}}{4Q}\right)^{2/3}=\left(\frac{0.076\pi8\times\sqrt{19.62}}{4\times521.77}\right)^{2/3}=0.025\ 4$$

$$F_0=C\frac{v_0^2}{2g}=0.025\ 4\times\frac{17.01^2}{19.62}=0.374$$

$$X(F_0)=(\frac{1-F_0^{3/2}}{F_0^{3/2}})^{1/3}=(\frac{1-0.374^{1.5}}{0.374^{1.5}})^{0.333}=1.50$$

于是 5 000 年一遇洪水工况，竖井进口断面及其以下各高程的合成速度 v、竖井环形水层厚度 d 和竖井壁面压力等计算结果见表 7-3。由表 7-3 计算得出，在 5 000 年一遇洪水工况，竖井 111 m 高程处合成速度为 22.5 m/s。根据 7.3.3.2 模型试验结果，在 110 m 高程下发生环状水跃，形成水气混合体垫层，竖井断面平均速度 10.38 m/s，竖井壁面压力随其高程的降低而逐渐升高。

表 7-3　5 000 年一遇洪水工况竖井合成速度计算结果

高程(m)	Z(m)	λ	CZ	F	$I(F)$	v(m/s)	$X(F)$	α(°)	d(m)	p/γ(m)
127.7	0	0.076	0	0.374	0.414	17.01	1.50	64.67	1.72	3.04
122.7	5	0.076	0.127	0.477	0.541	19.21	1.27	68.81	1.41	2.13
117.7	10	0.076	0.254	0.564	0.668	20.88	1.11	71.56	1.24	1.65
112.7	15	0.076	0.380	0.637	0.795	22.19	0.99	73.60	1.14	1.34
107.7	20	0.076	0.507	0.698	0.921	23.23	0.89	75.21	1.07	1.11
102.7	25	0.076	0.634	0.749	1.048	24.07	0.82	76.53	1.02	0.94

7.3.4.2　200 年一遇洪水工况竖井合成速度和壁面压力计算

已知流量 $Q=360.5\ m^3/s$，竖井半径 $R=4$ m，竖井进口断面的作用水头 $Z_0=141.34-127.7=13.64$(m)，旋流空腔半径 $r_a=0.7R$。

初始合成速度 $v_0=16.37$ m/s，初始合成速度与水平夹角 $\alpha_0=49.39°$，$C=0.036\ 2$，$F_0=C\dfrac{v_0^2}{2g}=0.538$，$\lambda=0.089$。

于是竖井进口断面下各高程 200 年一遇洪水工况竖井合成速度计算结果见表 7-4。

表 7-4　200 年一遇洪水工况竖井合成速度计算结果

高程(m)	Z(m)	λ	CZ	F	$I(F)$	v(m/s)	$X(F)$	α(°)	d(m)	p/γ(m)
127.7	0	0.089	0	0.538	0.584	16.37	1.23	49.39	1.20	2.55
122.7	5	0.089	0.181	0.611	0.765	18.19	1.03	64.69	1.00	1.77
117.7	10	0.089	0.362	0.701	0.947	19.48	0.89	68.34	0.89	1.33
112.7	15	0.089	0.544	0.770	1.128	20.42	0.78	71.06	0.83	1.04
107.7	20	0.089	0.725	0.824	1.309	21.12	0.70	73.23	0.79	0.83
102.7	25	0.089	0.906	0.865	1.490	21.65	0.62	75.02	0.76	0.67
97.7	30	0.089	1.087	0.897	1.671	22.04	0.56	76.53	0.74	0.55
92.7	35	0.089	1.268	0.921	1.852	22.34	0.51	77.85	0.72	0.45

由表 7-4 计算得出，在 200 年一遇洪水工况，竖井 94 m 高程处合成速度为 22.2 m/s。根据模型试验，在 93 m 高程下发生环状水跃，形成水气混合体垫层，竖井断面平均速度 7.18 m/s，竖井壁面压力随其高程的降低而逐渐升高。

7.3.4.3　20 年一遇洪水工况竖井合成速度计算

已知流量 $Q=324.03\ m^3/s$，竖井半径 $R=4$ m，$Z_0=140.76-127.7=13.06$(m)，旋流空腔半径 $r_a=0.73R$。竖井进口断面以下各高程 20 年一遇洪水工况竖井合成速度计算结果见表 7-5。由表 7-5 计算得出，在 20 年一遇洪水工况，竖井 91 m 高程处合成速度 21.6 m/s。根据模型试验在 90 m 高程下发生环状水跃，形成水气混合体垫层，竖井断面平均速度 6.45 m/s，竖井壁面压力随其高程的降低而逐渐升高。

表 7-5　20 年一遇洪水工况竖井合成速度计算结果

高程(m)	Z(m)	λ	CZ	F	$I(F)$	v(m/s)	$X(F)$	α(°)	d(m)	p/γ(m)
127.7	0	0.092	0	0.518	0.620	16.01	1.19	59.56	1.08	2.11
122.7	5	0.092	0.198	0.638	0.818	17.76	0.99	65.12	0.90	1.45
117.7	10	0.092	0.397	0.729	1.017	18.99	0.85	68.85	0.81	1.08
112.7	15	0.092	0.595	0.797	1.215	19.86	0.74	71.62	0.76	0.84
107.7	20	0.092	0.793	0.848	1.413	20.49	0.65	73.83	0.72	0.66
102.7	25	0.092	0.991	0.887	1.612	20.95	0.58	75.65	0.70	0.53
97.7	30	0.092	1.190	0.916	1.810	21.29	0.52	77.19	0.68	0.42
92.7	35	0.092	1.388	0.937	2.008	21.53	0.47	78.53	0.67	0.34
87.7	40	0.092	1.586	0.953	2.207	21.72	0.42	79.69	0.66	0.28

7.3.4.4　5 年一遇洪水工况竖井合成速度计算

已知流量 $Q=244.5\ m^3/s$，竖井半径 $R=4$ m，$Z_0=140.05-127.7=12.35$(m)，旋流空腔半径 $r_a=0.8R$。竖井进口断面以下各高程 5 年一遇洪水工况竖井合成速度计算结果见表 7-6。由表 7-6 计算得出，在 5 年一遇洪水工况，竖井 90 m 高程处合成速度 19.4 m/s。根据模型试验，在 89 m 高程下发生环状水跃，形成水气混合体垫层，竖井断面平均速度 4.87 m/s，竖井壁面压力随其高程的降低而逐渐升高。

表 7-6　5 年一遇洪水工况竖井合成速度计算结果

高程(m)	Z(m)	λ	CZ	F	$I(F)$	v(m/s)	$X(F)$	α(°)	d(m)	p/γ(m)
127.7	0	0.101	0	0.630	0.819	15.57	1.00	62.60	0.78	1.13
122.7	5	0.101	0.255	0.745	1.074	16.93	0.82	67.77	0.68	0.78
117.7	10	0.101	0.510	0.824	1.329	17.81	0.70	71.35	0.63	0.56
112.7	15	0.101	0.765	0.880	1.584	18.40	0.60	74.08	0.59	0.42
107.7	20	0.101	1.020	0.918	1.838	18.79	0.52	76.26	0.57	0.31
102.7	25	0.101	1.275	0.944	2.093	19.06	0.45	78.06	0.56	0.24
97.7	30	0.101	1.530	0.961	2.348	19.24	0.39	79.58	0.55	0.18
92.7	35	0.101	1.784	0.974	2.603	19.36	0.34	80.89	0.55	0.14
87.7	40	0.101	2.039	0.982	2.858	19.44	0.30	82.01	0.54	0.11

图 7-31 ~ 图 7-34 为各洪水工况沿竖井进口(高程 127.7 m)下壁面压力随高程的变化关系曲线，在图中同时绘出试验的压力值(方点)以资比较，试验点是各高程 4 个测压孔压力的平均值。可以看出，计算与试验结果基本上吻合。图中水平线为竖井发生环状水跃的高程，该线上下划分为自由流区和淹没流区，即水平线的上部为带有空腔自由界面的旋流区，水平线下部为环状水跃和水气混掺的淹没流区。从图 7-31 ~ 图 7-34 中明显看出，竖井的壁面压力随其高程降低急剧减小，但是，在环状水跃以上的最小压力，除 5 年一遇洪水工况的压力为零外，其他工况均大于零。

上述计算结果说明，在 20 年一遇以上各洪水工况，靠近环状水跃上部竖井的合成速

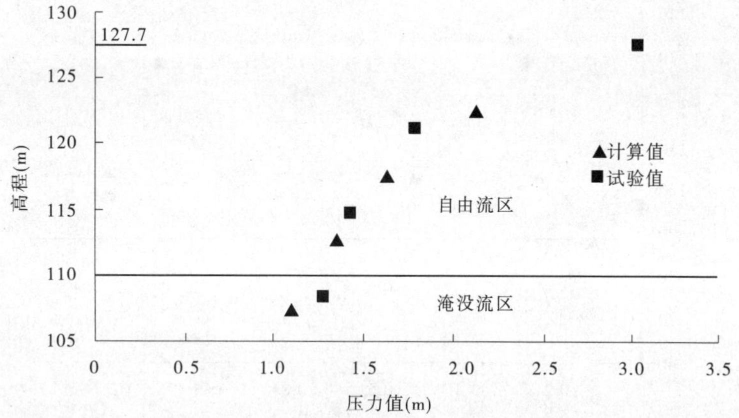

图 7-31　5 000 年一遇洪水工况沿竖井进口下壁面压力随高程的变化关系曲线

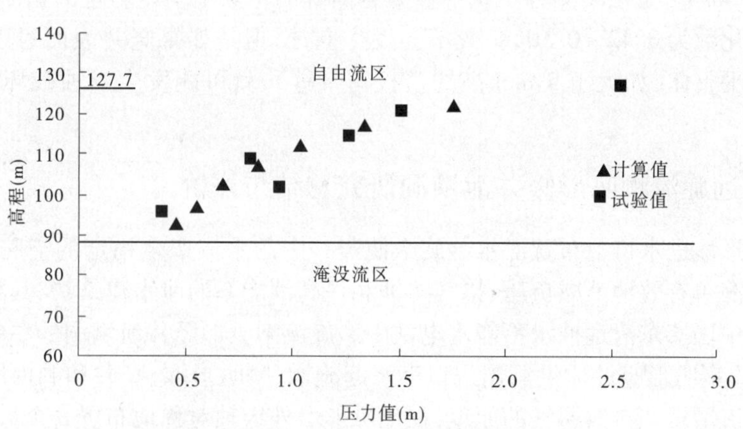

图 7-32　200 年一遇洪水工况沿竖井进口下壁面压力随高程的变化关系曲线

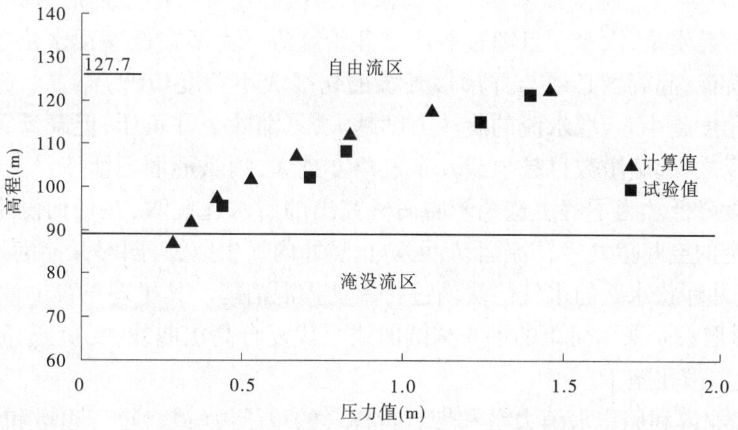

图 7-33　20 年一遇洪水工况沿竖井进口下壁面压力随高程的变化关系曲线

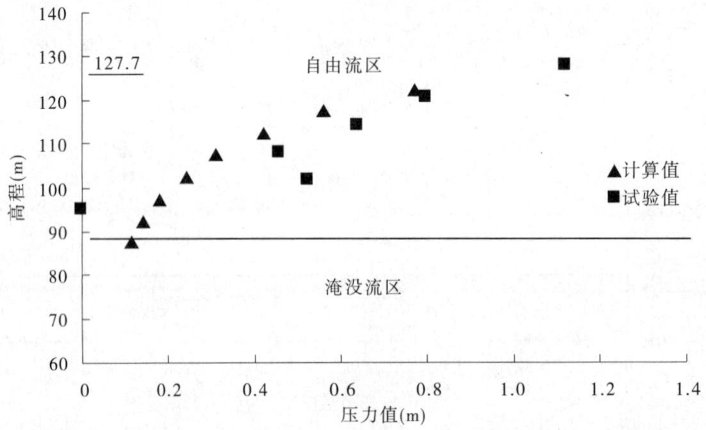

图 7-34　5 年一遇洪水工况沿竖井进口下壁面压力随高程的变化关系曲线

度均大于 20 m/s。虽然实测各工况下竖井各高程的 4 点平均压力皆为正压,并且各洪水工况泄流空化数为 0.42 ~ 0.50,一般不会发生空蚀,但是如果竖井表面衬砌残留混凝土渣或其他不平整体(如大于 5 mm 高的模板错台等),就可能发生空蚀破坏,应特别引起重视。

7.3.5　清远旋流喇叭形竖井泄洪洞研究总结与评价

在喇叭形堰进水口上布置潜水起旋墩使竖井中的水流产生稳定的空腔旋转流运动,这是一种最简单有效地消减负压、掺气防蚀和提高消能率的泄水建筑物,其相关研究成果首次应用到中国广东清远抽水蓄能水电站中。旋流喇叭形竖井泄洪洞的主要特点是:

(1)旋流喇叭形竖井泄洪洞由进口潜水起旋墩、喇叭形堰、竖井和洞内压力消能工组成。基于旋流增压和自然通气的原理,在喇叭形堰外缘轴对称地布置 8 个潜水起旋墩,在溢流堰和竖井中产生带有空腔的螺旋流,利用离心力消减负压、防止竖井空蚀;利用自掺气顶压板(或边墩和组合墩)防止出水洞内消力墩空蚀,并增加消能率。

(2)潜水起旋墩是旋流喇叭形竖井泄洪洞的核心装置。由于环形堰无闸门控制,堰顶高程即正常蓄水位,洪水一旦超过堰顶就开始溢流。为了在低堰顶水位条件下也能产生有效的螺旋流,起旋墩必须与环形堰外缘的切线成小角度(10°)布置。起旋墩数目越多或其布置角度越小,入堰水流的旋转力度越大,易消除竖井负压,但降低了喇叭形堰的泄流能力。反之,起旋墩数目越少或其布置角度越大,喇叭形堰下泄流量越大,但入堰水流的旋转力度降低。为了解决这个矛盾而研究出的潜水起旋墩,在任何洪水工况下竖井均能形成稳定的空腔掺气旋转流运动,可防止竖井内发生空蚀,同时又能满足泄流能力的要求,并在竖井环状水跃的水气垫层内进行紊动掺混消能。其机理见第 1 章 1.2 节。

(3)环形堰断面采用简单的 1/4 椭圆曲线取代复合高次曲线,无负压,同时可降低曲线断面的高度,简化施工。

(4)出水洞内利用集水消力墩和带有自掺气的顶压板(或自掺气边墩和组合墩)构成压力消能工。在任何洪水工况下,在水垫塘内产生旋滚流进行剪切消能;自掺气顶压板(自掺气消力墩)后的负压涡消失,其下游洞内可形成比较平稳的明流流态。虽然顶压板用在本工程不一定很合适，但是自掺气顶压板消除负压的研究成功，证明了其他类型自掺气消力墩也是可行的。

本研究存在的主要问题是，在出水洞断面面积较小和5 000年一遇洪水工况下，如何既能解决洞内裕幅问题又能使消能率提高到80%。现在看来，如果根据消力墩自掺气消除墩（坎）后负压的理念，在出水洞的进口前段浇注自掺气组合墩代替原集水墩（见第1章图1-24(c)），再在其下游设置自掺气边墩（见图1-24(b)），取消顶压板，使竖井环状水跃的淹没层降低，在不减少洞内裕幅的情况下，在5 000年一遇洪水工况下消能率可能提高到80%。但是，受出水洞内水深的限制，同时消能率的增高也受到限制，消能率不可能再提高很多，因此洞内流速不会降低很多，再考虑到出口河床地形情况，所有这一切都表明，原消力池设计是合理的。

旋流喇叭形竖井泄洪洞在我国广东省清远抽水蓄能电站首次应用，同时也是世界上首次的研究成果，完全打破了传统的防涡和防蚀的观念及外加消涡和减蚀工程设施，变涡害为涡利。在喇叭形外缘对称地布置潜水起旋墩，既能在竖井内产生稳定的带有空腔通气的螺旋流，自然防蚀、掺气和消能，又能满足最大设计下泄流量的要求。研究的新成果不仅在技术上是可行的，提高了运行的可靠性，而且在经济上也是合理的，减少了工程投资。

第 8 章　国外旋流泄洪洞研究现状及其修建情况

旋流式泄水道最早修建于意大利,其后法国和加拿大也相继建成了类似的泄水工程。这些工程基本上用于城市排水,其泄流量和水头都比较小,没有在大型水电工程中应用。但是,在 20 世纪 60 年代初,穆欣纳等苏联学者曾预言,旋流消能泄洪洞作为高水头泄水建筑物,将会有广泛的发展前景。直到 21 世纪初,中国才首次在四川沙牌水电站建成了适用于大中型水利水电工程的旋流竖井泄洪洞。2006 年,中国公伯峡和印度特里两座大型水电站相继建成了竖井 - 旋流泄洪洞。特别是 2010 年广东清远旋流喇叭形竖井泄洪洞的修建,使泄水建筑物正式开始朝向旋流泄洪洞的方向发展。有关中国的旋流泄洪洞的研究和应用情况已在第 7 章介绍过,本章主要介绍国外旋流泄洪洞的研究和发展状况。

国外这类泄水工程也可大体上划分为旋流竖井泄洪洞和竖井 - 旋流泄洪洞两大类,下面分别介绍。

8.1　旋流竖井泄洪洞

首先,旋流泄洪洞根据工程规模大小分为两类,命名略有差异:一类是指用于水电站大中型泄洪洞,称之为旋流竖井泄洪洞;另一类是指用于小型排水工程,称之为旋流竖井泄水道。

旋流竖井泄洪洞最关键的部位是涡室,它是连接引水道与竖井的中枢结构,也是旋流产生的关键部位。国外最早研究的旋流竖井式泄水建筑物,其引水道与竖井连接的涡室有三种体型,第一种是螺旋形(Spirai - shaped)涡室,它类似于水轮机蜗壳(无导流板),研究人有 C. Drioli(1947)[1]、D. Jeanpierre(1966)[2]等,C. M. Слисский(1979)[3]完成了总结性研究工作;第二种是带有内圆弧导墙的涡室,主要研究人为 W. H. Hager(1990);第三种是切线形(Tangential)涡室[17],研究人为 S. C. Jain(1984)[16]。

这里首先介绍国外研究成果在工程中的应用情况,然后介绍各种涡室结构的设计和特点。为了便于应用,本章里给予简化和改进。下面简单介绍已建成的旋流竖井泄水道工程。

从 20 世纪 40 年代后期到 20 世纪 70 年代,有许多人研究螺旋形旋流竖井泄水道,在意大利就建成了 20 多座此种型式泄水道工程,表 8-1 列出意大利几座采用螺旋形涡室的竖井泄水道工程特征尺寸,其中还包括我国四川草坡泄水道工程。表 8-1 中 Narni 旋流竖井泄水道最大泄量达 180 m^3/s,落差 142 m,竖井直径 6 m。Grotto Companre 旋流竖井泄水道(见图 8-1),泄量 100 m^3/s,落差约 45 m,竖井直径 4.5 m。这些泄水道的涡室和竖井的尺寸都比较大，绝大部分用在城市排水和排污工程上。

表 8-1　已建成螺旋涡室的竖井泄水道

工程名称	Q (m^3/s)	b (m)	h (m)	D (m)	Δ (m)	Fr
Santa Maria	21.6	3.00	3.50	2.60	3.45	0.35
Monte Argento	165.0	5.50	7.86	5.50	6.05	0.41
Grotto Companre	100.0	5.25	7.23	4.50	5.63	0.31
Montemaggior	40.0	3.90	4.68	3.26	4.28	0.32
Narni	180.0	7.20	7.60	6.00	7.65	0.38
Curbans	140.0	7.30	6.02	7.30	9.26	0.41
中国四川草坡水电站	9.6	2.60	2.40	1.80	2.4	0.32

注：Q 为最大泄量，b 为引水道宽度，h 为水道水深，D 为竖井直径，Δ 为水道与竖井轴间距，Fr 为水道弗劳德数。

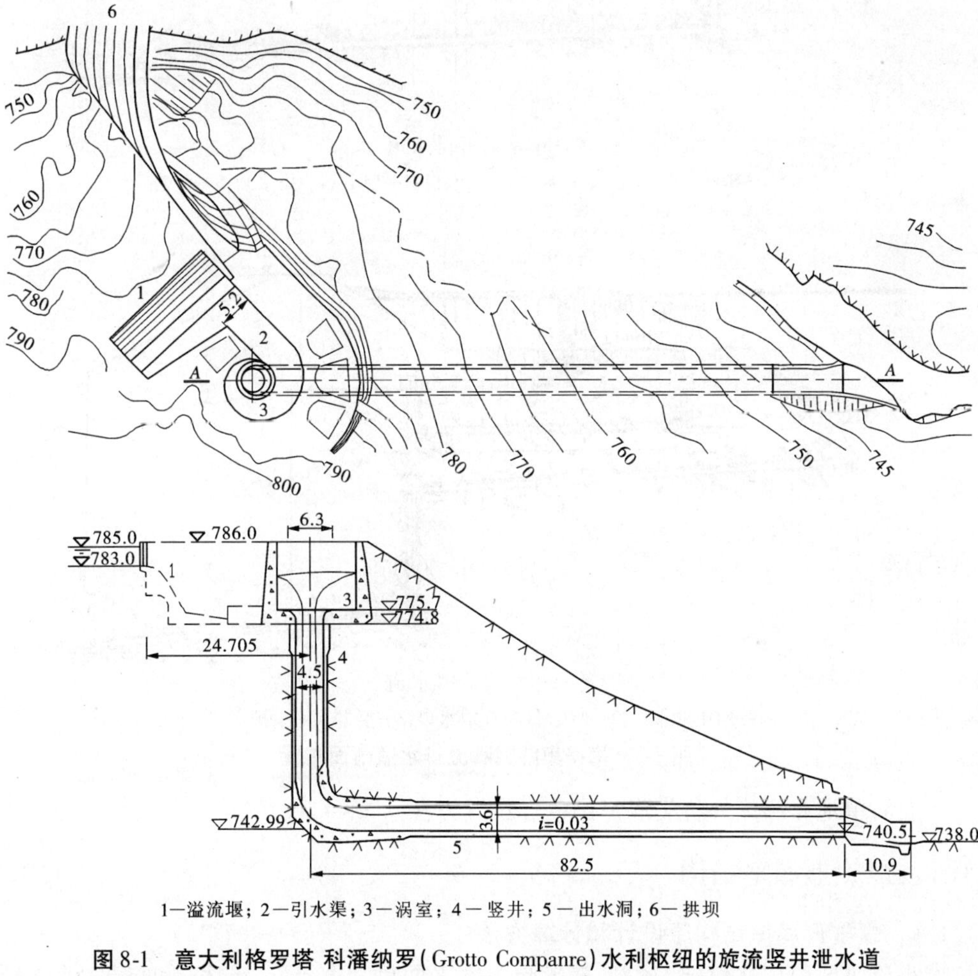

1—溢流堰；2—引水渠；3—涡室；4—竖井；5—出水洞；6—拱坝

图 8-1　意大利格罗塔 科潘纳罗(Grotto Companre)水利枢纽的旋流竖井泄水道

我国四川省阿坝州草坡水电站的小型泄水道就是按照斯里斯基（Слисский）著作[3]中的方法设计的，该工程于1987年11月建成投产运行，其泄量9.6 m^3/s，竖井深度54 m，直径1.8 m。工程建成后宣泄过大小流量洪水数十次。在1993年停水检查时，未发现空蚀、冲坏和开裂现象，竖井混凝土表面仍保持光滑。这表明，旋流竖井泄水道对防止空蚀和冲刷是非常有利的。

20世纪70年代后期，苏联在梅得奥（Медео）地区修建了正常运行和事故检修用的两条旋流竖井排水道，用以防止尾矿坝泥石流。其竖井和出水洞直径约4.4 m，最高水库水位1 890 m，总落差约134 m。两座竖井分别连接两条和三条设置有多层取水口的引水道，如图8-2所示。

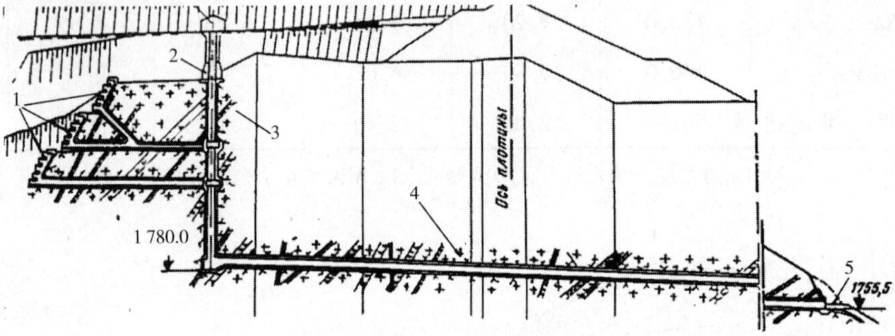

（a）正常运行排水道

1—NO1、NO2 和 NO3 取水口；2—NO4 取水口；3—竖井；4—排水洞；5—陡槽

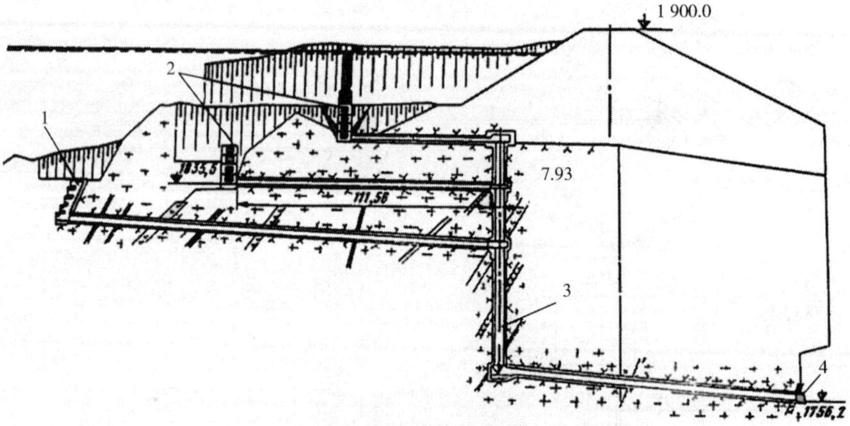

（b）事故检修排水道

1—NO1 取水口；2—NO2 和 NO3 取水口；3—竖井；4—主排水洞

图8-2　梅得奥防泥石流排水道剖面布置

下面简单地介绍国外各类涡室结构和设计方法。

8.1.1　螺旋形涡室结构

8.1.1.1　螺旋形涡室结构原设计和计算方法

本小节主要引用文献[3]资料，螺旋形涡室平面尺寸由 r_1、r_2、r_3 和 r_4 四种大小不同半径的圆弧构成(见图 8-3)。

图 8-3(a)涡室底部是水平的,涡室出口与竖井直接连接不设收缩段,连接段的周边采用半径 $\delta=(0.1\sim0.2)R$ 的小圆弧修圆;图 8-3(b)涡室底部采用收缩段同竖井连接(施工比较困难)。涡室中这些半径都是由引水道宽度 B、引水道与竖井的轴间距 Δ 和分流墩宽度 s 确定的,它们的关系如下:

$$\left.\begin{aligned} e &= \frac{B+s}{7} \\ r_1 &= \Delta + e - 0.5B - s \\ r_2 &= r_1 + e = \Delta + 2e - 0.5B - s \\ r_3 &= r_2 + 2e = \Delta + 4e - 0.5B - s \\ r_4 &= r_3 + 2e = \Delta + 6e - 0.5B - s \end{aligned}\right\} \tag{8-1}$$

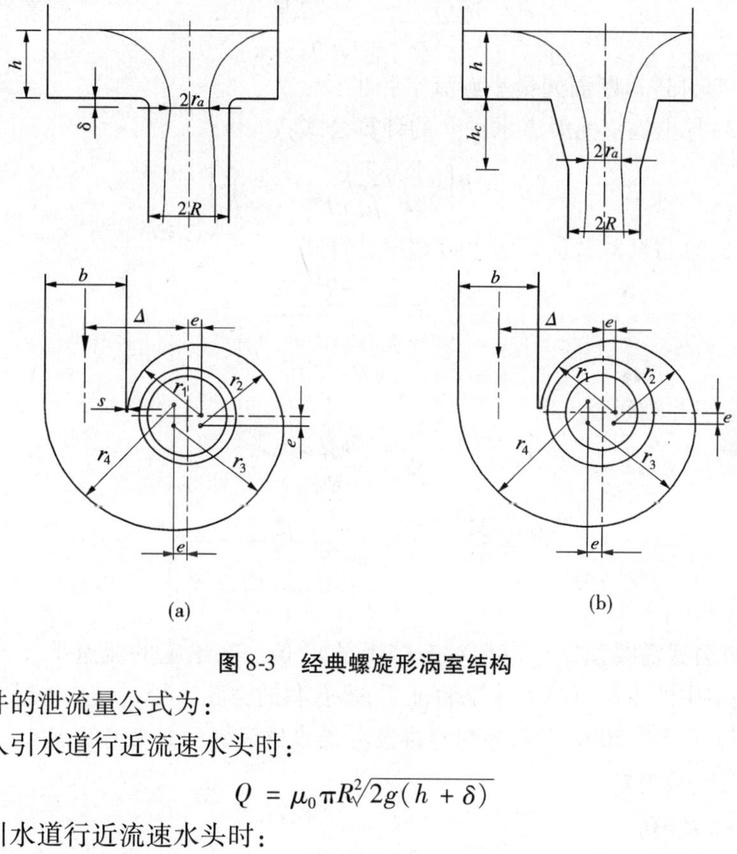

图 8-3　经典螺旋形涡室结构

旋流竖井的泄流量公式为:

当不计入引水道行近流速水头时:

$$Q = \mu_0 \pi R^2 \sqrt{2g(h+\delta)} \tag{8-2}$$

当计入引水道行近流速水头时:

$$Q = \mu \pi R^2 \sqrt{2g(h+\delta) + v_0^{\ 2}} \tag{8-3}$$

式中　μ_0、μ——不计入和计入流速 v_0 的流量系数;

R——竖井半径;

h——引水道水深。

流量系数 μ_0 和 μ 由化引流量 Q' 确定。化引流量 Q' 定义为:模型竖井半径为 1 dm,且

具有几何相似的涡室泄流量。若原型竖井直径为 R(dm),则长度比尺:

$$L_r = R/l = R'$$

按重力相似律流量比尺 $Q_r = \frac{Q}{Q'} = L_r^{5/2} = R'^{5/2}$,则:

$$L_r = R' = (\frac{Q}{Q'})^{2/5} \tag{8-4}$$

文献[3]对6个已建的旋流竖井泄水道试验资料分析整理,给出涡室流量系数与化引流量的关系曲线,从而得出流量系数 μ_0 与化引流量 Q' 的经验公式:

$$\mu_0 = 0.079\sqrt{Q' - 2}$$

$$\mu = 0.077\sqrt{Q' - 2}$$

$$Q' = 100(0.9 - r^*)$$

$$R = 0.1R' = 0.1(\frac{Q}{Q'})^{2/5} \tag{8-5}$$

$$r^* = r_a/R$$

式中 r_a——竖井进口断面处最小旋流空腔半径。

由式(8-2)导出涡室前渠道水深 h 的计算公式:

$$h = R\left[\frac{1}{2gR}(\frac{Q}{\mu_0 \pi R^2})^2 - \frac{\delta}{R}\right] \tag{8-6}$$

联立式(8-2)、式(8-3)求解引水道宽度计算式:

$$B = \frac{\pi R^2}{h\sqrt{\frac{1}{\mu^2} - \frac{1}{\mu_0^2}}} \tag{8-7}$$

引水道与竖井轴间距:

$$\Delta = \frac{hB}{\pi R \psi} \tag{8-8}$$

$$\psi = \frac{31 - r^{*2}}{21 - r^{*3}} \frac{\mu}{\sqrt{1 - \frac{\mu_0^2}{(1 - r^{*2})^2}}} \tag{8-9}$$

上述计算公式需要预先知道相对空腔半径 r^* 值。在给定的流量下,r^* 越小,竖井直径越小,而涡室中的水深就越大。试验证明,最有利的空腔半径 $r^* = 0.4R$。

【例】 泄流量为 500 m^3/s,确定旋流竖井泄水道涡室和竖井断面尺寸。

1. 竖井尺寸的确定

取 $r^* = r_a/R = 0.4$

化引流量为:

$$Q' = 100(0.9 - r^*) = 100 \times (0.9 - 0.4) = 50(L/s)$$

流量系数为:

$$\mu_0 = 0.079\sqrt{Q' - 2} = 0.079 \times \sqrt{50 - 2} = 0.547\ 3$$

$$\mu = 0.077\sqrt{Q' - 2} = 0.077 \times \sqrt{50 - 2} = 0.533\ 5$$

由式(8-5)可知,竖井半径为:

$$R = 0.1(\frac{Q}{Q'})^{2/5} = 0.1 \times (\frac{500 \times 1\,000}{50})^{0.4} = 3.98(\mathrm{m})$$

2. 引水道水深和宽度确定

取 $\delta = 0.2R$,按式(8-6)计算引水道水深为:

$$h = R\left[\frac{1}{2gR}(\frac{Q}{\mu_0 \pi R^2})^2 - \frac{\delta}{R}\right]$$

$$= 3.98 \times \left[\frac{1}{19.62 \times 3.98} \times \left(\frac{500}{0.547\,3 \times 3.14 \times 3.98^2}\right)^2 - 0.2\right] = 17.2(\mathrm{m})$$ [1]

由式(8-7)计算涡室进口宽度(即引水道宽度)为:

$$B = \frac{\pi R^2}{h\sqrt{\frac{1}{\mu^2} - \frac{1}{\mu_0^2}}} = \frac{3.14 \times 3.98^2}{17.2 \times \sqrt{\frac{1}{0.533\,5^2} - \frac{1}{0.547\,3^2}}} = 6.91 \approx 7(\mathrm{m})$$

3. 竖井与引水道轴间距 Δ 的确定

首先按式(8-9)计算 ψ:

$$\psi = \frac{31 - r^{*2}}{21 - r^{*3}} \frac{\mu}{\sqrt{1 - \frac{\mu_0^2}{(1 - r^{*2})^2}}} = \frac{31 - 0.4^2}{21 - 0.4^3} \frac{0.533\,5}{\sqrt{1 - \frac{0.547\,3^2}{(1 - 0.4^2)^2}}} = 0.946\,6$$

于是由式(8-8)可计算引水道与竖井之间的轴间距:

$$\Delta = \frac{hB}{\pi R \psi} = \frac{17.2 \times 7}{3.14 \times 3.98 \times 0.946\,6} = 10.18(\mathrm{m}),取\ \Delta = 10.4\ \mathrm{m}。$$

4. 涡室断面尺寸的确定

当分流墩宽度取时 $s = 0$ 时,按式(8-1)计算涡室复合圆弧圆心点位置及其相应半径:

$$e = \frac{B}{7} = \frac{7}{7} = 1(\mathrm{m})$$

$$r_1 = \Delta + e - 0.5B = 10.4 + 1 - 0.5 \times 7 = 7.9(\mathrm{m})$$

$$r_2 = r_1 + e = \Delta + 2e - 0.5B = 10.4 + 2 \times 1 - 0.5 \times 7 = 8.9(\mathrm{m})$$

$$r_3 = r_2 + 2e = \Delta + 4e - 0.5B = 10.4 + 4 \times 1 - 0.5 \times 7 = 11.9(\mathrm{m})$$

$$r_4 = r_3 + 2e = \Delta + 6e - 0.5B = 10.4 + 6 \times 1 - 0.5 \times 7 = 13.9(\mathrm{m})$$

根据上述计算结果便可绘制出经典的螺旋形涡室与竖井的结构图,见图 8-4(a)。

8.1.1.2 螺旋形涡室简易设计方法

我们采用简易的方法计算螺旋形涡室尺寸也能获得满意的结果,计算步骤如下:

首先按第 1 章式(1-12)计算竖井直径:

$$D = (\frac{Q^2}{g})^{0.2} = (\frac{500^2}{9.81})^{0.2} = 7.6(\mathrm{m})$$

取 $D = 7.8$ m,$R = 3.9$ m。

其次确定引水道宽度 B。若 B 值选大了,会使 e 和 Δ 值都增大,导致涡室尺寸增大;

---

[1] 原书(参考文献[3])$h = 17.2$ m 应是 16.4 m,以下均未改动,保持原书计算结果。

若 B 值选小了，将使水深抬高。根据表 8-1 几个工程资料统计分析结果：$D \leqslant B \leqslant 1.2D$，取 $B = D = 7.8$ m。

引水道水深度 h，可根据流量 Q、引水道宽度 B 及引水道的最大允许流速来确定，同时应使涡室内不会产生明显的壅水现象。假设引水道内水流断面平均流速 $v = 5$ m/s，则渠道水深为：

$$h = Q/(Bv) = 500/(7.8 \times 5) = 12.8(\mathrm{m})$$

按式(8-6)计算结果：$h = 17.2$ m，太深。

再根据表 8-1 资料进行统计分析结果，竖井与引水道的轴间距为：

$$\Delta \approx 1.3D = 1.3 \times 7.8 \approx 10(\mathrm{m})$$

于是由式(8-1)，取 $s = 0$ 时，涡室断面尺寸为：

$$e = B/7 = 7.8/7 = 1.11(\mathrm{m})$$

$$r_1 = \Delta + e - 0.5B = 10 + 1.11 - 0.5 \times 7.8 = 7.21(\mathrm{m})$$

$$r_2 = \Delta + 2e - 0.5B = 10 + 2 \times 1.11 - 0.5 \times 7.8 = 8.32(\mathrm{m})$$

$$r_3 = \Delta + 4e - 0.5B = 10 + 4 \times 1.11 - 0.5 \times 7.8 = 10.54(\mathrm{m})$$

$$r_4 = \Delta + 6e - 0.5B = 10 + 6 \times 1.11 - 0.5 \times 7.8 = 12.76(\mathrm{m})$$

根据简易法计算的涡室半径 $r_1 \sim r_4$ 和 e 值绘制的涡室与竖井结构，见图 8-4(b)。

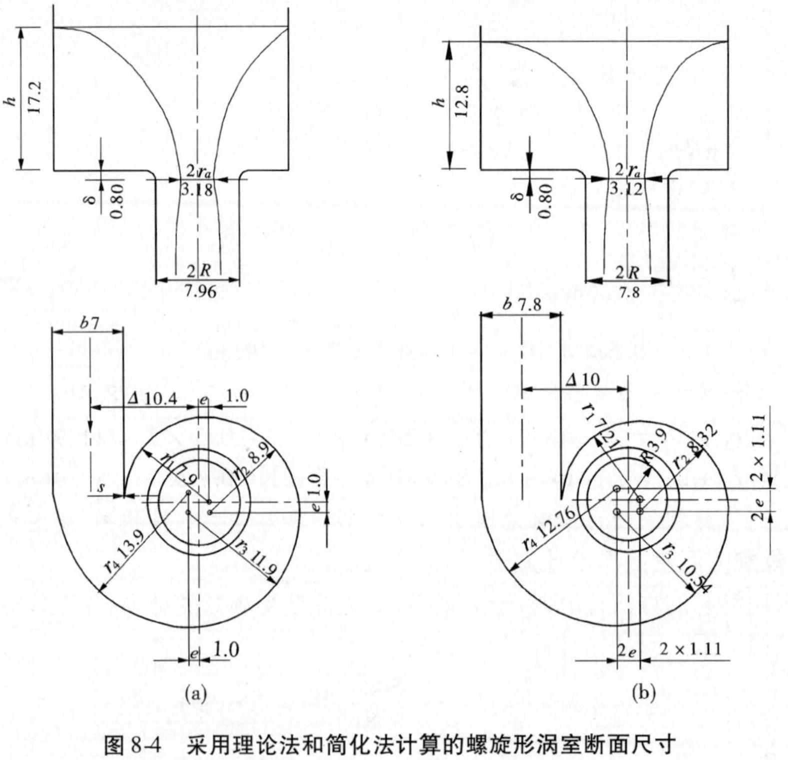

图 8-4　采用理论法和简化法计算的螺旋形涡室断面尺寸

当涡室采用收缩段同竖井相连接时，可取收缩连接段长度等于竖井直径。因作用在竖井进口上的水头增加，这时竖井直径为：

$$D = \left(\frac{Q^2}{g}\right)^{0.2} = \left(\frac{500^2}{9.81}\right)^{0.2} = 7.608(\mathrm{m})$$

取 $D=7.6\ \mathrm{m}$，$R=3.8\ \mathrm{m}$。

螺旋形涡室整体尺寸大，结构复杂，另外涡室前的行近水流应皆限制在缓流（$Fr<1$）流态，否则壅水高，影响其泄流能力。因此，螺旋形旋流竖井泄水道仅适用于小型泄水工程。

图 8-4(b) 虽然简化了计算，但是涡室结构依然复杂，需要确定 4 个圆弧中心点和相应的 4 个圆弧半径，且总体尺寸较大，难以在大型水电工程的泄水建筑物上应用。

8.1.2 带有圆弧内导流墙的涡室

8.1.2.1 带有圆弧内导流墙的涡室体型原设计

Hager 认为经典的螺旋形涡室不能适应于引水道为急流的情况，他在 20 世纪 90 年代前后提出了带有内导流墙的涡室。

涡室断面结构是：将引水道末端一侧边墙从 A 点起连接半径为 R_3 和 R_4 的圆弧导墙向涡室内延伸，导墙延伸的弧长等于 $R\theta$（R 为竖井半径，$\theta=225°$ 为延伸角度）；另一侧边壁连接 R_1 和 R_2 圆弧又回到 A 点，见图 8-5。涡室外壁和内壁的圆弧半径分别为：

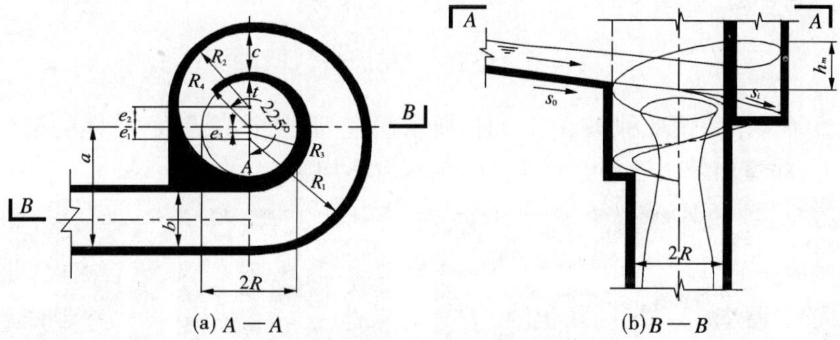

图 8-5 Hager 改进的螺旋形涡室

$$\left.\begin{aligned} R_1 &= \frac{1}{2}(a+R+t+c) \\ R_2 &= \frac{1}{2}(2R+t+c) \\ R_3 &= \frac{1}{2}(a+R+t-B) \\ R_4 &= R+t \end{aligned}\right\} \tag{8-10}$$

式中 R——竖井半径；

a——竖井轴心到水道外壁的距离；

t——导墙厚度；

c—— 在与引水道轴线垂直的涡室轴线上的导流槽宽度。

各圆弧的圆心位置是：

$$\left.\begin{aligned} e_1 &= a-R \\ e_2 &= R+t+c-R_2 \\ e_3 &= a-B-R_3 \end{aligned}\right\} \tag{8-11}$$

引水道的底坡 s_0 限制在 30%，而涡室导流槽底坡 $5\% \leqslant s_i \leqslant 30\%$，且必须大于 s_0，径向坡度 $s_r = 0$。

Hager 对此种涡室体型进行了试验，试验是在急流条件下进行的，弗劳德数控制在 $1.5 \leqslant Fr \leqslant 10$（$Fr = Q/\sqrt{gB^2h^3}$，$Q$ 为最大设计流量，B 和 h 为涡室进口水道宽度和水深）。竖井直径：$D = 2R = 2 \times 75 = 150$（mm），引水道宽度分别取：$B = 60$ mm 和 200 mm，对涡室几何结构 20 个方案进行了研究。研究结果给出泄流量与竖井直径的关系式为：

$$Q = \left[g\left(\frac{D}{\eta}\right)^5 \right]^{1/2} \tag{8-12}$$

实际上由式(8-12)改成竖井直径为：

$$D = \eta\left(\frac{Q^2}{g}\right)^{1/2} \tag{8-13}$$

式中：$\eta = 1.25$ 为安全系数，以防止竖井形成有压流，发生壅水现象，影响泄流量。

试验表明，由于旋流的离心力作用，在涡室导流槽的外墙处，壅水水位随引水道弗劳德数增加急剧升高(见图 8-6)。最大相对超高水深为：

$$\frac{h_m}{R_1} = (1.1 + 0.15Fr)\left[(2Bh^2R_1^{-3})^{1/2}Fr - 0.5s_i\right] \tag{8-14}$$

在急流条件下采用此种涡室结构时，要求涡室高、竖井直径大，总体的结构尺寸仍然较大。另外，涡室内外两道导流墙承受的水压力不均匀。

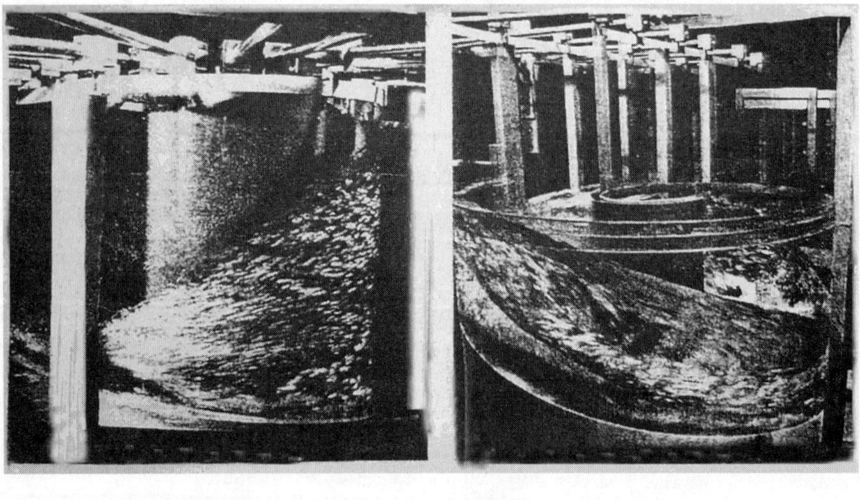

(a) $Fr = 5.72$　　(b) $Fr = 1.81$

图 8-6　沿外墙壅水照片

8.1.2.2　对圆弧导流墙涡室结构设计的改进

我们将图 8-5 中的圆弧内导墙去掉，用两个半径圆弧构成的涡室可以避免上述许多缺点，为了使水流能沿着圆弧涡室进入竖井，在涡室进口前浇注折流坎。这种设计在第 1 章已经介绍过，即在距离竖井断面中心点 e 处定一个圆心点，以这两个点为圆心，采用不同的半径画出两个圆弧连接起来，便是经济适用的涡室断面体型。

其设计程序是，先根据最大设计流量计算竖井直径 D 值，$R = D/2$，然后按下式计算涡室断面各部分尺寸：

$$\left.\begin{aligned}\Delta &= R\\ e &= 0.25B\\ R_2 &= \Delta + B/2\\ R_1 &= R_2 - e\\ \overline{ab} &= R_2\end{aligned}\right\}\tag{8-15}$$

式中 R——竖井半径；

Δ——竖井与渠道轴间距；

e——竖井轴心与涡室小半径圆心的间距；

r_1——涡室的小圆弧半径；

r_2——以竖井轴为圆心的涡室大半径，见图 8-7(a)。

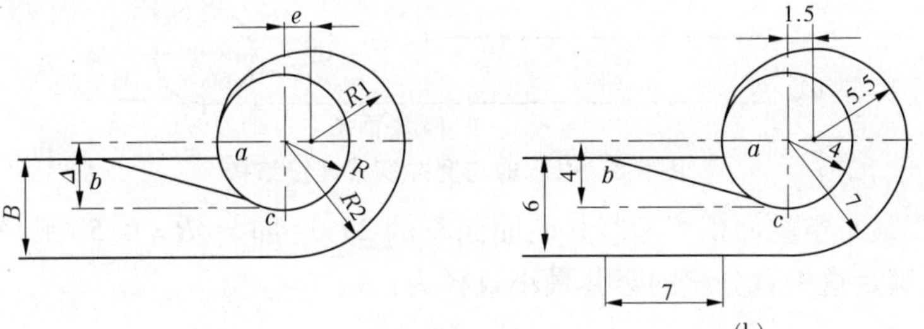

(a) (b)

图 8-7 对经典螺旋形涡室的改进

现在假设最大设计流量 530 m^3/s，按引水渠道弗劳德数控制在 $Fr \leqslant 2$ 进行竖井和涡室设计。首先按第 1 章式(1-12)计算竖井直径为 $D = 8$ m，半径 $R = 4$ m。

假设渠道宽度为：$B = 6$ m

水深为：$h = \left(\dfrac{Q}{FrB}\right)^{2/3} = \left(\dfrac{530}{2\times 6}\right)^{0.667} = 12.49(\text{m})$

引水道与竖井的轴间距为：$\Delta = R = 4$ m

半径 R_1 圆心位置为：

$$e = 0.25B = 0.25\times 6 = 1.5(\text{m})$$

涡室圆弧半径为：

$$R_2 = \Delta + B/2 = 4 + 6/2 = 7(\text{m})$$

$$R_1 = R_2 - e = 7 - 1.5 = 5.5(\text{m})$$

折流坎边长为：

$$\overline{ab} = R_2 = 7\ \text{m}$$

根据上述计算成果绘出改进后的螺旋形涡室结构见图 8-7(b)。图中 abc 为折流坎，由于渠道水深 12 m 多，a 点应垫高一些，令 $a = 0.5D = 4$ m，使主流向 c 点方向流动进入涡室，同时可消除 ac 段跌坎的负压。改进后的涡室不管引水道是缓流还是急流都适用。但是，为了避免产生壅水现象，限定引水渠道的弗劳德数 $Fr \leqslant 2$。

8.1.3　引水道与竖井直线连接的泄水道

杰恩(Jain)为了彻底简化结构,将引水道末段逐渐收缩,直接同竖井切线连接(见图 8-8),我们称此种连接的竖井为涡井。

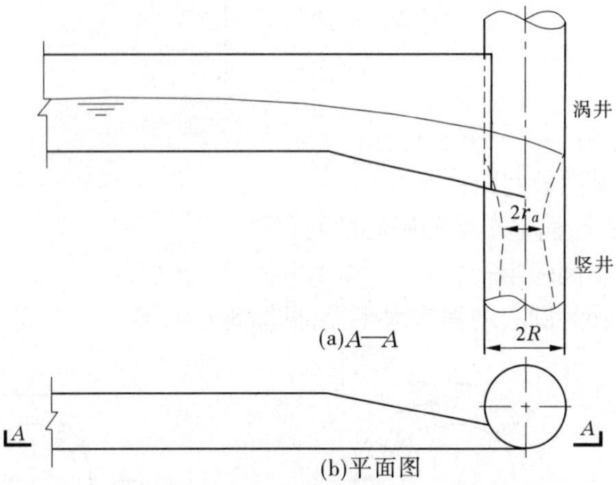

图 8-8　引水道与竖井切线连接结构

杰恩采用最小空腔面积等于竖井断面面积的 25%(即 $r_a/R=0.5$)来确定竖井尺寸,经试验研究,满足这一百分比的竖井最小直径为:

$$D=\left(\frac{Q_{\max}^2}{g}\right)^{0.2} \tag{8-16}$$

这里给出的相对空腔半径 r_a/R 值与基里斯基书中给出的值相比有些差异,这可能是涡室结构不同造成的。其计算竖井直径公式的表达形式与式(8-13)相同,但常系数 $\eta=1$。杰恩给出的计算竖井直径公式适于涡井上游行近水流为缓流($Fr<1$)条件。当行近水流为急流时,涡井进口上游将会出现水跃。由于急流的旋流惯性矩增大,相对空腔直径随着增加,因此竖井直径要大一些,即在急流导出的计算竖井公式前应乘以大于 1 的系数。

1994 年对四川沙牌旋流竖井泄洪洞的试验研究过程中,曾采用引水道直接同竖井切线连接的结构进行了模型试验。工程基本资料是,进水口为短压力进水口,坎上水头 20 m,弧形闸门尺寸:宽 3.5 m、高 5 m、过流面积 $A=17.5\ \mathrm{m}^2$,最大试验泄流量 $Q_m=257\ \mathrm{m}^3/\mathrm{s}$。起初在选型方案试验中,引水道底板用抛物线衔接 1∶1.6 陡坡,平面上引水道直接同竖井切线连接。竖井直径 $D=6.48$ m,涡井段高度 21 m。引水道行近流是急流,弗劳德数 $Fr=2.1$。

试验结果:在螺旋流的阻水作用下,涡井进口处出现较大的水跃,跃高封顶,跃前断面(即跃头)向引水道上游移动,见图 8-9(a)。跃头前后摆动做不稳定运动。如果水库水位略有抬高,水跃就会移动到进水口弧形闸门处,在引水道中形成满流,严重影响泄洪洞的泄流能力。

后来保持竖井结构尺寸、水位和流量不变,在引水道来流与旋转流交汇前的涡井内设置垂直导流坎,减小两股水流的交汇角度,试验结果显示:流态发生有利的变化。这时产生稳定的水跃,跃高降低,跃长缩短,水跃未封顶,距涡井顶部尚有 6 m 的空间,见图 8-9(b)。

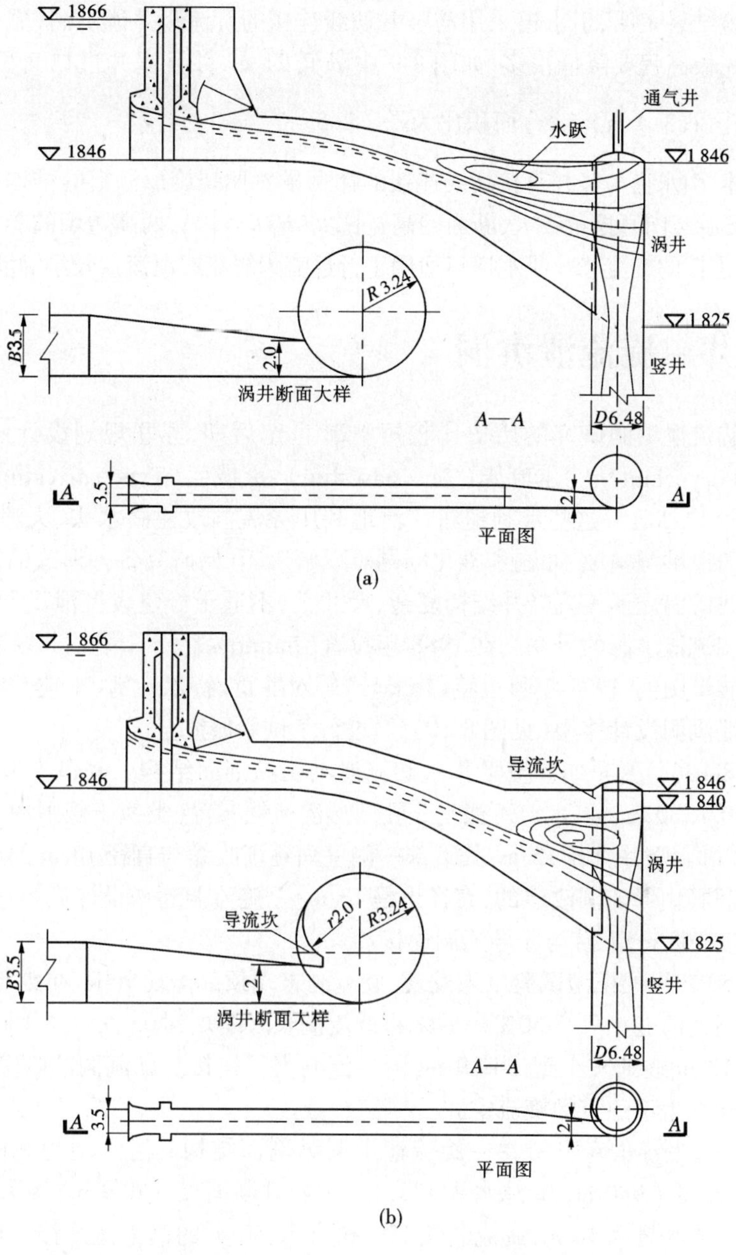

图 8-9　引水道与竖井切线连接的涡井试验流态　(单位:m)

按式(8-16)计算,竖井直径只需要:

$$D = \left(\frac{Q_{\max}^2}{g}\right)^{0.2} = \left(\frac{257^2}{9.81}\right)^{0.2} = 5.83(\mathrm{m})$$

但是,从上述试验结果可看出,竖井直径若取 5.83 m,水跃将移至上游进水口处,引水道变成有压流,即便涡井设置导流坎,也难以保证水跃不封顶。在实际的模型试验中,模型竖井直径为 6.48 m,同时在涡井内设导流坎,才避免水跃封顶。这就是说,要按式(8-16)直接计算竖井直径时应乘以 1.05 的系数,方能满足设计下泄流量的要求。

上述试验结果表明，引水道采用与竖井切线连接的旋流竖井泄洪洞，要求引水道与竖井连接处的底板高程要降低很多，如图 8-9 中降低 21 m，并且涡井进口面积（$\omega=42\ m^2$）与弧形门处孔口（3.4 m×5 m）面积比为$\frac{\omega}{A}=2.5$。

综上所述，引水道与竖井直接切线连接的体型虽然比螺旋形涡室的结构简单、尺寸小，但是引水道下游竖向开挖量较大，断面的高宽比大（$H/B\approx10$），两高边墙的受力条件差。因此，直接切线连接的旋流竖井泄水道只适用于行近流为缓流或泄流量较小的泄水工程。

8.2 竖井－旋流泄洪洞

竖井－旋流泄洪洞研究的历史比较短。20 世纪后期，苏联规划设计一些大型水电站，如罗贡（Рогунский）、特尔麻姆（Телъмамский）、土坡兰（Туполантский）和印度特里（Tehri）大型水电站等。这些水利枢纽广泛地利用导流洞改建高水头、大泄量的泄洪洞。考虑到传统的泄洪洞空蚀、冲刷和雾化问题难以解决，开始研究各种形式的旋流泄洪洞。

由于经典的涡壳形旋流竖井结构复杂、尺寸大，不适于修建大型泄洪洞，就把目标转向到竖井－旋流泄洪洞的研究。在 1988 年拉普（Лаппо）等[31]介绍了苏联研究的竖井－旋流泄洪洞雏形图例，1995 年嘎兰特（Галант）等对罗贡、特尔麻姆、土坡兰和印度特里的竖井－旋流泄洪洞设计体型（见图 8-10）[32]进行了试验研究。

其中图 8-10（a）为早期罗贡竖井－旋流泄洪洞纵剖面结构。其最大泄流量为 1 980 m^3/s，总水头约 130 m。进水口可能是 3 孔扇形溢流堰布置（类似于俄国的切阿娃科竖井溢洪道进水口）。竖井直径 13 m，其下部一侧壁面逐渐收缩与直径 13 m 的起旋室相切连接，再接旋流洞（由导流洞改建的，直径也是 13 m）。旋流洞起初设计成等直径旋流洞，距竖井盲端长度 168 m，下游与原导流洞连接。

通过 1∶50 比尺的模型试验结果发现，旋流洞末端顶部出现负压，在距竖井 $15D=195$ m 长的出水洞处消能率只有 60%。后来将旋流洞长度缩短到 63.5 m，同时将旋流洞段的直径由进口 13 m 逐渐减小到出口 9 m，同导流洞突扩连接。旋流洞的收缩断面太小，在旋流洞内可能发生不稳定的旋流空腔。

图 8-10（b）为特尔麻姆斜井－旋流泄洪洞纵剖面结构。泄洪洞的规模同罗贡的相当，最大下泄流量 1 980 m^3/s，总水头 132.1 m。斜井断面尺寸宽 9 m、高 9.5 m。起旋室与旋流洞断面直径皆为 10 m，旋流洞长 120 m，与长 50 m 的消力池连接。该文章未介绍特尔麻姆旋流泄洪洞的试验研究成果，但从旋流洞直径来看太小，也可能发生不稳定的旋流空腔。

上述两条泄洪洞，竖（斜）井都是采用直线与旋流洞偏心相切连接的，没有采用圆弧或椭圆曲线连接，有可能产生壅水现象，影响泄流能力，同时在旋流洞进口边缘也可能出现较大的负压。这些问题都被忽略了，因此还存在着许多隐患。到目前为止，尚没有见到俄国建成上述旋流泄洪洞的工程报道。

图 8-11 是印度特里水电站的竖井－旋流泄洪洞的设计方案之一。进水口是喇叭形溢流堰，堰上水头 5 m，竖井、起旋室和旋流洞直径都是 12 m。从竖井轴线起旋流洞长 71

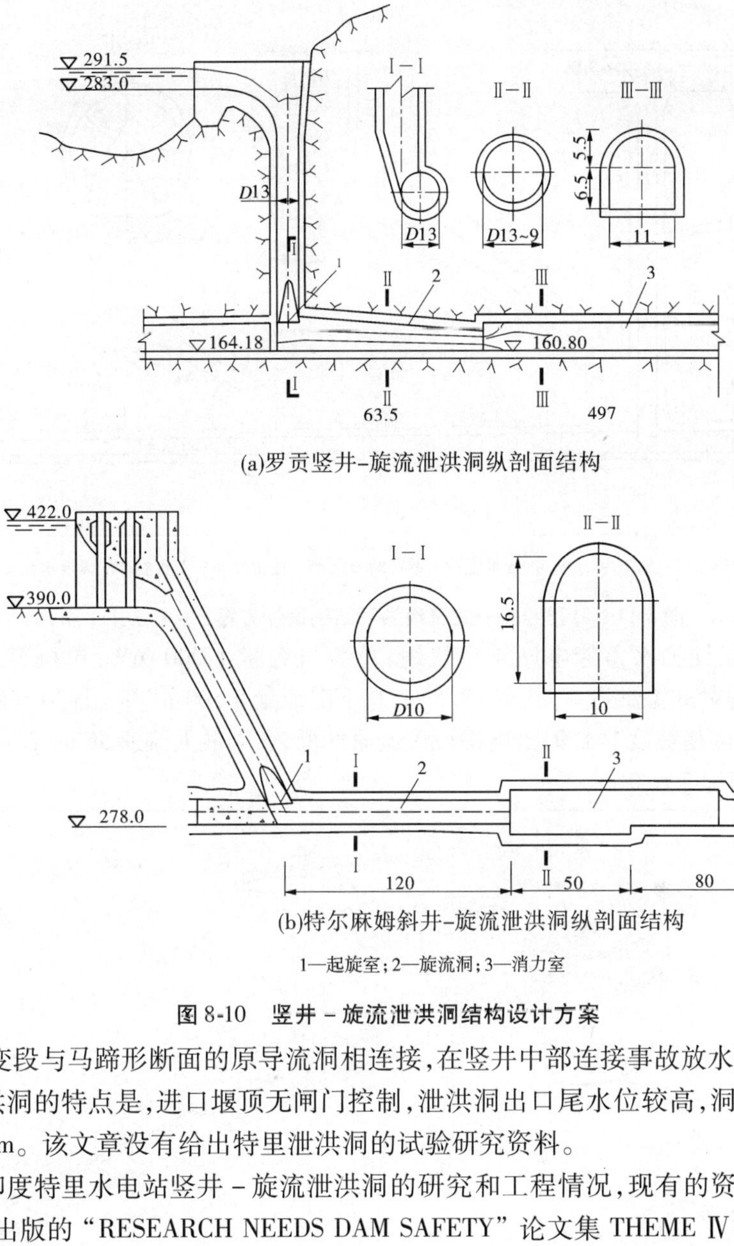

图 8-10　竖井 - 旋流泄洪洞结构设计方案

m，通过渐变段与马蹄形断面的原导流洞相连接，在竖井中部连接事故放水洞。

此泄洪洞的特点是，进口堰顶无闸门控制，泄洪洞出口尾水位较高，洞顶以上淹没水深超过 20 m。该文章没有给出特里泄洪洞的试验研究资料。

关于印度特里水电站竖井 - 旋流泄洪洞的研究和工程情况，现有的资料仅收集到印度 1992 年出版的“RESEARCH NEEDS DAM SAFETY”论文集 THEME Ⅳ中 C. K. Agrawal 和 D. K. Agrawal 等（见文献[33]）关于竖井泄洪洞的试验研究文章和在 google 网上查到的萨马（Sharma R. K）等 2006 年[67]关于特里工程竖井泄洪洞的文章（见文献[67]）。现在对上述文章中有关内容作简单介绍和评价：

特里水利枢纽位于印度北部特里城附近巴吉拉提（Bhagirathi）和比兰格纳（Bhilangana）两条河交汇点下游约 1.5 km 处。水利枢纽工程由挡水坝，左岸四条发电引水隧洞，地下电站，两条 T1、T2 泄洪洞，右岸开敞溢洪道和两条 T3、T4 泄洪洞组成，其总平面布置见图 8-12。挡水坝为斜心墙土石坝，最大坝高 260.5 m，坝顶高程 839.5 m，坝顶宽 20 m、长 585 m。电站由常规水电站和抽水蓄能电站组成，第一期常规电站 4 台机组，总装机容量

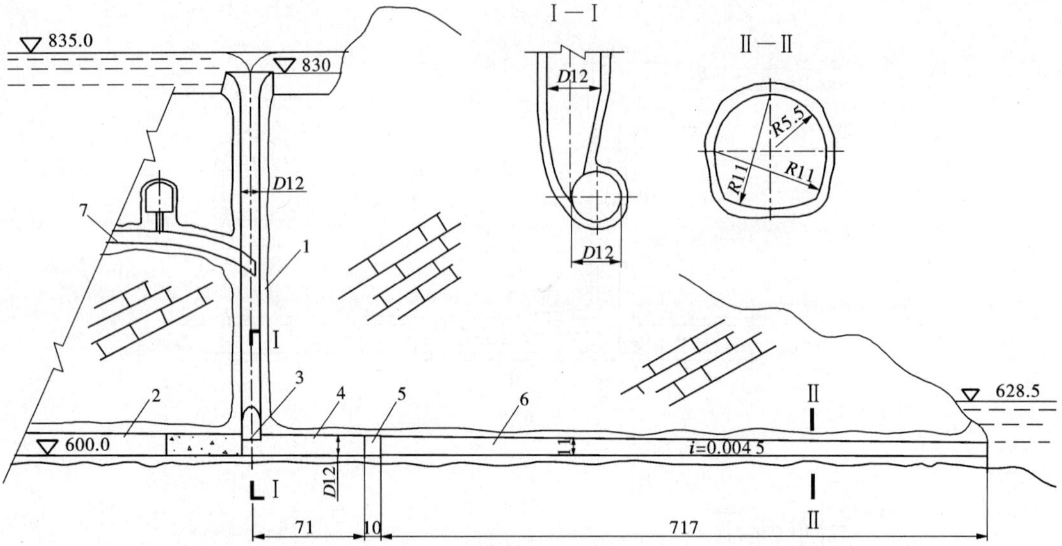

1—竖井;2—施工导流洞;3—起旋室;4—圆形断面洞;5—过渡段;6—出水洞;7—深取水孔

图 8-11　特里竖井—旋流泄洪洞结构设计方案　(单位:m)

1 000 MW,第二期抽水蓄能电站 4 台机组,总装机容量 1 000 MW,单机容量皆为 250 MW。设三孔开敞式溢洪道,每孔宽 10.5 m,总下泄流量 5 500 m^3/s。堰顶高程 815.0 m,总落差 220 m,陡槽坡度 1:1.9,沿陡槽设 3 道通气槽,末端最大流速 55 m/s。陡槽出口设消力池,底板高程 596.0 m。

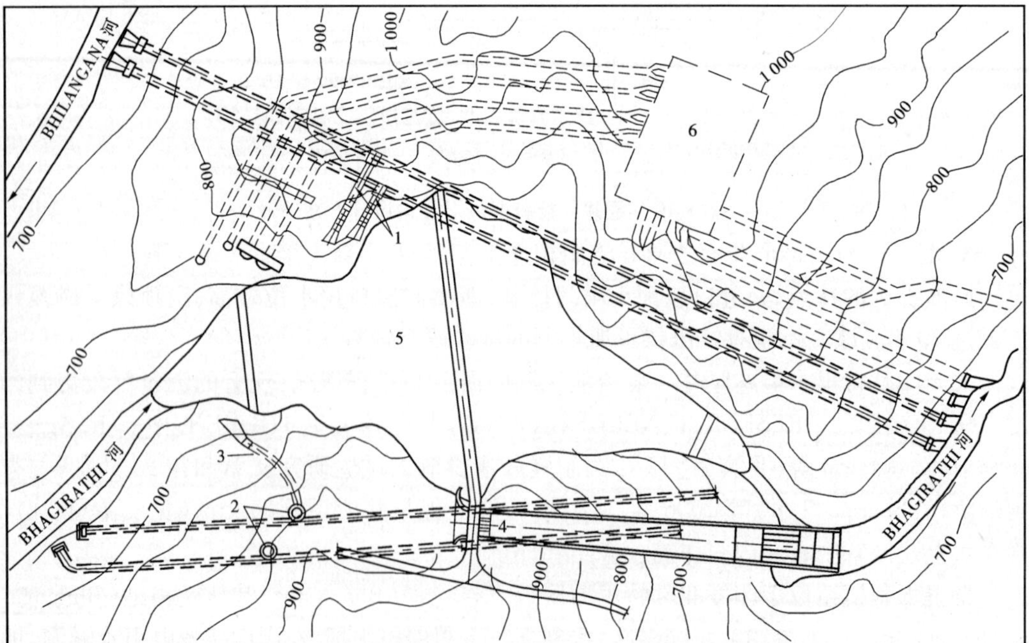

1—设置闸门的竖井-旋流泄洪洞;2—无闸门的竖井-旋流泄洪洞;3—深孔事故放水道;
4—开敞溢洪道;5—土石坝;6—地下发电厂房区

图 8-12　特里水利枢纽总平面布置　(单位:m)

特里大坝泄水建筑物是按最大可能洪水量 15 540 m^3/s 设计的,在最高洪水位 835 m 下要求全部泄水道全开后必须通过 13 200 m^3/s 的流量。其中 4 条旋流泄洪洞承担宣泄 56% 的洪水流量,泄洪任务非常艰巨。

4 条竖井 – 旋流泄洪洞都是由直径 11 m 的马蹄形断面导流洞改建的,总泄量 7 700 m^3/s,总水头 220 m。其中左岸 T1、T2 两条泄洪洞为单孔自由堰流进水口,每条泄洪洞泄量约 1 900 m^3/s,堰顶高程 815.0 m,堰上水头 20 m,堰上设宽 10.5 m 的弧形闸门。竖井直径 12 m,下部采取两侧折线收缩段与直径 12 m 的起旋室偏心相切连接,下接旋流洞,再通过渐变段与马蹄形断面导流洞相连接。由于尾水位高,故沿出水洞设许多排气井,同时在竖井下部起旋室盲端设通(排)气井和水气分离室,具体详见图 8-13。

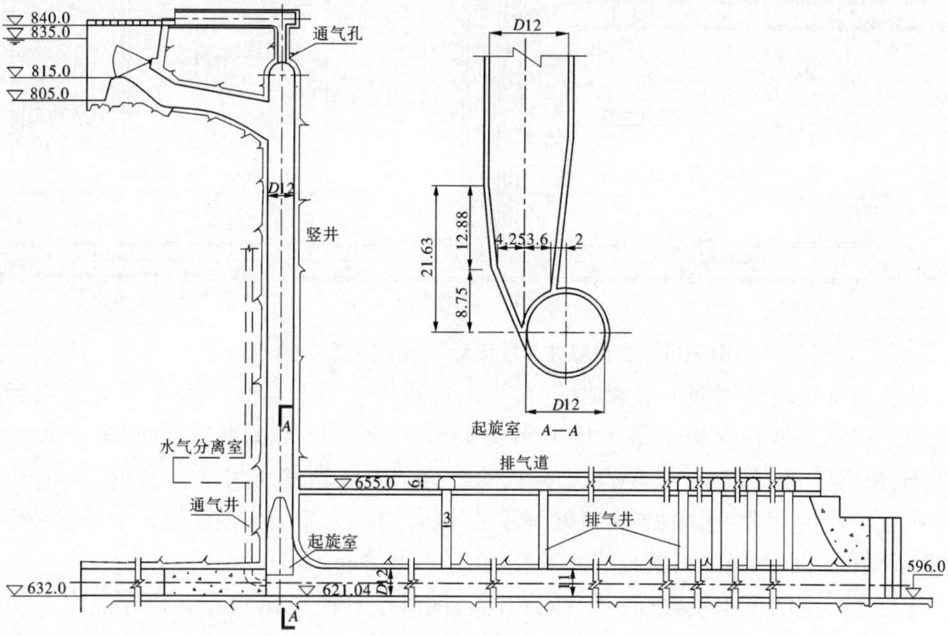

图 8-13 左岸竖井 – 旋流泄洪洞纵剖面 (单位:m)

右岸 T3、T4 两条泄洪洞为喇叭形堰(非旋流)进水口,不设控制闸门,相当于非常泄洪洞。堰顶直径约 34 m,堰顶高程 830.2 m,堰上水头 4.8 m。每条泄洪洞下泄流量约 1 950 m^3/s 。其中 T3 泄洪洞在竖井中部连接一放空洞,主要用于事故放水和水库蓄水期间调节下游用水,见图 8-14。其纵剖面与图 8-11 相差无几,以后将作进一步介绍。

Agrawal 等 1991 年主要对单孔溢流堰连接竖井的水平旋流泄洪洞,按 1∶50 比尺进行了试验研究。该模型与施工采用的设计图(见图 8-13)的不同之处在于:模型的进水口堰宽为 10 m,溢流堰直接与竖井连接,堰顶至竖井轴线的间距较短,约 36.5 m。这是因为当时模型设计下泄流量为 1 820 m^3/s,小于最后确定的流量 1 900 m^3/s 所造成的差异。由于实际工程的设计下泄流量增大,所以进口溢流堰堰宽改为 10.5 m,同时在堰的下游接一短引水道用以加长堰、井之间距离(约 80 m),确保竖井为完全自由流流态。

该模型进行了流态、压力、脉动压力和流速测量。试验表明,在堰下水舌与竖井交汇处水面波动较大,波动增幅约 10 m,竖井内掺气充分。

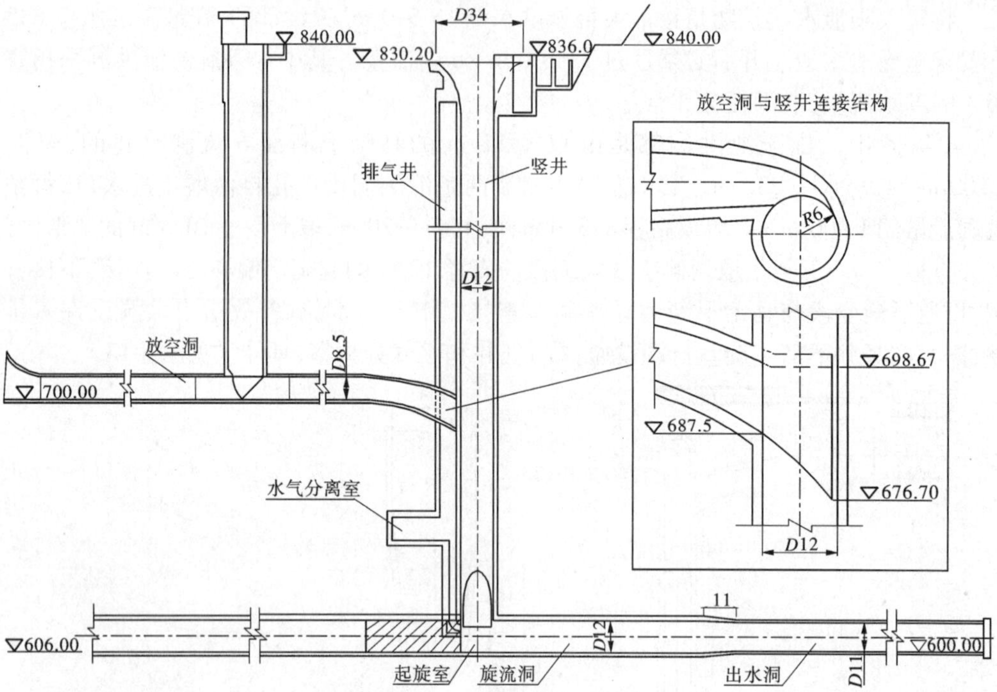

图 8-14　右岸竖井 - 旋流泄洪洞纵剖面　（单位:m）

从透明有机玻璃模型可以看出,起旋室的旋转流运动不是轴对称的,而是偏离起旋室轴线向上移动。竖井底板上最大压力水头 149 m,脉动压力标准差(Standard deviation)5.05 m,最大流速 36.2 m/s。在 120 m 长的旋流洞中段顶壁压力水头为 86.5 m,动水压力分布比较均匀。由于泄洪洞出口处洞顶的淹没水深在 20 m 以上,故距竖井轴线 200 ~ 1 000 m 处的出水洞内测得的压力水头仍有 27 ~ 56.8 m。

特里泄洪洞的尾水位很高,排气问题比较困难。其模型试验没有研究泄水洞的排气问题,只在起旋室盲端设置直径为 3 m 的通(排)气井,并在 661.25 m 高程处设一水气分离室,未给出通气量的试验结果。整个试验情况大致如此。

根据网上和萨马等文章的报道,印度特里水电站第一期工程于 2006 年基本完成,第一台机组于同年 7 月 30 日投入商业运行。

印度特里的泄洪洞和我国公伯峡的泄洪洞都是新型竖井 - 旋流泄洪洞,两者同时都在 2006 年建成。前者作用水头高、流量大,承担泄洪任务重,风险性大,到目前为止,尚未见到通过原型观测验收的信息;后者作用水头和下泄流量相对较小,虽然在 2006 年 8 月通过了原型观测的检验,未发生空蚀、振动和冲刷的迹象,但观测时间只有 1.5 h,还需要进行长时期运行的监测,特别是检查是否会发生空蚀。

特里的 4 条泄洪洞尾水较深,虽然洞内压力较高,整个水平洞不会发生空蚀现象。但是,由于水头很高,竖井下部的起旋室进口处水流流速在 35 m/s 以上。当高速水流转向进入旋流洞进口时,可能产生水流与边壁的分离,使局部动水压力降到气化压力以下,发生空化与空蚀现象。同样右岸 T3 泄洪洞、深孔引水道与竖井连接处也存在局部低压区,可能会出现空化与空蚀问题,应当引起重视。

泄洪洞的排气也是较难处理的问题。特里 4 条泄洪洞都是利用螺旋流通过整个出水洞沿程消能。但随着流程的增加,螺旋流的强度逐渐减弱,切向速度减小,旋流空腔的空气向上扩散,易集聚在洞顶,形成许多气囊,做不稳定的游荡运动。当高压气囊一离开出口时,就迅速与下游水面接触,瞬间爆破产生强大的水击波,可能破坏出口建筑物。

为了解决排气、避免发生气爆现象,特里的 T1、T2 泄洪洞沿洞长设置多道(6 道以上)直径 3 m 的排气井,将空气引入一条水平排气廊道排除。这种排气设施的排气效率低,虽然能解决排气问题,但工程量大、不经济。若采用本书第 1 章的排气措施,将排气井设在出水洞末段,只需要 2 ~3 道排气井就够了(要求洞顶的排气孔直径 0.4 ~0.6 m,远小于排气井直径 2.5 m),见图 1-26。这时洞内形成有压的气水分层流态,水面平稳,洞内流速较低。

以上就是关于国外旋流泄洪洞的基本资料。由于国外结合水电工程研究旋流泄洪洞的信息不多,到目前为止建成的泄洪洞很少。旋流竖井泄洪洞仅我国沙牌一例,而竖井－旋流泄洪洞,除我国公伯峡外只有印度特里建成同类的泄洪洞,由文献[68]可知,2010 年 9 月在印度北方 Uttarhand State 下暴雨,特里水电站的右岸两条喇叭形竖井泄洪洞自动泄洪,库水位达到 833 m 高程(最高洪水位 835 m)。可以看出,从起旋室盲端的通气井排出的水气直射天空,非常壮观(见图 8-15)。这表明在通气井的中下部设置水气分离室排气效果很好。根据现有网上的信息,尚未查到有关泄洪后竖井和旋流洞防蚀情况的资料。

(a)远视图

(b)近视图

图 8-15　印度特里水电站右岸两座喇叭形竖井－旋流泄洪洞进水口溢流实况

第 9 章　旋流空化与空蚀特性及掺气减蚀效果

螺旋流到达竖井的中下部时,轴向流速增大,环向流速减小,通常由于旋流离心力的作用减弱,壁面动水压力升高不易,容易产生负压。但是,在弱旋转流下结构物是否会发生空蚀,是设计者关心的关键问题。这就牵涉到在相同流速和不平整凸体的溢流表面,对直线流和弱旋转流两种溢流表面,哪一种容易发生空蚀问题。

为了弄清楚这个问题,苏联叶菲莫夫(Ефимов)和库茨聂佐娃(Кузнецова)1993 年结合特尔麻姆旋流泄洪洞进行了专门试验研究[69]。在半径 0.4 m 的圆筒形流道上安装了高 7 mm 及 12 mm 的凸坎作为诱发空化体,用压电晶体传感器和光电倍增管分别测试和分析空化泡溃灭冲击和闪光的脉冲能量。试验结果表明,在相同条件下,在旋流中的空化泡溃灭冲击和闪光脉冲能量与在直线流中相比有所减弱。因此,可以认为旋转流溢流面可减轻空蚀作用。

应该指出的是,该研究仅限于一种半径的流道和一种形式凸坎,且试验流速较小(仅为 7.6 ~ 14.7 m/s)。该研究成果虽然有科学价值,但是还存在一定的局限性。

另外,众所周知,掺气是可用以减免对结构物的空蚀作用。例如,采用掺气槽或掺气跌坎吸进的空气可以防止下游溢流底板的空蚀。实践证明,这对直线流道是有效的,但是对弧线流道是否适用有待商榷。采用掺气设施是否能对高流速水流条件下的壁面输气以防止空蚀,这也是本章需要研究的问题。

9.1　旋流空化与空蚀特性试验研究

9.1.1　试验装置和测量仪器

本研究是在文献[69]的研究基础上,对不同半径流道的凸体通过试验研究了旋流空化特性,并在配料和强度相同的混凝土试件上,进行了旋流空蚀特性的研究[70]。

试验研究装置是利用高压文杜里管空蚀设备改装的。该装置由多级水泵提水,通过带有流量调节阀的高压引水管与稳压罐连接,在稳压罐顶部预留排气管,出口采用按“钱学森”曲线制成的逐渐收缩的正方形孔口(尺寸 46 mm × 46 mm)与一段直线管连接,然后同圆弧形试验工作段连接,图 9-1 为旋流空化试验设备和试验工作段。

试验流速最大达 18 m/s,弗劳德数 $Fr = 23$。试验弗劳德数远大于实际工程值(实际工程中一般 $Fr < 10$)。为了进行旋流空化试验,必须设计一种流道体型,使之能在小尺寸、小流量和大弗劳德数条件下进行正常的空化试验。为此,将流道进口的一段长度的流道设计成高压直线流道,起到平稳行近高速水流的作用。然后接一段可以改变半径的压力弯道,并在其末端的一侧(向心方向)采用突然扩大,使水流能在其下游形成稳定的自由弧线流。

本试验是在 4 种弧线流道模型上进行的，其弯道半径分别为 $R=\infty$（直线段）、2 m、1 m和0.5 m，以资比较，流道的尺寸及参考断面测点和试件的位置见图9-1 中的空化试验段大样图。图中空化诱导器 3 为两种不平整突体，一种是孤立的柱形体，统一采用 $\phi10$ mm、高 6 mm 的螺栓；另一种是 6 mm 高的连续升坎（即方形混凝土试件的前缘）。试验证明，这种体型的流道能在各种试验流量下保证试件上水流平顺且无气泡进入流道内。

试验中的压力测量，采用 1 mm 的测压孔，由透明的测压管及 U 形水银压差计进行量测；流量采用固定设备的矩形薄壁堰进行量测。由于空化水流平稳清澈，所以试验中的空化汽苗（闪光束）用肉眼进行观察，并用钢尺量测空化汽苗的尺寸。

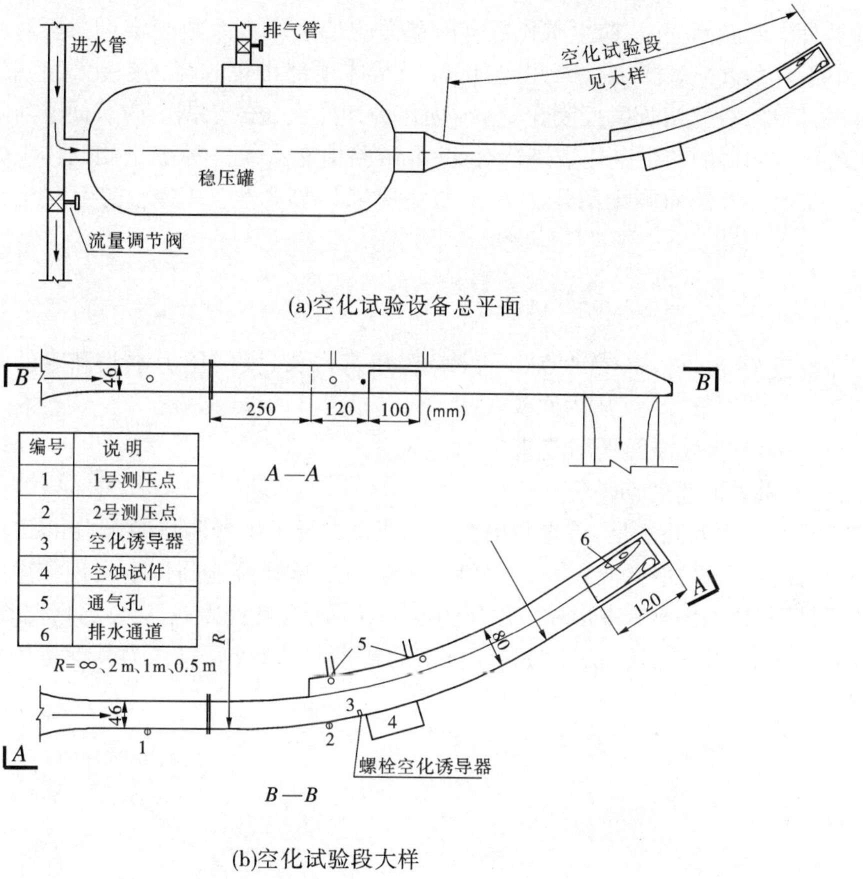

1—1号测压点；2—2号测压点；3—空化诱导器；
4—空蚀试件；5—通气孔；6—排水通道

图 9-1 旋流空化试验设备和试验工作段

9.1.2 混凝土材料配合比和选用

试件材料选择和配合比见表 9-1。表中所列的粉煤灰为内蒙古元宝山电厂一级粉煤灰。本试验中粉煤灰掺合量为混凝土量的 33%，根据中国水利水电科学研究院结构材料所的试验研究要求，试验中的试件必须同时经过恒温恒湿 150 d 养护，因此试件强度基本保持不随时间变化。

表 9-1 空蚀试验材料配合比(按质量计)

比较标准	水泥	粉煤灰	细沙	轻质煤粉	水
以水泥计	1	0.55	3	1.2	1.28
百分比(%)	14	8	43	17	18

9.1.3 初生空化及水力参数控制

对于曲线形溢流壁面,初生空化数可由壁面的最小压力系数确定,但是,对于孤立凸体的最小压力系数很难测出。因此,本试验以凸体顶部出现闪亮的空化气泡束(简称空化汽苗)为信号,将汽苗长度控制在 2 mm 内作为初生空化的依据。为了便于对不同流道和空化诱导体测得的初生空化数进行对比,本试验由专人统一标准量测凸体上的空化汽苗长度。按照参考断面测出的压力水头和流速来计算初生空化数,初生空化数的计算式为:

$$\sigma_i = \frac{(p_1 + p_a - p_v)/\gamma}{v^2/(2g)} \tag{9-1}$$

式中 p_1/γ、p_a/γ、p_v/γ——参考点(1 号测点)压力水头、大气压力水头和水的饱和蒸汽压力水头,m;

v——参考点处断面平均流速,m/s;

g——重力加速度,m/s^2。

参考断面压力的测法是,首先测出在直线流道情况下 1 号测点的压力和相应的流量,绘制压力与流量关系曲线,见图 9-2。然后,将各种半径旋流道凸体上出现初生空化时所测出的流量,分别由图 9-2 查出相应的压力水头 p_1/γ,将其代入式(9-1),计算出的初生空化数,用 σ_i 表示。按这种方法试验和计算出的初生空化数,可以认为其参考压力不受弯道影响。

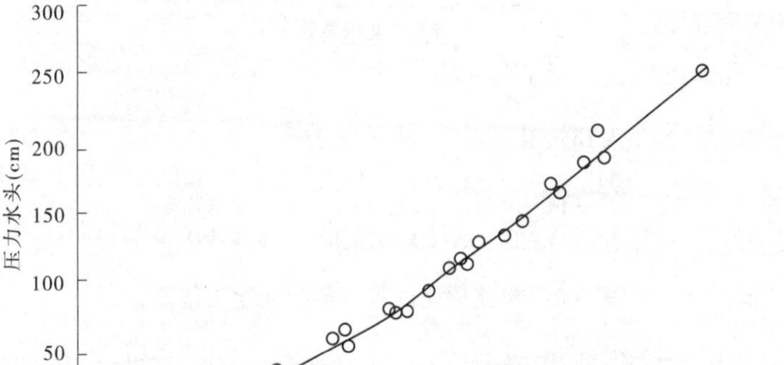

图 9-2 参考点处压力水头与流量关系曲线

另外,还根据弯道上凸体上游2号测点的压力计算的初生空化数,用σ'_i表示,并将不同流道的σ_i和σ'_i值同时列入表9-2中进行比较。从表中数据可以看出,由1号和2号两测点的压力所计算的σ_i和σ'_i值比较接近,这表明,初生空化数的试验和计算是合理的。同时对每种流道曾进行重复试验,两者的数值相差也不大,表明试验结果是可靠的。

表9-2 不同旋流半径的初生空化试验结果

空化诱导体	Q (L/s)	v (m/s)	$v^2/(2g)$ (m)	p'/γ (m)	p/γ (m)	初生空化数	
						σ'_i	σ_i
试件1 直流道 $R=\infty$							
孤立螺栓	24.5	11.58	6.83	0.822	0.90	1.58	1.59
孤立螺栓	24.5	11.58	6.83	1.176	0.90	1.64	1.60
试件2 弯流道 $R=2$ m							
孤立螺栓	30.2	14.27	10.38	1.835	1.31	1.14	1.09
孤立螺栓	28.1	13.28	8.98	1.504	1.15	1.27	1.24
试件3 弯流道 $R=1$ m							
孤立螺栓	29.9	14.13	10.18	1.254	1.29	1.11	1.11
孤立螺栓	29.5	13.94	9.90	1.203	1.26	1.13	1.14
试件4 弯流道 $R=0.5$ m							
孤立螺栓	31.1	14.7	11.01	1.925	1.38	1.08	1.03
试件5 直流道 $R=\infty$							
连续凸坎	20.2	9.55	4.65	0.574	0.64	2.29	2.29
试件6 弯流道 $R=0.5$ m							
连续凸坎	22.3	10.54	5.66	1.214	0.76	1.99	1.90
试件7 直流道 $R=\infty$							
试件凸坎	21.5	10.16	5.26	0.73	0.72	2.04	2.04
试件8 直流道 $R=\infty$							
斜凸坎	21.0	9.92	5.02	0.704	0.69	2.13	2.13

从表 9-2 可以看出，在相同空化诱导体下，直流道（$R=\infty$）上的初生空化数大于圆弧流道上的，且初生空化数随流道半径减小而降低。例如，对于孤立螺栓凸体，在直流道上的初生空化数为 1.60，而在半径为 0.5 m 弧线流道上的初生空化数为 1.03；对于连续升坎凸体，在相应直线流道和圆弧流道上的初生空化数分别为 2.29 和 1.90。流道水深 h 基本保持不变，旋流初生空化数随 h/R 变化关系见图 9-3。其中图 9-3（b）是参考 9-3（a）曲线规律，根据 $R=0.5$、$\sigma_i=1.9$ 和 $R=\infty$、$\sigma_i=2.3$ 两试验点画出的。弧线流道不平整体初生空化数可用下式估算：

对直径 10 mm、高 6 mm 的孤立螺栓（如钢筋头）：

$$\sigma_i = 1.6 - 1.02(h/R)^{0.25} \tag{9-2}$$

对高 6 mm 的连续升坎（如混凝土面错台）：

$$\sigma_i = 2.3 - 0.72(h/R)^{0.25} \tag{9-3}$$

式中 R——弧线流道半径，m；

h——流道水层厚度，m。

本试验中：$2\ \text{m} \geqslant R \geqslant 0.5\ \text{m}$，$h=0.046\ \text{m}$。

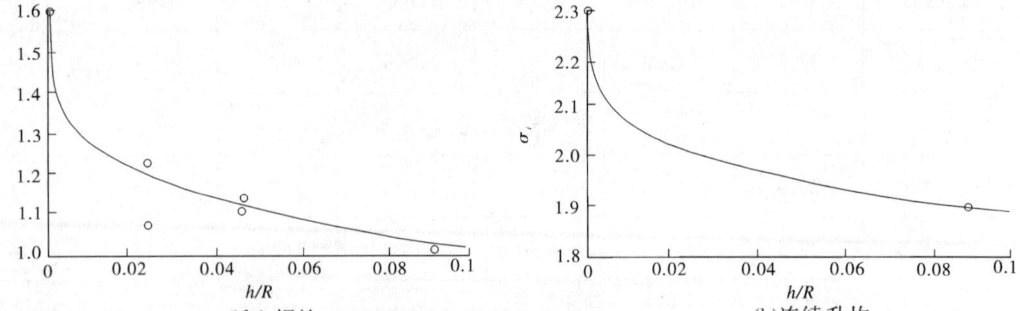

(a)孤立螺栓　　(b)连续升坎

图 9-3　不平整体初生空化数随圆弧流道半径变化曲线

9.1.4　不同曲率流道试件的空蚀特性

本小节主要对不同半径的流道和不平整体，采用同一种混凝土试件进行初生空蚀试验。

为了研究不同流道的空蚀特性，必须控制各组次的泄流空化数相同。我们假设具有一定长度的空化汽苗，代表一定的泄流空化数，只要控制空化汽苗长度相等，就等于控制了相同的泄流空化数和空化强度。

9.1.4.1　泄流空化数的控制

对于材料和配合比相同的混凝土试件，空蚀强度取决于泄流空化数 σ，当 $\sigma<\sigma_i$ 时试件开始发生空蚀，σ 值越小空蚀能力越强。全部初生空蚀试验是在统一标准下进行的，这个标准就是将凸体出现空化汽苗的长度控制在 25～30 mm 内，试验时间定为 1 h。对孤立螺栓和连续升坎两种不平整体所试验的初生空蚀数和混凝土试件表面损坏的情况进行分析及比较，试验结果见表 9-3。

表 9-3　初生空蚀试验结果

试件	R (m)	Q (m^3/s)	v (m/s)	$v^2/2g$ (m)	p/γ (m)	σ^*	空蚀情况
孤立螺栓	∞	38.53	18.21	16.90	2.17	0.72	中间有蚀坑及大范围空蚀麻点
	∞	37.40	17.67	15.92	2.07	0.76	中间有蚀坑及大范围空蚀麻点
	∞	38.60	18.24	16.96	2.22	0.72	中间有蚀坑及大范围空蚀麻点
	2	39.60	18.71	17.85	3.21	0.74	两边有蚀坑中间无空蚀麻点
	1	38.50	18.19	16.87	2.04	0.71	两边有蚀坑中间无空蚀麻点
	0.5	39.40	18.62	17.67	3.36	0.76	两边有蚀坑中间无空蚀麻点
连续升坎	∞	26.10	12.33	7.75	0.98	1.41	空蚀范围大中间有空蚀麻点
	0.5	29.50	13.94	9.91	1.91	1.20	中间无空蚀，仅一侧有空蚀麻点
	∞	32.60	15.40	12.09	1.48	0.95	大面积空蚀（超出初生空蚀范围）
	∞	33.20	15.69	12.55	1.62	0.93	斜坎被冲掉（超出初生空蚀范围）

注：* 表示空化气泡束长度控制在 25 ~ 30 mm 时的泄流空化数。

从表 9-3 可看出，对于孤立螺栓（钢筋头），泄流空化数 σ 为 0.71 ~ 0.76，平均值为 0.74（同均值比较的最大误差 4%）；对于连续升坎（错台），泄流空化数为 1.41 ~ 1.20，平均值为 1.3（最大误差 8%）。

试验结果表明：目测空化汽苗的精度基本满足了空蚀试验的要求，各种流道之间的空蚀试验结果有了共同的比较基础。

对应于本试验所采用的混凝土材料，两种空化诱导器初生空蚀的泄流空化数分别为：

孤立螺栓：

$$\sigma \leqslant 0.74 \tag{9-4}$$

连续升坎：

$$\sigma \leqslant 1.3 \tag{9-5}$$

在上述初生空蚀的泄流空化数条件下，1 h 内，各试件都能发生不同程度的初生空蚀。这一试验结果表明，试件材料配合比适宜，能满足空蚀的试验要求。

实际工程的混凝土强度等级通常为 C30，其强度高，韧性好，对于直线流和弧线流混凝土面发生空蚀的泄流空化数应小于式(9-4)和式(9-5)的条件值。

9.1.4.2　旋流空蚀特性

旋流空蚀特性参见表 9-3，下面分两种情况介绍。

1）孤立螺栓空蚀特性

对于直线流道试件，空化气泡从螺栓顶部和两侧落到试件混凝土表面上，因此形成中间和两侧的蚀坑及大面积空蚀麻点。

对弧线流道试件，螺栓顶部的空化气泡没有落在试件表面上，只有螺栓底部两侧的空化气泡落在试件表面上。因此，在旋流条件下，只在凸体下游两侧表面上产生空蚀坑，而中间连空蚀麻点都未出现。

2）连续升坎空蚀特性

对直线流道试件，空化气泡全部落在升坎下游面，发生大范围空蚀坑和麻点。

对弧线流道试件，空化气泡未落在升坎上，升坎下游无空蚀坑和麻点，但只在一侧的边缘上出现小蚀坑。分析出现空蚀坑的原因是，混凝土试件块的一边与流道的边墙存在缝隙所致。

上述试验结果表明，在旋流离心力的作用下，空化气泡有朝向旋流圆心方向飘移的趋势，连续升坎（模板错台）不易引发空蚀现象，只有孤立凸体（如钢筋头等）或连续升坎两端有缺口时，空化气泡经过后易发生空蚀。

应指出，上述模型试验的负压、空化气泡和水流紊动度等与原型都不相似，即存在模型缩尺的影响，故所测量和计算出的初生空化数不能代表原型值。但是，本试验研究的目的是：在相同测试条件下寻找和查明旋转流与直线流中凸体初生空化数的差异，特别是初生空蚀的特点。试验结果基本上实现了上述研究目的。

9.2 旋流空化气泡飘移的理论探讨

上述空化与空蚀试验结果表明，在旋流泄水道中由不平整体引起的空化气泡有脱离溢流壁面的趋势，这对存在连续升坎的壁面减免空蚀是有利的。空化气泡脱离溢流壁面的原因是，在弯道水流离心力作用下形成了较大的排挤力，使空化气泡向旋流轴心方向飘浮。

为了估算气泡飘移速度 v_p，叶氏[69]假设空化气泡体积保持不变，其半径 r 为常数，空化气泡行迹长度 l 内为均匀流态，且在空化阶段假设孔隙率不大，即空化气泡处在液体中，而不是处于乳化状态。假设空化气泡以速度 v_p 飘移所行经的路线等于空化气泡的行程长度 l，空化气泡传递的流体质量为 m，$m=\pi r^2 l\rho$，ρ 为空气密度，则空化气泡运动能为：

$$E = -\frac{mv_p^2}{2} = -\pi r^2 l\rho\frac{v_p^2}{2} \tag{9-6}$$

这种能量消耗在旋涡的形成和流动中，最终转化为热量。则作用在空化气泡的制动力为：

$$F_z = -\frac{E}{l} = \frac{\pi r^2\rho v_p^2}{2} \tag{9-7}$$

作用在气泡上的排挤力等于气泡体质量乘以水流离心加速度加重力加速度，即：

$$F_p = \frac{4}{3}\pi r^3\rho\left(\frac{v^2}{R-\Delta}+g\right) \tag{9-8}$$

在空化气泡动力平衡条件下，作用在空化气泡上的排挤力等于制动力，式(9-7)与式(9-8)相等，则可得空化气泡飘移速度：

$$v_p = v\sqrt{\frac{8r}{3}\left(\frac{1}{R-\Delta}+\frac{g}{v^2}\right)} \tag{9-9}$$

对于旋流，同离心力比较，重力影响很小，可以忽略，因此：

$$v_p = v\sqrt{\frac{8r}{3(R-\Delta)}} \tag{9-10}$$

对于直线，因 $R=\infty$，所以：

$$v_p = \sqrt{\frac{8rg}{3}} \tag{9-11}$$

式中 v_p——空化气泡飘移速度,m/s;

v——旋流切线速度,m/s;

Δ——凸坎高度,m;

R——流道半径,m;

r——空化气泡半径,m。

式(9-10)和式(9-11)就是文献[69]导出的空化气泡飘移速度理论式。例如,空化气泡半径为 $r=10^{-3}$m,在流道半径 $R=3$ m、$\Delta=10^{-2}$ m、水流切线流速 $v=25$ m/s 的旋流泄水道中,空化气泡飘移速度 $v_p=0.747$ m/s,而直线流 $v_p=0.16$ m/s。在本例条件下,旋流的空化气泡飘移速度大于直线流的 4.7 倍。

总之,由于在旋流中,受旋流离心力的影响,气泡飘移速度较大,使空化汽苗尾部翘起,有利于减免结构空蚀。

通过上述理论和试验研究成果,可得出如下初步结论:

(1)同一个不平整体的初生空化数,旋流比直流道的要小一些,且初生空化数随旋流半径 R 减小而减小。

(2)在泄流空化数、混凝土材料配合比和养护时间条件都相同的情况下,旋流试件上的空蚀范围要小于直线流的。例如,对于旋流道,只在孤立体后的两侧发生空蚀,在连续升坎后未出现空蚀现象;对于直线流,在孤立体或连续升坎后都会发生大面积空蚀。

(3)在旋流的凸坎上,空化气泡受离心力作用向旋流轴心方向飘移,空化气泡不落到试件表面上。空化气泡飘移速度随旋流半径减小而增大,随切线流速增加而增加。

(4)空蚀的强弱取决于空蚀材料的强度高低和韧性大小。本试验中在混凝土强度等级小于 C_{10} 的情况下,对于直线流和旋流两种流型,当泄流空化数分别为 $\sigma\leqslant0.5\sigma_i$ 和 $\sigma\leqslant0.7\sigma_i$ 时,开始发生空蚀现象(σ_i 为两种流型上凸体各自初生空化数)。对实际工程中常用的 C30 混凝土表面,发生空蚀的泄流空化数应小于上述条件。

根据以上研究成果,在低泄流空化的溢流混凝土表面上,不论是直线流还是旋流,都不允许存在有孤立的不平整体(如混凝土残渣和钢筋头等)。在旋流的混凝土表面上若出现 6 mm 高的连续错台时,只将错台两头存在的不连续侧坎削坡即可,而对于直线流,必须将全部升坎铲除或削坡。

9.3 旋流掺气效果

为了搞清楚这个问题,我们举两种不同流型的竖井掺气情况进行比较:一种是在直线流竖井上设置环形掺气坎掺气,如公伯峡;另一种是在旋流竖井顶部设通气孔掺气,以溪洛渡试验为例。

公伯峡竖井－旋流泄洪洞的竖井中是直线流,在竖井上设置环形掺气坎。模型试验结果:掺气坎下的空腔长度约 6 m,空腔以下为水气混合体满流,平均掺气浓度约 25%,在距气水混合层表面以下 43 m 处(靠近起旋室进口)的井壁面掺气浓度为 4%。当水流从起旋室顶部转向进入旋流洞时,洞顶掺气浓度为 2.5%(原型试验结果只有 1%)。

这里值得注意两点:①在水气混合体整个深度内,竖井壁面上都有气泡覆盖,最小掺气浓度尚有 4%，表明环形坎掺气有效；②这部分掺气量经短距离转向到旋流洞进口处，就失去了 38%，掺气浓度所剩无几，是何原因？分析认为，在旋流洞进口处洞顶不会使气泡消失，只有起旋室内螺旋流的离心力，驱使清水体将气泡排挤进轴心，或者说气泡被旋流空腔所吸收，致使旋流洞洞壁的气泡流失。

再看溪洛渡旋流竖井泄洪洞模型试验。在旋流竖井上布置了 a、b、c、d、e 和 f 共 6 个掺气浓度测点，测量各断面的掺气浓度分布。在设计和校核两种泄流工况下，a 至 e 测点处竖井内水流是带有空腔的螺旋流流态。从顶部通气孔进来的空气被空腔轴心所吸收，断面掺气浓度 60% ~90% 是气核，即掺气维持稳定的空腔旋转流运动，在竖井 a 至 e 各测点壁面上的掺气浓度测值全部为零(见第 2 章图 2-18 ~ 图 2-29)，这是可以理解的。但是，f 测点是在环状水跃下水垫层处，这段竖井是气水混合体满流流态。按理在紊动掺混的作用下，一些气泡应该移动到井壁上，而实际试验结果是，在校核和设计两种工况下，竖井壁面上各测点的掺气浓度也皆为零，见图 9-4 和图 9-5(图中的横坐标为竖井直径的截面尺寸分格)。这表明，只要存在切向旋转流速，哪怕流速较小，气泡也向竖井轴心移动。值得注意的是，当竖井下部水流转向出水洞的洞顶短距离内，本应产生负压，但由于掺气量大(掺气浓度高达 50%)，负压消逝。这是因为在出水洞转弯处，水流流线向下弯曲，产生了离心力，致使绝大部分气泡都向上飘移积聚到洞顶上，因此使掺气浓度骤然增加。

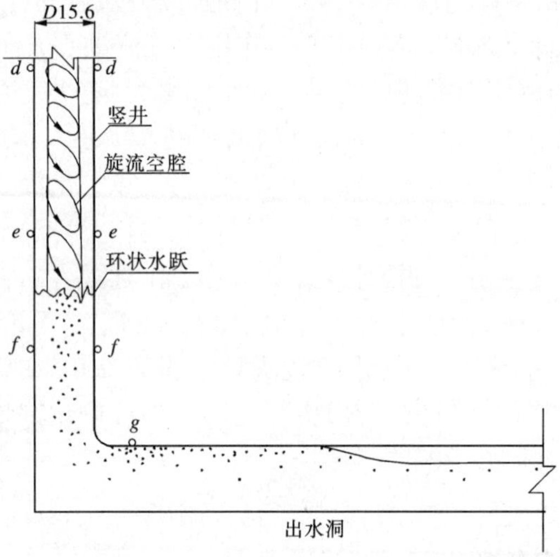

图 9-4　旋流竖井泄洪洞掺气浓度测点布置和流态

上述试验和分析结果认为，在常压下弧线流中的气泡运动，存在向圆心方向飘移的现象。这一结论表明，在旋流竖井中要想通过掺气来保护壁面不发生空蚀是困难的，也是没有必要的，这是因为：

(1)即便采用环形掺气坎进行掺气，气泡很快就被旋流空腔所吸收，掺气保护长度很短，大部分壁面掺气浓度仍然为零。

(2)只要尚存在环向旋转速度(弱旋转流)，即使处于气水掺混区，壁面也无气泡流动，掺气浓度也等于零。

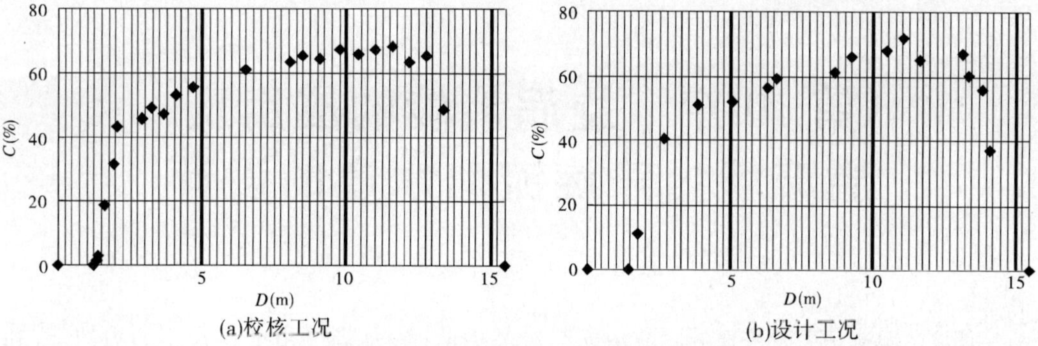

图 9-5　竖井环状水跃下 f 测点沿径向掺气浓度分布

第10章 旋涡消能的应用及溢流坝内兼旋流泄水道的设计

通常在溢流坝下游修建的底流消能工有消力池、消力墙(坎)或综合型消力池等,利用水跃消能。

对于高坝来说,采用传统的消力池工程量较大。例如,建造一座泄量 $Q=600\ m^3/s$ 的溢流坝,溢流坝高 $P=35$ m(从坝下游地面算起),堰上水头 $H=8$ m,溢流孔宽 $B=12.5$ m,下游水深5 m,总水头38 m。通过简单计算得知,若在溢流堰下游只修建消力墙构成一消力池,则墙高约8 m,消力池长32 m。通过消力池中的水跃消能,约能消耗掉35%的能量,剩余的能量使在消力池下游的水流尚有将近20 m/s的流速,需要继续修建消能工消能。采用综合型消力池,同时在消力池内设置消力墩,可以增大消能效果,但消力墩带来的空蚀问题是难以解决的。可见,采用传统消力池如果不采取强迫的消能措施,则消能率较低。此外,还有其他传统的消能工,如:

(1)溢流坝下游消力戽。虽然在戽上游和在戽下游底部产生两个旋转方向相反的大旋涡,但旋涡紊动强度不如水跃大。另外,消力戽对下游淹没水深的要求较严格,水深太高易出现潜底戽流,水深太低则形成附着戽流,同时下游波浪较大。这些流态都是不希望发生的,需要通过严格的运行程序来控制。

(2)溢流坝下游挑流消能工。挑流消能通过挑流坎将下泄的高速水流挑射到空中,落到远离坝的下游,形成稳定的冲刷坑。高速射流在空中受空气阻力影响扩散掺气可消除一部分能量,特别是水舌落入冲坑水垫塘中形成强烈的剪切紊动,可消刹大量能量,其总消能率可达80%以上。但下游溅起巨大的浪花,水面波动大,同时雾化严重,很可能冲刷岸坡和破坏生态植被。

(3)溢流坝宽尾墩消能工。这是我国创新的一种消能形式,它能联合坝身深孔泄洪,扩大了水库泄流能力,消能率高,在我国普遍应用。但是也存在雾化现象,对电站运行有一定的影响。

溢流坝下游采用底流消能可以避免雾化现象。如果在消力池内利用旋涡墩消能,在保证无雾化现象的同时,还能提高消能率和缩短消力池长度。下面对各类旋流(或旋涡)消能工作简单介绍。

10.1 溢流坝旋流消能工的设计

溢流坝旋流消能工由下游反弧段和旋流消力墩构成,见图10-1。旋流消力墩的圆弧半径取决于反弧段的收缩水深。因此,首先确定溢流坝下游收缩水深。

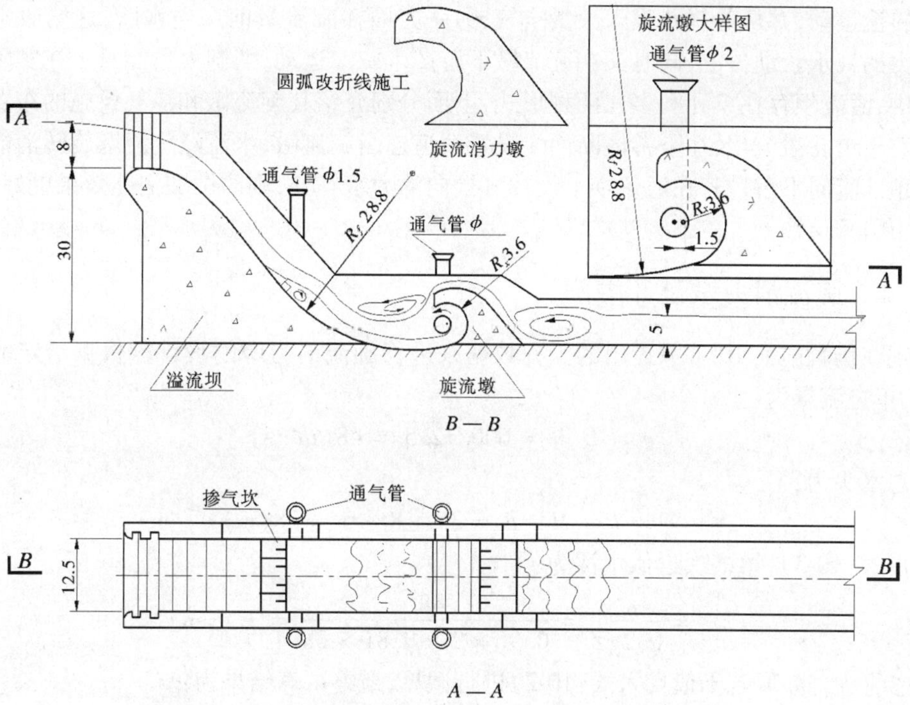

图 10-1　溢流坝下游设置旋流消能工　（单位：m）

由该断面的平均流速和单宽流量联立可确定收缩水深，即：

$$v_c = \varphi\sqrt{2g(Z - h_c)} \tag{10-1}$$

$$q = h_c\varphi\sqrt{2g(Z - h_c)} \tag{10-2}$$

式中　h_c——收缩水深；

q——单宽流量；

v_c——收缩断面流速；

Z——总水头，$Z = P + H$；

P——堰高（从下游地面算起）；

H——堰上水头；

φ——流速系数，取 $\varphi = 0.9$。

已知 q、Z，根据式(10-2)通过试算求 h_c。试算时，第一次近似值取：

$$h_c = \frac{q^2}{\varphi^2 2gZ} \tag{10-3}$$

参考此值，取两三个值代入式(10-2)，用试算法便可求出 h_c。

旋流墩半径：　$R_x \approx 1.8h_c$　(10-4)

反弧段半径：　$R_f \approx 8R_x$　(10-5)

为了在旋流墩内形成旋转空腔流，在旋流墩两侧边壁预留通气孔并设置通气管，向旋流墩输气，通气孔应设在旋流墩圆弧中心上游的 0.2D 处（D 为旋流墩圆弧直径）。

旋流消能工的流态是：从溢流坝降下的水流，一方面通过反弧段进入旋流墩，产生高速旋转流运动，并从通气孔吸入大量空气；另一方面在旋流墩前产生水跃，这两股水流进行强力的气水紊动掺混，同时又在旋流墩下游产生旋滚运动，消刹大量能量。在实际水利枢纽中，溢流坝存在单孔和多孔两种形式，下面分别介绍其旋流墩和掺气设施的布置。

对于单孔溢流坝，在下游横断面上设置一道连续旋流墩，水流经旋流墩旋转消能后从墩的顶部流向下游。若在溢流坝上设掺气坎向消力墩补气，则防蚀和消能效果更好一些，如图 10-1 所示。

10.1.1 旋流消力墩设计举例

现在仍就前面 10.1 节提出的工程数据来进行旋流消力墩的设计。根据给定的参数计算，单宽流量为：

$$q = Q/B = 600/12.5 = 48(\mathrm{m^2/s})$$

总水头为：

$$Z = P + H - h = 35 + 8 - 5 = 38(\mathrm{m})$$

由式(10-3)，第一次近似水深为：

$$h_{c1} = \frac{q^2}{\varphi^2 2gZ} = \frac{48^2}{0.9^2 \times 2 \times 9.81 \times 38} = 3.8(\mathrm{m})$$

参考 h_{c1} 值，取若干值代入式(10-2)进行试算，最终试算结果为：

当 $h_c = 2.01$ m 时，

$$q = h_c\varphi\sqrt{2g(Z - h_c)} = 2.01 \times 0.9 \times \sqrt{19.62 \times (38 - 2.01)} = 48.07(\mathrm{m^3/s})$$

约等于 48 $\mathrm{m^3/s}$，满足计算精度要求。

再由式(10-4)和式(10-5)计算旋流墩半径为：

$$R_x = 1.8h_c = 1.8 \times 2 = 3.6(\mathrm{m})$$

溢流坝反弧段半径：

$$R_f = 8R_x = 8 \times 3.6 \approx 28.8(\mathrm{m})$$

本例为单孔流量 600 $\mathrm{m^3/s}$ 的溢流坝计算的尺寸已标注在图 10-1 中。为了便于施工，圆弧形旋流壁面可以改成折线形壁面。

10.1.2 旋流墩的最大压力

为了估算作用在旋流墩圆弧壁面上的离心压力，首先作如下假设：

(1)旋流水层厚度等于反弧段上收缩水深 h_c(不考虑水跃的影响)；

(2)假设同水平向上成 45°角的圆弧壁面处压力大，该处水层最大环向速度。

$$v_t = v_c\cos 45°$$

作用在旋流墩圆弧壁面上的压力水头可表示为：

$$\frac{\mathrm{d}p}{\gamma} = \frac{v_t^2}{gr}\mathrm{d}r$$

取贴壁旋流水层厚度为积分上下限，进行积分：

$$\frac{p}{\gamma} = \frac{1}{g}\int_{R_x-h_c}^{R_x}\frac{v_t^2}{r}\mathrm{d}r = \frac{(v_c\cos 45°)^2}{g}\ln\left(\frac{R_x}{R_x - h_c}\right) \tag{10-6}$$

按本例数据计算压力。已知旋流墩半径 $R_x=3.6$ m,收缩水深 $h_c=2.01$ m,总水头 $Z=38$ m,由式(10-1)计算收缩断面流速:

$$v_c=\varphi\sqrt{2g(Z-h_c)}=0.9\times\sqrt{19.62\times(38-2.01)}=23.92(\text{m/s})$$

最大环向速度为:

$$v_t=v_c\cos45^\circ=23.92\times0.707=16.91(\text{m/s})$$

收缩断面水层厚度为:

$$h_c=20.1\ \text{m}$$

于是旋流墩最大压力水头为:

$$\frac{p}{\gamma}=\frac{v_t^2}{g}\ln\left(\frac{R_x}{R_x-h_c}\right)=\frac{16.91^2}{9.81}\ln\left(\frac{3.6}{3.6-2.01}\right)=23.8(\text{m})$$

对于多孔溢流坝也可以采用连续旋流墩,除在溢流坝两边墩设通气孔向旋流墩输气外,还要从溢流坝上补气。有两种方法从溢流坝向旋流墩补气:一种是将溢流坝上的分流墩的尾部扩宽,并在两侧边墙处浇注挑流边墩,在宽尾墩和边墩顶部向下埋设通气管,并将支管通到墩的背面,利用宽尾墩和边墩的立轴旋涡吸入空气,向下游旋流墩补气,如图 10-2(a)所示。该图是根据前面例的单孔流量 600 m^3/s,假设其他基本参数不变,增加三孔(流量 1 800 m^3/s)的平面布置图。另一种是在溢流坝上设置掺气坎,通过设在两侧的边墩和中间分流墩中的通气孔掺气,向下游旋流墩补气,具体详见图 10-2(b)。

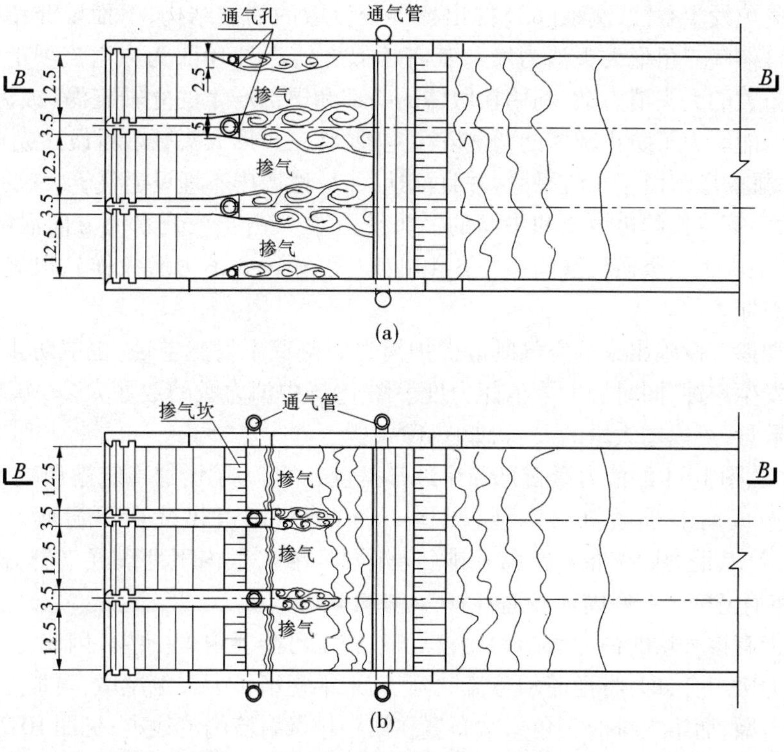

图 10-2 多孔溢流坝旋流墩及掺气设施布置

将图10-2中的连续旋流墩可以改为差动式，即改成三段旋流墩，旋流墩的间距等于溢流坝的导流墩宽度。这种布置消能效率高，但是差动式旋流墩间隙处的高速水流是否会引起侧壁空蚀是最引人关注的问题。众所周知，只要旋流墩的侧壁覆盖有5%掺气浓度的气泡，就基本上不会发生空蚀。

现在来分析一下旋流墩侧壁的掺气情况。从旋流掺气机理得知，在负压的作用下从上游分流墩尾部（或掺气坎）和两边墙通气孔将吸入大量空气，旋流墩自身也从侧墙掺入空气，这些空气在两旋流墩之间与高速水流掺混搅拌作用，不管从两墩之间的通道流向下游或从其顶部流到下游的出流中都掺混有大量的空气，可以保护旋流墩侧壁和其背水面不发生空蚀。

10.2 溢流坝消力池采用自掺气大头消力墩

在20世纪70年代以前，溢流坝下游消力池中常浇注各种类型的消力墩（如方形、三角形和梯形截面等）。泄洪时墩的侧面和其下游底板经常发生空蚀破坏，使加固和维修的工程量增大，后来很少再看到消力池内设置消力墩。取消消力墩的结果是使修建的消力池加深和增长，增加工程投资。消力墩空蚀是由墩体棱角的下游水流产生负压涡，其动水压力降低到气化压力造成的。即使将棱角修圆，也不能避免发生空蚀，因为在墩侧和墩后仍会出现水流分离现象，产生很大的负压。

为了避免发生空蚀，文献[83]提出掺气分流墩的消能结构，下面要介绍的在消力池内浇注的自掺气三角形大头消力墩与其有相似之处。图10-3为在溢流坝下游消力池内采用交叉布置的大头消力墩，利用在墩体的头部和尾部产生的立轴旋涡（或涡街）引起的紊动剪切消能。为了防止墩体的两侧发生空蚀，将三角形大头墩墩后设计成垂直掺气坎。其中，第一排的墩1由于水流平稳，并且流速大，一般墩内不埋设通气管，其两侧的竖坎能自行掺气；而第二排的边墩2和中间的大头消力墩3，由于该处水流方向混乱，为了竖坎能掺气，在墩内埋设竖通气管向掺气孔4输气（见图10-3消力墩大样），以确保消力墩不发生空蚀破坏。

由此种掺气设施出来的空气既能保护消力墩侧壁不发生空蚀，也能防止其背水面和底板上不发生空蚀，同时加大了消能力度。图10-3中消力墩的数量太多，施工困难，为了减少墩的数量，可以增大墩的尺寸，如图10-4所示。

图10-3、图10-4的消力墩首部和尾部都是直立的，为了增加稳定性和减少工程量，可以将墩尾做成向上游倾斜的体型（见图10-5）或将墩首做成向下游倾斜的体型（见图10-6）。其中，消力墩1布置在第一排（反弧段下游），墩内不埋设通气管，而边墩2（见图10-3）和消力墩3在墩内埋设通气管，为掺气坎输气。

上述带有掺气坎的消力墩结构比较复杂，施工可能要困难一些。因此，又提出一种较简单的消力墩组合，即：将溢流坝分流墩延长，末端逐渐扩大成宽尾墩，再加上两边墩构成第一排消力墩，而第二排的三角形墩布置在第一排墩射流的流线内，见图10-7。在动水压力的作用下使墩头的两侧压力升高，避免水流分离产生负压，因此不会发生空蚀现象。

应注意：由于溢流坝顶的闸墩宽，下游分流墩窄，在闸墩末端形成一直角坎，为了防止

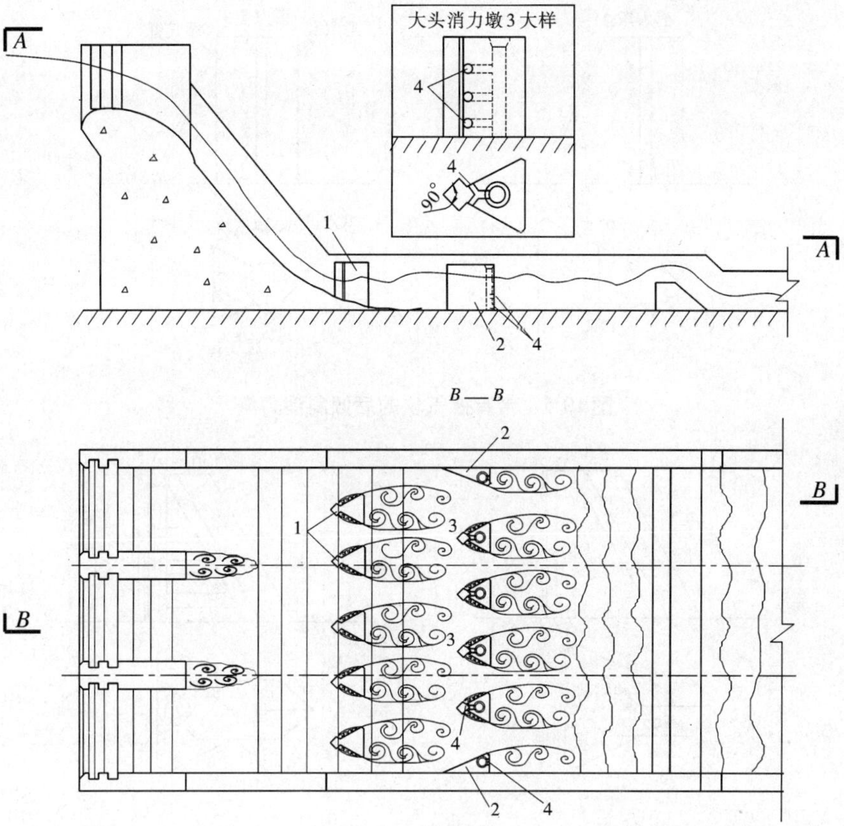

A—A

1—大头消力墩；2—边墩；3—设通气管的大头消力墩；4—掺气孔

图 10-3　溢流坝消力池内交叉布置大头消力墩

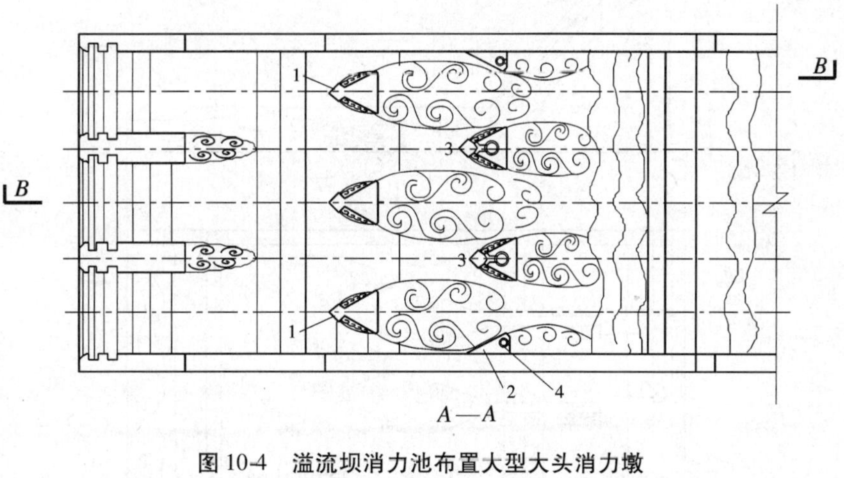

A—A

图 10-4　溢流坝消力池布置大型大头消力墩

连接坎下游发生空蚀，将闸墩末端扩宽，让其能自动掺气(见图 10-7)。

图 10-8 中溢流坝分流墩的末端改成对称的宽尾圆弧起旋墩。为了能形成旋涡，在两起旋墩的上游布置自掺气的三角形墩，致使三角形墩两侧的射流作用到宽尾起旋墩上，产生两股旋转流相互碰撞消刹能量。

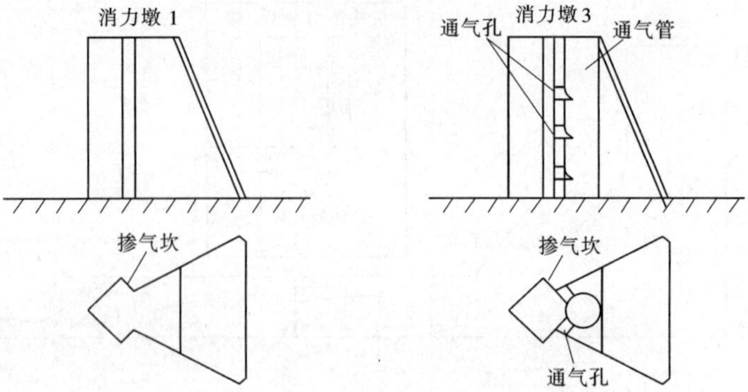

图 10-5　带有掺气坎的后倾斜消力墩

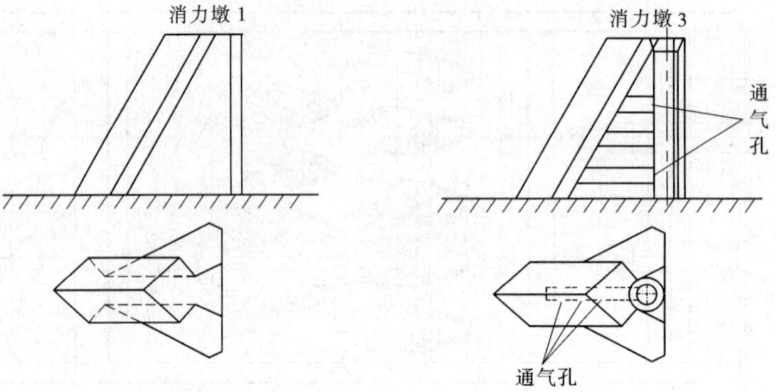

图 10-6　带有掺气坎的前倾斜消力墩

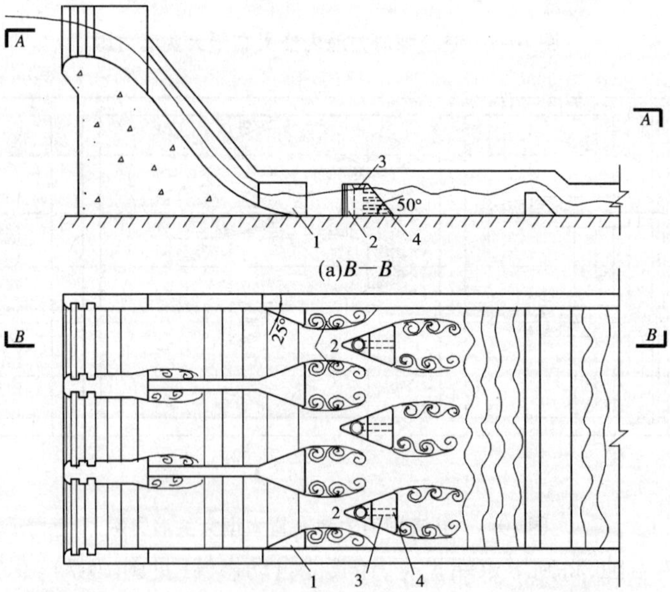

(a)$B—B$

(b)$A—A$

1—边墩；2—中墩；3—通气管；4—掺气孔

图 10-7　自掺气宽尾墩 + 三角形消力墩

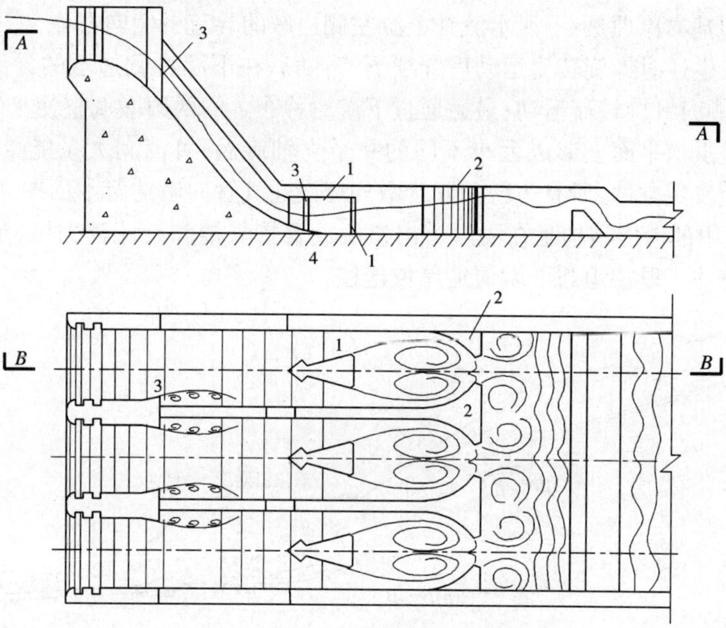

1—分流墩；2—起旋墩；3—掺气坎

图 10-8　溢流坝分流墩下游浇注宽尾起旋墩

10.3　开敞式溢洪道旋流消能工

传统的开敞式溢洪道出口浇注挑流鼻坎，将水流挑射到下游河道。这种消能方式将使岸边冲刷，并引起严重的雾化现象，破坏山坡植被和稳定性。如果下游两岸边坡较陡，地质条件较差，也可以在溢洪道出口段采用旋流消能工，降低流速，减轻挑流对下游冲刷和雾化现象。这种旋流消能结构由上游一侧边墩和下游另一侧曲线墩组成单元，在下游交替布置，产生连续的旋涡串，最后采用一对边墩调整流态，见图 10-9。

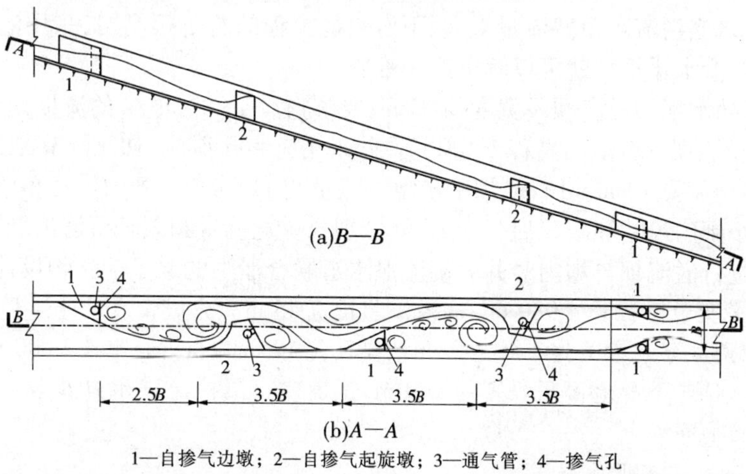

1—自掺气边墩；2—自掺气起旋墩；3—通气管；4—掺气孔

图 10-9　开敞式溢洪道设平面连续交错旋流消能工

其消能的基本原理是：下泄水流在上游左侧边墩的导流下偏向右侧，在下游右侧的起旋墩壁面上产生逆时针旋转流运动后继续下流；随后在下游右侧边墩的导流下偏向另一起旋墩，产生顺时针旋转流运动；最后通过下游对称布置的两边墩调整使水流平顺地流出到下游。在溢洪道平面上形成大小不同的 9 个立轴旋涡，可消刹大量能量，降低出口流速。为了避免发生空蚀，所有边墩和起旋墩均埋设通气管向墩的背水面掺气。

图 10-10 中的消能结构是在溢洪道出口段设置掺气槽和旋流消力墩，形成横轴旋涡消能。出口浇注一段护坦与下游河道岸坡连接。

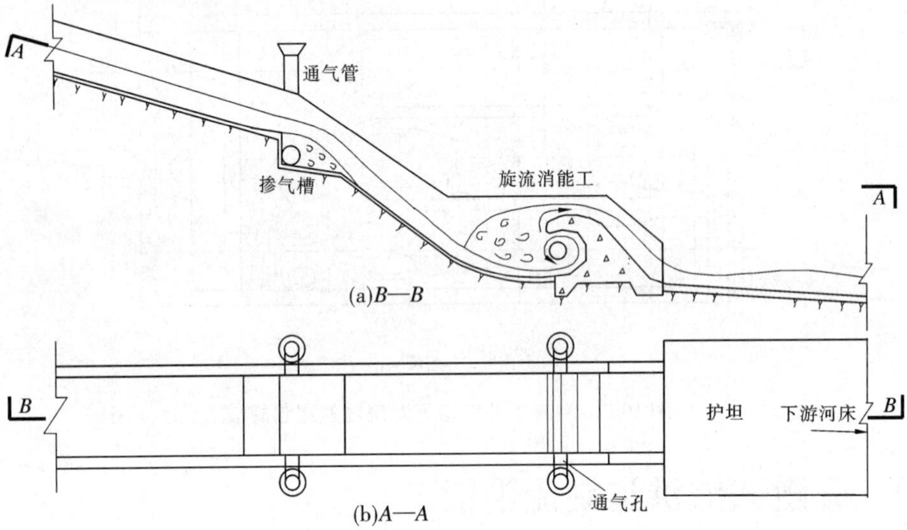

图 10-10　开敞式溢洪道设通气槽和旋流消能工

10.4　溢流坝兼中孔竖井 - 旋流泄水道

当坝址处河道狭窄，但下泄流量大，仅从溢流坝坝身不能宣泄最大可能洪水流量(PMF)时，或者当溢流坝单宽流量太大、下游消能工程的造价很高时，采用溢流坝兼中层泄水道的混合泄水建筑物就可以解决这一难题。

例如，某挡水坝的溢流坝段宽度约 45 m，要求宣泄 4 980 m^3/s 的流量，上游最高洪水位 1 200 m，溢流坝下游地面高程 1 100 m。若采用三表孔泄流，初步计算结果，堰上水头 17 m，每孔闸门需要 12 m×16 m，坝下游单宽流量约 115 m^2/s，闸门设备和单宽流量都很大。为了减小闸门尺寸和减轻启门动力，降低坝身单宽流量和减轻下游消能工程，下面对本例的数据进行溢流坝与坝内竖井 - 旋流泄水道联合泄洪的水工建筑物设计。

【例】　最大设计流量 4 980 m^3/s，溢流坝段宽 45 m。先假设表孔泄流量 2 980 m^3/s，设三孔，坝顶两座分流墩宽为 2×4 = 8(m)，单孔宽 12 m。中孔泄流量 2 000 m^3/s，也设三孔。最高洪水位与下游地面高程差约 100 m，试确定上下两层进水口及竖井下部起旋室及旋流泄水道的高程。

1. 确定表孔溢流坝顶高程

首先根据表孔流量 2 980 m^3/s，每孔 993.3 m^3/s 计算堰顶水头。溢流堰的流量系数要根据溢流坝型、闸墩收缩系数等具体资料从《水力学手册》查出。本例取 $m=0.46$，则堰顶水头为：

$$H=\left(\frac{Q}{mB\sqrt{2g}}\right)^{2/3}=\left(\frac{993.3}{0.46\times 12\sqrt{19.62}}\right)^{0.667}\approx 11.83(\mathrm{m})\text{，取 }H=11.83\ \mathrm{m}$$

堰顶高程为：

$$1\,200-11.8=1\,188.2(\mathrm{m})$$

2. 确定中孔泄水道进口底板和顶拱高程

中孔分担泄流量 2 000 m^3/s。设 3 个中孔，每孔流量 667 m^3/s，根据第 4 章计算公式，竖井直径为：

$$D_s=0.27\sqrt{Q}=0.27\sqrt{667}=6.97(\mathrm{m})\text{，取 }D_s=7\ \mathrm{m}$$

考虑到中孔需要在坝内预留闸门室（廊道）的空间，底板的高程定在 1 155.0 m 高程，闸门室截面面积为宽 8 m、高 14 m。

中孔为半径 4 m 的 1/4 圆弧与 7 m×7 m 方形闸门段连接，再通过垂直转弯段和方变圆过渡段同直径 7 m 的竖井连接。中孔拱顶高程为：

$$1\,155+7=1\,162(\mathrm{m})$$

3. 确定旋流泄水道和起旋室直径

旋流水道直径为：

$$D=\left(\frac{D_s}{Z}\right)^{0.02}\left(\frac{Q^2}{g}\right)^{0.2}=\left(\frac{7}{100}\right)^{0.02}\times\left(\frac{667^2}{9.81}\right)^{0.2}=8.1(\mathrm{m})\text{，取 }D=8\ \mathrm{m}$$

式中 D_s——竖井直径；

Z——从最高库水位到旋流泄水道（假设接近下游地面）的高程差 100 m。

起旋室直径取 $D_q=1.1D=1.1\times 8=8.8(\mathrm{m})$，竖井半径 $R_q=4.4$ m。

4. 竖井采用 1/4 椭圆曲线与起旋室连接

由于溢流坝内横断面尺寸有限，起旋室与竖井的偏心距应取小一些，竖井和起旋室的轴间距取：

$$\Delta=0.3D_q=0.3\times 8.8\approx 2.6(\mathrm{m})$$

椭圆曲线和起旋室轴心间距取：

$$K=0.77D_q=0.77\times 8.8=6.8(\mathrm{m})$$

椭圆曲线短半轴为：

$$b=D_s/2+\Delta=7/2+2.6=6.1(\mathrm{m})$$

椭圆曲线长半轴为：

$$a=\sqrt{\frac{b^2(K^2+b^2-R_q^2)}{b^2-R_q^2}}=\sqrt{\frac{6.1^2\times(6.8^2+6.1^2-4.4^2)}{6.1^2-4.4^2}}=11.5(\mathrm{m})$$

椭圆曲线与起旋室圆弧切点坐标为：

$$x=a^2K/(a^2-b^2)=11.5^2\times 6.8/(11.5^2-6.1^2)=9.46(\mathrm{m})$$

$$y=b\sqrt{1-x^2/a^2}=6.1\times\sqrt{1-9.46^2/11.5^2}=3.47(\mathrm{m})$$

确定竖井收缩段终点与起旋室轴（椭圆 x 轴）的水平间距：

$$C = 0.25D = 0.25 \times 8.8 \approx 2.2(\text{m})，取\ C = 2.1\ \text{m}$$

为了消减旋流洞进口连接段的负压，竖井收缩坡与铅垂线的夹角取大一些，$\theta = 14°$。

起旋室进口宽度为：

$$W = b\sqrt{1 - (K - \sqrt{R_q^{\ 2} - C^2})^2/a^2} - C = 6.1 \times \sqrt{1 - (6.8 - 3.87)^2/11.5^2} - 2.1 = 3.9(\text{m})$$

起旋室进口面积为：

$$\omega = WD_s = 3.9 \times 7 = 27.3(\text{m}^2)$$

椭圆曲线同起旋室圆弧连接结构见图 10-11C—C 剖面大样。

5. 检验竖井－旋流泄水道起旋室上总水头

竖井－旋流泄水道进水口作用水头较高，整个竖井是有压满流。从竖井下部起旋室断面中心算起，总水头 Z 按孔口出流流量公式计算：

$$Z = \frac{Q^2}{\mu^2\omega^2 2g} \tag{10-7}$$

$$\omega = WD_s \tag{10-8}$$

式中 Q——最大设计流量；

W——起旋室进口宽；

D_s——竖井直径；

μ——流量系数。

将已知下泄流量 $Q = 667\ \text{m}^3/\text{s}$，$\omega = 27.3\ \text{m}^2$，流量系数 $\mu = 0.50 \sim 0.65$（参考公伯峡试验资料估值）代入式(10-7)可得：

$$Z = \frac{Q^2}{\mu^2\omega^2 2g} = \frac{667^2}{0.55^2 \times 27.3^2 \times 19.62} = 100.6(\text{m})$$

对应起旋室进口中轴线高程为 1 200 − 100.6 = 1 099.4(m)，在此作用水头下的泄流能力为 667 m^3/s。坝下游地面高程 1 100 m，旋流泄水道中轴线比地面低 0.6 m，旋流泄水道出口在下游消力池内，恰好处于淹没流状态，消能率高。溢流坝兼坝内竖井（管）－旋流泄水道结构纵剖面和平面见图 10-11 B—B 剖面和 A—A 剖面。

应指出，Z 值是最高库水位与起旋室进口断面中轴线之间的高程差，其进口的高程不是随便定的，有严格的限制条件，即：要求旋流泄水道出口低于最高尾水位，否则会降低消能率。但泄水道出口淹没深度也不能太高，要求淹没水深不大于 $1.5D$（D 为旋流水道直径），否则会影响泄流能力。

为了控制起旋室的进口高程，可以通过适当调整式(10-7)中的 ω 来改变 Z 值。例如，若尾水深度已超过 $1.5D$（假设为 16 m，比旋流泄水道顶高出 8 m），这时要将起旋室和旋流泄水道向上移，使 Z 值减小，同时适当地调整起旋室进口面积 ω 值代入式(10-7)，使满足最大泄流量的要求。

6. 旋流泄水道的设计说明

旋流泄水道进口设两道平板闸门（闸门尺寸宽 7 m × 高 7 m），整个泄水管道为有压流。汛期时同表孔一起开闸泄洪；在正常蓄水位时闸门用来封堵泄水道以保证不弃水，满足发电水位的要求；枯水期开闸为下游供水。

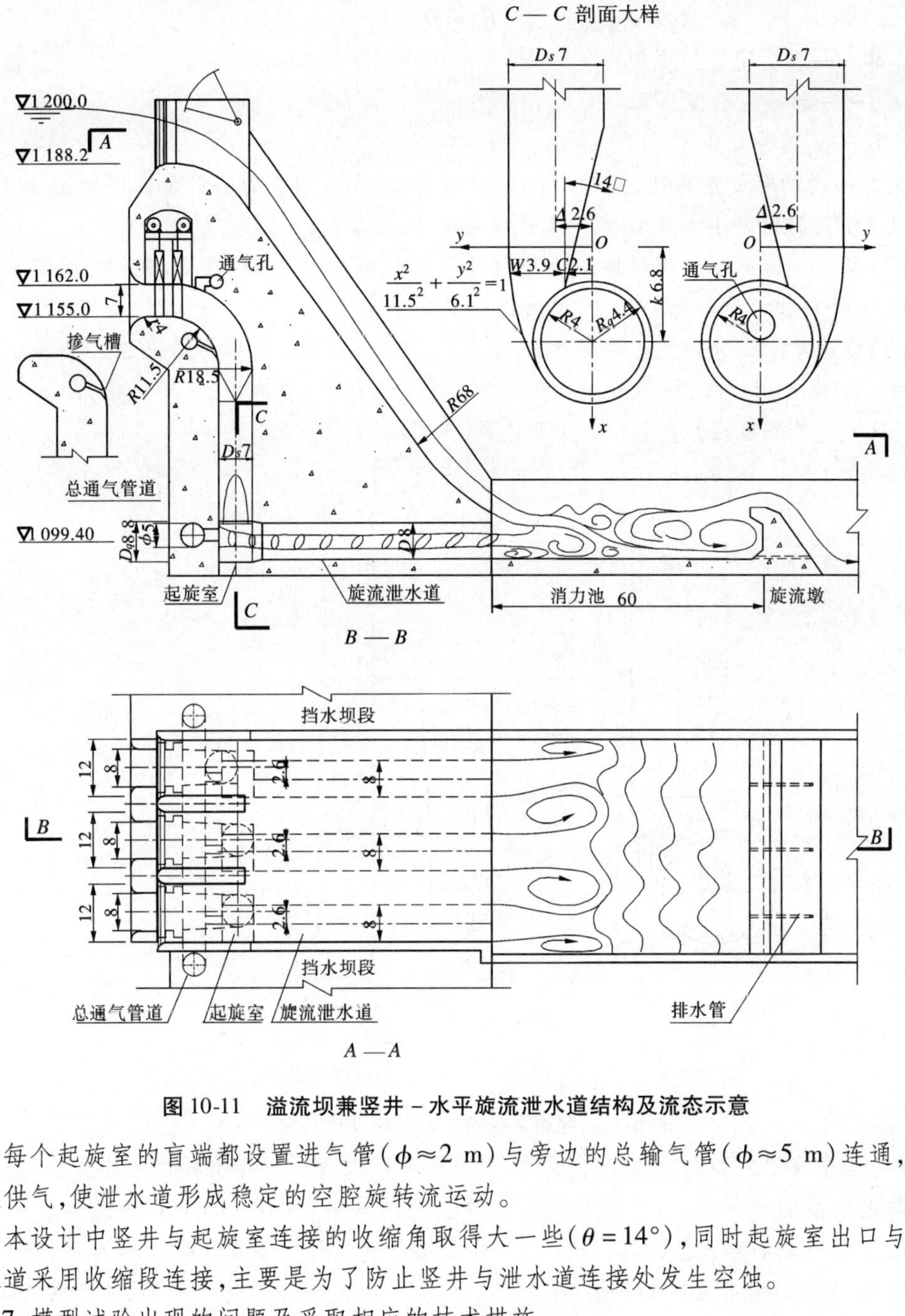

图 10-11　溢流坝兼竖井－水平旋流泄水道结构及流态示意

每个起旋室的盲端都设置进气管($\phi\approx2$ m)与旁边的总输气管($\phi\approx5$ m)连通，为泄水道供气，使泄水道形成稳定的空腔旋转流运动。

本设计中竖井与起旋室连接的收缩角取得大一些($\theta=14°$)，同时起旋室出口与旋流泄水道采用收缩段连接，主要是为了防止竖井与泄水道连接处发生空蚀。

7. 模型试验出现的问题及采取相应的技术措施

模型试验过程中出现下面问题，采取了如下相应的技术措施：

(1)在起旋室限定作用水头 Z 的条件下(因为起旋室和泄水道的高程受下游消力池的高程控制)，当竖井－旋流泄水道不能满足最大泄流量的要求时，解决办法是，将起旋室沿水道方向加长，扩大起旋室进口面积 ω(见图 10-12B—B)：

$$\omega = WB$$

$$B > D_s$$

式中 W——起旋室进口宽度；

B——起旋室长度；

D_s——竖井直径。

最好是增加起旋室直径，如 D_q 由 1.1D 增至 1.15D，相应的偏心距也增加，Δ 由0.3D_q 增至 0.35D_q，同时减小 K 值使起旋室进口宽度 W 增加，便可以增大过流面积 ω。

(2) 竖井－旋流泄水道超过最大设计流量。解决办法是，调整竖井连接起旋室的收缩角度 θ，使 θ 加大后与竖井相交，其他结构尺寸维持不变。

(3) 旋流泄水道进口段出现较大的负压。解决办法是，在起旋室进口上部靠泄水道的竖井一侧设置折流坎，将折流坎 abc 倾斜面的 ac 圆弧段棱角修圆(或倒角)后 a 点垫高 0.1D(D 为起旋室直径)，b 点和 c 点不垫高，见图 10-12A—A 剖面。

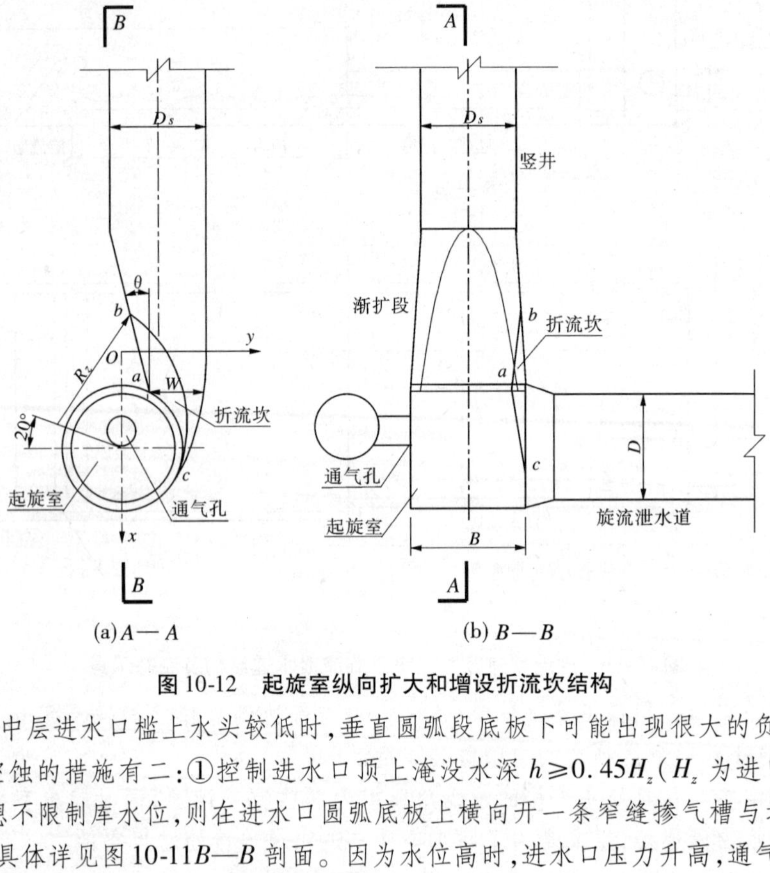

图 10-12　起旋室纵向扩大和增设折流坎结构

(4) 当中层进水口槛上水头较低时，垂直圆弧段底板下可能出现很大的负压，引起空蚀。防止空蚀的措施有二：①控制进水口顶上淹没水深 $h \geqslant 0.45H_z$(H_z 为进口水平段洞高)；②若想不限制库水位，则在进水口圆弧底板上横向开一条窄缝掺气槽与坝内专用通气管连通，具体详见图 10-11B—B 剖面。因为水位高时，进水口压力升高，通气管进水；而当水位较低时，出现负压通气管向掺气槽掺气。

8. 消力池结构

消力池参考 10.2 节设计。由于消力池内掺气充分，消力墩不会发生空蚀。旋流泄水道水流进入消力池后旋转扩散，溢流坝的射流和旋流墩的旋滚流相互作用，消刹大量能量。

采用坝内旋流泄水道与表孔组合的溢流坝最大好处是，在任何库水位下泄洪时，泄水道中的水流都能保持稳定的空腔旋转流运动，与表孔下泄水流在消力池中相互作用消能，不会发生空蚀，也不会产生雾化现象，消能率高。

10.5 溢流坝兼中孔旋流竖井泄水道设计

10.4 节在坝内浇注竖井－旋流泄水道。其中起旋室结构施工比较复杂一些，可以改成旋流竖井泄水道。现在仍根据上例的基本资料进行溢流坝兼旋流竖井泄水道设计。泄水道分无压流和有压流两个方案。

10.5.1 中孔采用短压力进水口的无压流泄水道方案

保持表孔溢流坝尺寸不变，三个中孔的泄流量也不变，中孔采用短压力进水口的无压流泄水道方案，以下进行简要说明和设计。

10.5.1.1 确定中孔出水口闸门尺寸

为了保证中孔的无压泄水道至涡井段及涡井进口跌坎处不发生空蚀，泄水道首端上下采用突扩体型，同时分别设掺气孔。而为了保证竖井能形成稳定的空腔旋转流，并且不发生壅水现象，在涡井顶部也设通气孔，同时设垂直导流坎。中孔底板高程仍定在 1 155.0 m，因该处坝断面较窄，为了便于引水道与涡井的连接，将中孔的闸门移到坝下水平泄水管的廊道闸室内。溢流坝兼坝内旋流竖井泄水道设计见图 10-13。

根据中孔底板上水头 $H=45$ m，仍按设计短压力进水口方法计算进水口的孔口尺寸。设中孔出水口闸门尺寸宽 3.6 m，高 8 m（闸门的高宽比 $h/B<2$），由于无闸门槽，但是受淹没流的影响，取流量系数 $\mu\approx0.85$，则中孔泄流量为：

$$Q=\mu Bh\sqrt{2g(H-h)}=0.85\times3.6\times8\times\sqrt{19.62\times(45-8)}=660(\mathrm{m^3/s})$$

流量系数可能估计得不准确，应通过模型试验确定。

10.5.1.2 确定涡井（旋流竖井）直径和其进口尺寸

首先计算中层泄水道进口的弗劳德数为：

$$Fr=\frac{Q}{\sqrt{gB^2h^3}}=\frac{660}{\sqrt{9.81\times3.6^2\times8^3}}=2.59$$

按第 1 章式(1-12)涡井直径为：

$$D=(Fr+1)^{0.035}\left(\frac{Q^2}{g}\right)^{0.2}=3.59^{0.035}\times\left(\frac{660^2}{9.81}\right)^{0.2}=8.9(\mathrm{m})$$

取涡井直径 $D=9$ m，半径 $R=4.5$。

涡井进口面积按第 1 章式(1-20)计算：

$$\omega=1.25(1.25+0.1Fr)Bh=1.25\times(1.25+0.1\times2.59)\times3.6\times8=54.3\ (\mathrm{m^2})$$

涡井进口处收缩宽度 $b=3$ m，于是涡井进口高度为：

$$y=\omega/b=54.3/3=18(\mathrm{m})$$

10.5.1.3 确定竖井下部泄水道断面尺寸

确定竖井下部尺寸：根据沙牌和瓦屋山旋流竖井泄洪洞试验资料[56]、[29]，如果在泄水管道内只设顶压板，不设其他消能结构物，管道内保持明流流态，则要求泄水道截面面积/旋流竖井截面面积≈0.6，即要求泄水道断面面积 38 $\mathrm{m^2}$，取宽 6 m、高 7 m 城门洞形断面。

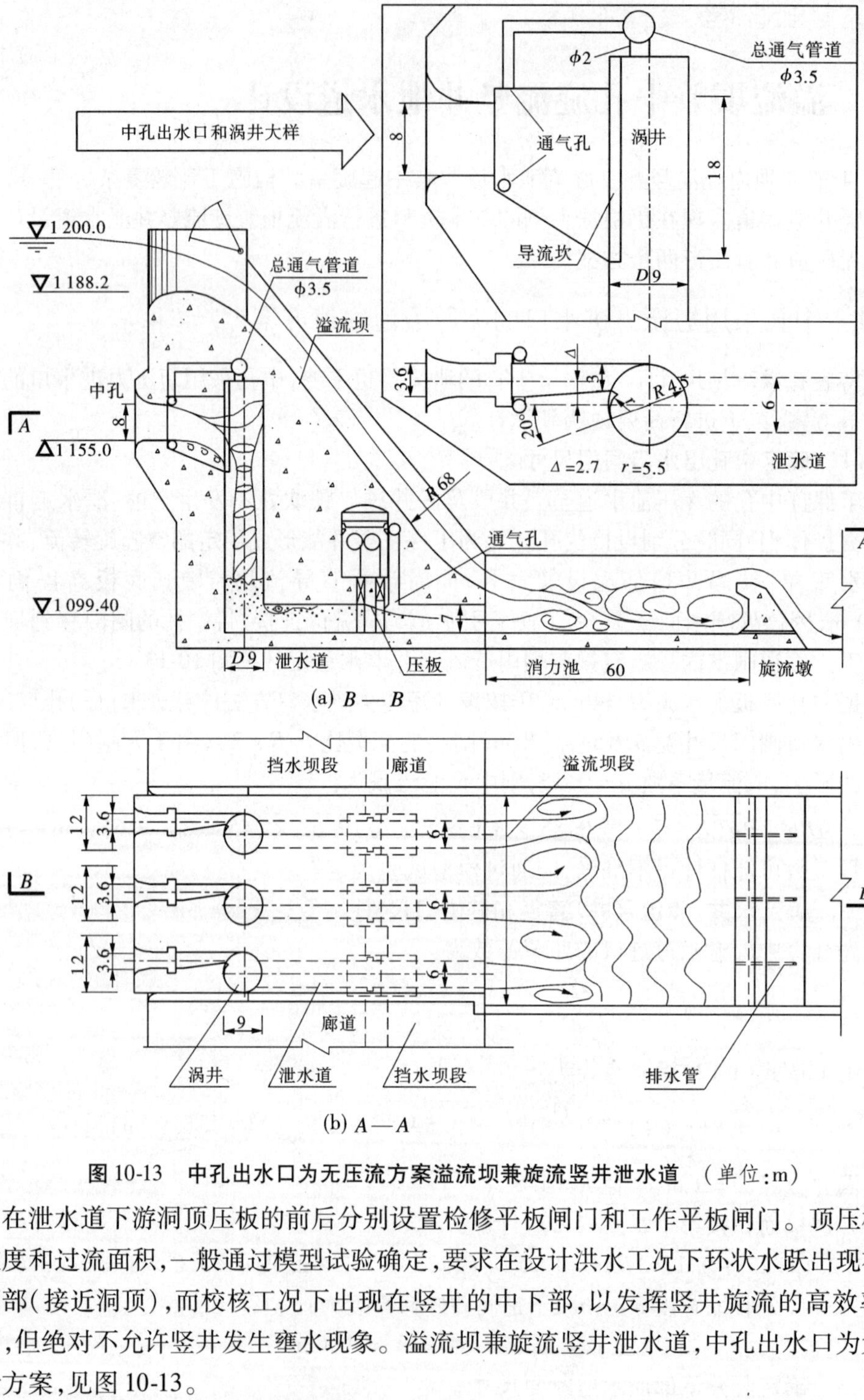

图 10-13　中孔出水口为无压流方案溢流坝兼旋流竖井泄水道　（单位：m）

在泄水道下游洞顶压板的前后分别设置检修平板闸门和工作平板闸门。顶压板迎水面坡度和过流面积，一般通过模型试验确定，要求在设计洪水工况下环状水跃出现在竖井的下部（接近洞顶），而校核工况下出现在竖井的中下部，以发挥竖井旋流的高效率消能作用，但绝对不允许竖井发生壅水现象。溢流坝兼旋流竖井泄水道，中孔出水口为无压流设计方案，见图 10-13。

10.5.2　中孔出水口为有压流设计方案

旋流竖井设置的中孔出水口也可以设计成有压流进水口，对应的流量系数$\mu \approx 0.8$。

10.5.2.1　**下泄流量校核**

设孔口宽、高分别为 $B=3.85$ m、$h=8$ m，则：

$$Q=\mu Bh\sqrt{2g(H-h)}=0.8\times3.85\times8\times\sqrt{19.62\times(45-8)}=663.88(\text{m})$$

满足中层水道设计流量的要求。

中孔进口顶部采用椭圆曲线，长半轴 $a=7.2$ m，短半轴 $b=4$ m；底部采用半径为 3 m 的圆弧与平底板连接，下游接掺气跌坎并设置通气孔。

10.5.2.2　**确定涡井进口高度**

首先按第 1 章式(1-24)计算涡井进口面积为：

$$\omega=1.55Bh=1.55\times3.85\times8=47.74(\text{m})$$

涡室进口宽度 $b=3$ m，于是涡室进口高度为：

$$y=\omega/b=47.74/3=16(\text{m})$$

中孔的控制闸门同样设置在下部水平泄水道的闸室中。其中，检修平板门布置在顶压板前，工作平板门在压板后。两扇闸门之间的顶压板后有通气孔掺气，可以消除负压涡，使下游水面平稳。溢流坝兼旋流竖井泄水道，中孔出水口为有压流的设计方案，见图 10-14。

如果将图 10-13 和图 10-14 进行比较可看出，前者的中孔出水口较复杂，同时涡井进口也较高，另外前者中孔的流道可能因来至涡井进口的水跃而变成淹没流(即有压流)，产生壅水现象。要想不影响泄流能力，最好将涡井直径扩大 $D_v=1.2D=1.2\times9=10.8$ (m)，进水口采用 1/4 椭圆曲线同涡井连接。

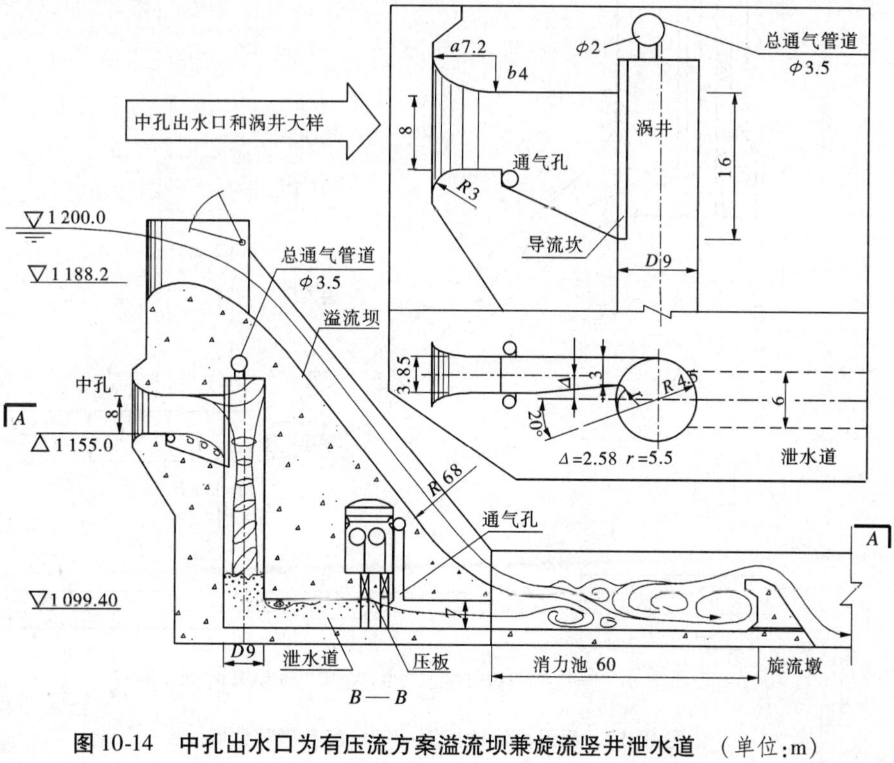

图 10-14　**中孔出水口为有压流方案溢流坝兼旋流竖井泄水道**　(单位:m)

10.6 传统的通气槽改为组合掺气消力墩

传统斜井式泄洪洞在反弧段末端易发生空蚀破坏。对于运行频繁的泄洪洞，即使在斜井下部底板上设通气槽，由于高速水流长期的冲蚀和磨损也会引起空蚀。特别是反弧段侧壁，若残留不平整体就会导致通气槽（坎）发生空蚀，如第6章图6-15在反弧段边墙上4 mm的错台后面就发生了小空蚀坑。传统的通气槽设在反弧段上游斜坡（或反弧段）末端的底板上，其掺气量只能保护下游有限距离的底板免于空蚀，不能同时保护边墙的安全，并且通气槽也不能起到消能的作用，出口流速仍然很大，挑流冲刷和雾化破坏生态植被严重。

如果在反弧段中上部浇注坎高大于1.5 m的挑流坎（从两边墙的通气孔掺气），同时在挑流坎的上、下游分别布置两道自掺气的边墩（气体来自洞顶空间通过边墩内的管路输送到边墩的背水面），挑流坎的斜坡与底板圆弧切线的夹角为25°，见图10-15。由于边墩产生的立轴旋涡吸入大量空气被高速水流带到下游侧墙上，可以保护边墙不发生空蚀；而下游的边墩由于阻水作用，在反弧段形成水垫塘，在挑坎旋滚流的剪切作用消刹能量，同时两道边墩的立轴旋涡也消耗能量。这种设计可以保护反弧段及其下游不再发生空蚀破坏，同时又能起到消能作用，使下游挑流坎的流速降低，可以减轻出口岸边冲刷和雾化现象。

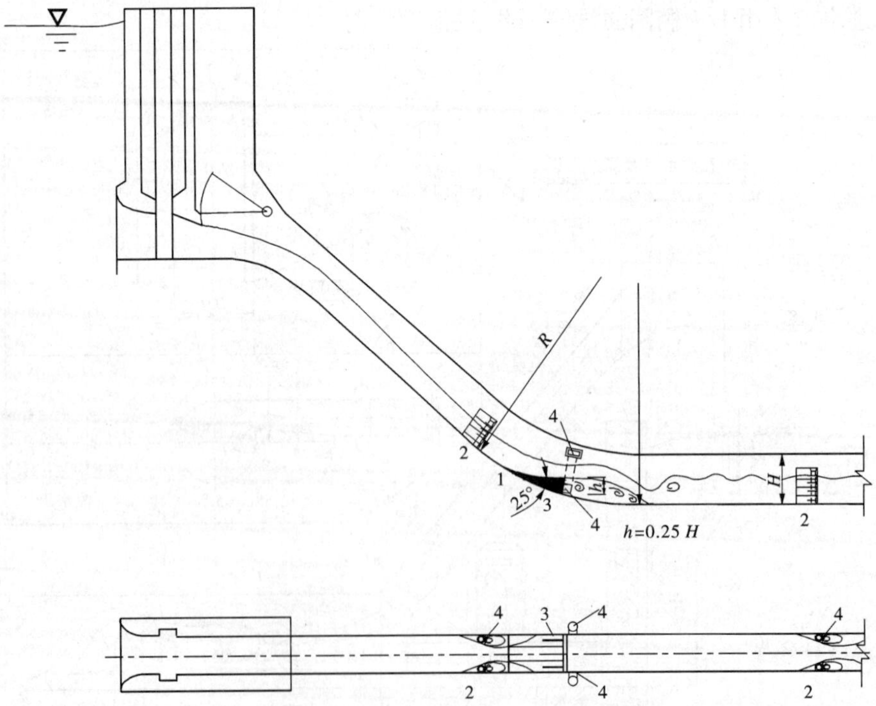

1—反弧段；2—自掺气边墩；3—掺气挑流坎；4—通气孔

图10-15 反弧段浇注挑流掺气坎和自掺气边墩

此种设计的原则是:①边墩高度浇注到城门洞断面直段侧墙顶为止;②要求挑坎的挑射水流高度低于拱顶下的侧墙高度;③挑坎下游的边墩高度要高出水深,以保证边墩内通气孔的空气畅通,避免发生空蚀。

另一方案是,在反弧段末端浇注自掺气边墩,在紧靠其下游浇注掺气挑坎,在距挑坎3.5倍洞高的距离(根据总水头大小而定)设置分散组合墩,构成一水垫塘,具体见图10-16。其中分散组合墩即三角体边墩加中墩,设计体型见图10-16大样或图1-24(d)。通过挑坎挑流旋滚的紊动剪切作用,以及上游边墩和下游分散组合墩的立轴旋涡可以消耗大量动能,降低了反弧段和下游洞内的流速,可以避免泄洪洞发生空蚀,同时也能减轻出口的冲刷和雾化现象。

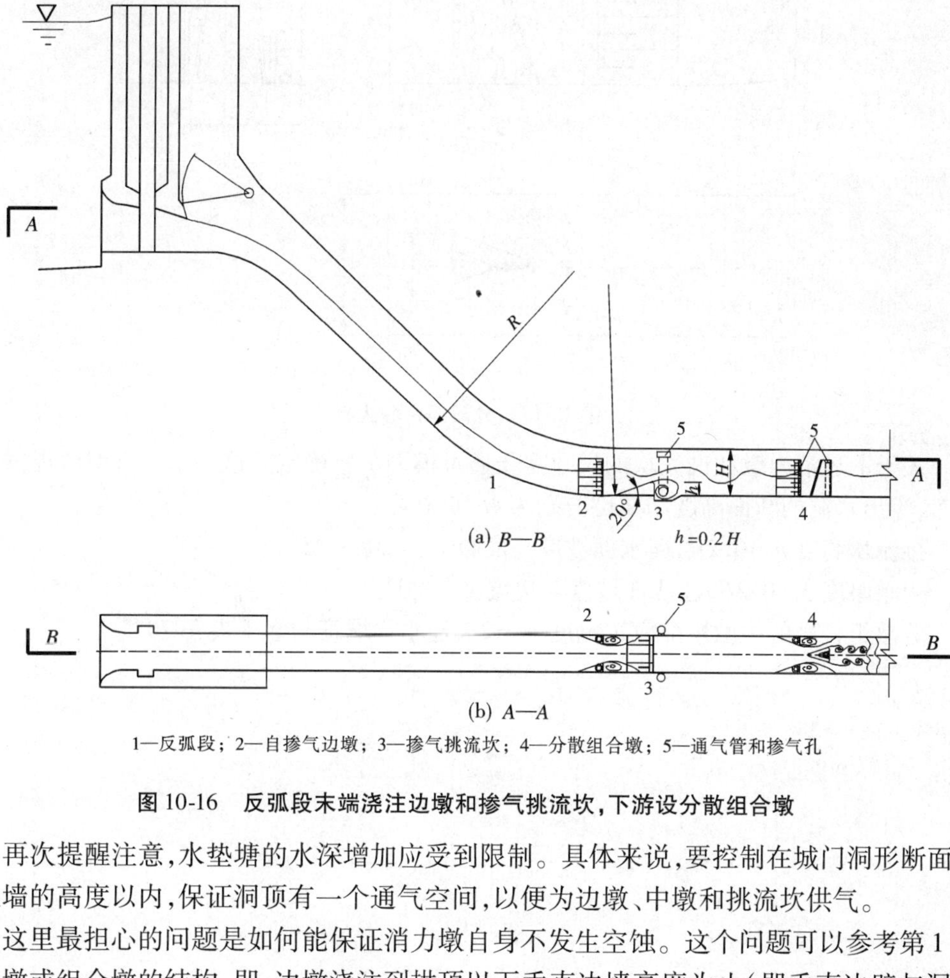

(a) B—B

(b) A—A

1—反弧段;2—自掺气边墩;3—掺气挑流坎;4—分散组合墩;5—通气管和掺气孔

图10-16 反弧段末端浇注边墩和掺气挑流坎,下游设分散组合墩

再次提醒注意,水垫塘的水深增加应受到限制。具体来说,要控制在城门洞形断面垂直边墙的高度以内,保证洞顶有一个通气空间,以便为边墩、中墩和挑流坎供气。

这里最担心的问题是如何能保证消力墩自身不发生空蚀。这个问题可以参考第1章的边墩或组合墩的结构,即:边墩浇注到拱顶以下垂直边墙高度为止(即垂直边壁与洞顶圆弧连接的高程),从边墩顶向下埋设通气竖管,将竖管从上到下分成几个支管通到边墩的背水面作为掺气孔。在高速水流的作用下,边墩背面产生负压旋涡,从通气管吸入大量空气,可以防止结构物发生空蚀,同时增加消能效果,所有掺气的气源均来自泄洪洞拱顶的空间。其中挑流坎的掺气同传统的通气槽一样,在坎后两边墙内埋通气管,由洞顶空间的气流供气。挑流坎较高,无需再挖掺气槽。这种设计可避免三角墩(坎)尾部负压旋涡引起空蚀。

这里再次说明，由于纵轴线的水流存在不对称性，分散组合墩的中墩迎水面的三角体两侧壁可能出现水流分离现象产生很大的负压，但是要将中墩恰好布置在上游两边墩水流的作用区处，利用边墩对称的动水压力阻止水流分离，消除中墩首部的负压，见图 10-17。

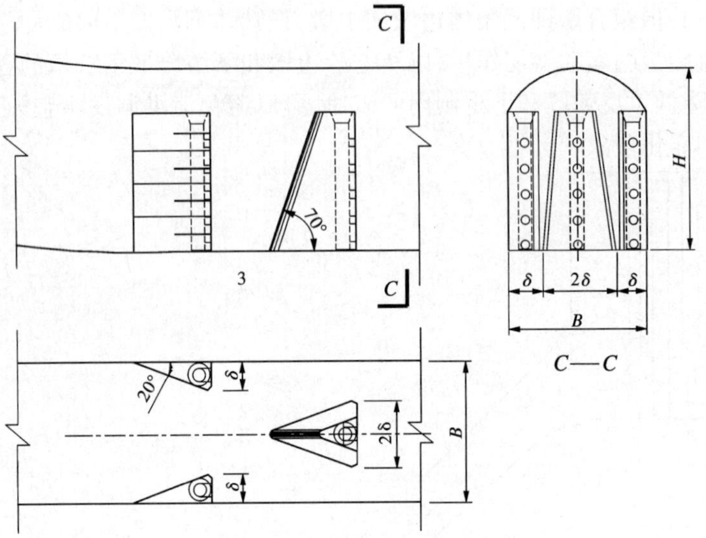

图 10-17　分散组合墩大样

关于上述消力墩和挑流坎的尺寸需要通过模型试验确定。这里给出近似值提供设计参考，令出水洞的断面高度和宽度分别为 H 和 B，则：

挑流坎高度 $h \approx 0.2H$，迎水面坡度与底板夹角 20°~25°；

边墩厚度 $\delta \approx 0.2B$，迎水面坡度与边墙夹角 20°。

分散组合墩的中墩尾部底边宽度 $W = 2\delta$，迎水面坡度与水平夹角 70°。

附录1 技术术语的解释

由于本书内容是近20年来研究的新成果,大部分泄流结构及水力学特征在水工建筑物和水力学教科书中都没有,因此书中出现大量的有关水工建筑物结构与水力学方面的新名词和术语,可能会使读者感到困惑不解。为了便于读者理解书中各种的旋流防蚀、消能结构物及其附属结构名词代表的意义和用途,分别进行如下说明和解释。

第1章至第3章

旋流竖井泄洪洞:水流通过涡室起旋,绕竖井轴作旋转流(螺旋流)运动。其主要结构由进水口、引水道、涡室(或喇叭形溢流堰自身)、竖井、水垫塘(压力消能工)和出水洞(原导流洞)组成(见图1-1)。

涡室:专指竖井顶部的旋流的起旋装置,即引水道一边墙同涡室偏心相切连接,水流经涡室起旋后在竖井形成螺旋流运动。涡室划分为Ⅰ型——引水道直接与涡室圆弧偏心相切连接的结构,Ⅱ型——引水道采用1/4椭圆曲线与涡室圆弧偏心相切连接的结构,Ⅲ型——引水道与双圆弧组成的涡室偏心连接(见图1-2),它类似于螺旋形涡室,但同国外经典的螺旋形涡室比较要简单得多,并且相对尺寸小。

涡室垂直导流坎:在涡室进口内浇注直立导流坎,当水流进入涡室产生旋流运动时,为了躲避入流与旋流直接碰撞,可利用导流坎改变旋流方向,减小两股水流的交汇角,防止涡室中出现壅水现象(见图1-11、图1-13)。

折流坎:为了防止涡室进口的跌坎区发生负压引起空蚀,在涡室进口与引水道连接的底板上浇注折流坎,折流坎是由 abc 三点构成的倾斜面,其中 a 点是斜坡的制高点(在引水道一边墙与涡室圆弧相交处),水流经折流坎向 c 点(即引水道水流与涡室圆弧的切点)方向偏移,避免产生负压(见图1-11、图1-13)。

扇形堰旋流竖井泄洪洞:进水口为平面1/4大圆弧形的溢流堰,堰顶设分流墩,溢流堰两侧边墙互相垂直布置。其中,一侧边墙通过圆弧与涡室边壁相切,另一侧边墙直接与涡室相切,引导水流在涡室和竖井产生旋转流运动(见图1-3)。

旋流喇叭形竖井泄洪洞:在喇叭形堰周边对称地布置6~8座潜水起旋墩,使下泄水流在喇叭形堰和竖井中产生螺旋流运动(见图1-5)。其洞内消能结构与旋流竖井泄洪洞基本相同。

潜水起旋墩:起旋墩的高度低于校核洪水位,接近于设计洪水位。

起旋墩净高:指从堰顶算起的墩高。

起旋墩与喇叭形堰夹角:从平面喇叭形堰中心引出等分6条或8条放射线(任意两条相邻射线之间圆心角为60°或45°),与喇叭形堰外圆弧相交,在每个交点处设置一起旋墩,起旋墩的长边(小头端)与喇叭形堰外圆的切线成≤15°夹角布置(见图1-5)。

潜水起旋墩的喇叭形竖井旋流运动机理：当堰上低水位运行时，水流在小角度连接起旋墩的引导下产生旋转流，当水位超过起旋墩顶时，起旋墩顶以上的入堰水流自动扩大堰顶入流角度，在下层旋流的拖曳下产生同步的旋转流，在竖井中形成空腔通气的螺旋流，防蚀消能效果好，提高泄流能力。

旋流空腔：竖井螺旋流轴心的气核，空腔断面为圆形，其上部与大气相通，压强接近大气压力。

空腔喉部：涡室或旋流喇叭形堰与竖井连接处附近的空腔直径最小的部位，也是旋流空腔与大气相接通的关键部位，控制着涡室与竖井的泄流能力。

环状水跃：竖井中的空腔螺旋流与下部水垫层交汇而形成的水跃。

出水洞：原导流洞作为泄洪洞或新开挖的泄水洞。

压力消能工（或水垫塘）：在出水洞进口一段长度内浇注阻水消力墩构成的压力洞。

自掺气消力墩：有三角形边墩、组合墩、分散组合墩和顶压板等（见图 1-24）组成，边墩的高度等于城门洞断面的直段侧墙高度，这些墩子浇注时均埋设通气管，向墩（坎）后掺气，空气来自洞顶掺气浓度较高的水气混合体。

竖井环形阻水坎：当竖井下部合成速度较大时，在竖井的中部需要设环形阻水坎（见图 1-35（b）），在坎上形成水气垫层，降低水流在竖井下部合成速度。

集水消力墩：是喇叭形堰竖井专用的产生水垫的设施。因为喇叭形堰不设置闸门，为了避免在低库水位溢流时冲蚀竖井底板，在靠近竖井的出水洞横断面底板上浇注三角形集水墩（见图 1-21），在任何泄流量条件下，竖井底部既能形成水垫层，又能起到消能作用。为了防止集水墩发生空蚀，在墩体背面的两边墙中埋设掺气管，空气源自洞顶高浓度的气水混合体。

排气井：对于高尾水位旋流泄洪洞，为了排除出水洞内游荡的有压气囊，避免在其出口产生气爆现象，需要在泄洪洞的出口段按一定的间隔设置两道排气井，同时要求排气井与洞顶连接的出气孔直径要远小于排气井直径（见图 1-26）。

集气坎：为了高效率排气，在紧靠第一道排气井孔口上游的洞顶设置集气坎（见图 1-26）。

破气坎：为了防止残余的气囊发生气爆，在出口洞顶设置倒锐角三角形截面的破气坎（见图 1-26），将气囊破碎成小气泡流出洞外。

竖井变异空腔流态：当竖井的空腔直径由正常（$0.5 \sim 0.75$）D（D 为竖井直径）和接近于大气压力变成直径小于 $0.02D$ 的不稳定负压涡带（类似于蚯蚓形状）延伸到出水洞进口段（见图 2-3），导致竖井和泄洪洞壁面振动（在模型试验中发生振动现象），并且严重地影响泄流能力。如竖井的环形阻水坎、水垫塘组合墩或顶压板的收缩过流面积设计太小，竖井都会产生变异空腔流态。

涡室进口连接段空蚀敏感区：指引水道与涡室连接的跌坎段易产生负压（见图 2-6）可能引起空蚀。为了消除负压，在涡室进口底板上浇注折流坎。

合成速度：指的是竖井中螺旋流的矢量速度，是切向（环向）速度与轴向（竖向）速度的矢量和。

极限速度：竖井中螺旋流的合成速度随着其下降深度的增加而逐渐增加，其所受到来自竖井壁面和旋流空腔中空气阻力也随之加大。当水流降到一定深度时,阻力与重力达到平衡,位能的增加完全被摩擦损失所消耗,此时合成速度不再增加而维持一常数,达到极限最大值。

第4章至第5章

竖井－旋流泄洪洞:水流通过竖井下的起旋室绕平洞轴作旋转流运动,其主要结构由进水口、竖井(或溢流堰直接连接竖井)、起旋室、旋流洞、水垫塘(或压力消能工)和出水洞(原导流洞)组成(见图4-1)。

溢流堰(或引水道)垂直导流坎:在溢流堰(或引水道)的末端一侧边壁设置倾斜截面的垂直导流坎,使水流偏斜流入竖井,在竖井的进口段产生稳定的立轴旋涡(见图4-2),用以消除溢流堰与竖井连接段的负压和消减竖井的水面波动。

引水道折流坎:在引水道的末端底板上设置带有倾斜面的折流坎,使水流偏斜流入竖井(见图4-7(b),在竖井的进口段产生稳定的立轴旋涡(见图4-7),用以消除引水道与竖井连接段的负压和消减竖井的水面波动。

起旋室:竖井下部截面由圆变方,其中一侧边壁收缩与一段平洞的圆弧直接连接,另一侧边壁通过1/4椭圆曲线与该圆弧切线连接,构成起旋室(见图4-8*B*—*B*剖面),起旋室直径≥平洞(旋流洞)直径。

起旋室导流坎:导流坎设在起旋室的顶部(见图4-8),用以减小起旋室入流和旋流的交汇角度,避免出现壅水现象。若取 $D_q=(1.1\sim1.2)D$, $\Delta\geqslant0.5D_q$, $K\leqslant0.6D_q$, $\theta\geqslant11°$,则可以取消起旋室顶部的导流坎(见图4-24)。

起旋室进口折流坎:折流坎设在起旋室进口上部靠旋流洞一侧的竖井边壁上(见图4-10 *B*－*B* 剖面 *abc* 斜面),用以消除竖井与旋流洞连接陡坎区的负压。

竖井环形掺气坎:在完全淹没堰流的竖井内设置3∶1坡度的环形坎,并配置通气管(见图4-14),用以防止旋流洞连接陡坎区发生空蚀。

水气分离室:对于高尾水位泄洪洞,在起旋室盲端连接的通气井上应设置水气分离室(见图4-15),当发生水气混合喷射时,将水与气分离后流回洞内。

完全淹没堰流:当 $H/S\geqslant0.8$ 时(H 为堰上水头,S 为堰顶至竖井轴线间距),溢流堰下游竖井水位约在堰顶以上 $0.8H$ 处(见图2-1)。

完全自由堰流:当 $H/S\leqslant0.4$ 时,竖井水位约在堰顶以下 $0.8H$ 处(见图2-1)。

溢流堰与竖井连接段负压区:(见图5-1)。

竖井－旋流洞连接段负压区:(见图5-14)。

旋流洞和水垫塘的旋流空腔变异流态:当旋流洞出口收缩或在水垫塘浇注组合消力墩和顶压板时,由于收缩孔尺寸(过流断面)太小,出现壅水现象,引起洞内旋流空腔的变异,即变成不稳定的"蚯蚓形"的小空腔旋转流运动(见图5-9(a))。

第 6 章

导流、泄洪和放空三结合旋流泄洪洞:即泄洪、深层事故放水或排沙和提前发电泄洪等共用同一个竖井和导流洞出流,简称三结合旋流泄洪洞。

导流洞外布置旋流洞:将起旋室和旋流洞改在洞外与导流洞连接(见图 6-10 或图 6-11)。此种旋流泄洪洞布置方案施工简单,能确保施工质量,不影响来年汛前的工期,在投资上比旋流洞布置在导流洞内增加的不多。

消力井:指在竖井中向下开挖的一段直径大、底板低于出水洞底板高程的竖井段,用以提高消能率。实际上,旋流竖井的下部一般均存在环状水跃和水气垫层进行强力的消能,而消力井的消能率很小(见图 6-18),除非能形成射流射入扩大直径的消力井内,同时向井内掺气,这才会发挥好的消能效果。除早期沙牌泄洪洞外,以后的旋流竖井泄洪洞已不设置消力井。

水平消力洞:与消力井不同,水流经水平洞进口的收缩孔突然扩大消能,为了增加消能力度和防止发生空蚀,在收缩孔下游的洞顶和底部均设通气孔,同时在进口一段洞内浇注自掺气的组合消力墩构成压力消能工,见图 6-19。

环形闸门:专指在喇叭形堰顶设置的闸门,从堰顶向下预留环形闸门槽通到启闭机廊道,通过电动齿轮驱动齿带,使闸门上下移动(见图 6-22 和图 6-23)。

第 7 章

沙牌旋流竖井泄洪洞:为四川省岷江支流草坡河上沙牌水电站的 1 号泄洪洞。由短压力进水口、引水道、涡室、竖井和带有顶压板的出水洞组成。最大设计下泄流量 245 m^3/s,总水头约 95 m,涡室直径 10 m,竖井直径 6 m,出水洞为城门洞形断面,宽 4 m、高 5.5 m(见图 7-1、图 7-3)。工程于 2001 年建成,旋流竖井泄洪洞尚未进行原型观测验收。

公伯峡竖井 - 旋流泄洪洞:为青海省黄河干流公伯峡水电站的右岸泄洪洞,由溢流堰进水口、竖井、起旋室、水平旋流洞、水垫塘和出水洞组成。最大设计流量 1 100 m^3/s,总水头约 108 m,堰上水头 19 m,堰宽 12 m,溢流堰半径 17 m,竖井直径 9 m,起旋室和旋流洞直径均为 10.5 m,水垫塘由曲线形组合墩构成,出水洞为城门洞形断面,贴层 0.5 m 后的尺寸:宽 11 m、高 14 m(见图 7-7、图 7-10)。工程于 2006 年初建成,同年 8 月通过了原型观测的验收。

后沙牌旋流竖井泄洪洞:指该泄洪洞建成后,作进一步研究提出的优化设计方案。

后公伯峡竖井 - 旋流泄洪洞:指该泄洪洞建成后,作进一步研究提出的优化设计方案。

清远旋流喇叭形竖井泄洪洞:为广东省清远抽水蓄能电站下水库的泄洪洞,由 8 个潜水起旋墩、喇叭形溢流堰、竖井、集水墩和顶压板构成的压力消能工、出水洞、消力池和海漫组成。最大下泄流量 534 m^3/s,总水头约 64 m,无控制闸门,堰顶高程即正常蓄水位,堰上水头 4.75 m,喇叭形堰顶直径 16 m,断面为 1/4 椭圆曲线(长、短半轴分别为 10 m、4 m)，竖井直径 8 m，出水洞为城门洞形断面宽 6 m、高 8 m，消力池深 3 m、长 50 m(见图 7-19、图 7-20)。工程正在建设中。

第 8 章

螺旋形(Spirail－shaped)涡室：类似于水轮机蜗壳(无导流板)，涡室平面尺寸由 r_1、r_2、r_3 和 r_4 四种大小不同半径的圆弧构成，见图 8-3。螺旋形涡室的旋流竖井工程例，如中国四川草坡水电站竖井泄水道，下泄流量 9.6 m^3/s，竖井深度 54 m，水道宽 2.6 m，水深 2.4 m，竖井直径 1.8 m。该工程于 1987 年 11 月建成投产运行后，经大小流量宣泄过数十次，未发现空蚀和其他事故。

意大利格罗塔 科潘纳罗(Grotto Companre)泄水道(见图 8-1)：泄量 100 m^3/s，总水头 47 m，水道宽 5.25 m，水深 7.23 m，竖井直径 4.5 m。

带有圆弧内导流墙的涡室：涡室断面结构是，将引水道末端一边墙从 A 点起连接半径为 R_3 和 R_4 的圆弧导墙向涡室内延伸，导墙延伸的弧长等于 $R\theta$(R 为竖井半径，θ(＝225°)为延伸角度)；另一边壁连接 R_1 和 R_2 圆弧又回到 A 点，见图 8-5。

切线形(Tangential)涡室：引水道末段逐渐收缩，直接同竖井一侧边壁切线连接，见图 8-8。

第 9 章

空化汽苗：当溢流表面凸体后的压力降到饱和蒸汽压力时，产生空化现象。这时在突体顶部出现闪耀的空化气泡束，简称空化汽苗。

旋流壁面凸体初生空化数：凸体刚出现空化汽苗(汽苗长控制在 2 mm)时的空化数，试验结果在相同凸体试件上，曲线流的初生空化数值小于直线流(见图 9-3)。

气泡飘移现象：指空化气泡在弯道水流离心力作用下形成较大的排挤力，使质量重的水质点向壁面流动，而质量轻的气泡排挤到旋流中心，脱离溢流壁面，有减轻空蚀的作用。这种空化气泡的运动机理也适于掺气的空气泡，即：在旋转流的竖井或水平洞内设置环形掺气坎(槽)，从通气孔吸进的大量空气同样会被旋流空腔所吸收，壁面掺气浓度等于零，不能起到保护泄水结构物减免空蚀的作用。

第 10 章

旋流墩：溢流坝或消力池下游浇注的旋流消力墩代替垂直消力坎，用以加大消能力度(见图 10-1)，旋流墩的迎水面圆弧曲线可用折线代替。

宽尾掺气墩：将溢流坝分流墩的尾部加宽，同时埋设通气管向墩的尾部自然掺气(见图 10-3)。

自掺气大头消力墩：首部为等边直角三角体，顶角对着迎水面，在两边的背水面做成垂直坎(即掺气坎)，下游连接梯形断面支墩(见图 10-3)。

后倾斜消力墩:大头墩两壁后为直立掺气坎,其支墩尾部向上游倾斜(见图 10-5)。

前倾斜消力墩:大头墩两壁后的掺气坎向下游倾斜,支墩尾部为直立面(见图 10-6)。

宽尾起旋墩:将溢流坝分流墩采用圆弧曲线逐渐扩宽,水流沿着圆弧线旋转消能(见图 10-8)。

连续交错旋流消力墩:在岸边溢洪道或泄洪洞的两侧壁,左右相间和交错地布置三角形边墩与旋流墩,进行分段连续消能(见图 10-9)。

溢流坝兼中孔竖井－旋流泄水道:溢流坝顶与中孔联合泄洪和消能,中孔是在坝内采用竖井－旋流泄水道方案(即水流绕水平泄水道轴进行旋转消能)(见图 10-11)。

溢流坝兼中孔旋流竖井泄洪洞:溢流坝顶与中孔联合泄洪和消能,中孔是在坝内采用旋流竖井泄水道方案(即水流绕竖井轴进行旋转消能)(见图 10-13、图 10-14)。

组合消能掺气坎:传统通气槽的免蚀保护长度有限,也不能防止侧壁发生空蚀,更不能提高消能率,降低导流流速。而组合消能掺气坎是由掺气坎和上下游自掺气边墩组成的(见图 10-15),边墩＋挑坎既能向侧壁和下游底板掺气,又能增加消能率。

附录 2　符号意义及公式索引

第 1 章至第 2 章

H——溢流堰堰上水头，或堰下反弧段底板上作用总水头

S——堰顶至竖井轴的间距

R_y——溢流堰截面半径

$Q = mB\sqrt{2g}H^{1.5}$ ——溢流堰流量公式，式(1-2)

m——堰流流量系数

B——溢流堰宽度；工作闸门宽度；引水道宽度

g——重力加速度

n——闸墩数；起旋墩数；糙率

b——引水道末端收缩宽度

R_L——喇叭形堰堰顶平面半径

θ——起旋墩的长边（小头）与喇叭形堰外圆弧切线的夹角

P——堰高

L——从进水口工作闸门至涡室进口之间引水道长度；起旋墩长度

W——短压力进水口顶压板长度；起旋墩宽度；涡室进口宽度

R_1、R_2——双圆弧涡室半径（见图 1-7）

$Q = \mu Bh\sqrt{2g(H_0 - h)}$ ——短压力进水口泄流量公式，式(1-3)

μ——短压力进水口流量系数

B、h——短压力进水口工作闸门的宽度和高度

H_0——短压力进水口槛上水头

$Q = \mu_0 Bh_0\sqrt{2g(H_0 - h_0)}$ ——按长压力进水口流量公式，式(1-4)

$\mu_0 \approx 0.78 \sim 0.80$——长压力进水口流量系数

B、h_0——工作闸门的宽度和高度

H_0——长压力进水口槛上水头

$Q = \mu_1 B_1 h_1\sqrt{2g(H - h_1)}$ ——按有压引水道涡室进口计算流量，式(1-7)

$\mu_1 = \dfrac{1}{\sqrt{1.5 + 0.45(A_1/A_0)^2}}$，式(1-9)

$A_0 = B\,h_0$——工作闸门 0—0 断面孔口面积（宽×高）

$A_1 = B_1 h_1$——涡室进口 1—1 断面面积（宽×高）

H——涡室进口底板上作用的总水头

h_0v_0——工作闸门 1—1 断面处水深和流速

h_1v_1——涡室进口 2—2 断面处水深和流速

r_a——竖井最小旋流空腔(咽喉处)半径

$r' = r_a/R$——相对空腔半径

$R = D/2$——旋流竖井半径

$Fr_x = Q/\sqrt{gD^5}$——竖井虚拟弗劳德数,式(1-11)

$Fr = Q/\sqrt{gB^2h^3}$——引水道弗劳德数

D——旋流竖井直径,$D = k(\frac{Q^2}{g})^{0.2}$,式(1-12)

k——计算竖井直径的参数

对于无压流引水道,$k = (Fr+1)^{0.035}$

对于有压流引水道,$1.0 < k \leqslant 1.05$

对于无引水道喇叭形堰,$k = 1$

D_v——涡室直径

$D_v = (1.35 \sim 1.40)D$ 当涡室同引水道采用直线相切连接时,式(1-15),式(1-18)

$D_v = (1.25 \sim 1.30)D$ 当涡室同引水道采用 1/4 椭圆曲线连接时,式(1-16),式(1-25)

R_v——涡室半径

z——从堰顶算起的起旋墩高度(起旋墩净高);短压力进水口工作闸门后洞高

对无压流 $z = 1.25h$,式(1-19)

对有压流 $z = 1.05h$,式(1-23)

ω——涡室进口过流面积

当引水道为无压流时:

$\omega = 1.25(k + 0.1Fr)Bh$,式(1-20),式(1-26)

$k = 1.25$——适于涡室与引水道直线连接,式(1-20)

$k = 1.35$——适于涡室与引水道椭圆曲线连接,式(1-26)

当引水道为有压流时:

$\omega = 1.55Bh$,式(1-24)

$y = \omega/e$——涡室进口高度;$e \leqslant B$——涡室进口宽度

q——溢流堰单宽流量

h——溢流堰下反弧段处收缩水深

φ——流速系数

$\Delta = (0.50 \sim 0.65)D_v$——采用椭圆曲线连接时,引水道中轴线与涡室圆心间距,1.4.2.1 节

$K = (0.5 \sim 1)D_v$——椭圆中心与涡室圆心间距,1.4.2.1 节

$b = \Delta + B/2$——涡室与引水道连接的椭圆曲线短半轴,1.4.2.1 节

$a = \sqrt{\dfrac{b^2(K^2 + b^2 - R_v^2)}{b^2 - R_v^2}}$——喇叭形堰断面椭圆曲线长半轴,式(1-27)

$x=a^2K/(a^2-b^2),y=b\sqrt{1-x^2/a^2}$——椭圆曲线与涡室圆弧的切点,式(1-28)

若计算结果切点 $x>a$,则取 $x=a=K+R_v,y=0$。

$d=0.2D$——涡室顶通气孔直径

$$\left.\begin{aligned}&\Delta=R\\&e=0.25B\\&R_2=\Delta+B/2\\&R_1=R_2-e\\&\overline{ab}=R_2\end{aligned}\right\}\text{——双圆弧涡室平面尺寸,式(1-29),图(1-16)}$$

$Q=m2\pi R_L\sqrt{2g}H^{1.5}$——喇叭形溢流堰过流量(不计入起旋墩数),式(1-30)

$k=0.417/[m^{0.4}(H/R_L)^{0.6}]$——计算旋流喇叭形堰半径的参数,式(1-32)

$R_L=kD$——旋流喇叭形堰平面半径,式(1-34)

$D=(Q^2/g)^{0.2}$——旋流喇叭形堰下竖井直径,式(1-33)

$m=0.19+0.035(H/R_L)^{-1.5}\mathrm{e}^{-1.5H/R_L}$——旋流喇叭形堰流量系数,式(1-36)

$2.2b<a\leqslant2.5b$,$b=R_L-R$——喇叭形堰断面椭圆曲线长、短半轴,式(1-35)

$A_y\approx(0.60\sim0.65)\pi D^2/4$——出水洞顶压板下允许过流面积,式(1-37)

$A_J\approx0.5\pi D^2/4$——集水墩+顶压板时,集水墩的允许过流面积,式(1-38)

$A_b\approx A_z\approx0.55\pi D^2/4$——边墩+组合墩时,各墩的允许过流面积,式(1-39)

$A_b\approx0.5\pi D^2/4$——边墩+顶压板(或边墩)时,边墩的允许过流面积,式(1-40)

$h_v=(0.5\sim0.6)H_v$——涡室最大压力(当未设置折流坎时),式(2-6)

$h_v=(0.6\sim0.7)H_v$——涡室最大压力(当设置折流坎时),式(2-7)

H_v——库水位与涡室底板高程差

$h_d=(0.3\sim0.4)H$——旋流竖井底板上最大压力,式(2-8)

H——竖井底板上作用总水头

$\sigma=\sqrt{\sum_{i=1}^{N}(p_i-\bar{p})^2/N}$——脉动压力标准差(均方根),式(2-9)

$p'(t)$——随机压力脉动

$R(\tau)$——自相关函数

$\sigma^2=\overline{p'^2}(t)$——脉动压力均方值

$\overline{p'^2}(t)=\int_{-\infty}^{\infty}S(f)\mathrm{d}f$——脉动压力均方值,$S(f)$——单位频率的功率

$r_{\max}$——竖井最大旋流空腔半径

$v_{z\max}=\dfrac{Q}{\pi(R^2-r_{\max}^2)}$——最大平均轴向速度,式(2-14)

θ——最大旋流合成速度矢向同垂直线的夹角

$v=v_{z\max}/\cos\theta$——合成速度,式(2-15)

$C=\dfrac{V_a}{V_w+V_a}\times100\%$——掺气浓度定义式

$\sigma = \dfrac{h + h_a - h_v}{v^2/(2g)}$——泄流空化数

h、h_a 和 h_v——测点压力、大气压力和水的饱和蒸汽压力(水注高 m)

V_a、V_w——气和水的体积

$v^2/(2g)$——流速水头

σ——泄流空化数

第 3 章

p_1、v_1——涡室进口Ⅰ—Ⅰ断面的压力和流速

p、v_z、v_t——竖井进口Ⅱ—Ⅱ断面的旋流压力、轴向和环向速度

r、r_a——竖井进口Ⅱ—Ⅱ断面水层任一点半径和空腔半径

v_a——Ⅱ—Ⅱ断面旋流空腔界面环向流速

Z——涡室进口Ⅰ—Ⅰ断面底板至竖井进口Ⅱ—Ⅱ断面的高程差

$Z_0 = Z + \Delta Z$——进水口底板至竖井进口Ⅱ—Ⅱ断面高程差

ΔZ——进水口底板至涡室进口Ⅰ—Ⅰ断面底板高程差

l——涡室进口(或引水道)和涡室的中轴线的间距(即偏心距)

ξ——涡室进口至竖井进口水头损失系数

ζ——涡室进口前至闸门处水头损失系数

$\varphi = 1 - r_a^2/R^2$——空腔特性参数

B_0——引水道进口工作闸门处宽度

h_0 和 v_0——工作闸门下游收缩断面水深和流速,为了简化计算,取工作闸门高度和断面平均流速

$A_0 = Bh_0$——进水口闸门处孔口面积

ω——涡室进口过流面积(计算式同第 1 章)

$v_z = \dfrac{Q}{\pi R^2(1 - r_a^2/R^2)}$——旋流竖井空腔流轴向速度,式(3-12)

$Q = \mu\pi R^2\sqrt{2g(h_0 + Z_0) + (1 - \zeta A_0^2/\omega^2)v_0^2}$——旋流竖井的流量计算,式(3-13)

$A = \pi lR/\omega = (1 - \varphi)\sqrt{2(1 + \xi)/\varphi^3}$——旋流结构特征参数,式(3-15)、式(3-16)

$\mu = \dfrac{1}{\sqrt{(1 + \xi)(2 - \varphi)/\varphi^3}}$——流量系数,式(3-17)

l——涡室进口(或引水道)与涡室两中轴线的间距

$l = 0.9R_v$——当采用椭圆曲线同涡室连接时

$l = R_v - B_0/2$——当采用直线同涡室连接时

$v_z = \dfrac{1}{\sqrt{1 + \xi}}\sqrt{2gH - M^2/r_a^2}$——竖井轴向速度,式(3-26)

r_a、v_a——Ⅱ—Ⅱ断面旋流空腔半径和对应的环向速度

$M = lv_t = lv_1$——涡室进口Ⅰ—Ⅰ断面动量矩，式(3-27)

$M^2 = 4gHR^2(1-\varphi)^2/(2-\varphi)$，式(3-30)

$\varphi = 1 - r_a^2/R^2$

$Q = \mu\pi R^2\sqrt{2gH}$——流量，式(3-31)

$\varphi = \dfrac{-(c-2)-\sqrt{(c-2)^2-4(1-2c)}}{2}$，式(3-32)，式(3-49)

$c = M^2/(4gHR^2)$，式(3-50)

$v_{t0} = \dfrac{(v_a + v_R)}{2} = \dfrac{M}{2r_a}(1 + r_a/R) = \dfrac{M}{2R\sqrt{1-\varphi}}(1 + \sqrt{1-\varphi})$——竖井初始环向速度，式(3-48)

lv_t——涡室进口断面动量矩

$v_t = v_1$——涡室进口断面平均流速(等于环向速度)；

l——引水道与涡室轴线间距：

$l = (0.90 \sim 0.95)R_v$——对于椭圆曲线连接涡室(R_v 为涡室半径)

$l = R_v - B/2$——对于直接相切连接涡室(B 为引水道宽度)

$r_a v_a$——竖井进口旋流空腔界面动量矩(其中 r_a 为旋流空腔半径，v_a 为相应 r_a 的环向速度)

Rv_R——竖井进口靠近壁面上的动量矩，其中 v_R 为半径 R 处的环向速度

R——竖井半径

ω——涡室进口过流面积

ξ——涡室阻力系数

H——作用在竖井进口断面上水头

$H = h_0 + (1 - \zeta A_0^2/\omega^2)v_0^2/(2g) + Z_0$ 对于短压力进水口，式(3-51)

$H = H_0 - \zeta_0 v_1^2/(2g) + Z_0$ 对于长压力进水口，式(3-52)

h_0——进水口工作闸门处水深

A_0——进水口工作闸门处孔口面积

v_0 和 v_1——进水口工作闸门和涡室进口处流速

Z_0——从进水口底板到竖井进口断面的高程差

H_0——进水口底板上水头(考虑行近流速水头)

ζ——引水道进口闸门至涡室进口段水力损失系数

ζ_0——从进水口到涡室进口损失系数

$v_{z0} = \dfrac{Q}{\pi(R^2 - r_a^2)} = \dfrac{Q}{\pi R^2\varphi}$ 竖井进口断面初始轴向速度，式(3-53)

$v_0 = \sqrt{v_{t0}^2 + v_{z0}^2}$——竖井初始断面合成速度，式(3-54)

$\alpha = \arctan\dfrac{v_{z0}}{v_{t0}}$——合成速度矢量与水平夹角，式(3-55)

$F = C\dfrac{v^2}{2g}$，$C = \left(\dfrac{\lambda\pi D\sqrt{2g}}{4Q}\right)^{2/3}$，式(3-59)

v——合成速度

D——竖井直径

λ ——阻力系数

$\lambda=0.02$——达西阻力系数（竖井混凝土表面）

M/Rv——旋流数

R——竖井半径

v——虚拟断面平均流速，$v=Q/(\pi R^2)$

$I(F)=I(F_0)+CZ$——计算竖井合成速度的积分方程，式(3-62)

$I(F)=\int_0^F \frac{\mathrm{d}F}{1-F^{3/2}}$

$I(F)=\frac{1}{3}(2\ln\frac{1}{1-\sqrt{F}}+\ln(1+\sqrt{F}+F)-2\sqrt{3}\arctan\frac{2\sqrt{F}+1}{\sqrt{3}}+2\sqrt{3}\arctan\frac{1}{\sqrt{3}})$，式(3-63)

$v=\sqrt{2g\frac{F}{C}}$——竖井合成速度，式(3-64)

$v_j=\sqrt[3]{\frac{8gQ}{\lambda\pi D}}$——竖井极限速度，式(3-65)

$\alpha=\arccos[(\frac{X(F)}{X(F_0)})\cos\alpha_0]$——合成速度矢量与水平夹角，式(3-71)

$X(F)=(\frac{1-F^{3/2}}{F^{3/2}})^{1/3}$，式(3-72)

$d=R-r_a$——水层厚度

R——竖井直径；$r_a^2=R^2-\frac{Q}{v\pi\sin\alpha}$

$d=R-r_a=R-\sqrt{R^2-\frac{Q}{v\pi\sin\alpha}}$，式(3-74)

$\frac{p}{\gamma}=\int_{r_a}^{R}\frac{v_t^2}{gr}\mathrm{d}r=\frac{v^2\cos^2\alpha}{g}\ln\frac{R}{R-d}$——竖井壁面压力水头，式(3-75)

$\lambda=0.02\exp[1.5(\frac{M}{Rv})^{0.2}]$——旋流竖井阻力系数（混凝土表面），式(3-76)

$\frac{p_d}{\gamma}=\left[\frac{Qv_z}{g\pi R^2}+\frac{(2R-d)d}{R^2}\frac{p}{\gamma}+(1-c_1)h_1+(1-c_2)h_2-\frac{\lambda h_1}{4R}\frac{v_0^2}{g}\right]\Big/\left(1+\frac{s}{R}\right)^2$，式(3-79)

$s=\tan5^\circ h_2=0.0875h_2$——消力井底板上射流扩散宽

$s=R_j-R$ 当消力井直径大于竖井直径时

v_0——竖井断面平均竖向速度

h_1——环状水跃水面至洞顶高度；h_2——洞高

G_1、G_2——水垫深度为 h_1 和 h_2 的气水混合体重量

c_1、c_2——水垫深度为 h_1 和 h_2 内的平均掺气浓度

p、v、α 和 d 为从竖井合成速度计算结果取值

$c_1 \approx \ln(\frac{L}{D})^{0.5}(\frac{r_a}{R})^{6.5} = \ln(\frac{L}{D})^{0.5}(1-\frac{2d}{D})^{6.5}$ ——从竖井环状水跃起至洞顶 h_1 水气层的平均掺气浓度,式(3-80)

L——从竖井进口至环状水跃的距离(由 3.4.2 节确定)

D、R——竖井直径和半径

$r_a = R - d$——最大合成速度断面的空腔半径

$c_2 \approx 4\%$——竖井下部 h_2 段(从洞顶至洞底)平均掺气浓度

$h = h_1 + h_2$——竖井淹没深度

$\frac{h}{D} = 3Frs\varepsilon^{-0.2} + k$——竖井环状水跃下相对淹没深度,式(3-81)

$Frs = \frac{Q}{\sqrt{gD^5}}$——竖井虚拟弗劳德数

$\varepsilon = \frac{A}{\pi D^2/4}$——出水洞收缩孔面积与竖井断面面积比(即孔口收缩率)

k——与洞内消能设施和尾水淹没深度有关的参数。

第 4 章至第 5 章

H——堰上水头

S——堰顶至竖井轴间距

m——溢流堰流量系数

$H/S \leqslant 0.5$;$m = 0.44 \sim 0.45$——适于单一圆形溢流堰断面和自由流条件

$H/S < 0.4$;$m = 0.45 \sim 0.46$——适于复合圆形溢流堰断面和自由流条件

$H/S \geqslant 0.8$;$m \approx 0.25$——适于单一圆形溢流堰断面和完全淹没流条件

R_y——溢流堰断面半径

$R_y \approx H$——适于复合圆形溢流堰断面

$R_y \geqslant 2(H - 0.25D_s)$——适于单一圆形溢流堰断面和自由流条件,式(4-2)

$R_y \leqslant 1.2(H - 0.45D_s)$——适于单一圆形溢流堰断面和完全淹没流条件,式(4-3)

θ——竖井与起旋室收缩连接坡与垂线的夹角

$Q = \mu A\sqrt{2gZ}$——起旋室进口的流量验算式(4-4)

$\mu = \frac{1}{\sqrt{k + \lambda Z_0/D_s}}$——孔口流量系数计算式(4-5)

适于竖井与起旋室收缩角 $\theta = 8.5° \sim 15°$,对应 $k = 0.25 \sim 0.30$

λ——摩阻系数,对于混凝土衬砌面取 $\lambda = 0.02$

Z_0——从堰顶到起旋室进口的高程差;

$Q = m(\pi R/2 - nB)\sqrt{2g}H^{1.5}$平面扇形(1/4 圆弧)溢流堰流量算式(4-7)

R——扇形溢流堰平面圆弧半径

n、B——分流墩的数量和墩宽

$Q=m2\pi R_L\sqrt{2g}H^{3/2}$——喇叭形堰流流量，式(4-8)

$R_L=\sqrt[5]{\left[\frac{Q}{2m\pi\sqrt{2g}(H/R_L)^{3/2}}\right]^2}$——喇叭形堰半径，式(4-9)

$m=(0.507-0.136H/R_L)\sigma_p$——流量系数，式(4-10)

σ_p——受相对堰上水头 H/R_L 和相对堰高 P/H 的影响系数，查曲线图 4-5

$a=2.5b$；$b=R_L-D_s/2$——喇叭形堰椭圆断面曲线长、短半轴

$D_s=(0.27\sim0.28)\sqrt{Q}$——竖井直径，式(4-12)

Q——最大设计流量

$D=(\frac{D_s}{Z})^{0.02}(\frac{Q^2}{g})^{0.2}$——水平旋流洞直径，式(4-13)

$L=(3.5\sim4.0)D$——水平旋流洞长度，式(4-14)

$D_q=(1.1\sim1.2)D$——起旋室直径，式(4-15)

R_q——起旋室半径

$\Delta=(0.32\sim0.50)D_q$——竖井与起旋室两中轴线间距(即起旋室与竖井的偏心距 Δ)，式(4-16)

$b=\Delta+R_s$——与起旋室连接的椭圆曲线短半轴

$K=(0.6\sim1.0)D_q$——椭圆曲线中心 O 点与起旋室圆心的间距，式(4-17)

$a=\sqrt{b^2(K^2+b^2-R_q^2)/(b^2-R_q^2)}$——与起旋室连接的椭圆曲线长半轴，式(4-18)

$C=(0.22\sim0.35)D_q$——竖井收缩段终点与椭圆 x 轴的水平间距，式(4-20)

$W=b\sqrt{1-(K-\sqrt{R_q{}^2-C^2})^2/a^2}-C$——起旋室进口宽度，式(4-21)

$A=WD_s$——起旋室进口面积，式(4-22)

$\beta=Q_a/Q$——气水量比(掺气率)

$\beta=0.065Fr$——当竖井为淹没流时涡室通气孔的掺气率，式(4-23)

$\beta=0.04Fr$——当竖井为自由流时涡室通气孔的掺气率，式(4-24)

$Fr=v/\sqrt{gR}$——起旋室进口断面弗劳德数

$v=Q/(B\omega)$——起旋室进口断面平均流速

B——起旋室进口长度($B=D_s$)

$R=B\omega/[2(B+\omega)]$——起旋室进口水力半径

$\omega=\varepsilon W$

竖井与起旋室收缩角 $\theta=5°$、$10°$、$15°$，对应 $\varepsilon=1$、0.95、0.9

起旋室通气孔直径简化计算式：

$d=0.3D$——适于竖井淹没流，式(4-25)

$d=0.25D$——适于竖井自由流，式(4-26)

$L=(5\sim6)D$——水垫塘长度，式(4-27)

$R=25\delta$——水垫塘流线形阻水墩的曲率半径

δ——阻水墩的厚度

$\varepsilon=d/D_s=0.7\sim0.8$——环形掺气坎孔口与竖井两直径的收缩比

d、D_s——掺气坎孔口、竖井直径

$Q=\mu\pi\varepsilon^2 D_s^2\sqrt{2gZ}/4$——掺气坎孔口流量，式(4-30)

Z——最高库水位与掺气坎收缩断面的高程差

$\beta=\frac{Q_a}{Q}\approx 0.04Frd$——竖井环形掺气坎掺气率，式(4-32)

$Frd=\frac{Q}{\sqrt{gd^5}}$——掺气坎孔口弗劳德数，式(4-33)

v、ω——起旋室进口Ⅰ—Ⅰ断面流速、过流面积

v_z、V_t——旋流洞Ⅱ—Ⅱ断面轴向和环向速度

R、r_a——旋流洞半径、空腔半径

r——旋流洞水层任一点半径

l——竖井与旋流洞两轴线间距

ζ——从进水口到旋流洞Ⅱ—Ⅱ断面处的水头损失系数

ρ——水的密度

$\rho=\rho\int\frac{v_t^2}{r}\mathrm{d}r$——旋流洞Ⅱ—Ⅱ断面处壁面压力，式(5-4)

$Q=v_z\int_a^R 2\pi r\mathrm{d}r=\pi(R^2-r_a^2)v_z$——旋流洞泄流量，式(5-8)

$Q=\mu\pi R^2\sqrt{2gH_0}$——旋流洞泄流量，式(5-13)

H_0——旋流洞轴线上总水头

$\mu=\varphi\sqrt{\varphi}/\sqrt{(1+\zeta)(2-\varphi)}$——流量系数，式(5-17)

$$\begin{cases}C^2=\frac{1+\zeta}{\varphi^2}+\frac{A^2}{1-\varphi}, \text{式(5-18)}\\ A^2=2(1-\varphi)^2(1+\zeta)/\varphi^3\end{cases}$$

$C=\frac{\pi R^2\sqrt{2gH_0}}{Q}$，式(5-19)

$\varphi=\frac{-(A^2-4C^2)\pm\sqrt{(A^2-4C^2)^2-16C^2(C^2-A^2)}}{4C^2}$，式(5-21)

$A=\frac{\pi lR}{\omega}$——旋转结构特性

$p/\gamma=\frac{v_{tm}^2}{g}\int_{r_a}^{R}\frac{\mathrm{d}r}{r}=\frac{v_{tm}^2}{g}\ln\frac{R}{r_a}$——作用在起旋室底板上的最大压力，式(5-23)

$v_t=v_{tm}=\frac{Q}{\varepsilon\omega}$——起旋室进口断面平均切向流速

ε——竖井与起旋室连接的收缩系数

γ——水的容重

第6章

$y=x^2/(cH)$（当 $H=60\sim90$ m 时，对应 $c=3\sim5$）——短压力进水口下游连接的抛物

曲线底板

H——进水口底槛上作用最大水头

$Q=\mu A\sqrt{2g(H-h)}$——深孔泄水道孔口流量,式(6-2)

h——闸孔高

H——进水口底板上的作用水头

$D_v=\eta(\frac{Q^2}{g})^{0.2}$——涡井(即竖井)直径,式(6-3)

$\eta=1.5$——当深孔引水道采用直线与涡井连接时

$\eta=1.3$——当深层引水道采用1/4 椭圆曲线与涡井连接时

$\Delta=(0.5\sim0.65)D_v$——引水道与涡井的偏心距,式(6-4)

$K=(0.5\sim0.65)D_v$——椭圆曲线与涡井的中心距,式(6-5)

$\beta=d/D$——洞塞的孔径比

$h=\xi\frac{v^2}{2g}$——突然扩大水头损失

$\xi=(1-\frac{\omega_1}{\omega_2})^2$——突然扩大损失系数

ω_1、ω_2——洞塞孔口和出水洞(即导流洞)截面面积

v——洞塞孔道流速

$h=(\frac{\omega}{k_s\omega_k}-1)^2\frac{v^2}{2g}=(\frac{1}{k_s\beta^2}-1)^2\frac{v^2}{2g}$——水流通过孔板的水头损失,式(6-8)

$k_s=0.586+0.37(1-e^{-\beta^4})$

ω_k、ω——孔板和出水洞(原导流洞)过流面积

$k=\frac{\Delta h}{v_0^2/(2g)}$——孔板水头损失系数

$k=[1-(d/D)^2][2.427-0.948(d/D)^2]$——对于单级孔板,式(6-11)

$k=\left[0.707\sqrt{1-(d/D)^2}+1-(d/D)^2\right]^2$——对于多级孔板,式(6-12)

第8章

$$\left.\begin{aligned}&e=\frac{B+s}{7}\\&r_1=\Delta+e-0.5B-s\\&r_2=r_1+e=\Delta+2e-0.5B-s\\&r_3=r_2+2e=\Delta+4e-0.5B-s\\&r_4=r_3+2e=\Delta+6e-0.5B-s\end{aligned}\right\}$$——螺旋形涡室平面尺寸,式(8-1),图8-3

$Q=100(0.9-r^*)$(L/s)——化引流量

$R=0.1R'=0.1(\frac{Q}{Q'})^{2/5}$(m)——旋流竖井直径,式(8-5)

$r^* = r_a / R = 0.4$——相对空腔半径

r_a——竖井进口断面处最小旋流空腔半径

$h = R\left[\frac{1}{2gR}\left(\frac{Q}{\mu_0 \pi R^2}\right)^2 - \frac{\delta}{R}\right]$——涡室前引水道水深,式(8-6)

$B = \frac{\pi R^2}{h\sqrt{\frac{1}{\mu^2} - \frac{1}{\mu_0^2}}}$——引水道宽度,式(8-7)

引水道与竖井轴间距

$\Delta = \frac{hB}{\pi R \psi}$——引水道与竖井轴间距,式(8-8)

$\psi = \frac{31 - r^{*2}}{21 - r^{*3}} \frac{\mu}{\sqrt{1 - \frac{\mu^2}{(1 - r^{*2})^2}}}$,式(8-9)

$$\left.\begin{aligned} R_1 &= \frac{1}{2}(a + R + t + c) \\ R_2 &= \frac{1}{2}(2R + t + c) \\ R_3 &= \frac{1}{2}(a + R + t - B) \\ R_4 &= R + t \end{aligned}\right\}$$——带有圆弧内导流墙的涡室平面尺寸,式(8-10),图8-5

a——竖井轴心到水道外壁距离

t——导墙厚度

c——在与引水道轴线垂直的涡室轴线上的导流槽宽度

$$\left.\begin{aligned} e_1 &= a - R \\ e_2 &= R + t + c - R_2 \\ e_3 &= a - B - R_3 \end{aligned}\right\}$$——上述圆弧的圆心位置,图8-5,式(8-11)

$D = \eta\left(\frac{Q^2}{g}\right)^{1/2}$——旋流竖井直径,式(8-13)

$\eta = 1.25$——安全系数

最大相对超高水深:

$\frac{h_m}{R_1} = (1.1 + 0.15Fr)\left[(2Bh^2 R_1^{-3})^{1/2} Fr - 0.5s_i\right]$——涡室最大相对超高水深,式(8-14)

第9章

$\sigma_i = 1.6 - 1.02(h/R)^{0.25}$——直径10 mm、高6 mm的孤立螺栓初生空化数

$\sigma_i = 2.3 - 0.72(h/R)^{0.25}$——高 6 mm 的连续升坎初生空化数

R——弧线流道半径

d——流道水深

$E = -\frac{mv_p^2}{2} = -\pi r^2 l\rho \frac{v_p^2}{2}$空化气泡运动能,式(9-6)

$m = \pi r^2 l\rho$——气泡流质量

ρ——空气密度

$F_z = -\frac{E}{l} = \frac{\pi r^2 \rho v_p^2}{2}$——作用在空化气泡的制动力,式(9-7)

$F_p = \frac{4}{3}\pi r^3 \rho(\frac{v^2}{R-\Delta} + g)$——作用在气泡上的排挤力,式(9-8)

$v_p = v\sqrt{\frac{8r}{3}(\frac{1}{R-\Delta} + \frac{g}{v^2})}$——空化气泡飘移速度,式(9-9)

$v_p = v\sqrt{\frac{8r}{3(R-\Delta)}}$——对于旋流,式(9-10)

$v_p = \sqrt{\frac{8rg}{3}}$——对于直线流,式(9-11)

v_p——空化气泡飘移速度

v——旋流切线速度

Δ——凸体高度

R——流道半径

r——空化气泡半径

参考文献

[1] C. Drioli. Esperienze su installazioni con pozzo di scarico a vortice[J]. L'Energia Eletterica,1969,6(2):399-409.

[2] D. Jeanpierre, A. Lachal. Dissipation d'enerie dans un puits a'vortex[J]. La Houille Blanche,1966(7):823-831.

[3] C. M 斯里斯基. 高水头水工建筑物的水力计算[M]. 毛世民, 杨立信,译. 北京:水利电力出版社,1984.

[4] 董兴林, 高季章,余闽敏,等. 导流洞改建旋涡式竖井溢洪道综合研究[J]. 水力发电, 1995(3):32-37.

[5] 董兴林, 高季章,钟永江,等. 超临界流旋涡竖井式溢洪道设计研究[J]. 水力发电, 1996(1):44-48.

[6] 董兴林,郭军,肖白云,等. 高水头大泄量旋涡竖井式泄洪洞的设计研究[J]. 水利学报,2000(11):27-33.

[7] 董兴林,余闽敏,吴曾谋,等. 导流洞改建旋流式泄洪洞研究与应用[J]. 水力发电,2002(4):27-29.

[8] 董兴林,杨开林,郭新蕾,等. 广东清远抽水蓄能电站下水库竖井泄洪洞试验研究报告[R]. 北京:中国水利水电科学研究院,2009.

[9] 孙双科,姜涵,王雪松,等. 大石门水电站竖井式溢洪道水工模型试验研究[R]. 北京:中国水利水电科学研究院,2008.

[10] 董兴林,郭军,肖白云,等. 溪洛渡工程大型导流洞改建为泄洪洞的关键技术研究[R]. 北京:中国水利水电科学研究院,1999.

[11] 董兴林,郭军,肖白云,等. 金沙江溪洛渡水电站导流洞改建竖井式非常泄洪洞水工模型试验研究报告[R]. 北京:中国水利水电科学研究院,2001.

[12] 李炜. 水力计算手册[M]. 2 版. 北京:中国水利水电出版社,2006.

[13] 董兴林,杨开林,胡孟,等. 导流洞改建竖井式泄洪洞优化体型试验与设计理论研究——旋流竖井泄洪洞方案[R]. 北京:中国水利水电科学研究院,2005.

[14] 董兴林,杨开林,熊麒麟,等. 皂市水利枢纽导流洞改建旋流竖井泄洪洞模型试验研究报告[R]. 北京:中国水利水电科学研究院,2002.

[15] Кузнецова Е. В. , Вихревой шахтный водосбросв составе высоконапорного гидроузла Гидро - техническое строительство[J]. 1975, No5, 106-111.

[16] S. C. Jain. Tangential Vortex - Inlet Journal of Hydraulic Engineering[J]. 1984,110(12):1693-1699.

[17] W. H. Hager. Vortex Drop Inlet for Supercritcal Appraching Flow. Journal of Hydraulic Engineering[J]. 1990,116(8):1048-1056.

[18] Vischer D. L,Hager W. H. Vortex Dlops. IAHR Hydraulic Structures Design Manual[C]1995,9.

[19] 董兴林,杨开林,冯宾春,等. 旋流竖井式泄洪洞关键技术问题研究[J]. 水利水电技术,2006(5):37-40.

[20] E. O. 布赖特. 快速傅里叶变换[M]. 柳群,译. 上海:上海科学技术出版社,1979.

[21] D. E. 扭兰. 随机振动与谱分析概念[M]. 方同,等译. 北京:机械工业出版社,1980.

[22] 林秉南. 林秉南论文集[G]. 北京:中国水利水电出版社,2001.

[23] 时启燧.高速水气两相流[M].北京:中国水利水电出版社,2007.

[24] 潘水波,邵媖媖,时启隧,等.通气挑坎射流的挟气能力[J].水利学报,1980(5):13-22.

[25] Волшник В. В. ,идр, А налитический Метод Гидрочехнического Расчет Вихревых Водосбросов [J]Гидротехническое Строительство,1989,25-32.

[26] 郑洽馀,鲁钟琪.流体力学[M].北京:机械工业出版社,1979.

[27] 倪汉根.高效消能工[M].大连:大连理工大学出版社,2001.

[28] 董曾南.水力学(上册)[M].4版.北京:高等教育出版社,1995.

[29] 董兴林,高季章.瓦屋山水电站可行性研究报告——导流洞改建旋涡竖井式泄洪放空洞试验研究报告[R].北京:中国水利水电科学研究院,1995.

[30] 赵灿华,刘之平.竖井螺旋流水力学特性研究[R].北京:中国水利水电科学研究院,2001.

[31] Лаппо Д. Д(председатель), Векслер А. Б. , идр, Гидравли - ческие расчеты водосбросных гидротехнических сооружений:Справочное пособие[M]. ЭНЕРГОАТОМИЗДАТ,1988.

[32] Галант М. А. ,идр,Особенности Вихревых Туннельных Водосбросов и Гидравлические условия их Работы,Гидроехническое Строительство,1995. 9,16-22.

[33] Agrawal, C. K. et al. Utilisation of TEHRI Dam Diversion Tunnels as Spillways[C]. FIRST CONFERENCE RESEARCH NEEDS IN DAM SAFETY, 3-6 Decemder 1991 New Delhi India.

[34] 王永生. 旋流式内消能工的试验研究及数值模拟[D].西安:西安理工大学,1996.

[35] 牛争鸣,李建中,王永生. 竖井进流水平旋流旋转内消能泄水道的空化特性[J].水利学报增刊,1998(1):44-49.

[36] 牛争鸣,李建中,等.竖井进流水平旋转内消能泄水道的泄流特性[J].西安理工大学学报,1998,14(1):28-32.

[37] 董兴林,杨开林,等.公伯峡水电站导流洞改建竖井-旋流式泄洪洞试验研究报告[R].北京:中国水利水电科学研究院,2002.

[38] 董兴林,杨开林,胡孟,等.黄河公伯峡水电站导流洞改建竖井-水平旋流洞综合试验研究报告[R].北京:中国水利水电科学研究院,2002.

[39] 董兴林,郭军,杨开林,等.旋流竖井泄洪洞的特点及其运行可靠性分析[J].水力发电,2003(4):33-35.

[40] 董兴林,杨开林,等.公伯峡水电右岸旋流泄洪洞优化试验研究总报告[R].北京:中国水利水电科学研究院,2004.

[41] 陈文学,刘继广,郭军.黄河公伯峡水电站竖井旋流泄洪洞水力学与结构原型观测试验分析报告[R].北京:中国水利水电科学研究院,中国水电顾问集团西北勘测设计研究院,2006.

[42] 董兴林,杨开林,王涛,等.公伯峡水电站旋流泄洪洞研究总结[J].水力发电,2008,34(1):75-78.

[43] 刘韩生,吴宝琴.黄河公伯峡水电站枢纽右岸泄洪洞旋流消能减压模型补充试验报告[R].杨凌:水利部西北水利科学研究所,2005.

[44] 巨江,等.公伯峡水电站水平旋流泄洪洞试验研究报告[R].西安:国家电力公司西北勘测设计研究院工程科研实验院,2002.

[45] 董兴林,杨开林,胡孟,等.黄河公伯峡水电站(淹没竖井方案)试验研究报告[R].北京:中国水利水电科学研究院,2003.

[46] 董兴林,高季章.利用导流洞改为竖井式永久泄洪洞综合评价(文献总结与展望)[R].北京:中国水利水电科学研究院,1993.

[47] 郭军,董兴林.澜沧江大朝山水电站导流洞改建为扩散消能式底孔泄洪洞水工模型试验(可行性研究报告)[R].北京:中国水利水电科学研究院,1989.

[48] Ф. Г. Гунько ГИДРАВНИЧЕСКИЕ ИССЛЕДОВАНИЯ [М]. ГОСУДАРСВЕННОЕ ЭНЕРГЕТИЧЕСКОЕ ИЗДАТЕЛЬ - СТВО МОСКВА,1962.

[49] 刘之平,刘继广,郭军,等.二滩水电站高双曲拱坝泄洪雾化原型观测报告[R].北京:中国水利水电科学研究院,2000.

[50] B. H. 穆欣纳,等.高水头水利枢纽泄水建筑物形式的发展前景[J].张志勇,译.动力建设,1960(1):10-12.

[51] КОРЧЕВСКИЙ В. ф. , КРЫЛОВА С. Н. , Новые компоновочные и конструктивные решения в пректие подземных сооружений КАМБАРАТИНСКОЙ ГЭС N01 [J]. Гидротехническое Строительств. 1992(7).16-21.

[52] 赵慧琴.多级孔板消能试验研究[C]//高速水流,长春:吉林人民出版社,1987.

[53] 詹克祥,等.有压洞消能孔板体型及布置的试验研究[C]//高速水流.长春:吉林人民出版社,1987.

[54] 向桐.小浪底泄洪洞多级孔板消能损失系数的研究[C]//高速水流.长春:吉林人民出版社,1987.

[55] 刘沛清.现代坝工消能防冲原理[M].北京:科学出版社,2010.

[56] 董兴林,高季章.沙牌水电站导流洞改建旋涡式竖井溢洪道水工试验研究报告(二)[R].北京:中国水利水电科学研究院水力学所,1995.

[57] 姜树海,钱莺莺,马萍章,等.竖井旋涡泄洪洞水力学特性《沙牌水库涡旋内消能式泄洪洞工程应用的研究》之二[R].北京:中华人民共和国水利部、交通部、电力工业部,南京:南京水利科学研究院水工研究所,1997.

[58] Johnson, V. E. Mechanics of Cavitation[J]. Journal of the Hydraulics Division, PASCE, Vol89, No Hy3. 251-275, May. 1963.

[59] 国家电力公司西北勘测设计研究院.黄河公伯峡水电站利用导流洞改建为旋流消能泄洪洞专题研究报告[R].西安:国家电力公司西北勘测设计研究院,2002.

[60] 杨开林,韩昆,王涛.竖井式水平旋流洞含气水流模型相似率[J].水利学报,2009(12):1416-1424.

[61] 国家电力公司西北勘测设计研究院,黄河公伯峡水电站右岸旋流泄洪洞选型专题报告[R].西安:国家电力公司西北勘测设计研究院,2002.

[62] 巨江,卫勇.公伯峡水电站水平旋流洞水工模型试验研究报告[R].西安:国家电力公司西北勘测设计研究院工程科研实验院,2003.

[63] 董兴林,杨开林,郭新蕾,等.自调节起旋墩泄洪防蚀消能新技术研究[R].北京:中国水利水电科学研究院,广州:广东省水利电力勘测设计研究院,2009.

[64] Henry T. Falvey, Air - Water Flow in Hydraulic Structures [M]. United States Department of the Interior, 1980.

[65] 洪有益.草坡水电站涡流式竖井溢洪道设计与施工[J].四川水利,1988,9(3):41-44.

[66] Г. Б. , Герасимов, идр. Селезащитная Плотина в Урочище Медео [J]. Гидротехническое Строительств. No. 9 ,1979.

[67] Sharma, R. K , Mann, P. P. S , Vishnoi, R. K. Tehri Project Shaft Spillways - Example of an Effective Solution Based on Analytical and Observational Design Approaches, 2006, WWW. istt. com/doks/pdf/bog - bris bane - 06. pdf.

[68] High floods in India initiated opertation of spillway structures of Tehri Dam Project. WWW. hydroproject. ru/en/news/.

[69] ЕФИМОВ А. В. , КУЗНЕЦОВА Т. Ю.. Кавитация закрученных потоках. Гидротехническое Строительств,1993(6):39-42.

[70] 董兴林,刘长庚. 螺旋流空化与空蚀特性(Characteristic of cavitation and cacitation erosion in spiral flow)[R]. 北京:中国水利水电科学研究院,1998.
[71] 郭子中. 消能防冲原理与水力设计[M]. 北京:科学出版社,1982.
[72] П. Г. Киселев, СНРАВОЧНИКПОГИДРАВЛИЧЕСКИМРАСЧЕТАМ[M]. ЛЕНИНГРАД,1961.
[73] 李忠义. 戽式消能工的水力学分析[J]. 水利学报,43-50.
[74] 陈椿庭. 消能与防冲水工设计手册(6)[M]. 北京:水利出版社,1982.
[75] 陈椿庭. 高坝大流量泄水建筑物[M]. 北京:水利电力出版社,1994.
[76] 华东水利学院. 水工设计手册(泄流与过坝建筑物)[M]. 北京:水利电力出版社,1984.
[77] 林秉南. 国外高水头泄水建筑物[R]. 北京:水电部科技情报室,1975.
[78] 林秉南,龚振赢,刘树坤. 收缩式消能工和宽尾墩[R]. 北京:水利水电科学研究院,1979.
[79] 谢省宗. 安康水电站宽尾墩-表孔-底孔-消力池联合消能工的试验研究[C]//高速水流. 长春:吉林人民出版社,1986.
[80] 谢省宗,林秉南,等. 宽尾墩消力池联合消能工的消能机理及其水力计算方法[J]. 水力发电,1991(1):50-53.
[81] 庞昌俊. 高水头大流量(二滩水电站)明流泄洪洞水工模型试验研究(终结方案)[R]. 北京:中国水利水电科学研究院,1998.
[82] 时启燧. 掺气减蚀设施的研究与应用,泄水工程高速水流研究进展. 水利水电泄水工程与高速水流情报网,1990,10.
[83] 阎晋恒,等. 掺气分流墩与消力池联合应用的水力特性[R]. 西安:陕西机械学院水科所,1989.
[84] Henry T. Falvey. Cavitation in Chutes and Spillways[M]. United States Department of the Interior, Bureau of Reclamation,1990.
[85] 董兴林,杨开林,郭新蕾,等. 旋流喇叭形竖井泄洪洞水力学机理及应用[J]. 水利学报,2011,(1):14-18.